suhrkamp taschenbuch
wissenschaft 2352

Über »Rasse« im Grundgesetz wird derzeit viel gestritten. Ist es ein rassistisches Wort, das es zu ersetzen gilt, oder eine für die Bekämpfung von Diskriminierung notwendige Kategorie? Doris Liebscher geht der Frage historisch, rassismustheoretisch und rechtsdogmatisch auf den Grund. Sie rekonstruiert, wie der Begriff ins Grundgesetz kam, und untersucht, wie Gerichte und Rechtswissenschaft heute das auf »Rasse« bezogene Diskriminierungsverbot aus Artikel 3 GG auslegen. Auch das Recht der DDR sowie europäische, US-amerikanische und weitere internationale Rechtsdebatten unterzieht sie einer kritischen Analyse, um schließlich für ein postkategoriales Antidiskriminierungsrecht zu plädieren: die Ersetzung des Rechtsbegriffs »Rasse« durch »rassistisch«.

Doris Liebscher ist Leiterin der Ombudsstelle für das Berliner Landesantidiskriminierungsgesetz. Zuvor lehrte sie an der Humboldt Law Clinic Grund- und Menschenrechte der Humboldt-Universität zu Berlin. Für *Rasse im Recht – Recht gegen Rassismus. Genealogie einer ambivalenten rechtlichen Kategorie* wurde sie mit dem Konrad-Redeker-Preis ausgezeichnet.

Doris Liebscher

# Rasse im Recht – Recht gegen Rassismus

*Genealogie einer ambivalenten rechtlichen Kategorie*

Suhrkamp

Bibliografische Information der Deutschen Nationalbibliothek
Die Deutsche Nationalbibliothek verzeichnet diese Publikation
in der Deutschen Nationalbibliografie;
detaillierte bibliografische Daten sind im Internet
über http://dnb.d-nb.de abrufbar.

Erste Auflage 2021
suhrkamp taschenbuch wissenschaft 2352

Umschlag nach Entwürfen
von Willy Fleckhaus und Rolf Staudt
Druck und Bindung: C. H. Beck, Nördlingen
Printed in Germany
ISBN 978-3-518-29952-4

*In Erinnerung an Achmed Bachir*

# Inhalt

# 1. Zur Einleitung

> Die Auseinandersetzung mit unserer Vergangenheit erfordert gewiss ein Wissen um Fakten, aber das genügt nicht, nötig ist auch der Versuch ihrer Deutung, ohne die keine Folgerung und keine Lehre gezogen werden können.
>
> Fritz Bauer[1]

1945 ging eine lange Zeit gesetzlich verordneter rassistischer Segregation in Deutschland zu Ende. Mit Wirkung zum 20. September 1945 setzte das Kontrollratsgesetz Nr. 1 die Nürnberger Rassengesetze außer Kraft und erklärte, keine deutsche Gesetzesverfügung sei mehr anzuwenden, durch die »irgendjemand auf Grund seiner Rasse [...] Nachteile erleiden würde«.[2] An diese Prämisse schloss 1949 Art 3. Abs. 3 GG an: »Niemand darf wegen seines Geschlechtes, seiner Abstammung, seiner Rasse, seiner Sprache, seiner Heimat und Herkunft, seines Glaubens, seiner religiösen oder politischen Anschauungen benachteiligt oder bevorzugt werden.«[3] Auch die DDR nahm ein antirassistisches Bekenntnis in Art. 6 Abs. 2 VerfDDR auf. Seither ist das Recht in Deutschland als nicht-rassistisches Recht konzipiert. Es kennt keine vorgeschriebene rassistische Segregation; es gibt keine strafgesetzliche, familienrechtliche oder sonstige fachrechtliche ausdrückliche Unterscheidung entlang der Kategorie Rasse.[4]

Zugleich ist Recht einer der wenigen Orte, in denen Rasse als personale Kategorie noch Verwendung findet. Der Begriff taucht in Art. 3 Abs. 3 S. 1 GG und auch im Allgemeinen Gleichbehandlungsgesetz mit der antirassistischen Intention auf, Benachteiligungen »zu verhindern und zu beseitigen« (§ 1 AGG). Recht ge-

1 Foljanty, Lena/Johst, David, *Fritz Bauer: kleine Schriften*, Frankfurt/M., New York 2018, S. 1429.

2 ABl. des Kontrollrats in Deutschland v. 29. 10. 1945, S. 7.

3 Durch Gesetz vom 27. 10. 1994, mit Wirkung zum 15. 11. 1994 wurde Art. 3 Abs. 3 GG um einen zweiten Satz ergänzt, der die Benachteiligung wegen Behinderungen verbietet, BGBl. 1994 I, S. 3146.

4 Das ist ein Unterschied zur Kategorie Geschlecht. Art. 12a GG gilt nur für Männer, § 183 StGB erfasst nur Handlungen von Männern, §§ 1591 ff. BGB knüpfen unmittelbar an das Geschlecht an.

gen Rassismus teilt dabei den Begriff der Rasse mit rassistischen Konzepten. Deshalb steht der Begriff zur Debatte. Diskutiert wird seine Ersetzung durch die Kategorie »ethnische Herkunft«, durch den Terminus »angebliche Rasse« oder durch die postkategoriale Formulierung »rassistisch«.[5] Begründet wird das vor allem mit der biologistischen Konnotation des Begriffs und seiner kolonialen und nationalsozialistischen Geschichte als Instrument zur Kategorisierung und Diskriminierung von Menschen.[6] Das ist ein Unterschied zum angloamerikanischen Sprach- und Rechtsraum, wo es eine lange Tradition kritisch-affirmativer Bezugnahmen auf *race* gibt. Die Befürworter:innen des Rassebegriffs verweisen auf diesen *racial turn* und auf die international etablierte Verwendung des Begriffs als rechtliche Kategorie zur Bekämpfung von Rassismus.[7]

Die Debatte zeigt: Als rechtlicher Begriff ist Rasse kontingent, als Ergebnis diskursiver Kämpfe umstritten. Wie Geschlecht ist auch Rasse kein originär rechtswissenschaftliches Konzept. Bedeutungen von Rasse werden in lebenswissenschaftlichen, kultur- und sozialwissenschaftlichen, aber auch in politischen Diskursen verhandelt. Dabei stellen sich Fragen, die entlang extremer Polaritäten verortet sind: Ist Rasse eine naturwissenschaftliche Realität oder ein ideologisches Konstrukt? Sind rassialisierende Zuordnungen immer diskriminierend oder kann Rasse auch eine selbstermächtigende Identitätskategorie sein? Handelt es sich um einen diskriminierenden Begriff, der zu verabschieden wäre, oder um einen analytischen Begriff, den es zu schärfen gilt? Die vorliegende Untersuchung begibt sich auf die Suche nach den Bedeutungen von Rasse in diesem Recht gegen Rassismus. Sie rekonstruiert, wie Rasse ins Recht gelangte, legt Entwicklungen des Wissens über rassische Kategorisierungen im Rechtsdiskurs dar und plädiert für ein postkategoriales Antidiskriminierungsrecht, das die strukturelle Verfasstheit von Rassismus berücksichtigt.

5 Bei Drucklegung standen die Formulierungen »aus rassistischen Gründen« (CDU/SPD), »rassistisch« (B'90/Die Grünen und Die Linke) sowie »angebliche Rasse« (FDP) zur parlamentarischen Diskussion.

6 Hendrik Cremer, »... *und welcher Rasse gehören Sie an?« Zur Problematik des Begriffs Rasse in der Gesetzgebung*, Berlin 2009.

7 Cengiz Barskanmaz, »Zum Rassebegriff im Grundgesetz. Verfassungsdogmatik und Interdisziplinarität ernst nehmen«, in: *APuZ* (70), 42-44 2020, S. 19-22.

## 1.1. Die Schwierigkeit, Rassismus im Recht zu besprechen

Der Umgang mit der Gleichheit ist als eine grundsätzliche Herausforderung beschrieben worden, er verlangt von Jurist:innen sowohl rechtsdogmatische Kompetenz als auch Kompetenz im Umgang mit Diskriminierungsrealitäten.[8] Das gilt auch für Rassismus. Den neutralen Ort, von dem aus die Wissenschaft die sozialen Dynamiken gesellschaftlicher Verhältnisse distanziert beobachtet und analysiert, gibt es nicht; so beschreiben Kimberlé Crenshaw und Neil Gotanda, zwei Gründer:innen der Critical Race Theory, ein Credo rassismuskritischer Wissenschaft.[9] Rassistische Diskriminierung als solche zu erkennen, zu benennen und sie rechtlich zu beurteilen – all das fordert heraus: rechtsdogmatisch, rassismustheoretisch und ganz persönlich, denn Rassismus betrifft uns alle, aber sehr unterschiedlich.

Meine ersten Erfahrungen mit Rassismus und Recht machte ich in Leipzig, wo ich geboren wurde und zur Schule ging, wo ich 1989 die Wende erlebte und ab 1993 Jura studierte. Die Wende brachte nicht nur Freiheit und ein neues, demokratischeres Rechtssystem, sie brachte auch neue Ungleichheit und führte schnell in einen nationalen Wiedervereinigungstaumel, der nicht alle inkludierte. Die Zeit war durch eine Verschärfung der gesellschaftlichen Debatten um Flucht und Migration geprägt und durch die Zunahme rassistischer, antisemitischer und rechter Gewalt. Sie traf People of Color, Migrant:innen, Rom:nja, Juden und Jüdinnen, Linke, Obdachlose und Schwule. Baseballschlägerjahre werden diese Jahre heute auch genannt. Sie waren auch durch eine Abwesenheit des Rechtsstaats, durch ein Klima der Straffreiheit für rechten Terror geprägt. Rostock, Mölln, Solingen und Hoyerswerda zählen dabei zu den bekanntesten, jedoch nicht den einzigen Orten. Am 23. Oktober 1996 verteidigte der 30-jährige Achmed Bachir in einem Leipziger Gemüseladen seine Kolleginnen vor rassistischen Pöbeleien durch zwei Neonazis. Achmed Bachir hatte sich allein nach Deutschland durchgeschlagen, um von hier aus seine Familie in Damaskus zu unterstützen: seine Frau, seine Tochter, die 1996 drei Jahre alt war und die er noch nie gesehen hatte, seine kranke Mutter. Er lebte

8 Susanne Baer, »Gleichheitsrechte: Klassisch – europäisch – fordernd«, in: *Soziales Recht* 4/2014, S. 133-139, hier: S. 137.

9 Kimberlé Crenshaw u. a. (Hg.), *Critical Race Theory*, New York 1995, S. xiii.

in einer Flüchtlingsunterkunft in Leipzig und half im Gemüsegeschäft seines Freundes aus. Seine Zivilcourage bezahlte er mit dem Leben.[10] Es war der erste rassistische Mord in Leipzig nach 1990, der erste Gerichtsprozess, den ich beobachtete und dessen Verlauf ich mit einer Mischung aus Sprachlosigkeit und Wut verfolgte. Die Staatsanwaltschaft konnte kein rassistisches Motiv erkennen. Von Rassismus war auch im Urteil nicht die Rede. Es blieb antifaschistischen und antirassistischen Gruppen vorbehalten, dagegen zu demonstrieren. Erst 2012, im Zuge der Diskussion um die Morde des rechten Terrornetzwerkes NSU, wurde Achmed Bachir in die Statistik der Opfer rechter Gewalt aufgenommen.

Seither hat sich die Benennung rassistischer und antisemitischer Tatmotive und die konsequentere Verfolgung rechter Gewalt mit den Mitteln des Rechts zunehmend durchgesetzt.[11] Doch die Schwierigkeit, Rassismus in rechtlichen Verfahren zu besprechen, besteht weiter, nicht nur im Strafrecht. Rassismus war als Begriff zur Diagnose gegenwärtiger Verhältnisse in Deutschland lange verpönt, besonders in institutionellen Settings, das zeigen die aktuellen Diskussionen um Racial Profiling. Die Bundesregierung bezeichnete den Hinweis auf institutionellen Rassismus bei den polizeilichen Ermittlungen zu den Taten des NSU noch 2016 als »undifferenzierte Sichtweise«.[12] Namhafte Juristen sehen »übertriebene politische Korrektheit« am Werk, wenn rassistische Diskriminierung jenseits von Gewalt und in der Mitte der Gesellschaft rechtlich adressiert wird.[13] Mitunter wird versucht, Rassismus-

10 ⟨www.zeit.de/gesellschaft/zeitgeschehen/2010-09/todesopfer-rechte-gewalt/seite-8⟩ und ⟨https://taz.de/!1431305/⟩, letzter Zugriff 01.12.2020.

11 Siehe nur in einem weiteren Mordfall LG Leipzig, 08.07.2011-1 Ks 306 Js 51333/10 bestätigt durch BGH, Beschl. v. 10.01.2012-5 StR 490/11, der als niedrigen Beweggrund »Ausländerhass« nennt; im Fall der Taten des NSU nannte der Generalbundesanwalt beim BGH, 32/2012, Anklage v. 08.11.2012 (NSU), »rassistische Motive«; im Fall des Attentäters von Halle, Anklage v. 21.04.2020, »antisemitische, rassistische und fremdenfeindliche« Motive.

12 Stellungnahme der Bundesregierung zu CERD/C/DEU/19-22 v. 19.06.2016, Rn. 2. Ausführlich zu den Taten, den Ermittlungen und deren rechtlicher Bewertung Karakayali u.a. (Hg.), *Den NSU-Komplex analysieren*, Münster 2017.

13 Franz-Jürgen Säcker, »Vernunft statt Freiheit!«, in: *ZRP* 2002, 286-290 warnte anlässlich der Einführung des AGG vor einer »Tugendrepublik der neuen Jakobiner«; Christian Tomuschat, »Der Fall Sarrazin vor dem UN-Rassendiskriminierungsausschuss«, in: *EuGRZ* 2013, 262-265 fürchtete mit Blick auf die Ent-

oder Antisemitismusvorwürfe mit rechtlichen Mitteln abzuwehren.[14]

Diese Schwierigkeit, über Rassismus zu sprechen, und die kontroversen Bezüge auf den Begriff der Rasse im Recht führen auch bei der Mobilisierung von Antidiskriminierungsrecht zu Verunsicherung. Das zeigen die vergleichsweise wenigen seit Erlass des AGG geführten Verfahren in Fällen rassistischer Diskriminierung. Die Verfahrensbeteiligten und die Richter:innen vermeiden den Begriff Rasse,[15] sie stützen sich auf Diskriminierung aufgrund der ethnischen Herkunft[16] oder in Verfahren gegen Kopftuchverbote auf die Diskriminierungskategorie Religion. Über rassistische Diskriminierung steht in den Entscheidungen nichts zu lesen.[17] Diese Erfahrung prägte auch meine Arbeit im Antidiskriminierungsbüro Sachsen, wo ich mit meinen Kolleg:innen ab 2006 Verfahren gegen Diskriminierungen nach dem Allgemeinen Gleichbehandlungsgesetz begleitete. Die Benennung diskriminierender Praktiken als »rassistisch« rief oft Abwehr hervor, auf der Gegenseite, aber auch bei Richter:innen. Erschwert wurden unsere Bemühungen dadurch, dass »rassistisch« kein Begriff des Rechts ist, »Rasse« dagegen schon, was dazu führte, dass oft über die Herkunft unserer Klient:innen und kaum über ihre Diskriminierungserfahrung gesprochen wurde. Vor diesem Hintergrund lag auch die Frage nach

scheidung CERD/C/82/D/48/2010 (TBB vs. Deutschland), »aus Gründen der Political Correctness [wird] ein System der Meinungspolizei eingeführt«.

14 Das LG Potsdam v. 08.01.2013-26 Ns 95/12 verurteilte den Flüchtlingsrat Potsdam wegen übler Nachrede, weil dieser dem Rechtsamt der Stadt Brandenburg/Havel einen »Denkzettel für strukturellen und systeminternen Rassismus« verliehen hatte. Aufgehoben durch BVerfG v. 24.07.2013-1 BvR 444/13 wegen Verstoßes gegen Art. 5 Abs. 1 S. 1 GG. Das OLG Nürnberg v. 22.10.2019-3 U 1523/18 untersagte einer Mitarbeiterin der Amadeu Antonio Stiftung den Sänger Xavier Naidoo als »Antisemiten« zu bezeichnen, ausführlich zu diesem und ähnlichen Fällen Doris Liebscher u.a., »Antisemitismus im Spiegel des Rechts«, in: *NJOZ* 30/2020, S. 897-902, hier: 901 f.

15 Antidiskriminierungsstelle des Bundes, *Evaluation des Allgemeinen Gleichbehandlungsgesetzes*, Baden-Baden 2016, S. 40.

16 Ein Beispiel für viele ist LAG Hamm, 10.01.2019-11 Sa 505/18–, Rn. 20, das im Fall rassistischer Diskriminierung eines Schwarzen Mitarbeiters nur auf »Hautfarbe« und »ethnische Herkunft« abstellt.

17 Eine Ausnahme ist ArbG Berlin, 28.03.2012-55 Ca 2426/12 –, Rn. 42. Darin heißt es: »Xenophobie [...] gibt es durchaus auch im progressiven Gewande. Die Frau mit Kopftuch gilt als unemanzipiert und rückständig.«

der Interpretation von Rasse in Art. 3 Abs. 3 S. 1 GG, der ältesten und bekanntesten Vorschrift gegen Rassismus im deutschen Recht, nahe. Wie legen Jurist:innen den Begriff aus? Welche Betroffenheiten von Rassismus sind davon umfasst? Wirken sich internationale Rechtsentwicklungen und die Einführung des AGG auf das grundrechtliche Diskriminierungsverbot aus? Wie wird Rasse in rechtlichen Verfahren gegen Racial Profiling bei Polizeikontrollen diskutiert? Aus all diesen Fragen ergaben sich die Aufgabe, Rasse als Begriff des Rechts zu untersuchen, und der Wunsch zu einer Rechtswissenschaft beizutragen, die Diskriminierung rassismuskompetent beurteilt.

### 1.2. Referenzen einer kritischen Beschäftigung mit Rasse, Rassismus und Recht

Die feministische Rechtswissenschaft gibt dieser Untersuchung eine theoretische Orientierung. Sie diskutiert die Herausforderung, an rechtliche Kategorien wie Geschlecht anzuknüpfen, ohne vergeschlechtlichende Zuschreibungen zu reproduzieren, als »Dilemma der Differenz«.[18] Stehen dort Geschlecht, heterosexistische und heteronormative Diskriminierung im Vordergrund, sind hier Rasse und rassistische Diskriminierung zentraler Untersuchungsgegenstand. Dabei kann keine derartige Kategorie je für sich betrachtet werden. Diskriminierung ist immer mehrdimensional. Vor allem im nordamerikanischen und britischen Raum hat sich mit der Critical Race Theory (CRT) eine Forschungsrichtung etabliert, die das Feld Rasse, Rassismus und Recht aus kritischer rechtswissenschaftlicher Perspektive bearbeitet. CRT hat für eine inter- und transdisziplinäre Beschäftigung mit rassialisierter Differenz und Recht bislang die elaboriertesten Analysen vorgelegt. Sie ist ein wesentlicher Impuls für die Diskussion im deutschen Rechtsraum.

Ein weiterer Grund für die ausführliche Rezeption US-amerikanischer Debatten zu rassistischer Diskriminierung ist eine lange Tradition verfassungsrechtlicher Bezüge auf *race*, die sich in einer umfänglichen Rechtsprechung und Literatur niederschlägt. Hinzu kommt der Einfluss des US-amerikanischen Antidiskrimi-

18 Susanne Baer, »Dilemmata im Recht und Gleichheit als Hierarchisierungsverbot – Der Abschied von Thelma und Louise«, in: *Krim. Journal* 4/1996, S. 242-260.

nierungsrechts auf Art. 3 GG und auf das europäische Antidiskriminierungsrecht. Die Verwendung des englischen Begriffs *race* in deutschsprachigen Veröffentlichungen legt nahe, dass in den USA »*race* als Produkt einer rassistisch konstruierten Ordnung der Welt dekonstruiert wurde«.[19] Hier gilt es zu überprüfen, ob das für das Recht zutrifft. Fraglich ist auch, inwieweit Begriffe und Konzepte der im angloamerikanischen Sprach- und Rechtskontext entstandenen Critical Race Theory auf den deutschen Rechtsdiskurs übertragbar sind, wo dies an Grenzen stößt und wo es Weiter- und Neuentwicklungen bedarf. In deutschsprachigen Veröffentlichungen werden das Verhältnis von Rassismus und Recht und die Bedeutungen von rassialisierter Differenz in Gesetzen und rechtlichen Verfahren bislang vor allem für die Zeit vor 1945 thematisiert.[20] Mit Blick auf die Zeit nach 1945 stößt man immer noch auf eine erstaunliche Leerstelle, dies gilt noch einmal mehr für das Recht der DDR. Nichtsdestotrotz kann sich eine Arbeit zu rassistischer Diskriminierung auf Referenzen im deutschsprachigen Raum stützen.[21] Eine mit der feministischen Rechtswissenschaft vergleichbare rassismuskritische Rechtswissenschaft ist aber erst am Entstehen.[22]

19 Helma Lutz, Anna Amelina, *Gender, Migration, Transnationalisierung: eine intersektionelle Einführung*, Bielefeld 2017, S. 24.

20 Siehe die Verweise in Kapitel 4.1.2. (Kolonialismus) und 4.2. (NS).

21 Für eine post- bzw. dekoloniale Analyse siehe nur die Beiträge in »Schwerpunkt Postkoloniale Theorien, Recht und Rechtswissenschaft«, in: *Kritische Justiz* (45) 2/2012 sowie Karina Theurer, Wolfgang Kaleck (Hg.), *Dekoloniale Rechtskritik und Rechtspraxis*, Baden-Baden 2020; für das internationale Recht Stefanie Schmahl, *Der Umgang mit rassistischen Wahlkampfplakaten vor dem Hintergrund des internationalen Menschenrechtsschutzes*, Baden-Baden 2016; für das Recht der Europäischen Union Dagmar Schiek, »Diskriminierung wegen ›Rasse‹ oder ›ethnischer Herkunft‹ – Probleme der Umsetzung der RL 2000/43/EG im Arbeitsrecht«, in: *AuR* (51) 2/2003, S. 44-51, für das deutsche Verfassungsrecht siehe die Verweise in Kapitel 5.7. und 5.8.

22 Einen dezidiert rassismuskritischen Forschungsansatz vertreten Cengiz Barskanmaz, *Recht und Rassismus – eine rassismusanalytische Würdigung menschenrechtlicher Instrumente*, Wiesbaden 2019; Daniel Bartel, Doris Liebscher, Juana Remus, »Rassismus vor Gericht: Weiße Norm und Schwarzes Wissen im deutschen Recht«, in: Karim Fereidooni, Meral El (Hg.), *Rassismuskritik und Widerstandsformen*, Wiesbaden 2017, S. 361-383; Tarek Naguib, »Mit Recht gegen Rassismus. Kritische Überlegungen zum Verhältnis von Recht und Antirassismus am Beispiel der schweizerischen Strafnorm zur Rassendiskriminierung«, in: *Movements* (2) 1/2016, S. 65-90.

## 1.3. Rechtsdiskurs und Rasse-Rassismus-Diskurse

Wie und wo haben sich Ideen über fundamentale und hierarchische rassialisierte Differenzen zwischen Menschen im Recht erhalten? Wie wurden sie modernisiert, wo durch rassismuskritische Ansätze ersetzt? Eine Analyse der Wissensbestände im diesbezüglich bislang kaum untersuchten deutschen Rechtsdiskurs kann nur gelingen, wenn die Bedeutungen von rassialisierter Differenz, deren Wandel und die Quellen des Wissens über rassialisierte Differenz aufbereitet werden. Es interessiert uns hier somit, welche Wissensbestände im juristischen Feld zirkulieren – Alltagsverständnisse, Residuen der Rassenforschung, Erkenntnisse der Rassismusforschung, Einflüsse anderer Rechtsordnungen und transnationaler Debatten über Rasse und Rassismus.

Zur Beantwortung dieser Fragen wird kein spezifisches diskursanalytisches Forschungsprogramm absolviert. Die Untersuchung orientiert sich jedoch an den Begrifflichkeiten und der Forschungsperspektive der wissenssoziologischen Diskursforschung. Peter L. Berger und Thomas Luckmann haben Gesellschaft zugleich als objektive (institutionalisierte, legitimierte, gemachte) Realität und als subjektive Wirklichkeit im Sinne von internalisierten Sinnstrukturen verstanden.[23] Das Foucaultsche Diskurskonzept beschreibt symbolische Prozesse der Formung von Wahrheit durch ein »Ensemble von geregelten Verfahren für Produktion, Gesetz, Verteilung, Zirkulation und Wirkungsweise der Aussagen«.[24] Diskurstheorie geht dabei nicht davon aus, dass Sprache die Weltsicht determiniert, sie bezieht sich vielmehr auf das in jeweiligen Gesellschaften vorhandene Wissen, das menschliches Handeln und die Gestaltung gesellschaftlicher Wirklichkeit leitet. Dieses Wissen entsteht auch durch die dauerhafte und sich über lange Zeiträume erstreckende Konfrontation mit Aussagen, die sich durch diese Rekursivität und ihre Institutionalisierung im Bewusstsein der Subjekte verankern. Als bedeutungskonstituierende Ereignisse sind Diskurse selbst ein Machtfaktor, der Verhalten und andere Diskurse induziert. Vor diesem Hintergrund sind auch die hier verwendeten Begriffe

23 Peter Berger/Thomas Luckmann, *Die gesellschaftliche Konstruktion der Wirklichkeit*, Frankfurt/M. 1982.

24 Michel Foucault, *Dispositive der Macht: über Sexualität, Wissen und Wahrheit*, Berlin 1978.

»strukturell« und »institutionell« zu verstehen. Der Begriff Struktur verweist auf eine Geschichte der Normalisierung, der Begriff Institution auf Normen, Kulturen und Praktiken gesellschaftlicher Organisationen, durch die diese Normalisierung wirkmächtig wird. Damit ist ein konstruktivistisches Gesellschaftsverständnis angesprochen; mit der Untersuchung von Diskursen gerät aber auch die Perspektivität und Kontingenz von Wissen in den Fokus. Die soziale Praxis des Diskurses prägt die Bedingungen der Möglichkeit der Erkenntnis einer bestimmten historischen Epoche; sie tut das nicht atemporal, sondern zeitlich, nicht global, sondern lokal, nicht universal, sondern konkret.

Zum Rechtsdiskurs zählen rechtswissenschaftliche Zeitschriftenbeiträge und Kommentarliteratur, die legislativen und die judikativen Entscheidungen, die allgemeinverbindliche Normen aufstellen, sie auf konkrete Lebenssachverhalte anwenden und in dem Wissen darum, dass diese mit staatlichem Zwang durchgesetzt werden können, normative Verhaltenserwartungen stabilisieren.[25] Auch das Gespräch über Rasse und Rassismus im Gerichtssaal ist Teil des Rechtsdiskurses, doch beschränkt sich die vorliegende Untersuchung auf die Analyse von Gesetzestexten und Begründungen von Gesetzentwürfen, dokumentierte Gesetzgebungsgeschichte, rechtswissenschaftliche Fachbeiträge und Kommentarliteratur sowie Gerichtsentscheidungen. Weil Wissen umkämpft ist, nimmt eine diskursanalytische Forschungsperspektive dabei sowohl den hegemonialen Diskurs und Teil- und Gegendiskurse in den Blick – in der Sprache des Rechts sind das die herrschende Meinung und Mindermeinungen.

Die Analyse der Begriffe, mit denen die Kategorie Rasse im Wandel der Zeit und in unterschiedlichen Bedeutungsräumen definiert und veranschaulicht wird, zielt darauf ab, übergreifende Wissensformationen im Recht herauszuarbeiten. Damit lässt sich die Perspektivität und Kontingenz rechtlichen Wissens über rassialisierte Differenz zeigen. Auf dieser Grundlage kann die rechts-

25 Rechtsdiskurs, juristischer Diskurs und juridischer Diskurs werden hier bedeutungsgleich gebraucht. Das impliziert keine Verwendung im Sinne des frühen juridisch-diskursiven Machtbegriffs Foucaults, der Macht nur in ihrer repressiven Form im Sinne von Gesetzesgehorsam verstand, dazu Thomas Lembke, »Der Kopf des Königs – Recht, Disziplin und Regierung bei Foucault«, in: *Berliner Journal für Soziologie* 1999, S. 415-439.

dogmatische Diskussion um die Verfasstheit von Antidiskriminierungskategorien im Allgemeinen und die Kategorie Rasse im Besonderen vertieft und erweitert werden. Klären lässt sich so: Wo tauchen tradierte außer-juristische und dem juristischen Diskurs entlehnte rassistische Wissensbestände im Recht gegen Rassismus wieder auf? Wie wirkt dieses Wissen im Zusammenhang mit Antidiskriminierungsrecht, das auf »Diskriminierungsmerkmale« setzt? Erst im Zusammenspiel von beidem, der vergleichenden Untersuchung der Wissensbestände zu Rasse als Kategorie des Rechts und der Auseinandersetzung mit dem Dilemma der Differenz im Recht gegen Rassismus, kann eine weitere Frage informierter beantwortet werden: Ist die Resignifikation des Begriffs Rasse von einem rassistischen zu einem rassismuskritischen Begriff im deutschen Recht ein aussichtsreiches Unterfangen oder drückt die postkategoriale Formulierung »rassistische Diskriminierung« präziser und unmissverständlicher aus, worum es geht?

## 1.4. Über Rasse schreiben – sprachliche Vorbemerkungen

Rasse kann vieles bedeuten, auf eine Sichtbarmachung unterschiedlicher Begriffsverständnisse durch Anführungszeichen wird in dieser Arbeit verzichtet, die unterschiedlichen Verständnisse werden in Kapitel 3 diskutiert. Begriffe in Anführungszeichen verweisen auf Diskurszitate oder die Verwendung in rechtlichen Normtexten. Wenn auf Rasse als analytische Kategorie zur Beschreibung sozialer Realitäten rekurriert wird, findet auch der Begriff »rassialisierte Differenz« Verwendung.[26] Er verweist auf die soziale Praxis des Herstellens und damit auf die soziale Bedingtheit rassistischer Markierungen und Zugehörigkeiten. Da rassialisierte Differenz in verschiedenen Kontexten auch Verschiedenes bedeutet, werden die Originalbegriffe *race* oder *racial* beibehalten, wenn rassialisierte Differenz im ausschließlich englischsprachigen Kontext diskutiert wird.

Begriffe werden nur in der männlichen Form verwendet, wenn

26 In der Rassismusforschung werden die Begriffe »rassialisierte Differenz« und »rassifizierte Differenz« synonym verwendet. Rassialisierung orientiert sich am englischen Begriff *racialisation* und steht analog zu Ethnisierung, Rassifizierung greift eine Konnotation des lateinischen *ficere* auf.

ausschließlich Männer gemeint sind oder wenn sich Beschreibungen nicht auf konkrete Personen, sondern auf rassialisierte Gruppenkonzepte beziehen, z. B. auf »die Juden« oder »die Schwarzen«. Die Schreibweise mit Doppelpunkt, wie in Jurist:innen, lässt Raum für Identitäten jenseits der Zweigeschlechtlichkeit.[27] Schwarz und weiß werden, wenn nicht anders als Zitat ausgezeichnet, nicht im Sinne von phänotypischen Merkmalen wie Hautfarbe verwendet, sondern als politische Ordnungskategorien. Wenn explizit Hautfarbe gemeint ist, dann wird der deutsche Begriff Hautfarbe verwendet. Schwarz und weiß stehen für relationale Positionen in einem rassistisch strukturierten Gesellschaftssystem. Schwarz wird großgeschrieben, wenn es sich dabei um eine Selbstbezeichnung von Menschen mit Rassismuserfahrungen handelt. Der Begriff farbig ist im Unterschied zum englischen *colored* keine Selbstbezeichnung von Schwarzen Menschen im deutschsprachigen Raum, er wird unter anderem aufgrund seines kolonialen Ursprungs abgelehnt.[28] Der Begriff Black/Indigenous/People of Color (BIPOC) wird als eine auch im Deutschen gebräuchliche politische Selbstbezeichnung von und für Menschen mit postkolonialer Geschichte verwendet. Dabei sind Selbstbezeichnungen weder statisch noch *per se* unproblematisch, sie unterliegen Aushandlungsprozessen, Veränderungen und sind Ausdruck politischer und akademischer Konjunkturen. Die Herausgeberinnen von *Farbe bekennen*, einem Standardwerk der Rassismusforschung, erklären den Rückgriff auf Selbstbezeichnungen so:

> Mit dem Begriff afro-deutsch kann und soll es nicht um Abgrenzung nach Herkunft und Hautfarbe gehen, wissen wir doch allzu gut, was es heißt, unter Ausgrenzung zu leiden. Vielmehr wollen wir afro-deutsch den herkömmlichen Behelfsbezeichnungen wie Mischling, Mulatte oder Farbige entgegensetzen, als einen Versuch, uns selbst zu bestimmen, statt bestimmt zu werden.[29]

27 Dazu BVerfG, 10. 10. 2017-1 BvR 2019/16 = BVerfGE 147, 1 (Dritte Option).

28 Adibeli Nduka-Agwu, »›Farbig‹, ›Farbige_e‹«, in: dies., Lann Hornscheidt (Hg.), *Rassismus auf gut Deutsch*, Frankfurt/M. 2010, S. 127-131. Der Begriff *colored* ist auch in englischsprachigen Kontexten nicht unumstritten, vgl. Stuart Hall, *Vertrauter Fremder*, Hamburg 2020, S. 11.

29 Katharina Oguntoye, May Opitz (Ayim), Dagmar Schultz (Hg.), *Farbe bekennen: afro-deutsche Frauen auf den Spuren ihrer Geschichte*, Berlin 1991, S. 10; zum Begriff »Schwarze Deutsche« May Ayim, »Die afro-deutsche Minderheit«, in:

Eine Arbeit, die rassialisierte Differenz im Recht analysiert, kommt schließlich nicht umhin, rassistische Sprache wiederzugeben. Das Dilemma betrifft die Rechtswissenschaft als Ganzes, die Judikative wie die Forschung. Ich zitiere rassistische Fundstellen in Gerichtsentscheidungen, Kommentierungen und rechtswissenschaftlichen Aufsätzen unverfremdet. Dies geschieht, um sie als Teil des Rechtsdiskurses zu dokumentieren und sie als diskriminierende, verletzende Sprache zu problematisieren – mit dem Ziel, dass sie seltener werden. Der englischsprachige Begriff *negro*, der sowohl die rassistische Bedeutung des N-Worts haben kann als auch als Selbstbezeichnung dient, wird im Original beibehalten. Bei der eigenen Beschreibung von Lebenssachverhalten verzichte ich auf diskriminierende Sprache, Begriffe wie das N-Wort werden nicht ausgeschrieben, ihr rassistischer Gehalt wird in Fußnoten erklärt oder durch Quellen nachgewiesen.[30]

## 1.5. Zum Gang der Untersuchung

Diese Arbeit ist als interdisziplinäre Forschung angelegt. Das dieser Einleitung folgende zweite Kapitel arbeitet Bezugsquellen einer rassismuskritischen Rechtswissenschaft sowie deren Prämissen und Kontroversen ein. Der juristische Rasse- und Rassismusdiskurs »speist« sich auch aus interdisziplinären Quellen: aus politischen und alltagsweltlichen, lebens-, kultur- und sozialwissenschaftlichen und natürlich aus juristischen Aussagen, die soziale Wissensvorräte enthalten und mit denen um Gehör, Legitimität, Wahrheit gekämpft wird. Das dritte Kapitel spürt diesem Wissen nach. Kapitel 3.1 stellt Rassismen und Rassediskurse als globale Phänomene moderner Vergesellschaftung vor, Kapitel 3.2 und 3.3 analysieren Konzeptionen von rassialisierter Differenz zeit-, raum- und dis-

Susan Arndt (Hg.), *AfrikaBilder: Studien zu Rassismus in Deutschland*, Münster 2001, S. 71-86.

30 Zum N-Wort Natasha Kelly, »Das N-Wort«, in: Nduka-Agwu/Hornscheidt (Hg.), *Rassismus auf gut Deutsch*, S. 157. Der Begriff hat auch ohne Absicht den Gehalt eines rassistischen Schimpfwortes, AG Schwäbisch Hall, 01.06.1995-1 C 824/94, NJW-RR 1996, 21, und AG Karlsruhe, 03.05.2016-5 Cs 520 Js 39011/15; OLG Köln, 19.01.2010-24 U 51/09. Für das Wort »Zigeuner« fehlt eine richterliche Klarstellung des diskriminierenden Gehalts bisher.

kursspezifisch. Das gesamte Kapitel verdeutlicht vielfältige affirmative, kritische oder ablehnende Bezugnahmen auf den Begriff Rasse und unternimmt eine Systematisierung dieser Verständnisse. Im Fortgang der Untersuchung wird die Frage beantwortet, welche der dargestellten Konzepte sich im deutschen Recht finden sowie in jenem Recht, das das deutsche Recht prägt. Das vierte Kapitel nimmt unmittelbar rassistisches Recht in den Blick, mithin solches Recht, das sich ausdrücklich auf rassische Kategorisierungen bezieht und damit rassistische Benachteiligung vorschreibt oder legitimiert. In einem historischen Rückblick werden rechtliche Bezüge auf rassialisierte Differenz in den USA (4.1.1), im deutschen Kolonialismus und in der Weimarer Republik (4.1.2) sowie im Nationalsozialismus (4.2) untersucht und Gemeinsamkeiten und Besonderheiten herausgearbeitet.

Recht, das auf die Kategorie Rasse mit dem Ziel zurückgreift, rassistische Benachteiligung zu verhindern und abzubauen, steht im Mittelpunkt des fünften Kapitels. Einen Überblick über Genese, Gleichheitsverständnisse und kategoriale Verfasstheit dieses Rechts gegen Rassismus gibt Kapitel 5.1. Das US-amerikanische Verfassungsrecht (5.2) interessiert, weil es schon früh ein Diskriminierungsverbot mit Blick auf *race* formulierte, und wegen vielfältiger Einflüsse auf das deutsche Recht. Kapitel 5.3 untersucht, wie *race* ins internationale Recht gelangte und dort diskutiert wird, Kapitel 5.4 stellt diese Fragen mit Blick auf das Recht der Europäischen Union und ihrer Mitgliedstaaten. Die folgenden Kapitel analysieren Genese und Bedeutungen der Kategorie Rasse im deutschen Verfassungsrecht. Während Kapitel 5.5 verfassungsrechtliche Vorläufer sucht und nach der Rolle fragt, die die alliierte Gesetzgebung für das deutsche Recht gegen Rassismus nach 1945 gespielt hat, untersucht Kapitel 5.6, was Jurist:innen unter Rasse und Rassismus in der DDR verstanden. Kapitel 5.7 analysiert das Landesrecht in den westlichen Besatzungszonen und die Debatten auf Herrenchiemsee und im Parlamentarischen Rat zum Diskriminierungsverbot »wegen seiner Rasse«. Kapitel 5.8 zeichnet dann Entwicklungen, Brüche und Kontinuitäten in Literatur und in Rechtsprechung zu »Rasse« in Art. 3 Abs. 3 seit 1949 nach. Kapitel 6 diskutiert abschließend die Folgerungen für ein effektives Recht gegen Rassismus angesichts des antirassistischen Dilemmas der Differenz und zeigt postkategoriale Alternativen zu Rasse als Rechtsbegriff auf.

# 2. Rassismuskritische Rechtswissenschaft

> That race is constructed, does not diminish in any way its social power or legal permanence.
>
> Ian Haney López[1]

Logik, Struktur und Wirkung des Rechts sind in soziale Verhältnisse eingebunden. Recht spiegelt soziale Wirklichkeit, es prägt Perspektiven auf diese Wirklichkeit und es konstituiert sie mit. Diese Wirklichkeit ist von sozialer Ungleichheit durchdrungen. Rassistische Hierarchien waren konstitutiv für die bürgerliche Gesellschaftsformation und ihr Recht und sie sind bis heute grundlegend für deren Verfasstheit und Dynamik. Kritische Rechtswissenschaft interessiert sich deshalb auch für Rassismus als rechtlich geprägtes und das Recht prägendes soziales Verhältnis. Als rassismuskritische Rechtswissenschaft unterzieht sie hegemoniale und marginalisierte Perspektiven auf rassialisierte Differenz im Recht einer inter- und transdisziplinären Analyse. Dabei zielt sie auch auf die Anwendung von Recht mit emanzipatorischen Effekten zur Überwindung von Rassismus. Sie ist damit beides, rassismusbewusste und antirassistische Wissenschaft.

## 2.1. Bezugspunkte

Die in den USA entstandene Critical Race Theory verbindet Rechtswissenschaft und Rassismusforschung. Zusammen mit Erkenntnissen der feministischen Rechtswissenschaft informiert sie auch die rassismuskritische Analyse des deutschen Rechts.

### 2.1.1. Rassismusforschung: Rassismus als soziales Verhältnis

Im Zentrum des Forschungsinteresses von Rassismusforschung steht Rassismus als Ideologie der Ungleichheit, als Diskurs der Differenz oder als Wissen-Macht-Komplex in seinen Funktionen und

1 Ian Haney López, »Race, Ethnicity, Erasure: The Salience of Race to LatCrit Theory«, in: *California Law Review* 85/1998, S. 1143-1211.

seinen Wirkungen.[2] Als Machtverhältnis ist Rassismus gesellschaftlich umkämpft und somit auch veränderbar. Als Herrschaftsverhältnis ist er, wie im Kolonialismus, im Nationalsozialismus oder im US-amerikanischen Sklaverei-System, stärker – auch rechtlich – institutionalisiert und damit schwerer zu verändern.[3] Rasse wird in diesem machttheoretischen Kontext als Ordnungskategorie und als Identitätskategorie versteh- und analysierbar. Einer Grundannahme der Rassismusforschung folgend, sind Rassismus und Rassekonzeptionen – entgegen immer noch verbreiteten Alltagstheorien – nicht natürlich, sondern »eine Hervorbringung menschlichen Denkens, eine Form menschlichen Handelns und somit ein durch und durch historisches Phänomen«.[4] Deutlich wird das an der Formulierung »rassialisierte Differenz«, die in dieser Untersuchung verwendet wird.

Die Geschichte der Forschung zu Rassismus in Deutschland begann Anfang der 1980er Jahre, seither hat sich die deutsche Rassismusforschung deutlich verbreitert.[5] Erste Forschungsarbeit zur Geschichte und Gegenwart Schwarzer Deutscher leistete das 1986 veröffentlichte Buch *Farbe bekennen*, in dem afrodeutsche Frauen ihre Erfahrungen in Deutschland verarbeiten und kontextualisieren.[6] Im selben Jahr erschien der Sammelband *Rassismus. Die Schwierigkeit, nicht rassistisch zu sein.*[7] Beide Bücher erschienen in kleinen Verlagen, heute gelten sie als Klassiker. Hintergrund für ein stärkeres Interesse an der wissenschaftlich-aktivistischen Beschäfti-

2 Als Überblick Les Back, John Solomos (Hg.), *Theories of Race and Racism: A Reader*, London 2009; Claus Melter u. a. (Hg.), *Rassismuskritik Band 1*, Schwalbach/Taunus 2009.

3 Herrschaft als Sonderfall von Macht durch Institutionalisierung beschreibt Max Weber, *Wirtschaft und Gesellschaft. Grundriss der verstehenden Soziologie*, Tübingen 1980, S. 541. Zum Unterschied von Herrschaft und Macht Michel Foucault, *Der Wille zum Wissen*, Frankfurt/M. 1985, S. 93.

4 Christian Geulen, *Geschichte des Rassismus*, München 2014, S. 8.

5 Als Überblick zur Theoriebildung Manuela Bojadžijev, »Konjunkturen der Rassismustheorie in Deutschland«, in: Naika Foroutan u. a. (Hg.), *Das Phantom »Rasse«*, Köln 2018, S. 47-64, Mark Terkessidis, »Neo Racism without Racism Theory. The Reception of Race, Nation, Class in Germany«, in: Manuela Bojadžijev, Katrin Klingan (Hg.), *Balibar/Wallerstein's Race, Nation, Class: Rereading a Dialogue For Our Times*, Hamburg 2018, S. 210-222.

6 Oguntoye/Opitz/Schultz (Hg.), *Farbe bekennen*, 1991, Erstaufl. 1986.

7 Annita Kalpaka, Nora Räthzel (Hg.), *Die Schwierigkeit, nicht rassistisch zu sein: Rassismus in Politik, Kultur und Alltag*, Köln 2017, Erstaufl. 1986.

gung mit Rassismus war die Welle rassistischer und antisemitischer Gewalttaten nach der deutschen Vereinigung, aber auch die sich durchsetzende Erkenntnis, dass Deutschland ein Einwanderungsland war und ist. Dabei wurden zunächst vor allem Texte aus den europäischen Nachbarländern Großbritannien, Frankreich und den Niederlanden rezipiert, Ländern, die sich schon länger mit ihrer kolonialen Vergangenheit und mit der Realität rassistischer Diskriminierungen in der Migrationsgesellschaft auseinandersetzten.[8] Eine neue kritische Rassismus- und Migrationsforschung, die maßgeblich Wissenschaftler:innen aus Einwanderungsfamilien und Schwarzen Deutschen zu verdanken ist, begann die Funktionsweisen und Auswirkungen von Rassismen in der postkolonialen, postnationalsozialistischen und postmigrantischen[9] deutschen Gesellschaft zu beleuchten.[10] Hinzu kamen Arbeiten, die bestehende (rechts-)historische und rassismustheoretische Forschungen zum nationalsozialistischen Deutschland um Untersuchungen der historischen Kontinuitäten im deutschen Staatsangehörigkeitsrecht im deutschen Kaiserreich, der Weimarer Republik und dem sich daraus ergebenden Verständnis von Deutschsein ergänzten.[11]

8 Zu den rezipierten und übersetzten Autor:innen zählen u.a. Theodor Allen, Etienne Balibar, Philomena Essed, Stuart Hall, Colette Guillaumin, Robert Miles und Nira Yuval-Davis, siehe die Beiträge in Institut für Migrations- und Rassismusforschung (Hg.), *Rassismus und Migration in Europa*, Berlin 1992. Frühere Ausnahmen bildeten die Übersetzung von George L. Mosses, *Toward the Final Solution. A History of European Racism,* New York 1978, als *Geschichte des Rassismus in Europa*, Frankfurt/M. 1990 (hier zitiert aus Auflage 2006) sowie von Imanuel Geiss, *Geschichte des Rassismus*, Frankfurt/M. 1988.

9 Der Begriff »postmigrantisch« verweist auf die politischen, kulturellen und sozialen Transformationen, Konflikte und Identitätsbildungsprozesse in Gesellschaften mit einer Geschichte der postkolonialen und der Gastarbeiter-Migration, vgl. Naika Foroutan, Juliane Karakayali, Riem Spielmann (Hg.), *Postmigrantische Perspektiven*, Frankfurt/M. 2018.

10 Mark Terkessidis, *Psychologie des Rassismus*, Opladen 1998; Alex Demirović, Manuela Bojadžijev (Hg.), *Konjunkturen des Rassismus*, Münster 2002; Encarnación Gutiérrez Rodríguez, Hito Steyerl, (Hg.), *Spricht die Subalterne deutsch? Migration und postkoloniale Kritik*, Münster 2003; Maria do Mar Castro Varela, Dimitria Clayton, (Hg.), *Migration, Gender, Arbeitsmarkt*, Königstein/Taunus 2003.

11 Fatima El-Tayeb, *Schwarze Deutsche: der Diskurs um »Rasse« und nationale Identität 1890-1933*, Frankfurt M., New York 2001; Dieter Gosewinkel, *Einbürgern und Ausschließen: die Nationalisierung der Staatsangehörigkeit vom Deutschen Bund bis zur Bundesrepublik Deutschland*, Göttingen 2001; Sebastian Conrad, Jürgen

Nach der Jahrtausendwende wurden verstärkt Arbeiten aus dem US-amerikanischen Kontext rezipiert.[12] Dadurch kam es zu einer Etablierung kritischer Weißseinsforschung und zur sprachwissenschaftlichen Beschäftigung mit Rassismus.[13]

Auch die Forschung zur Entstehung von Rasseklassifikationen und deren Hierarchisierung in der Zeit der Aufklärung, der Zusammenhang von Rasseforschung und Kolonialismus sowie von Rasseforschung, Vernichtungspolitik und Recht im Nationalsozialismus ist umfangreich.[14] Zur Entwicklung des Rassebegriffs in der Bundesrepublik nach 1945 liegen indes nur drei Fallstudien vor, die – was bezeichnend ist – im US-amerikanischen Forschungskontext entstanden und in einem Sammelband erschienen.[15] Hinzu kommen rassismustheoretische und wissenssoziologische Untersuchungen des Rassediskurses in Deutschland nach 1945 für die Anthropologie bzw. Ethnologie und für die Lebenswissenschaften.[16] Sie sind für die Analyse des juristischen Rassediskurses von Interesse, weil Jurist:innen diese Wissenschaftsfelder als Wissensquellen verwenden.

Osterhammel (Hg.), *Das Kaiserreich transnational: Deutschland in der Welt 1871-1914*, Göttingen 2006, Erstaufl. 2001.

12 Eine damit einhergehende Amnesie gegenüber der frühen deutschsprachigen Rassismusforschung kritisiert Mark Terkessidis, »Über Rassismus reden«, in: *taz* vom 20.02.2017, ⟨www.taz.de/!5382405/⟩, letzter Zugriff 01.11.2020.

13 Maisha Eggers u.a. (Hg.), *Mythen, Masken und Subjekte. Kritische Weißseinsforschung in Deutschland*, Münster 2017, Erstaufl. 2005; Nghi Ha Kien, Lauré al-Samarai, Sheila Mysorekar (Hg.), *re/visionen: postkoloniale Perspektiven von People of Color auf Rassismus, Kulturpolitik und Widerstand in Deutschland*, Münster 2016, Erstaufl. 2007.

14 Für viele Susan Arndt, »Weißsein – Zur Genese eines Konzepts«, in: Jan Standke, Thomas Düllo (Hg.), *Theorie und Praxis der Kulturwissenschaften*, Berlin 2008, S. 95-129; Cornelia Essner, »Border-line im Menschenblut«, in: Fritz Bauer Institut (Hg.), *Gesetzliches Unrecht: rassistisches Recht im 20. Jahrhundert*, Frankfurt M., New York 2005, S. 27-64.

15 Rita Chin u.a. (Hg.), *After the Nazi Racial State*, Ann Arbor 2009.

16 Katharina Schramm, »Neue Technologien – alte Kategorien? Die Problematisierung von Rasse an der Schnittstelle von Wissenschaft und Politik«, in: *Zeitschrift für Ethnologie* (139) 2/2014, S. 233-252; Tino Plümecke, *Rasse in der Ära der Genetik*, Bielefeld 2013.

### 2.1.2. Feministische Rechtswissenschaft: Geschlechtsspezifische Diskriminierung als Ausdruck eines Ungleichheitsverhältnisses

Der Umgang mit Differenzkonstruktionen und sozialer Ungleichheit im Recht ist ein zentrales Thema kritischer Rechtswissenschaft. Forschungen und Debatten zur Differenz in der Gleichheit bzw. zur Gleichheit in der Differenz nehmen eine bedeutende Stellung innerhalb der geschlechtertheoretisch ausgerichteten feministischen Rechtswissenschaft ein.[17] Sie hat dazu grundlegende Überlegungen angestellt, aus denen auch andere Disziplinen schöpfen können.[18] Ihre Vertreter:innen haben herausgearbeitet, wie Differenzdiskurse Frauen und der binären Geschlechternorm nicht entsprechenden Menschen den Status eines vollwertigen bürgerlichen Subjektes absprechen und rechtliche Ungleichstellungen legitimieren bzw. sie mit hervorbringen. Feministische Rechtswissenschaft fragt auch, welches Wissen über Geschlecht als natürliche und/oder soziale Kategorie im Recht zirkuliert, welche Rolle der Rechtsdiskurs bei der Herstellung von Geschlecht und der Zuweisung sowie Rechtfertigung vergeschlechtlichter Positionen einerseits und für den Abbau damit einhergehender Diskriminierungen andererseits spielt. Sie formuliert dadurch auch auf rassialisierte Differenz übertragbare Einsichten in das Verhältnis von Recht und Gleichheit.[19]

Feministische Rechtswissenschaft zeigt, dass das Recht, auch wenn es sich in neutrale Gewänder hüllt, immer mit Wertentscheidungen verbunden ist, die vor dem Hintergrund unterschiedlicher Normativitätsvorstellungen, Normalitätsmaximen und Wissensarchive entstehen.[20] Eine Konzeption von Recht, seinen Institutionen und Entscheidungsprozessen als politisch neutral, erkenntnis-

17 Für viele Andrea Maihofer, *Geschlecht als Existenzweise*, Frankfurt/M. 1995.

18 Für einen Überblick Susanne Baer, Sarah Elsuni: »Feministische Rechtstheorien, Charakteristika und Leitfragen feministischer Rechtstheorie«, in: Eric Hilgendorf, Jan Joerden (Hg.), *Handbuch Rechtsphilosophie*, Stuttgart 2017, S. 270-277; Lena Foljanty, Ulrike Lembke, *Feministische Rechtswissenschaft*, Baden-Baden 2021.

19 Gerald Torres, »The Ecology of Justice. The Relationship between Feminism and Critical Race Theory«, in: Catharine MacKinnon, Reva Siegel (Hg.), *Directions in Sexual Harassment Law*, New Haven 2004, S. 67-76, hier: S. 68.

20 Susanne Baer, »Justitia ohne Augenbinde?«, in: Mechthild Koreuber, Ute Mager (Hg.), *Recht und Geschlecht*, Baden-Baden 2004, S. 19-31.

theoretisch objektiv und formal-prozedural determiniert, ist daher ein Mythos.[21] Aus dieser Erkenntnis ergibt sich auch die Aufforderung zu kritischer Reflexion rechtlichen Wissens und rechtlicher Macht. Feministische Rechtswissenschaft wendet die Reflexion auf die historische und biografische Kontingenz, die Kontextualität und Situiertheit von Wissen als rechtswissenschaftliche Methode an. Ihr ist an der Kritik einer spezifischen – vergeschlechtlichten – Perspektive von Wissensproduktion und Recht gelegen. Die hegemoniale Perspektive, die sie offenlegt, ist dabei eine sozial männliche und heteronormative. Feministische Rechtswissenschaft stellt aber auch die Frage nach wirksamen rechtlichen Instrumenten für echte Gleichheit. Am Beispiel der Perspektive von Frauen und Queers zeigt sie, dass Neutralität, verstanden als Unparteilichkeit und Uninteressiertheit, nicht automatisch zu mehr Gleichheit führt, sondern soziale Ungleichheit perpetuiert. Das führt zu Auseinandersetzungen um das bessere Recht, ob als ein Recht für die Gruppe der Frauen oder als ein Recht, das die heteronormative Zweigeschlechtlichkeit überwindet.[22] Damit treibt die feministische Rechtswissenschaft auch die Frage nach dem Subjekt feministischer Politiken um: Wer Frauen im Sinne des Gleichheitsrechts sind und ob und wie Geschlecht jenseits der Binarität weiblich und männlich zu bestimmen und rechtlich zu regulieren ist, ist Gegenstand kontroverser Debatten.

### 2.1.3. Critical Race Theory: Rasse als Analysekategorie des Rechts

Schwarze Frauen waren von Beginn an Teil der in den 1980er Jahren in den USA entstehenden Critical Race Theory. Eine der Gründerinnen, Kimberlé W. Crenshaw, hat CRT als doppelte Intervention beschrieben: eine rassismusbewusste Intervention in den Diskurs der in den 1970er Jahren in den USA aufkommenden Critical Legal Studies (CLS, auch Crits) und eine linke Intervention in die liberale Civil-Rights-Bewegung, die mit zivilem Ungehorsam und

21 Catharine MacKinnon, *Toward a Feminist Theory of the State*, Cambridge 1991, S. XI.

22 Für Ersteres Tove Dahl Stang, *Frauenrecht*, Bielefeld 1992; für Letzteres Sabine Hark, »Durchquerung des Rechts. Paradoxien einer Politik der Rechte«, in: dies. (Hg.), *Queering Demokratie. Sexuelle Politiken*, Berlin 2000, S. 28-44.

auf rechtlichem Weg gegen rassistische Diskriminierung vorging.[23] Als marxistisch geprägte Rechtskritik zeigten Critical Legal Studies die Effekte einer als unpolitisch markierten politischen Ökonomie in liberalen Gesellschaftsordnungen auf das Recht auf.[24] Die Rechtsverhältnisse galten ihnen durch die Totalität kapitalistischer Produktionsverhältnisse vermittelt, das führe zu einer systematischen Kontamination des Rechts durch kapitalistische Herrschaft und strukturelle ökonomische Zwänge.[25] Recht entscheide »zum Schutze und Erhalt der Eigentumsinteressen weißer, männlicher Macht«, zugleich verdecke die vermeintliche Neutralität des Rechts dieses Verhältnis von Recht und Kapital.[26] Wenn von materiellen Verhältnissen die Rede ist, sind damit also zuvorderst ökonomische Verhältnisse angesprochen. Kapitalinteressen werden nach diesem Verständnis zwar von weißer, männlicher Macht repräsentiert, den Grundwiderspruch bildet aber das Verhältnis von Arbeit und Kapital.[27] Vergeschlechtlichte und rassialisierte Differenzierungen gelten in dieser Lesart nicht in gleicher Weise als gesellschaftsstrukturierend wie die Kategorie Klasse.[28] Sie werden eher als horizontale Disparitäten angesehen, die für Stratifikation innerhalb von Klassen und Schichten sorgen. Doch der Widerspruch von Kapital und Arbeit ist auf komplexere Art sowohl mit einer geschlechtsspezifischen Trennung in öffentliche und private Sphäre als auch mit kolonialen und postkolonialen Ressourcenzugängen verbunden.

23 Kimberlé Crenshaw u. a. (Hg.), *Critical Race Theory. The Key Writings that Formed the Movement*, New York 1995, S. xxii.

24 Grundlegend zu diesen und späteren Einflüssen Günther Frankenberg, »Partisanen der Rechtskritik. Critical Legal Studies etc.«, in: Sonja Buckel, Ralph Christensen, Andreas Fischer-Lescano (Hg.), *Neue Theorien des Rechts*, 2020, S. 171-187; eine Darstellung jüngerer Debatten bei Wendy Brown, Janet Halley (Hg.), *Left Legalism/Left Critique*, Durham 2002.

25 Hubert Rottleutner (Hg.), *Probleme marxistischer Rechtstheorie*, Frankfurt/M. 1975; kritisch dazu Sonja Buckel, *Subjektivierung und Kohäsion. Zur Rekonstruktion einer materialistischen Theorie des Rechts*, Weilerswist 2007.

26 Alan Hutchinson, »Introduction«, in: dies. (Hg.), *Critical Legal Studies*, Totowa 1989, S. 3-13, Übers. d. Verf.

27 Wolfgang Fritz Haug, Isabel Monal, »Grundwiderspruch, Haupt-/Nebenwiderspruch«, in: Wolfgang Fritz Haug (Hg.), *Historisch-kritisches Wörterbuch des Marxismus*, Hamburg 2001, S. 1040.

28 Klasse wird marxistisch als materielle Position verstanden, die Produktionsmittelbesitzer:innen von produktionsmittellosen Lohnarbeiter:innen scheidet.

Kapitalistische Wertschöpfung ist auf unbezahlte Arbeit wie Reproduktionsarbeit ebenso angewiesen wie auf vergeschlechtlichte, auf rassialisierte und ethnisierte Arbeit, die schlechter entlohnt ist. Eine Kritik heterosexistischer und rassistischer Machtverhältnisse muss deshalb in bestehende Analysen, Politiken und Theorien des Rechts inkorporiert werden.

Critical Race Theory erweiterte bzw. verschränkte die marxistische und die feministische Kritik am liberalen Gleichheitsverständnis vor diesem Hintergrund mit der Einsicht in die Bedeutung von rassialisierter Differenz im Zusammenspiel mit Recht und Herrschaft. Exemplarisch für eine solche Kritik ist Cheryl Harris' Aufsatz »Whiteness as Property«, eine Untersuchung der Genealogie des Eigentumsrechts in den USA, die Erkenntnisse der Rassismusforschung mit solchen der Rechtswissenschaft verbindet.[29] Harris beschreibt darin die Entstehung des Eigentums als Zusammenwirken von Recht und der in Nordamerika von 1619-1865 praktizierten Sklaverei, der *chattel slavery*. Sie diskutiert Rassismus dabei nicht als Ausnahme oder individuellen Rassenhass, sondern als gesellschaftlichen Regelfall und soziale Struktur. Diese Erkenntnis gehört heute zum Kanon rassismuskritischer Rechtswissenschaft in den USA.

Kontrovers wird dagegen die Frage diskutiert, ob formale Rechtsgleichheit und individuelle Rechtsansprüche für den Abbau fortwirkender rassistischer Stratifizierungen ausreichen. An dieser Stelle grenzt sich Critical Race Theory wiederum von liberalen Ansätzen in der Civil-Rights-Bewegung ab. Deren Erfolge vor Gericht, erstritten von Organisationen wie der National Association for the Advancement of Colored People (NAACP), haben zum Abbau rassistischer Segregation in den USA wesentlich beigetragen.[30] Doch mit dem Ende der Segregation und dem Erkämpfen der formalen rechtlichen Gleichheit war der Rassismus nicht vorbei. Er erwies sich als flexibel gegenüber dem liberalen Narrativ vom meritokratischen Gleichheitsversprechen und vom Recht als »apolitischem Mediator rassischer Konflikte«.[31] Schwarze Menschen kommen heute seltener zu ihrem Recht und befinden sich öfter im Straf-

29 Cheryl Harris, »Whiteness as Property«, in: Crenshaw u. a. (Hg.), *Critical Race Theory*, S. 276-291.

30 Zum Ganzen Adam Fairclough, *Better Day Coming: Blacks and Equality 1890-2000*, New York 2002, S. 67 ff., 181 ff., 249 ff.

31 Crenshaw u. a. (Hg.), *Critical Race Theory*, S. xxv, Übers. d. Verf.

vollzug als Weiße.[32] Auch das akademische rechtswissenschaftliche Feld blieb lange fast ausschließlich weiß organisiert.[33] CRT fordert deshalb eine besondere Schwarze Perspektive, mehr Schwarze Präsenz im Recht sowie spezifische Gruppenrechte für BIPOC.[34] Ein zentrales Anliegen war und ist die Besetzung von Professuren mit BIPOC und die Etablierung und Verteidigung von Affirmative-Action-Maßnahmen im Universitätsbetrieb.[35] Die Entstehung von CRT geht entscheidend auf diese Kämpfe zurück. Als Derrick Bell, der erste afroamerikanische Professor der Harvard Law School und Autor des Schlüsselwerkes *Race, Racism, and American Law*,[36] Harvard im Jahr 1980 verließ, protestierten Studierende für die Besetzung der Vakanz mit einer Schwarzen Person und organisierten eine alternative Vorlesung, die als Genesis von CRT gilt.[37]

Critical Race Theory ist aus der Schwarzen Bürgerrechtsbewegung entstanden und wurde entscheidend von afroamerikanischen Protagonist:innen geprägt. Im Mittelpunkt stand deshalb lange die Entrechtung und Ins-Recht-Setzen von Schwarzen vor dem historischen Hintergrund von Sklaverei und Segregation. Das daraus resultierende »Schwarz-Weiß-Paradigma« wurde kritisiert, weil es die spezifischen Betroffenheiten und die Belange von Native Americans, Asians und von Latino:as in Nordamerika zu wenig berücksichtigte.[38] Die Kritik bewirkte eine Öffnung von Critical Race

32 Michelle Alexander, *The New Jim Crow. Mass Incarceration in the Age of Colourblindness*, New York 2010.

33 Crenshaw u. a. (Hg.), *Critical Race Theory*, S. xxii.

34 Grundlegend schon Richard Delgado, »The Ethereal Scholar: Does Critical Legal Studies Have What Minorities Want?«, in: *Harvard Civil Rights – Civil Liberties Law Review* (22) 1987, S. 301-322.

35 In Deutschland werden diese Fragen bisher vor allem im Zusammenhang mit geschlechtergerechter Repräsentation diskutiert, vgl. Ute Sacksofsky, Carolin Stix: »Was lange währt und immer noch nicht gut ist. Zur Repräsentanz von Frauen in der Wissenschaft vom Recht«, in: *Kritische Justiz* 4/2018, S. 464-474; zur Unterrepräsentation von People of Color im Rechtsbetrieb Iyola Solanke, »Where are the Black Lawyers in Germany?«, in: *Kritische Justiz* 4/2018, S. 179-188.

36 Derrick Bell, *Race, Racism, and American Law*, New York 2008.

37 Crenshaw u. a. (Hg.), *Critical Race Theory*, S. xxf. Die Entstehung an der Law School der UC Berkeley erörtern Sumi Cho, Robert Westley, »Critical Race Coalitions: Key Movements that Performed the Theory«, in: *U.C. Davis Law Review* (33) 2000, S. 1377-1427.

38 Juan Perea, »The Black-White Binary Paradigm of Race: The ›Normal Science‹ of American Racial Thought«, in: *California Law Review* 85-107/1997, S. 1213-1258.

Theory.[39] Latin Critical Theory (LatCrit) beschreibt die Rassialisierung von Native Americans und die Erfahrungen von Migrant:innen aus Lateinamerika an der Schnittstelle von Rassialisierung, Migrationsstatus, Staatsangehörigkeit und Aufenthaltsstatus.[40] Seit 2001 und verstärkt seit dem *muslim ban* der Regierung Trump beschäftigt CRT auch die Diskriminierung von Muslimen im Zusammenspiel von Rassialisierung und Zuschreibungen an die Religion.[41] Seit einigen Jahren machen sich Vertreter:innen von Critical Race Theory Europe auch um eine rassismuskritische Rechtswissenschaft im europäischen und deutschen Kontext verdient.[42]

Eine Leerstelle von CRT stellt historischer und aktueller Antisemitismus dar und somit das Verhältnis von Juden und Jüdinnen und dem Recht.[43] Als Gründe können der Bruch der Schwarzen Bürgerrechtsbewegung mit ihren jüdischen Unterstützer:innen und die Emanzipation der jüdischen Bevölkerung in den USA gelten.[44] Beides hat dazu geführt, dass jüdische Menschen in den USA heute als weiß gelten. Zum anderen ist die Beschäftigung

39 Kimberlé W. Crenshaw, »Mapping the Margins: Intersectionality, Identity Politics, and Violence against Women of Color«, in: *Stanford Law Review* (43) 6/1991, S. 1241-1299, benennt bereits die Diskriminierungserfahrung migrierter Frauen.

40 Haney López, »Race, Ethnicity, Erasure«, S. 1143; Addie Rolnick, »The Promise of Mancari: Indian Political Rights as Racial Remedy«, in: *N.Y.U. Law Review* (86) 2011, S. 958-1006.

41 Caroline Mala Corbin, »Terrorists Are Always Muslim but Never White: At the Intersection of Critical Race Theory and Propaganda«, in: *Fordham Law Review* (86) 2017, S. 455-485.

42 Eddie Bruce-Jones, »Race, Space, and the Nation-State: Racial Recognition and the Prospects for Substantive Equality Under Anti-Discrimination Law in France and Germany«, in: *Columbia Human Rights Law Review* (39) 2/2008, S. 423-427; Cengiz Barskanmaz, »Rassismus, Postkolonialismus und Recht – Zu einer deutschen Critical Race Theory?«, in: *Kritische Justiz* (41) 3/2008, S. 296-302; Hourya Bentouhami, »Critical Race Theory ou comment la ›race‹ compte«, in: Hourya Bentouhami u. a. (Hg.), *Le souci du droit. Où en est la théorie critique?*, Paris 2010, S. 1-16; Mathias Möschel, *Law, Lawyers and Race. Critical Race Theory from the United States to Europe*, Abingdon 2014.

43 Kritisch dazu Balázs Berkovits, »Critical Whiteness Studies and the ›Jewish Problem‹«, in: *Zeitschrift für kritische Sozialtheorie und Philosophie* 1/2018, S. 86-102. Eine bemerkenswerte Ausnahme stellt Didi Herman, *Unfortunate Coincidence. Jews, Jewishness and English Law,* Oxford 2011, dar.

44 Cheryl Lynn Greenberg, *Troubling the Waters: Black-Jewish Relations in the American Century*, Princeton 2010; Eric L. Goldstein, *The Price of Whiteness. Jews, Race and American Identity*, Princeton 2008.

mit Antisemitismus in antirassistischen Bewegungen in den USA bis heute wenig ausgeprägt.[45] Vor diesem Hintergrund stellt sich auch die Frage der unmittelbaren Übertragbarkeit von Analysen und Prämissen von Critical Race Theory auf den europäischen und deutschen Rechtskontext. Doch Rassismus ist historisch in Deutschland und Europa stärker von Migrationsbewegungen geprägt als in den USA, wo die Sklaverei ausschlaggebend ist. Damit ändern sich auch Betroffenheiten von Rassismus, zum Beispiel für Migrant:innen aus Südosteuropa und der Türkei, Sinti und Sintezza, Roma und Romnja und Juden und Jüdinnen.[46] Sprachliche Konventionen und Politiken, die im US-amerikanischen Kontext entstanden sind, stoßen hier an Grenzen. Es divergieren aber auch Begriffsbedeutungen, die auf unterschiedliche Verwendungsweisen und Kämpfe zurückgehen. Wenn *race* mit »Rasse« übersetzt wird, findet eine semantische Verschiebung statt.[47] Termini wie *racial discrimination* und *ethnic origin* haben eine andere Geschichte, rufen andere Assoziationen hervor, transportieren anderes Wissen und bewirken damit möglicherweise andere Entscheidungen, als es die deutschsprachigen Begriffe »Rassendiskriminierung« und »Volkstum« tun.[48] Diese Spezifika müssen auch in rechtlichen Kontexten berücksichtigt werden.

## 2.2. Prämissen und Kontroversen

Trotz unterschiedlicher Wissensbestände und Begriffsverständnisse lassen sich gemeinsame Prämissen rassismuskritischer Rechtswissenschaft beschreiben. Ihr Blick richtet sich auf Rassismus als Machtverhältnis und damit auf die materiellen Konsequenzen

45 Sina Arnold, *Das unsichtbare Vorurteil. Antisemitismusdiskurse in der US-amerikanischen Linken nach 9/11*, Hamburg 2016, S. 108 ff.

46 Hito Steyerl, »Postkolonialismus und Biopolitik«, in: Hito Steyerl, Encarnación Gutiérrez Rodríguez, (Hg.), *Spricht die Subalterne deutsch? Migration und postkoloniale Kritik*, Münster 2012, S. 38-55, hier: S. 39 f.

47 Jacob Tanner, »Race und Rasse. Politische Bedeutungen und historische Kontexte«, in: Naika Foroutan u. a. (Hg.), *Das Phantom »Rasse«*, Köln 2018, S. 35-46.

48 Siehe Art. 1 Abs. 1 ICERD: »In diesem Übereinkommen bezeichnet der Ausdruck ›Rassendiskriminierung‹ jede auf der Rasse, der Hautfarbe, der Abstammung, dem nationalen Ursprung oder dem Volkstum beruhende Unterscheidung, Ausschließung, Beschränkung oder Bevorzugung […].«

rassialisierender Differenzierungen und Benachteiligungen für jene, die je nach den Parametern einer Rassekonstruktion ein- oder ausgeschlossen sind. Rassismus tritt nicht nur vorsätzlich, bewusst, individuell und situativ auf, sondern hat eine strukturelle Komponente. Das gilt auch für das Recht. »Rassismus ist gewöhnlich, nicht ungewöhnlich, normale Wissenschaft, die gewohnte Art und Weise zu handeln, die übliche, alltägliche Erfahrung der meisten People of Color in diesem Land«, schreiben Richard Delgado und Jean Stefancic.[49] Die Einsicht in diese strukturelle Komponente von Rassismus hat sich in »systemischen Analysen von Strukturen der Unterordnung«[50] niedergeschlagen, die rechtsdogmatische und rechtssoziologische Erkenntnisse und Methoden mit rassismustheoretischen Analysen verbinden.[51]

### 2.2.1. Repression, Normierung und Emanzipation durch Recht

Das Erkämpfen und die Geltendmachung gleicher Rechte bewegen sich in einem Spannungsfeld. Recht erhebt einen egalitären und inklusiven Anspruch, auf der anderen Seite zeitigt es hierarchisierende, exkludierende und normierende Wirkungen. Audre Lordes berühmte Worte »For the master's tools will never dismantle the master's house«[52] verweisen auf dieses Dilemma und auf eine Kontroverse kritischer Rechtswissenschaft. Radikale Rechtskritik tendiert dazu, Recht als interessengeleitet zu entwerfen und die Idee gesetzlich verbriefter und einklagbarer Rechte als Teil des ideologischen Legitimationsapparates Recht zu verwerfen. Das gilt insbesondere für die marxistische Rechtskritik, die im Unterschied zu liberalen Ansätzen, in denen sich Rechtskritik als Konfrontation positiven Rechts mit einem in der Vernunft oder der Natur fun-

49 Delgado/Stefancic, *Critical Race Theory*, S. 7, Übers. d. Verf.

50 Francisco Valdes u. a. (Hg.), *Crossroads, Directions, and a New Critical Race Theory*, Philadelphia 2002, S. 2.

51 Für die USA siehe nur Alexander, *The New Jim Crow*; für Großbritannien Benjamin Bowling, Coretta Phillip, *Racism, Crime and Justice*, Harlow 2002; für Deutschland liegen Analysen bislang vor allem für den Bereich Bildung vor, Mechtild Gomolla, Frank-Olaf Radtke, *Institutionelle Diskriminierung: die Herstellung ethnischer Differenz in der Schule*, Wiesbaden 2009.

52 Audre Lorde, *Sister Outsider: Essays and Speeches*, Berkeley 2007, Erstausgabe 1984, S. 112.

dierten Rechtsbegriff vollzieht, die Rechtsform selbst und die Methoden des Rechts zum Objekt der Kritik macht.[53]

Dagegen begreift materialistische, feministische und rassismuskritische Rechtstheorie Recht »als eine historisch bestimmte, reflexive Ausarbeitung, Fixierung und Anerkennung strukturrelevanter Verhältnisse, Praktiken und Bewusstseinsformen«.[54] Recht entscheidet nicht nur passiv Fragen determinierter sozialer Verhältnisse; es ist vielmehr aktive Instanz im Rahmen von Machtpolitiken, die eine größere Varianz sozialer Verhältnisse regulieren, zu denen ökonomische Verhältnisse wie auch Geschlechterverhältnisse und rassialisierte Verhältnisse gehören. Da es auf einem gesellschaftlichen Kompromiss innerhalb umkämpfter Machtverhältnisse basiert, erlangt es eine gewisse institutionelle Verselbständigung gegenüber unmittelbaren Herrschaftsverhältnissen.[55]Die relative Autonomie des Rechts gründet auch in einer eigenen diskursiven Struktur und Logik. Zu den Eigenarten des Rechtsdiskurses gehört, dass er sich in gewichtigen Teilen nicht als Wahrheitsdiskurs, sondern als normativer Diskurs bestimmt.[56] Der Rechtsdiskurs produziert selbst die Subjekte des Rechts und ist zugleich abhängig und unabhängig von anderen sozialen Diskursen. Eine solche Analyse des reflexiven Verhältnisses von Recht und Gesellschaft stellt die Auseinandersetzung mit Normierungen, Regulierungen und mit juristischem Wissen in den Vordergrund. In den Blick geraten dann auch die produktiven, agonalen und antagonistischen Dimensionen von Macht.[57]

Die produktive Kraft des Rechts richtet sich zudem nicht zwangsläufig auf Repression, sondern kann auch befreiende Wirkung haben.[58] Es gilt als *das* demokratisch legitimierte Mittel zum

53 Andrea Maihofer, *Das Recht bei Marx. Zur dialektischen Struktur von Gerechtigkeit, Menschenrechten und Recht*, Baden-Baden 1992, S. 207f.

54 Sonja Buckel, »Empire oder Rechtspluralismus? Recht im Globalisierungsdiskurs«, in: *Kritische Justiz* (36) 2/2003, 177-213, hier: S. 187.

55 Maihofer, *Recht bei Marx*, S. 187. Damit ist eine zentrale Frage materialistischer Rechtstheorie angesprochen: Warum bedienen sich kapitalistische Gesellschaften der Form des Rechts und greifen nicht auf unmittelbare Formen von Herrschaft zurück?

56 Doris Schweitzer, »Diskursanalyse, Wahrheit und Recht: Methodologische Probleme einer Diskursanalyse des Rechts«, in: *Zeitschrift für Rechtssoziologie* (35) 2/2016, S. 201-222.

57 Sonja Buckel, *Subjektivierung und Kohäsion*, S. 179

58 Wendy Brown, »Suffering Rights as Paradoxes«, in: *Constellations* (7) 2/2000,

Abbau von Hierarchisierung. Rechtliche Verbote, Gebote und Ansprüche waren und sind wichtige Mittel der Intervention gegen Diskriminierung und Gewalt. Recht ist damit nicht nur Instrument herrschender Klassen, sondern auch Errungenschaft subalterner Klassen bzw. marginalisierter Subjektpositionen und damit Mittel politischer Emanzipation und sozialer Transformation. Vermittels juristischer Kämpfe ermächtigten sich marginalisierte und entrechtete Subjekte selbst als Inhaber:innen von Rechten. Patricia Williams beschreibt das in *The Alchemy of Race and Rights*: »Es ist wahr, dass Schwarze nie voll und ganz an Rechte glaubten. Es ist aber auch wahr, dass Schwarze so sehr an Rechte glaubten, dass wir ihnen Leben gaben, wo vorher keines war.«[59] Aus diesem Blickwinkel erscheint Recht weder neutral noch rein repressiv. Es ist auch bedeutende Quelle der Produktion von Identität und Subjektivität, indem es Rechtssubjekte schafft oder diese anerkennt.[60] Wenn rechtlich anerkannte Identität zugleich ein zentraler Teil von Regulierung ist, sollte sie jedoch weder als Basis von Gleichheits- und Emanzipationsforderungen unkritisch überhöht noch als individuelle Angelegenheit, die irrelevant für Gerechtigkeitsforderungen ist, abgewertet werden. Der Bezug auf Recht, das rassistische Verhältnisse mit hervorbringt und zugleich Gewalt und Diskriminierung verhindern und beseitigen soll, ist damit kein Widerspruch, sondern ein Dilemma. Rassismuskritische Rechtskritik attestiert dem Recht eine ambivalente Rolle, eingebunden in Prozesse der Herstellung, Veränderung und Auflösung von rassistischer Stratifikation. »Wir erkannten die Bedeutung des Bürgerrechtsdiskurses, wussten aber zugleich, dass das Benutzen der Sprache des Rechts nicht ohne Risiko war«, haben Crenshaw und Gotanda dieses Dilemma beschrieben.[61] Verstärkt wird es durch das Dilemma der Differenz – der Gefahr, diskriminierende Teilungen im Namen der

208; Elisabeth Holzleithner, »Rechtskritik der Geschlechterverhältnisse – Emanzipation durch Recht?«, in: *Kritische Justiz* (41) 3/2008, S. 250-256.

59 Patricia Williams, *The Alchemy of Race and Rights*, Cambridge 1991, S. 163, Übers. d. Verf. Das gilt nicht nur für feministische und antirassistische Kämpfe, sondern auch für die Behindertenrechtsbewegung, vgl. Doris Fleischer/Frieda Zames, *The Disability Rights Movement: From Charity to Confrontation*, Philadelphia 2011.

60 Grundsätzlich formulieren dies Brown, Halley, *Left Legalism/Left Critique*.

61 Crenshaw u. a. (Hg.), *Critical Race Theory*, S. xxiv, Übers. d. Verf.

Rassismuskritik zu reproduzieren und sie gleichsam festzuschreiben.

### 2.2.2. Das situierte rassialisierte Wissen des Rechts

Das Selbstverständnis vieler Jurist:innen wie auch die normative Erwartung an das Recht sind vom Bild eines *per se* unpolitischen und objektiven Rechts geprägt.[62] Doch objektiv auf die Welt zu blicken, bedeutet immer auch, zu objektivieren und sich in der »Kunst der Verteilungen« zu üben, also zu klassifizieren.[63] Nancy Levit hat herausgearbeitet, dass mit dem Postulat einer objektiven Position eine mehrfache Hierarchisierung einhergeht.[64] Eine erste Hierarchisierung vollzieht sich zwischen – vermeintlich – objektiv wissendem Subjekt und dem Objekt des Wissens, indem sich ersteres gegenüber dem zweiten als überlegen konstituiert. Die zweite Hierarchisierung ergibt sich zwischen vermeintlich objektivem wissenschaftlichen Wissen und subjektiver Erfahrung, wobei ersteres als dem zweiten überlegen verstanden wird. Für den Kontext der vorliegenden Untersuchung ist diese Erkenntnis deshalb so zentral, weil es eine lange Tradition der wechselseitigen Legitimierung naturwissenschaftlichen und rechtswissenschaftlichen Wissens über »Rassen« gibt, mit dem die so Bezeichneten objektiviert und als minderwertig festgeschrieben wurden. Wissenschaftliches Wissen steht immer auch in Relation zu sozialer Ungleichheit, »weil eine Macht, die meint, sie habe eine wissenschaftliche Grundlage, von der Wissenschaft natürlich verlangt, dass sie dieser Macht die Grundlage liefert«.[65] Recht ist, ebenso wie die Naturwissenschaften, ein besonders machtvoller Diskurs, weil beide Wissenschaften einen spezifischen Objektivitätsanspruch stellen. Recht ist zudem mit einem doppelten, einem moralisch-normativen und einem institutionellen Geltungsanspruch versehen. Als vermachteter, au-

62 Zuletzt kontrovers debattiert am Beispiel des NSU-Prozesses, vgl. Doris Liebscher, »Der NSU-Komplex vor Gericht«, in: Karakayali u.a. (Hg.), *Den NSU-Komplex analysieren*, S. 76-98.

63 Michel Foucault, *Überwachen und Strafen*, Frankfurt/M. 1976, S. 181 ff.

64 Nancy Levit, »Critical of Race Theory: Race, Reason, Merit and Civility«, in: *The Georgetown Law Journal* (87) 3/1999, S. 795-822.

65 Pierre Bourdieu, »Der Rassismus der Intelligenz«, in: ders., *Soziologische Fragen*, Frankfurt/M. 1993, S. 252-256, hier: S. 256.

toritativer Diskurs legitimiert es partielle Wahrheiten nicht nur, sondern setzt sie auch durch. Das geschieht ebenso durch aktive Interventionen wie auf dem Wege passiver Ignoranz. Die herrschende juristische Meinung, kritisiert Levit, verwechsele »›üblich und weithin geteilt‹ mit ›objektiv und wahr‹«, sie stelle ihre eigenen Annahmen als universell dar, wo sie faktisch nur eine bestimmte Perspektive anbiete.[66] Die Erfahrungen von marginalisierten Subjekten wie Frauen oder Schwarzen Menschen gelten dann nicht als bedeutend, als nicht verallgemeinerbar und nicht wahr. Eine rechtliche Regelung oder Analyse, die Wirklichkeit nur aus der dominanten Perspektive sieht und neues Wissen nur zulässt, wenn es mit bereits hegemonial als wahr anerkannten Wissensbeständen übereinstimmt, perpetuiert auf diese Weise soziale Ungleichheit.[67]

Für eine rassismuskritische Rechtswissenschaft ergibt sich daraus die doppelte Prämisse, die Situiertheit von Wissen im juristischen Diskurs zu beleuchten und rassismuskritischem Wissen in rechtswissenschaftlichen Diskursen mehr Gehör und Gewicht zu verschaffen.[68] »Damit geht notwendigerweise jene ›Objektivität‹ und ›Wertfreiheit‹ verloren, die Wissenschaft gewöhnlich für sich reklamiert«, stellt Mark Terkessidis die Schwierigkeit und Konflikthaftigkeit eines solchen Projektes heraus.[69] Einen Ausweg aus dem Dilemma zwischen vermeintlicher Objektivität und absoluter Subjektivität weist der auf Donna Haraway zurückgehende Begriff des »situierten Wissens«.[70] Haraway zählt zu jenen Stimmen innerhalb der feministischen Erkenntnistheorie, die auf die Kontingenz und Kontextualität alles wissenschaftlichen Wissens verweisen, ohne zugleich Wahrheitsansprüche als Ziel an sich zu

66 Levit, *Critical of Race Theory*, S. 801, Übers. d. Verf.

67 Am Beispiel geschlechtsspezifischer Diskriminierung erörtert das Susanne Baer, *Würde oder Gleichheit?*, Baden-Baden 1995, S. 159 ff., für Rassismus Patricia Hill Collins, *Black Feminist Thought*, New York 2000, S. 256.

68 Zur Einführung narrativer Formen in den dogmatisch orientierten rechtswissenschaftlichen Kanon Richard Delgado, »Storytelling for Oppositionists and Others: A Plea for Narrative«, in: Richard Delgado, Jean Stefancic (Hg.), *Critical Race Theory. The Cutting Edge*, Philadelphia 2000, S. 60-70.

69 Mark Terkessidis, »Rassismus definieren«, in: Foroutan u. a. (Hg.), *Das Phantom »Rasse«*, S. 65-82, hier: S. 71.

70 Vgl. Donna Haraway, »Situiertes Wissen«, in: dies., Carmen Hammer (Hg.), *Die Neuerfindung der Natur: Primaten, Cyborgs und Frauen*, Frankfurt/M. 1995, S. 73-97.

verwerfen. Statt Objektivität mit Neutralität gleichzusetzen, geht es um die Formulierung eines neuen Objektivitätsbegriffs, der nicht Wertneutralität vortäuscht, sondern Standpunkte offenlegt, der das Objekt des Wissens als Akteur und Agent und nicht als Projektionsfläche betrachtet und der darauf gerichtet sein muss, Machtstrukturen proaktiv abzubauen. Dabei dürfen »im Sprechen über Machtverhältnisse die Perspektiven und Stimmen derjenigen, die in einer besonderen Weise negativ von diesen Verhältnissen betroffen sind, nicht ungehört bleiben«.[71]

Unterschiedliche Begrifflichkeiten werden herangezogen, um Wissen über rassialisierte Differenz zu beschreiben und in rechtlichen Kontexten zu untersuchen. Terkessidis hat den Terminus »rassistisches Wissen« in die deutschsprachige Diskussion eingeführt.[72] Er führt damit die wissenssoziologischen Erkenntnisse von Berger/Luckmann über die institutionalisierte Reaktivierung und Anerkennung von Alltagswissen mit der Rassismusforschung zusammen. Alltagswissen, *common sense* oder auch »gesunder Menschenverstand« bezeichnet nach Berger und Luckmann einen typisierten Wissensvorrat, über den Angehörige gemeinsamer Lebenswelten verfügen und den sie zur Lösung vertrauter Probleme des Alltags heranziehen.[73] Alltagsroutine konstituiert sich aus einem Erfahrungsschatz, dessen Wissenselemente nach Zweckmäßigkeits- und Relevanzkriterien bedeutsam, nach Graden der Vertrautheit differenziert bzw. in verschiedenen Formen von Spezialwissen verteilt sind. Auch in Prozessen rechtlicher Entscheidungsfindung spielen Alltagstheorien und stereotype Operationalisierungen eine entscheidende Rolle. Jurist:innen brauchen nicht anzuzweifeln, was jeder weiß, »Fakten können nach *common-sense*-Bewertungen erschlossen werden«.[74] Wenn Terkessidis nun von rassistischem Wissen spricht, bezeichnet er damit solche von einem Konsens der Mehrheit aller Mitglieder der Gesellschaft und ihrer Institutionen

71 Sandra Harding, »Was ist feministische Erkenntnistheorie?«, in: dies. (Hg.), *Das Geschlecht des Wissens: Frauen denken die Wissenschaft neu*, Frankfurt/M. 1994, S. 124-154, hier: S. 151.

72 Terkessidis, *Psychologie des Rassismus*, S. 81.

73 Berger, Luckmann, *Gesellschaftliche Konstruktion der Wirklichkeit*, S. 45.

74 Rüdiger Lautmann, *Justiz – die stille Gewalt*, 2011, S. 76, 116 für die Faktenfeststellung vor Gericht; unbewusstes rassistisches Wissen im Rechtssystem der USA erörtert Haney López, »Institutional Racism: Judicial Conduct and a New Theory of Racial Discrimination«, in: *The Yale Law Journal* (109) 8/1999, S. 1717-1184.

getragene Vorstellungen über rassialisierte Andere.[75] Seine Konzeption ist der des rassialisierten Wissens von David Theo Goldberg sehr ähnlich.[76] Damit hat Goldberg den dualen Prozess bezeichnet, in dem einerseits Rassismus durch die etablierten Wissenschaften, besonders Anthropologie, Naturgeschichte und Biologie, legitimiert wird und andererseits Wissenschaftsfelder mit Hilfe der Kategorie *race* strukturiert und etabliert werden konnten. Während Terkessidis stärker auf Alltagswissen fokussiert, bezieht sich Goldberg ausdrücklicher auf wissenschaftliches Wissen. Beide heben die Rolle von Institutionen für die Produktion und Reproduktion rassistischen Wissens hervor. Auf die Intention, rassistisch zu kategorisieren und herabzusetzen, kommt es für ihre wissenssoziologische Definition nicht an.[77] Die Termini rassistisches bzw. rassialisiertes Wissen verweisen vielmehr auf weit geteilte Vorstellungen über rassialisierte Differenz, die eine enge Verbindung mit Institutionen eingehen.

Davon zu unterscheiden ist das Konzept des rassischen Wissens. Vertreter:innen der Critical Race Theory heben damit die kollektiven Erfahrungen rassistisch marginalisierter Menschen hervor.[78] *Racial knowledge* ist fest an subjektive Erfahrung, Identitäten und Gruppenzugehörigkeit gebunden.[79] Für Mari Matsuda führt der Minoritätsstatus auch zu einem epistemologischen Vorteil, zu anderen normativen Einsichten, einer schärferen Analyse von Rassismus und erhöhter Entschlossenheit, dagegen vorzugehen.[80] Unterschiedliche Positionen in der rassistisch strukturierten Gesellschaft korrelieren nach dieser Auffassung mit einer grundlegenden Verschiedenheit von Wissensbeständen. Dagegen ist eingewendet worden, dass »die subjektive soziale Positionierung nicht automa-

75 Terkessidis, *Psychologie des Rassismus*, S. 81 ff.

76 David Theo Goldberg, »Racial Knowledge«, in: Back, Solomos (Hg.), *Theories of Race and Racism*, S. 154-179.

77 Für die juristische Einordung von Handlungen kann die Frage von Vorsatz und Motiv bei der strafrechtlichen Bewertung oder der Frage der Höhe von Entschädigungsansprüchen eine Rolle spielen.

78 Für viele Hill Collins, *Black Feminist Thought*, S. 256.

79 Duncan Kennedy, »Racial Critiques of Legal Academia«, in: Delgado/Stefancic (Hg.), *The Cutting Edge*, S. 554-572; kritisch dazu Terkessidis, »Rassismus definieren«, S. 66.

80 Mari Matsuda, »Affirmative Action and Legal Knowledge: Planting Seeds in Plowed-Up Ground«, in: *Harvard Women's Law Journal* (11) 1988, S. 117.

tisch oder gar determinierend die eigene diskursive Position und das eigene Handeln beeinflusst«.[81] Wissen verkörpert sich zwar in situiertem Subjektwissen, es zirkuliert aber auch unabhängig von individuellen Positionen, persönlichen Erfahrungen und Identifikationen in einer rassistisch strukturierten Gesellschaft. Wissen ist daher nicht rassisch, sondern mit Terkessidis und Goldberg präziser rassialisiertes Wissen. Minorisiertes Wissen ist zwar an Rassismuserfahrungen rückgebunden. Es entsteht aber immer auch im Austausch mit einer Mehrheitsgesellschaft, die eigene Erfahrungen nicht nur negativ, sondern auch positiv prägt. Wissensbestände sind im Austausch vermittelbar und können angeeignet werden.[82] Eine antiessentialistische Prämisse verabschiedet daher Vorstellungen von einem einheitlichen schwarzen, weißen, rassistischen oder antirassistischen Subjekt und sieht den epistemologischen Vorteil antirassistisch motivierten Denkens in den vielfachen heterogenen und widersprüchlichen oder inkohärenten Differenzen innerhalb jedes rassismuskritischen Bewusstseins. Aus einer solchen Konzeption von Wissen als gesellschaftlichem und situiertem Wissen ergibt sich, dass sich alle Menschen rassismuskritisches Wissen aneignen können. Dies erfordert »Reflexion, also eine kontinuierliche Selbst-, Kultur-, Interaktionen- und Institutionenbetrachtung«.[83] Rassismuskritisches Wissens geht daher mit einem Standpunkt einher, der aus der theoretischen Reflexion von gesellschaftlichen Verhältnissen und Lebensrealitäten sowie in politischen Kämpfen erlangt wird. Von antirassistischem Wissen kann gesprochen werden, wenn rassismuskritisches Wissen mit der Erfahrung und mit der Prämisse einhergeht, dass Rassismus nicht nur erkannt und reflektiert, sondern in gemeinsamen Bündnissen und in Anerkennung unterschiedlicher Perspektiven, Erfahrungen und Wissensbestände auch transzendiert werden kann. Hier zeigt sich die Herausforderung, rassialisierte Differenz zu berücksichtigen, ohne sie als unveränderbar festzuschreiben.

81 Paul Mecheril, Claus Melter, »Rassismustheorie und -forschung in Deutschland«, in: Melter u. a. (Hg.), *Rassismuskritik*, S. 13-22, hier: S. 15.

82 Zum Ganzen Massimio Perinelli, »Situiertes Wissen vs. korrumpiertes Wissen«, in: Karakayali u. a. (Hg.), *Den NSU-Komplex analysieren*, S. 145.

83 Mecheril, Melter, *Rassismustheorie und -forschung in Deutschland*, S. 14 f.

### 2.2.3. Intersektionalität

Kritische Rechtswissenschaft ist immer auch von und für Frauen mit Rassismuserfahrungen praktiziert worden. Das gilt insbesondere für den Black Feminism, dessen Vertreter:innen auf die besondere Unterdrückung Schwarzer Frauen im Sinne »multipler Formen der Segregation«[84] hinwiesen und zu einer »integrierten Analyse« von Machtverhältnissen aufforderten.[85] Für das Recht konnte Crenshaw im Hinblick auf das US-amerikanische Antidiskriminierungsrecht zeigen, wie rassistische und sexistische Diskriminierung in besonderer Weise zusammenwirken und wie ein Antidiskriminierungsrecht, das auf abgegrenzte Kategorien setzt, Schwarze Frauen rechtlos lässt.[86] Crenshaw hatte Klagen Schwarzer Frauen analysiert, die gekündigt wurden, denen der berufliche Aufstieg verweigert worden war oder die sich gegen rassistische Einstellungspolitiken in Unternehmen wendeten.[87] In allen Fällen waren spezifisch Schwarze Frauen von Diskriminierung betroffen, nicht jedoch weiße Frauen oder Schwarze Männer. Da die rechtlichen Diskriminierungsverbote jedoch entweder nur auf *race* oder auf *gender* abstellten, wurden ihre Klagen abgelehnt.[88]Die Überkreuzung mehrerer Diskriminierungsdimensionen, die zu einem besonderen Verletzungsrisiko führt und in der sich eindimensionale rechtliche Schutzmechanismen als untauglich erweisen, beschrieb Crenshaw mit der Metapher einer Straßenkreuzung als *intersection*. Mit dem Analyseparadigma Intersektionalität sollen seither eindimensionale ebenso wie rein additive Perspektiven überwunden

84 *Hill Collins*, Black Feminist Thought, S. 277.

85 Combahee River Collective, »A Black Feminist Statement«, in: Gloria Hull u. a. (Hg.): *But Some of Us Are Brave. Black Women's Studies,* Old Westbury, S. 13.

86 Kimberlé W. Crenshaw, »Demarginalizing the Intersection of Race and Sex: A Black Feminist Critique of Antidiscrimination Doctrine, Feminist Theory and Antiracist Politics«, in: *The University of Chicago Legal Forum Chicago L. Forum* 1998, S. 139-167.

87 DeGraffenreid v. General Motors 558 F.2d 480 and 145 (8th Cir.1977); Moore v. Hughes Helicopters 708 F.2d 475 (9th Cir 1982); Payne v. Travenol 673 F.2d 798 (5th Cir 1982).

88 In Payne vs. Travenol erkannte das Gericht eine rassistische Diskriminierung der Klägerinnen an, lehnte die Ausweitung der Klage auf Schwarze Männer aber ab, da Schwarze Frauen diese nicht repräsentieren dürften.

werden, indem der Fokus auf das gleichzeitige Zusammenwirken von sozialen Ungleichheiten gelegt wird.

Wie jede *traveling theory* wurde Intersektionalität im Lauf der Zeit mit ganz unterschiedlichen Bedeutungsinhalten gefüllt.[89] Bereits in Crenshaws Arbeit finden sich unterschiedliche Bezugnahmen auf den Begriff. Sie beschreibt damit zum einen die Überschneidung von sozialen Ungleichheitsverhältnissen und Machtstrukturen, wie Rassismus und Sexismus.[90] Zum anderen verwendet sie den Begriff Intersektionalität, um auf die soziale Position von Individuen hinzuweisen, und schließlich als politisches Identitätskonzept, das multiple Identitäten anerkennt.[91] Im US-amerikanischen Kontext werden vor allem die materiellen Effekte von Rassismus und Sexismus und rechtspolitische, strategische Fragen von Identitätspolitiken diskutiert.[92] Im deutschsprachigen Raum wird Intersektionalität stärker mit dekonstruktivistischen Machttheorien in Verbindung gebracht. Die theoretische und empirische Forschung orientiert sich an Achsen der Ungleichheit, Dimensionen der Diskriminierung oder konzeptualisiert soziale Kategorien selbst als interdependent.[93] Gemeinsam ist den unterschiedlichen Konzepten ein machtkritischer Bezug. Im Unterschied zu deutungsoffenen Konzepten wie Diversität oder Heterogenität beziehen sie sich auf die Analyse von sozialen Ungleichheiten bzw. Machtverhältnissen.[94] Der intersektionale Ansatz erweiterte so den Blick für die Verschränkung unterschiedlicher Herrschaftsverhältnisse. Intersek-

89 Lucy Chebout, »Wo ist Intersectionality in bundesdeutschen Intersektionalitätsdiskursen?«, in: Sandra Smykalla, Dagmar Vinz, (Hg.): *Intersektionalität zwischen Gender und Diversity*, Münster 2011, S. 43-57; Unterschiede zwischen den USA und Europa diskutiert Kathy Davis, »Intersectionality in Transatlantic Perspective«, in: Cornelia Klinger, Gudrun-Axeli Knapp (Hg.), *Über-Kreuzungen*, Münster 2008, S. 19.

90 Kimberlé Crenshaw, »Race, Reform, and Retrenchment«, in: dies. u. a. (Hg.), *Critical Race Theory*, S. 358 f..

91 Ebd., S. 367 »intersectional locations«, S. 358 »multiple identities«.

92 Sumi Cho u. a., *Intersectionality. Theorizing Power, Empowering Theory. Signs* (38) 4/2013.

93 Cornelia Klinger u. a. (Hg.), *Achsen der Ungleichheit*, Münster 2007; Katharina Walgenbach u. a. (Hg.), *Gender als interdependente Kategorie*, Opladen 2007.

94 Zum Zusammenspiel geschlechterhierarchischer, neokolonialer und ethnisierender Arbeitsteilung Sonja Buckel, »Dirty Capitalism«, in: Dirk Martin u. a. (Hg.), *Perspektiven und Konstellationen kritischer Theorie*, Münster 2015, S. 29-48.

tionalität stellt aber auch die Frage nach einem Gleichheits- und Antidiskriminierungsrecht, das für seine Funktionsfähigkeit nicht auf abgegrenzte Kategorien angewiesen ist.

### 2.2.4. Das Dilemma der Differenz: Colorblindness oder Essentialisierung

Je geschlechtsneutraler oder geschlechtsblinder Recht sei, desto wahrscheinlicher verstärke es Privilegien von Männern und stelle die Bedürfnisse von Frauen in den Schatten, schreibt Catharine MacKinnon für die feministische Rechtswissenschaft.[95] Critical Race Theory argumentiert entsprechend, rechtliche Regeln und Entscheidungen könnten in einer rassistisch strukturierten Gesellschaft nie *colorblind* – neutral angesichts von als rassisch definierten Teilungen – sein; und sie sollten es auch nicht, weshalb die Anerkennung der Wirkmächtigkeit und die Wiederaneignung und Sichtbarmachung von *race* bzw. Rasse als politische Identität und Kategorie für Gruppenrechte eingeklagt wird.[96] »Um Rassismus zu überwinden, müssen wir *race* berücksichtigen«, stellte 1978 Supreme-Court-Richter Harry A. Blackmun in der Entscheidung *Bakke* fest, in der es um Affirmative Action-Maßnahmen an Universitäten ging.[97] Fast 40 Jahre später bekräftigte Justice Sonia Sotomayor in der *Schuette*-Entscheidung: »Der Weg, Diskriminierung aufgrund von *race* ein Ende zu setzen, besteht darin, offen und ehrlich über das Thema *race* zu sprechen und die Verfassung mit offenen Augen für die bedauerlichen Auswirkungen der jahrhundertelangen rassistischen Diskriminierung anzuwenden.«[98]

Doch Menschen als Angehörigen diskriminierter Gruppen oder Statuskategorien Rechte zuzusprechen, bedeutet nicht nur Schutz oder Förderung. »Ein Recht als Frau zu haben, bedeutet nicht, frei von vergeschlechtlichten Zu- und Unterordnungen zu sein«, gibt

95 Catherine MacKinnon, *Feminism Unmodified: Discourses on Life and Law*, Cambridge 1987.

96 Für die USA Sumi Cho, »Post-Racialism«, in: *Iowa Law Review* 94/2009, S. 1589-1652; für Deutschland Barskanmaz, »Critical Race Theory in Deutschland«, in: *Verfassungsblog* v. 24. 07. 2020.

97 Regents of the University of California v. Bakke, 438 U.S. 265 (1978), 407 (Dissent), Übers. d. Verf., zur Entscheidung siehe Kapitel 5.2.3.

98 Schuette v. Coalition to Defend Affirmative Action, 572 U.S. 291 (2014), 381 (Dissent), Übers. d. Verf., zur Entscheidung siehe Kapitel 5.2.3.

Wendy Brown zu bedenken.[99] Denn die Anrufung von Kategorien führt auch zu einer festlegenden Regulierung. Nicht nur im Rahmen natur- und sozialwissenschaftlicher Forschung, auch in rechtlichen Verfahren besteht die Gefahr, rassistische Kategorisierungen durch Abfrage, Benennung und Zuordnung zu reifizieren. Das Herausstellen von Differenzen kann Stereotype und Kategorisierungen reproduzieren, was ihrer Bekräftigung gleichkommt. Die Spannung zwischen Affirmation und Transformation von Kategorien betrifft nicht nur das Recht, aber in besonderem Maße gleichheitsorientiertes Recht. Recht gegen Diskriminierung, das an Kategorien wie Rasse oder Geschlecht als Diskriminierungsmerkmale anknüpft, bestätigt zugleich symbolisch die Existenz dieser Kategorien. Dabei verstärkt »die im Diskriminierungskontext häufige ontologisierende Kategorisierung durch Sprache«[100] das Problem, das es lösen soll.

Das Paradox, dass vergeschlechtlichte Differenz als soziale Realität das Recht einerseits prägt und dass Recht zugleich bewusst und ausdrücklich auf Geschlecht Bezug nimmt, wird von der feministischen Rechtswissenschaft als das Differenzdilemma des Rechts bezeichnet. Baer hat es unter Verweis auf Drucilla Cornell zuerst als ein Dilemma feministischer Jurist:innen beschrieben, das darin besteht, »rechtlich mit der Kategorie Geschlecht zu arbeiten und die Zuschreibung ›Geschlecht‹ gleichzeitig destabilisieren zu wollen«.[101] Martha Minow formuliert das Dilemma aus der Perspektive der Rechtsschutzsuchenden: »Es drückt einige Menschen in Kategorien hinein, in die sie nicht gehören, und andere lässt es außen vor, zugleich schreibt es die Kategorien als permanent und unbeweglich fest.«[102] Minow verweist hier auf den simplen

99 Wendy Brown, »Suffering the Paradoxes of Rights«, in: Brown, Halley (Hg.), *Left Legalism/Left Critique* S. 420-434 hier: S. 422.

100 Susanne Baer, Melanie Bittner, Anna Lena Göttsche, *Mehrdimensionale Diskriminierung – Begriffe, Theorien und juristische Analyse*, Berlin 2010, S. 21.

101 Baer, »Dilemmata im Recht und Gleichheit als Hierarchisierungsverbot«, S. 243; für Geschlecht auch Sarah Elsuni, »Zur ReProduktion von Machtverhältnissen«, in: Lena Behmenburg u. a. (Hg.), *Wissenschaf(f)t Geschlecht: Machtverhältnisse und feministische Wissensproduktion*, Königstein/Taunus 2007, S. 133-147; Holzleithner, »Rechtskritik der Geschlechterverhältnisse«, S. 250; zur queeren Rechts- und Kategorienkritik Hark, »Durchquerung des Rechts«, S. 28 ff.

102 Martha Minow, *Not Only for Myself: Identity, Politics, and the Law*, New York 1997, S. 79, Übers. d. Verf.

Fakt, dass Betroffene von Diskriminierung zuallererst nachweisen müssen, dass eine rechtlich geschützte Diskriminierungskategorie einschlägig ist. Gelingt das nicht, erhalten sie keinen Rechtsschutz. Betroffene müssen sich »quasi einer bestimmten ›Rasse‹ zuordnen und sind so gezwungen, rassistische Terminologie zu verwenden«, gibt Hendrik Cremer mit Blick auf Art. 3 Abs. 3 S. 1. GG zu bedenken.[103]

Diese Festlegung geht mit Essentialisierungen einher. Zu essentialisieren bedeutet, explizit oder implizit auf vorgegebene, unveränderliche Charaktere oder Identitäten zu rekurrieren.[104] Essentialisierung ist immer auch homogenisierend, weil sie die Vielfalt der auch, aber nicht nur vergeschlechtlichten oder rassialisierten Existenzweisen nicht zu fassen vermag. Wenn Gemeinsamkeiten innerhalb der Kategorien überhöht und Unterscheidbarkeiten zwischen ihnen zu exklusiven Unterschieden gemacht werden, kommt es zu homogenisierenden Effekten bei Gruppenbildungen.[105] Sergio Costa hat am Beispiel von Bodenrückgaberechten zugunsten indigener Bevölkerungsgruppen in Lateinamerika gezeigt, wie das Recht Anreize zur Selbst- beziehungsweise Reidentifizierung von Menschen schafft, die sich dadurch Zugang zu der knappen Ressource Land verschaffen können.[106] Rogers Brubaker bezeichnet ein Vorgehen, das vielfältige Erfahrungen homogenisiert und im Wege von Identitäts- und Repräsentationspolitiken als kollektiv einheitlich konstruiert, als *groupism* und analysiert diesen Gruppismus als zentralen Faktor nationalistischer Politiken.[107] Auch Mara Loveman hinterfragt die automatische und quasi natürliche Gleichsetzung der Zuweisung von Kategorien mit der Existenz

103 Cremer, »... *und welcher Rasse gehören Sie an?*«, S. 3.

104 Für Geschlecht Baer, *Würde oder Gleichheit?*, S. 207, für *race* Carlos Hoyt, *The Arc of a Bad Idea: Understanding and Transcending Race*, Oxford 2016, S. 39.

105 Sujit Choudhry, »Distribution vs. Recognition: The Case of Anti-Discrimination Laws«, in: *George Mason Law Review* (9) 1/2000, S. 145-178; Carola Pohlen, »Kategorien, die fiesen Biester. Identitäten, Bedeutungsproduktionen und politische Praxis«, in: Jutta Jacob u. a. (Hg.), *Gendering Disability*, Bielefeld 2010, S. 95-111.

106 Sergio Costa, »Die verrechtlichte Differenz. Liberales Kulturverständnis und das Aufkommen neuer Ethnizitäten in Lateinamerika«, in: Ottmar Ette, Uwe Wirth (Hg.), *Nach der Hybridität: Zukünfte der Kulturtheorie*, Berlin 2014, S. 69-92.

107 Rogers Brubaker, *Ethnizität ohne Gruppen*, Hamburg 2007.

konkreter Gruppen, die diese Kategorien verkörpern. Der Terminus Rasse, kritisiert sie, scheint dann unterschiedslos beides zu meinen, »rassische Kategorie« und »rassialisierte soziale Gruppe«.[108] In Anlehnung an diese sozialwissenschaftliche Terminologie hat Baer das »Problem des Gruppismus« auf das deutsche Antidiskriminierungsrecht übertragen.[109] Das Recht, so Baer, verstärke die soziokulturellen und politischen Gefahren des Gruppismus, indem es den Essentialismus normativ fixiert und »Auseinandersetzungen über soziale Konflikte in dieses normative Schema und dann auch in bestimmte institutionalisierte Verfahrensweisen« presst.[110]

Das antirassistische Dilemma der Differenz bewegt nicht nur akademisch, sondern auch gesellschaftspolitisch seit langem. Pat Parker verortet es im alltäglichen Umgang mit weißen Freund:innen, die sie auffordert: »Erstens: Vergiss, dass ich Schwarz bin. Zweitens: Vergiss nie, dass ich Schwarz bin.«[111] Colette Guillaumin beschreibt ein Paradox: »Rasse existiert nicht, aber tötet.«[112] Anja Michaelsen weist das Dilemma als die Diskrepanz zwischen theoretischer Überzeugung und alltäglicher Wahrnehmung aus: »Es ist erstaunlicherweise die größte sprachliche Herausforderung, zu beschreiben, was wir wahrnehmen, wenn wir Rassen sehen, wo keine sind.«[113] Mit diesen Zitaten wird sichtbar, wie vielschichtig und kontrovers rassismuskritische Bezüge auf Rasse diskutiert werden. Es sind damit aber auch die Aufgabe und das Dilemma eines Rechts umrissen, das angemessen auf Diskriminierung re-

108 Mara Loveman, »Is ›Race‹ Essential?«, in: *American Sociological Review* (64), 6/1999, S. 891-898, hier: S. 892.

109 Susanne Baer, »Privatizing Religion. Legal Groupism, No-Go-Areas, and the Public-Private-Ideology in Human Rights Politics«, in: *Constellations* (20) 1/2013, S. 68-84.

110 Susanne Baer, »Der problematische Hang zum Kollektiv und ein Versuch, postkategorial zu denken«, in: Gabriele Jähnert u. a., *Kollektivität nach der Subjektkritik*, Bielefeld 2013, S. 47-69, hier: S. 52.

111 Pat Parker, »For the White Person Who Wants to Know How to Be My Friend«, in: Pat Parker (Hg.), *An Expanded Edition of Movement in Black*, Ithaca 1999, S. 99, Übers. d. Verf.

112 Colette Guillaumin, *Racism, Sexism, Power, and Ideology*, London 1995, S. 107, Übers. d. Verf.

113 Anja Michaelsen, »Sinnliche Evidenzen. Sprachkritische Überlegungen zur Verwendung des Begriffs ›Rasse‹ im Entwurf des Antidiskriminierungsgesetzes«, in: *Forum Recht* 4/2015, S. 125-127.

agieren will und dazu auf Kategorien zurückgreift. Rassismuskritische Rechtswissenschaft hat es sich zur Aufgabe gemacht, dieses Dilemma mit Blick auf die Herstellung und Aufrechterhaltung rassistischer Teilungen durch das Recht zu untersuchen. Das schließt auch die Frage ein, welche ambivalenten, inklusiven und exkludierenden Effekte kategorien- und gruppenbezogenes Recht gegen Rassismus erzeugen kann. Dies gilt umso mehr, wenn rassistisches Wissen unreflektiert in die Rechtsanwendung einfließt. Zu fragen wird daher sein: Wo reproduziert Recht, indem es auf die Kategorie Rasse rekurriert, rassistisches Wissen, wo schafft es neues, rassismuskritisches Wissen? Welche Alternativen zu essentialisierenden, kategorialen Termini gibt es, die den rechtlichen Schutzstandard nicht absenken? Dazu gilt es, unter Rückgriff auf die Erkenntnisse der Rassismusforschung, in einem ersten Schritt der Herkunft des Wissens zu rassialisierter Differenz und Rassismus nachzuspüren. Dies soll im nächsten Kapitel geschehen.

# 3. Das Wissen über Rasse

Whenever »race« has been really needed, some »science« has been at hand, to provide it.
Robert L. Hayman & Nancy Levit[1]

Akteure des Rechts greifen auf außerrechtliches Wissen zurück, wenn sie juristisch einordnen, ob ein Mensch »wegen seiner Rasse« benachteiligt wird. Einer Analyse der Kategorie Rasse im rechtlichen Diskurs muss daher eine Auseinandersetzung mit ihren Bedeutungen in anderen wissenschaftlichen Disziplinen und Alltagstheorien vorausgehen. Die Heterogenität der Sinnstiftungen, die Gegensätzlichkeit der Bedeutungen und die heftigen Kämpfe um die Kategorie machen Rasse zu einem nicht einfach zu fassenden Begriff. Für eine Einordnung seiner rechtlichen Wirksamkeit wird es notwendig sein, die Stränge seiner Bedeutungsgeschichte zu analysieren. Unstrittig ist, dass die Geschichte des Begriffs Rasse mit einer Globalgeschichte von Ausbeutung, Gewalt und Unterdrückung verknüpft ist.[2] Unter Berufung auf rassische Konzepte wurden Menschen millionenfach kolonisiert, segregiert, versklavt, vertrieben, verschleppt, ausgebeutet und ermordet. Das kommt im Begriff des Rassismus zum Ausdruck. Dass diese Geschichte auch eine des weltweiten Widerstandes gegen rassistische Diskriminierung und Gewalt ist, verdeutlicht der Begriff Antirassismus.[3] Doch auch der Begriff des Rassismus ist kein statischer, er hat wie der Begriff Rasse eine Geschichte. »Als soziale Erscheinung ist Rassismus älter, als Begriff jünger als die Rassen«, fasst Hund das anachronistisch anmutende Verhältnis von Rasse und Rassismus zusammen.[4]

1 Robert Hayman, Nancy Levit, »Un-Natural Things: Constructions of Race, Gender, and Disability«, in: Francisco Valdes u. a. (Hg.), *Crossroads, Directions, and a New Critical Race Theory*, Philadelphia 2002, S. 159-186, hier: S. 164.

2 Eindrücklich Achille Mbembe, *Kritik der schwarzen Vernunft*, Berlin 2014; zu den rassistischen Anleihen nichtwestlicher Gesellschaften Frank Dikötter, *Racial Identities in China and Japan*, Hongkong 2015.

3 Eine lesenswerte Geschichte der Kämpfe gegen Rassismus schreiben Peter Linebaugh, Marcus Rediker, *Die vielköpfige Hydra. Die verborgene Geschichte des revolutionären Atlantiks*, Berlin 2008.

4 Wulf D. Hund, »Rassismus«, in: Hans Jörg Sandkühler (Hg.), *Enzyklopädie Philosophie*, Hamburg 2010, S. 2190-2192, hier: S. 2191.

Für eine Arbeit zum Rassebegriff im Recht heißt das, Rassismus als gesellschaftliches Verhältnis zu historisieren und so in das Zentrum der Analyse zu stellen. Aus der Geschichte und den Funktionen des Rassismus als einem globalen Phänomen mit besonderen Ausprägungen folgen unterschiedliche Konzeptionen von Rasse, die hier als Rassediskurse analysiert werden.

## 3.1. Gemeinsamkeiten

Rassismus und Rassediskurse sind »eine Hervorbringung menschlichen Denkens, eine Form menschlichen Handelns und somit ein durch und durch historisches Phänomen«, resümiert Christian Geulen.[5] Mit dem Ziel, die Verbindungen zwischen Recht und rassialisierten Zuordnungen zu untersuchen, müssen daher zunächst die historischen Bedingungen, die Funktionen und die Wirkungen dieser Phänomene beleuchtet werden.

### 3.1.1. Historische Ursprünge: Christliche Reconquista und die Kolonisierung der Welt

Historiker:innen und Soziolog:innen, die sich mit Konzeptionen menschlicher Differenz in der Antike und im Mittelalter beschäftigen, sind fast alle der Auffassung, dass sich im Denken dieser Epochen noch kein Begriff ausmachen lässt, der dem heutigen der Rasse entspricht.[6] Sie begründen das im Wesentlichen damit, dass Feindseligkeiten gegenüber als fremd oder feindlich angesehenen Menschengruppen nicht zur Rassialisierung von Eigen- und Fremdgruppen innerhalb eines Systems der Klassifizierung führten. Moderne Rassialisierungsprozesse griffen aber auf Vorstellungen von Heiden- und Barbarentum zurück, die seit der Antike die europäische Geistes- und Kulturgeschichte begleiten. Der Begriff

5 Geulen, *Rassismus*, S. 8.

6 Statt vieler George Fredrickson, *Rassismus: ein historischer Abriss*, Hamburg 2004, S. 66 ff.; Robert Miles, *Rassismus: Einführung in die Geschichte und Theorie eines Begriffs*, Hamburg 1991, S. 23 ff.; Mosse, *Rassismus*, S. 9; vormoderne Phänomene der Xenophobie als Rassismus im weiteren Sinne erfassen Imanuel Geiss, *Geschichte des Rassismus*, Frankfurt/M. 1988, und Wulf D. Hund, *Negative Vergesellschaftung: Dimensionen der Rassismusanalyse*, Münster 2006.

Rasse ging zwischen dem 12. und dem 15. Jahrhundert in die europäischen Sprachen ein und hatte anfangs ganz unterschiedliche Bedeutungen, wobei die Etymologie des Begriffs nicht geklärt ist. Vermutet werden Ableitungen vom lateinischen Radix = Wurzel, von Ratio im Sinne von »Wesen eines Dings« sowie vom arabischen *Ra's* für Kopf oder Ursprung.[7] Im Französischen und Englischen für schnell fließende Gewässer oder Wettrennen angewandt, wurde *race* im Spätmittelalter zur Metapher für den die Generationen durchfließenden Fluss adligen Blutes. Ebenso diente er der Beschreibung edler Pferdegestüte oder der Menschheit als Ganzem.[8] Seit dem 15. Jahrhundert und verstärkt ab dem 17. Jahrhundert wurde der Begriff in Europa zur Unterscheidung der sozialständischen Klassenzugehörigkeit des Adels und des dritten Standes benutzt.[9] Alfonso Martinez de Toledo behauptete 1438, es liege in der Absicht der Natur, dass sich die *raca*, die gute Abstammung, in ihren adligen Trägern durchsetzt.[10] Englische und französische Theorien des 17. und 18. Jahrhunderts hatten unter Rückgriff auf den Pangermanismus des 16. Jahrhunderts ständische Unterschiede als ursprünglich rassische Unterschiede dargestellt.[11] Die Aristokratie sollte danach von edler Herkunft (*race*) sein, weil sie von den überlegen imaginierten Germanen abstamme, die Bauern und Bürger dagegen von den Galliern. Vor diesem Hintergrund entwickelte sich Rasse zur anerkannten gesellschaftlichen Kategorie moderner Ordnungsvorstellungen.

Als vormoderne Geburtsstunde rassialisierter Teilungen der Menschheit gilt das Jahr 1492. Hier wird die Wendung zur Neuzeit gesehen, jener Epoche, von der die Moderne nur der letzte Abschnitt ist. 1492 überquerte Christoph Kolumbus für das Königreich Kastilien den Atlantik und leitete damit den Beginn der europäischen Eroberung und Kolonisierung Amerikas ein. Im selben Jahr kapitulierte der letzte maurische Herrscher in al-Andalus vor einem

7 Ivan Hannaford, *Race: The History of an Idea in the West*, Washington 1996, S. 5.

8 Geulen, *Rassismus*, S. 13, 36.

9 Werner Conze, Antje Sommer, »Rasse«, in: Otto Brunner u. a. (Hg.), *Geschichtliche Grundbegriffe*, Bd. 5, Stuttgart 1994, S. 138.

10 Hering Torres, *Rassismus in der Vormoderne. Die »Reinheit des Blutes« im Spanien der Frühen Neuzeit*, Frankfurt/M. 2006, S. 219 f.

11 Zu dem englischen Beispiel Hannaford, *Race*, S. 180, zu Frankreich Fredrickson, *Rassismus*, S. 55, 161, zu Spanien Torres, *Rassismus in der Vormoderne*.

Bündnis christlicher Könige. Zur Herstellung der inneren Einheit der iberischen Königreiche diente zunächst die Religion. Daher erging 1492 auch das Edikt an alle Juden, sich taufen zu lassen oder das Land zu verlassen. Zehn Jahre später wurde die muslimische Bevölkerung vor die gleiche Wahl gestellt. In der Folge wurde *la raza*, die reine Abstammung, zum entscheidenden Ordnungskriterium in der spanischen Gesellschaft. Wer bis zur dritten Generation jüdische oder maurische Vorfahren hatte, wurde im Königreich Spanien vom Staatsdienst ausgeschlossen. Auch in der Neuen Welt konnten nur »echte« Spanier christlicher Herkunft und deren Nachfahren Verwaltungsposten einnehmen. Die im Land gebliebenen jüdischen Konvertiten wurden nicht als vollwertige Christen, sondern als innerer Feind der (national-)staatlichen Homogenität angesehen.[12] Sie wurden als abweichend aufgrund ihres Glaubens und aufgrund ihrer Natur entworfen. Da diese *conversos* äußerlich nicht sofort erkennbar waren und mit der Anwendung des Edikts Rechtsunsicherheit und Verdächtigungen schnell um sich griffen, galten die Juden als klandestiner und darum besonders gefährlicher Feind. Das Stigma *converso* wurde vererbt, denn die Bezeichnung als Neuchristen bezog sich auch auf nachkommende Generationen. Diese Praktiken bildeten »eine Art Übergang zwischen der religiösen Intoleranz des Mittelalters und dem naturalistischen Rassismus der Neuzeit«.[13]

In den Kolonien der »Neuen Welt« entstand auf dieser Basis nicht nur eine neue Einteilung der Welt, sondern auch eine neue Ordnung der Menschen. Auf der einen Seite standen die europäischen Herren, während auf der anderen Seite mit allerlei Abstufungen Ureinwohner und seit dem 16. Jahrhundert aus dem westlichen, zentralen und südlichen Afrika verschleppte Sklaven positioniert wurden. Ordnungsmittel waren Abstufungen der Hautfarbe und andere körperliche Unterschiede. Aber auch die Religion diente zur Rechtfertigung einer vermeintlich natürlichen Hierarchie, die die Versklavung der Anderen legitimierte. Diese Menschen waren nicht anders, sondern wurden, ausgehend von der eigenen Norm, erst zu Anderen – zu ungläubigen Naturwesen – gemacht, indem

12 Léon Poliakov, *Geschichte des Antisemitismus. Die Marranen im Schatten der Inquisition*, Worms 1984, S. 39.
13 Fredrickson, *Rassismus*, S. 45.

sie als different und zugleich als minderwertig markiert wurden.[14] Aussehen und Habitus, aber auch das Heidentum der Einheimischen wurden mit Abstammung assoziiert. Ihre quasi gottgewollte Unterdrückung rekurrierte auf die Ham-Legende, die Interpretation einer Bibelstelle im Ersten Buch Moses. Danach hatte Ham, Sohn Noahs, den Zorn Gottes auf sich gezogen. Gott verfluchte Hams Sohn, Kanaan, mitsamt seinen Nachfahren dazu, »Knecht aller Knechte« zu sein. Hams Haut soll sich infolge des Fluchs dunkel gefärbt haben, weshalb er als Stammvater aller Afrikaner gelte.[15]

In diesen frühen Rassialisierungen sind bereits Wesensmerkmale des modernen Rassismus erkennbar. So geht es vor allem um zugeschriebene statt um reale Differenz. Und schon hier taucht die Idee von Rasse als generationell weitergegebener, unveränderbarer Ungleichheit auf. Schließlich vermischen sich biologistische und kulturalistische Begründungsmuster für die vermeintlich wesenhafte Differenz »der Anderen«. Diese in der Zeit der christlichen Reconquista und mit der Kolonisierung der Welt etablierten Strukturen finden sich ab dem 18. Jahrhundert modifiziert in verschiedenen europäischen Ländern wieder. »Historisch gesehen haben Juden und Schwarze stets die Rolle des Außenseiters, des Bösewichts gespielt, der den Stamm bedroht«,[16] leitet Mosse seine *Geschichte des Rassismus in Europa* ein. In beiden Fällen bildete die mittelalterliche Verschmelzung von Religion und Rasse den Ursprung für die spätere Formierung von Rasse in naturalistischen Kategorien von Juden (Antisemitismus) und Schwarzen (kolonialer Rassismus).[17]

### 3.1.2. Die Rassialisierung der Menschheit: Rassismus als globales Phänomen moderner Vergesellschaftung

Die Verwendung des Begriffs »Rasse« zur ständeübergreifenden abstammungsbasierten Kategorisierung von Menschen datiert der überwiegende Teil der Rassismusforschung auf den Beginn der

14 Im Folgenden ist daher auch von »VerAnderung« – im Englischen *othering* – die Rede.

15 David Goldenberg, *The Curse of Ham. Race and Slavery in Early Judaism, Christianity and Islam*, Princeton 2003.

16 Mosse, *Rassismus*, S. 23.

17 Auch weißer Überlegenheitsrassismus/*white supremacy* oder Anti-Schwarzer Rassismus.

europäischen Moderne.[18] Diese wird geistesgeschichtlich mit der Aufklärung des 17. Jahrhunderts, ökonomisch mit der kapitalistischen Industrialisierung ab Mitte des 18. Jahrhunderts und politisch mit der Amerikanischen und der Französischen Revolution, den kolonialen Eroberungszügen sowie dem Nationalismus und Hochimperialismus des 19. Jahrhunderts verbunden. Prozesse der Säkularisierung, Industrialisierung und Nationenbildung waren profilbildend für diese Epoche. Vor allem in der Zeit von der Mitte des 18. Jahrhunderts bis zur Mitte des 19. Jahrhunderts verloren alte Begriff ihre traditionelle Bedeutung und gewannen neue.

Voraussetzungen einer neuen, modernen Bedeutung von Rasse waren die Säkularisierung und der Siegeszug der Naturwissenschaften, koloniale Eroberungszüge, transatlantischer Sklavenhandel und kapitalistische Industrialisierung sowie schließlich die Herausbildung einer bürgerlichen Subjektivität in Abgrenzung sowohl von der alten ständischen Gesellschaft als auch von den rassialisierten Anderen. Es bildeten sich Theorien heraus, die den Anspruch auf Wissenschaftlichkeit erhoben und die geeignet waren, veränderte Machtverhältnisse zu erklären und daraus resultierende Gewalt und Diskriminierung zu rechtfertigen. Pointiert fasst Étienne Balibar zusammen, im Rassismus vermische sich »auf eine unauflösbare Weise die zentrale Funktion der Verkennung (ohne die die Gewalttätigkeit nicht einmal für diejenigen, die sie ausüben, zu ertragen wäre) mit einem ›Willen zum Wissen‹, d. h. mit einem heftigen Begehren nach Erkenntnis, nach einer unmittelbaren Einsicht in die gesellschaftlichen Verhältnisse«.[19]

Die geistige und soziale Reformbewegung der Aufklärung verschob die theologisch abgesicherte Ordnung der Welt hin zu einer neuen säkularen Legitimationsordnung, die sich nicht länger auf Gott, sondern auf die menschliche Vernunft als universelle Urteilsinstanz berief. Der Mensch wurde nun stärker mit Blick auf seine Stellung in der Natur als in einem heilsgeschichtlichen Kontext betrachtet. Damit veränderten sich auch die gesellschaftliche Rechtfertigungsordnung und die Objekte, mit denen gesellschaftlicher Status verknüpft wurde. Soziale Stratifikation wurde nicht mehr über Standesordnung und Religionszugehörigkeit legitimiert,

18 Mbembe, *Kritik der schwarzen Vernunft*, S. 12; Geulen, *Rassismus*, S. 14.

19 Étienne Balibar, »Gibt es einen Neorassismus?«, in: ders., Immanuel Wallerstein, *Rasse, Klasse, Nation. Ambivalente Identitäten,* Hamburg 2017, S. 25.

sondern zunehmend in den Körper als Ort der Differenz verlegt (Rasse, Geschlecht) und an die Stellung im ökonomischen Verwertungssystem (Klasse) gekoppelt. Rasse, Klasse und Geschlecht entwickelten sich zu den drei wirkmächtigsten sozialen Teilungsdimensionen und Ordnungsprinzipien. Dabei kam es von Beginn an zu einer intersektionalen Überschneidung, die Anerkennung des Privateigentums galt zum Beispiel als Voraussetzung für Zivilisiertheit.[20]

An die Stelle metaphysischer Welterklärungen traten zunehmend naturwissenschaftliche Klassifikationen. Sie organisierten die Menschheit nach physiologischen und geistigen Kriterien, beruhend auf beobachtbaren »Tatsachen« und überprüfbaren »Beweisen«. Die Methode der Klassifikation und die Aufteilung der Welt in Klassen und Arten ermöglichten eine systematische Erfassung der Erscheinungen von Pflanzen, Tieren und Menschen. 1684 schlug der französische Mediziner und Philosoph François Bernier »eine neue Einteilung der Erde nach den verschiedenen Arten oder Rassen der Menschen« auf Grundlage von Geografie, Hautfarbe und physischen Formen vor.[21] Er stellte vier *races* anhand physischer Merkmale wie Lippen-, Nasen- und Augenform, Bartwuchs, Färbung von Haaren und Zähnen, Hautfarbe sowie »Schönheit der Frauen« auf. Bernier verwendete damit als Erster Rasse im Sinne einer anthropologischen Taxonomie zur Gliederung der Menschheit. Eine ausdrückliche Vermischung von körperlichen und charakterlichen Eigenschaften fand bei ihm noch nicht statt.

Die erste systematische Einteilung, die auch moralische Wertungen enthielt und eine hierarchische Anordnung vornahm, war die 1735 erschienene *Systema Naturae* des schwedischen Naturforschers Carl von Linné. Darin teilte er nach einer biologischen Taxonomie nicht nur Tiere, Pflanzen und Mineralien ein, sondern auch die Menschen nach ihrer geographischen Herkunft in Europäer, Amerikaner, Asiaten und Afrikaner. Als einziges äußeres Merkmal gab er zunächst die Hautfarbe dieser Gruppen an, in späteren Auflagen fügte er Körperhaltung, Charakter, Temperament, Geist sowie Kleidung hinzu. Wie in der Antike gingen viele naturwissen-

20 Max Pichl, »Die Verrechtlichung der Welt – Ansätze einer postkolonialen Rechtstheorie«, in: *Kritische Justiz* (45) 2/2012, S. 131-143.

21 François Bernier, »Nouvelle division de la terre par les différentes espèces ou races d'hommes qui l'habitent«, in: *Journal des sçavans*, 6/1684, S. 133-140.

schaftliche Theorien damals davon aus, dass Hautfarbe und Temperament klimatisch bedingt seien und Hautfarbe daher auch mental zu deuten sei. Den *homo europaeus* zeichnete Linné als »weiß, heiter-lebhaft, muskulös, durch Gesetz regiert und zu Erfindungen befähigt«, »Amerikaner« (damit waren die ersten Einwohner:innen Amerikas gemeint) als »rot, cholerisch, aufrecht«, »Asiaten« als »gelb, melancholisch, steif, verschlagen« und »Afrikaner« als »schwarz, phlegmatisch, schlaff«.[22]

Auch Immanuel Kant verwendete seit 1775 die Hautpigmentierung zur Unterteilung von vier »Abartungen« der Menschheit.[23] Er unterschied vier solcher »Racen«.[24] Nicht nur unterschiedliche Hautfarben, sondern auch Zivilisationsstufen führte er auf unterschiedliche klimatische Bedingungen zurück.[25] In der 1802 erschienenen *Physischen Geographie* heißt es, »Die Menschheit ist in ihrer größten Vollkommenheit in der Rasse der Weißen. Die gelben Inder haben schon ein geringeres Talent. Die Neger sind tiefer, und am tiefsten steht ein Teil der amerikanischen Völkerschaften.«[26] Später verwarf Kant die Klimatheorie und postulierte, als Rassenmerkmale könnten nur solche Merkmale gelten, die sich umweltunabhängig vererben.[27] Seine Einteilung in vier Rassen, seine Spekulationen über die »unausbleibliche erbliche Eigenthümlichkeit« von Menschengruppen sowie das Postulat der naturgeschichtlichen Überlegenheit der Menschen »in ihrer größten Vollkommenheit in der Race der Weißen«[28] sollten dennoch die europäischen Rassekonzeptionen der folgenden Jahrhunderte prägen. Der Naturalismus der Aufklärung, für den Linné und Kant prominent stehen,

22 Zitiert nach Susan Arndt, *Rassismus*, München 2015, S. 20 f.

23 Immanuel Kant, »Von den verschiedenen Rassen der Menschen«, in: Preussische Akademie der Wissenschaften (Hg.), *Gesammelte Schriften*, Berlin 1912, S. 430.

24 Ebd., S. 432.

25 Immanuel Kant, »Über den Gebrauch teleologischer Prinzipien in der Philosophie«, in: Preussische Akademie der Wissenschaften (Hg.), *Gesammelte Schriften*, Berlin 1912, S. 165.

26 Immanuel Kant, »Physische Geographie (1755-1796)«, in: Preussische Akademie der Wissenschaften (Hg.), *Gesammelte Schriften*, Berlin 1912, S. 316.

27 Darauf weist Geulen, *Rassismus*, S. 59, hin.

28 Kant, »Physische Geographie«, S. 316. Zu den Widersprüchen in Kants Darstellung der rassischen Hierarchisierung der Menschheit und seinen Positionen zum Kolonialismus Pauline Kleingeld, »On Dealing with Kant's Sexism and Racism«, in: *SGIR Review* 2/2019, S. 3-22.

ließ einen auf physische Merkmale bezogenen und scheinbar wissenschaftlich fundierten Rassismus denkbar werden und bereitete den Boden für den biologischen Determinismus und superioren Rassismus des 19. Jahrhunderts.

Die naturwissenschaftlichen Klassifikationssysteme hatten auch für die koloniale Neuordnung der Welt Bedeutung: Für die Fülle an Varietäten der Natur, die im Rahmen der kolonialen Expansion erkundet wurden, und ebenso für die Debatten um den Status von Sklaven boten sie eine Ordnungsform an, »mit der zum einen die vorfindliche Vielfalt gebändigt und zum anderen eine grundlegende, kategoriale Unterschiedlichkeit zwischen Menschen konstatiert werden konnte«.[29] Denn die Prinzipien der Freiheit und der Gleichheit aller Menschen waren durchaus geeignet, die Legitimität und Vernünftigkeit von kolonialen Eroberungszügen und transatlantischem Sklavenhandel in Zweifel zu ziehen. Auch die Unterdrückten selbst bezogen sich auf die Ideale der Aufklärung: Die versklavten Einwohner:innen Haitis beriefen sich gegen die kolonialen Eliten auf die erste Erklärung der Menschenrechte und lösten so die haitianische Revolution aus, die 1804 zur Gründung des ersten unabhängigen Staates in Lateinamerika durch ehemalige Sklaven führte.[30] Die republikanische Gleichheitsprämisse, die auf dem Versprechen gleicher Rechte für alle Bürger:innen unabhängig von religiöser Zugehörigkeit basierte, stellte auch die Segregation und Entrechtung der Juden in Europa in Frage.[31]

Die Theorien der Ungleichheit der Menschen halfen dabei, diesen Widerspruch zu rationalisieren. Sie boten eine wissenschaftliche Erklärung für den Gegensatz zwischen universellem Gleichheits- und Freiheitsanspruch und erlebter Ungleichheit und sie waren eine Reaktion auf Widerstands- und Emanzipationsprozesse im Namen der Gleichheit. Mit der Erfindung rassialisierter Differenz konnte die Gewalt gegen Kolonisierte, Sklaven und Juden gerechtfertigt werden. Dabei lassen sich drei Muster feststellen: Die absolute Entmenschlichung der Betroffenen (»Es sind keine

29 Plümecke, *Rasse in der Ära der Genetik*, S. 71.

30 C.L.R. James, *The Black Jacobins. Toussaint L'Ouverture and the San Domingo Revolution*, New York 1989; Philip Hanke, *Revolution in Haiti: Vom Sklavenaufstand zur Unabhängigkeit*, Köln 2017.

31 Fredrickson, *Rassismus*, S. 78 ff., hebt die Erfolge der jüdischen Emanzipation in Europa hervor. Gleiches gilt für die Kämpfe der Frauenbewegung.

Menschen«) entsprach der polygenetischen Abstammungslehre, sie schrieb den verschiedenen Rassen auch unterschiedliche Ursprünge zu. Die »neuen Menschen« in den Kolonien waren danach der christlichen Menschheit gar nicht zugehörig. Die Abwertung der Unterdrückten (»Es sind Menschen, aber keine Menschen wie wir«) entsprach der monogenetischen Abstammungslehre, die von einem gemeinsamen Ursprung der gesamten Menschheit ausging. Das gilt auch für den Verweis auf eine christlich-europäische Zivilisierungsmission an den Kolonisierten (»Es sind keine Menschen wie wir, aber sie können es werden, wenn wir sie erziehen«).

»Die Erfindung der weißen Rasse«, resümiert Theodore Allen in seiner Studie über Rassismus, Kolonialsystem und Sklaverei in Europa und den USA, ging historisch mit der gewaltsam durchgesetzten und rechtlich abgesicherten Segregation von Arbeitskräften einher.[32] Die Sklaverei erklärte Menschen zum Eigentum und Werkzeug anderer Menschen. Im Laufe des 17. Jahrhunderts griffen europäische Siedler in Nordamerika immer mehr auf versklavte Menschen aus Afrika zurück, weil diese billiger waren als Leibeigene (*indentured servants*) aus Europa. Die Arbeit versklavter Menschen legte dann im 19. Jahrhundert den Grundstein für die Baumwoll- und Tabakindustrie in den USA. Der Status »Sklave« war fortan eine soziale Position, die nun mit afrikanischer Abstammung assoziiert wurde. Phänotypische Eigenschaften wie Haut- und Haarfarbe erhielten in diesem Prozess der Rassialisierung eine neue Bedeutung. Schwarz wurde, auch rechtlich vermittelt, zu einem Marker für die Möglichkeit, eine Person zu einer hybriden rechtlichen Kategorie zwischen Mensch und Ware zu machen.[33] Es waren nicht bereits aus Europa mitgebrachte rassistische Vorurteile der europäischen Kolonisatoren und der angelsächsischen Plantagenbesitzer, die versklavte Menschen zu *negros* machten und die autochthonen Einwohner zu *indios* und *indians.* Rassische Kategorisierungen wurden erst erfunden, um mit der Spaltung in zivilisierte Weiße und unzivilisierte Schwarze und Native Americans die entmenschlichende Ausbeutung und Gewalt und die dadurch ge-

32 Theodore Allen, *Die Erfindung der weißen Rasse*, Hamburg 1998. Zur Rolle des Sklavenhandels für die globale Durchsetzung der kapitalistischen Produktionsweise Eric Williams, *Capitalism & Slavery*, Chapel Hill 1994.

33 Harris, »Whiteness as Property«, S. 277.

rade erst geschaffene Ungleichheit als naturgewollt zu legitimieren. Alexander Stephens, Vizepräsident der Konföderation der Südstaaten, verteidigte noch 1861 die Sklaverei mit den Worten: »Unsere neue Regierung gründet sich auf der fundamentalen Wahrheit, dass der Neger nicht dem weißen Mann gleichgestellt ist und dass die Sklaverei, die Unterordnung unter die überlegene Rasse, sein natürlicher und moralischer Zustand ist.«[34]

Erst mit diesem Hintergrund wurde »aus der Hautfarbe ein soziales Zeichen gemacht, das natürliche Minderwertigkeit signalisieren sollte«,[35] und damit ein bis heute zentraler Marker für rassialisierte Differenz. Es handelte sich »nicht um die Pigmentierung der natürlichen, sondern um die Farbgebung einer sozialen Haut«.[36] Frantz Fanon hat den psychologisch-sozioökonomischen Prozess der körperlichen Einschreibung von sozialer Differenz treffend als Epidermisierung bezeichnet: »Wenn es einen Minderwertigkeitskomplex gibt, so infolge eines doppelten Prozesses: zunächst eines ökonomischen, sodann durch Verinnerlichung oder besser Epidermisierung dieser Minderwertigkeit.«[37] Die Verbindung von Sklavenstatus und Hautfarbe zeigt auch, dass Rasse als Ordnungskategorie moderner Gesellschaften indirekt immer auch eine ökonomische Position markiert – rassialisierte Differenz war von Anfang an mit Klasse verbunden.[38]

### 3.1.3. Funktionen des Rassismus

Die entstehende Rasseforschung ist nicht ohne die Funktionen des Rassismus zu verstehen. Viele Rassismusforscher:innen lehnen angesichts des breiten Spektrums rassistischer Praktiken, »die von der Apartheid bis zur Zwangsassimilation und von der Ausbeutung bis zur Vernichtung reichen, [...] eine idealtypische Definition von

34 Zitiert nach Thomas Edwin Schott, *Alexander H. Stephens of Georgia*, Baton Rouge 1996, S. 334, Übers. d. Verf.

35 Wulf D. Hund, *Rassismus*, Bielfeld 2007, S. 31.

36 Ebd., S. 20.

37 Frantz Fanon, *Schwarze Haut, weiße Masken*, Frankfurt/M. 1985, S. 10.

38 Ebenso Robert Miles, *Capitalism and Unfree Labour*, London 1987, S. 27, *race* als Supra-Kategorie bezeichnend, aus der sich kein direkter ökonomischer Status im Sinne einer Klassenposition ableiten lässt, die aber Menschen in Bezug auf Produktionsverhältnisse organisiert.

Rassismus« gänzlich ab.[39] Mit Blick auf dessen Funktionen lassen sich aber Gemeinsamkeiten analysieren.

#### *3.1.3.1. Legitimierung sozialer Ungleichheit*

Wenn Rassismus als eine »Ideologie der Ungleichwertigkeit«[40] bezeichnet wird, ist damit die Naturalisierung des Sozialen angesprochen. Rassische Differenzkonstruktionen beinhalten immer auch die Rechtfertigung dafür, als rassisch anders vorgestellte Teile der Bevölkerung zu diskriminieren oder zu bekämpfen. In den Amerikas wie auch im europäischen Kolonialismus findet sich das Muster der Konstruktion vermeintlich rassisch unterlegener Kolonisierter, die durch Erziehung zu christlichem Glauben und zu harter Arbeit in einen höheren zivilisatorischen Status zu heben seien. Die materialistische Rassismuskritik hat herausgearbeitet, dass rassistische Zuordnungen für die Funktionsweise der kapitalistischen Ökonomie zentral sind. Sie senken die Kosten der Arbeitskraft und damit die Produktionskosten und haben gemeinsam mit protektionistischen Einschränkungen der Einwanderung und der Ausländerbeschäftigung global und national ein hierarchisches System von Arbeitsleistungen und Vergütungen etabliert, das auch als rassialisierter oder ethnisierter Arbeitsmarkt bezeichnet wird.[41] Rassistische Zuschreibungen sind wirkmächtig, wenn diese ökonomische Schlechterstellung von rassialisierten Arbeitskräften kulturalisiert und naturalisiert wird, statt ihre historischen und sozialen Ursachen zu benennen. Die anti-universalistische Lehre des Rassismus rechtfertigt die ökonomische Ungleichbehandlung und hilft so den Anschein eines universalistischen, meritokratischen und demokratischen Systems aufrechtzuerhalten.[42]

Dies schlug und schlägt sich in abschätzigen Stereotypen von migrantischen Arbeitskräften nieder ebenso wie in rassistisch-

39 Für viele Hund, *Negative Vergesellschaftung*, S. 124.

40 Beate Küpper, »Ideologien der Ungleichwertigkeit und das Syndrom gruppenbezogener Menschenfeindlichkeit«, in: Heinrich-Böll-Stiftung (Hg.), *Ideologien der Ungleichwertigkeit*, Berlin: HBS, 2016, S. 21-36.

41 Immanuel Wallerstein, »Ideologische Spannungsverhältnisse im Kapitalismus«, in: Balibar, Wallerstein, *Rasse, Klasse, Nation*, S. 45 f.

42 Zur Gleichursprünglichkeit von neuzeitlicher Demokratie und Kolonialgewalt Achille Mbembe, *Politik der Feindschaft*, Berlin 2016, S. 46 ff.

ethno-nationalistisch aufgeladenen Konflikten zwischen Arbeitskräften. Im deutschen Kaiserreich zum Beispiel reichten diese Stereotype vom »akkord- und streikbrechenden und im Zweifelsfalle messerstechenden Italiener« über den »kriecherischen Polen« als »Lohndrücker« bis hin zur Redewendung von den »›slawischen‹ Arbeitskräften, deren auf niedrigem ›Kulturniveau‹ resultierende ›Anspruchslosigkeit‹ eine existentielle Bedrohung deutscher Arbeitskräfte im Kampf um Lohn- und Arbeitsbedingungen darstelle«.[43] In der nationalsozialistischen Rassepropaganda sollten Polen als »natürliche Arbeitsvölker« der »deutschen Herrenrasse« dienen und Roma als »natürlich Arbeitsscheue« zur Arbeit erzogen werden, Rassismen dienten zur Legitimation von Ausbeutung und Zwangsarbeit.[44] Auch nach 1945 wurde und wird rassialisierte Differenz zur Legitimation von Hierarchisierungspraktiken herangezogen. In den USA haben Debatten um angeborene »Faulheit« oder um »Intelligenzmangel« Schwarzer Menschen Tradition, 1994 erlangte das Buch *The Bell Curve* Prominenz. Dessen Autoren behaupten, Afroamerikaner:innen verfügten über eine genetisch determiniert geringere Intelligenz, was ihren Platz in der Gesellschaft erklären würde.[45] Im deutschen Kontext finden sich solche Thesen in der Debatte um das 2010 erschienene Buch *Deutschland schafft sich ab* wieder.[46] Thilo Sarrazin hatte darin behauptet, aufgrund einer höheren Fertilität türkei- und arabischstämmiger Migrant:innen würde der Anteil der intelligenten Leistungsträger in der Bevölkerung kontinuierlich fallen. Begründungsmuster, die als Ursachen für Armut und Kriege in den Ländern des globalen Südens Eigenschaften der einheimischen Bevölkerungen ausmachen, statt globale poli-

43 Zitiert nach Klaus Bade, *Europa in Bewegung. Migration vom späten 18. Jahrhundert bis zur Gegenwart*, München 2002, S. 221.

44 Henning Melber, »Rassismus und eurozentristisches Zivilisationsmodell«, in: Nora Räthzel (Hg.), *Theorien über Rassismus*, Hamburg 2000, S. 131, hier S. 134f.; zur Vorstellung von Arbeit als völkisch-rassistischem Distinktionsmerkmal Felix Axster, Nikolas Lelle (Hg.), *»Deutsche Arbeit«. Kritische Perspektiven auf ein ideologisches Selbstbild*, Göttingen 2018.

45 Richard Herrnstein, Charles Murray, *The Bell Curve: Intelligence and Class Structure in American Life*, New York 1994.

46 Thilo Sarrazin, *Deutschland schafft sich ab. Wie wir unser Land aufs Spiel setzen*, München, 2012; zur Bedeutung des Buches für eine sozialdarwinistische und rassistische Diskursverschiebung Volker Weiß, *Autoritäre Revolte. Die Neue Rechte und der Untergang des Abendlandes*, Stuttgart 2017.

tische und ökonomische Ungleichheitsverhältnisse zu benennen, naturalisieren ebenfalls soziale Ungleichheit.

### *3.1.3.2. Identitätsstiftung*

Wenn Stuart Hall Rassismus als einen »ideologischen Diskurs« bezeichnet, spricht er eine weitere Funktion rassialisierter Differenz an: die Produktion und Absicherung von Identität in bürgerlichen Gesellschaften. Um zu rechtfertigen, dass die Anderen nicht frei und gleich, sondern ungleich und unterworfen sind, wurde ihre Subjektivität als Abweichung und spiegelbildliche Umkehrung der dominanten Norm konstruiert. Die Rassialisierung der Anderen ging so mit der Neuerfindung der Eigengruppe als »weiße Europäer« einher. Der Begriff »weiß« bezog sich dabei von Anfang an nicht nur auf Hautpigmentierung. Er bezeichnete ebenso andere, an antiken ästhetischen Schönheitsidealen gemessene und mit sexistischen Geschlechterstereotypen verbundene körperliche Merkmale.[47] Weiß bedeutete nie nur helle Hautfarbe, sondern die Befähigung zur Zivilisiertheit. »Rasse« drückte schon immer vor allem die Annahme unterschiedlicher Zivilisationsstufen aus. So wurden die Begriffe christlich, frei, englisch und weiß in den nordamerikanischen Kolonien synonym verwendet.[48] Geulen hat die Rassesystematiken daher als »Medien der rassentheoretischen Selbstzelebrierung« bezeichnet, die »die weißen Europäer als die ästhetisch wie moralisch allen anderen überlegene Rasse präsentieren« sollten.[49] Für das 20. Jahrhundert beschreibt Hall eine neue Funktion dieser Selbstzelebrierung: »Gruppen, die von den Reichtümern unserer Wohlstandsgesellschaft ausgeschlossen sind, die aber gleichwohl zur Nation gehören und sich mit ihr identifizieren wollen, [finden] im Rassismus eine authentische Form der Identitätsgewinnung und des Selbstbewusstseins.«[50] Ähnlich argumentiert Harris. Nach dem formalen Ende der rassistischen Segregation in den USA in den 1960er Jahren vermittele Weißsein keine unmit-

47 Mosse, *Rassismus*, S. 131 ff.

48 Fredrickson, *Rassismus*, S. 56.

49 Geulen, *Rassismus*, S. 13, 57.

50 Stuart Hall, »Rassismus als ideologischer Diskurs«, in: Nora Räthzel (Hg.), *Theorien über Rassismus*, Hamburg 2000, S. 7-16, hier: S. 11, hält zugleich fest, dass Rassismus bei weitem nicht nur ein Phänomen sozial Deklassierter ist (S. 10).

telbaren rechtlichen und ökonomischen Privilegien mehr, es operiere aber weiter als soziale und psychologische Kompensation für jene Menschen, die selbst von materiellem Reichtum ausgeschlossen, aber Teil der weißen Mehrheitsgesellschaft sind.[51]

Theodor W. Adorno und Max Horkheimer haben die sozialpsychologische Bedeutung antisemitischer Projektionen für die Produktion und Absicherung von Identität in bürgerlichen Gesellschaften untersucht.[52] Die Herausbildung von identitäts- und gemeinschaftsstiftenden Ideologien ist nach ihrer Analyse in der Produktionsform der spätkapitalistischen Gesellschaft und der damit einhergehenden Verdinglichung menschlicher Verhältnisse angelegt. Die Ambivalenz des bürgerlichen Subjekts besteht dabei darin, einerseits seine Umwelt beherrschen zu wollen und das Leben nach rationalen Prinzipien zu ordnen, sich andererseits aber beherrscht und entfremdet zu fühlen. Rassismus hat in diesem Zusammenhang disziplinierende Wirkung auf die bürgerlichen Subjekte. Rassistische Zuschreibungen, die rassialisierte Differenz produzieren, sind wertende Projektionen auf die Anderen. Sie drücken nicht nur die eigenen Ideale von Schönheit, Tüchtigkeit, Intelligenz aus, sondern sind auch Ausdruck eines tiefen Unbehagens an den Normen der bürgerlichen Gesellschaft, denen sich ihre Subjekte unentwegt unterwerfen müssen. Indem das bürgerliche Subjekt seine nichtidentischen, triebhaften Momente auf das rassialisierte Subjekt projiziert, konstituiert es sich selbst als aktiv, rational, herrschend, in anderen Worten als zivilisiert. Dabei kommt es auch zu einer Sexualisierung rassistischer Ressentiments und Projektionen. Die rassialisierte Erwartung dringt jedoch auch in das Ich der als anders und minderwertig kategorisierten Subjekte ein und beeinflusst ihre Selbstwahrnehmung, Ambitionen und Ängste, wie Frantz Fanon eindrücklich herausgearbeitet hat.[53]

51 Harris, »Whiteness as Property«, S. 286.

52 Max Horkheimer, Theodor W. Adorno, *Dialektik der Aufklärung. Philosophische Fragmente*, Frankfurt/M. 1988; zur Übertragung auf andere Rassismen Angelika Magiros, *Kritik der Identität. »Bio-Macht« und »Dialektik der Aufklärung«*, Münster 2004.

53 Fanon, *Schwarze Haut, weiße Masken.*

### 3.1.4. Wirkungen und Wirkungsmacht rassialisierter Differenz: Rassismus

Das Wissen, das Rassismus produziert, ist auf praktische Anwendung angelegt. Sein Klassifikationssystem begründet »soziale, politische und ökonomische Praktiken […], die bestimmte Gruppen vom Zugang zu materiellen oder symbolischen Ressourcen ausschließen«.[54] Rassialisierte Differenzierungen werden erst durch die Diskriminierung bei der Verteilung von Ressourcen und Anerkennung wirksam, sichtbar und erfahrbar.

#### *3.1.4.1. Rassismus als Ausschließung durch Einbeziehung*

Die Ausschließung kann verschiedene Formen annehmen. Die Forschung unterscheidet zwischen Herrschafts- und Vernichtungsrassismus[55] bzw. inklusiven und exklusiven Dimensionen von Rassismus.[56] Vernichtungsrassismus bzw. exklusiver Rassismus propagiert, dass ein Zusammenleben der konstruierten Gruppen in einer Gesellschaft undenkbar ist. Dies entspricht dem völkischen Rassismus im Nationalsozialismus. Auch der Vernichtungskrieg deutscher Kolonialtruppen gegen die Herero und Nama (1904-1907/1908) und der Genozid 1994 in Ruanda folgten einer rassifizierenden Vernichtungslogik. In der inklusiven Variante führt Rassismus nicht zum totalen Ausschluss von Fremden aus einer Gemeinschaft oder zu deren Vernichtung. Vielmehr geht es um einen differentiellen Einschluss in ein nationalstaatlich und ökonomisch hierarchisiertes Weltsystem. Die Aufgabe dieses Rassismus ist es, »Menschen im System zu behalten […], die ökonomisch ausgebeutet und politisch als Sündenböcke genutzt werden können«.[57] Die primären Institutionen dieses »Ausschlusses durch Einbeziehung« sind nationale und globale Arbeits- und Warenmärkte und

54 Hall, »Rassismus als ideologischer Diskurs«, S. 7, i.d.S. auch Geulen, *Rassismus,* S. 12.

55 Pierre-André Taguieff, *Die Macht des Vorurteils. Der Rassismus und sein Double*, Hamburg 2000, S. 157.

56 Fredrickson, *Rassismus*, S. 17; Robert Miles, *Racism after »Race Relations«*, London 1993, S. 89, unterscheidet nach innen oder außen gerichtete Rassismen.

57 Immanuel Wallerstein, *The Decline of American Power*, New York 2003, S. 78, Übers. d. Verf.

nationale und transnationale Staatsangehörigkeiten, die mit über den Zugang zu Territorien, Märkten und Rechten entscheiden. Rassialisierte – und vergeschlechtlichte – Subjekte und Gruppen werden in die nationalen Arbeitsmärkte einbezogen, sie verfügen aber nicht über die gleichen Rechte und/oder die gleichen Chancen. Vermittelt durch rechtliche Regelungen und soziale Praktiken wird ihnen eine marginalisierte soziale Position zugewiesen. Durch Einbeziehung statt Vernichtung von Menschen ermöglicht inklusiver Rassismus so einerseits die potentielle Nutzung jeder erreichbaren Arbeitskraft. Andererseits senkt er, über ein System von hierarchisch abgestuften Vergütungen, die Produktions- und Reproduktionskosten: Es entsteht ein rassistisch – und sexistisch – segregierter Arbeitsmarkt.

Auch auf der Ebene der Subjektivierung äußert sich der Prozess der Ausschließung durch Einbeziehung. Mit dem Begriff VerAnderung oder *othering* wird die differenzierende Distanzierung der Eigengruppe von anderen Gruppen, ausgehend von der eigenen Norm, beschrieben. Michael Omi und Howard Winant weisen diesen Prozess gesellschaftlicher Bedeutungsproduktion als dialektisch aus, da »das Selbst und der Andere« sich nicht nur gegenseitig konstituieren, sondern »gleichermaßen in einer Welt von (europäischen) Bedeutungen eingeschlossen« sind.[58] Fremdheit ist damit erst das Ergebnis eines Prozesses, in dem das Andere in den westlichen, christlichen kulturellen Kosmos eingeschlossen und in diesem Einschluss gleichzeitig als Abweichendes, Fremdes, Unwesentliches ausgewiesen wird. Die Einbeziehung basiert damit auf einer asymmetrischen gesellschaftlichen Anordnung, einer Hierarchie. Für deren Wirkmächtigkeit bedarf es der Macht, den Ausschluss auch durchzusetzen.

### *3.1.4.2. Rassismus als Macht-Wissen-Komplex*

Rassismus setzt sich nach Mark Terkessidis aus drei Elementen zusammen: dem Prozess der Rassifizierung, den materiellen Erscheinungsformen, also den konkret diskriminierenden Ausschließungs-

58 Michael Omi, Howard Winant, »Racial Formation in the United States«, in: Robert Bernasconi, Tommy L. Lott (Hg.), *The Idea of Race*, Indianapolis 2000, S. 181-212.

praktiken, und schließlich einer differenzierenden Macht. Der Begriff »differenzierende Macht« verdeutlicht, dass eine hegemoniale Gruppe über die Mittel verfügen muss, eine andere Gruppe sichtbar zu machen und auszugrenzen.[59] Erst wenn Macht wirksam wird, nehmen Rassifizierungen rassistische Formen an. Terkessidis definiert die Verknüpfung von Bedeutungsproduktion, sozialen Praktiken und Macht deshalb mit einem auf das Machtverständnis Foucaults bezogenen Vokabular als »*Macht-Wissen*-Komplex« oder als »Apparat«, ein Begriff, den er in Anlehnung an Foucaults Konzept des »Dispositivs« verwendet.[60] Der Begriff verweist auf das Zusammenspiel diskursiver und nicht-diskursiver Praktiken, auf ein »heterogenes Ensemble, das Diskurs, Institutionen, Architekturen, reglementierende Entscheidungen, Gesetze, administrative Maßnahmen, wissenschaftliche Aussagen, philosophische, moralische oder philanthropische Lehrsätze, kurz: Gesagtes ebenso wie Ungesagtes, umfasst«.[61] Von rassistischen Ideologien, Strategien oder Handlungen kann auch nach Hall nur gesprochen werden, »wenn die Produktion von Bedeutungen mit Machtstrategien verknüpft ist und diese dazu dienen, bestimmte Gruppen vom Zugang zu kulturellen und symbolischen Ressourcen auszuschließen«.[62] Damit ist rassistische Ideologie mehr als eine individuelle Weltanschauung, auch Ideologie entsteht erst aus der Verknüpfung von hegemonialem Wissen und Macht.[63] Als historisches Machtverhältnis ist Rassismus damit eine »strukturelle Dominante«[64] moderner Gesellschaften.

59 Maisha Auma (Eggers), »Rassialisierte Machtdifferenz«, in: Eggers u. a. (Hg.), *Mythen, Masken und Subjekte*, S. 56-56, hier S. 57, knüpft mit dem Begriff »rassialisierte Machtdifferenz« an Terkessidis an.

60 Mark Terkessidis, *Banalität des Rassismus. Migranten zweiter Generation entwickeln eine neue Perspektive*, Bielefeld 2004, S. 10.

61 Foucault, *Dispositive der Macht*, S. 120.

62 Hall, »Rassismus als ideologischer Diskurs«, S. 7.

63 Ebd., S. 7 – mit Foucault könnte man auch von diskursiver Formierung sprechen. Omi, Winant, »Racial Formation in the United States«, verwenden »racial formation«, Haney López, »Social Construction of Race: Some Observations on Illusion, Fabrication, and Choice«, in: *Harvard Civil Rights – Civil Liberties Law Review* (29) 1994, S. 1-62, »racial fabrication«.

64 Hall, »›Rasse‹, Artikulation und Gesellschaften mit struktureller Dominante«, in: ders. (Hg.), *Rassismus und kulturelle Identität*, Hamburg 1994, S. 89-136.

## 3.2. Partikularitäten

Rassismus ist einerseits ein globales, transnationales Phänomen, zugleich aber historisch spezifisch, »je nach der bestimmten Epoche, nach der bestimmten Kultur, nach der bestimmten Gesellschaftsform, in der er vorkommt«.[65] Es gibt daher »eine allgemeine Geschichte des Rassismus und eine Geschichte partikulärer Rassismen«.[66] Um das allgemeine Phänomen zu verstehen, ist es notwendig, den spezifischen zeitlichen und räumlichen Kontext zu kennen.

### 3.2.1. Rassismen und Antisemitismus

Als die historisch ältesten Ausprägungen von Rassismus gelten der bereits dargestellte koloniale Rassismus und Antisemitismus. Im kolonialen Rassismus wird, wie gezeigt, »die andere Rasse« als unzivilisiert und minderwertig entworfen und der »eigenen Rasse« ein höherer Grad an Rationalität und Zivilisierung und eine daraus resultierende Vormachtstellung zugeschrieben. Das äußert sich nicht nur gegen Schwarze Menschen, sondern auch gegen als asiatisch zugeordnete Menschen.[67] Der Begriff Antiziganismus bezeichnet einen gesellschaftlich etablierten Rassismus gegenüber sozialen Gruppen wie Roma, Sinti, Jenische und Pavee, die mit dem Stigma »Zigeuner« oder anderen verwandten Bezeichnungen identifiziert werden.[68] Als »Zigeuner« wurden Menschen seit dem 16. Jahrhun-

65 Hall, »Rassismus als ideologischer Diskurs«, S. 11.

66 Fredrickson, *Rassismus*, S. 16.; ebenso Iman Attia, »Institutionelle Diskriminierung«, in: *Rassistische Diskriminierung und rechte Gewalt*, Münster 2015, S. 139-152, hier: S. 148.

67 Für Deutschland Kien Nghi Ha, *Asiatische Deutsche. Vietnamesische Diaspora and Beyond*, Berlin 2012; Kimiko Suda u.a., »Antiasiatischer Rassismus in Deutschland«, in: *APuZ* (70) 42-44/2020, S. 39-44; für die USA Lon Kurashige, *Two Faces of Exclusion: The Untold History of Anti-Asian Racism in the United States*, Chapel Hill, 2016.

68 Der Begriff Antiziganismus soll das projektive Lexem »zigan« von der rassistischen Einstellung der Mehrheitsgesellschaft zitieren, zur Begriffsdiskussion Markus End, »Antiziganismus«, in: Alexandra Bartels u. a. (Hg.), *Antiziganistische Zustände 2*, Münster 2013, S. 39-72; Bartels u. a. (Hg.), 2013, S. 39; zur Begriffsgeschichte Martin Holler, »Historische Vorläufer des modernen Antiziganismusbegriffs«, in: Dokumentations- und Kulturzentrum Deutscher Sinti und Roma

dert stigmatisiert, weil sie nicht sesshaft waren oder nicht in abhängiger Arbeit lebten und so dem Arbeitsethos der bürgerlichen Gesellschaft widersprachen.[69] Nomadentum und Primitivität werden ihnen seither als natürliche Eigenschaften unterstellt, die wie ein »kultureller Code« generationell weitergegeben würden – auch hier findet sich die allen Rassismen inhärente Scheidung von modern/zivilisiert und unmodern/unzivilisiert. Romantisierende Bilder von Menschen, die in den Tag hinein leben, stellen die Kehrseite des gleichen Ressentiments dar, in dem sich rassebiologische, sozialdarwinistische und kulturelle Zuschreibungen vermischen.[70] Im Nationalsozialismus wurden Sinti und Roma in ganz Europa systematisch im Porajmos ermordet,[71] doch antiziganistische Ressentiments hielten sich auch nach 1945. Aktuell finden sich antiziganistische Argumentationsfiguren in Diskursen um sogenannten »Sozialtourismus« aus Südosteuropa nach Deutschland. Migration aus Bulgarien und Rumänien wird mit dem rassistisch aufgeladenen Deutungsmuster »arme Roma« verkoppelt, ungeachtet dessen, dass ein Großteil dieser Migrant:innen keine Rom:nja sind. Hier zeigt sich die projektive Zuschreibung im Rassismus, für die es auf die tatsächliche Zugehörigkeit zu einer Gruppe nicht ankommt.

Ende des 19. Jahrhunderts entstand im Zusammenhang mit dem völkischen Nationalismus in Deutschland und den pangermanischen Bestrebungen der Errichtung eines deutschen Großreiches eine weitere Form des Rassismus, der Antislawismus. Schon in den rassetheoretischen Diskursen der Kaiserzeit wurden slawische Nachbarn, besonders Polen und Russen, als unterentwickelte, kulturlose Naturvölker oder barbarische Stämme abgewertet, de-

(Hg.), *Antiziganismus: soziale und historische Dimensionen von »Zigeuner«-Stereotypen*, Heidelberg 2015, S. 38-53.

69 Markus End, »›Wer nicht arbeiten will, der soll auch nicht essen‹ – Zur historischen und soziologischen Dimension des Bettelns im Antiziganismus«, in: *Juridikum* 2/2012, S. 157-167. Zum diskriminierenden Gehalt des Begriffs Zentralrat Deutscher Sinti und Roma, *Erläuterungen zum Begriff »Zigeuner«*, ⟨https://zentralrat.sintiundroma.de/sinti-und-roma-zigeuner/⟩, Stand: 01. 04. 2019.

70 Zur Verwendung der Topoi Rasse, Kultur, Ethnie und Tradition Markus End, *Antiziganismus in der deutschen Öffentlichkeit*, Heidelberg 2014, S. 36.

71 Michael Zimmermann, *Rassenutopie und Genozid: die nationalsozialistische »Lösung der Zigeunerfrage«*, Hamburg 1996. Das Romanes-Wort Porajmos (deutsch: »das Verschlingen«) bezeichnet den Genozid an den europäischen Roma und Sinti im Nationalsozialismus.

ren Natur sie nicht befähige, in Freiheit zu leben, die prädestiniert seien für schwere Arbeiten auf dem Feld und untertage und die zu Recht von der höheren – deutschen – Kultur kolonisiert würden.[72] Russland wurde einerseits als bedrohlicher Koloss dargestellt mit einer aus byzantinischer Orthodoxie und tatarischem Despotismus stammenden Neigung zu tyrannischen Herrschaftsformen und aggressiven Expansionsgelüsten, andererseits als kulturell und zivilisatorisch rückständig. Rassische Untersuchungen an Menschen hatte es in Polen seit der Ausrufung des »Generalplans Ost« zur Schaffung eines rassisch einheitlichen deutschen Siedlungsgebietes gegeben. Hans Frank, Generalgouverneur des nicht offiziell annektierten Restes des ehemaligen polnischen Staates, bezeichnete das Gebiet im November 1939 als »das erste Kolonialgebiet der deutschen Nation«, in dem »eine koloniale, imperiale Rechtsordnung auf[zu]bauen und diese imperiale Mission in unserer Justiz auch [zu] verwirklichen« sei.[73] Sowohl einheimische Pol:innen als auch angesiedelte Personen deutscher Herkunft aus Rumänien und der Sowjetunion wurden dazu vermittels von »Rasseformeln« entweder als »rückdeutschungsfähig« in die »Volksgemeinschaft« eingeordnet oder als »fremdvölkisch« oder »asozial« ausgeschlossen.[74] Die nationalsozialistische Darstellung der polnischen Bevölkerung als kulturell unreif und der Russen als gefährliche bolschewistische Bestien bzw. als »asiatische Horden« wirkte auch nach dem Ende des Nationalsozialismus – gebrochen und in beiden deutschen Staaten – fort, antislawischer Rassismus mischte sich dabei auch mit Antikommunismus und mit Antisemitismus.[75]

Seit der Jahrtausendwende hat antimuslimischer Rassismus weltweit an Bedeutung gewonnen. Er bedient sich, wie der Antisemitismus auch, der Religion als Vehikel für ein essentialisierendes

72 Ausführlicher zur Rassisierung und Kolonisierung der Polen Kien Nghi Ha, »Die kolonialen Muster deutscher Arbeitsmarktmigration«, in: Gutiérrez Rodríguez, Hito Steyerl (Hg.), *Spricht die Subalterne deutsch?*, Münster 2012, S. 56-107, hier: S. 83 f.; Mark Terkessidis, *Wessen Erinnerung zählt? Koloniale Vergangenheit und Rassimus heute*, Hamburg 2019, S. 127 ff.

73 Zitiert nach Terkessidis, *Wessen Erinnerung zählt?*, S. 149 f.

74 Ebd., S. 151.

75 Gregor Thum, *Traumland Osten. Deutsche Bilder vom östlichen Europa im 20. Jahrhundert*, Göttingen 2006, Wolfgang Wippermann, *Die Deutschen und der Osten*, Darmstadt 2007; Silke Satjukow, *Besatzer. »Die Russen« in Deutschland 1945-1994*, Göttingen 2008.

Verständnis von Kultur. Verknüpft wird es mit der Zuschreibung einer fremden Herkunft und einer grundlegenden Differenz.[76] Die Gleichsetzung von Islam und islamistischem Fundamentalismus, unter Absehung von der Vielfalt der Koraninterpretationen und der vielfältigen Lebensrealitäten in muslimisch (mit-)geprägten Ländern, ist ein Kernelement dieses Rassismus.[77] Anknüpfend an ein jahrhundertealtes orientalistisches Wissensrepertoire, das Edward Said in seiner Kritik des Orientalismus als koloniales Herrschaftsinstrument beleuchtet hat, wird Muslim:innen eine fundamentalistische, gewaltvolle, antiegalitäre und antimoderne Kultur zugeschrieben.[78] Die Eigengruppe wird dagegen als christlich-abendländisch, aufgeklärt, zivilisiert und emanzipiert erzeugt. Die dichotome Figur einer orientalischen, islamischen Welt als Kontrastfolie zu der eines idealisierten und ins Zentrum der Welt gestellten Westens verstärkte sich weltweit nach 9/11. Antimuslimische Zuschreibungen an türkische und arabische Migrant:innen und ihre Nachkommen erfolgen unabhängig davon, ob sich die davon Betroffenen dem islamischen Glauben oder muslimischen Kulturen zugehörig fühlen.

Rassismus gegen Migrant:innen, seien es Arbeitsmigrant:innen oder Geflüchtete, speist sich, unabhängig von ihrer Herkunft, auch aus einer Verunsicherung des Nationalen und der Vorstellung, der nationale Wohlfahrtsstaat sei durch Zuwanderung bedroht.[79] Migration stellt ein homogen vorgestelltes nationales Kollektiv und das in dessen Logik eingelassene Recht auf Staatsbürgerschaft sowie damit verbundene weitere Rechte in Frage. Nationalismus ist dabei nicht nur als Semantik wirksam, sondern strukturell in der Regulierung des Zugangs zu Staatsbürgerschaft im Modus nationaler Zugehörigkeit verankert.[80] Von der Zugehörigkeit zur Nation hängt auch der Zugang zu politischen und sozialen Rechten ab – etwa Gesundheit, Bildung, politische Partizipation und Wohnen.

76 Melter u. a. (Hg.), *Rassismuskritik*, S. 146 ff.

77 Iman Attia, »Diskursverschränkungen des antimuslimischen Rassismus«, in: Karim Fereidooni, Meral El (Hg.), *Rassismuskritik und Widerstandsformen*, S. 181-192.

78 Edward W. Said, *Orientalismus*, Frankfurt/M. 1981.

79 Sina Arnold u. a., »Undoing Nation? Postnationale Zugänge und Praxen in Geschichte und Gegenwart«, in: *Das Argument* (330) 2018, S. 859-872.

80 Ulrike Hormel, *Diskriminierung in der Einwanderungsgesellschaft*, Wiesbaden 2007, S. 208.

Migrant:innen fordern durch ihre Anwesenheit die Vorstellung heraus, der Kampf um die gerechte Verteilung gesellschaftlichen Reichtums könne weiter in den Koordinaten des Nationalen geführt werden. Rassismus als Ideologie der Ungleichheit rechtfertigt dann den Ausschluss der Allochthonen. In der politischen und rechtlichen Diskussion wird in diesem Zusammenhang oft von Xenophobie oder Fremdenfeindlichkeit gesprochen.[81] Das ist aus mehreren Gründen analytisch unsauber. Der Rassismus der Moderne stützt sich erstens, im Unterschied zu vormodernen Formen der Xenophobie, nicht auf die Ausschließung vermeintlich Fremder, sondern auf Ausschluss im Wege der Einbeziehung in rassialisierte und ethnisierte Märkte und Nationalstaaten. Zweitens sind Migrant:innen, gegen die sich Rassismus wendet, keine Fremden, sondern oft Einwohner:innen der zweiten oder dritten Generation. Drittens individualisiert die Rede von Phobie oder Feindlichkeit ein Ungleichheitsverhältnis, das seine Funktionen und Wirkungen auch jenseits individueller Vorurteile entfaltet.

Auch die Juden werden im rassischen Antisemitismus als körperlich, psychisch und moralisch degeneriert und damit als »Gefahr für den Volkskörper« dargestellt, mitunter auch als tiergleich. Zugleich gelten sie als verschlagen, skrupellos und gefährlich und werden als ungreifbare, politisch und wirtschaftlich mächtige Drahtzieher:innen mystifiziert. Dabei handelt sich um einen Vorgang projektiver Reduktion unverstandener gesellschaftlicher Komplexität in der Moderne, der mit Verschwörungstheorien zur Welterklärung einhergeht.[82] »Während die Afroamerikaner nicht modern genug waren, waren die Juden zu modern«, fasst Fredrickson unterschiedliche Projektionen im superioren Rassismus und im Antisemitismus zusammen.[83] Neben dem religiös motivierten Antijudaismus und dem völkischen, rassischen Antisemitismus beschreibt die Forschung sekundären und israelbezogenen

81 Siehe nur die Formulierung in § 46 Abs. 2 StGB, »rassistische, fremdenfeindliche oder sonstige menschenverachtende« Ziele.

82 Dan Diner, »Verschwörung«, in: *Enzyklopädie jüdischer Geschichte und Kultur*, Stuttgart 2011-2017, ⟨http://dx.doi.org/10.1163/2468-2845_ejgk_COM_0972⟩; zum Ganzen auch Samuel Salzborn, *Antisemitismus als negative Leitidee der Moderne*, Frankfurt/M. 2010.

83 Fredrickson, *Rassismus*, S. 94. Fredrickson schreibt von »weißem Überlegenheitsrassismus«, dem entspricht der Terkessidis, *Wessen Erinnerung zählt?*, S. 99 entlehnte Terminus »superiorer Rassismus«.

Antisemitismus.[84] Der Mythos, Juden hätten zu viel Einfluss, seien verantwortlich für die Übel der Moderne, und der Vorwurf, sie seien durch ihr Verhalten an ihrer Verfolgung mitschuldig, sind verbindende Elemente aller vier Formen.

Antisemitismus enthält damit Elemente des Rassismus, dennoch unterscheidet sich Antisemitismus auch von Rassismus. Das gilt vor allem aufgrund seiner welterklärenden Funktion, die sämtliche Erscheinungen der Moderne, den Kapitalismus, die Globalisierung, den Kommunismus oder auch feministische Errungenschaften projektiv auf das Agieren von Juden zurückführt. Juden werden zudem nicht als »Andere« in einer dichotomen Weltanschauung konstruiert, wie es im Rassismus der Fall ist, sondern als eine Figur des Dritten. Nach der antisemitischen Vorstellung bedrohen Juden die binäre Unterscheidung zwischen »uns« und »den Anderen«, da sie als nicht identifizierbar unter den Völkern leben und diese von innen heraus zerstören würden.[85] Der Antisemitismus bezieht sich eigentlich auf den unsichtbaren Juden, er ist das »Gerücht über die Juden«[86] und funktioniert weitgehend unabhängig vom Dasein und Verhalten jüdischer Menschen. Nichtsdestotrotz äußert er sich in diskriminierenden Praktiken gegenüber jüdischen Institutionen oder Menschen und wird deshalb auch als Judenfeindschaft bezeichnet. Antisemit:innen »kämpfen gegen imaginäre Feinde«, benutzen aber »wirkliche Juden als Projektionsflächen«.[87] Ein Beispiel ist das neurechte Verschwörungsnarrativ vom »Großen Austausch«. Danach sollen nach einem geheimen Plan die deutsche oder europäisch-weiße Mehrheitsbevölkerung durch Masseneinwanderung von muslimischen oder nicht-weißen Einwanderer:innen mit hohen Geburtenraten ausgetauscht werden. Als verantwortliche Strippenzieher und Weltenlenker gelten dabei »die Juden«, Feministinnen bzw. multikulturelle Eliten, wobei auch diese über Personifizierungen wie George Soros als jüdisch identifiziert werden. Auch diese Erzählung hat historische Vorläufer, so beschrieb

84 Klaus Holz, *Gegenwart des Antisemitismus*, Hamburg 2005.

85 Dies zeigt Klaus Holz, »Die antisemitische Figur des Dritten in der nationalen Ordnung der Welt«, in: Christina von Braun, Eva-Maria Ziege (Hg.), *Das bewegliche Vorurteil. Aspekte des internationalen Antisemitismus*. Würzburg 2005, S. 43-61.

86 Theodor W. Adorno, *Minima Moralia*, Frankfurt/M. 2001, S. 200.

87 Wolfgang Benz, *Was ist Antisemitismus?*, München 2004, S. 25.

Adolf Hitler die französische Stationierung Schwarzer Soldaten im Rheinland als eine gezielte Strategie von Juden mit dem Ziel, durch die »dadurch zwangsläufig eintretende Bastardierung die ihnen verhaßte weiße Rasse zu zerstören«.[88]

### 3.2.2. Schwarz, weiß, *race*, Rasse? – Sozialräumlich empirisch-historische Besonderheiten

»Jeder konkrete Fall buchstabiert sich empirisch-historisch«,[89] das gilt auch für besondere Ausprägungen von Rassismus und für damit zusammenhängende Bezugnahmen auf den Begriff Rasse. Im US-amerikanischen Diskurs wird *race* vor allem mit kolonialem Rassismus und mit den Attributen schwarz und weiß verbunden. Dieses Schwarz-Weiß-Paradigma resultiert aus der in Nordamerika mehrere Jahrhunderte (1619-1865) praktizierten Sklaverei und der auch nach deren Abschaffung weiter praktizierten, als Jim Crow-System bezeichneten rassistischen Segregation (1865-1965). Durch die rechtlich abgesicherte *one-drop rule* wurden Menschen einer genealogischen Abstammungslinie automatisch als *negro* oder *colored* kategorisiert.[90] Biologische Herkunft und erkennbare körperliche Eigenschaften wie Hautfarbe werden daher besonders in den USA als konstitutiv für *race* verstanden. Auf die Segregation in den Südstaaten folgte die Ghettoisierung in den Industriestätten der Nordstaaten (1915-1968) und schließlich die überproportionale Inhaftierung schwarzer Männer, die dazu führte, dass »schwarz« mit »kriminell« gleichgesetzt wurde.[91] Diese phänotypische Codierung von Menschengruppen wirkte sich nachhaltig ökonomisch, sozial und kulturell klassenbildend aus, sie stratifiziert die Gesellschaft bis heute und dominiert Diskurse um *race*. Zum Ausdruck bringen das W.E.B. Du Bois' berühmte Worte: »Das Problem des 20. Jahrhunderts ist das Problem der *color line*.«[92]

88 Adolf Hitler, *Mein Kampf*, München 1943, S. 357.

89 Wolfgang Fritz Haug, »Zur Dialektik des Anti-Rassismus«, in: *Argument* 191/1992, S. 27-52, hier: S. 36.

90 Hayman, Levit, »Un-Natural Things«, S. 163. Ausführlich zur *one-drop rule* Kapitel 4.1.1.2.

91 Die Aufzählung folgt Loïc Wacquant, »From Slavery to Mass Incarceration: Rethinking the ›Race Question‹ in the US«, in: *New Left Review* 13/2002, S. 41-60.

92 W.E.B. Du Bois, *The Souls of Black Folk*, New York 1903, S. 19.

Die Fokussierung auf die Binarität schwarz-weiß genügte der Vielfalt rassistischer Differenzierungen innerhalb der USA nie wirklich. Diversifizierende Einwanderungsbewegungen und die *mixed-race*-Bewegung brachten das Binärsystem durcheinander, um das herum *race* historisch organisiert war.[93] Migrant:innen aus lateinamerikanischen Ländern und deren Nachkommen erfahren rassistische Diskriminierung stärker anhand der Dimensionen Nationalität, Staatsangehörigkeit und Sprache.[94] Juden oder aus dem Mittleren Osten eingewanderte Muslime und Nicht-Muslime erfahren Antisemitismus oder antimuslimischen Rassismus. Im US-amerikanischen Zensus und im politischen, juristischen und Alltagsverständnis gelten diese Gruppen jedoch nicht als *race*, sondern als *religion* oder *ethnicity.* Das U.S. Census Bureau erhebt rassische Askriptionen seit 1790 im Zehn-Jahres-Rhythmus. Der erste Zensus erhob *Free Whites, Other Free Persons and Slaves,* 1830/1840 wurde zwischen *Free Whites, Slaves* und *Free Colored Persons* unterschieden, 1870/1880 zählte der Zensus *White, Black, Mulatto, Chinese and Indians,* 1930 wurde aus *Black Negro*, dann wieder *Black*, zwischenzeitlich kam *Mexican* hinzu und verschwand wieder.[95] Zwischenkategorien wie *Mulatto* verschwanden in den 1930er Jahren. Brubaker erkennt darin eine Konsolidierung des in der *one-drop rule* versinnbildlichten Regimes rassischer Klassifizierungen, das eine scharfe Unterscheidung zwischen Weiß und Schwarz zeichnete und alle Zwischenkategorien als Schwarz umdefinierte.[96] Unverändert blieb die Kategorie *White*, auch wenn dieser unterschiedliche Gruppen zugeordnet wurden. Bis heute orientiert sich der U.S. Census an festen Rassekategorien, aktuell sind das *White, Black or African American, American Indian or Alaska Native, Asian, Native Hawaiian or Other Pacific Islander.*[97] Aufgrund zunehmen-

93 Ausführlich zur mixed-, post- und transrace-Bewegung in den USA Hoyt, *The Arc of a Bad Idea.*

94 Elizabeth Martínez, »There's More to Racism Than Black and White«, in: Ellis Cashmore, James Jennings (Hg.), *Racism: Essential Readings*, Los Angeles, 2001, S. 272-276.

95 Für einen Überblick Hoyt, *The Arc of a Bad Idea*, S. 71.

96 Rogers Brubaker, *Trans: Gender and Race in an Age of Unsettled Identities*, Princeton 2016, S. 104.

97 Der britische Zensus erfasst ethnische Gruppen, zum Teil jedoch mit den gleichen Kategorisierungen, z. B. *black and minority ethnic (BME)*, instruktiv Linda

der Probleme bei der genauen Zuordnung und einer steigenden Anzahl von Einwohner:innen, auf die die vorgegebenen fixen Kategorien nicht passen wollen, sind seit dem Jahr 2000 mehrere Kategorien zugleich wählbar.[98] Vorschläge, eine Kategorie *multiracial*, *mixed* oder *nonracial* einzuführen, wurden bis heute abgelehnt. Brubaker führt das auch darauf zurück, dass die Uneindeutigkeit einer solchen Kategorie *beyond race* die offizielle Systematik der ethnorassischen Zählung und Kategorisierung destabilisiert hätte, die seit den 1960er Jahren auf die Produktion von Gleichheitsdaten ausgerichtet ist, die der Überwachung der Durchsetzung der Antidiskriminierungsgesetzgebung dienen.[99]

Dieses spezifische Verständnis von *race* erschwert die Übertragung des Begriffs als Analysekategorie auf andere Kontexte.[100] In Lateinamerika oder in Gesellschaften in der Karibik, die ebenfalls auf eine Geschichte der Sklaverei zurückblicken, werden rassialisierte Kategorien, die mit Hautfarben assoziiert werden, nicht entlang des US-amerikanischen Schwarz-Weiß-Paradigmas, sondern auf einer graduellen Skala gebildet, wahrgenommen und subjektiviert.[101] Südafrikas Apartheidsystem basierte auf der politischen und territorialen Separation von drei gesetzlich klassifizierten und politisch streng segregierten Rassegruppen: *white*, *coloured* und *native*. Es verband jeden Aspekt des sozialen und ökonomischen Lebens und auch die Staatsangehörigkeit mit diesen Klassifikationen.[102] Indiens Kastensystem liegen wiederum andere Klassifizie-

Supik, *Statistik und Rassismus: das Dilemma der Erfassung von Ethnizität*, Frankfurt/M. 2014.

98 Für einen Einblick in die teils widersprüchlichen Erhebungen Dvora Yanow, *Constructing »Race« and »Ethnicity« in America: Category-Making in Public Policy and Administration*, Armonk 2015.

99 Brubaker, *Trans*, S. 107 f.

100 Prominent kritisieren das Pierre Bourdieu, Loïc Wacquant, »On the Cunning of Imperialist Reason«, in: *Theory, Culture & Society* (16) 1/1999, S. 41-58; dagegen Michael Hanchard, »Acts of Misrecognition: Transnational Black Politics, Anti-Imperialism and the Ethnocentrisms of Pierre Bourdieu and Loïc Wacquant«, in: *Theory, Culture & Society* (20) 4/2003, S. 5-29.

101 Sergio Costa, *Researching Entangled Inequalities in Latin America*, Berlin 2011, S. 6 ff.; Mara Loveman, *National Colors: Racial Classification and the State in Latin America*, Oxford 2014.

102 Christopher Ford, »Administering Identity: The Determination of ›Race‹ in Race-Conscious Law«, in: *California Law Review* (82) 5/1994, S. 1231-1285, hier: S. 1276 ff.

rungen zugrunde.[103] In der arabischen Welt spielen sowohl religiöse Zugehörigkeit als auch Abstufungen von Weißsein und ethnische Zuordnungen eine Rolle.[104]

In Kontinentaleuropa brachte die Verwendung des Rassebegriffs zur Beschreibung einer arischen Rasse und einer jüdischen Gegenrasse in der nationalsozialistischen Rassenideologie den Begriff stärker mit Antisemitismus als mit kolonialem Rassismus in Verbindung. Heute sind rassistische Hierarchien in Europa sowohl von postkolonialen als auch von Migrationsbewegungen im Zusammenhang mit den zwei Weltkriegen geprägt sowie von der weltweiten Anwerbung von Arbeitsmigrant:innen.[105] In Deutschland nahmen bis 1945 Fremd- und Zwangsarbeiter:innen aus Osteuropa und der Sowjetunion und seit den 1950er Jahren »Gastarbeiter:innen« aus Südeuropa und der Türkei, im Fall der DDR aus Vietnam, Kuba, Mosambik und Angola, Positionen in den untersten Segmenten von Industrie, Dienstleistung und Landwirtschaft ein. Vergleichen lässt sich ihre Situation eher mit Lateinamerikaner:innen in den USA als mit Afroamerikaner:innen, da an Staatsangehörigkeit geknüpfte Rechte und Fragen der Zugehörigkeit zur Nation eine ebenso entscheidende Rolle bei der Identifizierung als rassialisierte Andere spielen wie phänotypische Rassialisierungen. In der Bundesrepublik und in der DDR fand bis zur deutschen Einheit 1990 und von dort bis zur Reform des Staatsbürgerschaftsrechts im Jahr 2000 die Zuschreibung von rassialisierter Differenz nicht über den Begriff der Rasse, sondern anhand nationaler und/oder geographischer Bestimmungen (»Türken«, »Jugoslawen«, »Russen«, »Vietnamesen« bzw. schlicht »Ausländer«) statt. Auch wenn diese Gruppen nicht als rassische Gruppen bezeichnet werden und den Begriff Rasse nicht zur Selbstbezeichnung verwenden, werden sie als kulturell oder religiös abweichende Andere rassialisiert und erfahren Formen rassistischer Diskriminierung.

103 Ebd., S. 1269. Ford zeigt, dass Antidiskriminierungsrecht zur Definition jener Gruppen, die einen Anspruch auf positive Maßnahmen haben, zum Teil auf rassische Kategorisierungen der britischen Kolonialzeit zurückgreift.

104 Ofra Bengi, Gabriel Bengio (Hg.), *Minorities and the State in the Arab World*, Boulder 1999.

105 Michel Wieviorka, »The Development of Racism in Europe«, in: David Goldberg, John Solomos (Hg.), *A Companion to Racial and Ethnic Studies*, Malden 2002, S. 460.

Was David Byrne für den britischen Kontext als Unterschied zu den USA beschreibt, trifft auch auf andere europäische Staaten zu: »Es gibt keine ganz besonders benachteiligte ›nicht weiße‹ Gruppe.«[106] Rassismus trifft neben Zuwander:innen und deren Nachkommen aus den ehemaligen Kolonien auch Migrant:innen aus Süd- und Osteuropa, Rom:nja, Muslim:innen und Juden/Jüdinnen, die nach kolonialen Rassentheorien weiß wären.[107] Rassistische Diskriminierungen von Menschen aus Ländern des globalen Südens knüpfen an rassische Kriterien, an Staatsangehörigkeit und an Aufenthaltsstatus an. Die Ungleichheit zwischen als »Ausländer« rassialisierten Migrant:innen und nichteingewanderter Bevölkerung kann ohne den Kolonialismus nicht verstanden werden, sie kann aber auch nicht aus einer bloßen Kontinuität von kolonialem Rassismus hergeleitet werden.[108] Das zeigt sich an den migrantischen Opfern des sogenannten NSU, die aufgrund rassistischer Zuschreibungen der Ermittlungsbehörden über Jahre zu Unrecht selbst der Taten verdächtigt wurden. Hinzu kommen innereuropäische Rassismen und Nationalismen, etwa im Zusammenhang mit der Anwerbung von süd- und osteuropäischen Saisonbeschäftigten in der Landwirtschaft und in der Pflegearbeit oder im Zusammenhang mit Austeritätspolitiken.[109] Die Eigenschaften der schlecht bezahlten Arbeit werden, so Terkessidis, auf diejenigen übertragen, die sie ausüben.[110] Die rassialisierte Struktur des Arbeitsmarktes spiegelt sich quasi in der rassistischen Zuschreibung gegenüber denen, die in seinen untersten Segmenten arbeiten.

106 David Byrne, *Social Exclusion*, Maidenhead 1999, S. 91, Übers. d. Verf.

107 Étienne Balibar, »Rassismus und Krise«, in: Balibar, Wallerstein, *Rasse, Klasse, Nation*, S. 264.

108 Karim Murji, John Solomos, »Introduction to Racialization«, in: dies. (Hg.), *Racialization in Theory and Practice*, Oxford 2005, S. 1-27.

109 Terkessidis, *Wessen Erinnerung zählt*, S. 180 ff. spricht von postimperialen Verflechtungen, weil Staaten wie Griechenland, Polen, die Türkei und Jugoslawien schon in der imperialen Planung des Deutschen Reichs und des nationalsozialistischen Deutschlands eine Rolle spielten.

110 Ebd., S. 181.

## 3.3. Diskursspezifische Konzeptionen rassialisierter Differenz

Rassekonzeptionen können mit Balibar als »die theoretischen Ausarbeitungen des Rassismus« beschrieben werden, die grundlegende Funktionen für die Verfestigung der Gemeinschaft haben, »die sich um den Signifikanten der ›Rasse‹ herum bildet«.[111] Hinsichtlich der Diskursfelder, in denen Bedeutungsgehalte von Rasse verhandelt werden, kann mit Robert Miles zwischen dem wissenschaftlichen Gebrauch des Begriffs Rasse und dem Alltagsdiskurs (zu dem er auch den politischen Diskurs zählt) unterschieden werden. Innerhalb des wissenschaftlichen Diskurses nennt er den Biologie- und Genetikdiskurs und den Diskurs der Sozialwissenschaften.[112] Diese Differenzierung dient hier zur Orientierung, da biowissenschaftliches Wissen, sozial- und kulturwissenschaftliches Wissen, aber auch Alltagsverständnisse jene nichtjuridischen Wissensquellen darstellen, auf die Jurist:innen bei der Interpretation von Recht zurückgreifen können.

### 3.3.1. Biowissenschaftlicher Rassediskurs bis 1945

Wenn von wissenschaftlichem Rassismus oder von wissenschaftlichen Rasseeinteilungen die Rede ist, wird zumeist auf den natur- bzw. lebenswissenschaftlichen Rassediskurs rekurriert, der sich vor 1945 in einen anthropologischen und einen erbbiologischen Rassediskurs unterteilen lässt, wobei Verbindungslinien bestehen.

#### *3.3.1.1. Anthropologische Rassekonzeptionen: Hautfarben, Schädel und Charakter*

Die evolutionistische Anthropologie der biologischen Rassen, wie sie sich Ende des 18. bis zum Ende des 19. Jahrhunderts herausbildete, gilt als Prototyp für rassistische Theorien. Dabei verbanden sich physische Anthropologie und biologistische Abstammungs- und Entwicklungstheorien zu einer Theorie der genealogischen Weitergabe rassisch definierter Differenz und der hierarchischen An-

111 Balibar, »Gibt es einen Neorassismus?«, S. 25.

112 Miles, *Rassismus*, S. 94.

ordnung von zueinander in Konkurrenz stehenden menschlichen Rassen. Der Begriff Rasse etablierte sich endgültig für zoologisch-biologische Klassifizierungen von Menschen.[113] Es fällt auf, dass in vielen Arbeiten der physischen Anthropologie deskriptive und normative Aussagen miteinander verschränkt sind. Als einer der Begründer der vergleichenden Kulturanthropologie und im Besonderen der Rassenanthropologie gilt der deutsche Anatom Johann Friedrich Blumenbach. Er rezipierte, erweiterte und verfeinerte Berniers Klassifikationsschema. In seiner 1775 verfassten Dissertation *Über die natürlichen Verschiedenheiten im Menschengeschlechte* unterteilte er die Menschheit in fünf Hauptrassen, die »kaukasische, mongolische, äthiopische, amerikanische, malayische«.[114] Den Begriff »kaukasische Rasse« verwendete Blumenbach zur Klassifikation der »Europäer«, die er als »Stammrasse« und ästhetisch schönste Rasse an die Spitze der Einteilung stellte.[115] Das Wort kaukasisch etablierte sich so als Begriff für die Bezeichnung einer weißen oder europäischen Rasse. Im US-amerikanischen Zensus und Gesundheitssystem findet die Kategorie *caucasian* bis heute zur Erhebung von Daten Verwendung.

Zur wissenschaftlichen Absicherung der Einteilungen, die Bernier noch auf eigenen Augenschein und auf Reiseberichte Dritter gegründet hatte, vermaß Blumenbach nicht nur Hautschattierungen, sondern auch menschliche Schädel. Er gilt als einer der ersten Forscher, der planmäßig die sogenannte Kraniologie oder Kraniometrie (die rassenkundliche Schädellehre) betrieb, die über Jahrhunderte die rassenkundliche Forschung dominieren sollte. Die Hautfarbe war also noch nie der einzige taxonomische Marker der naturwissenschaftlichen Rasseeinteilungen. Zur Klassifizierung diente eine Reihe von Indikatoren, Messinstrumenten und Skalen, mit denen Farben, Längen- und Größenrelationen von

113 Geulen, *Rassismus,* S. 13, hat darauf hingewiesen, dass Rasse als zoologisch-biologischer Begriff zuerst auf Menschen angewendet wurde und danach auch auf solche Tierarten übertragen wurde, die vom Menschen gezüchtet und domestiziert wurden wie Hunde und Pferde, niemals jedoch zur Beschreibung der natürlichen Tier- und Pflanzenwelt.

114 Johann F. Blumenbach, *Über die natürlichen Verschiedenheiten im Menschengeschlechte*, Leipzig 1798, S. 204; in späteren Ausgaben ging Blumenbach zu »Raçe« und dann zu »Rasse« über.

115 Alle Zitate aus Blumenbach, *Handbuch der Naturgeschichte,* Göttingen 1803, S. 66-68.

Körperteilen, Knochen, Kopfformen und Schädeln vermessen und Gesichtswinkel, Handfalten, die Mimik und sogar die Konsistenz des Ohrenschmalzes bestimmt wurden.[116] Selbst Geruch und Rasse waren miteinander verbunden: Juden und Schwarze wurden als unangenehm riechend beschrieben. Von den Verhältnissen, in denen zum Beispiel Juden in den Ghettos des 19. und 20. Jahrhunderts leben mussten, wurde abstrahiert: Minderwertige Rassen galten als von Natur schmutzig und stinkend, Sauberkeit und Geruchsfreiheit wurden dagegen als bürgerliche Tugenden imaginiert, die die zivilisierte weiße Rasse auszeichneten.[117] Eine Kombination aus Kraniologie, Phrenologie, Psychologie und Physiognomie findet sich sowohl in kolonialrassistischen Klassifizierungen als auch in antisemitischen Darstellungen von Juden. Hier wird deutlich, dass der Rassebegriff von Anfang an biologische und soziokulturelle Merkmale verband.

Die Klassifizierung der Rassen sollte nicht nur an körperlichen Merkmalen, sondern auch an ihrer jeweiligen Befähigung zum Fortschritt kenntlich sein. Kant hatte die behauptete Statushierarchie noch naturgeschichtlich mit der Klimatheorie erklärt. Die evolutionsbiologischen Theorien des 19. Jahrhunderts gingen dagegen von einer biologistischen Abstammungs- und Entwicklungstheorie aus. Danach sollte nicht die Umwelt, sondern allein die Vererbung für die Weitergabe von körperlichen Merkmalen und von Charaktereigenschaften verantwortlich sein. Der zivilisatorische und evolutionäre Fortschritt wurde nach dieser Auffassung allein von der überlegenen weißen Rasse getragen, die sich im Kampf der Rassen durchsetzen müsse. Rassenmischung wurde nun nicht mehr nur als moralische Schwäche, sondern als biologische Bedrohung ausgemacht. Durch die Eugenik und die Pflege der Erbgesundheit sollten wieder reine Rassen hergestellt werden.

1855 wendete Arthur de Gobineau in seinem Buch *Versuch über die Ungleichheit der Menschenrassen* die biologistischen Rassekonzepte auf die ständische Ordnung an. Als »weiße Urrasse«, die er auch »nordisch« und »arisch« nannte, klassifizierte er den Adel, als »gelbe« den Handel treibenden bürgerlichen Stand und als »schwarze« das dienende Volk, den dritten Stand. Leitmotiv

116 Für einen Überblick über die erhobenen Merkmale Plümecke, *Rasse in der Ära der Genetik*, S. 77 f.

117 Mosse, *Rassismus*, S. 133.

von Gobineaus Rassengeschichte war weniger die Ungleichheit der Rassen als deren Mischung und Hybridisierung. Je mehr einer Rasse die Unterscheidung von anderen gelinge, desto höher sei ihr Fortschritt und Zivilisationsstatus. Die Vermischung führe dagegen zum Untergang der gesamten Zivilisation, da die Mischung die einzelnen Rassen unfähig zur Bewältigung ihres Lebenskampfes mache. Gobineaus Werk wird weitgehend als Versuch eingeordnet, die sich im Niedergang befindliche Vorherrschaft des Adels angesichts der bürgerlichen Revolution in Europa wissenschaftlich zu legitimieren.[118] Dem überseeischen Imperialismus und dem sich herausbildenden Kapitalismus stand er ablehnend gegenüber, da er befürchtete, dass Kolonialismus und Industrialisierung zu Migrationsbewegungen und kulturellem Austausch führten, was die Hybridisierung der kulturstiftenden arischen Rasse (mit der er noch die Aristokratie gleichsetzte) beschleunigen würde.[119] Gobineaus »Beitrag« zur Rasseforschung und zur Begründung rassistischer Praktiken des 19. und 20. Jahrhunderts war nicht nur die Erwähnung der arischen Rasse, sondern auch die »Fusion von Geschichte und Biologie zu einem übergreifenden und ewig gültigen Bewegungsgesetz«.[120] Damit war nicht nur die Idee der Rassenmischung, sondern auch die Idee des natürlichen Rassenkampfes geboren, die Überzeugung, dass das Leben ein Kampf um die Reproduktion der eigenen Art sei, ein Kampf, in dem sich »höhere Rassen« der »niederen« erwehren müssten.

#### *3.3.1.2. Erbbiologische Rassekonzeptionen: Blut, Gene, Eugenik*

In den Kategorien von Rassenkampf und Rassenmischung wurde auch Charles Darwins Werk *On the Origin of Species* rezipiert, das 1859 erschien.[121] Es markierte den Übergang zur Evolutionsbiologie und wirkte sich auch auf das Verständnis von Rasse aus. Die Geschichte der Rezeption Darwins durch die Rasseforschung ist größtenteils eine Geschichte der nachträglichen Ergänzungen sei-

118 Mosse, *Rassismus*, S. 76 ff.

119 Geulen, *Rassismus*, S. 70 f.

120 Ebd., S. 72.

121 Charles Darwin, *On the Origin of Species by Means of Natural Selection*, Mineola, Wiederaufl. 2006.

ner Theorie durch Sozialdarwinist:innen. Sie orientierten sich stärker an der martialischen Metaphorik Darwins, die von Überlebenskampf, natürlicher Zuchtwahl und Durchsetzung des Stärkeren geprägt war, als an dem Inhalt von Darwins Theorie der Evolution, die im Kern ein Wahrscheinlichkeitsmodell war, das natürliche Selektion und Zufall kombinierte. Geulen weist auf zwei entscheidende Denkfehler der Sozialdarwinist:innen hin, die die Kausalität in Darwins Theorie schlicht umkehrten. Zum einen »überleben nicht die Stärkeren, sondern sie erweisen sich erst als stärker, ›fitter‹, angepasst, insofern sie überleben«, zum anderen passen sich nicht die Arten an, sondern sie würden sich »allein deshalb als angepasst herausstellen, weil sie das Glück hatten, nicht auszusterben«.[122]

Nicht Darwins Evolutionstheorie ist damit rassistisch, sondern deren Interpretation im Sinne der Ideen von Rassenkampf und Rassenmischung, die mit Ausgang des 19. Jahrhunderts durch die eugenischen Ideen der Rassenerzeugung und der Rassenhygiene ergänzt wurden.[123] Der wissenschaftliche Rassismus bot die ideologische Rechtfertigung für eugenische Selektion, in dem er die Figur des biologisch Stärkeren oder Höherwertigen einführte, dessen Erhalt der Aufwertung des Lebens im Allgemeinen dienen sollte. Hier zeigen sich auch die Überschneidungen zwischen Rassismus und Behindertenfeindlichkeit im Sozialdarwinismus. Beide Ideologien der Ungleichheit gehen von einer genealogischen Weitergabe guten oder schlechten Erbgutes aus und beide propagieren einen gesellschaftlichen Nutzen durch die Bekämpfung des schlechten Erbgutes. »[D]er Tod der bösen Rasse, der niederen (oder degenerierten oder anomalen) Rasse«, beschreibt Foucault Sozialdarwinismus und Rassismus im Modus der Biopolitik, »wird das Leben im allgemeinen gesünder und reiner machen.«[124] Dass diese sozialdarwinistische Fehlinterpretation auch im 21. Jahrhundert noch wirkmächtig ist, zeigen Schriften wie Thilo Sarrazins *Deutschland schafft sich ab.* Zur populärwissenschaftlichen Untermauerung seiner Thesen

122 Geulen, *Rassismus*, S. 70 f.

123 Magiros, *Kritik der Identität*, S. 114

124 Michel Foucault, *In Verteidigung der Gesellschaft: Vorlesungen am Collège de France (1975-76)*, Frankfurt/M. Nachdruck 2000, S. 296. Zur Foucault'schen Rassismuskonzeption Philipp Sarasin, »Zweierlei Rassismus?«, in: Martin Stingelin (Hg.), *Biopolitik und Rassismus*, Frankfurt/M. 2003, S. 55-79, hier: S. 55.

beruft er sich darin auf die Evolutionstheorie von Darwin und die von Francis Galton entwickelte Eugenik.[125]

Die Einteilung der Menschheit in drei oder vier Großrassen kann Anfang des 20. Jahrhunderts als fest etabliert angesehen werden. Zugleich gerieten die Rassentypologien der anthropologischen Rasseforschung trotz oder wegen einer wahren Datenerhebungswut immer mehr ins Wanken, wie Darwin im Jahr 1871 eindrücklich beschreibt:

> Der Mensch wurde sorgfältiger untersucht als jedes andere Tier, und doch gibt es die größtmögliche Vielfalt der Meinungen, ob er als eine Art oder Rasse klassifiziert werden soll oder als zwei (Virey), als drei (Jacquinot), als vier (Kant), fünf (Blumenbach), sechs (Buffon), sieben (Hunter), acht (Agassiz), elf (Pickering), fünfzehn (Bory St.), sechzehn (Desmoulins), zweiundzwanzig (Morton), sechzig (Crawfurd) oder nach Burke dreiundsechzig.[126]

Um die zunehmenden Diskrepanzen zwischen den Rassetypologien und den erhobenen Daten zu erklären, wurden neue Forschungen angestrengt. Mit der Entdeckung der Proteine, der Untersuchung des menschlichen Blutes und der Vererbungslehre veränderten sich nun die Begründung der Klassifizierung und die klassifizierenden Merkmale. Plümecke hat dies in seiner Untersuchung biowissenschaftlicher Rassediskurse im 19. und 20. Jahrhundert als eine Entwicklung vom »Phän zum Gen« ausgewiesen und drei Verschiebungen festgestellt: die Ausweitung der zu untersuchenden Merkmale, die Verkleinerung der Differenzmarker und damit der Messungen und Messbereiche sowie die Verinnerlichung rassialisierter Differenz in den menschlichen Körper.[127] Träger der Differenz wurden nunmehr Blut und Gene.

Deutlich wird das Zusammenspiel von Rassenanthropologie und Vererbungswissenschaft an der Forschung des deutschen Mediziners, Anthropologen und Rassenhygienikers Eugen Fischer. Bekanntheit erlangte er durch seine 1908 in der Kolonie Deutsch-Südwestafrika durchgeführten Studien zu Rassenkreuzungen an den sogenannten »Rehobother Bastards«, die er 1913 veröffentlichte.

125 Sarrazin, *Deutschland schafft sich ab*, S. 92 f., 352.

126 Darwin, *The Descent of Man and Selection in Relation to Sex*, New York 1889, S. 174, Übers. d. Verf.

127 Plümecke, *Rasse in der Ära der Genetik*, S. 121.

Er vermaß darin Menschen, deren Vorfahren europäische Siedler (vor allem Buren) und kolonisierte Khoikhoi, abschätzig »Hottentotten« genannt, waren. Die erhobenen Maße kombinierte, typisierte und ordnete er, um die »Mischung der Erbeinheiten« nach den Mendelschen Gesetzen nachzuweisen. Fischer führte damit den biologischen, genauer gesagt: vererbungswissenschaftlichen Zugang in die deutsche Anthropologie ein.[128] Die Verbindung von Rasse mit Vererbung und Anthropologie etablierte sich in der Folge auch im Alltagswissen. Das zeigen Einträge zeitgenössischer Lexika, hier des *Deutschen Koloniallexikons*:

> Die statistische Beobachtung anthropologischer Merkmale (z. B. Kopfform, Gesichtsform, Haarbeschaffenheit, Haut- und Augenfarbe, Proportionen) ergibt in einer gegebenen Bevölkerung für jedes von ihnen Mittelwerte, aus deren Summe ein Idealtypus dieser Bevölkerung ermittelt werden kann. [...] Eine solche Gruppe von Individuen, die durch gemeinsame, vererbbare Merkmale verbunden sind, bildet eine Rasse.[129]

Wie viele andere Rasseforscher stellte Fischer seine Forschung in den Dienst der deutschen Rassepolitik, zunächst im Kolonialismus, später im Nationalsozialismus. Er war der erste Direktor des »Kaiser-Wilhelm-Instituts für Anthropologie, menschliche Erblehre und Eugenik«,[130] einem Zentrum sowohl kolonialer als auch nationalsozialistischer Rasseforschung. Rassialisierte Differenz galt in diesen Zusammenhängen als untrennbar verbunden mit Hierarchie und Segregation. Fischer war der Überzeugung, den Nachweis erbracht zu haben, dass seine Rehobother Forschungsobjekte infolge der »Rassenmischung« auf einer Zwischenstufe zwischen überlegenen Weißen und unterlegenen Schwarzen stehen. Für »die weiße Rasse«, so schlussfolgerte er, sei Rassenmischung schädlich: »Aus-

128 Dafür wurde er in der späteren Bundesrepublik bis in die 1960er Jahre geehrt, vgl. Ernst Klee, *Das Personenlexikon zum Dritten Reich*, Frankfurt/M. 2003, S. 151 f.

129 Georg Thilenius, »Menschenrassen«, in: Heinrich Schnee (Hg.), *Deutsches Koloniallexikon*, Leipzig 1920, Rn. 546 f.

130 Dass im Namen des 1927 eröffneten und 1945 geschlossenen Instituts nicht »Rassenhygiene«, sondern »Eugenik« auftaucht, hatte politische Gründe, da die damalige Mitte-Links-Regierung in Preußen »das Wort Rasse gar nicht liebte«, wie Fischer in seinen Lebenserinnerungen berichtet, vgl. Nils Lösch, *Rasse als Konstrukt: Leben und Werk Eugen Fischers*, Frankfurt/M. 1997, S. 196 f.

nahmslos jedes europäische Volk, das Blut minderwertiger Rassen aufgenommen hat – und dass Neger, Hottentotten und viele andere minderwertig sind, können nur Schwärmer leugnen –, hat diese Aufnahme minderwertiger Elemente durch geistigen, kulturellen Niedergang gebüßt.«[131] Dagegen schlug Fischer ein strenges Apartheidsystem und »Ausbeutung der minderwertigen Rasse bis zum Untergang« vor.[132] Fischers 1921 mit den Biologen Erwin Baur und Fritz Lenz veröffentlichter *Grundriß der menschlichen Erblichkeitslehre und Rassenhygiene* wurde als der »Baur-Fischer-Lenz« für die folgenden Jahrzehnte nicht nur im deutschsprachigen Raum zum wichtigsten Standardwerk über menschliche Vererbung und Rassenhygiene.[133]

Die diversen Vorarbeiten gipfelten in millionenfachen Rasseuntersuchungen während des Nationalsozialismus. Vom Reichssippenamt erstellte Rassegutachten, der »Ariernachweis«, waren die Grundlage für die Entrechtung, Sterilisation und Ermordung von als rassisch minderwertig klassifizierten Menschen.[134] Experte für Rassenbegutachtungen und einer der bekanntesten nationalsozialistischen Rassentheoretiker war der deutsche Anthropologe Egon Freiherr von Eickstedt. Er unterteilte die Menschheit in die drei geographischen Großrassen »Europide, Mongolide und Negride« und die europäische Großrasse in sechs »Systemrassen« (nordische, westische, ostische, ostbaltische, dinarische, fälische Rasse) und prägte damit den nationalsozialistischen Rassekanon.[135] Rasse war nach von Eickstedt eine unveränderbare Größe, die jeweils anteilig auf die Nachkommen übergehe. Die rassische Klassifizierung einer Person galt nach den sogenannten Eickstedtschen Rasseformeln anhand von fünf physischen Kriterien (Körpergröße, Gesichtsform, Nasenform, Haarfarbe, Augenfarbe) im Wege einer »Typenschau«

131 Ebd., S. 300.

132 Ebd., S. 302.

133 Die Vererbung der von Fischer erhobenen Merkmale nach Mendelschen Regeln ist widerlegt, nichtsdestotrotz wurde Fischers Rehobother-Studie 1961 in einem unveränderten Nachdruck wieder aufgelegt.

134 Zur Praxis dieser »Reichsstelle für Sippenforschung« beim Reichsinnenministerium, das Ehetauglichkeitszeugnisse, den »Ariernachweis«, ausstellte, vgl. Horst Seidler, Andreas Rett, *Das Reichssippenamt entscheidet: Rassenbiologie im Nationalsozialismus,* Wien, 1982.

135 Egon v. Eickstedt, *Rassenkunde und Rassengeschichte der Menschheit,* Stuttgart, 1934.

mittels Augenscheins als unmittelbar bestimmbar. Von Eickstedt ebnete damit den Nürnberger Rassengesetzen den Weg.

### 3.3.2. Völkischer Rassediskurs: Volk, Mythos, Kampf

Die Ende des 19. Jahrhunderts im Kontext der deutschen Nationalstaatsbildung entstandene völkische Ideologie zeichnet sich durch eine Verbindung von Rassismus, Antisemitismus und Nationalismus mit antimodernen religiösen Reformideen aus. Ihre Neubestimmung der »nationalen Gemeinschaft« grenzte sich scharf von republikanischen Verständnissen der Nation als Staatsbürgernation und vom bürgerlichen Liberalismus ab, sie ging auch weit über die patriotische Verehrung von »Kaiser und Reich« hinaus.[136] Statt Nation in Zusammenhang mit »Staat« zu denken, stellten die Völkischen homogene Völker in den Mittelpunkt ihrer Weltanschauung. Die Bestimmung des deutschen Volkes erfolgte in einem Zusammenspiel anthropologischer Rassezuschreibungen und metaphysischer Vorstellungen von ursprünglicher Herkunft, die sich der deutschen Romantik bedienten. Georg Friedrich Herder hatte 1784 in den *Ideen zur Philosophie der Menschheit* einen genetischen Geist und Charakter eines Volkes beschrieben, den er vor allem in Sitten, Mythologie, Liedern, Sagen fand.[137] Die an solche Ideen anknüpfende »arische Mystik« propagierte ein geistiges Prinzip von »Rasse« in Verbindung mit einer christlichen Reichsidee.[138] Hinzu kamen sprachwissenschaftliche Bezüge, die aus der Verwandtschaft der indoeuropäischen Sprachen einen Mythos einheitlicher Ahnen entwickelten und den Begriff »arisch« in die Rassetheorien einführten.

Der 1879 von Wilhelm Marr in seinem Buch *Der Sieg des Judentums über das Germanentum* geprägte Begriff Antisemitismus sollte der Abwertung der Juden durch den Rückgriff auf die zur »semantischen Gegenrasse« erhobene Sprachfamilie einen wissenschaftlichen Anschein geben. Im Unterschied zum Begriff Rassismus war

136 Jörn Retterath, *Was ist das Volk? Volks- und Gemeinschaftskonzepte der politischen Mitte in Deutschland 1917-1924*, Berlin 2016, S. 60.

137 Zitiert nach Andreas Grossmann, »Volksgeist, Volksseele«, in: Joachim Ritter (Hg.), *Historisches Wörterbuch der Philospohie*, Basel 2001, S. 1102-1107, hier: Rn. 1102.

138 Zur christlichen Reichsidee Klaus Roth, *Genealogie des Staates: Prämissen des neuzeitlichen Politikdenkens*, Berlin 2011, S. 48 ff.

das Wort Antisemitismus damit eine Wortschöpfung der Antisemiten. Houston Stewart Chamberlain verband dann 1899 die Urrasse-Theorie Gobineaus mit einem radikalen Antisemitismus.[139] Die Juden erklärte er zu einer »Bastardrasse« mit unreinem Blut inmitten eines arischen Raums und zum Hauptfeind der »germanischen Urrasse«. Dem »jüdischen Wesen«, schmarotzend, unstet, hässlich, stellte er ein »arisches Wesen«, produktiv, verwurzelt und schön, gegenüber. Rasse wurde zum neuen, alles überlagernden Moment antisemitischer Theorien, weshalb die Antisemitismusforschung diese Ausprägung des Antisemitismus als Rassenantisemitismus bezeichnet. Chamberlains Gedankengänge beeinflussten auch Adolf Hitlers 1925 erstmals erschienene Programmschrift *Mein Kampf* entscheidend, in der er gegen »die Mischung wesensfremder Rassen« anschreibt.[140] Wilhelm Stuckart und Hans Globke griffen diese These später in ihrer Kommentierung der Nürnberger Gesetze auf:

> Die Mischung wesensfremder Rassen zerstört die Einheitlichkeit und seelische Geschlossenheit des Volkstums, [sie] schafft eine uneinheitliche, in sich aufgespaltene Mischlingsrasse, die Erbanlagen beider sich kreuzenden Rassen erben sich [...] fort und rufen in dem Mischling Spannungen und eine unausgeglichene Haltung hervor.[141]

Die Rede von Erbanlagen und Kreuzungen zeigt, dass der völkische Rassismus auch Elemente naturwissenschaftlicher Rassetheorien involviert. Andererseits grenzt er sich von Wissenschaft und Ratio ab und mystifiziert ein »rassisches Volk«: »Volk ist dagegen ein Wesen, das sein eigenes Leben führt und eigenen Gesetzen folgt. [...] Zum Volke gehört mehr als gemeinsame Sprache und Sitte, Geschichte und Kultur. Zum Volk gehört eine geschichtlich gewordene Blutsgemeinschaft.«[142]

Zweifel an der holistischen Verfasstheit des »deutschen Volkes«, das gemessen an der anthropologischen Rassentypologie zu großen

139 Houston S. Chamberlain, *Die Grundlagen des 19. Jahrhunderts*, München 1909, S. 312 ff. Zu Leben und Werk Chamberlains, Udo Bermbach, *Houston Stewart Chamberlain: Wagners Schwiegersohn, Hitlers Vordenker*, Stuttgart 2015.

140 Zitiert nach Wilhelm Stuckart, Hans Globke, *Kommentare zur deutschen Rassengesetzgebung*, München 1936, S. 2 f.

141 Ebd. unter Verweis auf Hitler, *Mein Kampf*, Ausgabe 1935.

142 Ebd.

Teilen nicht arisch war, werden im völkischen Rasseverständnis mit Verweis auf eine Verwandtschaft europäischer Rassen verdrängt. Im deutschen Volk seien »in der Hauptsache die artverwandten europäischen Rassen vertreten«, seine Grundlage bilde die nordische Rasse.[143] An anderer Stelle heißt es, völlig abgelöst von dem Versuch, den Rassismus als Teil einer naturwissenschaftlichen Lehre zu präsentieren: »Was deutsch ist [...] kann nur der Blutsverwandte empfinden, wissen und daher auch bestimmen.«[144] Widersprüche zwischen Rassebiologie und metaphysischen Vorstellungswelten wurden durch Zurückweisung der Naturwissenschaft als »liberal« negiert oder biologische Erklärungen wurden einfach uminterpretiert.[145] So wurde auch der Widerspruch gelöst, dass die europäischen Juden in den meisten anthropologischen Rassentheorien nicht als eigene Rasse galten:

> Die Juden stellen ein Rassengemisch dar, das [...] üblicherweise als jüdische Rasse bezeichnet wird. »... im jüdischen Volk sind in der Hauptsache außereuropäische Rassen in einem bestimmten Mischverhältnis vertreten: daher die Erkennbarkeit der Juden innerhalb aller Bevölkerungen, die wesentlich anders zusammengesetzt sind« (Hans F. K. Günther, »Rassenkunde des jüdischen Volkes«, 2. Aufl., München 1930, S. 13).[146]

Der hier von Stuckart und Globke zitierte Hans Friedrich Karl Günther war neben Chamberlain einer der Urheber der völkischen und nationalsozialistischen Rasseideologien. Seit 1935 Professor für Rassenkunde, Völkerbiologie und ländliche Soziologie an der Humboldt-Universität zu Berlin, hieß er aufgrund der weiten Verbreitung seines Buches *Rassenkunde des Deutschen Volkes* umgangssprachlich »Rassengünther«.[147] Günther illustrierte darin das Stereotyp vom schönen Arier und vom hässlichen Juden.[148] Zugleich versuchte er mit der Behauptung, es gebe keine reinrassigen, nur weniger vollkommene und weniger reine Typen, Verbindung

143 Ebd., S. 3, 7.

144 Ebd., S. 25.

145 Beispiele bei Mosse, *Rassismus*, S. 131 f., 188 ff.

146 Stuckart, Globke, *Rassengesetzgebung*, S. 1.

147 Zur Person Klee, *Personenlexikon zum Dritten Reich*, S. 208.

148 Dem »jüdischen Volk« attestiert er »einen sehr starken vorderasiatischen Einschlag«, als wissenschaftlicher Nachweis dienen vier Fotografien, Hans F. K. Günther, *Kleine Rassenkunde des deutschen Volkes*, München 1939, S. 3.

zur Naturwissenschaft zu halten. Zur »Aufnordnung des deutschen Volkes« propagierte er gesetzgeberische und eugenische Maßnahmen.[149] Als Rasse definierte Günther »Menschen mit den gleichen leiblichen und seelischen Erbanlagen«.[150]

Die spezifische historische Eigenart des völkischen Rassediskurses ergibt sich nach alldem aus der Kombination von mystisch-kulturalistischem Volks- und Rasseverständnis, Rassenanthropologie und Rasseneugenik, verbunden mit der völligen Ablehnung des universalistischen Gleichheitsanspruchs der Aufklärung.[151] Der völkische antisemitische Rassediskurs brach aber auch mit den in kolonialen Kontexten entstandenen Rassediskursen. Mit den Juden wurde eine Gruppe als rassisch anders und als rassisch zu bekämpfen ausgemacht, die in kolonialrassistischen Abhandlungen nicht erwähnt wurde. Auch die Zuschreibungen der Völkischen an die Juden unterschieden sich von denen an andere Rassen. Juden wurden zwar auch als schmutzig, tierähnlich und triebhaft und damit minderwertig dargestellt, auf der anderen Seite wurden sie als einflussreiche, kosmopolitische Gefahr beschrieben, der es an natürlicher Verwurzelung fehle.[152] »Der Jude« symbolisiert damit nicht nur das Andere, sondern auch das Dritte. Das Gegenbild ist weniger eines von Andersartigkeit, sondern ein absoluter Widerspruch.[153] Diese Besonderheit stellt die Rassismus- und Antisemitismusforschung bis heute vor die Herausforderung, Rassismus und Antisemitismus im Verhältnis zueinander zu bestimmen. Sie prägt auch den Umgang mit Rassentheorien nach 1945.

149 Ebd., S. 462 ff.

150 Ebd., S. 6.

151 So auch Fredrickson, *Rassismus*, S. 96; ahistorisch dagegen Barskanmaz, »Rasse – Unwort des Antidiskriminierungsrechts?«, in: *Kritische Justiz* (44) 4/2011, S. 382-389, hier: S. 387, der die Beschreibung historischer Spezifika als »deutschen Exzeptionalismus« abtut.

152 Eindrücklich zeigen das die Darstellungen der Juden in den insgesamt 49 Auflagen von Theodor Fritschs *Handbuch der Judenfrage*, erschienen unter dem Titel *Antisemiten-Catechismus* erstmals 1887, in erweiterter Fassung ab 1907 als *Handbuch der Judenfrage* bis 1945.

153 Holz, *Gegenwart des Antisemitismus*, S. 30 ff.

### 3.3.3. Rassismus – ein neuer Begriff zwischen kulturanthropologischer, soziologischer und sozialpsychologischer Bestimmung

Schon vor 1945 hatten Stimmen in der internationalen Anthropologie argumentiert, die Existenz unterschiedlicher Menschenrassen sei wissenschaftlich nicht nachweisbar, Rassenbiologie sei Pseudowissenschaft. Um 1900 setzte eine Kritik am Antisemitismus und an vermeintlich wissenschaftlich belegten Unterschieden zwischen Juden und der jeweiligen Mehrheitsbevölkerung in europäischen Staaten ein.[154] »Jede biologische Anordnung der Arten europäischer Menschen ist immer noch weitgehend ein subjektiver Prozess«, warnten 1935, im Jahr der Verabschiedung der Nürnberger Rassengesetze, die britischen Anthropologen Julian Huxley und Alfred Haddon. Angesichts der nationalsozialistischen Rassenpolitik galt ihre Kritik vor allem den rassetheoretischen Unterscheidungen zwischen einer »nordischen Rasse« und einer »jüdischen Mischrasse«. Diese falschen Unterteilungen könnten dazu genutzt werden, Emotionen zu rationalisieren; daraus entstehe »leidenschaftlicher Rassialismus«.[155]

Die erste umfangreiche Ausarbeitung unter dem Begriff »Rassismus« nahm der deutsche Sexualwissenschaftler Magnus Hirschfeld vor, dessen 1938 in englischer Sprache veröffentlichtes Buch *Racism* ebenfalls auf die Widerlegung der Rassendoktrin abzielte. Hirschfeld griff darin vor allem Houston Steward Chamberlain als ideologischen Wegbereiter des völkischen Rassenantisemitismus an und sprach sich gegen die Verwendung des Ausdrucks Rasse aus, »soweit damit Unterteilungen der menschlichen Spezies gemeint sind«.[156] Eine formale Definition von Rassismus nahm er nicht vor. Prominent in die öffentliche Diskussion brachte den Begriff *racism* erst 1940 die US-amerikanische Kulturanthropologin Ruth Benedict:

154 Plümecke, *Rasse in der Ära der Genetik*, S. 82 ff.

155 Julian Huxley, Alfred Haddon, *We Europeans. A Survey of »Racial« Problems*, New York 1936, S. 277, 287, Übers. d. Verf., im ungekürzten Original: »the creed of passionate racialism«.

156 Magnus Hirschfeld, *Racism*, London, 1938, S. 57.

Rassismus ist das Dogma, dass eine ethnische Gruppe von Natur aus zu vererbter Unterlegenheit verurteilt ist und eine andere Gruppe zur erblichen Überlegenheit bestimmt ist. Rassismus ist nicht, wie Rasse, ein Thema, dessen Inhalt wissenschaftlich untersucht werden kann. Es ist, wie eine Religion, ein Glaube, der nur historisch untersucht werden kann.[157]

Benedict beschreibt hier superioren Rassismus. Sie geht von der »kompletten Trennung von Rasse und Rassismus« aus.[158] Als Schülerin des Kulturanthropologen Franz Boas verteidigte sie eine wissenschaftliche Beforschung von »Rassenbeziehungen«. Die Vorstellung, dass »Rassegruppen« unterschiedlichen Wert besitzen, lehnten Boas und Benedict jedoch als Dogma ab. Benedict kann damit als Wegbereiterin eines soziologischen Verständnisses von Rassismus gelten. Rassismus ist für sie mehr als ein leidenschaftliches Vorurteil: »Um Rassenverfolgung zu verstehen, müssen wir nicht Rasse untersuchen, wir müssen die Verfolgung untersuchen.«[159] Dennoch zählt sie zu jenen Wissenschaftler:innen, die eine modernisierte rassische Geografie der Menschheit popularisierten. An der auf Blumenbach und von Eickstedt zurückgehenden typologischen Dreiteilung der Menschheit in Kaukasier (auch Europide), Negride und Mongolide hielt Benedict fest, ebenso wie an den alten phänotypischen Markern zur Typenbestimmung.[160] Wie bei Huxley und Haddon wurde nur die Spanne dessen, was als kaukasisch (also weiß) galt, vergrößert, Juden, Iren und Italiener wurden nun der weißen Rasse zugeordnet. Benedicts Hintergrund war der US-amerikanische Kontext. Ihr ging es vor allem darum, stigmatisierte und diskriminierte europäische Migrant:innen als in eine »amerikanische Kultur« integrierbare und insofern assimilierbare ethnische Gruppen auszuweisen.[161] Differenzierungen zwischen Europäer:innen (»Kaukasiern«) wies sie als unwissenschaftlich zurück, nicht jedoch die kolonialrassistische Spaltung in Weiß und

157 Ruth Benedict, *Race: Science and Politics*, Oxford 1940, hier zitiert nach der deutschen Ausgabe, Benedict, *Die Rassenfrage in Wissenschaft und Politik*, Bergen 1947, S. 230.

158 Zitiert nach Marc Anderson, »Ruth Benedict, Boasian Anthropology, and the Problem of the Colour Line«, in: *History and Anthropology* (25) 3/2014, S. 395-414, hier: S. 401.

159 Benedict, *Die Rassenfrage in Wissenschaft und Politik*, S. 230 f.

160 Ebd., S. 153; ebenso Huxley/Haddon, S. 277, 287, die von Ethnien sprechen, aber die gleichen Typologien anwenden.

161 Das zeigt Anderson, »Ruth Benedict«, S. 2 f., 12 ff.

Nichtweiß. Die zu diesem Zeitpunkt noch rechtlich legitimierte Segregation der afroamerikanischen Bevölkerung verurteilte Benedict, doch stellte sie weder deren als rassische definierte Andersheit in Frage, noch diskutierte sie deren Diskriminierung im Rahmen ihrer theoretischen Ausarbeitungen zu Rassismus.[162]

Die Betonung des unterschiedlichen Wertes biologischer Unterscheidungen als Hauptmerkmal des Rassismus findet sich auch in späteren soziologischen und sozialpsychologischen Rassismusdefinitionen, die Rassismus vor allem als individuelles oder sozial geteiltes Vorurteil verortet. So lautet die bekannte Definition Albert Memmis: »Der Rassismus ist die verallgemeinerte und verabsolutierte Wertung tatsächlicher oder fiktiver biologischer Unterschiede zum Nutzen des Anklägers und zum Schaden seines Opfers, mit der eine Aggression gerechtfertigt werden soll.«[163] Michael Banton, bekannter Vertreter der *race-relations*-Forschung und von 1986 bis 2001 Mitglied im UN-Ausschuss gegen rassistische Diskriminierung (Committee on the Elimination of Racial Discrimination, CERD), definiert Rassismus als »Doktrin, nach der individuelles Verhalten durch stabile, vererbbare Merkmale definiert ist, die von den getrennten, rassischen Wurzeln mit unterschiedlichen Charakteristika abstammen und von denen man annimmt, dass zwischen ihnen eine Beziehung der Unter- und Überlegenheit besteht«.[164] Beide, Memmi und Banton beschreiben die Form des superioren, biologistischen Rassismus. Kulturalistische und differentielle Formen sind von diesen Definitionen, wie zu zeigen sein wird, nicht erfasst.

### 3.3.4. Biowissenschaftlicher Diskurs nach 1945

Im Schatten des Nationalsozialismus kam der Boom der Rasseforschung zu einem Ende. Theorien über vererbbare rassische Überlegenheit waren weitgehend desavouiert. Doch entgegen der Annahme, Rassevorstellungen hätten sich damit erledigt, wird auch in den Biowissenschaften noch immer um sie gestritten.

162 Ebd., S. 12 f. m. w. N.
163 Albert Memmi, *Rassismus*, Frankfurt/M. 1992, S. 164.
164 Michael Banton, *Race Relations*, London 1967, S. 8, Übers. d. Verf.

### 3.3.4.1. *Die UNESCO-Erklärungen zur Rassefrage und der Mythos vom Missbrauch der Wissenschaft*

1950 publizierte eine von der UNESCO eingesetzte Expert:innenkommission aus Anthropolog:innen und Genetiker:innen unter Leitung des prominenten antirassistischen Anthropologen Ashley Montagu die erste von vier *Erklärungen zur Rassefrage* (*Statements on the Race Question*).[165] »Rasse«, so die Expert:innen im ersten Statement, »ist weniger ein biologisches Phänomen als vielmehr ein sozialer Mythos.«[166] Auch spätere Veröffentlichungen der UNESCO wiesen die alten typologischen Rassekonzepte und die These, dass »Rassenmischung« ein Problem darstelle, zurück. Eine hierarchische Anordnung von Rassegruppen im Sinne rassisch definierter Überlegenheit lehnten alle Erklärungen ab. Das rassistische Wissen verschwand damit keineswegs. Während das erste Statement vorschlug, den Begriff Rasse durch den stärker kulturell verstandenen Begriff der Ethnizität zu ersetzen, nahm die zweite, überarbeitete und 1951 publizierte UNESCO-Erklärung den sozialen Aspekt der Herstellung rassialisierter Differenz weitgehend zugunsten einer biologischen Bestimmung zurück: Rasse sollte für Menschengruppen gelten, die »offensichtliche und primär vererbte physische Differenzen zu anderen Gruppen« aufwiesen, auch wenn diese »vererbten genetischen Differenzen« nicht der Hauptfaktor seien, der »die Unterschiede zwischen den Kulturen und kulturellen Errungenschaften der verschiedenen Völker oder Gruppen verursach[e]«.[167] Erst ein Statement von 1964 führte den Terminus »Rassismus« in die Debatte ein.[168] Das Statement von 1967 erklärte schließlich, die Verwendung des Begriffs Rasse geschehe »teilweise konventionell und teilweise willkürlich« und »impliziere jedenfalls keine Hierarchie«.[169] »Probleme rassischer Beziehungen« hätten

165 The Race Question (1950); The Race Concept: Results of an Inquiry (verabschiedet 1951, veröffentlicht 1952); Proposals on the Biological Aspects of Race (1964); UNESCO-Statement on Race and Racial Prejudice (1967). Gemeinsam veröffentlicht als UNESCO (Hg.), Four Statements on the Race Question, 1969. Die Erklärungen liegen nicht in offizieller deutscher Übersetzung vor.

166 UNESCO, *Race Question*, S. 101.

167 UNESCO, *Race Concept,* Raporteurs Introduction.

168 UNESCO, *Proposals on the Biological Aspects of Race*, Para. 13.

169 UNESCO, *Race and Racial Prejudice*, Para. 3b.

soziale und keine biologischen Ursachen und Rassismus trete in unterschiedlichen Konstellationen und Praktiken auf, zum Beispiel in Form von Sklaverei, Kolonialismus und Antisemitismus.[170]

Trotz der UNESCO-Erklärungen – aber auch wegen ihrer Unentschiedenheit bezüglich der Rolle der Biologie für rassistische Teilungen blieb es in der internationalen Anthropologie auch nach 1945 Konsens, dass es »den Europäer« gab und dass er sich von anderen Menschen biologisch unterschied. In der Humanbiologie hielt sich das Wissen um die Unterschiedlichkeit der drei bzw. fünf »Großrassen« der Menschheit weiter, man distanzierte sich lediglich vom Missbrauch solcher Kategorien. Am bekanntesten ist im deutschen Kontext die Forschung Rainer Knußmanns. Knußmann war Schüler von Ilse Schwidetzky, die mit von Eickstedt beim Reichssippenamt gearbeitet hatte, mit diesem nach 1945 am Anthropologischen Institut in Mainz wirkte und maßgeblichen Anteil daran hatte, dass von Eickstedts Rassenklassifikationen in der Bundesrepublik weiter gepflegt wurden.[171] Knußmanns *Lehrbuch der Anthropologie und Humangenetik* galt bis 2005 als Standardlehrbuch in Deutschland. Es wird insbesondere wegen der Kapitel zu »Rassenkunde« und »Rassenpsychologie« kritisiert. »Rassenkunde« beschreibt Knußmann neutral als die »geographische Differenzierung des Menschen«, stellt dann aber »6 rassische Hauptgruppen« vor, beschreibt deren »Merkmalsbilder« und illustriert diese mit Originalfotos aus der NS-Rassenkunde.[172] Diese Typologisierung verbindet er mit einer rassenpsychologischen Bewertung.[173] Nach seiner biologisch-deterministischen Auffassung bestimmen die genetisch mitbedingten Fähigkeiten und Interessen einer »rassischen Gruppe« deren Kultur. Obgleich Knußmann damit wissenschaftlichen Rassismus in der Tradition von Eickstedts betreibt, distanziert

170 Ebd.

171 Zur Person Klee, *Personenlexikon zum Dritten Reich*, S. 574 f.; Andreas Lüddecke, *Rassen, Schädel und Gelehrte. Zur politischen Funktionalität der anthropologischen Forschung und Lehre in der Tradition Egon von Eickstedts*, Frankfurt/M. 2000, S. 237 ff.

172 Rainer Knußmann, *Vergleichende Biologie des Menschen: Lehrbuch der Anthropologie und Humangenetik*, Stuttgart 1996, S. 405; »nordische o. germanische Rasse«, S. 439.

173 Ebd., S. 426: »Negride [...] auf musischem Gebiet besonders begabt«; »Bei Mischlingen (Mulatten) steigt der Durchschnitts-IQ in Parallele zum Europiden-Erbteil an.«

er sich von Rassismus. Dieser sehe »die Rassen nicht als Gegenstand naturwissenschaftlicher Forschung«, sondern betrachte sie wertend.[174] Er schlussfolgert: »Aber wenn die Anthropologie mißbraucht wurde, so ist die Methode noch lange nicht verwerflich.«[175] Indem die Rassentypologie von Eickstedts nunmehr einfach als »geografische Differenzierung des Menschen« ausgewiesen wird, bietet er zugleich eine begriffliche Modernisierung an, ohne die damit verknüpften biologistischen Konzepte ganz zu verabschieden.

#### *3.3.4.2. Die »3 Rassekreise« in Alltagswissen und Rechtsprechung*

In der modernisierten Variante überlebten die Eickstedtschen Raseformeln bis in die 2000er Jahre im Alltagswissen in Deutschland. Lehrmaterialien für Schulen enthielten bis 2017 mit Fotografien bebilderte Einteilungen der Menschheit in »drei große Rassekreise: Europide, Mongolide und Negride«.[176] Auch Lexika und Enzyklopädien orientierten sich bis Anfang der 2000er Jahre an diesen Eickstedtschen Rasseformeln. Das galt für beide deutsche Staaten. In dem in Leipzig herausgegebenen *Meyers Neues Lexikon* werden die »3 Rassekreise« unter dem Eintrag »Menschenrassen« ebenso beschrieben[177] wie im *Brockhaus*. Die Wissenschaftshistoriker:innen Veronika Lipphardt und Kiran Klaus Patel analysieren, dass die rassistische Fundierung in den *Brockhaus*-Ausgaben der Nachkriegszeit noch deutlich hervortritt.[178] Im *Brockhaus* von 1968 heißt es zum Beispiel:

174 Rainer Knußmann (Hg.), *Anthropologie.* Band I: *Wesen und Methoden der Anthropologie*, Teil 1, Stuttgart 1988, S. 99.

175 Ebd., S. 18.

176 Für viele Hans-Dieter Gemeinhardt u. a., *Biologie Gesamtband Berlin/Brandenburg 7-10*, Berlin, 2001, S. 280; weitere Beispiele bei Anne Janßen-Bartels, »Schülervorstellungen zum Unterricht über ›Menschenrassen‹«, in: Helmut Vogt u. a.(Hg.), *Erkenntnisweg Biologiedidaktik*, Kassel, 2003, S. 57-71; Matthias Puppe, »Sachsen ändert Lehrplan für Bio-Unterricht«, in: *Leipziger Volkszeitung* v. 21. 04. 2019, S. 7.

177 »Menschenrassen«, in: *Meyers Neues Lexikon,* Band 5, Leipzig 1963, S. 737.

178 Klaus Kiran Patel, Veronika Lipphardt, »Auf der Suche nach dem Europäer. Wissenschaftliche Konstruktionen des Homo Europaeus«, in: *Themenportal Europäische Geschichte*, 2007, ⟨www.europa.clio-online.de/2007/Article=204⟩, letzter Zugriff 01. 11. 2020.

Europide, europider Rassenkreis (TAFELN Menschenrassen), die Gesamtheit der in Europa einheimischen → Menschenrassen, gekennzeichnet durch helle Haut, z. T. auch helle Augen und Haare, weiches, schlichtes bis lockiges Haar, relativ starke Körperbehaarung usw. sowie durch jene geistig-seel. Anlagen, aus denen u. a. die abendländ. Kultur erwachsen ist.[179]

Die Literaturangaben am Ende dieses Eintrages verweisen auf Fischer, von Eickstedt und Schwidetzky. Seit den 1980er Jahren wurden diese sukzessive schwächer, wobei zum Teil widersprüchliche Formulierungen auf Schwierigkeiten bei der Neufassung der Einträge hindeuten.[180] Erst die *Brockhaus*-Ausgabe von 2006 distanziert sich ausdrücklich vom rassistischen Wissensbestand.[181] Sie enthält aber weiterhin Einträge zu »Menschenrassen« und zu »Europiden«.[182]

Trotz dieser Einträge lehnen alle Enzyklopädien und Lehrbücher Rassismus als »Rasseideologie« ab.[183] Wie bei Rainer Knußmann wird dabei zwischen vermeintlich wertfreier Differenzierung (Rasseneinteilung) und Abwertung (Rasseideologie) unterschieden. Die Autoren des bereits zitierten Biologielehrbuchs verweisen sogar ausdrücklich auf das Internationale Übereinkommen zur Beseitigung jeder Form von Rassendiskriminierung (ICERD) und fügen hinzu: »Weil alle Menschenrassen gleichwertig sind, dürfen Rassenvorurteile von niemandem geduldet werden.«[184] Wie schwierig diese Unterscheidung ist, zeigen die Fotos, die die Einträge in Lexika und Schulbüchern bis in die 2000er Jahre bebildern. Die meisten Personen auf den Fotos, die nichteuropäischen »Rassekreisen« zugeordnet werden, tragen folkloristische Kleidung.

179 »Europider Rassenkreis«, in: *Brockhaus*, Wiesbaden 1968, S. 792 (792 f.); ähnliche Formulierungen beim Eintrag »Menschenrassen«, S. 737; Eintrag »Menschenrassen«, in: *Brockhaus*, Wiesbaden 1994, S. 360. Diese Evidenz ignorieren Doris Feldmann u. a., »›Rasse‹ und ›ethnische Herkunft‹ als Merkmale des AGG«, in: *Rechtswissenschaft* (8) 1/2018, S. 23-46, hier: S. 28, die schreiben, der Begriff Rasse tauche in Nachschlagewerken nach 1945 nicht mehr auf.

180 Patel, Lipphardt, »Auf der Suche nach dem Europäer«.

181 Eintrag »Rassismus«, in: *Brockhaus*, Leipzig 2006, S. 515; ähnlich schon Eintrag »Rassismus«, in: *Brockhaus*, Wiesbaden 1996, S. 41.

182 Eintrag »Menschenrassen«, in: *Brockhaus* Leipzig 2006, S. 256, Eintrag »Europide«, in: ebd., S. 585.

183 Eintrag »Menschenrassen«, in: *Meyers Neues Lexikon*, Leipzig 1993, S. 737: »Behauptungen imperialistischer Ideologen (Rassismus)«.

184 Gemeinhardt u. a., *Biologie*, S. 29.

Eine dazugehörige Tabelle weist unterschiedliche Formen von Gesicht, Lippen, Nase, Kopfhaar, Augen und Haut zu und Eigenschaftsbeschreibungen, die sich an den normativen Vorstellungen von Schönheit und Zivilisiertheit der Rassentheorien im 19. und 20. Jahrhundert orientieren.[185] Die Darstellungen untermalen eine biologische Geschichte, »einen Stammbaum, in dem den einzelnen Gruppen Qualitäten und Defizite zugeschrieben werden«.[186] Sie befinden sich damit im offenen Widerspruch zu den Hinweisen auf die Wertgleichheit aller »Rassen«.

Lehrbücher, Enzyklopädien und Lexika geben den konsolidierten Wissensstand einer Gesellschaft wieder. Sie führen Forschungserkenntnisse verschiedener Disziplinen zusammen und geben sie weiter. Zugleich bilden sie ab, was zu einer Zeit in einer Gesellschaft sagbar ist und was nicht. Sie geben damit auch Auskunft über die Ordnung des Wissens, das heißt über die Frage, welche Disziplinen und Ansätze für ein Problem als auskunftsfähig gelten. Obwohl in der Regel weder die konkrete Auswahl noch die Interpretationsbedürftigkeit solcher Einträge diskutiert werden, ist das Zitieren von Lexika, Enzyklopädien und dem *Duden* auch nach dem von Gerichten angewandten und herrschenden Methodenverständnis *lege artis*.[187] Auf diesem Wege findet sich das im *Brockhaus* und in *Meyers Lexikon* wiedergegebene Wissen über Menschenrassen auch in Gerichtsentscheidungen wieder. Der 3. Strafsenat des BGH griff im Jahr 1990 auf die neunte Auflage von *Meyers Enzyklopädischem Lexikon* von 1979 zurück, um die Strafbarkeit einer antisemitischen, die Shoah leugnenden Broschüre nach § 131 Abs. 1 StGB a.F. (Aufstachelung zum Rassenhass) zu prüfen:

Darauf, ob die Juden im biologisch-anthropologischen Sinne eine eigene Rasse sind (verneinend zum Beispiel Meyers Enzyklopädisches Lexikon, 9. Aufl., unter dem Stichwort »Rassismus«), kommt es, entgegen der Auffassung der Revision, nicht an. Der Begriff des Rassenhasses knüpft an die Begriffswelt der Rassenideologie an. Diese greift nicht auf einen wis-

185 So lautet eine Aufgabenstellung in Gemeinhardt u. a., *Biologie*, S. 30 »Sammle Bilder von Menschen der unterschiedlichen Länder und stelle sie nach Rassekreisen zusammen!«.

186 Patel/Lipphardt, »Auf der Suche nach dem Europäer«, o. Seitenangabe.

187 Hajo Hamann, »Strukturierende Rechtslehre als juristische Sprachtheorie«, in: Ekkehard Felder, Vogel, Friedemann (Hg.), *Handbuch Sprache im Recht*, Berlin 2017, S. 175-187, hier: S. 183.

senschaftlich gesicherten, genau abgrenzenden Rassenbegriff zurück. Sie nimmt vielmehr eine nur ungefähre anthropologische Klassifizierung der Menschheit in Menschenrassen, und zwar nach gemeinsamen erblichen Merkmalen, vorwiegend körperlicher Art, zum Ausgangspunkt einer Theorie, nach der die biologische Verschiedenheit der »Rassen« Ursache ihrer relativen Über- oder Unterlegenheit und einer entsprechend verschiedenen Wertigkeit sein soll.[188]

Im Ergebnis entscheidet der Senat hier richtig: Weder sind Juden eine Rasse noch kommt es auf diese Frage für die Beurteilung von rassistischem Antisemitismus und anderen Formen des Rassismus an. Mit Blick auf kolonialen Rassismus waren das enzyklopädische und das juristische Wissen lange ein anderes. Das zeigt die Auslegung des Begriffs »Rassenhass« in § 131 Abs. 1 StGB a. F. durch den 5. Strafsenat des Bayrischen Obersten Landesgerichtes aus dem Jahr 1999. Der Senat hatte über die Strafbarkeit eines Plakats zu entscheiden, auf dem ein kolonialrassistischen Klischees entsprechender Kopf eines Schwarzen Mannes und die Worte »Kondome für die Dritte Welt« abgebildet waren.[189] Zur Entscheidungsfindung zogen die Richter unter anderem den *Brockhaus* in der Ausgabe von 1968 heran:

Rasse im Sinne dieser Vorschrift können [...] auch größere, übernationale, aber vorwiegend durch erbliche (biologische) Körpermerkmale gekennzeichnete Gruppen sein (vergleiche OLG Hamm, NStZ 1981, 262, Dreher/Tröndle, 44. Auflage, § 131 Rn 3; S/S, 23. Auflage, § 131 Rn 5; LK, § 131 Rn 18.). [...] Zwischen den sog. Entwicklungsländern bestehen große Unterschiede in Bezug auf Rasse, Gesellschaftsstruktur, Kultur u a. (Brockhaus, Enzyklopädie, 17. Auflage, 1968, Bd. 5 S. 585). Die Dritte Welt und die Entwicklungsländer werden insbesondere nicht nur von negriden (= zur schwarzen Rassegruppe gehörenden) oder negroiden (= negerähnlichen, negerartigen) Völkern bewohnt.[190]

188 BGH v. 14.01.1981-3 StR 440/80 (S)–, Rn. 5. So auch schon OLG Hamm v. 03.02.1981-6 Ss 1505/80–, Orientierungssatz: »Aufstacheln zum Rassenhaß i. S. d. § 131 StGB ist nicht nur gegen Angehörige einer Rasse im biologisch-anthropologischen Sinn, sondern auch gegen die Juden möglich.«

189 Die Darstellung auf dem Plakat wird von allen Instanzen in den tatbestandlichen Feststellungen durchgängig und ohne Anführungsstriche als »Negerkopf« bezeichnet, ausführlich Doris Liebscher u. a., »Wege aus der Essentialismusfalle: Überlegungen zu einem postkategorialen Antidiskriminierungsrecht«, in *Kritische Justiz* 2/2012, S. 204-218, hier: S. 208.

190 Bayerisches Oberstes Landesgericht v. 22.03.1990 – RReg 5 St 136/89, Rn. 13.

Diese rassenkundlerischen Überlegungen führten den Senat zu dem Schluss: »Die ›Dritte Welt‹ ist keine ›Rasse‹ im Sinne von § 131 Abs. 1 StGB.«[191] Er stufte das Plakat nicht als strafbare rassistische Hetze ein.

Das Bundessozialgericht berief sich noch 2007 auf essentialistische enzyklopädische Einträge zu »Rasse« von 1979 (*Meyers*) und von 1996 (*Brockhaus*), um zu begründen, warum im Nationalsozialismus aus eugenischen Gründen zwangseingewiesene und zwangssterilisierte Menschen keine rassisch Verfolgten im Sinne von § 1 BEG seien:

> Unter Rasse wird allgemein eine Gruppe von Lebewesen verstanden, die sich durch ihre gemeinsamen Erbanlagen von anderen Artangehörigen unterscheiden (vgl. Brockhaus, Die Enzyklopädie, 20. Aufl., unter »Rasse«), bzw. eine Formengruppe mit kennzeichnenden, gleichen Merkmalen (Meyers Enzyklopädisches Lexikon, 9. Aufl., unter »Rasse«). Hierunter sind geistig behinderte bzw. minderbegabte Menschen nicht einzuordnen, weil sie sich grundsätzlich bei allen Rassen finden, aber nicht zur Unterscheidung der Rassen untereinander dienen können.[192]

In beiden Entscheidungen affirmierten die Gerichte ebenjenes Wissen über Menschenrassen, auf dem die rassistische Diskriminierung der Betroffenen beruhte. Im Zentrum der juristischen Prüfung standen rassisch definierte Zugehörigkeiten, wo rassistische Zuordnungen und Zuschreibungen hätten stehen müssen. Das Finanzgericht Hamburg urteilte im Jahr 2004, dass die »Artgemeinschaft«, eine religiös-heidnische, neonazistische Organisation, die eine Mitgliedschaft nur für Personen »überwiegend nordischer Menschenart« vorsieht, wegen Verstoßes gegen Artikel 3 Abs. 1 S. 1 GG nicht gemeinnützig nach § 52 AO sei. Das Gericht griff ebenfalls affirmativ auf den biologistischen Menschenrassen-Eintrag im *Brockhaus* von 1979 zurück, wenn auch zur Verurteilung hierarchischer Rasseeinteilungen der Menschheit:

> [Daraus] ergibt sich nämlich, dass der Kläger den Begriff der »Art« nicht im Sinne der Begriffsbildung der Wissenschaft der Biologie verwendet, in der der Mensch als solcher eine Art im zoologischen System bildet (vgl. Der

191 Ebd., Orientierungssatz und Rn. 13.

192 BSG v. 29. 11. 2007 – B 13 R 54/06 R, Rn. 24, Kursivierung i. Orig. Zum Rassebegriff in der Entschädigungsrechtsprechung siehe auch Kapitel 5.7.4.

große Brockhaus in zwölf Bänden, 18. Auflage 1979, Stichwort »Mensch« und »Menschenrassen«). Der Kläger verwendet den Begriff stattdessen für die Systematisierung der Art Mensch in Untergruppen, für den in der Biologie der Begriff der Menschenrassen gebräuchlich ist. Menschenrassen in diesem Sinn sind durch bestimmte Kombinationen erblicher, innerhalb gewisser Grenzwerte variierender Merkmale gekennzeichnet und sind durch Evolutionsprozesse als Anpassungsformen an unterschiedliche Lebensbedingungen entstanden (vgl. Der große Brockhaus, a.a.O.).[193]

Juristische Bezugnahmen auf biologistische Rassekonzepte waren auch in der deutschen Rechtsmedizin lange State of the Art.[194] Bis heute weisen rechtswissenschaftliche Veröffentlichungen zur Abstammungsbegutachtung nicht auf die rassistischen Traditionslinien der Forensik hin.[195] Der Rassenhygieniker Heinrich Schade, im Nationalsozialismus selbst an Abstammungsgutachten für Zwangssterilisationen beteiligt, wurde von bundesdeutschen Gerichten seit 1952 als Sachverständiger für Vaterschaftsbegutachtung herangezogen.[196] Schades Standardwerk *Grundlagen und Methoden der anthropologisch-erbbiologischen Vaterschaftsfeststellung* wurde noch 1999 als einführende Literatur in familienrechtlichen Kommentierungen empfohlen.[197] Der in familienrechtlichen Urteilen ebenfalls

193 FG Hamburg v. 07.09.2004 – VII 16/01, Rn. 63.

194 Siehe nur Konrad Hummel, *Die medizinische Vaterschaftsbegutachtung mit biostatischem Beweis*, Stuttgart 1961, S. 33.

195 Das kritisiert auch Gunther Geserick, »Richtlinien für die Erstattung von Abstammungsgutachten, Familie – Partnerschaft – Recht«, in: *NJWE-FER* 2002, S. 380-383; unkritisch dagegen Ritter, »Die humangenetische Abstammungsbegutachtung«, in: *FamRZ* 1991, S. 646-649, der noch 1991 einen Runderlass des Reichsministeriums des Inneren von 1934 über die Zulässigkeit »erbbiologischer Gutachten« zitiert, ohne auszuweisen, dass es sich dabei um »rassenbiologische Gutachten« handelte, die der rassistischen Selektion dienten.

196 Für viele OLG Hamm v. 17.02.1960-2 Ws 501/59, NJW 1960, 1402 (1404). Das ist umso bemerkenswerter, als der BGH Abstammungsklagen erst mit einem Urteil aus dem Jahr 1952 für zulässig erklärte und sich die Richter in diesem Urteil ausdrücklich von der rassepolitischen Ideologie des Nationalsozialismus und der dieser Ideologie entsprechenden Rechtsprechung des Reichsgerichts zu Abstammungsfragen distanzierten, BGH v. 28.04.1952 – IV ZR 99/51 –, BGHZ 5, 385 (385).

197 Heinrich Schade, *Vaterschaftsbegutachtung: Grundlagen und Methoden der anthropologisch-erbbiologischen Vaterschaftsfeststellung*, Stuttgart 1954, zitiert von Bernhard Böckermann (Hg.), BGBKommentar, Berlin 1999, Vor § 1. 591, Rn. 13.

oft zitierte Serologe Konrad Hummel schrieb noch 1992: »Mitteleuropäische (deutsche) Frequenzen können stets nur angewendet werden, wenn in einem Fall strittiger Abstammung nur Personen der europiden Rasse beteiligt sind. Perser, semitische Nordafrikaner und Inder fallen aus dem Rahmen europider Blutfrequenzen.«[198] Vor diesem Hintergrund mag es weniger verwundern, dass auch der BGH 1989 unter Bezugnahme auf ein medizinisches Blutgruppengutachten urteilte, der Beklagte, dessen Vaterschaft strittig war, gehöre »als Perser [...] nicht der mittteleuropäischen Rasse an«,[199] und dass das OLG Karlsruhe 1998 in einem Vaterschaftsanfechtungsverfahren mit Blick auf die Hautfarbe eines Kindes von »negroiden Merkmalen« sprach.[200] In neueren Urteilen sind solche Formulierungen verschwunden. Doch Formulierungen wie »afrikanische Populationsdaten«[201] oder »asiatische Frequenzen«[202] sind oft nur semantische Modernisierungen rassenbiologistischer Konzepte in der Sprache der Populationsgenetik.

#### *3.3.4.3. Die Genetisierung von Differenz*

Mit der Entschlüsselung des »genetischen Codes« und der Sequenzierung der menschlichen DNA im Humangenomprojekt bestimmte spätestens ab 1990 die Molekulargenetik den naturwissenschaftlichen Rassediskurs, sie brach weitgehend mit den alten phänotypischen Typologien.[203] Eine 1996 verabschiedete UNESCO-Stellungnahme internationaler Anthropolog:innen und Humangenetiker:innen erklärte: »Es gibt keinen wissenschaftlich zuverlässigen Weg, die menschliche Vielfalt mit den starren Be-

198 Konrad Hummel, »Hämogenetik zur Klärung strittiger Vaterschaft«, in: Rainer Knußmann (Hg.), *Anthropologie.* Band I, Teil 2, Stuttgart 1992, S. 428-466, hier: S. 438.

199 BGH v. 13.07.1988 – IV b ZR 77/87; so auch schon: OLG Koblenz v. 19.8.75-6 U 677/72: »da die Genhäufigkeit der Mittelfranzosen nicht wesentlich von denen der deutschen Bevölkerung abweicht (europide Rasse)«. OLG München v. 14.12.1983-20 U 3008/83: »Genfrequenzen der deutschen Bevölkerung können im Rahmen des Essen-Möller-Verfahrens auch auf sonstige Weiße angewandt werden, wenn alle Beteiligten der kaukasischen Rasse angehören.«

200 OLG Karlsruhe v. 03.09.1998-2 U 2/98, Rn. 22.

201 BGH v. 03.05.2006 – XII ZR 195/03–, Rn. 68.

202 OLG Hamm v. 02.09.2003-9 UF 98/00–, Rn. 11.

203 Instruktiv Plümecke, *Rasse in der Ära der Genetik*, S. 100ff.

griffen rassischer Kategorien oder dem traditionellen Rassen-Konzept zu charakterisieren. Es gibt keinen naturwissenschaftlichen Grund, den Begriff Rasse weiterhin zu verwenden.«[204] Anlässlich der Vorstellung des ersten *draft* der menschlichen DNA im Jahr 2000 wiesen Genetiker:innen auf die 99,9-prozentige Ähnlichkeit aller Genome hin und verkündeten erneut, dass damit die Existenz von Menschenrassen genetisch widerlegt sei.[205] In der Jenaer Erklärung der Deutschen Zoologischen Gesellschaft aus dem Jahr 2019 heißt es, dass, »der Nichtgebrauch des Begriffes ›Rasse‹ heute und zukünftig zur wissenschaftlichen Redlichkeit gehören« sollte. Zugleich weist die Erklärung auf die Gefahr sprachlicher Modernisierungen hin.[206]

Tatsächlich tauchten auch mit den neuen Untersuchungsmitteln der Molekulargenetik neue rassialisierende Argumentationen auf. Anders als die typologischen Modelle der physischen Anthropologie bestimmen molekulargenetische Ansätze nicht mehr abgrenzbare Rassegruppen. Gegenstand der Auseinandersetzung über rassialisierte Differenz wurden nun Wahrscheinlichkeiten und statistisch relevante Differenzen, also populationsgenetische Varianz.[207] Ausdruck dessen ist im dominant englischsprachigen Diskurs, dass neben dem Begriff *race* vermehrt vermeintlich neutrale Begriffe wie »Populationen«, »genetische Hauptcluster«, »Ethnien« oder »biogeografische Herkunft« benutzt werden. Die Genetik wurde so zur anerkannten Sprache, um über Rasse zu sprechen. Kritiker:innen weisen darauf hin, dass die Kategorisierungen angesichts der Wanderungsbewegungen des Menschen nicht aussagekräftig sind.[208] Zugleich attestieren sie dem populationsgruppistischen Forschungsansatz das Potential, analog zu den Kategorisierungen der klassischen Rassemodelle des 19. Jahrhunderts interpretiert zu werden, wenn im Ergebnis Einteilungen entstehen, wie sie schon aus den überkommenen Rassekonzepten bekannt sind.[209]

204 *UNESCO*, »Stellungnahme zur Rassenfrage«, in: *Biologen unserer Zeit* 5/1996, S. 71 f.

205 Luigi Luca Cavalli-Sforza, *Verschieden und doch gleich. Ein Genetiker entzieht dem Rassismus die Grundlage*, München 1994.

206 ⟨www.shh.mpg.de/1464864/jenaer-erklaerung⟩, letzter Zugriff 01. 11. 2020.

207 Veronika Lipphardt, »Wie wird menschliche Vielfalt und Variation erfasst?«, in: Foroutan u. a. (Hg.), *Das Phantom »Rasse«*, S. 85-104.

208 Plümecke, *Rasse in der Ära der Genetik*, S. 174.

209 Larry Reynolds, Leonard Lieberman (Hg.), *Race and Other Misadventures: Es-*

Ein weiterer Unterschied genetischer Diskurse zu historischen Rassediskursen besteht in den Zielen. Während die alten Rasseeinteilungen mit der Bekämpfung als rassisch minderwertig deklarierter Teile der Bevölkerung zum Nutzen rassisch höherwertig vorgestellter Bevölkerungsgruppen begründet wurden, werden die neuen Rasseeinteilungen mit Verweis auf deren Nutzen für alle Menschen reformuliert.[210] Neue Kategorisierungen nach »genetischen Haupt-Populationen-Gruppen« oder »biogeografischer Abstammung« geben vor, wertfrei zu sein. Sie ermöglichen damit eine Aneignung genetischer Untersuchungstechniken auch durch minorisierte Gruppen, die die klassischen Kategorisierungen als rassistisch ablehnen. Die Felder, in denen auf diesem Weg eine erneute Zunahme rassischer Klassifikationen beobachtet wird, sind die Biomedizin, die *genetic history* und die forensisch-genetische Forschung.[211]

2005 wurde das weltweit erste »rassespezifische« Medikament in den USA auf den Markt gebracht. Das blutdrucksenkende Präparat BiDil ist ausschließlich für Afroamerikaner:innen verschreibbar, die Herstellerfirma begründet dies mit einem erhöhten Herz-Kreislaufrisiko von Afroamerikaner:innen. Das Medikament wurde erst nach zwölf Jahren durch die US-amerikanische Gesundheitsbehörde FDA zugelassen. An der entscheidenden Studie hatten ausschließlich Afroamerikaner:innen teilgenommen. Die Firma gibt selbst an, dass aus den Daten aus den Studien keine Rückschlüsse für andere Populationen zu ziehen sind. Vermarktet und öffentlich diskutiert wird das Präparat nichtsdestotrotz als »rassische Medizin«, von der Schwarze Menschen profitieren würden.[212] Kritiker:innen sprechen angesichts des hochpreisigen Medikaments dagegen von »rassischer Marktsegregation«.[213] Jenseits dessen, dass BiDil vor allem geschicktes *product placement* ist, wirft die Debatte grundsätzliche Fragen auf. Befürworter:innen medizinischer Unterscheidungen

*says in Honor of Ashley Montagu in his Ninetieth Year,* New York 1996, S. 228, Karen E. Fields, Barbara J. Fields, *Racecraft: The Soul of Inequality in American Life*, London 2014, S. 20 ff.

210 Sarasin, »Zweierlei Rassismus?«, S. 63 f.

211 Lipphardt, »Wie wird menschliche Vielfalt und Variation erfasst?«, S. 93.

212 Arbor Pharmaceuticals, ⟨www.bidil.com/about-bidil⟩, letzter Zugriff 01. 11. 2020; Redaktion Deutsche Apothekerzeitung, »Erstes Arzneimittel nur für Schwarze«, in: *DAZ* 26/2005, S. 40.

213 Fields/Fields, *Racecraft*, S. 49.

nach Hautfarbe und Herkunft erachten dies als ein notwendiges bzw. sinnvolles Mittel zur Erkenntnis ungleicher Krankheitsrisiken und Bedarfe in der Gesundheitsversorgung.[214]

Andere Biowissenschaftler:innen und viele Sozialwissenschaftler:innen argumentieren dagegen, dass gesundheitliche Risiken soziale Ursachen haben, vor allem Armut und durch Rassismus bedingter Stress.[215] Ein gleicher Gesundheitszustand unterschiedlicher Gruppen sei nicht über mehr wissenschaftliche Forschung, sondern nur über die Herstellung sozialer Gleichheit zu erreichen. Zugleich wird vor einem Wiedererstarken biologistischer Rassekonzeptionen gewarnt. Statt einer Argumentation für sozialpolitische Interventionen wird jedoch in vielen Forschungsprojekten die aufgefundene Differenz naturalisiert und mit genetischen Unterschieden korreliert. Karen und Barbara Fields zeigen am Beispiel der in den USA weithin als *black disease* bekannten Sichelzellenanämie und den Diskussionen um die Verträglichkeit von Bluttransfusionen zwischen Schwarzen und Weißen, wie wissenschaftliche Studien unter Rückgriff auf Alltagsvorstellungen und auf die rassischen Kategorien des Zensus Vorstellungen von »Rasse als Blut« bis heute befeuern.[216]

Zuordnungen der individuellen DNA zu »Rassen und Ethnien« werden auch in genetischen Herkunftstests gesucht. Weltweit werben Firmen damit, die Herkunft der eigenen DNA feststellen zu können.[217] Die Testangebote der verschiedenen Unternehmen produzieren prozentuale Abstammungsschätzungen, indem sie Abschnitte der DNA identifizieren, die am besten zu DNA-Referenzdatenbanken moderner Populationen mit geografischen oder ethnischen Bezeichnungen passen. Auch hier wird die Rassialisierung nicht als Nachteil wahrgenommen, gerade Minderheiten wie Juden und Schwarze Menschen zählen zur Zielgruppe der »Vermarktli-

214 Nachweise bei Plümecke, *Rasse in der Ära der Genetik*, S. 214 f.

215 Fields/Fields, *Racecraft*, S. 40 ff.; Anne Fausto-Sterling, »Die Neugestaltung von Race: DNA und die Politiken der Gesundheit«, in: AG gegen Rassismus in den Lebenswissenschaften (Hg.), *Gemachte Differenz: Kontinuitäten biologischer »Rasse«-Konzepte*, Münster 2009, S. 83-129.

216 Fields/Fields, *Racecraft*, S. 40 ff. (grundsätzlich); S. 53 ff. (Sichelzellenanämie), 59 ff. (Bluttransfusion); 40 f. (Asthma).

217 Instruktiv Andelka Phillips, »Märkte für genetische Information. Überblick über eine wachsende Industrie«, in: *Gen-ethischer Informationsdienst* 237/2016, S. 7-10.

chung der Herkunft«.[218] Aufgrund methodischer Einschränkungen und hoher Fehleranfälligkeit erzeugen die Tests im Ergebnis nur Wahrscheinlichkeiten und »unglaubwürdige Vorfahren«.[219] Trotzdem sind die Angebote diskursiv wirkmächtig und tragen dazu bei, dass im Ergebnis fragwürdige Differenzierungen zum Beweis von essentialisierten Gruppenzugehörigkeiten herangezogen und perpetuiert werden.[220]

Die Wirkmacht rassischer Kategorisierungen im populationsgenetischen Gewand zeigt sich schließlich auch in der Forensik, die mit Methoden der Erhebung, Analyse und des Vergleichs phänotypischer oder genotypischer Merkmale arbeitet. Forensische Gutachten, die auf rassialisierte Differenz Bezug nehmen, spielen bislang vor allem in Abstammungsbegutachtungen in familienrechtlichen Verfahren, zur Altersbegutachtung in aufenthaltsrechtlichen Verfahren und für kriminologische Zwecke eine Rolle. Durch die Analyse zum Beispiel des Körperbaus, der Hautfarbe oder der Zähne (forensische Anthropologie) sowie anhand etwa von Blut, Speichel oder Haaren (forensische Serologie/Genetik) sollen die Identität, das Alter und die genetische Verwandtschaft bestimmt werden.[221] Im Münchner Kommentar zum BGB ist noch in der sechsten Auflage von 2012 zu biostatistischen Vaterschaftsgutachten zu lesen:

> Schwierig ist vor allem die Bestimmung der Kollektive, denen Menschen unterschiedlicher ethnischer Herkunft zuzuordnen sind. Dass nur wesentliche Abweichungen von den üblichen Frequenzen (für Mitteleuropäer) berücksichtigt werden müssen, ist wohl allgemeine Meinung. Dies ist der Fall, wenn der Proband einem anderen Großrassekreis zuzurechnen ist als demjenigen der Europiden.[222]

218 Plümecke, *Rasse in der Ära der Genetik*, S. 223.

219 Joe Dramiga, »Roots: Afrikanische Sklaven und ihre regionale Isotopensignatur«, in: *SciLogs Blog*, v. 19. 08. 2017, ⟨https://scilogs.spektrum.de/die-sankore-schriften/roots-afrikanische-sklaven-und-ihre-regionale-isotopensignatur/⟩, Stand: 01. 07. 2019.

220 Wendy Roth u. a., »Do Genetic Ancestry Tests Increase Racial Essentialism? Findings from a Randomized Controlled Trial«, in: *PLoS ONE* 15(1) 2020.

221 Genetische Verwandtschaft ist eine spezifische Form der biologischen Verwandtschaft. Zu letzterer zählt auch die leibliche Verwandtschaft (Schwangerschaft/Geburt), die mit der genetischen Abstammung, z. B. bei der – in Deutschland verbotenen – Eizellspende, auseinanderfallen kann.

222 Marina Wellenhofer, in: *MünchKomm-BGB*, München 2012, § 1600d, Rn. 92.

Seit der siebten Auflage von 2017 ist die ausdrückliche Referenz auf anthropologische Rassetheorien verschwunden, doch eine Fußnote verweist unter dem Stichwort »biostatistische Würdigung« weiter auf die alte Auflage.[223] Offensichtlicher wird die semantische Modernisierung bei einem Vergleich der Neubearbeitungen der Kommentierung zu § 1600d BGB im Staudinger. Aus »fremdrassigen Männern«[224] werden ab dem Jahr 2011 »fremdethnische Männer«, die der Autor nun als »genetisches Sonderproblem« erörtert.[225] 2000 ist noch zu lesen »bei Probanden aus anderen europiden Stämmen oder nicht-europiden Großrassekreisen stellt sich kein mathematisches Sonderproblem, sondern ein genetisches«.[226] Ab 2011 ersetzt er den Begriff »Großrassekreise« durch »Populationen«, ansonsten ändert sich die Kommentierung nicht.[227] Die semantische Modernisierung der Kategorisierung ruft so alte rassistische Konzeptionen von Differenz und Devianz verdeckt weiter auf.

Bezüge auf »genetisch-geographische Herkunft« können rassistisch diskriminierende Effekte haben, das zeigt die Debatte um das sogenannte »forensic DNA phenotyping«.[228] 2017 brachten Baden-Württemberg und Bayern einen Gesetzentwurf zur Änderung der strafprozessualen Vorschrift zur molekulargenetischen Untersuchung, § 81e StPO, ein, um die zulässigen Feststellungsmöglichkeiten auf Augen-, Haar- oder Hautfarbe, biologisches Alter und biogeographische Herkunft zu erweitern. [229] Der Antrag wurde abgelehnt, er erweiterte aber das Feld des Sagbaren. Seit der Novellierung des Bayerischen Polizeiaufgabengesetzes vom 18. Mai 2018 ist in Art. 32 Abs. 1 S. 2 PAG das Erstellen eines solchen erweiterten genbasierten Phantombildes erstmals in Deutschland zulässig.[230] Durch Gesetzesänderung zum 13. 12. 2019 erlaubt § 81e Abs. 2 StPO nunmehr molekulargenetische Untersuchungen an aufgefunde-

223 Wellenhofer, in: *MünchKomm-BGB,* 2017, § 1600d, Rn. 80, Fn. 217.

224 Thomas Rauscher, in: *Staudinger Kommentar zum BGB. Buch 4,* Berlin 2000, § 1600d, Rn. 40.

225 Rauscher, in: *Staudinger,* 2011, § 1600d, Rn. 153.

226 Rauscher, in: *Staudinger,* 2000, § 1600d, Rn. 153.

227 Rauscher, in: *Staudinger,* 2011, § 1600d, Rn. 157.

228 Zur Debatte Veronika Lipphardt, »Wie wird menschliche Vielfalt und Variation erfasst?«, S. 94.

229 BR-Drs. 117/17; BR Drs. 117/1/17.

230 GVBl. S. 301, 434.

nem, sichergestelltem und beschlagnahmtem Material mit Blick auf Haar-, Augen- und Hautfarbe sowie Alter.[231]

Die rechtlichen, ethischen und sozialen Risiken solcher Erhebungsmethoden werden vielfach kritisiert.[232] Vorgeworfen wird, den Vergleichsdatenbanken international verfügbarer Analysekits zu »genetischen Phantombildern« würden alte Rassestereotype von Schädel- und Gesichtsvermessungen zugrunde gelegt.[233] Auch würden wahrheitswidrig Zusammenhänge zwischen Hautfarbe und biogeografischen Herkunftsmarkern behauptet. Hinzu kommt, dass Minoritätenmerkmale schon wegen ihrer relativen Seltenheit *per se* als brauchbarer erscheinen, daher wird befürchtet, dass rassistisch markierte Bevölkerungsgruppen mit DNA-Reihenuntersuchungen konfrontiert werden könnten. Auch objektiv-neutral formulierte rechtliche Eingriffsbefugnisse können auf diese Weise nachteilige Effekte auf Minoritäten haben. Dabei erfolgt die Interpretation von DNA-Spuren im Rahmen polizeilicher Ermittlungsarbeit immer an der Schnittstelle von vermeintlich objektiver, exakter Naturwissenschaft und soziokultureller Deutung, also polizeilichen Erfahrungswissens.[234] Auch dieses Wissen ist keineswegs neutral, sondern von oft unreflektierten Vorannahmen und Prägungen gekennzeichnet, die auch rassistisches Wissen umfassen. So löste das Zusammenspiel von *forensic DNA phenotyping* und rassistischem Wissen bei den Ermittlungen zum NSU-Mord an der Polizistin Michele Kiesewetter in Heilbronn eine europaweite Rasterfahndung gegen Roma und Sinti aus, bis die verfolgte DNA-Spur schließlich auf ein bei der Produktion verschmutztes Wattestäbchen zurückgeführt wurde.[235] Biowissenschaftliche Bestimmungsversuche rassialisierter Differenz können, so lässt sich aus

231 BGBl. I S. 2121; BMJV, Gesetzentwurf der Bundesregierung v. 23. 10. 2019, S. 5.

232 Für viele Carsten Momsen, Thilo Weichert, »From DNA Tracing to DNA Phenotyping – Open Legal Issues and Risks in the new Bavarian Police Task Act (PAG) and Beyond«, in: *Verfassungsblog* vom 15. 05. 2018.

233 Susanne Schultz, Isabelle Bartram: »Erweiterte DNA-Analysen: Technische Aufrüstung mit rassistischen Verwicklungen«, in: *CILIP* 118/119/2017, o. A.

234 Veronika Lipphardt u. a., *Offener Brief zum kritischen Umgang mit erweiterten DNA-Analysen in der Forensik*, Freiburg, 08. 12. 2016, ⟨www.wie-dna.de/offener-brief/⟩, letzter Zugriff 01. 11. 2020.

235 Eindrücklich Anna Lipphardt, »Das Phantom von Heilbronn«, in: *freispruch* 11/2017, S. 8-12; NSU-Untersuchungsausschuss Landtag von Baden-Württemberg, Drs. 15/8000, S. 382, 395, 408, 410, 426.

alldem schlussfolgern, nicht losgelöst von historisch gewachsenem und institutionell verfestigtem Wissen beurteilt werden. Sowenig sich Stereotypisierungen, Differenzkonstruktionen und damit verkoppelte soziale Chancen und Ungleichheiten in körperlichen (physischen, molekularbiologischen oder genetischen) Signaturen aufklären lassen, so wenig lassen sie sich mit diesen entkräften.[236] Es besteht sogar die Gefahr, dass sie dadurch reproduziert und legitimiert werden.

### 3.3.5. Kulturalistischer Ethnizitätsdiskurs oder: Die Rassialisierung von Kultur

Die Kritik an den naturwissenschaftlichen Rassetheorien seit den 1950er Jahren, der Anstieg von globalen Migrationsbewegungen und die Zunahme ethnisch gedeuteter Konflikte in postkolonialen Konstellationen führten zu einer verstärkten sozial- und kulturwissenschaftlichen Beschäftigung mit rassialisierter Differenz. Beforscht wurden nun verstärkt ethnische Gruppen und kulturelle Unterschiede. Das führte zu einem diskursiven Bedeutungszuwachs von Ethnizität. Ethnie wurde zu einem vermeintlich unbelasteten Ersatzbegriff für Rasse. Bereits die UNESCO-Erklärung von 1951 hatte sich dafür ausgesprochen, den Begriff »Rasse« durch die »weniger gefühlsbeladene und (in der Umgangssprache) genauere Bezeichnung ethnische Gruppe zu ersetzen«.[237] Die Begriffe »gefühlsbeladen« und »ersetzen« deuten das Problem einer solchen Umbennenung an: Die dahinterliegenden Annahmen werden von einer sprachlichen Modernisierung nicht hinterfragt.

1963 publizierten Nathan Glazer und Patrick Moynihan die Geschichte New Yorks mit dem Titel *Beyond the Melting Pot: The Negroes, Puerto Ricans, Jews, Italians, and Irish of New York City.*[238] Das Buch markierte den Anfang einer Diskursverschiebung von Rasse zu Ethnizität in der US-amerikanischen Soziologie. Nach der migrationssoziologischen *race-relations*-Forschung der Chicagoer Schule entstehen Konflikte, wenn ethnische Gruppen durch Mi-

236 Plümecke, *Rasse in der Ära der Genetik*, S. 267.

237 UNESCO, *Race Concept*, S. 7, 11. Für eine Ersetzung durch »Ethnizität« bereits UNESCO, Race Question, S. 6.

238 Nathan Glazer, Patrick Moynihan, *Beyond the Melting Pot: The Negroes, Puerto Ricans, Jews, Italians, and Irish of New York City*, Cambridge 1963.

gration in einem Gebiet zusammentreffen und in Wettbewerb miteinander treten.[239] Das Ziel eines harmonischen Zusammenlebens ist daher Assimilation. Im Einklang mit der Chicagoer Schule und unter Rückgriff auf die kulturanthropologische Schule von Franz Boas betrachteten Glazer und Moynihan Differenzen zwischen Menschen nicht als biologische, sondern als kulturelle Unterschiede. Wie schon der Kulturanthropologin Ruth Benedict ging es ihnen dabei auch darum, stigmatisierte europäische Immigrant:innengruppen wie Iren, Juden und Italiener als einer vielfältigen Mehrheitsgesellschaft zugehörig auszuweisen.

Die Identifizierung und die Identifikation als Ethnie statt als Rasse kann für rassialisierte Gruppen ein Zeichen von Emanzipation und sozialem Aufstieg sein. Einerseits können so Behauptungen einer rassischen Unterlegenheit zurückgewiesen werden. Andererseits kann die Betonung einer eigenen ethnischen Identität, in Abgrenzung zur Mehrheitsgesellschaft, Assimilierung verhindern. Ethnizität stellt hier den Schlüssel dar, um Migrationsgeschichte oder religiöse Partikularität mit dem Anspruch, Teil der Mehrheitsgesellschaft zu sein, zu verbinden. Dieser Zustand ist jedoch prekär, weil Rassismus gesellschaftlichen Konjunkturen unterliegt. Das zeigen das Beispiel der jüdischen Bevölkerung in den USA[240] wie auch veränderte Bilder über Migrant:innen in Deutschland, zunächst im Zuge der Gastarbeitsmigration, dann erneut im Zuge der Eurokrise.

Dabei wechseln nur einige Gruppen die Position innerhalb der rassialisierten Hierarchie, ohne dass diese Hierarchie selbst in Frage gestellt wird.[241] Für rassialisierte Gruppen, denen der soziale Aufstieg nicht gelingt, im US-amerikanischen Fall Afro- und Lateinamerikaner:innen, birgt das Ethnizitätskonzept von Glazer und Moynihan die Gefahr, dass das Scheitern als Ausfluss kultureller Gruppenmerkmale erklärt wird.[242] Glazer und Moynihan

239 Stanford Lyman, »The Race Relations Cycle of Robert E. Park«, in: *Pacific Sociological Review* (11) 1/1968, S. 16-22.

240 Goldstein, *The Price of Whiteness* zeigt, dass die Kategorisierung und auch die Selbstimagination von Juden als Ethnie und damit als »weiß« antisemitische Diskriminierungen ausblendet.

241 Das kritisiert auch Alana Lentin, »Postracial Silence. The Othering of Race in Europe«, in: Wulf D. Hund, Alana Lentin (Hg.), *Racism and Sociology*, Zürich 2014, S. 89-104.

242 Darauf weist Haney López, »A Nation of Minorities«, S. 1006 hin.

vertraten ein essentialistisches, primordiales Ethnizitätskonzept. Danach beruht Ethnizität auf unveränderlichen kulturellen Ausstattungen und Identifikationen, die jedes Individuum durch Geburt, Erziehung und generationelle Weitergabe erhält. Auf diese Weise lokalisierten sie in der »Kultur« marginalisierter Gruppen die eigentliche Quelle von deren sozialem Misserfolg. Soziale Ungleichheit wird damit weiter mit Eigenschaften marginalisierter Gruppen erklärt und so naturalisiert, nunmehr nicht mehr auf biologischer Grundlage, sondern auf der Grundlage kulturell-ethnischer Zuschreibungen. Dabei waren Rasse und Ethnizität nie wirklich getrennt. Sowohl in kolonialen Rassetheorien als auch im völkischen Rassediskurs waren Vorstellungen von natürlichen Unterschieden zwischen Menschen mit zeitgenössischen Vorstellungen von Kultur und Geschichte verwoben worden.

In der Rassimusforschung wird jedoch eine neue diskursive Struktur des Rassismus diskutiert. Guillaumin und Taguieff haben dafür den Begriff des »differentialistischen Rassismus« eingeführt,[243] Balibar den Begriff des »Neo-Rassismus« und des »Rassismus ohne Rassen«,[244] Hall spricht von »kulturellem Rassismus«.[245] Sie alle benennen damit zwei diskursive Verschiebungen. Die erste ist die bereits beschriebene von Rasse zu Ethnie oder Kultur. Die Präsenz eines biologistischen Rassediskurses ist nicht mehr zwingende Bedingung dafür, von Rassismus sprechen zu können. Es erfolgt eine Naturalisierung der Kultur, »Individuen und Gruppen werden *a priori* in eine Ursprungsgeschichte, eine Genealogie eingeschlossen, in ein unveränderliches und unberührbares Bestimmtsein durch den Ursprung«.[246] Von diesem erweiterten Verständnis des Rassismus (bzw. Kulturalismus) werden auch Formen des Antisemitismus jenseits des völkischen Rassenantisemitismus sowie antislawischer Rassismus und antimuslimischer Rassismus erfasst, obwohl die Betroffenen dieser Rassismen nach biologistischen Rassetheorien als weiß gelten.[247]

243 Balibar, »Gibt es einen Neorassismus?«, S. 28.

244 Ebd., S. 23.

245 Hall, »Rassismus als ideologischer Diskurs«, S. 1, im Folgenden auch »kulturalistischer Rassismus«.

246 Balibar, »Gibt es einen Neorassismus?«, S. 30.

247 Tony Kushner, »Racialization and ›White European‹ Immigration to Britain«, in: Murji/Solomos (Hg.), *Racialization in Theory and Practice*, S. 207.

Die zweite diskursive Verschiebung vollzieht sich weg von Ungleichwertigkeit (Hierarchie) hin zu unüberbrückbarer Differenz (Verschiedenheit). Dieser differentielle Rassismus ist dadurch gekennzeichnet, dass er, »jedenfalls auf den ersten Blick, nicht mehr die Überlegenheit bestimmter Gruppen oder Völker über andere postuliert, sondern sich darauf beschränkt, die Schädlichkeit jeder Grenzverwischung und die Unvereinbarkeit der Lebensweise und Traditionen zu behaupten«.[248] Solcherart essentialisierende Konzeptionen von Differenz sind in jüngerer Zeit zentraler Bestandteil der ethnopluralistischen Diskurse der Neuen Rechten, die die Existenz verschiedener räumlich und kulturell voneinander getrennter Ethnien bzw. Völker propagiert.[249] Anderssein wird hier nicht mehr nur als minderwertig denunziert und zurückgewiesen, sondern auch bejaht. Zum differentiellen Rassismus gehört somit ein heterophiler Diskurs: Das Recht auf Differenz wird stark gemacht. Gleichzeitig scheint die im späten Sozialdarwinismus und im völkischen Rassismus formulierte Angst vor der Mischung wieder durch. Im differentiellen Rassismus wird eine Unvereinbarkeit von verschiedenen Lebensweisen und Traditionen behauptet und vor einer Überschreitung von Grenzen gewarnt.

### 3.3.6. Zwischen Antirassismus und Rassialismus, Widerstand und Affirmation: Rasse als Identitätskategorie rassistisch unterdrückter Gruppen

Wie in den vorhergehenden Kapiteln zu sehen war, ist Rasse als Begriff mit rassistischen Gehalten und Funktionen entstanden. Doch Rasse/*race* ist nicht ausschließlich ein Begriff der Fremdzuschreibung geblieben. Ab Anfang des 20. Jahrhunderts und verstärkt seit den 1960er Jahren entstand in den USA die sogenannte Race-Conciousness-Bewegung.[250] Als *race conciousness* werden Bewusstsein und Solidarität in Bezug auf die von Weißen unterdrückte Schwarze

248 Balibar, »Gibt es einen Neorassismus?«, S. 28.

249 Zu Ideologien und Programmatik der Neuen Rechten Weiß, *Autoritäre Revolte*; Gemeinsamkeiten und Unterschiede neurechter und linker ethnopluralistischer Diskurse diskutiert Thorsten Mense, *Kritik des Nationalismus*, Stuttgart 2016.

250 Zum Ganzen Gary Peller, *Critical Race Consciousness: Reconsidering American Ideologies of Racial Justice*, Boulder 2012.

Bevölkerung bezeichnet.[251] Bedeutungsträger wie (Haut-)Farbe,[252] die im rassistischen Differenzdiskurs der Konstruktion natürlicher Unterlegenheit dienten, wurden zu Zeichen von gemeinsamer Herkunft (Afrika), Geschichte (Sklaverei und Segregation) und Erfahrung (Rassismus), also eines gemeinsamen Schicksals und einer positiv besetzten gemeinsamen Identität. Subjekte, die von anderen als Rasse definiert und unterdrückt wurden, nutzten den Begriff *race* nun in Beziehung zu sich selbst, ihrer Identität, ihrem Leiden und ihrem Widerstand. Aus rassistischer Fremdrassialisierung wurde antirassistische Selbstrassialisierung. Carlos Hoyt unterscheidet insofern zwischen Askription im Sinne von Fremdzuschreibung und Subskription im Sinne von Selbsteinschreibung.[253]

Eine bekannte Ausprägung der Race-Conciousness-Bewegung, der *black nationalism*, steht für Einheit, Selbstbestimmung sowie Unabhängigkeit von der sich als weiß-europäisch definierenden Mehrheitsgesellschaft. Er wird auch aus der Frustration vieler Schwarzer Amerikaner:innen darüber erklärt, dass die reformistischen Gleichstellungsversuche des integrationsorientierten Flügels der Bürgerrechtsbewegung um Martin Luther King und um die National Association for the Advancement of Colored People (NAACP) immer wieder scheiterten.[254] In der afrozentristisch-religiösen Universal Negro Improvement Association (UNIA) Markus Garveys, der rechtsautoritären Nation of Islam (NOI) und selbst in einigen Teilen der linken Black-Power-Bewegung ging der *black nationalism* von unüberbrückbarer Differenz zwischen Schwarzen und Weißen aus. Die daraus resultierende politische Forderung war der Separatismus. Zum Teil wurde die Segregation in unterschiedliche Staaten bzw. die Rückkehr der afroamerikanischen Bevölkerung nach Afrika gefordert.[255] Eine ähnliche Begründung findet

251 Hoyt, *The Arc of a Bad Idea*, S. xv.

252 Im US-amerikanischen Kontext wird nicht der Begriff *skin color*, sondern *color* verwendet.

253 Hoyt, *The Arc of a Bad Idea*, S. xv, 16 ff.

254 Eindrücklich James Baldwin, *Nach der Flut das Feuer. The Fire Next Time*, München 2019; zu den unterschiedlichen Schwarzen Emanzipationsbewegungen Fairclough, *Better Day Coming*, S. 111 ff., 316 ff.

255 Vor diesem Hintergrund ist auch die partielle Zusammenarbeit zwischen *black nationalists* der NOI und *white-supremacy*-Gruppen zu verstehen, das gemeinsame Ziel lautete rassische Separation, Fairclough, *Better Day Coming*, S. 106.

sich in radikalen Ausformungen des Zionismus, der in den relevanten Strömungen jedoch nie mit dem Rassebegriff operierte, ausschlaggebend war ein Selbstverständnis als Nation oder Ethnie.[256]

Radikale Ausformungen des *black nationalism* begründeten die Differenzen zwischen Schwarzen und Weißen dabei auch in einer Mischung aus rassischem Biologismus und mystisch-religiösen Begründungen. Die Nation of Islam propagiert *black supremacy*, die gott- und naturgegebene Höherwertigkeit der »Schwarzen Rasse«, und stellte dieser die natürliche, diabolische Boshaftigkeit der zum Niedergang bestimmten »Rasse der weißen Teufel« gegenüber.[257] Eheschließungen zwischen Weißen und Schwarzen lehnt die NOI bis heute ab, für ihre Mitglieder waren sie lange verboten.[258] Die historische Forschung attestiert dieser Ausprägung des *black nationalism* »rassischen Chauvinismus, der an Rassismus grenzte«, weil er Weiße als zeitlose monolithische Schicksalsgemeinschaft darstellte.[259] Der Wert des Signifikanten »Rasse« im diskursiven System sei vom Negativen ins Positive verkehrt worden, hat dazu Stuart Hall bemerkt, das Paradigma bleibe paradoxerweise dasselbe: »Kulturelle, historische und politische Eigenarten« würden »auch weiterhin vom Biologischen und Genetischen fixiert und fundiert«, nur fungiere das Attribut *race* nunmehr »unter Umkehrung seiner rassischen Essenz als das Spiegelbild des anderen im entgegengesetzten Diskurs«.[260]

256 Die halachischen Vorschriften der Weitergabe des Jüdischseins über eine jüdische Mutter folgen keiner rassialisierenden Logik, da sie sich nur auf eine Generation beziehen und die Mutter auch Konvertitin sein kann. Dies übersehen Supreme Court of the United Kingdom in Governing Body of JFS and the Admissions Appeal Panel of JFS, [2009] UKSC 15 und dem folgend Barskanmaz, *Recht und Rassismus*, S. 191 f., die die halachische Tradition als rassische Diskriminierung einordnen und so selbst rassifizieren; dagegen Herman, *Unfortunate Coincidence*, S. 149 ff.; Doris Liebscher, »Sind Juden weiß? Von den Schwierigkeiten des rechtlichen Umgangs mit Antisemitismus«, in: *Jahrbuch für Antisemitismusforschung* 29/2020, S. 422-452.

257 Zurück geht der an eine biblische Erzählung angelehnte Abstammungsmythos auf Elijah Muhammad, *Message to the Blackman in America*, Memphis 1965, S. 111 ff.

258 Malcolm X distanzierte sich später von dieser Politik, Louis Farrakhan propagiert sie bis heute.

259 Peller, *Critical Race Consciousness*, S. 63; Fairclough, *Better Day Coming*, S. 106.

260 Stuart Hall, *Das verhängnisvolle Dreieck. Rasse, Ethnie, Nation*, Berlin 2018, S. 95.

Und doch unterscheiden sich die rassischen Essentialisierungen im *black nationalism* vom Rassismus der weißen Vorherrschaft bzw. waren sie erst dessen Ergebnis. Sie entstanden als Gegenerklärung zu einer langen Geschichte grausamer rassistischer Unterdrückung, Ausbeutung, von Lynchmorden, Ghettoisierung und rassistischer Polizeigewalt.[261] Sein vielkritisiertes Bild der »weißen Teufel« erklärte Malcolm X auch mit Verweis auf die von Weißen begangenen rassistischen Verbrechen: »Die Geschichte beweist, dass der weiße Mann ein Teufel ist. Jeder, der vergewaltigt und plündert, versklavt und stiehlt und Bomben auf Menschen fallen lässt, jeder, der solche Dinge tut, ist nichts als ein Teufel.«[262] *Black nationalism* unterscheidet sich vom biologistischen, völkischen oder differentiellen Rassismus der Rechten auch dadurch, dass er aus einer Minderheitenposition und aus einer Position realer Unterdrückung formuliert wurde. Die gesellschaftlichen Verhältnisse in den USA ließen es damals so wenig wie heute zu, von »Schwarzer Vorherrschaft« zu sprechen.[263]

Prominent hat Kwame Anthony Appiah für eine solche Unterscheidung den Begriff Rassialismus (*racialism*) vorgeschlagen. Er versteht darunter:

> Ein Denken in Rassekategorien, also eine Überzeugung, nach der es erbliche Eigenschaften gibt, die uns erlauben, die Angehörigen unserer Spezies in einige Rassen aufzuteilen, und zwar so, dass alle Angehörigen dieser Rassen gewisse gemeinsame Merkmale und Neigungen miteinander teilen, die sie mit Angehörigen aller anderen Rassen nicht teilen.[264]

261 Gary Peller, »Race-Conciousness«, in: Crenshaw u. a. (Hg.), *Critical Race Theory*, S. 127-158, hier: S. 149: »Gegennarrativ zu white supremacy«; abwegig insofern James Conyers, Abul Pitre, *Africana Islamic Studies*, Lanham 2016, S. xi, die die NOI als »Vorläufer kritischer Pädagogik und kritischer Weißseinsforschung« und als »Entwickler von Kernprinzipien von Critical Race Theory« bezeichnen.

262 Louis Lomax, »A Summing Up: Louis Lomax Interviews Malcolm X«, in: ders., *When the Word Is Given: a Report on Elijah Muhammad, Malcolm X, and the Black Muslim World*, 1963, S. 197-211, im selben Interview fährt Malcolm X fort: »Wenn er kein Teufel ist, soll er es beweisen! Das kann er nicht, es ist gegen seine Natur.« Nach seiner Zuwendung zum orthodoxen Islam distanzierte sich Malcom X von dieser Auffassung.

263 Für die USA der 1960er und 1970er Jahre Fairclough, *Better Day Coming*, S. 295 ff.

264 Kwame Anthony Appiah, »Racisms«, in: David T. Goldberg (Hg.), *Anatomy of Racism*, Minneapolis 1990, S. 3-17, hier: S. 4 f., Übers. d. Verf.

Zu Rassismus wird der Glaube an wesenshafte Rasseunterschiede dann, wenn er mit der Überzeugung von einer natürlichen Hierarchie einhergeht und wenn diese dazu dient, Vorrechte für die Angehörigen der vermeintlichen Eigenrasse und die Herabsetzung und Schlechterbehandlung der vermeintlich anderen Rasse zu begründen und zu verteidigen. Im Anschluss an diese Definition unterscheidet auch Fredrickson zwischen »dem falschen, für sich genommen aber relativ harmlosen Glauben an Rasseunterschiede (Rassialismus), der sich auch bei Angehörigen stigmatisierter Gruppen findet, zum Beispiel um eine positive Identität zu entwickeln«,[265] und »dem eigentlichen Kern des Rassismus, der Zuschreibung unveränderlicher Unterschiede zwischen menschlichen Abstammungsgruppen und deren Benutzung zur Rechtfertigung ungleicher Behandlung«, der sich eher bei Angehörigen bevorzugter Gruppen finde.[266] Nach Taguieff liegt der Schwerpunkt beim Rassialismus auf dem kognitiven Zugriff, beim Rassismus dagegen auf den normativen und präskriptiven Folgerungen, aus denen sich Appelle zu Diskriminierung, Segregation, Vertreibung und Vernichtung ergeben, begleitet von den entsprechenden Taten.[267] Ähnlich hat Yasemin Shooman im Zusammenhang mit der Debatte um sogenannte Deutschenfeindlichkeit darauf hingewiesen, dass es für die Einordnung einer Äußerung als rassistisch nicht allein darauf ankommt, ob sie dem Inhalt nach gegenüber einer Gruppe abwertend sei, sondern auch, von welcher gesellschaftlichen Position heraus sie artikuliert werde.[268]

Die Konzeption von *race* im *black nationalism* ist danach rassialistisch, wenn sie von generationell weitergegebenen biologischen oder sozio-kulturellen Ausstattungen und Identifikationen ausgeht, die als unüberbrückbar gedacht werden. Die Rassifizierung von Eigen- und Fremdgruppe ist jedoch nicht zwangsläufig Ausdruck ausschließender rassistischer Machtstrategien. Das unter-

265 Fredrickson, *Rassismus*, S. 158.

266 Ebd., S. 159.

267 Pierre-André Taguieff, »Wie lässt sich das Problem des Rassismus heute stellen?«, in: *Soziopolis* 2016, S. S. 1-15.

268 Yasemin Shooman, »Der Topos Deutschenfeindlichkeit in rechtspopulistischen Diskursen«, in: Bündnis Rechtspopulismus stoppen (Hg.), *Rechtspopulismus in Berlin: Rassismus als Bindeglied zwischen der »Mitte« der Gesellschaft und Neonazismus?*, Berlin 2011, S. 45-47.

scheidet den Rassialismus des *black nationalism* vom differentiellen Rassismus. Das Ziel rassisch definierter Separation ist noch nicht rassistisch, wenn dieser Separatismus auf Herstellung von Gleichheit zielt, wenn es also darum geht, einer rassistisch diskriminierten Bevölkerungsgruppe erst Autonomie und Zugang zu Ressourcen zu ermöglichen und nicht um Strategien zum Ausschluss von Ressourcen. Der Weg zu Gleichstellung ist dabei ein anderer als im universalistisch argumentierenden Liberalismus; während dieser auf Individualrechte setzt, setzt Separatismus auf Gruppenrechte in der radikalen Variante unterschiedlicher nationaler Rechtsgemeinschaften. Im politischen Ziel der »Vernichtung der weißen Teufel« zeigen sich dagegen nicht nur biologistisch-essentialistische Kontinuitäten im Rasseverständnis, die sich in einer »ahistorischen Version von Gruppenidentität« abbilden, sondern auch »ausdrückliche Tendenzen zu explizitem Rassismus und Hass«.[269] In diesem identitätspolitischen Spektrum von »black is beautiful« über separatistische Forderungen hin zu Vernichtungsfantasien tritt das Dilemma der Differenz in aller Deutlichkeit zu Tage: »im Prozess des Widerstandes selbst wird der ›Rassen‹-Diskurs weiter legitimiert«.[270] Hall hat deshalb grundsätzlich vor einer »essentialistischen rassischen Fundierung« der Politiken des Widerstands gegen Rassismus gewarnt,[271] ohne dabei in irgendeiner Weise den besonderen Charakter von geteilten und überlieferten Unterdrückungs-, Ausbeutungs- und Verdrängungserfahrungen zu leugnen.[272]

### 3.3.7. Sozialkonstruktivistischer Diskurs: Rasse als soziale Konstruktion

Die Erkenntnis, dass rassialisierte Differenz keine natürliche, sondern eine sozial hergestellte Differenz ist, wird bereits auf die Wende vom 19. zum 20. Jahrhundert datiert. Im Jahr 1903, zu einer Zeit, als der Begriff Rassismus noch nicht verwendet wurde, schrieb W. E. B. Du Bois seine berühmten Worte: »Das Problem des

269 Peller, *Critical Race Consciousness*, S. 47, 106; Gary Peller, »Race-Conciousness«, in: *Duke Law Review* 4/1990, S. 758-847, S. 794 spricht angesichts dessen von *right-wing nationalism.*

270 Miles, *Rassismus*, S. 97 f.

271 Hall, *Das verhängnisvolle Dreieck*, S. 95.

272 Ebd., S. 96.

20. Jahrhunderts ist das Problem der *color line*.«[273] Was Du Bois mit *color line* meint, folgt im zweiten Teil des Satzes: »das Verhältnis der dunkleren zu den helleren Menschenrassen in Asien und Afrika, in Amerika und den Inseln des Meeres«.[274] Du Bois verwendet hier die Sprache seiner Zeit, in der viele noch von der Existenz biologischer Menschenrassen ausgingen, und doch interessiert ihn rassialisierte Differenz vor allem als ein soziales Verhältnis. An anderer Stelle beschreibt er Menschen mit afrikanischer Familiengeschichte mit Bezug auf ihre soziohistorische Herkunft und auf generationell weitergegebene Erfahrung: »[S]ie haben eine gemeinsame Geschichte, sie haben ein gemeinsames Unheil erlebt und sie haben eine lange Erinnerung an dieses Unheil.«[275] Auch *color* bestimmt Du Bois sozio-historisch als »Erkennungszeichen für das soziale Erbe der Sklaverei.«[276] Du Bois' Werk steht für die Verschiebung von einem biologistischen bzw. kulturalistischen Verständnis rassisch definierter Unterschiede zu einem sozialkonstruktivistischen Verständnis von rassialisierter Differenz. Stuart Hall hat diese Verschiebung prominent in der Aufforderung zusammengefasst, »Politik etwas ernster und Biologie weniger ernst zu nehmen«.[277]

Dieser *racial turn* vollzog sich nach dem Zweiten Weltkrieg vor allem im angloamerikanischen Raum und international im Rahmen der Debatten um völkerrechtliche Regelungen gegen Rassismus in den Vereinten Nationen.[278] Rassialisierte Gruppen wurden nun zunehmend wie Nationen als »imaginierte Gemeinschaften«[279] betrachtet, als durch soziale Bedingungen und Beziehungen geformte, diskursiv anerkannte Gruppenformationen.[280] Einige Ver-

273 Du Bois, *The Souls of Black Folk*, S. 19.

274 Ebd.

275 Du Bois, *Dusk of Dawn*, San Diego 1940, S. 117.

276 Ebd., S. 116, Übers. d. Verf.

277 Hall, *Das verhängnisvolle Dreieck*, S. 4 f.

278 Für die USA: Omi, Winant, »Racial Formation in the United States«, S. 196 f.; zur Debatte in internationalen Organisationen Michael Banton, *The International Politics of Race*, Malden 2002; für den deutschen Kontext erstmals Shankar Raman, »The Racial Turn: ›Race‹, Postkolonialität, Literaturwissenschaft«, in: Miltos Pechlibanos u. a. (Hg.), *Einführung in die Literaturwissenschaft*, Stuttgart 1995, S. 241-255.

279 Robert Miles, *Racism after »Race Relations«*, London 1993, S. 57, unter Bezug auf Benedict Anderson, *Die Erfindung der Nation*, 1988.

280 Goldberg, Solomos, *A Companion to Racial and Ethnic Studies*, S. 3.

treter:innen eines sozialkonstruktivistischen Verständnisses stellen dabei ausschließlich auf einen »Kategorisierungsprozess, durch den ein Anderer hinsichtlich somatischer Merkmale definiert wird«, ab.[281] Mehrheitlich wird diese Definition heute um andere Merkmale erweitert: morpho-physiologische Markierungen, die als natürlich und vererbbar angenommen werden, soziologische Markierungen wie Sprache, Wirtschaftsweise und Bräuche sowie symbolische und geistige Markierungen wie politische Organisierungsformen oder religiöse Lebensauffassungen.[282] Dies geschieht auch vor dem Hintergrund der Einsicht in neue kulturalistische Formen des Rassismus. Colette Guillaumin nennt zudem »phantasmatische Markierungen«, die willkürliche Interpretation von Fakten und Ereignissen, damit sie sich in die Konstruktion eines homogenen Rassekonzepts einpassen[283] – Rasse ist, wenn man daran glaubt. Goffman hat das als Stigma beschrieben: Stigma reduziert eine Person »von einer vollständigen und gewöhnlichen Person zu einer befleckten und herabgesetzten Person«.[284] Aus Eigenschaften (Merkmalen) wie Hautfarbe, Sprache oder religiöse Symbole werden in historischen Rassifizierungsprozessen mit sozialer Bedeutung versehene Markierungen (Stigmata).[285]

Ausgehend von Max Weber[286] verstehen sozialkonstruktivistische Ansätze auch Ethnizität nicht als sozio- oder biogenetisch prädisponierte Wahrnehmungs- und Verhaltensmuster, sondern binden sie an soziale und politische Interessenkonflikte, in denen an kulturelle Gruppenidentitäten appelliert wird.[287] Étienne Balibar spricht bereits von »fiktiver Ethnizität«. Er hebt die besondere Verbindung zwischen Rassismus und Nationalismus hervor und die Funktion, die ethnisierte Differenz für die Aufrechterhaltung

281 Miles, *Rassismus*, S. 100 f.

282 Guillaumin, *Racism*, 1995, S. 152; Hall, *Das verhängnisvolle Dreieck*, S. 85.

283 Colette Guillaumin, »Zur Bedeutung des Begriffs ›Rasse‹, in: Institut für Migrations- und Rassismusforschung (Hg.), *Rassismus und Migration in Europa*, Hamburg 1992, S. 77-87, hier: S. 83.

284 Goffman, *Stigma*, S. 3.

285 Guillaumin, *Racism*, S. 152.

286 Weber, *Wirtschaft und Gesellschaft*, S. 273 ff., wonach Ethnizität »der Regel nach durch gemeinsame politische Schicksale, nicht primär durch ›Abstammung‹ bedingt« ist.

287 Für einen Überblick Eckhard J. Dittrich, Frank-Olaf Radtke (Hg.), *Ethnizität. Wissenschaft und Minderheiten*, Opladen 1990.

einer als homogen imaginierten nationalen Gemeinschaft hat.[288] Über die Zuschreibung kultureller Differenz werde ein »innerer Feind« gesetzt, gegen den sich die Nation verteidigen müsse: »Keine Nation beruht historisch auf einer ›reinen‹ ethnischen Basis, aber jede Nation konstruiert mittels ihrer Institutionen eine fiktive Ethnizität.«[289] Imaginär bzw. fiktiv verwendet Balibar nicht im Sinne von »illusionär«, fiktive Ethnizität hat vielmehr auch tatsächliche Effekte. Dazu zählen Mythen über eine gemeinsame Vergangenheit, ursprüngliche Sprache und Kultur der vorgestellten identitären Gemeinschaft. Hier zeigt sich auch ihre Korrespondenz mit der Kategorie Nationalität. Ethnizität erklärt den Einzelnen, wo sie hingehören, und lässt so die Zugehörigkeit zur Nation natürlich erscheinen. In der Realität sind Ethnien dagegen oft nach Gebietsannexionen, der Gründung von Nationalstaaten und der Einführung von Nationalsprachen entstanden. Wie essentialistische Rassekonzeptionen beruhen auch fiktive Ethnizitäten »auf einem genealogischen Schema, [...] bei dem es um die symbolische Vererbung von Identität geht, ähnlich wie bei der Erblichkeit von Rasse im rassistischen Diskurs des 19. Jahrhunderts«.[290]

Eine andere Bestimmung der Gemeinsamkeiten und Unterschiede zwischen rassischen und ethnischen Konzeptionen hat Mahmood Mamdani herausgearbeitet. Am Beispiel der Konfliktlagen zwischen Tutsi und Hutu in Ruanda zeigt er, dass ethnische Gruppenkonstruktionen auf rassische Kategorisierungen des Spätkolonialismus zurückgehen.[291] Der »Ethnie« Tutsi attestierten die Europäer eine rassetheoretische Verwandtschaft mit »kaukasischen europäischen Völkern«. Obwohl so rassetheoretisch als den Hutu überlegene Ethnie konstruiert, blieben die Tutsi im Verhältnis zu den Europäern weiter die »untergeordnete Rasse«. Daraus leitet Mamdani einen konzeptionellen Unterschied zwischen kolonialem

288 Der Begriff ist angelehnt an Benedict Anderson, *Imagined Communities. Reflections on the Origin and Spread of Nationalism*, London 2016.

289 Étienne Balibar, »Rassismus und Nationalismus«, in: ders., Wallerstein, *Rasse, Klasse, Nation*, S. 49.

290 Manuela Bojadžijev, »Rassismus ohne Rassen, fiktive Ethnizitäten und das genealogische Schema«, in: Julia Reuter, Paul Mecheril (Hg.), *Schlüsselwerke der Migrationsforschung*, Wiesbaden 2015, S. 275-288, hier: S. 282.

291 Mahmood Mamdani, *When Victims Become Killers: Colonialism, Nativism, and the Genocide in Rwanda*, Princeton 2002, S. 26 ff.

Rassismus und Ethnizität her, der durch die Postulate Hierarchie und Verschiedenheit geprägt ist. Während Rasse beanspruche, einen hierarchischen Unterschied bezogen auf den Grad der Zivilisation zu reflektieren (Weiß-westlich – Schwarz-unzivilisiert), werde Ethnizität primär vertikal als eine Frage kultureller Verschiedenheit und Vielfältigkeit dargestellt. Dem ist zuzustimmen, es gibt jedoch auch Überschneidungen: Das Postulat einer Hierarchie zwischen Rassen enthält auch Annahmen über deren kulturelle Verschiedenheit und das Konstatieren verschiedener Ethnien kann Annahmen über deren unterschiedlichen Grad an Zivilisiertheit enthalten. Vor diesem erkenntnistheoretischen Hintergrund werden rassische und ethnische Klassifikationen als Ausdruck einer sozialen Beziehung und als Markierung einer sozialen Position verstanden, aber auch als Medium, durch das Differenz repräsentiert und Fremdheit (*otherness*) produziert wird.

### *3.3.7.1. »Rasse« als Paradox, flexibler Signifikant und Rassialisierung*

Aus sozialkonstruktivistischer Sicht ist Rasse eine historisch kontingente, schwer zu fassende Kategorie, die erst als Ergebnis komplexer sozialer Verhältnisse verstehbar ist. »›Rasse‹ existiert nicht, aber Rassismus kann in sozialen Praktiken produziert werden«, formulierte Hall diese Erkenntnis.[292] Das wird häufig durch um den Begriff gesetzte Anführungszeichen verdeutlicht. Eine sozialkonstruktivistische Schule zieht aus der Einsicht in die Konstruiertheit der Kategorie Rasse und in das antirassistische Dilemma der Differenz den Schluss, in Gänze auf diese Kategorie Rasse zu verzichten. Eine Konstruktion, argumentiert prominent Kwame Anthony Appiah, sei eine Fiktion; sie könne keine ontologische Legitimität durch naturwissenschaftliche Kriterien erreichen und sollte daher als wissenschaftliche Bezugsgröße verabschiedet werden.[293]

Dagegen wird vertreten, dass trotz der »illusorischen Natur von Rasse« das Konzept rassisch definierter Teilungen weder für tot erklärt noch durch andere vermeintlich objektive Kategorien wie Ethnizität oder Nationalität oder Klasse ersetzt werden könne, vielmehr müsse der Fokus auf »die kontinuierliche Bedeutung und sich

292 Hall, »Rassismus als ideologischer Diskurs«, S. 9.

293 Kwame Anthony Appiah, »The Uncompleted Argument: Du Bois and the Illusion of Race«, in: *Critical Inquiry* (12) 1/1985, S. 21-37.

zugleich verändernde Bedeutungen von *race*« gelenkt werden.[294] Michael Omi und Howard Winant schlagen daher vor, *race* nicht als etwas Festumrissenes zu begreifen, das aus der Biologie oder der Herkunft einer Person resultiert, sondern als »einen instabilen und dezentrierten Komplex sozialer Bedeutungen, die fortwährend durch politische Auseinandersetzungen transformiert werden«.[295]

Auch Hall verwirft *race* als stabile Kategorie zur Beschreibung gesellschaftlicher Dinge oder Wesen. Er verweigert sich essentialistischen Lesarten rassialisierter Differenz, sowohl in ihrer biologistisch-rassistischen Variante als auch in identitätspolitischen antirassistischen Verwendungsweisen.[296] Ausgangspunkt von Halls Beobachtung ist, wie bei Goffman, dass bestimmte Differenzen soziale Bedeutung erhalten, wenn sie in ein System markierter Differenzierungen eingeordnet werden. Statt einer mimetischen Beziehung, in der Wörter die in der Natur gegebenen Dinge wiedergeben, erklärt Hall den Prozess der sozialen Bedeutungsgebung dadurch, »dass jeder Diskurs seinen Referenten als Wissensgegenstand konstruiert und so die Realität für Machtbeziehungen öffnet«.[297] Er beschreibt rassialisierte Differenz somit als Alltagscode und zentralen, aber zugleich flexiblen Träger kodierter sozialer Bedeutungen, als »floating signifier«, also als flottierenden bzw. beweglichen Signifikanten.[298] Rasse ist damit nach Hall gerade kein kategorial bestimmbarer, sondern ein unbestimmbarer Begriff. Die Bedeutung von Signifikanten kann, weil sie relational und nicht wesentlich sind, nie endgültig festgelegt werden, sondern unterliegt dem ständigen Prozess der Neudefinition und Aneignung.[299]

Andere Autoren halten vor diesem Hintergrund den auch in dieser Arbeit verwendeten Begriff Rassialisierung (*racialisation*) für besser geeignet als Rasse/*race*.[300] Gail Lewis und Ann Phoenix haben gezeigt, dass Rassialisierung sich von *race* mehrfach unterschei-

294 Howard Winant, *Racial Conditions: Politics, Theory, Comparisons*, Minneapolis 1994, S. 14.

295 Omi, Winant, »Racial Formation in the United States«, S. 185 f.

296 Hall, *Das verhängnisvolle Dreieck*, S. 89 ff.

297 Ebd., S. 37.

298 Ebd., S. 85.

299 Ebd.

300 Miles, *Rassismus*, S. 99; Terkessidis, *Psychologie des Rassismus*, S. 74, daran anschließend Auma (Eggers), »Rassialisierte Machtdifferenz«, S. 57.

det. Erstens hebt der Begriff den sozialen und psychologischen Prozess hervor, der Menschen in rassische Kategorien steckt. Zweitens bewirkt er, dass *race* nicht als feststehend oder natürlich betrachtet wird, sondern als Ergebnis einer besonderen Weise, Personen zu kategorisieren und zu sehen.[301] Darüber hinaus ermöglicht der Begriff Rassialisierung ein weites Verständnis von Bedeutungsproduktionen, das sowohl explizite Rasseklassifikationen erfasst als auch Diskurse, in denen unter Ethnizität verhandelte Themen mit rassistischer Bedeutung aufgeladen werden.[302] Carlos Hoyt hebt besonders den Faktor der Essentialisierung in Rassialisierungsprozessen hervor. Nach ihm umfasst Rassialisierung fünf Schritte: 1. Auswahl einiger menschlicher Merkmale als aussagekräftige Anzeichen für kategorische Unterschiede; 2. die Einteilung von Menschen in Rassen auf der Grundlage von Variationen dieser Merkmale; 3. die Zuordnung von Persönlichkeitsmerkmalen, Verhalten und anderen Merkmalen zu Menschen, die als Angehörige bestimmter Rassen klassifiziert werden; 4. die Essentialisierung der angeblichen Unterschiede als natürlich, unveränderlich und vererbbar; 5. ein Verhalten, als ob angebliche Rassenunterschiede eine Ungleichbehandlung rechtfertigen.[303]

Rassialisierte Differenz wird nach all diesen Ansichten nicht als angeborenes oder durch übergenerationelle familiäre Sozialisation erworbenes Merkmal konzeptualisiert, das zum Denken und Erleben einer fixen rassischen Identität führt, sondern als in sozialen Interaktionen hergestellt. Damit sind einerseits Wahrnehmung, Attribuierung und Fremdansprache anhand der genannten Markierungen gemeint, andererseits die habituelle Herstellung von rassialisierter Differenz durch alltägliche, auch unbewusste Handlungen, Sprache, Mimik und Gestik, Auftreten und Kleidungsstil.[304] Ras-

301 Gail Lewis, Anne Phoenix, »Race, Ethnicity and Identity«, in: Kath Woodward (Hg.), *Questioning Identity: Gender, Class, Ethnicity*, London 2004, S. 116-150, hier: S. 123 f.

302 Ebd. nennen Lewis und Phoenix Prozesse der Ethnisierung, die rassistische Effekte haben können; ebenso Floya Anthias, Nira Yuval-Davis, *Racialized Boundaries: Race, Nation, Gender, Colour and Class and the Anti-Racist Struggle*, London 1996; Kenan Malik, *The Meaning of Race. Race, History and Culture in Western Society*, New York 1996, nennt Diskurse um Armut und sozialen Status.

303 Hoyt, *The Arc of a Bad Idea*, S. 39.

304 Die habituelle Herstellung von rassialisierter Differenz über deren intersubjektive Validierung und Performance betonen Hazel Markus, Paula Moya, *Doing*

sische Kategorisierungen werden durch Prozesse der Interaktion, Repräsentation und durch ihre konstante Reifikation im sozialen Denkprozess geschaffen, gelebt, transformiert und zerstört.[305] Rassialisierte Differenz besitzt damit zugleich eine Materialität, weil sie sich in Diskursen und Strukturen abbildet, und eine Performativität, die sich in menschliche Körper einschreibt und Formen von kollektiver sozialer Identität ausbildet. Sie ist einerseits universell in dem Sinne, dass alle Menschen rassialisiert werden. Andererseits ist rassialisierte Differenz doppelt asymmetrisch – erstens, weil die als rassisch markierten Anderen in einer rassistisch strukturierten Weltgesellschaft als normabweichend und weniger wertvoll gelten, und zweitens, weil daraus strukturelle Benachteiligungen im Sinne eines größeren Diskriminierungsrisikos und einer erhöhten Vulnerabilität resultieren. Für das Verhältnis von Rassekategorien und Rassismus bedeutet das: Die von Anthropolog:innen wie Knußmann, aber auch von Kulturanthropolog:innen wie Benedict vertretene Vorstellung, dass Rassen erst im Nachhinein durch Vorurteile oder Interessen in eine hierarchische Rangordnung gebracht werden können, ist unhistorisch. Rassisch definierte Einteilungen sind erst im Zusammenhang mit Rassismus als wirkmächtige Ordnungskategorien entstanden und nur so verstehbar.

#### *3.3.7.2. Reclaiming race: Politics of difference und Critical Race Theory*

Vor allem im angloamerikanischen Sprachraum hat *race* einen Bedeutungswandel durchlaufen. *Race* wird auch in antirassistischer Absicht im Sinne von *politics of difference*[306] verwendet. Auch die sozialkonstruktivistisch argumentierende Critical Race Theory plädiert daher für *race conciousness.*[307] *Race* wird dabei »historisch, in den sozialen Strukturen, die von Menschen, nicht von Gott oder einer verobjektivierten Natur, geschaffen wurden«, verortet.[308] Die

*Race*, New York 2010, S. 5; Devon W. Carbado, Mitu Gulati, *Acting White? Rethinking Race in »Post-Racial« America*, Oxford 2013.

305 Omi, Winant, »Racial Formation in the United States«, S. 184.

306 Erstmals theoretisiert bei Iris Marion Young, *Justice and the Politics of Difference*, Princeton 1990.

307 Grundsätzlich Hayman/Levit, »Un-Natural Things«, S. 159 ff.

308 Peller, »Race-Conciousness«, S. 794.

Abgrenzung zum essentialistischen Rassediskurs der Nation of Islam wird durch die Bezeichnung *critical race conciousness* verdeutlicht. In Gary Pellers Worten sind davon »ein Bewusstsein und eine politische Praxis« umfasst, die »rassische Identität und rassische Macht als zentrale prägende Faktoren für die sozialen Beziehungen in Amerika« ansieht.[309] Für Critical Race Theory bedeutet der *racial turn* jedoch mehr als ein Verständnis von rassialisierter Differenz als sozialer Konstruktion. Die Existenz unterschiedlicher rassischer Gruppen wird nicht *a priori* als Fiktion abgetan, sondern als soziale Realität angenommen. *Race*/Rasse soll als kritische Wissenskategorie und politische Identitätskategorie beibehalten werden bzw. sich als solche etablieren, und zwar »nicht als biologische, sondern als koloniale Zuschreibung«.[310] Einen Verzicht auf die Kategorie lehnt CRT als *colorblind* ab, weil damit die fortwährende Existenz und Bedeutung rassistischer Norm- und Privilegienstrukturen im Sinne von *white supremacy* geleugnet würden.[311]

Mit *colorblindness* ist in diesem Fall eine Blindheit – wohl treffender übersetzt mit Ignoranz – für die fortwirkende soziale Realität von kolonialem Rassismus gemeint, die auch durch die Verwendung vermeintlich harmloserer Begriffe wie Ethnizität nicht verschwindet. Diese Verwendung des Terminus *colorblindness* geht auf die afroamerikanische Schriftstellerin Toni Morrison zurück. Morrison kritisierte, unter Weißen gelte es als antirassistische und liberale Geste, rassischen Markierungen keine Bedeutung zuzumessen. Damit werde die im Prozess der Rassialisierung unsichtbare Norm jedoch nur zementiert.[312] Weißsein als »unmarkierter Markierer«[313] steht folglich im Zentrum dieser als Critical Whiteness bekannten Schule der Rassismusforschung.[314] Zur rassisch

309 Peller, *Critical Race Consciousness*, S. xiii, Übers. d. Verf.

310 Lentin, »Postracial Silence«, S. 89.

311 Für die USA Haney López, »Is the Post in Post-Racial the Blind in Colorblind?«, in *Cardozo Law Review* 32/2010, S. 807-831; für Europa Lentin, »Postracial Silence«, S. 89; für Deutschland Barskanmaz, »Critical Race Theory in Deutschland«.

312 Toni Morrison, *Playing in the Dark. Whiteness and the Literary Imagination*, New York 1992.

313 Ruth Frankenberg, *Displacing Whiteness*, Durham 1997, S. V.

314 Für viele bell hooks, »Weißsein in der schwarzen Vorstellungswelt«, in: dies., *Black Looks*, Berlin 1994, S. 204-220; für die deutsche kritische Weißseinsforschung Eggers u. a. (Hg.), *Mythen, Masken und Subjekte*.

definierten Norm (weiß) zu gehören, ist danach, ebenso wie sich nicht im System des Rassismus verorten zu müssen, ein »unsichtbares Privileg«,[315] ein »struktureller Vorteil« und eine »rassisch privilegierte Identität«,[316] die der Rassismus nur Weißen gibt und die es zu reflektieren gelte. Weißsein, argumentiert Harris in »Whiteness as Property«, fungiere auch nach dem Ende der rassistischen Segregation und trotz formaler Rechtsgleichheit weiter als politischer Vorteil.[317]

Dieses rassismuskritische sozio-historische Verständnis von rassialisierter Differenz unterscheidet sich hinsichtlich Begründung und Zielstellung deutlich von naturalistisch-essentialistischen Rassediskursen. Differenzen werden nicht mit der Natur, sondern mit einer gelebten Geschichte begründet und vorgeblicher Zweck ist nicht die Legitimierung von sozialer Ungleichheit durch deren Naturalisierung, sondern die Sichtbarmachung und Berücksichtigung der Perspektiven rassistisch unterdrückter Menschen. Doch identitätspolitische Ansätze bleiben einer »quasi-naturalistischen, essentiellen Form« verhaftet.[318] Das gilt auch für die Vorstellung von generationsübergreifend weitergegebener Erfahrung im Sinne eines kulturellen Erbes, aus dem rassisch definierte Identitäten und Interessen von Gruppen resultieren. Klassisches Beispiel für einen solchen sozio-historischen Essentialismus ist die *interest-convergence*-These von Derrick Bell, nach der sich rechtliche Gleichstellungserfolge für Schwarze nur dann einstellen, wenn sie zugleich »Interessen der Weißen« entsprächen.[319] Bell konstruiert Schwarze und Weiße überhistorisch als kohärente Subjekte mit kohärenten Eigeninteressen. Diese Interessen werden dann nicht als Ausfluss gesellschaftlicher und auch ökonomischer Verhältnisse erklärt, sondern als »weiß« essentialisiert. Das zeigt sich bereits in Bells zuerst 1973, zuletzt in 6. Auflage 2008 erschienenem Klassiker *Race, Rac-*

315 Peggy McIntosh, *White Privilege and Male Privilege*, Wellesley 1988.

316 Harris, »Whiteness as Property«, S. 278, Übers. d. Verf.

317 Ebd., S. 276.

318 Paul Mecheril, Melanie Plöser, »Iteration und Melancholie: Identität als Mangel(ver)waltung«, in: Norbert Ricken, Nicole Balzer (Hg.), *Judith Butler. Pädagogische Lektüren*, Wiesbaden 2012, S. 125-148, hier: S. 126; Brubaker, *Trans*, S. 26 schreibt von »*historical essentialism*«.

319 Derrick Bell, »Brown v. Board of Education and the Interest-Convergence Dilemma«, in: *Harvard Law Review* (93) 3/1980, S. 518-533, hier: S. 523, Übers. d. Verf.

*ism and American Law*. Darin beschreibt er die Ankunft der ersten afrikanischen Menschen im kolonialen Nordamerika als Ankunft von *blacks* bzw. *negroes*, die auf *whites* stoßen würden. Diese rassischen Kategorien waren jedoch nicht originär *da*, hat dagegen Haney López eingewendet, sie wurden erst durch rechtliche und soziale Beziehungen zwischen den verschiedenen Bevölkerungsgruppen geschaffen.[320] Zudem homogenisiert Bell die sozialen, politischen und ökonomischen Statusunterschiede innerhalb rassialisierter Gruppen, die es erschweren, von einheitlichen Interessen auszugehen. Der Ansatz wird aber auch den vielschichtigen Motiven und Interessen der an antirassistischen Kämpfen Beteiligten nicht gerecht. Er verschweigt zum Beispiel die aktive, unterstützende Rolle jüdischer Amerikaner:innen in der Bürgerrechtsbewegung, die in ein bipolares schwarz-weißes Interessenschema nicht passt.[321] Bafta Sarbo hat noch einen weiteren Effekt einer Interessen essentialisierenden Konzeption benannt: »Wenn das weiße Subjekt aufgrund seines Machtstrebens keine Idee von Gleichheit entwickeln kann, dann ist auch das Interesse am Antirassismus seitens des Schwarzen Subjektes lediglich ein Bedürfnis nach Anteil an Macht.«[322] Dann negiert der sozio-historische Essentialismus die Möglichkeit, dass aus gelebten Beziehungen und gemeinsamen Kämpfen Empathie und Solidarität entstehen können, die dazu führen, dass auch nicht negativ von Rassismus betroffene Menschen diesen aus dem Eigeninteresse heraus ablehnen, nicht in einer von rassistischer Diskriminierung und Gewalt geprägten Welt leben zu wollen.

#### *3.3.7.3. Soziale Konstruktion oder sozio-historische Essenz? Debatten um Transracialism*

Aktuelle Kontroversen um den sozio-historischen Gehalt von *race* betreffen die Debatte um *transracialism*. Damit ist die Frage angesprochen, ob rassialisierte Identitäten so wie vergeschlechtlichte Identitäten individuell wählbar sind. Prominent entzündete sie sich 2015 an der Geschichte der ehemaligen NAACP-Aktivistin Rachel

320 Haney López, *White by Law*, S. 9.

321 Zum Ganzen Greenberg, *Troubling the Waters*.

322 Bafta Sarbo, *Rassismus und gesellschaftliche Produktionsverhältnisse*, Berlin 2017, S. 39 f.

Dolezal.[323] Dolezal wurde als Kind weißer Eltern geboren. Sie lebte viele Jahre als Schwarze Frau, ohne ihre Herkunft offenzulegen, bis sie von ihren Eltern und den Medien geoutet wurde. Seither reklamiert sie offen eine Identität als *transracial* für sich. Während Caitlyn Jenner, die ungefähr zeitgleich bekanntgab, als Transfrau zu leben, für ihren Schritt gefeiert wurde, erlebte Dolezal bis auf wenige Ausnahmen Unverständnis und Ablehnung. Das war einerseits dem Umstand geschuldet, dass Dolezal, im Unterschied zu Jenner, ihrem persönlichen und beruflichen Umfeld ihre Herkunft und Geschichte verschwiegen hatte, weshalb ihr zu Recht Vertrauensbruch und Vorspiegelung falscher Tatsachen vorgeworfen wurden. Andererseits – und das interessiert hier – wurde grundsätzlich in Frage gestellt, dass rassisch definierte Identitäten legitimerweise, wie Geschlechtsidentitäten, angeglichen oder gewechselt oder werden können.

Das hat viel mit unterschiedlichen Grundverständnissen von rassialisierter Differenz und vergeschlechtlichter Differenz zu tun. Geschlecht wird im biologistischen, kulturkonservativen Diskurs als Sex binär fixiert, im sozialkonstruktivistischen Diskurs dagegen eher als fluides Kontinuum verortet, sowohl Gender als auch Sex gelten danach als veränderbar, *trans*formierbar. Obwohl Geschlecht eine personenstandsrechtlich regulierte Identität ist und Rasse nicht bzw. nicht in vergleichbarer Weise, ist es inzwischen – und erst seit wenigen Jahrzehnten – sozial anerkannter, die geschlechtlich definierte Identität zu wechseln als die rassische definierte Identität. Dass dies auch für den deutschsprachigen Kontext gilt, zeigt die etablierte Verwendung des Anglizismus »Transgender« in der deutschen Sprache.[324] *Race* gilt dagegen bislang, sowohl im biologistischen Essentialismus als auch im rassismuskritischen soziohistorischen Verständnis, nicht als fluid, veränderbar und subjektiv wählbar, sondern als festgelegt und objektiv gegeben. Deutlich wird das an den zentralen Topoi Abstammung (*ancestry*), Erbe (*heritage*) und kulturelle Aneignung (*cultural appropriation*), die die

323 Für einen Überblick über den Fall und die Debatte Brubaker, *Trans*, S. 15 ff. Weitere prominente Fälle betrafen 2020 die Historikerin Jessica Krug und die Black-Lives-Matter-Aktivist:in Satchuel Cole. Im Unterschied zu Dolezal hielten beide nach ihrem Outing nicht an einer Schwarzen Identität fest.

324 Für die Rechtssprache BVerfG v. 06.12.2005-1 BvL 3/03 –, Rn. 44 = BVerfGE 115, 1; für die Alltagssprache siehe den Eintrag »Transgender« im *Duden*, ein Eintrag »Transracial« existiert nicht.

Debatte prägen. In Nordamerika sei es »konzeptionell unmöglich«, rassisch definierte Identität ohne Rücksicht auf die Abstammung zu definieren, konstatiert Brubaker in einem Vergleich der Vorstellungen von *transgender* und *transracial* in den USA: »Die Prozesse der genetischen, genealogischen und kulturellen Vererbung, die als mitbestimmend für Rasse gelten, sind alle als Mehrgenerationenprozesse konzeptualisiert; sie bringen das kumulative Gewicht der Vergangenheit in die Gegenwart ein.«[325] In ähnlicher Weise stellt Hoyt heraus, dass die kritische Unterscheidung zwischen *race* und anderen Formen der Klassifizierung sozialer Identitätsgruppen die Annahme von Unveränderlichkeit (*immutability*) ist.[326]

Die Unterscheidung zwischen Sex und Gender und die Irrelevanz der Abstammung für die Definition sowohl für Sex als auch für Gender hat es ermöglicht, Geschlechtsidentität als subjektives, individuelles Eigentum zu verstehen, das von Körper und Familiengeschichte abgekoppelt ist. Rassisch definierte Identität gilt dagegen weiterhin als fest mit dem Körper, der Familie und der Abstammung verbunden; die individuelle Entscheidung, eine andere rassisch definierte Identität anzunehmen, gilt als unmöglich bzw. als Anmaßung.[327] Bislang gibt es keine äquivalenten rassismustheoretischen Begriffe für die in der Geschlechterforschung für diese Art von Unterscheidung verwendeten Termini Sex und Gender. Rassische Identität besteht sowohl nach der naturalistisch-essentialistischen als auch nach der sozio-historisch-differenzpolitischen Auffassung aus einem Ensemble von supra-individuellen Fakten: den biogenetischen und genealogischen Fakten der Abstammung, den sozialen Fakten von Klassifizierungssystemen und Kategorisierungspraktiken und den historischen Fakten der Versklavung, Unterdrückung und Diskriminierung. Während Geschlechtsidentität zunehmend als selbstempfundene geschlechtliche Identität bestimmt und deren rechtliche Anerkennung als solcherart subjektiv entschiedene Identität gefordert wird,[328] gilt das bislang nicht für

325 Brubaker, *Trans*, S. 137.

326 Hoyt, *The Arc of a Bad Idea*, S. 39.

327 Dass dies Praktiken des Passing bzw. der Reidentifizierung in unterschiedliche Richtungen ignoriert, kritisieren u. a. Allyson Hobbs, *A Chosen Exile: A History of Racial Passing in American Life*, Cambridge 2016 und Baz Dreisinger, *Near Black. White-to-Black Passing in American Culture*, Amherst 2008.

328 Für den deutschen Kontext siehe zuletzt die Stellungnahmen zu BVerfG v.

rassisch definierte Identität. Diese supra-individuelle Objektivität von Rasse in der essentialistischen Konzeption ist der Grund dafür, dass Rasse nicht legitimerweise geändert oder gewählt werden kann. »Subjektivität«, vermerkt Brubaker, »wird als Ausdruck rassischer Identität verstanden, nicht als deren Grundlage.«[329] Mit Blick auf Versuche, die rassisch definierte Identität zu transformieren, stellt er fest: »Passing bedeutet nach dem objektivistischen Verständnis von Rasse nicht, die eigene Rasse zu ändern; es bedeutet nur, erfolgreich vorzugeben, etwas zu sein, das man nicht ist.«[330]

Adolph Reed Jr. hat angesichts dieser Debatte kritisiert, der rassische Identitarismus der Critical Race Theory gebe nur vor, sozialkonstruktivistisch zu sein.[331] Präziser formuliert, ist er wohl beides: sozialkonstruktivistisch in der Herleitung rassialisierter Differenz als ein Ergebnis rassistischer Machtverhältnisse und essentialistisch mit Blick auf die Annahme der Unmöglichkeit der Transformation und Transzendierung rassialisierter Identitäten und Verhältnisse. *Race* gilt als soziales Verhältnis, das dechiffriert werden kann, und damit als sozio-historische Konstruktion mit realen Verkörperungen, zugleich aber als eigentliche Identität, als unentrinnbares individuelles und kollektives Schicksal und damit als unüberwindbar. »In einer im hohen Maße rassifizierten (und gegenderten) Welt kann es kein ›*beyond race*‹ geben«, erteilt zum Beispiel Cengiz Barskanmaz postkategorialen Ansätzen eine kategorische Absage.[332] Bafta Sarbo hat dagegen auf die Folgen eines solchen differenzpolitischen Ansatzes hingewiesen. Das theoretische und politische Projekt, kritisiert sie, bleibt dann nur »eine abstrakte Dekonstruktion mit dem Ziel der Offenbarung der Kategorien, nicht ihrer Abschaffung«.[333]

10.10.2017-1 BvR 2019/16 = BVerfGE 147, 1 (Dritte Option); auf »selbstbestimmte Entwicklung und Wahrung der Persönlichkeit« (Rn. 47), »Selbstverständnis« und »individuelle Identität« (Rn. 48) abstellend.

329 Brubaker, *Trans*, S. 37.

330 Ebd., S. 38.

331 Adolph Jur. Reed, »From Jenner to Dolezal«, ⟨www.commondreams.org/views/2015/06/15/jenner-dolezal-one-trans-good-other-not-so-much⟩, letzter Zugriff 01. 11. 2020.

332 Cengiz Barskanmaz, »Framing Race and Law in Europe«, in: *Völkerrechtsblog*, 26. 02. 2018.

333 Sarbo, *Rassismus und gesellschaftliche Produktionsverhältnisse*, S. 38.

### 3.3.8. Postrassische und postrassistische Diskurse: Nach und jenseits von Rasse und Rassismus

Unter den Begriffen postrassisch oder postrassistisch wird Unterschiedliches diskutiert. Verbindendes Element ist die Feststellung eines Bedeutungsverlustes von rassisch definierten Teilungen innerhalb der Gesellschaft und eine Infragestellung der Kategorie Rasse für gesellschaftliche Analysen. Étienne Balibar hatte schon 1990 eine mögliche »Entwicklung in Richtung auf einen Post-Rassismus« skizziert, die an den von ihm beschriebenen Neo-Rassismus, die Verschiebung von Rasse zu Kultur, anschließt.[334] In biopolitischen Regulierungen, sozialen Diskursen und Techniken könne die Dimension der Erzählung genealogischer Mythen wie Rasse, Volk, Nation, Kultur relativ zurücktreten gegenüber der Bewertung »intellektueller Fähigkeiten und der ›Disposition‹ zu einem ›normalen‹ gesellschaftlichen Leben (oder umgekehrt zu Kriminalität und Abweichung) sowie zu einer (in gefühlsmäßiger ebenso wie in gesundheitlicher oder eugenischer usw. Hinsicht) ›optimalen‹ Reproduktion«.[335] 25 Jahre später stimmt Manuela Bojadžijev Balibar mit Blick auf die emblematisch in *Deutschland schafft sich ab* vertretenen Thesen zu: »Sarrazins neo-rassistische Formulierungen treiben das genealogische Schema des Rassismus weiter, indem sie diskursiv soziale und biopolitische Dimensionen verbinden und für untrennbar erklären.«[336] In ihrer herkömmlichen Verwendung verweisen die Begriffe Post-Rassismus oder Post-Rassialismus, anders als bei Balibar und Bojadžijev, nicht auf eine rassismustheoretische Diskussion möglicher Entwicklungen. Sie formulieren vielmehr Einschätzungen zur gesellschaftlichen Relevanz rassialisierter Differenz und zur Notwendigkeit rassischer Kategorien mit dem Anspruch auf aktuelle Gültigkeit.

334 Balibar, »Gibt es einen Neorassismus?«, S. 36.

335 Ebd., S. 35 f.

336 Bojadžijev, »Rassismus ohne Rassen«, S. 286; ähnlich Albert Scherr, »Post-Rassismus und Nationalismus«, in: *Peripherie* 146/147/2017, S. 232-249, hier: S. 245; und Haug, »Zur Dialektik des Anti-Rassismus«, S. 47; die Ersetzung, Abschwächung oder Ergänzung von Rassismen durch eine radikalisierte meritokratische Logik der Auslese und Hierarchisierung diskutierend.

### *3.3.8.1. Post-Rassialismus in den USA*

Die Frage, ob die USA eine *post-racial*-Gesellschaft sind, wurde prominent im Zusammenhang mit der Wahl Barack Obamas zum ersten Schwarzen Präsidenten der Vereinigten Staaten im Jahr 2008 diskutiert. *Post-racialism* bezeichnet im US-amerikanischen Kontext jedoch ein weiter zurückreichendes Phänomen: die Annahme, mit dem Ende der rassistischen Segregation und der Herstellung formaler rechtlicher Gleichheit für Afroamerikaner:innen in den 1960er Jahren – in Anlehnung an die Entscheidung *Brown vs. Board of Education* auch als Post-Brown-Ära bezeichnet – habe sich Rassismus erledigt. Der Staat müsse und dürfe *race* daher in Datenerhebungen, rechtlichen Regelungen und politischen Maßnahmen nicht mehr berücksichtigen.[337] Rassismuskritische Stimmen weisen diese Einschätzung als Mythos oder Ideologie zurück.[338] Die These von einer *post-racial*-Gesellschaft vertraten lange vor allem konservative Kreise. Seit den 1980er Jahren setzte sie sich zunehmend in der Rechtsprechung des U.S. Supreme Court zur verfassungsrechtlichen *Equal Protection Clause* durch.[339] Sumi Cho und Ian Haney López nennen als Indikatoren für einen solchen *post-racial*-Diskurs: das Propagieren eines neutralen Universalismus nicht nur als normatives Ideal, sondern als Beschreibung einer Realität, in der rassialisierte Differenz keine relevante Rolle mehr spielt; die Behauptung, angesichts der erzielten Gleichstellungsfortschritte seien weitere positive Maßnahmen unnötig, die rassialisierte Differenz berücksichtigen; die moralische und juristische Gleichsetzung von rassistischen Gesetzen und Politiken der Jim-Crow-Ära mit positiven Maßnahmen, die *race* als Antidiskriminierungskategorie berücksichtigen.[340] Dabei handelt es sich um einen antikategori-

337 Grundsätzlich zum Konzept Roopali Mukherjee, »Antiracism Limited«, in: *Cultural Studies* (30) 1/2016, S. 47-77.

338 James Jennings, »Barack Obama und der Mythos vom post-rassistischen Amerika«, in: *Blätter für deutsche und internationale Politik* 6/2014, S. 59-70; Cho, »Post-Racialism«, S. 1594.

339 Die Entwicklung nachzeichnend Haney López, »Is the Post in Post-Racial the Blind in Colorblind?«, S. 807 ff.

340 Cho, »Post-Racialism«, S. 1621; Ian Haney López, »A Nation of Minorities: Race, Ethnicity, and Reactionary Colorblindness«, in: *Stanford Law Review* (59) 2006, S. 985-1063.

alen Diskurs, der sich gegen jegliche Berücksichtigung von *race* ausspricht.[341]

Dieser Diskurs baut auf einem bestimmten Verständnis von Rassismus als superiorem Rassismus auf. Rassistisch sind danach nur eine staatlich verordnete Segregation und die Behauptung rassischer Über- und Unterlegenheit, zum Beispiel als *white-supremacy*-Ideologie. Formen rassistischer Diskriminierung, die nicht auf gesetzlicher Segregation oder auf intentionalem Handeln beruhen, sind von diesem Verständnis nicht erfasst. Für aktuelle Verhältnisse wird Diskriminierung als universelles Phänomen refiguriert, das alle Menschen unterschiedslos und unabhängig von gesellschaftlichen Machtverhältnissen treffen kann, auch Weiße, wenn diese zum Beispiel nicht von Affirmative-Action-Maßnahmen profitieren können. »Jeder Gedanke daran, dass Rassismus auf eine asymmetrische Gruppenhierarchie zurückgeht«, werde »zurückgewiesen oder zumindest vermieden«, kritisiert Haney López.[342] Der *post-racial*-Diskurs ist somit ein Post-Rassismus-Diskurs, weil er verdeckt, dass Rassismus ein auch heute noch tief in den Strukturen und Institutionen der Gesellschaft verwurzeltes Phänomen mit asymmetrischen Wirkungen ist.

#### *3.3.8.2. Rasse-Tabu oder Post-Rassismus? Der deutsche Diskurs nach 1945*

Auch in Deutschland wird einer Analyse aktueller gesellschaftlicher Verhältnisse als rassistisch mit Abwehr begegnet. Bei genauerem Hinsehen werden jedoch vielfältige Unterschiede zum *post-racialism* US-amerikanischer Prägung deutlich. Der offensichtlichste Unterschied ist, dass es in beiden deutschen Staaten seit 1949 keine mit den USA vergleichbare jüdische, afrodeutsche oder migrantische Elitenbildung gab, von einem Schwarzen, türkeistämmigen oder jüdischen Bundeskanzler ganz zu schweigen. Es gibt bisher auch keine etablierte Praxis von positiven Maßnahmen gegen Rassismus, die ein Post-Rasse-Diskurs als »positive Diskriminierung« anfech-

341 An der Reform des Voting Rights Act zeigt dies Pantea Javidan, »Legal Post-Racialism as an Instrument of Racial Compromise in Shelby County v. Holder«, in: *Berkeley Journal of African-American Law and Policy* (17) 2/2015, S. 127-136.

342 Haney López, »Is the Post in Post-Racial the Blind in Colorblind?«, S. 826 f.

ten könnte. Die Gründe für die zurückhaltende Verwendung der Begriffe Rasse und Rassismus in der politischen und akademischen Debatte in Deutschland müssen also andere sein.

Rita Chin und Heide Fehrenbach attestieren der bundesdeutschen Gesellschaft nach 1945 ein *postwar taboo* gegenüber dem Wort »Rasse«, das sie im Zusammenhang mit dem Mythos von der »Stunde null« verorten.[343] Die Weiterverwendung jenes Begriffes, der schlechthin Symbol des nationalsozialistischen Rassestaates war, hätte, so die Autorinnen, dieses Narrativ gefährdet. Auch wenn die Rede von der »Stunde null« in vielerlei Hinsicht ein Mythos war,[344] hatte in Deutschland tatsächlich ein radikaler Wechsel des politischen, ideologischen und rechtlichen Systems stattgefunden. Es gab zu keinem Zeitpunkt eine mit den USA vergleichbare Parallelität von rassistisch segregierendem Recht und Recht gegen Rassismus. Der Systemwechsel in Deutschland beendete auch die offizielle Erfassung und Berücksichtigung von Rasse durch den Staat,[345] eine mit dem US-Zensus vergleichbare Erfassung rassischer Daten zu Gleichstellungszwecken gab es nicht. Ebenso wenig kam es zu einer antirassistischen Aneignung des Begriffs Rasse. Internationale Diskursverschiebungen spielten eine zusätzliche Rolle für ein Zurücktreten des Begriffs Rasse in der öffentlichen Debatte in Deutschland. Nach 1945 gab es eine starke internationale Tendenz, Rassismus und Antisemitismus getrennt zu diskutieren. Juden galten zunehmend nicht mehr als Rasse, sondern als Angehörige einer Religionsgemeinschaft oder als Ethnie.[346] Es kam zu einer »Desartikulation von Antisemitismus aus dem Rassebegriff«.[347] Vor

343 Rita Chin, Heide Fehrenbach, »What's Race Got to Do with it?«, in: Chin u.a. (Hg.), *After the Nazi Racial State*, Ann Arbor 2009, S. 1-29.

344 Mit »Stunde null« wird die Auffassung bezeichnet, die Zerschlagung des NS-Staates habe zu einem vollständigen gesellschaftlichen Umbruch ohne Kontinuitäten geführt, eine Auffassung, die noch stärker in der DDR, dem Selbstverständnis nach einzigen antifaschistischen deutschen Staat, vertreten wurde.

345 Zur Weitererfassung von Sinti und Roma nach 1945 Kapitel 5.7.3.5.

346 So verwendet das BVerfG »Menschen jüdischen Glaubens«, was säkulare Juden nicht ausdrücklich erfasst, BVerfG v. 17.01.2017-2 BvB 1/13–, Rn. 748, 750, 1003 (NPD-Verbot II); BVerfG v. 22.6.2018-1 BvR 673/18 –, Rn. 2.

347 Heide Fehrenbach, »Die Beharrlichkeit eines Konzepts. Gedanken zu race und ›Rasse‹ in den USA, Deutschland und Europa nach 1945«, in: Lisa Bolyos, Katharina Morawek (Hg.), *Diktatorpuppe zerstört, Schaden gering. Kunst und Geschichtspolitik im Postnazismus*, Wien 2012, S. 324-337, hier: S. 330.

dem Hintergrund der US-amerikanischen Besatzung, der internationalen Vormachtstellung der USA und der Blockbildung im Kalten Krieg näherten sich sowohl internationale Debatten als auch die deutsche Gesellschaft an das angloamerikanische Verständnis von *race* und *racism* an, welches sich im Wesentlichen an der Binarität schwarz-weiß orientierte.[348] Als Folge verschoben sich sowohl der bundesdeutsche Blick als auch die Kritik der DDR seit den 1950ern auf Rassismus in den USA und auf antikoloniale Bewegungen im globalen Süden. Das »Rasseproblem« wurde jetzt außerhalb Deutschlands und Europas verortet.[349]

Trotzdem kann Chins und Fehrenbachs These von der Tabuisierung von Rasse nicht unumwunden zugestimmt werden. Vorstellungen von Menschenrassen waren in beiden deutschen Staaten nach 1945 weiterhin wirkmächtig. Noch 1961 hielten 73 % der befragten Deutschen Juden »für eine andere Rasse«.[350] Schwarze und Slawen galten auch im Nachkriegsverständnis als Rassen, wie Chin und Fehrenbach selbst an der Reaktivierung anthropologischer und völkischer Rassediskurse in Bezug auf Beziehungen zwischen deutschen Frauen und Schwarzen oder russischen alliierten Soldaten in den Nachkriegsdebatten um »Rassemischung« nachzeichnen.[351] Kinder aus diesen Beziehungen wurden mit dem Vokabular des Kolonialismus und Nationalsozialismus als »farbige Mischlingskinder« bezeichnet und zu Westdeutschlands erstem »Rasseproblem«[352] erklärt, für das eigene Zählungen, Intelligenztests und segregierende Sozialpolitiken entworfen wurden.[353] Als 1952 die ersten Kinder in

348 Chin/Fehrenbach, »What's Race Got to Do with it?«, S. 18 f.

349 Fehrenbach, »Die Beharrlichkeit eines Konzepts«, S. 330.

350 Werner Bergmann, Rainer Erb, *Antisemitismus in der Bundesrepublik Deutschland. Ergebnisse der empirischen Forschung von 1946-1989*, Opladen 1991.

351 Beide Begriffe sind Originalbegriffe, Fehrenbach, »Die Beharrlichkeit eines Konzepts«, S. 326.

352 BT, Beratung des Antrags »Uneheliche Kinder der Besatzungsangehörigen«, 198. Sitzung v. 12. 03. 1952, S. 8504 (8507): »Eine besondere Gruppe unter den Besatzungskindern bilden die 3093 Negermischlinge, die ein menschliches und rassisches Problem besonderer Art darstellen.«

353 Heide Fehrenbach, »Black Occupation Children and the Devolution of the Nazi Racial State«, in: Chin u. a., *After the Nazi Racial State*, S. 30-54; May Opitz (Ayim), »Afro-Deutsche nach 1945. Die sogenannten ›Besatzungskinder‹«, in: Oguntoye u. a., *Farbe bekennen*, S. 85-102; Silke Satjukow, Rainer Gries, *Bankerte! Besatzungskinder in Deutschland nach 1945*, Frankfurt/M. 2015, S. 230.

das Alter der Einschulung kamen, wurde das »Problem der Mischlingskinder«, denen »schon allein die klimatischen Bedingungen in unserem Lande nicht gemäß« seien, auch im Bundestag diskutiert.[354] Mit dem Eintritt der afrodeutschen Nachkriegskinder[355] in den Arbeitsmarkt verstummten die sozialpolitischen Debatten um Rasse in Westdeutschland. In der DDR kam es zur rassistischen Diskriminierung der als »Russenkinder« diffamierten und vielfach in Heimen aufgewachsenen Kinder von Angehörigen sowjetischer Streitkräfte und deutschen Frauen.[356] Das Wissen über »Menschenrassen« lebte, wie gezeigt, in Alltagskultur, Schulbüchern, Enzyklopädien und an Universitäten beider deutscher Staaten fort. Von einem Tabu im Sinne »einer unterdrückten Wahrheit zu sprechen, ist völlig verfehlt«, stellte noch im Jahr 2018 ein interdisziplinärer Zusammenschluss von Wissenschaftler:innen angesichts andauernder Debatten um biologische Rasseunterschiede fest.[357]

Während sich die Gebrauchsgeschichte der Begriffe *race* und Rasse also deutlich voneinander abhebt, gibt es große Ähnlichkeiten im Umgang mit dem Begriff Rassismus. Die Distanzierung vom staatlich verordneten Rassismus ging auch in Deutschland mit einer Engführung der Definition von Rassismus einher. Bis in die 2000er Jahre wurde dieser vor allem in der nationalsozialistischen Vergangenheit verortet, versinnbildlicht in den Nürnberger Rassengesetzen und im Holocaust.[358] Kolonialer Rassismus wurde nicht mit der kolonialen Vergangenheit Deutschlands verbunden, sondern als Problem anderer Staaten diskutiert, vor allem der USA,[359] Südafrikas unter der Apartheid und Israels.[360]

354 BT, 198. Sitzung v. 12.03.1952, S. 8504 (8507).

355 So die Selbstbezeichnung aus Opitz, »Afro-Deutsche nach 1945«, S. 85. Etabliert hat sich auch »Schwarze Deutsche«, nach einer rein staatsbürgerlichen Definition wäre auch »Deutschamerikaner:innen«, »Deutschbrit:innen« etc. zutreffend.

356 Satjukow/Gries, *Bankerte*, S. 230; Satjukow, *Besatzer. »Die Russen« in Deutschland 1945-1994*, S. 292 ff.

357 Lipphardt u. a., »Lost in Translation«, ⟨www.sueddeutsche.de/kultur/rassismus debatte-lost-in-translation-1.3983863⟩, letzter Zugriff 01. 11. 2020.

358 Bis in die 1990er Jahre blieb auch der Kampf um eine öffentliche Auseinandersetzung mit den nationalsozialistischen Verbrechen ein Anliegen kritischer Minderheiten, dazu Cornelia Siebeck, »Dies- und jenseits des Erinnerungskonsenses«, in: *Aus Politik und Zeitgeschichte* 42-43/2017, S. 23-28, hier: S. 28.

359 Als May Ayim ihre Diplomarbeit über die Geschichte Afrodeutscher schreiben wollte, wurde dies 1986 mit der Begründung abgelehnt, in Deutschland gebe

Im dtv-Lexikon steht noch 2006 unter dem Eintrag »Rassismus« nach einem Hinweis auf Südafrika zu lesen: »R. findet sich aber auch in anderen Ländern mit rassischen Minderheiten, z. B. in den USA.«[361] Ein Befund zu Deutschland fehlt.

Mit derartigen Externalisierungsstrategien wurden »unliebsame historische und gesellschaftliche Realitäten in ein symbolisches ›Außen‹ verschoben«.[362] Zur Externalisierung von Rassismus kam es auch in der DDR. Als Staat mit antifaschistischem Selbstverständnis distanzierte man sich von den Verbrechen »Hitlerdeutschlands« und bemühte sich um eine Skandalisierung rassistischer Unterdrückung im kapitalistischen Ausland. Zugleich betrieb die DDR die rassistische Segregation der seit den 1970er Jahren bis zum Ende der DDR 1989 aus Algerien, Kuba, Mosambik, Vietnam und Angola als Vertragsarbeiter:innen oder Studierende ins sozialistische »Bruderland« migrierten Menschen.[363] In der Bundesrepublik wurde Rassismus vor allem als Problem von »Rechtsextremisten« verhandelt.[364] Eine Auseinandersetzung mit tradierten rassistischen Wissensbeständen, deren institutioneller Verankerung und alltäglicher Aktivierung in Praktiken, die sich nicht als neonazistische Propaganda oder Gewalt äußern, erweist sich bis heute als schwierig.[365] Dabei sind solche Anschauungen der

es keinen Rassismus: »Vielleicht in den USA, aber nicht hier.« Hannes Loh, »20 Jahre ›Afrodeutsch‹«, ⟨www.intro.de/popmusik/20-jahre-afrodeutsch⟩, letzter Zugriff 01. 11. 2020. Ayim veröffentlichte die Arbeit 1986 als May Opitz in *Farbe Bekennen*.

360 Instruktiv zu neuem Antisemitismus im Namen des Antirassismus und der Menschenrechte Heilbronn u. a., *Neuer Antisemitismus? Fortsetzung einer globalen Debatte*, Berlin 2019.

361 Eintrag »Rassismus«, in: *dtv-Lexikon*, München 2006, S. 55.

362 Siebeck, »Dies- und jenseits des Erinnerungskonsenses«, S. 28.

363 Instruktiv Almut Zwengel (Hg.), Die »Gastarbeiter der DDR«, 2011; einen eindrücklichen dokumentarischen Überblick gibt die Webdokumentation https://bruderland.de. Siehe auch Kapitel 5.6.4.

364 Zur Kritik an der Unterscheidung zwischen »extremen Rändern« und einer demokratischen politischen Mitte Liebscher, »Extrem undemokratisch«, in: Plöse u. a. (Hg.), *»Worüber reden wir eigentlich?«: Festgabe für Rosemarie Will*, Berlin 2016, S. 544-552.

365 Siehe nur Lotta Mayer, »Das erstaunliche Erstaunen über die ›NSU-Morde‹, in: Imke Schmincke, Jasmin Siri (Hg.), *NSU-Terror: Ermittlungen am rechten Abgrund*, Bielefeld 2013, S. 19-28, hier: S. 25.

Nährboden für Gewalt, aber auch für alltägliche Diskriminierungen von Menschen, die der herrschenden Norm nicht entsprechen. Studien der Vorurteilsforschung bestätigen zudem, dass Elemente von Ungleichheitsideologien bei vielen Menschen unabhängig von ihrer Parteipräferenz, Berufsstand, Alter, Geschlecht und Bildungsniveau vorkommen.[366]

Auch Terkessidis kritisiert, durch diesen Fokus werde Rassismus »1. implizit auf seine extreme bzw. ›extremistische‹ Variante reduziert, 2. wird Rassismus als Handlungsweise Einzelner konzipiert, die als Problemfälle gesehen werden [...], 3. kann die Gesellschaft als Ganzes vom bereits erwähnten Generalverdacht entlastet werden«.[367] Terkessidis spricht hier die bereits für den US-amerikanischen Kontext diskutierte postrassistische Reduzierung von Rassismus auf individuelle Vorurteile und fanatischen Hass an. Diese individualpsychologische Fixierung vernachlässigt den gesellschaftlichen Kontext rassistischer Ressentiments.[368] Die Entlastungsfunktion einer derartigen Vorstellung von Rassismus thematisiert auch Astrid Messerschmidt. Sie hat für die deutsche Diskurslandschaft mehrere Distanzierungsmuster herausgearbeitet: Rassismus wird in die Vergangenheit verschoben, Rassismus wird kulturalisiert, Rassismus wird in den Rechtsextremismus verlagert und Rassismus wird als moralische Überschreitung skandalisiert und damit als Alltagsphänomen unbesprechbar gemacht.[369] In der Konsequenz sorgen alle vier Muster dafür, ein unbeschädigtes Bild von sich selbst zu etablieren. »Rassismusdiagnosen wirken darauf bezogen unangebracht und unpassend.«[370]

Lange wurde der Begriff »Rassismus« im Nachkriegsdeutschland überhaupt nicht verwendet. Begriffe wie Fremdenfeindlichkeit,

366 Vgl. Andreas Zick u. a. (Hg.), *Verlorene Mitte – feindselige Zustände. Rechtsextreme Einstellungen in Deutschland 2018*, Berlin 2019.

367 Terkessidis, *Psychologie des Rassismus*, S. 67. Die Zurückweisung eines »Generalverdachts« geht zurück auf Helmut Willems, *Fremdenfeindliche Gewalt*, Opladen 1993, S. 95. Terkessidis fragt treffend: »Ist die Wissenschaft dazu da, die deutsche Bevölkerung vor einem Verdacht zu schützen?« (S. 67).

368 Terkessidis, *Psychologie des Rassismus*, S. 17 ff.

369 Astrid Messerschmidt, »Distanzierungsmuster«, in: Anne Broden/Paul Mecheril (Hg.), *Rassismus bildet. Bildungswissenschaftliche Beiträge zu Normalisierung und Subjektivierung in der Migrationsgesellschaft*, Bielefeld 2010, S. 41-58.

370 Ebd., S. 42.

Ausländerhass oder Rassenhass dominierten die Diskussion.[371] Das spiegelt sich auch in der Rechtsprechung zu rassistischer Gewalt und Diskriminierung wider,[372] die Begriffe wie Ausländerhass unbesehen der Staatsangehörigkeit der Opfer verwendet.[373] Eine Zuspitzung erfährt die Zurückweisung des Begriffs Rassismus in der Universalisierung als Fremdenfeindlichkeit. Exemplarisch verdeutlicht das Günter Bertrams Kommentar zur Ergänzung der Strafzumessungsregel des § 46 Abs. 2 StGB um die Worte »rassistische, fremdenfeindliche und menschenverachtende Motive«:[374]

> Längst tragen hier Türken und Kurden, Russen und Tschetschenen, Albaner, Bosniaken und Serben, Afghanen und Iraner, Libanesen und Araber, zahllose andere ethnisch-religiöse Gruppen und natürlich auch Deutsche und Migranten ihre oft erbitterten Konflikte unter- und gegeneinander aus. [...] Der zutreffende Begriff Fremdenfeindlichkeit schließt dann auch Deutsche als Opfer ethnischer, nationaler oder religiöser Aggression und des Hasses ausdrücklich mit ein – eine schon längst überfällige Wahrnehmung! Der »Rassismus« hingegen, den die Novelle einführen will, ist ein unbrauchbares Merkmal.[375]

371 Ausführlich Terkessidis, *Banalität des Rassismus*, S. 13 ff.

372 Für viele BGH v. 04. 07. 2018-5 StR 580/17 –, juris (Ausländerhass); BGH v. 26. Juli 2017-3 StR 437/16–, juris (ausländerfeindlich); OLG Karlsruhe v. 11. 06. 2018-2 Ws 127/18–, juris (fremdenfeindlich). Eine Juris-Abfrage am 17. 12. 2018 ergab 30 einschlägige strafrechtliche Entscheidungen zu »Ausländerhass« (52 für alle Rechtsgebiete), 121 zu »ausländerfeindlich« (527 für alle Rechtsgebiete) und 8 zu »Fremdenhass« (53 für alle Rechtsgebiete). 139 strafrechtliche Entscheidungen enthalten Wortvarianten von »rassistisch«, davon ergingen nur drei Entscheidungen vor 1990. Für alle Rechtsgebiete ergeben sich 936 Treffer, davon 733 verwaltungsrechtliche Entscheidungen zu rassistischer Verfolgung als Fluchtgrund und zu Handlungen neonazistischer Vereinigungen oder Einzelpersonen.

373 Das verweist auch auf ein spezifisches Verständnis von Deutschsein als ethnisch homogen und weiß, vgl. Katharina Walgenbach, »›Weißsein‹ und ›Deutschsein‹«, in: Eggers u. a. (Hg.): *Mythen, Masken und Subjekte*, S. 377.

374 Gesetz zur Umsetzung von Empfehlungen des NSU-Untersuchungsausschusses des Deutschen Bundestages vom 12. 06. 2015, BGBl I 2015 Nr. 23; zur Debatte schon Oliver Tolmein, Claudia Keiser, »Strafverschärfung bei Hasskriminalität?«, in: *Zeitschrift für Rechtspolitik* 4/2014, S. 127.

375 Günter Bertram, »Verpflichtung der Ermittlung und Berücksichtigung rassistischer Motive bei der Strafzumessung«, in: *Zeitschrift für Rechtspolitik* 6/2012, S. 119-122.

Hier zeigt sich ein weiteres Element von Post-Rassismus: Rassismus, verstanden als asymmetrische Hierarchie, wird zugunsten eines symmetrischen Ethnizitätsverständnisses zurückgewiesen, das unterschiedslos auf alle Menschen angewendet wird. Rassistische Stratifizierungen werden als Konflikte »ethnisch-religiöser Gruppen« und sozialtypische Aggression nivelliert. Ähnlich befand die ehemalige Bundesfamilienministerin Kristina Schröder 2010: »Deutschenfeindlichkeit ist Fremdenfeindlichkeit, ja Rassismus. Denn hier wird jemand diskriminiert, weil er einer bestimmten Ethnie angehört.«[376] Solche Verwendungsweisen führen zu einer Entleerung des Begriffs Rassismus von seinem macht- und herrschaftskritischen Gehalt.

Nicht nur in rechtlichen Diskussionen und politischen Debatten galt Rassismus lange nicht als adäquater Begriff zur Beschreibung gesellschaftlicher Realitäten in Deutschland, sondern auch innerhalb akademischer Debatten.[377] Erst Vertreter:innen der kritischen deutschen Rassismusforschung etablierten Rassismus als Terminus zur Beschreibung struktureller Ausschlüsse gegen die Begriffe der Fremden- bzw. der Ausländerfeindlichkeit und gegen das enge postrassistische Verständnis. Das diskursive Tabu in Deutschland bezieht sich nach alldem weniger auf den Begriff Rasse als auf den Begriff Rassismus. Im Anschluss an die Analysen von Terkessidis, Messerschmidt und Bojadžijev lässt sich der gesellschaftliche Diskurs über rassialisierte Differenz in Deutschland präziser als Postrassismus-Diskurs[378] beschreiben statt als Post- oder gar Antirasse-Diskurs.[379]

376 Zitiert nach Sina Laubenstein, »Deutschenfeindlichkeit«, ⟨www.bpb.de/politik/extremismus/rechtsextremismus/266333/zwischen-kampfbegriff-herausforderung⟩, letzter Zugriff 01. 11. 2020.

377 Jost Müller, »An den Grenzen kritischer Rassismustheorie«, in: Demirovic/Bojadzijev (Hg.), *Konjunkturen des Rassismus*, S. 226-245, hier: S. 228 konstatiert »die sozialwissenschaftliche Ausgrenzung des kritischen Rassismusbegriffs«.

378 Bojadzijev, »Rassismus ohne Rassen«, S. 285; Naika Foroutan, »Postmigrantische Gesellschaften«, in: Heinz U. Brinkmann, Martina Sauer (Hg.), *Einwanderungsgesellschaft Deutschland*, Wiesbaden 2016, S. 227-254; Scherr, »Post-Rassismus und Nationalismus«, S. 232.

379 Barskanmaz, »Rasse –Unwort des Antidiskriminierungsrechts?«, S. 382, »institutionalisierter Antirassediskurs«; ähnlich Emilia Roig, »Uttering ›Race‹ in Colorblind France and Post-Racial Germany«, in: Fereidooni/ El (Hg.), *Rassismuskritik und Widerstandsformen*, S. 613-627.

### *3.3.8.3. Postkategoriale Ansätze: Jenseits von Rasse und gegen Rassismus*

»Postrassisch« oder *post-racial* kann noch eine weitere, eine rassismuskritische Bedeutung haben. Angesprochen sind damit antirassistische Visionen einer Gesellschaftsordnung jenseits – *beyond* – rassisch definierter Teilungen. »In einer postrassischen oder postethnischen sozialen Ordnung würde die Zuweisung von Rechten, Ressourcen und Respekt nicht von der Mitgliedschaft in rassischen oder ethnischen Gruppen abhängen«, beschreibt Rogers Brubaker diese Vision.[380] Sie ist nicht *colorblind* und postrassistisch im Sinne der von Haney-Lòpez und Cho aufgestellten Kriterien. Vielmehr teilt sie die Kritik der Critical Race Theory an der relativierenden Universalisierung von Rassismus, seiner Externalisierung in die Vergangenheit oder seiner Reduzierung auf individuellen rassistischen Hass.

Im Unterschied zum Ansatz der Critical Race Theory problematisieren Vertreter:innen des postkategorialen Ansatzes die Effekte der Verwendung der Kategorie *race*/Rasse. Guillaumin formuliert Bedenken gegenüber der essentialisierenden diskursiven Kraft des Rassekonzepts bei seiner Verwendung in der naturwissenschaftlichen Forschung, aber auch in internationalen Rechtsabkommen, da unabhängig von den theoretischen Fundierungen, die den verschiedenen Interpretationen rassisch definierter Beziehungen zugrunde liegen, allein schon der Gebrauch einer solchen Unterscheidung auf die Neigung verweise, von irgendeiner Wesensdifferenz zwischen Formen gesellschaftlicher Beziehungen auszugehen.[381] Auch Paul Gilroy fordert angesichts des Dilemmas der Differenz zur Transzendierung von Rasse auf.[382] Das Konzept *race* – in seinen Worten *raciology* – sei perspektivisch ganz aufzugeben, auch wenn dies ein schmerzhafter Prozess für diejenigen sei, die unter Rassismus leiden und die sich aus dieser historischen Erfahrung selbst

380 Brubaker, *Trans*, S. 126; ebenso Hoyt, *The Arc of a Bad Idea*; David A. Hollinger, *Postethnic America. Beyond Multiculturalism*, New York 2000.

381 Colette Guillaumin, »The Idea of Race and it's Elevation to Autonomous Scientific and Legal Status«, in: UNESCO (Hg.), *Sociological Theories: Race and Colonialism*, Paris 1980, S. 39.

382 Ebd.

affirmativ als Teil einer bestimmten *race*/Rasse identifizieren.[383] Vertreter:innen materialistischer Rassismuskritik insistieren ebenfalls darauf, dass sich Rasse als empirische Gesellschaftskategorie nicht oder nur schlecht eigne. Robert Miles kritisiert Diskriminierungsverbote »aufgrund der Rasse« als ahistorisch und tautologisch: »Die Definition ist notwendig ein Zirkelschluss: Eine Rasse ist eine Gruppe von Personen, definiert durch ihre Rasse.«[384] Barbara J. Fields teilt diese Auffassung mit Blick auf die Erfassung und Auswertung von *equality*-Daten. Versuche, »rassische Phänomene« vermittels der Kategorie Rasse zu erklären, seien nicht mehr als selbstreferentielle Definitionsaussagen.[385] Fields, aber auch Pierre Bourdieu, Rogers Brubaker, Mara Loveman, Maria do Mar Castro Varela und Nikita Dhawan, Kenan Malik und Adolph Reed argumentieren, dass die Ablehnung von Rasse als analytischer, gruppistischer Kategorie die Analyse der historischen Konstruktion und der Effekte von Rasse als praktischer Kategorie erleichtern kann, ohne sie zu reifizieren.[386]

Das überzeugt, denn wer den Grund für Gesundheitsunterschiede oder schlechte Schulabschlüsse von marginalisierten Gruppen nicht in deren Biologie oder Kultur sucht, sondern Daten zu Einkommens- und Vermögensverteilung und Zugang zum Bildungs- und Gesundheitssystem heranzieht, wird nicht Rasse, sondern rassistische Effekte als deren Grundlagen erkennen. Zentrale Analysekategorie ist dann nicht Rasse/*race* und Forschungsgegenstand sind nicht *race relations*, vielmehr werden Rassialisierungsprozesse

383 Paul Gilroy, *Against Race: Imagining Political Culture Beyond the Color Line*, Cambridge 2001; S. 52. Mit *raciology* bezeichnet Gilroy den Diskurs rassischer Differenz und sämtliche Stereotype, Vorurteile, Bilder, Identitäten und Wissensbestände, die dieser Diskurs transportiert.

384 Miles, *Racism after »Race Relations«*, S. 5 f.

385 Barbara J. Fields, »Slavery, Race and Ideology in the USA«, in: *New Left Review* I/181/1990, S. 95-118, hier: S. 100.

386 Ebd.; Pierre Bourdieu, *Language and Symbolic Power*, Cambridge 2003, S. 220 ff.; Rogers Brubaker, »Trans. A Response«, in: *Contexts* (16) 4/2017, S. 63-65; Maria do Castro Varela, Nikita Dhawan, »Mission Impossible: Postkoloniale Theorie im deutschsprachigen Raum?«, in: Julia Reuter, Paula-Irene Villa (Hg.), *Postkoloniale Soziologie*, Bielefeld 2010, S. 303-329, hier: S. 314 ff.; Mara Loveman, »Is ›Race‹ Essential?«, S. 895 ff.; Kenan Malik, *Strange Fruit. Why Both Sides are Wrong in the Race Debate*, Oxford 2009, S. 279 ff.; Adolph Jr. Reed, »Antiracism. A Neoliberal Alternative to the Left«, in: *Dialectical Anthropology* (42) 2/2018, S. 105-115, hier: S. 105.

als Ausfluss einer globalen politischen Ökonomie der Migration im Zusammenhang mit postkolonialen Produktions- und Reproduktionsverhältnissen analysiert. Schwarze und Weiße, die Ausländer:innen, die Migrant:innen und die Deutschen gibt es mit Manuela Bojadžijev »nur unter Verhältnissen, die sie zu solchen machen«.[387] Rassialisierte Differenz wird dabei ganz im Sinne Stuart Halls als flexibler Bedeutungsträger im gesellschaftlichen Verhältnis Rassismus gedacht, das Veränderung unterliegt und dessen Positionen mit zwei in sich homogenen Gruppen »Schwarz« und »weiß« nur unzureichend bestimmt sind. »Damit«, formuliert Bojadžijev, »entzieht man den Kategorialbestimmungen, die erst ex post auf das ›sozial Konstruierte‹ von Rasse verweisen müssen, Rasse aber begrifflich aufrechterhalten wollen, in der Bestimmung den Boden. Alle anderen Rassebegriffe müssen sich damit begnügen, historisch und empirisch nachzuweisen, dass es sich um soziale Konstruktionen handelt, sind aber begrifflich nicht dazu in der Lage. In ihrer methodischen Anlage werden sie darum immer auf die Realität von Rasse zurückfallen und nicht die Realität von Rassismus in den Mittelpunkt rücken.«[388]

Auch Malik plädiert für ein dialektisches Verständnis von rassialisierter Differenz, das das Universelle und das Partikulare nicht als getrennte Kategorien betrachtet, sondern als nur in einer wechselseitigen Beziehung existierend. Dies erlaube, menschliche Unterschiede als sozial konstruiert zu betrachten und uns zugleich zu erinnern, dass Menschen eine soziale Essenz besitzen, die sich aus ihrer Soziabilität ergibt, die wiederum die Basis menschlicher Gleichheit ist.[389] Der Glaube an die Möglichkeit sozialer Transformation und das Ausüben von kollektiven solidarischen Praktiken in diesem Glauben können rassische Zuschreibungen verunsichern und über Politiken der Differenz hinausweisen. Zugrunde liegt dem ein universalistisches, inklusives Verständnis von Gleichheit, das Rassismus und die partikularen Effekte rassisch definierter Teilungen zum Beispiel auf Bildungserfolg und Gesundheitszu-

387 Manuela Bojadžijev, *Die windige Internationale. Rassismus und Kämpfe der Migration*, Münster 2008, S. 15.

388 Manuela Bojadžijev, »Konjunkturen des Rassismus«, Vortrag auf der Rat-für-Migration-Jahrestagung 13. 11. 2020, ich danke der Verfasserin für die Zurverfügungstellung des Vortragsmanuskripts.

389 Malik, *The Meaning of Race*, S. 268.

stände nicht ignoriert, aber den Rückgriff auf rassische Kategorien in Politik und Alltagssprache kritisch hinterfragt.[390] Es geht nicht darum, blind gegenüber rassistischen Differenzierungen zu sein, sondern Rassismus in stärkerem Maße als in differenzpolitischen Ansätzen als ein widersprüchliches und umkämpftes Verhältnis zu bestimmen, ohne dessen materielle Auswirkungen auf die Subjekte zu negieren. Rassismus verhängt kein unabänderliches rassisches Schicksal über die Menschen.[391] Rassialisierte Differenz entsteht in sozialen und politischen Auseinandersetzungen, und sie verändert sich durch und in diesen. Dazu gehören auch Auseinandersetzungen in den Formen und in der Sprache des Rechts.

## 3.4. Konzeptionen rassialisierter Differenz – Versuch einer Systematisierung

Rassismus und Rasse sind seit ihrer Entstehung dialektisch miteinander verbunden und interdependent mit ökonomischen Verhältnissen, nationalstaatlichen Grenzziehungen, Geschlechterverhältnissen sowie nationalen und religiösen Fremdzuschreibungen und Selbstverortungen verknüpft. Rassismus konstruiert abstammungsbasierte Eigen- und Fremdgruppen unter Bezugnahme auf Kriterien, die ihrerseits nicht neutral sind, sondern als stigmatisierende Marker dienen. Dabei kann es sich um biologische Eigenschaften wie Hautfarbe handeln, aber auch um soziale Symbole wie Namen, Sprache oder religiös konnotierte Kleidung oder um verordnete Kennzeichnungen wie den gelben Stern oder personenstandsrechtliche Einträge. Diese Kategorisierung geht bereits mit einer Bewertung einher, die sich am Wertesystem der hegemonialen Gruppe orientiert. Die Konstruktion von rassischen Gruppen, die Rassialisierung, ist damit mehr als die Zuschreibung negativ bewerteter Eigenschaften. Im Akt der Einschließung der als different ausgewiesenen Gruppen in eine gemeinsame Welt hegemonialer Bedeutungen werden die Kriterien der bloßen Differenzierung und jene der Bewertung ununterscheidbar.[392] Rassismus ist damit

390 Malik, *Strange Fruit*, S. 286.

391 Hall, »›Rasse‹, Artikulation und Gesellschaften mit struktureller Dominante«, S. 49.

392 Terkessidis, »Rassismus definieren«, S. 77.

mehr als ein individuelles Vorurteil. Als ideologischer Apparat basiert er auf gesellschaftlich geteiltem Wissen und konkreten Diskriminierungspraktiken. Seine Wirkmacht erfährt er durch die Institutionalisierung dieser Praktiken. Im Rassismus wirken rassialisierende Klassifikation und die ungleiche Verteilung von sozialen, politischen und ökonomischen Ressourcen zusammen. Insofern sind Rassekonzeptionen die theoretischen Ausarbeitungen des Rassismus – auch dann noch, wenn sie rassisismuskritisch angeeignet wurden.

Die Untersuchung unterschiedlicher Diskursfelder hat vier zentrale Fragen ergeben, um Bezugnahmen auf rassialisierte Differenz zu systematisieren:

1) Begründung: Wird rassialisierte Differenz natürlich oder gesellschaftlich begründet?
2) Verfügbarkeit: Wird rassialisierte Differenz als essentiell und unverfügbar oder als transformierbar und verfügbar angesehen?
3) Relation: Wird rassialisierte Differenz als symmetrische Differenz oder asymmetrisch als Hierarchie beschrieben?
4) Zweck: Verfolgt der Bezug auf rassialisierte Differenz die Herstellung oder Aufrechterhaltung von Benachteiligung oder von Gleichheit?

Rassekonzeptionen, die von einer überzeitlichen Struktur naturgegebener rassischer Unterschiede zwischen Menschen ausgehen, sind biologistisch. Differenz gilt ihnen als ontologisch, weil sie in den Körpern vorliegt und genealogisch weitergegeben wird. Die Ungleichwertigkeit liegt danach in der Differenz begründet. Den Widerspruch zwischen der realen Ungleichheit des Rassismus und dem universalistischen Gleichheitsanspruch moderner Gesellschaften erklären naturwissenschaftliche anthropologische und erbbiologische Rassentheorien als natürliche Hierarchie. Deshalb werden solche Theorien als superiorer Rassismus oder Überlegenheitsrassismus (*white supremacy*) bezeichnet. Im völkischen Rassediskurs wird ein universalistischer Gleichheitsanspruch ganz abgelehnt. In allen Fällen soll durch die Rassialisierung eine asymmetrische Statushierarchie begründet und gerechtfertigt werden.

Im populationsgenetischen Diskurs wird keine Theorie der Über- und Unterordnung von Rassegruppen mehr vertreten. Als Zweck der Differenzierung wird zudem der Nutzen der Klassifikation für die marginalisierte rassialisierte Gruppe selbst angeführt.

Die produzierten Gruppierungen wie Populationen oder ethnische Gruppen sind jedoch geeignet, alte Rassetypologien wiederaufleben zu lassen. Weil sie weiter auf das Natürliche, nicht auf das Gesellschaftliche abstellen, können sie im Zusammenspiel mit tradiertem rassistischen Wissen rassistische Effekte haben. Auch im kulturalistischen Ethnizitätsdiskurs wird Differenz essentialisiert, trotzdem sind ethnische Konzeptionen durchlässiger als biologistische Rassekonzeptionen. Mit der Verschiebung von Rasse zu Kultur bzw. Ethnizität ging eine Verlagerung von Ungleichwertigkeit zu unüberbrückbarer Differenz einher. Im differentiellen Rassismus wird die Unvereinbarkeit von Lebensweisen und Traditionen behauptet und – wie im biologistischen Rassismus – vor einer Überschreitung von Grenzen zwischen Bevölkerungsgruppen gewarnt. In allen diesen Ausformungen amalgamieren, mit unterschiedlichen Schwerpunktsetzungen, biologistische und kulturalistische, religiöse und nationale Zuordnungen. Rassismen sind damit bereits jenseits der herkömmlich als Intersektionalität bezeichneten Überschneidung »Rasse, Klasse, Geschlecht« interdependent im engeren Sinne.

In postrassistischen, liberalen Diskursen erfahren rassistische Unter- und Überordnungsverhältnisse Ablehnung, solche Verhältnisse gelten aber weitgehend als überwunden. Ob Rasse und Ethnizität natürliche oder kulturelle Differenz oder Fiktion sind, ist aus dieser Perspektive irrelevant, da alle Menschen eine Rasse und Ethnizität haben. Diese Perspektive versteht unter Rassismus individuelle Vorurteile, ideologischen Fanatismus oder staatliche Maßnahmen, die ausdrücklich an rassische Zuordnungen anknüpfen. Daraus resultiert ein antikategorialer Ansatz, der rassische Kategorien als symmetrische Eigenschaften versteht und jedes Anknüpfen an rassialisierte Differenz unabhängig von ihren Zwecken ablehnt.

Sozialkonstruktivistische machtkritische Konzeptionen weisen gesellschaftliche Machtverhältnisse als Ursprung rassialisierter Differenz aus: Rasse *ist* nicht, sondern Rasse *wird* sozio-historisch *hergestellt*. Dies kommt in dem Begriff der Rassialisierung zum Ausdruck.

Der Aufstieg der Politiken der Differenz verwandelte die Geltendmachung einer rassisch definierten Gruppenidentität dabei in eine antirassistische Forderung. Zwecke von Differenzierungen sind hier die Selbstermächtigung marginalisierter Subjekte und die Abschaffung von rassistischer Ungleichheit. Doch auch diesen

Ansätzen sind Kontinuitäten im essentialistischen Denken eingeschrieben, wenn Differenz als unüberbrückbar gilt. Dieser *critical-race-conciousness*-Ansatz hat im angloamerikanischen Sprachraum, besonders in den USA, eine größere Bedeutung und Verbreitung als im deutschen Sprachraum. Im europäischen rassismuskritischen Diskurs etablierte sich nicht Rasse, sondern Rassismus als kritischer Analysebegriff zur Beschreibung von Ungleichheitslagen, die aus dem Zusammenspiel globaler postkolonialer Produktions- und Reproduktionsverhältnisse, national- und transnationalstaatlicher Grenzziehungen und Politiken der Migration resultieren. Dabei verstehen sowohl Critical-Race-Ansätze als auch postrassische, rassismuskritische Ansätze Rassismus als strukturelles gesellschaftliches Problem, das über individuelle Vorurteile hinausgeht und sich nicht mit der Abschaffung staatlicher Rasseklassifikationen erledigt. Rassisch definierte Identitäten und Identifizierungen gelten nach dem postkategorialen Ansatz jedoch weder, wie im Postrassismus, als »überwunden« noch, wie in der Argumentation der Critical Race Theory, als unüberwindbar.

Deutlich geworden ist nach alldem: Das Wissen über rassialisierte Differenz ist nicht statisch, sondern umkämpft, wandelbar und vielfältig. Dass dieses Wissen auch durch Recht geformt wurde und dass es seinerseits das Recht prägt, ist bereits angeklungen. Doch was heißt das genau? Was passiert mit diesem Wissen in rechtlichen Debatten und Verfahren? Wie wird es affirmiert, delegitimiert oder modernisiert? Die folgenden Kapitel gehen diesen Fragen auf den Grund.

# 4. Rassistisches Recht

Race is a monstrous fiction,
racism is a monstrous crime.
Junot Dìaz[1]

In dem Versuch, Rasse im Recht, ausgehend von den in Kapitel 2 dargestellten rassismuskritischen Prämissen, zu verstehen, spielen die in Kapitel 3 analysierten Konzeptionen von rassialisierter Differenz in doppelter Hinsicht eine Rolle. Sie werden in rechtswissenschaftlichen Debatten rezipiert, sind aber auch in rechtlichen Kontexten legitimiert und weiterentwickelt oder in Frage gestellt worden. Recht gegen Rassismus dient als Instrument, um rassistische Diskriminierung abzubauen, zu verhindern oder zu kompensieren. Recht kann rassistische Diskriminierung und Gewalt aber auch begründen und aufrechterhalten. Dieses rassistische Recht ging historisch dem Recht gegen Rassismus voraus. Der Begriff »rassistisches Recht« ist dabei nicht definiert. Unstrittig davon erfasst sind rechtliche Regelungen, die ausdrücklich rassische Kategorisierungen etablieren und daran diskriminierende Rechtsfolgen knüpfen. Es handelt sich dabei um Recht, das die Konstruktion und Reproduktion von rassialisierter Differenz und rassistischer Ungleichheit nicht nur bewirkt, sondern bezweckt.[2] Um dieses Recht soll es vorliegend gehen.

## 4.1. Rasse im Recht als Erbe von Kolonialismus und Sklaverei

Als typische Beispiele rassistischen Unrechts, die auch als Begründung für die Etablierung von Recht gegen Rassismus herangezo-

1 Junot Díaz, in: Fields, Fields, *Racecraft*, Titelseite.

2 Auch neutral formuliertes Recht kann mittelbar rassistische Effekte zeitigen, wenn rassistisches Wissen in dessen Anwendung einfließt. Siehe die Beispiele in Kapitel 3.3.4.2. f. sowie bei Lena Foljanty, Ulrike Lembke, »Die Konstruktion des Anderen in der ›Ehrenmord‹-Rechtsprechung«, in: *Kritische Justiz* 3/2014, S. 298-315 und Doris Liebscher u. a., »Rassismus vor Gericht. Weiße Norm und Schwarzes Wissen im rechtlichen Raum«, in: *Kritische Justiz* 2/2014, S. 135-151.

gen werden, gelten die auf die Abschaffung der Sklaverei folgenden Segregationsgesetze in den US-amerikanischen Südstaaten und die Apartheidsgesetze in Südafrika.[3] Auch wenn rassistisches Recht in Deutschland zumeist mit dem Nationalsozialismus in Zusammenhang gebracht wird, gab es bereits Vorläufer im kolonialen Recht des Deutschen Reiches.

### 4.1.1. White by Law: Rasse im Recht der USA

Die Verschmelzung von ökonomischer Ungleichheit und rassialisierter Differenz strukturiert die US-amerikanische Gesellschaft bis heute. Eigentumsrechte und Freiheitsrechte wurden an Weißsein geknüpft und in dieser Verknüpfung rechtlich abgesichert.

#### *4.1.1.1. Slave Codes und Greaser Acts – Rassifizierung von Eigentum und Arbeitskraft*

Bereits auf das 17. Jh. datieren die sogenannten *Slave Codes*, die versklavte Menschen rechtlich als Eigentum (Sachen) behandelten.[4] Der vormals soziale Status »Sklave« wurde dabei zunehmend mit afrikanischer Abstammung assoziiert.

Der U.S. Supreme Court erteilte dieser rassistischen Fusion 1856/1857 in der Entscheidung *Dred Scott v. Sandford* seinen Segen. Ausgangspunkt des Verfahrens war der Versuch des versklavten Klägers, seine Freiheit mit der Begründung zu erlangen, er habe zeitweise in sklavenfreien Bundesstaaten und Territorien der USA gelebt. Das Verfahren und die Urteilsbegründung berührten vielfältige Fragen nach Zulässigkeit und Verbot der Sklaverei. So entschied der Gerichtshof, das Eigentumsrecht der Sklavenhalter lasse

3 Der Begriff Apartheidsgesetze bezeichnet zumeist die nach 1948 in Südafrika eingeführten Gesetze, die die auf die koloniale Aufteilung des afrikanischen Kontinents zurückgehende rassische Segregation der Gesellschaft in schwarz, weiß, colored und indisch/chinesisch zum Regierungsprogramm erhoben. Zum Ganzen Ford, »Administering Identity«, S. 1276 ff.; Anthony W. Marx, *Making Race and Nation. A Comparison of the United States, South Africa, and Brazil*, Cambridge 1999, S. 84 ff.

4 Harris, »Whiteness as Property«, S. 280; zu britischen und französischen Vorgängern Edward Rugemer, »The Development of Mastery and Race in the Comprehensive Slave Codes of the Greater Caribbean during the Seventeenth Century«, in: *The William and Mary Quarterly* (70) 3/2013, S. 429-458.

ein bundesrechtliches Verbot der Sklaverei in den Territorien nicht zu. Eine weitere, für den Vorsitzenden Richter Roger B. Taney entscheidende Frage lautete, ob der Kläger nach dem historischen Willen zur Zeit der Verfassungsgebung 1787 – dem *original intent* – überhaupt Bürger der Vereinigten Staaten sein und daher vor Bundesgerichten klagen könne.[5] Taney kam zu dem Schluss, dem sei nicht so: »Ein freier *negro* der afrikanischen Rasse, dessen Vorfahren in dieses Land gebracht und als Sklaven verkauft wurden, ist kein ›Bürger‹ im Sinne der Verfassung der Vereinigten Staaten.«[6] Nur zwei Richter schlossen sich nicht der Mehrheitsmeinung an, sie argumentierten, dass alle unversklavten Menschen, unabhängig von ihrer Abstammung, Bürger im Sinne der Verfassung seien.[7]

Die Lektüre der Urteilsbegründung veranschaulicht zweierlei, die Fusion von sozio-ökonomischem Eigentumsstatus mit Abstammung und die Naturalisierung sozialer Ungleichheit als rassische Differenz. Der Kläger im Besonderen und freie oder versklavte Schwarze Menschen im Allgemeinen werden darin synonym mit folgenden Termini beschrieben: als »*Negro* afrikanischer Abstammung, mit Vorfahren reinen afrikanischen Blutes«,[8] als »Personen der *negro race*«,[9] als »versklavte afrikanische Rasse«,[10] als »Klasse von Personen, die als Sklaven importiert worden waren, sowie deren Nachkommen«[11] und »als Wesen einer niederen Ordnung, insgesamt unfähig, Beziehungen mit der weißen Rasse aufzunehmen, weder in gesellschaftlicher noch in politischer Beziehung; und zwar so weit unterlegen, dass sie keine Rechte hatten, die der weiße Mann zu respektieren verpflichtet gewesen wäre«.[12] Differenz gilt hier als ontologisch und Ungleichwertigkeit als in der Differenz begründet und gerechtfertigt.

Ein Beispiel dafür, wie rassistische Zuschreibungen mit der Ausbeutung von Arbeitskraft und klassistischen Stereotypen zusammenwirken, ist der sogenannte *Greaser Act*. Das Gesetz wurde

5 Dred Scott v. Sandford, 60 U.S. 393 (1856), 427.
6 Ebd., S. 393, Übers. d. Verf.
7 Ebd., S. 529 ff. (McLean Dissent), S. 564 (Curtis Dissent).
8 Ebd., S. 457, Übers. d. Verf.
9 Ebd., S. 417, 596 (Curtis dissenting), Übers. d. Verf.
10 Ebd., S. 410, Übers. d. Verf.
11 Ebd., S. 407, Übers. d. Verf.
12 Ebd., S. 407, Übers. d. Verf.

kurz nach der US-Annexion von mexikanischem Territorium im Jahr 1848 erlassen. Es verbot »Landstreicherei«, also das »Herumziehen und Sichverdingen«. Von seinem Anwendungsbereich erfasst waren »alle, die herkömmlich als ›Greasers‹ bekannt sind bzw. das Ergebnis von spanischem und indianischem Blut sind [...], sowie bewaffnete, aufrührerische und Unruhe stiftende Personen«.[13] Der Begriff »Greaser« war eine abwertende Bezeichnung für Mexikaner; er bezog sich auf die ältere Praxis von Arbeitern in einigen Regionen Mexikos, sich beim Entladen schwerer Güter den Rücken einzufetten, stand aber auch für Zuschreibungen bezüglich Hautfarbe und Körperhygiene.[14] Das Gesetz verband in stereotyper Weise Abstammung (Blut), Herkunft (Mexiko) und auch eine Klassenzugehörigkeit mit negativen Eigenschaftszuschreibungen (kriminell, aufrührerisch).

Das Gesetz ist insofern auch ein Beispiel für intersektionale Diskriminierung. Der *Greaser Act* entwarf den unzivilisierten rassialisierten Anderen nicht nur, er drohte Personen, die ohne Arbeit aufgegriffen wurden, auch lange Haftstrafen an oder eine Verurteilung zu schwerer Arbeit, die in den von (weißen) Angloamerikanern betriebenen Ranches zu verrichten war. Damit sorgte er zugleich für billige Arbeitskräfte. Der *Greaser Act* ist ein Beispiel für rassistische Gesetze, die erlassen wurden, um Mexikaner:innen die Rechte und den Status von Weißen zu entziehen und Weißen ökonomische Vorteile zu verschaffen.[15]

#### *4.1.1.2.* Black Codes, Anti-Miscegenation Laws *und die* one-drop rule

Die *Dred-Scott*-Entscheidung des Supreme Court von 1857 erzürnte die Gegner der Sklaverei und ermunterte deren Verteidiger, vor allem in den Südstaaten. Das Urteil gilt insofern als mitursächlich für den Bürgerkrieg, an dessen Ende die Abschaffung der Sklave-

13 Cal. Stat. 175 (1855), zitiert nach Haney López, *White by Law*, S. 29, Übers. d. Verf.

14 In den 1950er und 1960er Jahren wurde der Begriff auch zur Selbstbezeichnung einer proletarisch-migrantischen Jugendsubkultur in den Städten der USA verwandt, das veranschaulichen die Darstellungen in *West Side Story* (1961) und *The Outsiders* (1983).

15 Karen Brodkin, »Race, Class, and Gender: The Metaorganization of American Capitalism«, in: *Transforming Anthropology* (7) 2/1998, S. 46-57.

rei durch den 13. Verfassungszusatz von 1865 und die Einführung des Ius soli 1868 durch den 14. Verfassungszusatz stand. *Dred Scott* war damit faktisch aufgehoben. Doch die Reaktion ließ nicht lange auf sich warten. Einzelne Bundesstaaten erließen sogenannte *Black Codes* oder als *Jim Crow Laws* bekannte Gesetze, die die Bürgerrechte ehemals versklavter und nun freier Schwarzer weiterhin beschränken sollten.[16] In zahlreichen US-Bundesstaaten schrieben sie die rassistische Trennung zwischen als *colored* oder *negros* bezeichneten ehemaligen Sklaven und der in Abgrenzung dazu als weiß definierten Bevölkerung rechtlich fort. Die Segregation bezog sich dabei auf private und auf öffentliche Einrichtungen, zum Beispiel auf die Nutzung von Verkehrsmitteln und Toiletten sowie von Freizeit- und Bildungseinrichtungen.[17]

Zur rechtlichen Kategorisierung diente die sogenannte *one-drop rule.* Sie machte die Zuordnung zur *colored race* an vermeintlichen Blutanteilen fest, also an der generationellen Abstammung von einer vom afrikanischen Kontinent nach Amerika zum Zweck der Versklavung entführten Person. Dabei handelt es sich um eine hypodeszente Regel, das bedeutet, dass Personen mit als gemischt definierter Abstammung immer der untergeordneten Gruppe zugewiesen werden. Die hypodeszente *one-drop rule* umging damit das patrilineare Abstammungsprinzip. Sie geht auch auf die rassistische, sexistische und ökonomisch kalkulierte Praxis zurück, dass die Besitzer versklavter Frauen diese vergewaltigen konnten, ohne dass weiße Abkömmlinge, also freie Menschen, geboren werden konnten.[18] Selbst Personen mit nur teilweiser afrikanischer und mehrheitlich europäischer Abstammung wurden auf diese Weise in die Sklaverei hineingeboren. Zunächst war die *one-drop rule* nur Gewohnheitsrecht und diente vor allem der Verhinderung von ge-

16 »Jim Crow« war eine in den USA im 19. Jahrhundert verwendete Bezeichnung für das Stereotyp eines singenden, tanzenden und unterdurchschnittlich intelligenten Schwarzen. Die Figur war vor allem in den *minstrel shows* beliebt, in denen Weiße ihre Gesichter schwarz färbten (*black facing*) und afroamerikanisches Leben in abwertender Weise karikierten. Zum Ganzen James Davis, *Who is Black? One Nation's Definition*, University Park 2008, S. 52 ff.

17 Richard T. Schaefer (Hg.), *Encyclopedia of Race, Ethnicity, and Society*, Bd. 1, London 2008, S. 795.

18 Christine B. Hickman, »The Devil and the One Drop Rule: Racial Categories, African Americans, and the U.S. Census«, in: *Michigan Law Review* (95) 5/1997, S. 1161-1265, hier: S. 1176.

mischten Ehen. 1865 verabschiedete Florida ein Gesetz, das eheliche und sexuelle Beziehungen zwischen Schwarzen und Weißen verbot und eine *person of color* vermittels der *one-drop rule* definierte: »Jede Person, die ein Achtel oder mehr Negerblut hat, soll als eine farbige Person gelten.«[19] Das war der Anfang einer ganzen Reihe von sogenannten *Anti-Miscegenation Laws.* 1910 machte Tennessee die *one-drop rule* zum Gesetz. 1924 folgte Virginia mit dem *Racial Integrity Act*, wonach rechtlich als *colored* galt, wer einen einzigen schwarzen Vorfahren hatte. Die geforderten Anteile schwankten von Bundesstaat zu Bundesstaat und wurden mitunter auch innerhalb der Gesetzgebung eines Bundesstaates mehrmals geändert.[20] Das geht auch aus dem letzten Absatz der Entscheidung *Plessy vs. Ferguson* eindrücklich hervor, mit der der Oberste Gerichtshof der Vereinigten Staaten die rassistisch segregierenden *Black Codes* 1896 als verfassungsmäßig bestätigte:

> Zur Frage nach dem Anteil farbigen Blutes, der notwendig ist, um eine farbige Person im Unterschied zu einer weißen Person zu konstituieren, gibt es in den verschiedenen Staaten unterschiedliche Meinungen. Einige halten fest, dass jede sichtbare Beimischung von schwarzem Blut die Person als zur farbigen Rasse gehörend kennzeichnet (Staat vs. Chavers, 5 Jones [N. C.] 1); andere, dass es vom Überwiegen des Blutes abhängt (Gray vs. State, 4 Ohio, 354; Monroe vs. Collins, 17 Ohio St. 665); und wieder andere, dass die Vorherrschaft des weißen Blutes nur im Verhältnis von drei Vierteln sein darf (People vs. Dean, 14 Mich. 406; Jones vs. Com.), 80 Va. 544).[21]

*Colored blood* – »farbiges Blut« und damit die Abstammung von einer afroamerikanischen Person – war das Kriterium, um Schwarzsein festzustellen. Das war im Alltag schwer nachzuweisen. Deshalb kam es letztlich auf eine soziale Bestimmung nach Äußerlichkeiten oder nach Leumund an.

Die *one-drop rule* galt nur für die rassische Definition von Afroamerikaner:innen. Als gesetzliche Vorschrift blieb sie weltweit

19 Zitiert nach Albert Ernest Jenks, »The Legal Status of Negro-White Amalgamation in the United States«, in: *American Journal of Sociology* (21) 5/1916, S. 666-678, hier: S. 667, mit Nachweisen für weitere Bundesstaaten, Übers. d. Verf.

20 Davis, *Who is Black*, S. 55, zeigt das am Beispiel von Virginia.

21 Plessy v. Ferguson, 163 U.S. 537 (1896), 552, Übers. d. Verf. Ausführlich zur Entscheidung siehe Kapitel 5.2.1.

einzigartig.[22] Doch von rassistischem Recht waren früh auch andere Bevölkerungsgruppen erfasst, die im Zuge der kolonialen Aufteilung und Kategorisierung der Welt rassialisiert worden waren und die nun im Wege von Migrationen oder Grenzverschiebungen auf US-amerikanischem Territorium lebten. Das Mischehenverbot im kalifornischen *Civil Code* wurde 1880 auch auf Menschen aus Ostasien ausgedehnt, die damals als »*Mongolians*« bezeichnet wurden.[23] 1909 wurden auch Ehen zwischen Weißen und Japaner:innen erfasst.[24] Auch Lateinamerikaner:innen wurden bereits früh rechtlich rassialisiert.

#### *4.1.1.3. Rassistische Einbürgerungsgesetze*

Das Recht bestimmte auch über die Einbürgerungsgesetzgebung, wer als nicht weiß galt. In der sogenannten *Naturalization Era* von 1790 bis 1952 war Weißsein grundsätzlich Voraussetzung für den Zugang zur US-amerikanischen Staatsangehörigkeit. Der *Naturalization Act* von 1870 ermöglichte auch Personen afrikanischer Herkunft die Einbürgerung. Native Americans wurde erst durch den *Indian Citizenship Act* von 1924 die US-amerikanische Staatsangehörigkeit gewährt. Auch chinesische und japanische Migrant:innen waren lange von Einwanderungsverboten oder Auswanderungsgeboten betroffen.[25] Haney López hat in *White by Law* die Gerichtsentscheidungen zu Einbürgerungsgesuchen in der *Naturalization Era* analysiert. Er zeigt, dass die Bedeutung von »weiß« umstritten war und im Laufe der Zeit in den Entscheidungen variierte. Antragsteller aus Burma, China, Hawai und Japan wurden abgelehnt, Antragsteller aus Syrien, Indien und arabischen Ländern wurden von einigen Gerichten abgelehnt, von anderen als weiß akzeptiert. Durchweg

22 Davis, *Who is Black?*, S. 13.

23 Haney López, *White by Law. The Legal Construction of Race*, New York 2006, S. 169.

24 Ebd.

25 Erst 1940 wurde die Möglichkeit des Erwerbs der Staatsbürgerschaft durch US-amerikanische Gerichte auf »descendants of races indigenous to the Western Hemisphere«, »Filipino persons or persons of Filipino descent«, »Chinese persons or persons of Chinese descent« und »persons of races indigenous to India« erweitert. Der *Immigration and Nationality Act* von 1952 verbot schließlich jegliche Anknüpfung an rassische und geschlechtsspezifische Kriterien bei der Einbürgerung.

stuften die Richter jene Personen, die sie als Weiße kategorisierten und deshalb zur Staatsbürgerschaft zuließen, als höherwertig ein. Diejenigen, die sie als nicht weiß ablehnten, wurden dagegen als minderwertig eingestuft.[26] Khaled Beydoun hat anhand dieser Einbürgerungsentscheidungen die rechtliche Konstruktion des arabisch-amerikanischen Subjekts untersucht. Arabische Amerikaner, stellt er fest, wurden als der »Arabischen Welt« verhaftet und deshalb antagonistisch zur »Westlichen Welt« und in jedem Fall dem Islam verbunden gezeichnet. Gerichte, so schlussfolgert Beydoun, etablierten und institutionalisierten zugleich ein Bild und Verständnis des Islams als unumkehrbar fremde und nicht anpassungsfähige Religion, die entschlossen sei, den christlichen Charakter der Vereinigten Staaten zu bedrohen.[27] Er zeigt damit, wie orientalistische Stereotype richterliche Narrative prägen, und veranschaulicht nicht zuletzt den Rückgriff auf Religion im Zusammenwirken mit rassischen Zuordnungen in Rassialisierungsprozessen.

Deutlich wird an diesen Studien zum einen, wie die rassischen Kategorisierungen des Einbürgerungsrechts den »*racial character*«[28] der Vereinigten Staaten auch jenseits der *color line* beeinflussten. Deutlich wird aber auch, welches Wissen dabei herangezogen wurde. Zur Begründung dafür, einige Personen als weiß und andere als nicht weiß zu kategorisieren und damit Bürgerrechte zu gewähren oder zu verweigern, stellten die Gerichte nicht auf die für Afroamerikaner:-innen vorbehaltene *one-drop rule* ab. Stattdessen wurden willkürlich Kriterien wie Hautfarbe, Gesichtszüge, Sprache, Kultur, nationale Herkunft oder Vorfahren herangezogen. Als Wissensquellen beriefen sich die Gerichte auf wissenschaftliche Auffassungen, noch häufiger jedoch auf landläufige Meinungen bzw. Alltagswissen. So berichtet Haney López von einem in Indien geborenen Antragsteller, der über einen Universitätsabschluss verfügte und bereits sechs Monate in der U.S. Army gedient hatte. Der Supreme Court attestierte ihm zwar Zugehörigkeit zur »weißen Rasse« der Kaukasier (*caucasian*), lehnte seinen Antrag jedoch mit der Begründung ab, »der durchschnittliche Mann« kenne den Unterschied »zwischen

26 Haney López, *White by Law*, 2006, S. 20 f., 38 ff., 169.

27 Khaled Beydoun, »Between Muslim and White: The Legal Construction of Arab American Identity«, in: *NYU Annual Survey of American Law* (69) 1/2013, S. 29-75.

28 Haney López, *White by Law*, S. 28.

dem blonden Schweden und dem braunen Hindu«.[29] Die Studien von Beydoun zeigen auch, wie in den Urteilsbegründungen eine Hierarchisierung zwischen weiß vs. nicht weiß bzw. westlich/christlich vs. orientalisch/muslimisch vorgenommen wurde, die auf rassistischen Stereotypisierungen basierte. Sie ermöglichten so auch positive Selbst- und negative Fremdwahrnehmungen, die immer mit rassistischen Zuschreibungen einhergehen.

### 4.1.2. Von der Peripherie ins Zentrum: Rasse im deutschen Kaiserreich

Die Ideologien des Evolutionismus, Sozialdarwinismus und Rassismus spielten, wie in Kapitel 3 gezeigt, für die Legitimation der Kolonisierung und Entrechtung der einheimischen Bevölkerung in den Kolonien weltweit eine entscheidende Rolle, auch in Deutschland. Deutschland war als Kolonialmacht (1884-1918) Teil der wirtschaftlichen und politischen Neuordnung der Welt im Hochimperialismus und verfügte mit den Kolonien in Afrika, Nordchina und im Pazifik über das viertgrößte europäische Kolonialreich. Der koloniale Staat war »eine politische Form *sui generis*«,[30] nach außen den politischen Instanzen des Mutterlandes untergeordnet, entsprach er nach innen eher einer Autokratie. Die koloniale Ära begann mit der Gründung von Kolonialgesellschaften und der Ausstellung kaiserlicher Schutzbriefe, auf deren Grundlage Kaufleute Gebietsabtretungsverträge mit einheimischen Potentaten abschlossen bzw. erzwangen.

Das »Gesetz über die Rechtsverhältnisse in den deutschen Kolonien« vom 17. April 1886 – später als Schutzgebietsgesetz (SchGG) novelliert – übertrug dem Kaiser »die Schutzgewalt in den deutschen Schutzgebieten«.[31] Es stattete ihn auch mit einem umfassen-

29 Ebd., S. 26 unter Verweis auf *United States v. Thind*, 261 U.S. 204 (1922), 211.

30 Jürgen Osterhammel, *Kolonialismus*, München 2009, S. 62; zum rechtlichen Status Felix Hanschmann, »Die Suspendierung des Konstitutionalismus im Herz der Finsternis. Recht, Rechtswissenschaft und koloniale Expansion des Deutschen Reiches«, in: *Kritische Justiz* (45) 2/2012, S. 144-162, hier: S. 147 ff.

31 RGBl. S. 75. Das Gesetz trat novelliert am 01. 01. 1901 als Schutzgebietsgesetz in Kraft (RGBl. S. 812), weitere Novellen v. 16. 07. 1912 (RGBl. S. 443), 22. 07. 1913 (RG. S. 599) sowie durch das Reichs- und Staatsangehörigkeitsgesetz v. 22. 07. 1912 (RGBl. S. 583).

den Verordnungsrecht aus, das er an die Gouverneure delegieren konnte (§ 15 SchGG). Der Gouverneur einer Kolonie vereinte dadurch umfangreiche legislative und exekutive Kompetenzen auf sich. Auch aufgrund großer Entfernungen und langer Kommunikationswege zu den Behörden in Deutschland war er gemeinsam mit den lokalen Verwaltungseinheiten »der eigentliche Herrscher des Empire«.[32] Die koloniale Gesellschaft war eine »rassisch segregierte Privilegiengesellschaft«.[33] Die Vorstellung einer fundamentalen Dichotomie zwischen den Kolonialist:innen und einer als minderwertig angesehenen beherrschten Bevölkerung gehörte zum Wesen der kolonialen Politik, insbesondere der Siedlungspolitik.[34]

#### *4.1.2.1. Rechtsspaltung in den Kolonien des deutschen Kaiserreichs*

Die alle Aspekte des Lebens umfassende soziale Ordnung in den Kolonien fußte auf biologistischer Hierarchisierung, und alle Subjekte, sowohl diskriminierte als auch privilegierte, verinnerlichten ihre Position innerhalb dieser Hierarchie. Dabei kam dem Recht eine entscheidende Rolle zu. Nur Angehörige der kolonisatorischen Nation – in Mahmood Mamdanis Worten die *master race* – hatten volle Bürgerrechte inne.[35] Die rechtliche Stellung der einheimischen Bevölkerung war widersprüchlich: Durch das Schutzgebietsgesetz war sie der deutschen Souveränität unterworfen worden, die Gesetze des Kaiserreichs galten für sie jedoch nicht, da sie keine Reichsangehörigen waren. Sie wurden als sogenannte »Eingeborene« als rechtliche Sonderkategorie etabliert. So hieß es in § 4 SchutzGG: »Die Eingeborenen unterliegen der im § 2 geregelten Gerichtsbarkeit und den im § 3 bezeichneten Vorschriften nur insoweit, als dies durch Kaiserliche Verordnung bestimmt wird. Den Eingeborenen können durch Kaiserliche Verordnung

32 Sebastian Conrad, *Deutsche Kolonialgeschichte*, München 2008, S. 44. Das erklärt auch die nicht einheitliche kolonialpolitische Linie und Rechtslage in den einzelnen Kolonien und verschiedenen Zeitabschnitten.

33 Jürgen Zimmerer, »Deutscher Rassenstaat in Afrika. Ordnung, Entwicklung und Segregation in ›Deutsch-Südwest‹ (1884-1915)«, in: Fritz Bauer Institut (Hg.), *Gesetzliches Unrecht*, Frankfurt/M. 2005, S. 135-154, hier: S. 137, 146 f.

34 Conrad, *Deutsche Kolonialgeschichte*, S. 65.

35 Mamdani, *When Victims Become Killers*, 2002, S. 27. Deutsche Frauen in den Kolonien hatten ebenfalls nicht die vollen Bürgerrechte, aber mehr Rechte als kolonisierte Personen.

bestimmte andere Theile der Bevölkerung gleichgestellt werden.« Gleiches formulierte § 7 SchutzGG für die Eheschließung und die Beurkundung des Personenstandes. In den einzelnen Kolonien wurden dazu Eingeborenenverordnungen erlassen, die sich zwar hinsichtlich ihrer Rigidität unterschieden, aber allesamt eine duale Rechtsordnung in der Peripherie etablierten, die sich an rassischen Zuordnungen orientierte und sich von der im Reichsgebiet geltenden Rechtsordnung kategorial unterschied.

Mangels eines einheitlichen Strafgesetzbuches und festgelegter Straftatbestände definierten die Kolonialbeamten für ihre Amtsbezirke willkürlich, was sie als strafwürdig erachteten, zum Beispiel »Frechheit«, »Ungebühr« und »fortgesetzte Faulheit«.[36] Durch das Disziplinarstrafrecht konnten auch strafrechtlich nicht statthafte Strafen, zum Beispiel bei »Pflichtverletzung und Trägheit, Widersetzlichkeit oder unbegründete[m] Verlassen[...] ihrer Dienst- oder Arbeitsstellen«, von den Kolonialbeamten verhängt werden.[37] Zu Erfassungs- und Kontrollzwecken führten verwaltungs- bzw. polizeirechtliche Pass-, Kontroll- und Gesindeverordungen eine Meldepflicht ein.[38] In Deutsch-Südwestafrika mussten sich alle Einheimischen in »Eingeborenenregister« bei den Bezirksämtern eintragen lassen und eine sichtbare »Eingeborenen-Passmarke« tragen, die auf Verlangen jeder weißen Person gezeigt werden musste.[39] Der Pass war nur in einem Distrikt gültig; das Verlassen des Distriktes bedurfte einer polizeilichen Erlaubnis.[40] Die Pflicht, Reichsdeutsche zu grüßen und beiseitezutreten, komplettierte die Verrechtlichung von hierarchischen Privilegien und rassistischer Überlegenheitsideologie. Die absolute Kontrolle der Bewegungsfreiheit zielte nicht nur auf die Bekämpfung von Widerstand, sondern schuf zusammen mit dem Verbot, Reit- und Großvieh zu besitzen, und

36 Zimmerer, »Deutscher Rassenstaat in Afrika«, S. 145; Ulrike Schaper, *Koloniale Verhandlungen. Gerichtsbarkeit, Verwaltung und Herrschaft in Kamerun 1884-1916*, Frankfurt/M. 2012, S. 137. Zur rechtlichen Regulierung der Prügelstrafe als »väterliches Züchtigungsrecht« Essner, »Border-line im Menschenblut«, S. 29.

37 § 17 Verordnung des Reichskanzlers v. 22. 04. 1896, zitiert nach Deutsches Koloniallexikon, S. 507 ff.

38 Jürgen Zimmerer, »Der koloniale Musterstaat?«, in: Jürgen Zimmerer, Joachim Zeller (Hg.), *Völkermord in Deutsch-Südwestafrika*, Berlin 2004 S. 26.

39 Eine Abbildung findet sich in Susanne Wernsing u. a. (Hg.), *Rassismus. Die Erfindung von Menschenrassen*, Göttingen 2018, S. 108.

40 Zimmerer, »Deutscher Rassenstaat in Afrika«, S. 139.

der Verpflichtung zur Entrichtung von Hütten- und Kopfsteuern eine regulierbare Masse von lohnarbeitsabhängigen Arbeitskräften. Sie war ein bevölkerungsökonomisches Mittel zur Schaffung und Steuerung eines einheimischen Arbeitsmarktes für die Plantagen.[41] Zimmerer schließt aus alldem, dass die Eingeborenenverordnungen die normative Grundlage eines kolonialen »Rassen- und Überwachungsstaates« darstellten.[42]

Zusammengefasst zeichnete sich die »rassistische Rechtsspaltung«[43] in den deutschen Kolonien durch drei Besonderheiten aus: Ein duales Rechtssystem unterschied zwischen »reichsangehörigen« und »eingeborenen« Rechtssubjekten und versah letztere mit einem nachteiligen Rechtsstatus. Ein umfassendes Kontrollsystem etablierte die Durchsetzung dieser Ordnung. Schließlich wurde das Prinzip der Gewaltenteilung faktisch außer Kraft gesetzt. Die Macht der Gouverneure und Kolonialbeamten war allumfassend und unkontrolliert.[44] Das Rechtssystem bot den Kolonisierten selbst dann keinen effektiven Rechtsschutz, wenn ihnen von Kolonialbeamten und Siedler:innen nach kolonialem Recht rechtswidrig Nachteile zugefügt wurden. Gerichtsverhandlungen wurden von Kolonialbeamten abgehalten, Urteile, bisweilen nach Konsultationen einheimischer Rechtsexperten, vom Bezirksamtmann erlassen.[45] Die rassistische Ideologie führte zu einer regelmäßigen Vorverurteilung der kolonisierten Bevölkerung, die als per se unglaubwürdig galt.[46]

#### *4.1.2.2. Biologistischer Rassediskurs und Eingeborenenbegriff im kolonialen Recht*

Biologistische Rassekonzeptionen legitimierten die rechtliche Schlechterstellung und alltägliche Diskriminierung der Kolonisierten und etablierten zugleich neue, rassisch definierte Identitätskategorien, die zum Teil bis heute verwendet werden. Die

41 Zur Zwangsarbeit in als »Konzentrationslager« bezeichneten Arbeitslagern Zimmerer, »Der koloniale Musterstaat?«, S. 76 f.

42 Ebd., S. 35.

43 Essner, »Border-line im Menschenblut«, S. 58.

44 Hanschmann, »Die Suspendierung des Konstitutionalismus im Herzen der Finsternis«, S. 153 ff.

45 Zur kolonialen Gerichtsbarkeit Schaper, *Koloniale Verhandlungen*, S. 161 f.

46 Zimmerer, »Deutscher Rassenstaat in Afrika«, S. 146.

duale Struktur des kolonialen Rechts gründete, wie gezeigt, auf dem Schutzgebietsgesetz, das zwischen »Reichsangehörigen« und »Eingeborenen« unterschied. Eine ausdrückliche Definition, wer »eingeboren« war, enthielt dieses Gesetz nicht. Die Rechtsprechung reagierte auf die Tatsache, dass der Begriff Eingeborene »bisher nirgendwo festgelegt ist«,[47] mit einer Definition, die sich auf nichtrechtliches Wissen stützte. Das Obergericht in Windhuk, letzte Instanz in kolonialrechtlichen Streitigkeiten in Deutsch-Südwestafrika, fasste die juristische Frage, wer »Eingeborener« sei, wie folgt zusammen:

> Die Frage der Zugehörigkeit zu den Eingeborenen kann nur [...] nach der allgemeinen Verkehrsanschauung beurteilt werden, wie sie sich im Laufe der Zeit entwickelt hat. Man versteht darunter sämtliche Blutsangehörige der in der Kolonie sesshaften Natur- und Halbkulturvölker und ihre Deszendenz. [...] Blutsangehörige dieser Stämme bleiben auch Abkömmlinge von Eingeborenen, die aus der Geschlechtsverbindung mit Angehörigen der weißen Rasse hervorgegangen sind, eben infolge ihrer Blutsverwandtschaft. Es muss deshalb jeder, dessen Stammbaum auf väterlicher oder mütterlicher Seite auf einen Eingeborenen zurückgeführt werden kann, selbst als Eingeborener betrachtet und behandelt werden. Auf den Grad der Blutsverwandtschaft mit dem Eingeborenen kommt es nicht an.[48]

Der Terminus »Halbkulturvölker« verdeutlicht die Verbindung von rassenbiologischen Kategorisierungen mit Vorstellungen von Zivilisiertheit (Kultur) und Unzivilisiertheit (Natur oder Halbkultur). Wie die US-amerikanische *one-drop rule* geht die koloniale Rechtsprechung jedoch auch von rassenbiologischen Annahmen aus: Das »eingeborene/farbige« Blut gilt als das genealogisch durchsetzbarere, zugleich rassisch schlechtere und damit letztlich gefährlichere Blut. Zur Anwendung kam hier ebenfalls die hypodescente Regel: Die blutsbezogene biologische Ahnenreihe konnte nach der kolonialen Rechtsprechung auch durch Nachkommen von Kolo-

47 Obergericht Windhuk, zitiert nach Harald Sippel, »Rechtspolitische Ansätze zur Vermeidung einer Mischlingsbevölkerung in Deutsch-Südwestafrika«, in: Frank Becker (Hg.), *Rassenmischehen, Mischlinge, Rassentrennung*, Stuttgart 2004, S. 138-164, hier: S. 149.

48 Ebd. Zur Entwicklung der Rechtsprechung Harald Sippel, »›Im Interesse des Deutschtums und der weißen Rasse‹. Behandlung und Rechtswirkungen von ›Rassenmischehen‹ in den Kolonien Deutsch-Ostafrika und Deutsch-Südwestafrika«, in: *Jahrbuch für afrikanisches Recht* (9) 1995, S. 123-159, hier: S. 145 ff.

nisierten und Kolonisator:innen nicht durchbrochen werden. Cornelia Essner hat diesen »unendlich tiefen Eingeborenenbegriff«[49] treffend als »juristischen Blutaberglaube[n]« bezeichnet.[50] Da in der Regel weiße Männer kolonisierte Frauen heirateten, kam die sexistische Annahme hinzu, »farbiges« Blut verbreite sich wie eine Infektionskrankheit über die weibliche Linie.[51]

Auskunft über die vom Obergericht Windhuk angesprochene »allgemeine Verkehrsanschauung«, und damit über die im kolonialen Rechtsdiskurs kursierenden Wissensbestände, gibt das größte deutschsprachige Lexikon zum deutschen Kolonialwesen, das *Deutsche Kolonial-Lexikon.*[52] Es kann als eine Art Kommentierung der kolonialen Rechtsregelungen und als Archiv zeitgenössischen Wissens über die Kolonien, die dort lebenden Menschen, aber auch über die Verfasser selbst betrachtet werden. Herausgeber war der ehemalige Gouverneur von Deutsch-Ostafrika Heinrich Schnee. Doch auch Juristen wie Johannes Gerstmeyer schrieben am Kolonial-Lexikon mit. Der lexikalische Eintrag zum »Schutzgebietsgesetz« unterscheidet zwischen »Nichteingeborenen (Weißen)« und »Eingeborenen«.[53] Letzteren ist unter dem Eintrag »Eingeborenenrecht« eine längere Einteilung gewidmet. Gerstmeyer stellt darin zunächst fest, »die eingeborene Bevölkerung ist in den Schutzgebieten in Anbetracht ihres geringen Kulturzustandes im Allgemeinen noch nicht reif [...], rechtlich mit den Europäern auf eine Stufe gestellt zu werden«.[54] »Eingeborene« definiert er aber nicht nur mit Blick auf den vermeintlichen Stand ihrer Zivilisiertheit, sondern

49 Essner, »Border-line im Menschenblut«, S. 33 f.

50 Ebd.; Sippel, »Rechtspolitische Ansätze zur Vermeidung einer Mischlingsbevölkerung«, S. 149 formuliert ganz ähnlich: »blutsbezogene biologistische Ahnenreihe«.

51 Essner, »Border-line im Menschenblut«, S. 33; Katharina Walgenbach, »Weiße Identität und Geschlecht«, in: Karl-Siegbert Rehberg (Hg.), *Soziale Ungleichheit, kulturelle Unterschiede,* Frankfurt/M. 2006, S. 1705-1717, weist darauf hin, dass kolonialpolitisch aktive deutsche Frauen damit ihr Engagement gegen »Rassenmischehen« begründeten.

52 Heinrich Schnee (Hg.), *Deutsches Kolonial-Lexikon*, 3 Bde., Leipzig 1920. Es war 1913 druckbereit, erschien aufgrund des Ersten Weltkrieges aber erst 1920.

53 O. A. Strähler, »Schutzgebietsgesetz«, in: Schnee (Hg.), *Deutsches Kolonial-Lexikon*, S. 317 f.

54 Johannes Gerstmeyer, »Eingeborenenrecht«, in: Schnee (Hg.), *Deutsches Kolonial-Lexikon*, S. 507 ff.

auch ethnologisch: »In Betracht kommen in Deutsch-Ostafrika Suaheli, Neger der Bantustämme; in Kamerun und Togo Bantuneger, Sudanneger und hamitische Elemente, wie Haussa und Fulbe; in Deutsch-Südwestafrika Herero, Ovambo, Hottentotten, Bergdamara, Buschmänner und Bastardstämme.«[55] Dabei handelt es sich um koloniale Fremdbezeichnungen, die meist nicht der Selbstzuordnung der Bevölkerung entsprachen, sie finden zum Teil bis heute Verwendung.

Ein weiteres mit Kultur und Blut verbundenes Kriterium kolonialer Rassezuordnungen war ein phänotypisches: »Eingeboren« wurde mit »farbig« gleichgestellt.[56] In der Kommentierung des Schutzgebietsgesetzes durch Gerstmeyer hieß es dazu: »Eingeborene sind Angehörige der im Schutzgebiet heimischen farbigen Stämme« bzw. »Angehörige farbiger Rassen«.[57] Georg Thilenius, Mediziner, Ethnologe und Gründer des Hamburger Kolonialinstituts, definierte »farbig« im *Kolonial-Lexikon* unter Hinweis auf einen dunklen Phänotyp und auf die Rassezugehörigkeit:

> Farbige: Im Gegensatz zu den Weißen (Europäern, Amerikanern, Kolonialengländern, Kreolen usw.) die Angehörigen dunkler gefärbter Rassen. Nach dem allgemeinen Sprachgebrauch zählen auch die hellfarbigeren Nord- und Ostasiaten zu den F. In fremden Kolonialländern werden Eingeborene (s. d.) und vor allem Mischlinge (s. d.) als F. bezeichnet, letztere jedoch nur bei bestimmten Graden der Mischung.[58]

Der Begriff »farbig« erweist sich hier als ebenso unbestimmt und diffus wie der anthropologische Rassebegriff. Der Verfasser kommt schließlich zu dem Ergebnis, dass es weder umgangssprachlich noch rechtlich eine einheitliche Definition gebe:

> Der Inhalt des Begriffs wechselt je nach der Herkunft desjenigen, der ihn anwendet. Eine rechtliche Begriffsbestimmung steht noch aus, doch schei-

55 Johannes Gerstmeyer, »Eingeborenenrecht«, in: Schnee (Hg.), *Deutsches Kolonial-Lexikon*, S. 507 ff.

56 Ausführlich zur kolonialen Begriffsgeschichte Nduka-Agwu, »›Farbig‹, ›Farbige_e‹«.

57 Johannes Gerstmeyer, *Das Schutzgebietsgesetz: Nebst der Verordnung betr. die Rechtsverhältnisse in den Schutzgebieten und dem Gesetz über die Konsulargerichtsbarkeit*, Berlin 1910, S. 25.

58 Thilenius, »Farbige«, in: Schnee (Hg.), *Deutsches Kolonial-Lexikon*, Rn. 601.

nen Verordnungen unter F. einheimische und fremde Eingeborene zu verstehen, zum Teil auch wohl Angehörige von Halbkulturvölkern.[59]

Hier wird deutlich, wie widersprüchlich rassische Einteilungen sind. Fraglich ist dagegen, was die Einteilung in »einheimische und fremde Eingeborene« bedeutet.

Als eingeboren betrachteten die kolonialen Autoritäten all jene Menschen, die zum Zeitpunkt der Kolonisierung das jeweilige Verwaltungsterritorium bewohnten. Alle die später kamen, wurden als Fremde angesehen.[60] Wenn diese »Fremden« vom afrikanischen Kontinent eingewandert waren, wurden sie wie die ansässige nichteuropäische Bevölkerung als Indigene (Eingeborene) bezeichnet. Wenn sie von außerhalb Afrikas zuwanderten, wurden sie als nichtindigene Fremde markiert, wie § 2 Kaiserliche Verordnung zu den Rechtsverhältnissen in den deutschen Schutzgebieten (KaisVO) ausführte:

Den Eingeborenen werden [...] die Angehörigen fremder farbiger Stämme gleichgestellt, soweit nicht der Gouverneur (Landeshauptmann) mit Genehmigung des Reichskanzlers Ausnahmen bestimmt. Japaner gelten nicht als Angehörige farbiger Stämme.[61]

»Eingeboren« wird hier zunächst grundsätzlich mit »farbig« gleichgestellt.[62] Deutlich wird aber auch, wie widersprüchlich, fragil und umstritten die rassischen Einteilungen waren. Sie richteten sich nicht nur nach abgrenzbaren phänotypischen Eigenschaften, sondern orientierten sich auch an der politischen Bestimmung als zivilisierte oder unzivilisierte Nation im Kontext globaler Machtverhältnisse und ausgerichtet an einer eurozentrischen Norm von Zivilisiertheit. Japaner:innen, deren Herkunftsland sich zu einer Großmacht im pazifischen Raum entwickelt hatte, galten deshalb nach § 2 Satz 1 KaisVO nicht als »farbig«. Politische Verhältnisse wurden auf diese Weise erst durch das koloniale Recht als rassische Identitäten fixiert.

59 Ebd.

60 Heute erkennen die meisten Staaten in Afrika als *natives* nur jene an, die zum Zeitpunkt der Kolonisierung auf dem kolonisierten Territorium ansässig waren. Auf diese Weise erhalten postkoloniale Staaten den kolonialen Staat als ihren Vorgänger aufrecht, kritisiert Mamdani, *When Victims Become Killers*, S. 30.

61 § 2 Satz 1 Kais. VO v. 9. 11. 1900, RGBl. S. 1005.

62 Nduka-Agwu, »›Farbig‹, ›Farbige_e‹«, S. 127.

Innerhalb der rassistischen Hierarchie »weiß/farbig« gab es weitere Hierarchisierungen anhand ethnischer Kategorisierungen. Einigen Angehörigen »fremder farbiger Stämme«[63] war ein Aufstieg innerhalb der rassistischen Hierarchie möglich. Obwohl kolonisiert, wurden ihnen Funktionen im kolonialen System zugedacht und geringfügige rechtliche Privilegien eingeräumt. Sie waren als solche Instrumente, aber in geringfügigem Maße auch Nutznießende des Kolonialismus. Im kolonisierten Afrika zählt Mamdani die Tutsi in Ruanda und Burundi, aus Asien zugewanderte Bewohner:innen von Ostafrika, indische Migrant:innen in Südafrika und arabische Zugewanderte in Zanzibar zu diesen *subject races*.[64] Die zentralen, weil völlig rechtlosen Opfer des Kolonialismus waren nach Mamdani die zugleich als »Eingeborene« rassialisierten und als »Stämme« ethnisierten *subject ethnicities*, die die Mehrheit der Bevölkerung darstellten.

Das koloniale Recht des Kaiserreichs bestätigt Mamdanis These. Es kannte weitere Ausnahmen, in denen die als »farbige Rassen« rassialisierten Subjekte »als Nichteingeborene zu behandeln« waren.[65] Nach Gerstmeyers Kommentierung des SchutzGG betraf das »solche Farbige, welche [...] als Angehörige zivilisierter Staaten kraft völkerrechtlicher Verträge oder Herkommens den Reichsangehörigen gleichstehen«.[66]

Der Begriff »zivilisierter Staat« wurde rechtlich nie eindeutig definiert. Gleichzeitig diente er als rechtfertigendes Narrativ zur politischen, diplomatischen und rechtskulturellen Abwertung außereuropäischer Staats- und Gesellschaftsformen und zur Konsolidierung der kolonialen Herrschaft.[67] Von der Regelung in § 2 KaisVO waren mithin alle Staatsangehörigen europäischer und nordamerikanischer Staaten sowie Japans umfasst, die sich in

63 § 2 Satz 1 KaisVO v. 9. 11. 1900, RGBl. S. 1005.

64 Mamdani, *When Victims Become Killers*, S. 27. Angehörige der kolonisierenden Nation bezeichnet Mamdani als *master race*.

65 Gerstmeyer, »Eingeborenenrecht«, S. 507 ff.

66 Gerstmeyer, *Das Schutzgebietsgesetz*, S. 25; so auch RT. 1885/86 Drucks. Nr. 201, StenB. Anl. [Bd., 90] S. 993.

67 Zur Inklusion des Zivilisationsdiskurses ins Völkerrecht Marc Pauka, *Kultur, Fortschritt und Reziprozität. Die Begriffsgeschichte des zivilisierten Staates im Völkerrecht*, Baden-Baden 2012; zur paneuropäischen Debatte über »zivilisierte Staaten« Frederick Cooper, Ann Laura Stoler, »Between Metropole and Colony«, in: dies. (Hg.), *Tensions of Empire*, Berkeley 1997, S. 1-58, hier: S. 31.

deutschem Kolonialgebiet aufhielten, unabhängig davon, ob sie der phänotypischen rassischen Kategorisierung nach als weiß oder schwarz/farbig galten. Vorstellungen über Kultur (Zivilisiertheit) konnte also in diesen Fällen biologische Zuordnungen (Hautfarbe) überwinden. Weitere Ausnahmebestimmungen ergingen im Wege kaiserlicher Verordnung oder Gouverneursverordnung. Sie betrafen:

Goanesen, Parsen. GouvV. vom 3. Okt. 1904, KolBl. S. 749; nicht mohammedanische Syrer, GouvV. vom 10. Juni 1910, Amtl. Anz. f. DOA. Nr. 20; farbige ostafrikanische Landesangehörige mit Nichteingeborenen-eigenschaft: KaisVO. vom 24. Okt. 1903, KolBl. S. 573; Chinesen in Samoa: GouvV. vom 6. Jan. 1912, KolBl. S. 246.[68]

Christliche syrische Kaufleute in Deutsch-Ostafrika galten zum Beispiel aufgrund ihres Wohlstandes und ihrer anerkannten gesellschaftlichen Stellung, ähnlich wie die Japaner:innen, als weiß, sie hatten die Rechtsstellung von Europäern inne.[69]

Zusammenfassend ergibt sich aus den rechtlichen Statusregelungen, der Attribuierung als »Weiße« und »Farbige« und kolonialrassistischen Bezeichnungen wie »Neger«,[70] »Buschmänner« und »Hottentotten«[71] folgende Kategorisierung: »Weiße Reichsangehörige« und »farbige Eingeborene« stellen die beiden Regelkategorien des dualen Rechts- und Gesellschaftssystems dar. Zahlreiche Ausnahmevorschriften für »farbige Nichteingeborene« zeigen, wie rassistische Differenzierungen mit politischen und ökonomischen Machtverhältnissen verbunden sind und daran anknüpfend Ausnahmen zulassen. Auch bezogen auf Drittstaatsangehörigkeit zeigt

68 Gerstmeyer, »Eingeborenenrecht«, S. 507 ff.

69 Siehe auch o. A., »Eintrag Syrer«, in: Schnee (Hg.), *Deutsches Kolonial-Lexikon*, Rn. 444; Ulrike Lindner, *Koloniale Begegnungen. Deutschland und Großbritannien als Imperialmächte in Afrika 1880-1914*, Frankfurt/M. 2011, S. 326, weist auf eine Anordnung hin, nach der die Kinder syrischer Kaufleute deutsche Schulen besuchen durften.

70 Im *Deutschen Kolonial-Lexikon* definiert als »die dunkelhäutige Rasse, die Afrika bewohnt«, gefolgt von einer biologistisch-anthropologischen Merkmalsaufzählung: Thilenius, »Neger«, in: Schnee (Hg.), *Deutsches Kolonial-Lexikon*, Rn. 627.

71 Damit sind zwei Bevölkerungsgruppen der Khiosan bezeichnet. Die Klassifizierung erfolgte durch Europäer:innen anhand physischer und ökonomischer Merkmale, unabhängig davon, ob sich die Gesellschaften selbst als homogene Gruppe ansahen.

sich diese Verquickung, da individuelle Rassezugehörigkeit nicht nach äußerlicher Inaugenscheinnahme, sondern über die Bestimmung des angehörenden Staates als zivilisiert oder unzivilisiert abgeleitet wurde.

Das koloniale Recht der Kaiserzeit fußte damit nicht ausschließlich und umfassend auf rassenbiologischen Kriterien, auch über die Erlangung der Reichsangehörigkeit war ein Aufstieg innerhalb der rassistischen Privilegiengesellschaft zumindest potentiell möglich. Welche Rolle divergierende Rassediskurse und Geschlechtervorstellungen dabei spielten, wird an den Diskussionen um eheliche Verbindungen von Kolonisator:innen und Kolonisierten und um den Rechtsstatus von gemeinsamen Kindern deutlich.

#### *4.1.2.3. Rassialisierte und vergeschlechtlichte Differenz in Debatten um »Rassenmischehen«*

Die missionarische Ideologie der Kolonisation gab vor, die »rassisch unterlegenen« Kolonisierten durch Erziehung zum christlichen Glauben, zu europäischen Familienkonzepten und zur Arbeit in einen höheren zivilisatorischen Status zu heben. Diese Idee kollidierte mit der in Kapitel 3.3.1. dargestellten aufkommenden biologistischen Vorstellung von Rasse als einer unveränderbaren generationell vererbbaren biologischen Differenz, die nicht Erziehung, sondern demografische bzw. eugenische Maßnahmen verlangte. Ausgetragen wurde diese Auseinandersetzung vor allem in der sogenannten Mischehendebatte. »Mischehen« sollten, nach Vorstellung der Gouverneure, verhindert werden, um »die Reihen der Europäer gegen das Eindringen farbigen Blutes zu schützen«.[72] Diese Frage prägte den rechtspolitischen Kolonialdiskurs entscheidend, wie ein Eintrag im *Deutschen Kolonial-Lexikon* verdeutlicht: »Das SchGG enthält besondere Vorschriften für die M. nicht, so daß es sich nur fragen kann, ob sie die Rechtsstellung als Weiße oder Eingeborene (Farbige: § 4 SchGG, § 2 KaisVO vom 9. Nov. 1900 [BGBl. S. 1005]) einnehmen.«[73]

1905 wies Hans Tecklenburg, kurzzeitig stellvertretender Gou-

72 Tecklenburg, »Schreiben an die Kolonialabteilung des Auswärtigen Amtes«, zitiert nach Essner, »Border-line im Menschenblut«, S. 31.

73 Gerstmeyer, »Mischlinge«, in: Schnee (Hg.), *Deutsches Kolonial-Lexikon*, Rn. 564 f.

verneur im südwestafrikanischen Gouvernement, die Bezirksämter an, »Trauungen zwischen Weißen und Eingeborenen zu verhindern«.[74] Dahinter stand vor allem die rassistische Vorstellung einer »explodierenden Mischlingsbevölkerung aufgrund ungebrochener intergenerationeller Fruchtbarkeit«.[75] Tecklenburg befürchtete, dass die ehelich geborenen Kinder aus gemischten Ehen die deutsche Staatsangehörigkeit und darüber wiederum die Militärpflicht und das Eigentumsrecht erwerben würden. Das hätte über Generationen die Eindeutschung der Kolonisierten bedeutet. Die Nichtehelichkeit der Kinder sollte angesichts dieses Szenarios den Erwerb der deutschen Staatsangehörigkeit verhindern.[76] Auch die Gerichte erklärten bereits geschlossene Ehen mittels Anwendung des unbegrenzt weiten Eingeborenenbegriffs für ungültig. Bekanntheit erlangte im Jahr 1909 der Fall von Ada Maria Leinhos, Tochter eines Briten und einer Herero, in erster Ehe mit einem Briten verheiratet und in zweiter Ehe mit einem deutschen Mann, von dem sie die Scheidung wegen »Untreue und gröblicher Behandlung« beantragte. Unter Außerkraftsetzung aller Grundsätze des internationalen Privatrechts, nach denen Leinhos über ihren Vater und über ihren ersten Ehemann Britin war, lehnte das Windhuker Obergericht das Scheidungsgesuch ab. Es argumentierte rassenbiologisch, es liege bereits keine rechtsgültige Ehe vor, da die Antragstellerin Eingeborene sei: »Ob eine Person Eingeborene oder Angehörige der weißen Rasse ist, ist eine Tatfrage, keine Frage, die anhand von Rechtsgrundsätzen zu beantworten wäre. [...] Die Tatsache allein, dass Ada Maria Leinhos' Mutter eine Hererofrau war, ist entscheidend.«[77]

Am 17. Januar 1912 erließ der Jurist Wilhelm Solf, vormals Gouverneur der Kolonie Deutsch-Samoa und nunmehr Leiter des Reichskolonialamtes, ein Mischehenverbot für Samoa, das auf

74 Zitiert nach Essner, »Border-line im Menschenblut«, S. 31.

75 Ebd., S. 32.

76 Essner, ebd., S. 33 bemerkt, dass darin die »alte aristokratische Praxis des Bastards, des Kindes aus nicht standesgemäßer Verbindung« wiederauflebte. Hanschmann, »Die Suspendierung des Konstitutionalismus im Herzen der Finsternis«, S. 159 hat darauf hingewiesen, dass es sich dabei eher um ein rassistisches Szenario handelte (99 Prozent der betroffenen Kinder entstammten unehelichen Beziehungen), das darauf abzielte, Kolonisierten gleiche Rechte vorzuenthalten.

77 Obergericht Windhuk v. 10. 11. 1909, zitiert nach Essner, »Border-line im Menschenblut«, S. 31.

Deutsch-Südwestafrika übertragen wurde. An diesem »Samoa-Erlass« entzündete sich eine heftige Debatte für und gegen ein Verbot kolonialer »Rassenmischehen« im Reichstag.[78] Solf eröffnete die Reichstagsdebatte und warnte vor den »üblen Folgen der Mischehen«, dem »würdelosen Herabsteigen zur niederen Rasse«. Mit Blick auf die deutschen Frauen, die vom Frauenbund der Deutschen Kolonialgesellschaft für ein Leben und eine Heirat mit Siedlern in den Kolonien angeworben wurden, appellierte Solf an die ausschließlich männlichen Abgeordneten: »Wollen Sie, daß diese weißen Mädchen mit Hereros, mit Hottentotten und Bastarden zurückkehren als Gatten?«[79] Die Antwort gab er selbst: »Wir sind Deutsche, wir sind Weiße und wollen Deutsche bleiben.«[80] Um die Unterstützung der seit 1912 stärksten Reichstagsfraktion der Sozialdemokraten warb er mit dem Argument, gegenüber den »Farbigen« sei »auch der Proletarier Herr«.[81]

Solf konnte sich nicht durchsetzen und am Ende der Debatte verabschiedete der Reichstag am 8. Mai 1912 eine Resolution, die von der Regierung die Einbringung eines Gesetzentwurfes forderte. Die Regierung solle die »Gültigkeit der Ehen zwischen Weißen und Eingeborenen in allen deutschen Schutzgebieten« sicherstellen und die Rechte der nichtehelichen Kinder bestimmen. Die Gegner:innen eines Eheverbotes argumentierten mit den Menschenrechten, dem Bürgerlichen Gesetzbuch und dem Schutz der christlichen Ehe. Zugleich bekundeten sie Verständnis für die Argumente der Gegenseite. »Gefühlsmäßig« lehnten sie »Rassenmischung« ab[82] und sahen im »Anwachsen der Mischlingsrasse« eine »Gefahr« für die deutschen »Kulturmenschen«.[83] Uneinigkeit bestand lediglich darin, ob ein Eheverbot das richtige Mittel zur Abwendung dieser Gefahr sei. Wer das »Mischlingswesen bekämpfen« wolle, der müsse vor allem gegen die »Konkubinatsverhältnisse« vorgehen und die Ehe und das »Rassenbewußtsein« der Deutschen stärken,

78 El-Tayeb, *Schwarze Deutsche*, S. 95, weist darauf hin, dass dagegen auch davon betroffene deutsche Siedler in den Kolonien protestierten.

79 13. Legislaturperiode des Reichstags, 53. Sitzung v. 2. 05. 1912, Reichstagsprotokolle, 1912/1914, 3, S. 1648 A ff.

80 Ebd.

81 Ebd.

82 Essner, »Border-line im Menschenblut«, S. 43 ff.

83 Reichstagsprotokolle, 1912/1914, 3, S. 1730 B ff.

argumentierten die christlich-konservativen Abgeordneten.[84] Auch die sozialdemokratischen Abgeordneten empfanden »Geschlechtsverkehr, aus dem Mischlinge hervorgehen [...], nicht als einen wünschenswerten Zustand«.[85] Um die Rassenmischung zu vermeiden, müsse man jedoch »die kapitalistische Kolonialpolitik« und damit »die Kolonien aufgeben«.[86]

Auffällig ist in allen Debattenbeiträgen der zentrale, wenn auch widersprüchliche Bezug auf weiße deutsche Frauen. Einerseits tauchen sie als Hüterinnen »deutscher Sitte und Kultur« und »Botschafterinnen der Zivilisation« auf, die Siedler vor ihren männlichen Trieben und vor der sogenannten Verkafferung, der vermeintlichen kulturellen und sozialen Degeneration durch sexuelle Beziehungen mit afrikanischen Frauen, vor übermäßigem Alkoholkonsum oder einer »unordentlich geführten Farm« schützen sollten.[87] Weiblich steht hier für Weißsein und Kultur. Auch bürgerliche Frauenrechtlerinnen bemühten solche rassenpolitischen Argumente für eine Aufwertung der Rolle der weißen Frau.[88] Andererseits wurden Frauen als vor schlechten moralischen und biologischen Einflüssen und damit vor ihrer eigenen triebhaften Natur zu schützende Objekte dargestellt – nicht nur in den Kolonien, sondern auch im Reich. Der SPD-Abgeordnete Georg Ledebour nannte es ein »unerfreuliches« Phänomen bürgerlicher Dekadenz, dass »gewisse Frauen« für »exotische Völkerschaften« eine »perverse Neigung« bekundeten.[89] Der Abgeordnete der Freisinnigen Volkspartei Carl Braband kritisierte mit Blick auf die sogenannten Völkerschauen im Reichsgebiet, dass in den Großstädten bei »Vorführungen exotischer Trupps von Nubiern, Negern, Singhalesen [...] weiße Frauen sich den fremden Gästen geradezu an den Hals geworfen« hätten.[90] Braband forderte nicht nur die Verhinderung geschlechtlicher Ver-

84 Ebd., S. 1732 C ff. – 1735 A ff.

85 Ebd., S. 1649 B ff.

86 Ebd.

87 Walgenbach, »Weiße Identität und Geschlecht«, S. 1709; Felix Axster, »Die Angst vor dem *Verkaffern* – Politiken der Reinigung im deutschen Kolonialismus«, in: *WerkstattGeschichte* 39/2005, S. 39-53.

88 Dieter Gosewinkel, »Rückwirkungen kolonialen Rasserechts«, in: Conrad/Osterhammel (Hg.), *Das Kaiserreich transnational*, S. 236-256, hier: S. 250.

89 13. Legislaturperiode, 53. Sitzung v. 2. Mai 1912, Reichstagsprotokolle, 1912/1914, 3, S. 1649 B ff.

90 Ebd., S. 1730 B ff.

bindungen zwischen Kolonisierten und Kolonisator:innen, sondern auch die Verhinderung von »Ehen zwischen Personen, die schwere ansteckende und vererbliche Krankheiten« hatten.[91] In der Mischehendebatte zeigen sich bereits Interdependenzen von sexistischen, rassistischen und eugenischen Diskursen.

Die Biowissenschaft verhielt sich auf dem Anthropologenkongress 1913 skeptisch zu einer gesetzlichen Regelung. Eugen Fischer bekannte sich als »stärksten Gegner« von kolonialen Mischehen, bezeichnete diese Gegnerschaft zugleich aber als Werturteil, da die Idee von der »Rassenpräpotenz« nach seinen Studien wissenschaftlich unhaltbar sei.[92] Felix von Luschan erklärte, die koloniale »Mischlings-Frage« sei wissenschaftlich völlig unerforscht und daher »noch nicht reif für die gesetzgeberische Betätigung«.[93] Zu einem Gesetz kam es freilich nie, drei Verordnungsentwürfe aus dem Reichskolonialamt im Jahre 1913 wurden infolge des Ausbruchs des Ersten Weltkrieges nicht umgesetzt. Die biologistische Vorstellung von Rasse als gutem und schlechtem, starkem und schwachem Blut setzte sich im Laufe der Auseinandersetzung jedoch immer mehr durch.[94] Die Praxis in den Kolonien blieb weiter uneinheitlich. Dienstanweisungen und Verordnungen gegen »Mischehen« und »schändliche Rassenmischung« wurden dort bis zum Verlust der Kolonien weiter erlassen und ausgeführt, obwohl das Reichsstaatsangehörigkeitsgesetz von 1913 rechtliche Klarheit brachte.[95]

#### *4.1.2.4. Das Reichs- und Staatsangehörigkeitsgesetz (RuStAG) von 1913: Ius sanguinis und rassistische Diskurse als Einbürgerungshindernis*

Das RuStAG sah den Erwerb der deutschen Reichsstaatsangehörigkeit durch Eheschließung mit einem deutschen Mann nach § 6 RuStAG vor oder durch Erwerb der Staatsangehörigkeit des Vaters bei ehelicher Geburt eines Kindes nach § 4 RuStAG. Entscheidend

91 Ebd.

92 Zitiert nach Essner, »Border-line im Menschenblut«, S. 46.

93 Ebd., S. 45, 63.

94 Vgl. Ulrike Hamann, *Prekäre koloniale Ordnung. Rassistische Konjunkturen im Widerspruch. Deutsches Kolonialregime 1884-1914*, 2016, S. 185 f.

95 Zu den Versuchen, auch nichtehelichen Geschlechtsverkehr zu verbieten, Essner, »Border-line im Menschenblut«, S. 40 f.

für die Möglichkeit der Eheschließung und damit für die Weitergabe der deutschen Staatsangehörigkeit an Kinder aus ehelichen Verbindungen war, dass sich in den Debatten um das RuStAG das patrilineare Prinzip der christlichen Ehe gegenüber dem matrilinear vorgestellten Rasseprinzip durchgesetzt hatte. Entscheidend für die Weitergabe der deutschen Staatsangehörigkeit an Ehefrauen und an Kinder aus ehelichen Verbindungen blieb die Staatsangehörigkeit des Mannes. Das nationalsozialistische Recht durchbrach später das patrilineare Prinzip, jedoch zugunsten des Rasseprinzips. Eine eigenständige, vom Mann unabhängige Staatsangehörigkeit erhielten Frauen in Deutschland erst 1949. Vollständig aufgehoben wurde die Patrilinearität erst 1974 durch das Bundesverfassungsgericht wegen Verstoßes gegen Art. 3 Abs. 2 GG.[96]

Jenseits der Ehe konnte die unmittelbare Reichsangehörigkeit nach § 33 Nr. 1 RuStAG dadurch erworben werden, in dem sie verliehen wurde:

1. einem Ausländer, der sich in einem Schutzgebiet niedergelassen hat, oder einem Eingeborenen in einem Schutzgebiet;
2. einem ehemaligen Deutschen, der sich nicht im Inland niedergelassen hat; dem ehemaligen Deutschen steht gleich, wer von ihm abstammt oder an Kindes statt angenommen ist.

Trotz dieser Möglichkeiten, deutsche Staatsangehörige zu werden, baute das RuStAG auf Vorstellungen eines homogenen Volkes auf.[97] Nicht zuletzt die Lobbyarbeit von völkischen Organisationen wie dem Alldeutschen Verband und dem Deutschen Kolonialverband erreichte, dass die dem *ius sanguinis* entgegengesetzte Vorstellung einer Staatsbürgernation im Parlament keine Mehrheit fand. Die Einbürgerungsregelung zielte zuvorderst auf die Renaturalisierung ehemaliger Deutscher in den Kolonien (Nr. 2) und nicht auf die Einbürgerung Kolonialisierter (Nr. 1) ab. Entsprechend repressiv gestaltete sich die Einbürgerungspraxis. Ob ein »Eingeborener«, egal ob Mann oder Frau, der Eindeutschung würdig war, entschied in den Kolonien der jeweilige Gouverneur.[98] Im Verlauf des Ersten Weltkrieges wurde die Einbürgerungspraxis immer restriktiver gehandhabt; in Deutsch-Ostafrika gab es keine einzige Einbürgerung

96 BVerfG v. 21. 05. 1974-1 BvL 22/71 = BVerfGE 37, 217.

97 Vgl. Retterath, *Was ist das Volk?*, S. 61.

98 Essner, »Border-line im Menschenblut«, S. 44.

von Einheimischen.[99] Im südwestafrikanischen Gouvernement stellte Tecklenburg auf rassisch definierte Blutsverwandtschaft ab, die Naturalisierung solle erfolgen, wenn »der zu Begünstigende seiner Blutsverwandschaft nach mindestens zu drei Vierteln als Nichteingeborener anzusehen ist«.[100] Rassistische Ideologie wirkte sich auch auf die Einbürgerungspraxis im Deutschen Reichsgebiet aus. Nicht wenige Menschen aus den Kolonien migrierten in die Metropole und gründeten so die erste Generation Schwarzer Menschen in Deutschland.[101] Sie kamen als Angehörige von Diplomaten, als Übersetzer:innen, mit Schiffsbesatzungen, als Schausteller:innen, Sprachlehrer:innen für Kolonialbeamte und Handelsreisende, als Auszubildende von Missions- und Handelsgesellschaften, aber auch als ausgestellte menschliche Objekte in sogenannten Völkerschauen und Kolonialausstellungen.[102] Dominik Nagls Untersuchung der Einbürgerungspraxis kommt zu dem Schluss, dass alle Anträge von diesen aus den Kolonien Zugewanderten, die sich im Reich einbürgern lassen wollten, abgelehnt wurden.[103] Einbürgerung hätte bedeutet, den Kolonialisierten den gleichen rechtlichen Status wie den Kolonisator:innen zu verleihen. Das hätte die auf rassischer Kategorisierung und Hierarchisierung begründete Legitimationsstruktur des Kolonialismus verunsichert.

Die restriktive Einbürgerungspraxis richtete sich auch gegen die Einwanderung aus Polen und gegen osteuropäische Juden und Jüdinnen. Das *Ius soli* war diskutiert, aber abgelehnt worden, wobei die Diskussion im Zeichen vor allem der Abwehr polnischer und

99 Dominik Nagl, *Grenzfälle. Staatsangehörigkeit, Rassismus und nationale Identität unter deutscher Kolonialherrschaft*, Frankfurt/M. 2007, S. 117; Hanschmann, »Die Suspendierung des Konstitutionalismus im Herzen der Finsternis«, S. 159.

100 Bundesarchiv Koblenz, Reichskolonialamt 5423, Bl. 54-65, zitiert nach Essner, »Border-line im Menschenblut«, S. 31, 61.

101 Robbie Aitken, Eve Rosenhaft, *Black Germany. The Making and Unmaking of a Diaspora Community, 1884-1960*, Cambridge 2013, S. 2, sprechen von tausenden Personen, die von 1871 bis 1914 nach Deutschland migrierten; Peter Martin, »Schwarze Sowjets an Elbe und Spree«, in: Peter Martin, Christine Alonzo (Hg.), *Zwischen Charleston und Stechschritt: Schwarze im Nationalsozialismus*, Hamburg 2004, S. 178-193, hier: S. 181 berichtet für die 1920er Jahre allein in Berlin von etwa 5000 Personen afrikanisch/asiatischer Herkunft.

102 Deutsches Historisches Museum (Hg.), *Deutscher Kolonialismus*, Berlin 2016, S. 212 ff.

103 Nagl, *Grenzfälle*, S. 156.

osteuropäisch-jüdischer Einwanderer:innen stand: Frankreich könne sich das Territorialprinzip leisten, weil es Einwanderung nur von »wertvollen Elementen« erhalte.[104] Zurück ging diese Einschätzung nicht nur auf das Ziel der »Reinhaltung der weißen Rasse« in den Kolonien, sondern auch auf die nationalistische Abgrenzung und den zugleich einsetzenden Expansionsdrang gegenüber Osteuropa.[105] Hinzu kam die Ethnisierung der Nationalitätsdebatte im Rahmen der seit Mitte des 19. Jahrhunderts kontrovers diskutierten Arbeitsmigration nach Deutschland. Ein eklatanter Arbeitskräftemangel in Industrie, Eisenbahnbau, Bergbau und Landwirtschaft hatte zur Rekrutierung und Zuwanderung von russisch-polnischen und polnisch-preußischen Wander- und Saisonarbeiter:innen ins deutsche Kaiserreich geführt. Zunächst begrüßten auch Regierungsvertreter die Zuwanderung, aber mit der Debatte um Nationalität änderte sich die Stimmung im Deutschen Reich. Schon 1885 führten Ängste in Regierungskreisen vor einer »Polonisierung Deutschlands« und die antislawische und antisemitische Hetze konservativer Interessenverbände zu einem Ausweisungsbeschluss, der 40 000 polnische Staatsangehörige betraf. Etwa ein Drittel waren Juden und Jüdinnen.[106] Einwanderung, schlussfolgert Gosewinkel in seiner umfangreichen Studie zum deutschen Staatsangehörigkeits- und Einwanderungsrecht, wurde in diesem Klima als Bedrohung empfunden, »unerwünschte Elemente« und »fremde Körper im Staat« sollte es nicht geben, Einbürgerungsregelungen wurden als Gefahrenabwehrrecht konzipiert.[107] Antisemitismus und Antislawismus prägten nach Ansicht Gosewinkels die Debatten um das Staatsangehörigkeitsrecht genauso sehr wie die koloniale Erfahrung – oder sogar noch mehr.[108] Die ausdrückliche Bindung von Staatsangehörigkeit an Rassezugehörigkeit und ein gesetzliches Rassenmischehenverbot sollten erst zwei Jahrzehnte später kommen, ebenso wie der Versuch, diese Rassenzugehörigkeit gesetzlich zu definieren. Das koloniale Recht leitete jedoch die rassistische Verengung von Staatsangehörig-

104 Gosewinkel, *Einbürgern und Ausschließen*, S. 293, dies als »deutsche Spezifik« ausweisend.
105 Gosewinkel, »Rückwirkungen kolonialen Rasserechts«, S. 236.
106 Zum Ganzen Bade, *Europa in Bewegung*, S. 221 ff.; Terkessidis, *Wessen Erinnerung zählt?*, S. 135.
107 Gosewinkel, *Einbürgern und Ausschließen*, S. 293.
108 Gosewinkel, »Rückwirkungen kolonialen Rasserechts«, S. 236.

keit ein. Die rassistische Rechtsspaltung in den Kolonien wurde im nationalsozialistischen Deutschland zum Prinzip alles Rechts.

## 4.2. Rasse als Rechtsprinzip: Nationalsozialismus

Völkische Rassentheorien wurden im Nationalsozialismus zur staatstragenden Idee und zur Grundlage des Rechtsverständnisses und des gesamten Rechtssystems.[109]

### 4.2.1. Vorläufer: Rassistisches Wissen und die Falle des Essentialismus im rechtlichen Kampf gegen antisemitische Agitation

Es ist immer wieder betont worden, dass der Nationalsozialismus nicht ohne seine geistigen Vorläufer verstehbar ist.[110] Zu diesen zählten der deutsche Kolonialismus sowie die durch ihren Hass auf Liberalismus und Demokratie, die Sehnsucht nach einem starken Führer und nach einer neuen rassisch definierten Nationalreligion gekennzeichnete völkische Bewegung. Ihr Erstarken zeigte sich bereits zur Jahrhundertwende auch im Recht. Versuche, mit den Mitteln des Rechts gegen die zunehmenden antisemitischen Agitationen völkischer Akteure vorzugehen, gerieten vor diesem Hintergrund zur Falle. Gerichtliche Grundlage für die Verfolgung antisemitischer Straftaten boten unter der Weimarer Reichsverfassung nur die Straftatbestände der §166 StGB (Beschimpfung von Bekenntnissen, Religionsgesellschaften und Weltanschauungsvereinigungen) und §130 StGB (Aufreizung zum Klassenhass). Um die Tatbestandsvoraussetzungen dieser Vorschriften und die Frage, ob Juden und Jüdinnen eine »Klasse« waren, entspann sich in der Weimarer Republik »ein stetes Tauziehen zwischen Antisemiten und ihren Gegnern«.[111]

Christoph Jahr hat dieses Tauziehen in seiner rechtshistorischen Studie *Antisemitismus vor Gericht* dokumentiert. Eine juristische

109 Instruktiv Gerhard Werle, »Das Gesetz ist Wille und Plan des Führers – Reichsgericht und Blutschutzgesetz«, in: *NJW* 1995, S. 1267-1269.

110 Eindrücklich Fritz Stern, *Kulturpessimismus als politische Gefahr. Eine Analyse nationaler Ideologie in Deutschland*, Stuttgart 2005.

111 Mathias Rösch, *Die Münchner NSDAP 1925-1933*, München 2002, S. 69.

Auffassung besagte, dass es sich bei »§ 130 nicht bloß um verschiedene Gewerbsklassen, sondern auch um sonstige Verschiedenheiten innerhalb der Bevölkerung« handle: »Bei den Juden sind aber bezüglich der Abstammung, des Glaubens und anderer Merkmale solche Verschiedenheiten vorhanden, sie sind Deutsche, aber sie bilden innerhalb der Deutschen ein besondere Klasse.«[112] Das Reichsgericht übernahm diese Begründung 1889 und erweiterte sie erstmals um das Tatbestandselement des besonderen Diskriminierungsrisikos: Die Juden seien eine Klasse im Sinne von § 130 StGB, »weil sie sich von den übrigen Staatsbürgern durch ihre Religion und Abstammung unterscheiden, und mit Rücksicht darauf, dass sie in diesem Gegensatze von den Angeklagten angegriffen sind«.[113] Das Gericht ging also von einer objektiven genealogischen Differenz (»Abstammung«) aus, an die diskriminierend angeknüpft wird (»in diesem Gegensatze angegriffen«). Das Urteil war von großer Bedeutung. Organisationen wie der Central-Verein deutscher Staatsbürger jüdischen Glaubens (C.V.), der gegen den zunehmend aggressiver auftretenden Antisemitismus mobilisierte, konnten nun mit § 130 StGB gegen antisemitische Hetze rechtlich vorgehen.[114] Die Entscheidung des Reichsgerichts, argumentierte der C.V., stelle die Juden jedoch nicht als Klasse einer homogenen deutschen Bevölkerung gegenüber, sondern beschreibe diese Bevölkerung als aus mehreren Klassen, zum Beispiel Katholiken, Protestanten und Juden, zusammengesetzt.[115] Der C.V. äußerte sich zuversichtlich, dass kein deutsches Gericht mehr von antisemitischer Hetze freisprechende Urteile fällen würde, »welche mit der Entscheidung des höchsten deutschen Gerichtshofs im schroffsten Widerspruch stehen«.[116] Diese Einschätzung sollte sich als falsch herausstellen.

Zum einen waren die Richter der einfachen Gerichtsbarkeit nicht an den Urteilsspruch des Reichsgerichts von 1889 gebun-

112 LG Berlin v. 03. 06. 1889, zitiert nach Christoph Jahr, *Antisemitismus vor Gericht*, Frankfurt/M. 2011, S. 192.

113 RG v. 10. 11. 1889, ERGSt, 32, 352 f.

114 Zum Centralverein Avraham Barkai, *»Wehr dich«. Der Centralverein deutscher Staatsbürger jüdischen Glaubens (C.V.) 1893-1938*, München 2002, S. 177 ff.

115 Jahr, *Antisemitismus vor Gericht*, S. 193.

116 C.V. Monatsblatt Im Deutschen Reich 8/1900, zitiert nach Jahr, *Antisemitismus vor Gericht*, S. 193.

den, zum anderen waren antidemokratische und antisemitische Einstellungen auch in der Justiz verbreitet und der zunehmend offene Antisemitismus ging auch an der Richterschaft nicht vorbei. Maximilian Pernod (unter dem Pseudonym Max Apt) stellte bereits 1894 in seiner Schrift *Antisemitismus und Strafrechtspflege* fest, dass die Diskriminierung jüdischer Bürger:innen nicht so sehr auf einer mangelhaften Gesetzeslage beruhte, sondern aus der Rechtsanwendung durch die Richter und vor allem der Staatsanwälte resultierte, die Ermittlungsverfahren häufig einstellten.[117] Anweisungen des Justiz- und Innenministeriums an Staatsanwaltschaften und Polizei, antisemitische Propaganda konsequenter zu verfolgen, brachten nicht die gewünschten Ergebnisse.[118] Zum anderen bezog sich auch die antisemitische Agitation affirmativ auf die Urteilsbegründung des Reichsgerichts. So schrieb die *Staatsbürgerzeitung* im Jahr 1900, »dass nach Feststellung durch das höchste deutsche Gericht das Judentum als besondere Klasse der deutschen Bevölkerung anzusehen ist, die mit uns Deutschen weder der Religion noch der Abstammung nach etwas gemein hat«.[119] Inhaltlich war diese Aussage eine völlige Verfälschung des juristischen Gehalts des Urteils, sie demonstrierte aber, dass dies möglich war – »sei es aus Unkenntnis, sei es in demagogischer Absicht«.[120] Im Zusammenspiel mit dem anwachsenden Antisemitismus eröffnete der gruppistisch-kategoriale Zugriff auf Juden als eigene Klasse den Weg für eine essentialisierende Argumentation der Gerichte. Die kategoriale Gesetzesdogmatik, die um die Begriffe Klasse und Klassenhass kreiste, wurde um einen rassialisierenden Argumentationsweg ergänzt, der, so Jahr, »in der Weimarer Zeit mit Vorliebe beschritten wurde«.[121]

Diese bei Antisemiten beliebte Argumentation, Juden seien weder eine Klasse (§ 130 RStGB) noch eine Religion (§ 166 RStGB), sondern eine Rasse, verfing zunehmend bei den Gerichten. Der C.V. dokumentierte zahlreiche Fälle, die dies eindrücklich belegen.[122] Das Amtsgericht Glogau sprach 1921 einen wegen der Schändung

117 Wolfgang Benz (Hg.), *Handbuch des Antisemitismus*, Bd. 2, Berlin 2009, S. 34 f.

118 Jahr, *Antisemitismus vor Gericht*, S. 264.

119 Zitiert nach ebd., S. 193.

120 Ebd.

121 Ebd., S. 193.

122 Detailliert Barkai, *Wehr dich!*, S. 179 ff.; Jahr, *Antisemitismus vor Gericht*, S. 193 ff., 262 ff.

eines jüdischen Friedhofs Angeklagten mit der Begründung frei, es sei ihm nicht um die Beschimpfung der Religionsgemeinschaft der Juden gegangen. »Der Antisemitismus richtet sich nicht gegen die Religion, sondern gegen die Rasse der Juden«, urteilte der Richter.[123] Mit der gleichen Argumentation begründete der Nürnberger Oberstaatsanwalt 1926, warum er angesichts antisemitischer Beiträge im *Stürmer* keine Anklage wegen Verstoßes gegen § 166 RStGB gegen dessen Herausgeber Julius Streicher erhob.[124] Der Staatsanwalt einer schlesischen Stadt entschied 1922, das öffentliche Singen des antisemitischen »Judenblutliedes« verstoße nicht gegen § 130 RStGB, »weil nach dem neuerdings von den Gerichten eingenommenen Standpunkt Deutsche und Juden nicht verschiedene Klassen, sondern Rassen darstellen«.[125] Im Falle des öffentlichen Anbringens von antisemitischen Plakaten urteilte das Schöffengericht Halberstadt 1927, strafmildernd wirke sich neben der Unbescholtenheit des Angeklagten seine Absicht aus, nicht die Religion, sondern nur die »jüdische Rasse« im politischen Kampfe treffen zu wollen.[126] »Die zahlreichen vorgetragenen Fälle von Fehlurteilen« waren nach Einschätzung jüdischer Juristen »keine Entgleisungen Einzelner«.[127] 1928 musste die Rechtsschutzabteilung des C.V. an die Hauptversammlung berichten: »[D]er Schutz durch die Gesetze Juden und Judentum gegenüber reicht nicht aus, ja er versagt.«[128] Auch das Reichsgericht selber öffnete sich zunehmend der Argumentation, Juden seien eine Rasse. Kundgebungen, die sich »mit Rassen- oder allgemeinen Menschheitsfragen« befassen, könnten grundsätzlich keine Beleidigung darstellen, da »durch eine allgemeine Beschimpfung der jüdischen Rasse oder der Juden nicht ohne weiteres jeder Jude als im Sinne des StGB beleidigt angesehen werden könne«, urteilten die Richter 1930.[129]

123 Barkai, *Wehr dich!*, S. 180.
124 Ebd.
125 Ebd.
126 Schöffengericht Halberstadt vom 15. 11. 1927, zitiert nach Jahr, *Antisemitismus vor Gericht*, S. 280, im nach Druck aus dem preußischen Justizministerium eingeleiteten Berufungsverfahren wurde die Strafe lediglich von 50 auf 200 Mark erhöht.
127 Barkai, *Wehr dich!*, S. 181.
128 Ebd., S. 179.
129 RG v. 03. 11. 1930, Az. 2 D 755/30 (unveröffentlicht), zitiert nach Heinrich Hannover, Elisabeth Hannover-Drück, *Politische Justiz: 1918-1933*, Bornheim-Merten 1987, S. 271.

Diese Entwicklung ist ein besonders erschreckendes Beispiel für die Effekte, die gruppen- und kategorienbasiertes Recht im Zusammenspiel mit rassistischem Wissen zeitigen kann. Jurist:innen beurteilten nicht den immer mehr um sich greifenden Antisemitismus, sondern machten eine religiöse oder abstammungsbasierte Gruppenzugehörigkeit zum entscheidenden Tatbestandsmerkmal. Damit versagten sie nicht nur jüdischen Menschen Rechtsschutz gegen Diskriminierung. Sie schrieben aktiv an einer essentialistisch rassialisierenden Lesart mit, wonach Juden eine »andere Rasse« seien. Diese Auffassung manifestierte sich wenig später in der nationalsozialistischen Gesetzgebung.

### 4.2.2. Völkische Rassenlehre als grundlegendes Rechtsprinzip

»Das gesamte heutige deutsche Recht [...] muss ausschließlich und allein vom Geist des Nationalsozialismus beherrscht sein«, formulierte 1934 Carl Schmitt.[130] Die Idee einer rassisch verstandenen und rein zu haltenden Volksgemeinschaft – nach Schmitt die »auf Artgleichheit gegründete Ordnung eines Volkes« – wurde so nicht nur zur Grundlage der Nürnberger Gesetze.[131] Als übergesetzliche Rechtsnorm prägte sie das gesamte deutschen Recht.[132] Den im Nationalsozialismus vorherrschenden Rassebegriff legten Wilhelm Stuckart und Hans Globke in ihrer Einführung zur Kommentierung der Nürnberger Gesetze von 1935 unter Bezug auf das populärwissenschaftliche Buch von Günther dar:

Am klarsten hat Günther den Begriff der Rasse umrissen. Rasse ist nach ihm eine Menschengruppe, die sich durch die ihr eigene Vereinigung körperlicher Merkmale und seelischer Eigenschaften von jeder anderen Menschengruppe unterscheidet und immer nur ihresgleichen zeugt (Günther, »Rassenkunde des deutschen Volkes«, München 1930, S. 14). Die Rassen-

130 Carl Schmitt, »Nationalsozialismus und Rechtsstaat«, in: *Juristische Wochenschrift* 1934, S. 713-718, hier: S. 717.

131 Carl Schmitt, »Der Weg des deutschen Juristen«, in: *Deutsche Juristenzeitung* 1934, Spalten 691-698, hier: S. 698.

132 Zur rassistisch ausgerichteten »Rechtserneuerung« im Dritten Reich Dietmut Majer, *Grundlagen des nationalsozialistischen Rechtssystems. Führerprinzip, Sonderrecht, Einheitspartei,* Stuttgart 1987; für eine personenbezogene Untersuchung Bernd Rüthers, *Entartetes Recht: Rechtslehren und Kronjuristen im Dritten Reich,* München 1989.

kunde besagt mithin, […] dass geistige Wesensart und körperliche Erscheinung eine Einheit bilden.[133]

Die rassistische Normsetzung im nationalsozialistischen Staat begann indes schon vor 1935. Die Grundrechtsgarantien der Weimarer Verfassung wurden durch die Verordnung des Reichspräsidenten zum Schutz von Volk und Reich vom 28.02.1933[134] und das Gesetz zur Behebung der Not von Volk und Reich (Ermächtigungsgesetz) vom 24.03.1933[135] beseitigt. Die deutsche Gesetzgebung beruhte ab 1933 auf dem antisemitisch-völkischen Parteiprogramm der NSDAP. Darin hieß es:

1. Staatsbürger kann nur sein, wer Volksgenosse ist. Volksgenosse kann nur sein, wer deutschen Blutes ist, ohne Rücksichtnahme auf Konfession. Kein Jude kann daher Volksgenosse sein.
2. Wer nicht Staatsbürger ist, soll nur als Gast in Deutschland leben können und muss unter Fremdengesetzgebung stehen.[136]

Der Geltungsanspruch des gesamten Gesetzesrechtes wurde nunmehr »an die völkische Rechtsidee«[137] gebunden. Ausdruck fand dies erstmals im Gesetz zur Wiederherstellung des Berufsbeamtentums (kurz Berufsbeamtengesetz, BBG)[138] und dem Gesetz über die Zulassung zur Rechtsanwaltschaft (RAZuG).[139] Beide Gesetze wurden am 7. April 1933 verabschiedet. »Beamte, die nicht arischer Abstammung sind, sind in den Ruhestand zu versetzen«, bestimmte § 3 Abs. 1 BBG. §§ 1, 2 RAZuG erlaubten die Rücknahme oder Versagung der Zulassung zur Rechtsanwaltschaft für Personen, die im Sinne des BBG »nicht arischer Abstammung sind«. Ein Jahr später urteilte das Reichsgericht, durch diese Gesetze habe der Staat

133 Stuckart, Globke, *Rassengesetzgebung*, S. 1. Globke gilt als Beispiel für die personelle Kontinuität der Verwaltungseliten im Nationalsozialismus und der frühen Bundesrepublik, vgl. Klee, *Personenlexikon zum Dritten Reich*, S. 186 f. Stuckart, u. a. Teilnehmer der Wannseekonferenz, wurde 1947 als Kriegsverbrecher verurteilt, 1950 in der BRD entnazifiziert und engagierte sich in der 1952 verbotenen Sozialistischen Reichspartei, ebd., S. 611 f.

134 RGBl. I, 83.

135 RGBl. I, 141.

136 25-Punkte-Programm der Nationalsozialistischen Deutschen Arbeiterpartei v. 24.02.1920.

137 Karl Larenz, *Über Gegenstand und Methode des völkischen Rechtsdenkens*, Berlin 1938, S. 26.

138 RGBl. I, 175.

139 RGBl. I, 188.

die Bedeutung des »Rassenunterschiedes« zwischen Juden und Ariern anerkannt.[140] Hans Wrobel hat daraus die Schlussfolgerung gezogen: »Mit dem 7. April 1933 war der Antisemitismus amtlich und beachtlich.«[141] Von der Machtergreifung 1933 bis zum Reichsparteitag und dem Erlass der Nürnberger Gesetze 1935 wurden mehr als 50 Gesetze und Verordnungen erlassen, die darauf abzielten, Juden zunehmend aus dem öffentlichen Leben Deutschlands zu verbannen.[142] Es handelt sich dabei um die erste von vier Phasen der rassenantisemitischen Rechtsetzung.[143]

Die Gerichte ließen das NSDAP-Parteiprogramm im Wege der Auslegung als Recht übergesetzlichen Ranges in die Gesetzesanwendung einfließen. Ausgehend von dieser juristischen Argumentationsbasis konnten beliebige Abstufungen und Verschärfungen der nationalsozialistischen Rassenpolitik als wissenschaftlich gebotener Inhalt des geltenden Rechts ausgegeben werden.[144] Das Reichsarbeitsgericht bezeichnete den vierten und fünften Punkt des Parteiprogramms der NSDAP mehrfach als »Verfassungsgrundsätze« und legte sie als »Ziele der Staatsführung in der Judenfrage« seinen Entscheidungen zugrunde.[145] Das Reichsgericht verwies zur Erläuterung der »Rasseverschiedenheit« in zivilrechtlichen Prozessen der Eheanfechtung nach § 1333 BGB ebenfalls auf das Parteiprogramm der NSDAP.[146] In einer Entscheidung aus dem Jahre 1935, noch vor

140 RG vom 12.07.1934, IV 89/34, RGZ 145, 8, 10.

141 Hans Wrobel, »Die Anfechtung der Rassenmischehe: Diskriminierung und Entrechtung der Juden in den Jahren 1933 bis 1935«, in: *Kritische Justiz* (16) 4/1983, S. 349-374, hier: S. 351.

142 Uwe Hansmann, »Die Nürnberger Rassengesetze vom 15. September 1935«, in: *NJW* 37/2005, S. 2648-2652, zählt einige auf. Weitere Beispiele finden sich bei Bernd Rüthers, »Recht als Waffe des Unrechts – Juristische Instrumente im Dienste des NS-Rassenwahns«, in: *NJW* 45/1988, S. 2825-2836.

143 Die Darstellung der vier Phasen folgt Rüthers, »Recht als Waffe des Unrechts«: 1. nach der Machtergreifung 1933 bis zum Reichsparteitag und dem Erlass der Nürnberger Gesetze 1935; 2. von 1935 bis zur Reichsprogromnacht am 09.11.1938; 3. nach dem 09.11.1938 bis zum Beginn des Krieges am 01.09.1939 und dem Beginn der »Endlösung«; 4. Wannseekonferenz 1941 und Vernichtung.

144 Rüthers, »Recht als Waffe des Unrechts«, S. 2833.

145 Ebd. mit weiteren Nachweisen; Beispiele aus anderen Zivilrechtssachen bei Wolfgang Grunsky, »Gesetzesauslegung durch die Zivilgerichte im Dritten Reich«, in: *Kritische Justiz* (2) 2/1969, S. 46-162, hier: S. 149 f.

146 RG v. 12.07.1934, RGZ 145, 1 (4 f.) in der Folge in ständiger Rechtsprechung.

Erlass der Nürnberger Gesetze, urteilte das RG, bereits die Möglichkeit nichtarischer Abstammung biete einen Anfechtungsgrund, es genüge, dass »der rassische Ursprung einer [...] Person in unaufklärbares Dunkel gehüllt sei«.[147] Es ging damit noch über die späteren Anforderungen der Nürnberger Gesetze hinaus und bejahte die Anfechtung einer vor 20 Jahren geschlossenen Ehe, weil einer der Ehegatten einen jüdischen Großelternteil hatte. Diese Systematik griff auf die Figur des »Bruchteiljuden« zurück, wonach jede Person mit irgendeinem jüdischen Verwandten jüdisch war. Eine Logik, die auch dem Berufsbeamtengesetz zugrunde lag.[148] Wie im unendlich tiefen Eingeborenenbegriff der deutschen Kolonialjudikatur und der *one-drop rule* in den US-amerikanischen Südstaaten wurde ein rassisch-genealogisches Zwangskollektiv geschaffen, aus dem auszubrechen unmöglich war. Auch vor diesem Hintergrund ist es zu verstehen, dass Teile der jüdischen Bevölkerung die Nürnberger Gesetze anfänglich als Rechtssicherheit schaffende Maßnahmen ansahen. Sie hofften, eine positivrechtliche Definition eines jüdischen Status werde sie vor der zunehmenden Willkür durch die vielfältigen Maßnahmen und Erlasse schützen und ihnen trotz bzw. durch Absonderung von der nichtjüdischen Bevölkerung bürgerliche Gleichberechtigung sichern.[149]

### 4.2.3. Der Rassebegriff der Nürnberger Gesetze

Die auch als Nürnberger Rassengesetze bezeichneten Gesetze wurden anlässlich des 7. Reichsparteitages der NSDAP am 15. September 1935 einstimmig vom eigens zu diesem Zweck telegrafisch nach Nürnberg einberufenen Reichstag verabschiedet. Sie umfassten das strafrechtliche Gesetz zum Schutze des deutschen Blutes und der deutschen Ehre, auch Blutschutzgesetz, und das Reichsbürger-

Eingehend zur rassenpolitischen Judikatur zu Eheanfechtung und -scheidung Bernd Rüthers, *Die unbegrenzte Auslegung. Zum Wandel der Privatrechtsordnung im Nationalsozialismus*, Tübingen 2005, S. 155 ff., 162 ff., 400 ff. Im Ehegesetz von 1938 wurde die Anfechtbarkeit der »Rassenmischehe« dann gesetzlich festgeschrieben.

147 RG vom 22.08.1935, RGZ 148, 193 (195).

148 Essner, »Border-line im Menschenblut«, S. 54.

149 Eindrücklich David Jünger, *Jahre der Ungewissheit: Emigrationspläne deutscher Juden 1933-1938*, Göttingen 2016, S. 201 ff.

gesetz.[150] Heute wird auch das zeitgleich erlassene Reichsflaggengesetz[151] unter den Sammelbegriff »Nürnberger Gesetze« gefasst, zeitgenössisch wurde es nicht dazugezählt. Zusammen mit ihren Erläuterungen und späteren Verordnungen und Erlassen bildeten Reichsbürgergesetz und Blutschutzgesetz die Grundlage für den Versuch, die Rassenlehre rechtswissenschaftlich zu verankern und zu exekutieren.[152] Sie leiteten eine neue Phase »gesetzlicher und administrativer Judenverfolgung« ein, diese zielte »auf die völlige Verdrängung, Einschnürung, Entrechtung und Ausbeutung der Juden«.[153] Mit der Ausführung der Nürnberger Gesetze intensivierten sich die antijüdischen Maßnahmen im Bereich der wirtschaftlichen Entrechtung, im Arbeitsrecht und bezogen auf Aufenthaltsbeschränkungen.[154] Ihre Ausführung wurde bis zum Genozid radikalisiert, dem etwa die Hälfte der europäischen Juden und ein großer Teil der europäischen Sinti und Roma zum Opfer fielen.

#### *4.2.3.1. Erbbiologischer Rassendiskurs versus völkische Rassenlehre: Der Streit um die Kodifizierung der Rassenzugehörigkeit*

Die Nürnberger Gesetze waren Teil einer stufenweisen Verwirklichung der Kernziele der nationalsozialistischen Ideologie, die auf die Wiederherstellung der »Reinheit des deutschen Blutes« gerichtet war. Hermann von Mangoldt, Professor für Öffentlichen Recht zunächst in Königsberg, dann in Tübingen, attestierte den Rassengesetzen daher »hohe ethische Ziele«:

> Die durch diese Gesetze gesicherte Reinerhaltung des Blutes ist nicht Selbstzweck, sondern wie der Führer im Kampf (S. 434) gesagt hat, ›ist der höchste Zweck des völkischen Staates die Sorge um die Erhaltung derjenigen rassischen Urelemente, die, als kulturspendend, die Schönheit und Würde eines höheren Menschentums schaffen‹.[155]

150 Alle RGBl. I S. 1146.

151 RGBl. I S. 1145.

152 Umfassend zum Gesetzeswerk Cornelia Essner, *Die »Nürnberger Gesetze« oder die Verwaltung des Rassenwahns 1933-1945*, Paderborn 2002.

153 Rüthers, »Recht als Waffe des Unrechts«, S. 2833.

154 Den umfassendsten Überblick über die unzähligen antijüdischen Sonderregelungen bietet Joseph Walk, *Das Sonderrecht für die Juden im NS-Staat*, Heidelberg 2013. Zum Strafrecht grundlegend Gerhard Werle, *Justiz-Strafrecht und polizeiliche Verbrechensbekämpfung im Dritten Reich*, Berlin 1989, S. 698 ff.

155 Hermann v. Mangoldt, »Rassenrecht und Judentum«, in: *Württembergische Ver-*

Diesen Zielen dienten auch zahlreiche Maßnahmen zur »Aufartung des deutschen Volkes« durch die Förderung von rassisch erwünschtem Nachwuchs wie Kinderbeihilfen und Steuererleichterungen, aber auch solche zur gesetzlich geregelten Verhinderung der Fortpflanzung von erbbiologisch, sozial und rassisch unerwünschten Menschen.[156] Die Vernichtung von »lebensunwertem Leben« wurde bereits durch das Gesetz zur Verhütung erbkranken Nachwuchses (GzVeN) vom 14. Juli 1933 eingeleitet, das Gesetz sah die Zwangssterilisation von Menschen mit vermeintlich erblichen Krankheiten vor.[157] Gemeint waren Menschen mit Behinderungen und solche, die aufgrund als abweichend stigmatisierten Verhaltens als »asozial« galten. Teil der Maßnahmen zur Vernichtung »lebensunwerten Lebens« waren die Krankenmorde mit über 200 000 Opfern und die Aktion T4, bei der mehr als 70 000 Menschen mit Behinderungen systematisch ermordet wurden. Wie sich dabei eugenische, rassistische und sozialdarwinistische Ideen überschnitten, zeigt folgende Kommentierung des Gesetzes:

> Ziel der dem deutschen Volk artgemäßen Erb- und Rassenpflege ist: eine ausreichende Zahl Erbgesunder, für das deutsche Volk rassisch wertvolle, kinderreiche Familien zu allen Zeiten. Der Zuchtgedanke ist Kerngehalt des Rassengedankens. Die künftigen Rechtswahrer müssen sich über das Zuchtziel des deutschen Volkes klar sein.[158]

Erbbiologisch war es derweil das Ziel, einen Zusammenhang zwischen jüdischer Abstammung und Erbkrankheiten nachzuweisen. Das gelang nicht. Eine Lösung der »Judenfrage« auf eugenischem Wege schien daher nicht ohne weiteres möglich. Die Rassenkonzeption der Eugenik, wie sie Eugen Fischer repräsentierte, widersprach den Rassevorstellungen der antisemitischen völkischen Bewegung. Die Eugenik verstand jede Nation als »Vitalrasse«, als Fortpflanzungsgemeinschaft, deren Verbesserung vom Auslöschen sogenannten degenerierten Erbgutes abhing. Die nordische Ras-

*waltungszeitschrift* (35) 3/1939, S. 49-50, hier: S. 49 rechte Spalte bis S. 50 linke Spalte.

156 Der Begriff »Aufartung« wurde im Nationalsozialismus auch anstelle von »Eugenik« oder »Rassenhygiene« verwendet.

157 RGBl. 1933 I, 529.

158 Arthur Gütt u. a. (Hg.), *Gesetz zur Verhütung erbkranken Nachwuchses vom 14. Juli 1933 nebst Ausführungsverordnungen*, München 1936, S. 55.

senlehre ging dagegen davon aus, dass Erbmerkmale rassisch definierte Merkmale seien und dass die mythisch-arische Rasse sich im Kampf mit der gefährlichen jüdischen Rasse befinde. Diesem Verständnis galt das »jüdische Blut« als »männlich und konkurrenziell« und unkontrollierbar.[159] Der Höhepunkt der Verbindung von antisemitischem Rassenwahn und Sexualmythologie war die von Julius Streicher im *Stürmer* propagierte kontagionistische Imprägnationstheorie. Im Anschluss an die Metaphorik vom Juden als gefährlichem Bazillus und von der Frau als schwachem Wesen vertrat sie, dass jeglicher Sexualkontakt mit einem Juden eine Arierin und all ihre Nachkommen per Ansteckung unwiderruflich zu Juden und Jüdinnen machte.[160] Diese innerhalb von SS und NSDAP populäre Theorie stand im offenen Widerspruch zur zeitgenössischen Erbbiologie.

Die Rechtswissenschaft beteiligte sich maßgebend an der Lösung des Streits. Ursprünglich sollte die Frage der »Rassenreinheit des deutschen Volkes« strafrechtlich herbeigeführt werden. Schon 1930 hatte die Fraktion der NSDAP unter dem Juristen und späteren Reichsinnenminister Wilhelm Frick den Entwurf eines »Gesetzes zum Schutz der deutschen Nation« in den Reichstag eingebracht. Danach sollte »wegen Rassenverrats« mit Gefängnis und Entzug der bürgerlichen Ehrenrechte bestraft werden, »wer durch Vermischung mit Angehörigen der jüdischen Blutsgemeinschaft oder farbiger Rassen zur rassischen Verschlechterung und Zersetzung des deutschen Volkes beiträgt oder beizutragen droht«.[161] An diesen Vorschlag schlossen 1933 in der Denkschrift »Nationalsozialistisches Strafrecht« zwei weitere Juristen an, der preußische Justizminister Hanns Kerrl und der Staatssekretär im Reichsministerium der Justiz Roland Freisler. Der »Rasseverrat«, vor allem Eheschließung

159 Essner, ebd., auf den Unterschied zum kolonialen Rassediskurs hinweisend, dort galt »das einströmende [›negrische‹] Blut eher als weiblich und marginal und daher, über Eheverbote, kontrollierbar« (S. 59).

160 Ausführlich Lothar Gruchmann, »›Blutschutzgesetz‹ und Justiz. Zu Entstehung und Auswirkung des Nürnberger Gesetzes vom 15. 9. 1935«, in: *Vierteljahrshefte für Zeitgeschichte* (31) 3/1983, S. 418-442; zur Theorie von der Vermischung von Blut und Eiweiß vgl. Myriam Spörri, *Reines und gemischtes Blut. Zur Kulturgeschichte der Blutgruppenforschung 1900-1933*, Bielefeld 2013, S. 82 ff.; zum Rückgriff der Imprägnationsthese auf frauenfeindliche Theoreme Essner, »Borderline im Menschenblut«, S. 50.

161 Reichstag-Drs. Nr. 1741 vom 13. 3. 1930, zitiert nach Gruchmann, »›Blutschutzgesetz‹ und Justiz«, S. 218.

und nichtehelicher Geschlechtsverkehr mit »Angehörigen fremder Blutsgemeinschaften«, sollte unter Strafe gestellt werden.[162]

Wer »Angehörige fremder Blutsgemeinschaften« waren, war von Anfang an umstritten. Freisler ging es entschieden darum, das Verbot nicht auf Juden und Jüdinnen zu beschränken, auch »der in schamloser Weise öffentlich [gepflogene] Verkehr mit Angehörigen farbiger Rassen« sollte bestraft werden.[163] Neuere historische Forschung hat gezeigt, dass sich Frick, Kerrl und Freisler dabei ausdrücklich auch auf die rassistischen Praktiken in den US-amerikanischen Südstaaten bezogen.[164] Ihre weitgefassten Vorschläge führten jedoch im Ausland zu einem Sturm der Entrüstung und zu einem sofortigen Boykott deutscher Waren durch wichtige asiatische, südamerikanische und afrikanische Handelspartner:innen.[165] Die erhebliche Beeinträchtigung der außenpolitischen Beziehungen konnte nur durch öffentliche Erklärungen des Auswärtigen Amtes abgewendet werden.[166] In der amtlichen Strafrechtskommission 1934 gingen die Vorschläge einigen Juristen auch aus anderen Gründen zu weit. Reichsjustizminister Franz Gürtner meinte, eine Entscheidung von so außerordentlicher Tragweite wie ein Eheverbot sei nicht ohne eine Änderung des BGB möglich und nur von der politischen Führung zu treffen.[167] Gürtner forderte zudem eine

162 Alle Nachweise bei Gruchmann, »›Blutschutzgesetz‹ und Justiz«, S. 419.

163 Ebd.

164 James Q. Whitman, *Hitlers amerikanisches Vorbild: Wie die USA die Rassengesetze der Nationalsozialisten inspirierten*, München 2018, weist vor allem Bezugnahmen auf die Einwanderungsgesetzgebung nach. Auch an anderer Stelle gab es Bezüge auf die USA, besonders auf die in den Südstaaten praktizierten Eheverbote, vgl. Aitken, Rosenhaft, *Black Germany*, S. 266. Mathias Hongs Einschätzung in: Hong, »›Rasse‹ im Parlamentarischen Rat und die Dynamik der Gleichheitsidee seit 1776 (Teil II)«, in: *Verfassungsblog* v. 21. 07. 2020, es habe im nationalsozialistischen Deutschland »nicht sonderlich hoch im Kurs gestanden«, sich als Rechtswissenschaftler mit dem Verfassungsrecht der Vereinigten Staaten zu beschäftigen, kann insofern nicht ohne weiteres gefolgt werden.

165 Gruchmann, »›Blutschutzgesetz‹ und Justiz«, S. 418; Liberia erwog sogar eine Ausweisung aller Deutschen, vgl. Aitken, Rosenhaft, *Black Germany*, S. 249.

166 Diese Interventionen verdeutlichen die Bedeutung von Staaten als Interessenvertretung marginalisierter Gruppen. Juden und Jüdinnen hatten 1935 keine entsprechende nationalstaatliche Interessenvertretung. Das änderte sich erst mit der Gründung des Staates Israel 1948.

167 Prot. der Strafrechtskommission 37. Sitzg., 5. 6. 1934, Akten des RJM, BA Sign. R 22/852; zitiert nach Gruchmann, »›Blutschutzgesetz‹ und Justiz«, S. 420.

klare und praktische Definition, um sie Richtern an die Hand zu geben. Dazu eigne sich eine Aufgliederung nach rassebiologischen Gesichtspunkten wegen ihrer Unbestimmtheit nicht. Er wies – hier im Einverständnis mit Freisler – darauf hin, dass im Gesetz zwar eine Unterscheidung, nicht aber eine Wertung der Rassen zum Ausdruck kommen dürfe. Selbst das deutsche Volk würde sich bedrückt fühlen, wenn es hörte, die nordische Rasse sei die edle Rasse, und zugleich wisse, »daß neun Zehntel des deutschen Volkes dieser edlen Rasse gar nicht angehören«.[168] Auch der Rassereferent des Reichsinnenministeriums Bernhard Lösener, ebenfalls Jurist, musste zugeben, dass die Frage, welche Rassen als »fremd« anzusehen seien, völlig unbestimmt sei, da die deutsche Bevölkerung selbst sich aus unterschiedlichen Rassen zusammensetze.[169] Stuckart und Globke scheinen diese Befürchtungen im Ohr zu haben, wenn sie später in der Kommentierung der Nürnberger Gesetze unter Rückgriff auf die Rasseeinteilungen von Eickstedts schreiben:

> Das deutsche Volk setzt sich aus artverwandten verschiedenen Rassen der nordischen, der fälischen, der westischen, der dinarischen, ostischen und ostbaltischen Rasse und ihren Mischungen untereinander zusammen. Das danach im deutschen Volk vorhandene Blut ist deutsches Blut.[170]

Angesichts der Bedenken gegen einen zu weiten Begriff der »fremden Rasse« schlug Freisler folgenden Gesetzestext vor: »Fremdrassig im Sinne dieser Bestimmung ist jeder, dessen Vater oder Mutter farbig oder jüdischen Blutes ist.«[171] Gürtner sprach sich für eine Definition durch »berufenere Stellen« in einer Ausführungsverordnung aus.[172] Damit war die Richtung der neuen Gesetzgebung vorgegeben: Inhaltlich kodifizierte sie eine Variante des Rassismus, die sowohl Elemente der biologistischen Erblehre als auch der völkisch-nordischen Rassentheorie enthielt, aber rationalisierender formuliert war als die kontagionistische Imprägnationslehre und der unendliche Eingeborenenbegriff. Formal wurde ein Gesetzespaket verabschiedet, dessen extreme antisemitische und rassistische

168 Ebd., S. 423.

169 Ebd.

170 Stuckart, Globke, *Rassengesetzgebung*, S. 55; zu diesem Widerspruch auch Kapitel 3.3.2.

171 Zitiert nach Gruchmann, »›Blutschutzgesetz‹ und Justiz«, S. 423.

172 Ebd.

Gestalt sich erst in zahlreichen Ausführungsverordnungen und Runderlassen entfaltete.

#### *4.2.3.2. Der nationalsozialistische Gleichheitsbegriff und der graduelle Judenbegriff der Nürnberger Gesetze*

Hitler hatte den NSDAP-Juristen für den 7. NSDAP-Reichsparteitag am 15. September 1935 den Auftrag erteilt, die drei Pfeiler des Blutschutzgesetzes aufzustellen: das Eheverbot »zwischen Juden und Staatsangehörigen deutschen oder artverwandten Blutes« (§ 1 Blutschutzgesetz), das Verbot nichtehelichen Intimverkehrs zwischen denselben (§ 2 Blutschutzgesetz) und das Beschäftigungsverbot »deutschblütiger«, noch gebärfähiger Dienstmädchen in jüdischen Haushalten (§ 3 Blutschutzgesetz). Letzteres war ein Zugeständnis an die kontagionistische mythische Rassenlehre und ihre Vorstellung vom »schwachen Weib« und vom »jüdischen Verführer«.[173] Mit § 1 Blutschutzgesetz wurde faktisch – ohne entsprechende Änderung des BGB – ein jüdischer Personenstand eingeführt, der mit einem Eheverbot einherging. Die Begriffe »deutsches oder artverwandtes Blut« und »deutschblütig« traten an die Stelle des auch üblichen Begriffs »arische Abstammung«.

Auch die Vertreter der Erbbiologie konnten ihre Stimmen auf dem Parteitag geltend machen. Sie bewirkten bei Hitler den Erlass des Gesetzes zum Schutze der Erbgesundheit des deutschen Volkes (Ehegesundheitsgesetz) vom 18.10.1935, das ein Ehetauglichkeitszeugnis zur Verhinderung von Ehen mit Träger:innen von Erbkrankheiten einführte. § 6 Blutschutzgesetz verfügte zudem, eine Ehe solle nicht geschlossen werden, »wenn aus ihr eine die Reinhaltung des deutschen Blutes gefährdende Nachkommenschaft zu erwarten ist«. Nicht zugestimmt werden kann daher Michael Sachs, der konstatiert, das »im Blutschutzgesetz verankerte Verbot rassengemischter Ehen« stehe »in einer älteren Tradition von

173 Das gilt auch für § 5 Abs. 2 Blutschutzgesetz, wonach bei »Rassenschande« außerhalb der *de jure* verbotenen Ehe nur der männliche Partner, ob »deutschblütig« oder nicht, strafrechtlich verantwortlich war. Zu den nichtsdestotrotz vielfältigen Kriminalisierungsstrategien gegenüber an den »Rassenschande«-Verfahren beteiligten Frauen sowie zum Stereotyp vom »verführerischen Weib« Alexandra Przyrembel, *Rassenschande: Reinheitsmythos und Vernichtungslegitimation im Nationalsozialismus*, Göttingen 2003, S. 173 ff.

Eheverboten anhand von verpönten Merkmalen«, namentlich der Religions- und Standeszugehörigkeit.[174] Während religions- und standesübergreifende Eheverbote nur die Erhaltung von homogenen Gruppen anstrebten, zielten die rassistischen und eugenischen Eheverbote im Nationalsozialismus auf die Auslöschung eines Teils der Bevölkerung – mit dem Ziel, eine homogene Gesamtgruppe, den reinen deutschen Volkskörper, zu schaffen.

Die all diesen Vorschriften zugrunde liegende Idee einer rassisch verschiedenen Menschheit legten Stuckart und Globke in der Kommentierung der Nürnberger Rassengesetze dar:

> Den Lehren von der Gleichheit aller Menschen und von der grundsätzlich unbeschränkten Freiheit des Einzelnen gegenüber dem Staate setzt der Nationalsozialismus hier die harten, aber notwendigen Erkenntnisse von der naturgesetzlichen Ungleichheit und Verschiedenartigkeit der Menschen entgegen. Aus der Verschiedenartigkeit der Rassen, Völker und Menschen folgen zwangsläufig Unterscheidungen in den Rechten und Pflichten der Einzelnen.[175]

Vor diesem Hintergrund ist auch die Ablehnung der formalen Rechtsgleichheit durch die Verfassungsrechtler im Nationalsozialismus zu verstehen, wie sie 1939 Ernst Rudolf Huber formulierte: »Die nationalsozialistischen Rassengesetze, das Gesetz gegen die Neubildung politischer Parteien, das Sterilisationsgesetz – sie alle wenden sich vom formalen Gleichheitssatz ab, um eine wirkliche art- und wesensmäßige Gleichheit zum Siege zu führen.«[176]

Die Doktrin der art- und wesensmäßigen Verschiedenheit der Menschen wirkte sich auf die Idee der Staatsbürgerschaft aus. Das Reichsbürgergesetz beendete die staatsbürgerliche Gleichheit der Deutschen durch Schaffung zweier Status: Staatsbürger und Reichsbürger. »Reichsbürger ist nur der Staatsangehörige deutschen oder artverwandten Blutes«, formulierte § 2 Reichsbürger-

174 Michael Sachs, *Grenzen des Diskriminierungsverbots. Eine Untersuchung zur Reichweite des Unterscheidungsverbots nach Artikel 3 Abs. 2 und 3 Grundgesetz*, München 1987, S. 261.

175 Stuckart. Globke, *Rassengesetzgebung*, S. 25.

176 Ernst Rudolf Huber, *Verfassungsrecht des Großdeutschen Reiches*, Hamburg 1939, S. 260 f. Diese Idee der »art- und wesensmäßigen Gleichheit« führt später Günter Dürig gegen ein materielles Gleichheitsverständnis ins Feld, in: Theodor Maunz, Günter Dürig (Hg.), *Grundgesetz. Loseblatt. Kommentar*, München, Grundwerk 1973, Art. 3 Abs. 1 GG, Rn. 24, ausführlich Kapitel 5.8.4.

gesetz. Stuckart und Globke fügten hinzu: »Reichsbürger ist nur der Staatsangehörige deutschen und artverwandten Blutes, der durch sein Verhalten beweist, dass er gewillt und geeignet ist, in Treue dem deutschen Volk und Reich zu dienen.«[177] Ein Recht auf Reichsbürgerschaft – auch wenn es nie eingeführt werden sollte – und damit die Idee des »Volksgenossen« ergab sich aus der Kombination aus Blutreinheit (objektives Element) und Loyalität (subjektives Element). Beide Elemente sind über den völkischen Rassebegriff verbunden, der biologische Abstammung und mystischen Bluts- und Geistaberglaube vereint: »Was deutsch ist und was dem deutschen Volke nützt oder schadet, kann nur der Blutsverwandte empfinden, wissen und daher auch bestimmen.«[178] Die weiter nach den Vorschriften des RuStAG von 1913 zu erwerbende Staatsangehörigkeit erhielt in der Auslegung von Stuckart und Globke im Wortlaut des Parteiprogramms der NSDAP einen über das *ius sanguinis* noch hinausgehenden spezifischen Blutsbezug, der jüdische Menschen auch von der Erlangung der deutschen Staatsangehörigkeit ausschloss: »Staatsangehöriger kann nur sein, wer Volksgenosse ist. Volksgenosse kann nur sein, wer deutschen Blutes ist, ohne Rücksicht auf Konfession. Kein Jude kann daher Volksgenosse sein.«[179]

Die Ausbürgerung jüdischer deutscher Staatsbürger:innen folgte einige Jahre später in der 11. Verordnung zum Reichsbürgergesetz vom 25. November 1941 (11.VO). Sie bildete die rechtliche Grundlage für die Enteignung des Vermögens der ins Ausland deportierten deutschen Juden.[180] 27 Jahre später sollte sich eine der wichtigsten Entscheidungen des Bundesverfassungsgerichtes zu Art. 3 Abs. 3 GG und Art. 116 Abs. 2 GG mit der 11. Verordnung beschäftigen.[181]

Wer alles jüdisch im Sinne von Reichsbürger- und Blutschutzgesetz war, galt als eine der juristisch umstrittensten Fragen. Die Vertreter:innen der kontagionistischen Lehre wollten auch »deutschblütige Ehepartner« dem Judenbegriff unterstellen.[182] Juristische »Mischlinge«, also »Halbjuden«, hätte es dann, so wie im

177 Stuckart, Globke, *Rassengesetzgebung*, S. 25.

178 Ebd., S. 25.

179 Ebd., S. 26; zum NSDAP-Parteiprogramm siehe auch Kapitel 4.2.

180 RGBl. 1941, 722.

181 Siehe Kapitel 5.8.2.

182 Essner, *»Nürnberger Gesetze«*, S. 161 f., 420 f. m. w. N.

unendlichen Eingeborenen-Begriff der kolonialen Rechtsprechung, nicht gegeben. Die Juristen aus dem Innenministerium führten gegen solche Vorschläge mögliche Proteste in der »deutschblütigen« Bevölkerung an sowie das Bedürfnis der Verwaltung nach einem unverrückbaren Personenstand und an das Verschenken »wertvoller germanischer Erbmasse«.[183] Das »endlose Tauziehen um den Judenbegriff«[184] wurde schließlich durch einen Kompromissvorschlag von Stuckart beendet, der mit Verweis auf die erbbiologische Forschung Eugen Fischers zu den *Rehobother Bastards* und die Mendelsche Vererbungslehre Grundprinzipien für das »Judenproblem« ableitete,[185] die in den ersten beiden Ausführungsverordnungen zu den Nürnberger Gesetzen festgeschrieben wurden.

In Abkehr von der unendlichen genealogischen Figur des »Bruchteiljuden« kodifizierte die 1. VO Reichsbürgergesetz[186] einen personenstandsrechtlichen, genealogisch abgeleiteten, graduellen Judenbegriff.[187] Als Jude galt, »wer von mindestens drei der Rasse nach volljüdischen Großeltern-Teilen abstammt«, § 5 Abs. 1. Als »jüdischer Mischling« galt, »wer von einem oder zwei der Rasse nach volljüdischen Großeltern-Teilen abstammt«, §§ 2 Abs. 2, 5 Abs. 2. Als Vollbeweis einer jüdischen »Vollrassezugehörigkeit« der Großeltern galt deren jüdische Religionszugehörigkeit, § 2 Abs. 2 S. 1. Die tatsächliche Religionszugehörigkeit der rassisch zu bestimmenden Person war dafür irrelevant. Als »jüdischer Mischling 1. Grades« oder sogenannter »Halbjude« galt, wer »zwei volljüdische Großeltern« hatte.[188] Wenn diese Person nun entweder »der jüdischen Religionsgemeinschaft« angehörte, § 5 Abs. 2 a), oder »mit einem Juden verheiratet« war, § 5 Abs. 2 b), oder aus einer nach dem Blutschutzgesetz verbotenen Ehe oder nichtehelichen Beziehung entstammte (»Rassenschande«), § 5 Abs. 2 c) d), dann galt sie rechtlich als »volljüdisch« oder sogenannter »Geltungsjude«. Entstammte die Person dagegen einer christlichen oder glaubens-

183 Essner, »Border-line im Menschenblut«, S. 52.

184 Ebd.

185 Detailliert Hans-Christian Jasch, *Staatssekretär Wilhelm Stuckart und die Judenpolitik. Der Mythos von der sauberen Verwaltung*, München 2012, S. 217.

186 RGBl. 1935 I, S. 1333.

187 Essner, »Border-line im Menschenblut«, S. 53.

188 Der Begriff »jüdischer Mischling« geht auf einen Runderlass von Reichsinnenminister Frick vom 26. 11. 1935 zurück, Cornelia Schmitz-Berning, *Vokabular des Nationalsozialismus*, Berlin 2007, S. 641.

losen »Mischehe«, zählte sie als »jüdischer Mischling« zu den »vorläufigen Reichsbürgern«. Personen, die nur einen »volljüdischen Großelternteil« hatten, galten als »jüdische Mischlinge 2. Grades«. Das Eheverbot mit »Deutschblütigen« galt grundsätzlich für alle als »volljüdisch« oder als »jüdischer Mischling 1. Grades« klassifizierten Personen, das ergab sich aus § 1 1. VO Blutschutzgesetz, der auf die 1. VO Reichsbürgergesetz verwies.[189] Auf dem Umweg über die Durchführungsverordnung wurden so »Halbjuden« mit »Volljuden« gleichgestellt.[190] Zwei als »Mischlinge 1. Grades« kategorisierte Personen konnten untereinander heiraten, ihre Kinder galten klassifikatorisch als »Halbjuden«.

Die dogmatische Schlüsselfigur innerhalb dieses rechtlichen Klassifikationssystems war der »Mischling 2. Grades«, der sogenannte »Vierteljude«, der nur einen »volljüdischen Großelternteil« hatte. Den so klassifizierten Personen war die Eheschließung mit »Volljuden« oder »Mischlingsjuden« nach § 2 1. VO Blutschutzgesetz verboten, auch andere »Mischlinge 2. Grades« durften sie nicht heiraten, wie sich aus der Kommentarliteratur und der behördlichen Praxis ergab.[191] Ziel dieses Eheverbotes war es, »Achteljuden« zu verhindern, die nach der Arithmetik der Nürnberger Gesetze, die nur mit »vollen« jüdischen Großelternteilen rechnete, als »deutschblütig« gegolten hätten. »Mischlinge 2. Grades« und »Deutschblütige« durften dagegen heiraten und »deutschblütige« Kinder bekommen. Der geringe jüdische Blutsanteil würde nach dieser juristischen Blutslogik im Laufe der Generationen verblassen.[192]

Im Ergebnis entschieden sich die Nationalsozialisten damit für

189 § 3 1. VO, wonach »jüdische Mischlinge 1. Grades« zur Ehe mit »Staatsangehörigen deutschen oder artverwandten Blutes« oder »jüdischen Mischlingen 2. Grades« eine Sondergenehmigung beantragen konnten, blieb bedeutungslos, Michael Wildt, *Die Judenpolitik des SD 1935 bis 1938*, München 1995, S. 131; ab 1942 wurden gar keine Anträge mehr angenommen, s. Beate Meyer, *»Jüdische Mischlinge«: Rassenpolitik und Verfolgungserfahrung 1933-1945*, Hamburg 2002, S. 105.

190 Michael Mayer, *Staaten als Täter. Ministerialbürokratie und »Judenpolitik« in NS-Deutschland und Vichy-Frankreich. Ein Vergleich*, München 2011, S. 152, Fn. 481.

191 Schmitz-Berning, *Vokabular des Nationalsozialismus*, S. 641; Seidler/Rett, *Reichssippenamt*, S. 129.

192 Essner, »Border-line im Menschenblut«, S. 61.

einen weniger tiefen Rassebegriff als den der US-amerikanischen *one-drop rule*. Zugleich war die rassische Erfassung akribischer und die Durchsetzung der in erster Linie antisemitisch motivierten Rassengesetze fanatischer. Das zeigt die folgende Betrachtung von Mangoldts, der 1939 die Nürnberger Rassengesetze und andere europäische rassenrechtliche Regelungen mit denen der angelsächsischen Länder verglich:

> Die Geschichte der Völker aller Kontinente zeigt deutlich die Gefahren, die aus einer Vermischung des eigenen mit stark artfremdem Blute drohen. Immer wieder haben daher die Völker zu den einschneidenden Maßnahmen gegriffen, um einer solchen Überfremdung vorzubeugen. Niemals vorher ist die ganze Frage aber mit der gleichen Schärfe wie heute im Dritten Reiche und in einzelnen anderen mitteleuropäischen Ländern als Rassenproblem erkannt und gleichzeitig auch in der Gesetzgebung als solches behandelt worden.[193]

Die Erklärung »für diese Ausgestaltung unserer Rassenrechte« fand von Mangoldt »in den in Mitteleuropa gegebenen Bevölkerungsverhältnissen«, die er so beschrieb: »Die Gefahr der Rassenüberfremdung drohte hier ernstlich nur von den Juden. Kein anderes artfremdes Volk hat in diesem Raume auch nur annähernd so hohe Zahlen wie sie erreicht.«[194]

Drei Jahre später, auf der Wannseekonferenz vom 20. Januar 1942, wurde mit dem Plan zur »Endlösung der Judenfrage« noch die Regelung zum Vergessen der Bruchteiljuden in den Nürnberger Rassengesetzen in Frage gestellt. Nun sollten alle Familienmitglieder »jüdischen Blutes« aufgespürt und evakuiert werden.[195] Stuckart und Lösener wandten sich gegen diesen grenzenlosen Rassebegriff.[196] Sie verteidigten die Logik der Nürnberger Gesetze mit den Argumenten von 1935.[197] Zur »Endlösung der Judenfrage« schlug Stuckart dagegen eine eugenische Maßnahme vor, die durch das Gesetz zur Verhütung erbkranken Nachwuchses bereits gegen Behin-

193 Von Mangoldt, »Rassenrecht und Judentum«, S. 49.

194 Ebd.

195 Essner, *»Nürnberger Gesetze«*, S. 384 ff.

196 Essner, »Border-line im Menschenblut«, S. 57.

197 Essner, ebd., S. 56 f., vermutet, dass es weitaus größere Proteste gegen Verwandtschaftsmorde als im Rahmen der »Euthanasie«-Aktion gegeben hätte. 1943 zeigte der Rosenstraße-Protest, dass die drohende Deportation von jüdischen Ehepartner:innen durchaus öffentlichen Protest der Angehörigen hervorrufen konnte.

derte, vermeintlich Erbkranke und »Asoziale« allgemein praktiziert wurde: die Sterilisierung und Zwangsscheidung aller noch nicht deportierten »jüdischen Mischlinge 1. Grades«. Auf der Wannseekonferenz und auf den Folgekonferenzen konnte keine Entscheidung zu diesen Fragen getroffen werden. Die Regelungen der Nürnberger Gesetze galten bis zum Ende des Zweiten Weltkrieges.

#### *4.2.3.3. Andere als »artfremd« klassifizierte und verfolgte Menschen*

Die antisemitischen Nürnberger Rassengesetze zielten in erster Linie auf die Klassifizierung und Diskriminierung jüdischer Menschen. Umstritten war aber auch die Frage, wer jenseits dessen »artfremden Blutes« war. Unter die eindeutig antisemitisch formulierten Nürnberger Rassengesetze fielen Sinti und Roma und Schwarze Menschen nicht ausdrücklich, doch die Verwaltungsjuristen und die juristische Kommentar- und Aufsatzliteratur versuchten die rassistische Klassifizierung stetig zu erweitern. Die Autoren beriefen sich auf »Erfahrungen einer mehr als tausendjährigen Geschichte und die Forschungsergebnisse der Bevölkerungs- und Rassenwissenschaft«, zitierten jedoch zumeist aus *Mein Kampf*, aus den Ansprachen des Leiters des rassenpolitischen Amtes der NSDAP sowie aus den populärwissenschaftlichen Veröffentlichungen »Rasse-Günthers«.[198] Auf diesem Wege wurden auch Sinti und Roma und Schwarze Menschen zur Zielgruppe von rassischer Kategorisierung, Diskriminierung und Vernichtung. So erläuterten Stuckart und Globke:

a) Dem deutschen Blute artverwandt ist das Blut derjenigen Völker, deren rassische Zusammensetzung der deutschen verwandt ist. Das ist durchweg der Fall bei den geschlossen in Europa siedelnden Völkern und denjenigen ihrer Abkömmlinge in außereuropäischen Erdteilen, die sich artrein erhalten haben.
b) Artfremden Blutes ist alles Blut, das nicht deutsches Blut noch dem deutschen Blut verwandt ist. Artfremden Blutes sind in Deutschland regelmäßig nur Juden und Zigeuner.[199]

In einem Aufsatz in der *Deutschen Juristen-Zeitung* vom Dezember 1935 vertrat Reichsinnenminister Frick mit Blick auf das Staatsangehörigkeitsrecht die Ansicht, dass Schwarze Menschen und Sinti

198 Stuckart, Globke, *Rassengesetzgebung*, S. 2 f.
199 Ebd., S. 55.

und Roma »zu jenen Rassen« zählten, »deren Blut nicht artverwandt mit deutschem Blut« sei.[200] Ein Runderlass Fricks vom 26. November 1935 bestimmte die Aufgaben des Reichssippenamtes, das Ehetauglichkeitszeugnisse darüber ausstellte, ob eine Ehe nach § 6 1. VO Blutschutzgesetz wegen Gefährdung der Reinerhaltung des deutschen Blutes verboten war. Darin heißt es, auch bei der »Eheschließung von deutschblütigen Personen mit Zigeunern, Negern oder ihren Bastarden« sei eine solche »Gefährdung« anzunehmen.[201] Der Erlass richtete sich nicht an die Staatsanwaltschaften, sondern an die Personenstandsämter.[202] Im Unterschied zu Ehen mit Juden und Jüdinnen bestand so kein generelles und strafrechtlich durchzusetzendes gesetzliches Verbot von Eheschließungen und bestehende Ehen wurden nicht automatisch nichtig.[203] Doch sollten auf behördlichem Wege keine Ehetauglichkeitszeugnisse in diesen Fällen ausgestellt werden. Ehepaare wurden unter Druck gesetzt, sich scheiden zu lassen, und auch nichteheliche Beziehungen sahen sich starken Repressionen ausgesetzt.[204]

Auch im Strafrecht manifestierte sich die rassistische Grundrichtung des Rechts. Die strafrechtlichen Vorschriften der Nürnberger Gesetze wurden über den von Freisler eingeführten neuen Analogieparagraphen, § 2 StGB, auf Sinti, Roma und weitere rassialisierte Minderheiten ausgedehnt. Danach hatte eine Bestrafung auch für eine Handlung zu erfolgen, »die nach dem Grundgedanken eines Strafgesetzes und nach dem gesunden Volksempfinden Be-

200 Wilhelm Frick, »Das Reichsbürgergesetz und das Gesetz zum Schutz des deutschen Blutes und der deutschen Ehre vom 15. September 1935«, in: *Juristen-Zeitung* (23) 1935, S. 1390-1398, hier: S. 1391.

201 Reichsministerium des Inneren, Runderlass v. 26. 11. 1935, in: Ministerialblatt für die Preußische Innere Verwaltung 1935, S. 1429-1434.

202 Dieser Unterschied wird oft vernachlässigt, siehe nur Wissenschaftlicher Dienst des Deutschen Bundestages, *Die Verfolgung der Sinti und Roma im Nationalsozialismus*, Berlin 2009, S. 5 unter Verweis auf Wolfgang Wippermann, *Auserwählte Opfer? Shoah und Porrajmos im Vergleich. Eine Kontroverse*, Berlin 2005, S. 30. Aitken, Rosenhaft, *Black Germany*, S. 268 präzisieren dagegen, dass Fricks Kommentierung keine Ausweitung des Anwendungsbereiches der Nürnberger Gesetze auf nichteheliche Beziehungen mit Schwarzen bedeutete; ebenso Marianne Bechhaus-Gerst, *Treu bis in den Tod. Von Deutsch-Ostafrika nach Sachsenhausen – eine Lebensgeschichte*, Berlin 2007, S. 73 f.

203 Aitken, Rosenhaft, *Black Germany*, S. 268.

204 Ebd., S. 268 ff.

strafung verdient«.[205] So erklärte das Reichsgericht Kernstücke der Jugendstrafreform von 1943 (Jugendarrest zur Eingliederung statt Gefängnis) im Wege der teleologischen Auslegung als für Sinti und Roma nicht anwendbar. Der Jugendarrest bezwecke die »Erziehung jugendlicher Übeltäter, damit sie sich in die Volksgemeinschaft als nützliche Mitglieder einordnen«, dies sei bei »Zigeunern« und »Zigeunermischlingen, bei denen das Zigeunerblut überwiegt«, unmöglich, weil dieser »Volksstamm nach seinen Rasseeigenschaften« Erziehung »nicht zugänglich« sei.[206] Himmler hatte bereits am 8. Dezember 1938 im Erlass zur »Bekämpfung der Zigeunerplage« die »endgültige Lösung der Zigeunerfrage« angekündigt und begründete sie »aus dem Wesen dieser Rasse« heraus.[207] In Anlehnung an die Kategorisierung von Juden in den Ausführungsbestimmungen zum Blutschutzgesetz galt als »Zigeuner«, wer von der Rassenhygienischen Forschungsstelle des Reichsgesundheitsamtes (RHF) oder vom Reichskriminalpolizeiamt als »Vollzigeuner (stammechter Zigeuner)« oder »Mischling mit vorwiegendem zigeunerischen Blutsanteil« klassifiziert wurde.[208]

Die Verordnung über die Strafrechtspflege gegen Polen und Juden in den eingegliederten Ostgebieten vom 4. Dezember 1941, bekannt als Polenstrafrechtsverordnung, schuf ein faktisches Sonderstrafrecht für Polen und Juden in den annektierten polnischen Gebieten, sie galt in wesentlichen Teilen auch für polnische Vertragsarbeiter:innen und Zwangsarbeiter:innen im gesamten Reich.[209] Sie gilt als Höhepunkt des nationalsozialistischen Fremdvolkstrafrechts.[210] Auch sexuelle Kontakte zwischen Pol:innen und

205 RGBl. I 1935, S. 839.

206 RG 1943 516 Nr. 8, weitere Beispiele bei Werle, *Justiz-Strafrecht*, S. 461.

207 Bekämpfung der Zigeunerplage, 08.12.1938, RdErl. d. RFSSuChdDtPol. im RMdI, zitiert nach Wissenschaftlicher Dienst des Deutschen Bundestages, *Verfolgung der Sinti und Roma*, S. 5. Der Auschwitz-Erlass Himmlers vom 16.12.1942 markierte dann den Höhepunkt der Verfolgung.

208 Anordnung über die Beschäftigung von Zigeunern v. 13.03.1942, zitiert nach Schmitz-Berning, *Vokabular des Nationalsozialismus*, S. 680; zur RHF Barbara Danckwortt, »Wissenschaft oder Pseudowissenschaft? Die ›Rassenhygienische Forschungsstelle‹ des Reichsgesundheitsamts«, in: Judith Hahn u. a., *Medizin im Nationalsozialismus und das System der Konzentrationslager*, Frankfurt/M. 2005, S. 140-164.

209 RGBl. 1941 I, S. 759 ff.

210 Diemut Majer, *»Fremdvölkische« im Dritten Reich. Ein Beitrag zur nationalsozi-*

Deutschen wurden damit als »deutschfeindliches Verhalten« und »Rassenschande« verfolgt.[211] Das Himmler-Thierack-Abkommen vom 17. September 1942 ordnete dann an, »asoziale Elemente aus dem Strafvollzug, Juden, Zigeuner, Russen, Ukrainer« ohne Einzelfallüberprüfung der Strafgerichtsbarkeit an den Reichsführer SS »zur Vernichtung durch Arbeit« auszuliefern.[212] Hier zeigte sich die sowohl antisemitische als auch antiziganistische und antislawistische Ausrichtung des NS-Staates und die enge Verknüpfung von völkischer und sozialdarwinistischer Ideologie in Zuschreibungen als »fremdrassisch« und »asozial«.

Die juristische Kommentar- und Aufsatzliteratur erweiterte die rassistische Klassifizierung noch. Franz Massfeller, Amtsgerichtsrat im Reichsjustizministerium und Mitherausgeber des ersten Kommentars zum Blutschutz- und Ehegesundheitsgesetz führte dazu aus:

> Nicht nur durch deutsch-jüdische Mischungen wird die Reinheit des deutschen Blutes gefährdet. […] Als Träger artfremden Blutes werden […] die Negerbastarde im Rheinland und die in Deutschland sich aufhaltenden Zigeuner in Betracht kommen.[213]

Zur Begründung seiner Auffassung verwies Massfeller auf »Rasse-Günther« und auf die als »Rheinlandbastarde« stigmatisierten Kinder afrikanischer und asiatischer Soldaten und deutscher Frauen:

> Ich muss mich darauf beschränken, auf Günthers Rassenkunde des deutschen Volkes zu verweisen. […] Träger artfremden Blutes sind vor allem die

*alistischen Rechtssetzung und Rechtspraxis in Verwaltung und Justiz unter besonderer Berücksichtigung der eingegliederten Ostgebiete und des Generalgouvernements*, Boppard am Rhein 1981.

211 Ebd., S. 758.

212 Zitiert nach Lothar Gruchmann, *Justiz im Dritten Reich 1933-1940. Anpassung und Unterwerfung in der Ära Gürtner*, München 2001, S. 745.

213 Franz Massfeller, »Kommentar zur Ersten Durchführungsverordnung vom 14. November 1935«, in: Arthur Gütt, Herbert Linden, Franz Maßfeller (Hg.), *Blutschutz- und Ehegesundheitsgesetz. Gesetz zum Schutze des deutschen Blutes und der deutschen Ehre, und Gesetz zum Schutze der Erbgesundheit des deutschen Volkes, nebst Durchfuehrungsverordnungen sowie einschlaegigen Bestimmungen*, München 1936. Franz Massfeller vertrat das Reichsjustizministerium auch bei den Folgekonferenzen der Wannsee-Konferenz, er war bis 1964 als Referatsleiter im BMJ tätig.

Juden, dann aber auch die Nachkommen jener artvergessenen deutschen Frauen, die sich in der Zeit der deutschen Erniedrigung mit Angehörigen farbiger Besatzungstruppen am Rhein eingelassen haben und Negerbastarde geboren haben (Lösener RVerwBl. 1935, 929 ff.).[214]

Massfeller bezieht sich damit auf die unehelichen Kinder von deutschen Frauen und Soldaten, die im Ersten Weltkrieg und später während der alliierten Rheinlandbesetzung von 1923 bis 1925 in der französischen Armee gekämpft hatten, die aber aus französischen Kolonialstaaten in Afrika oder in Asien stammten. Diese Kinder wurden als »Rheinlandbastarde« stigmatisiert, ein Begriff der sowohl auf die zeitgenössische abwertende Bezeichnung für uneheliche Kinder rekurrierte als auch auf die Abwertung von Menschen, die als »gemischtrassig« galten. Schon in der Weimarer Zeit war die Präsenz Schwarzer Besatzungssoldaten in Deutschland als eine Schmach angesehen worden. Dies war Anlass für eine seit 1920 von Deutschland ausgehende internationale Kampagne »Schwarze Schmach« oder »Schmach am Rhein«, die sich gegen den Einsatz von Kolonialtruppen in Deutschland richtete. Unter Anknüpfung an rassistische Debatten des 18. und 19. Jahrhunderts über die Triebhaftigkeit von Schwarzen Menschen wurden den Soldaten massenhafte Gewalttaten gegen deutsche Frauen und Kinder unterstellt.[215] Im Nationalsozialismus lebte der Mythos von der »Schwarzen Schmach« weiter. Hitler hatte die Stationierung Schwarzer Soldaten zudem in *Mein Kampf* als gezielte jüdische Strategie zur Zerstörung der »weißen Rasse« durch »Bastardisierung« angeprangert.[216]

Die von Massfeller 1935 vorgeschlagene Erweiterung der rassistischen Klassifizierung spiegelt die ursprüngliche Forderung Freislers von 1933 wider, auch Schwarze Menschen rechtlich als minderwertig zu klassifizieren und sexuelle und eheliche Verbindungen mit ihnen zu verbieten. Sie schlug sich auch in anderen Regelungsbereichen nieder. Per Geheimerlass dehnte das Reichs- und Preußische Ministerium des Inneren 1937 die bereits bei jüdischen Kindern und Kindern von Sinti oder Roma praktizierte »Rassentrennung«

214 Franz Massfeller, »Das Reichsbürgergesetz und das Gesetz zum Schutz des deutschen Blutes und der deutschen Ehre«, in: *Juristische Wochenschrift* 1935, S. 3417-3422.

215 Zum Ganzen Iris Wigger, *Die »Schwarze Schmach am Rhein«: rassistische Diskriminierung zwischen Geschlecht, Klasse, Nation und Rasse*, Münster 2007.

216 Adolf Hitler, *Mein Kampf*, München 1943, S. 357, siehe auch Kapitel 3.2.1.

in der Fürsorgeerziehung und im Vormundschaftswesen auf »Negermischlinge« aus.[217] Mit der Einführung der Termini »Neger«, »Negerbastard« und »Negermischling« als verwaltungsrechtliche Kategorien, konstatieren die britischen Historiker Aitken und Rosenhaft, erreichte die im deutschen Kaiserreich begonnene Rassialisierung Schwarzer Menschen im nationalsozialistischen Deutschland ihren Höhepunkt.[218]

Eine »Endlösung«, also einen Vernichtungsplan, gab es für Migrant:innen afrikanischer Herkunft und ihre Nachkommen aber »zu keinem Zeitpunkt«.[219] Die meisten der 1933 in Deutschland lebenden Schwarzen Menschen wurden diskriminiert, schikaniert und verfolgt, mussten fliehen, überlebten aber die nationalsozialistische Herrschaft.[220] Das mag verwundern angesichts dessen, dass Schwarze Menschen im damaligen Deutschland eine kleine, aber sichtbare Minderheit waren und als solche leicht identifizierbar. Die Gründe für die »paradoxen Erfahrungen« Schwarzer Menschen unter dem Nationalsozialismus sind vielfältig.[221] Einerseits leitete der ausgeprägte Antisemitismus die nationalsozialistische Rassepolitik. Verantwortlich waren aber auch außenpolitische Gründe, namentlich die aufwändigen Planungen für ein zukünftiges deutsches Kolonialreich. Während Rasseforscher und Juristen wie Freisler, Frick und Globke alle Schwarzen Menschen als »artfremd« aus dem Volksverband ausschließen wollten, war das Auswärtige Amt aus kolonialrevisionistischen Überlegungen und Angst vor internationalen Protesten bemüht, die Migranten aus den ehemaligen

217 Wolf Gruner, *Öffentliche Wohlfahrt und Judenverfolgung: Wechselwirkungen lokaler und zentraler Politik im NS-Staat*, München 2002, S. 110 f., Fn. 27.

218 Aitken, Rosenhaft, *Black Germany*, S. 20.

219 Bechhaus-Gerst, *Treu bis in den Tod*, S. 72.

220 Aitken, Rosenhaft, *Black Germany*, S. 233, 275; zum Ganzen auch Peter Martin, Christine Alonzo, (Hg.), *Zwischen Charleston und Stechschritt: Schwarze im Nationalsozialismus*, Hamburg 2004; Marianne Bechhaus-Gerst, »Afrikaner in Deutschland 1933-1945«, in: *Zeitschrift für Sozialgeschichte des 20. und 21. Jahrhunderts* 4/1997, S. 10-30.

221 Aitken, Rosenhaft, *Black Germany*, S. 232. Eindrückliche biografische Zeugnisse dafür liefern u. a. Hans Massaquoi, *N*, N*, Schornsteinfeger! Meine Kindheit in Deutschland*, München 2001; Gert Schramm, *Wer hat Angst vorm schwarzen Mann: Mein Leben in Deutschland*, Berlin 2011; Theodor W. Michael, *Deutsch sein und schwarz dazu. Erinnerungen eines Afro-Deutschen*, München 2013; Maria Achenbach, *Fasia. Geliebte Rebellin*, Oberhausen 2004.

Kolonien von Diskriminierung auszunehmen.[222] Als charakteristisch für die inkohärente Rechtsdurchsetzung gilt auch, dass Fricks Disqualifizierung Schwarzer Menschen als »fremdblütig« nicht zu einer einheitlichen Rechtsanwendung, bezogen auf den Entzug der Staatsangehörigkeit für bereits eingebürgerte Kolonialmigranten und deren Kinder mit deutschen Frauen, führte.[223] Schließlich hatte die jeweilige Herkunftsgeschichte Konsequenzen für den Charakter der Verfolgung. Nach der Machtübernahme 1933 wurden die Identifikationspapiere aller in Deutschland als »deutsche Schutzbefohlene« registrierten Migrant:innen aus den früheren Kolonien eingezogen und gegen Staatenlosen-Pässe eingetauscht.[224] Das ging einher mit Problemen auf dem Arbeitsmarkt, dem zunehmenden Risiko der Kriminalisierung und schließlich der Internierung in Arbeits- und Konzentrationslagern.[225] Im Unterschied zu diesen Kolonialmigrant:innen der ersten Generation, die auch Deutschlands Stellung als Kolonialmacht repräsentierten, galten die als »Rheinlandbastarde« diffamierten deutschen Kinder Schwarzer Soldaten als das sichtbare Ergebnis der Niederlage im Ersten Weltkrieg. Als uneheliche Kinder erhielten die Besatzungskinder nach §4 Abs. 1 2. HS RuStaG die Staatsangehörigkeit der Mutter und waren damit als deutsche Staatsangehörige im deutschen Reichsgebiet mit allen staatsbürgerlichen Rechten ausgestattet. Damit waren sie, beschreibt Nicola Lauré al-Samarai, »– in völkischer Logik – bis ins Innerste des ›gesunden Volkskörpers‹ vorgedrungen«.[226] Eine besondere personenstandsrechtliche oder anderweitige Registrierung gab es für sie nicht, damit fehlte auch der Ausgangspunkt für eine rechtliche rassische Klassifizierung. Doch Regierungsstellen

222 Bechhaus-Gerst, *Treu bis in den Tod*, S. 74 f. Es handelte sich in erster Generation fast ausschließlich um Männer.

223 Aitken, Rosenhaft, *Black Germany*, S. 237 ff.

224 1933 besaßen nur eine Handvoll Afrikaner und ihre in Deutschland geborenen Kinder die deutsche Staatsangehörigkeit, Aitken, Rosenhaft, *Black Germany*, S. 236.

225 Der sogenannte Fremdenpass war schon vor der Machtübernahme gesetzlich eingeführt worden, angewendet wurde die Vorschrift in den meisten Fällen jedoch erst nach 1943, das ging einher mit zunehmender Feindseligkeit gegenüber Schwarzen Menschen.

226 Nicola Lauré al-Samarai, »Schwarze Menschen im Nationalsozialismus«, ⟨www.bpb.de/gesellschaft/migration/afrikanische-diaspora/59423/nationalsozialismus⟩, letzter Zugriff 01. 11. 2020.

hatten schon 1923 mit der Erfassung der Rheinlandkinder begonnen, 1933 ordnete Hermann Göring dann eine Überprüfung und Erweiterung der Listen an.[227] Da eine legale Sterilisierung auf der Basis des »Gesetzes zur Verhütung erbkranken Nachwuchses« nicht möglich war, wurde ab 1937 mit ihrer illegalen Sterilisierung begonnen.[228] Zu den »anthropologischen Gutachtern«, die über die »rassische« Zugehörigkeit entschieden, gehörte unter anderen Eugen Fischer.[229] Auch einige Kinder von Kolonialmigrant:innen wurden zwangssterilisiert, zum Teil ebenfalls geheim, zum Teil auf Grundlage des »Gesetzes zur Verhütung erbkranken Nachwuchses«.[230]

Unsicherheit und Verfolgung verstärkten sich mit Beginn des Zweiten Weltkrieges für alle Schwarzen Menschen, unabhängig von ihrer Herkunft. Am 10. Oktober 1942, zwei Monate vor dem antiziganistischen Auschwitzerlass, erteilte Himmler die Anweisung, alle Schwarzen Menschen in Deutschland zu registrieren.[231] Warum daraufhin keine gezielte Erfassungs- und Vernichtungspolitik begann, erklären Historiker:innen auch damit, dass die zentralen Ideologien des Regimes der Antisemitismus und der Antiziganismus waren.[232] Zudem eigneten sich Schwarze Menschen »schon angesichts ihrer geringen Zahl kaum zur massenhaften Stilisierung eines gefährlichen inneren Feindes«.[233] Zum Ausbruch des Krieges war die Zahl der Schwarzen Menschen in Deutschland klein, viele waren nach Frankreich emigriert.[234] Nicht wenige der noch Verbliebenen wurden zur Zwangsarbeit verschleppt, sterilisiert und in Arbeits- und Konzentrationslagern interniert.[235] Doch selbst hier noch zeigt sich die Bedeutung einer im Kern antisemiti-

227 Ebd.

228 Aitken, Rosenhaft, *Black Germany*, S. 264.

229 Gisela Tascher, »NS-Zwangssterilisationen. Handeln auf Befehl des Führers«, in: *Deutsches Ärzteblatt* (113) 10/2016, A 420-2.

230 Aitken, Rosenhaft, *Black Germany*, S. 265; Rose-Marie Huber-Koller, »Keine ›Einheitsdeutschen‹: Schwarze Deutsche, Volksmythos und Staatsbürgernation«, in: *ZAR* 2001, S. 21-29, hier: S. 24.

231 Aitken, Rosenhaft, *Black Germany*, S. 275.

232 Ebd., S. 276.

233 Huber-Koller, »Keine ›Einheitsdeutschen‹«, S. 24.

234 Aitken, Rosenhaft, *Black Germany*, S. 279 ff.

235 Die historische Forschung schätzt die Zahl der ermordeten Menschen afrikanischer Herkunft auf 2000, hinzu kommen kriegsgefangene Afroamerikaner und afrikanische Soldaten der französischen, belgischen und britischen Truppen.

schen und antiziganistischen Rassengesetzgebung: Während Sinti, Roma und Juden »aufgrund ihrer Rasse« interniert und deportiert wurden, weisen die Registrierungen Schwarzer Menschen in den Konzentrationslagern nicht auf kohärente Kategorisierungen als »fremdrassisch« hin.[236] Im Vergleich zu als »Juden« oder »Zigeuner« verfolgten Menschen[237] war die Behandlung Schwarzer Menschen im Nationalsozialismus somit weitaus widersprüchlicher.[238] Ihre Erfahrungen verweisen auch auf die Komplexität und Widersprüchlichkeit rassistischer Rechtsetzung und Rechtsdurchsetzung und zeigen, dass der »Rasse-Staat« kein monolithisches Projekt war, sondern »so uneinheitlich in seinen Operationen wie phantasmatisch in seiner Konzeption«.[239]

## 4.3. Gemeinsamkeiten und Besonderheiten rassistischen Rechts

Alle in diesem Kapitel analysierten historischen Fälle verbindet ein »um die genealogisch-historische Identität kreisender Blutsaberglauben«,[240] der mit kategorisierenden und diskriminierenden Praktiken einherging. Rechtliche Regulierungen hatten entscheidenden Anteil an der Rationalisierung, Legitimierung und Operationalisierung dieses Aberglaubens und an seinen Folgen. In den US-amerikanischen Südstaaten, in den deutschen Kolonien und im Nationalsozialismus wurden durch das Recht Formen rassisch definierter Zugehörigkeit erst geschaffen. Zum Teil ging es auch darum, Recht so zu formulieren bzw. anzupassen, dass die identitätsstiftende und Diskriminierung und Gewalt legitimierende rassistische Trennung aufrechterhalten wurde. Das Recht sollte aber auch klare Grenzlinien zur Verfügung stellen, um die rassistische

236 Aitken, Rosenhaft, *Black Germany*, S. 274.

237 Nicht alle unter diesen Klassifikationen verfolgten Menschen identifizierten sich so. Viele wurden erst durch die rückwirkenden Operationen der Rassengesetze, Rassegutachten und Ariernachweise zu solchen gemacht.

238 Aitken, Rosenhaft, *Black Germany*, S. 277, sprechen von »Ungereimtheiten und Widersprüchen«.

239 Ebd., S. 232, Übers. d. Verf.

240 Essner, »Border-line im Menschenblut«, S. 60, schreibt mit Blick auf deutschen Kolonialismus und Nationalsozialismus von einem »unterschwelligen Kontinuum«.

Angst vor Nichtidentifizierbarkeit und Mischung zu bannen. Die Einrichtung eines dualen Rechtssystems, die Regulierung von Eheschließungen und die Debatten um Staatsangehörigkeit und damit Bürgerschaft orientierten sich an diesen Grenzlinien.

Es zeigen sich aber auch die Schwierigkeiten eines solchen Unterfangens. Die vermeintlich eindeutigen rassischen Einteilungen – ob unter Berufung auf die humanwissenschaftliche Rasseforschung oder auf mythische Volkskonzepte – erwiesen sich empirisch als Phantasmen. Rasse war schon immer ein »beweglicher Signifikant«[241] und blieb so selbst für seine Apologeten im deutschen Kolonialismus und im Nationalsozialismus letztlich undefinierbar. Das wiederum erklärt auch die hartnäckigen Versuche, Vermischung zu verhindern. Die Überschreitung der Grenzen durch die Vermischung (des Blutes) galt in allen analysierten Fällen als Gefahr für die Reinheit und den Bestand der Rasse. In der kolonialen Situation, in der Sklaverei und der Jim-Crow-Gesellschaft stellten als »Mischlinge« kategorisierte Menschen eine Gefahr dar, weil sie der Gegenbeweis zu naturwissenschaftlich und politisch gezogenen Rassegrenzen waren und die politische Ordnung, die auch auf einer rassistischen Rechtsspaltung basierte, in Frage stellten. In der nationalsozialistischen Volksgemeinschaft signalisierten »Mischlinge« eine doppelte Gefahr: Einerseits galten sie, wie im Kolonialismus, als Sinnbild der fortschreitenden Verschmutzung des Blutes und Verunreinigung der Rasse. Andererseits entzogen sie sich, als Teil des normalen Familien- und Alltagslebens in Deutschland, der totalen staatlichen Segregation und Kontrolle.

Doch es wurde auch eine spezifische Verschiebung in der ideologischen Formation deutlich: Im Kolonialismus lag der Fokus auf der Kategorisierung, Erfassung und Kontrolle des kolonialen Subjektes an den Peripherien. Auch in den Postsklaverei-Staaten der USA grenzten die Rassekonzeptionen ein vermeintliches Kollektiv einer europäisch-westlich (anglo-amerikanisch) vorgestellten Menschheit von den kolonialen, versklavten Herrschaftsobjekten ab. Der antisemitische Ariermythos im Nationalsozialismus vollzog die Grenzziehung dagegen zu Menschen, die zur europäischen und zur nationalen Gemeinschaft gezählt worden waren und deren soziale und juristische Rassialisierung erst mit dem Ziel ihrer Aus-

241 Hall, *Das verhängnisvolle Dreieck*, S. 85; siehe auch Kapitel 3.3.7.1.

sonderung betrieben wurde. Die Kategorisierung und Behandlung rassialisierter Menschen im Nationalsozialismus hob sich hinsichtlich ihrer Ziele und in Bezug auf die rechtliche und bürokratische Organisierung auch dergestalt von der US-amerikanischen Rassenpolitik und dem deutschen Kolonialismus ab, dass sie nicht nur auf Ausbeutung, sondern mit Blick auf Juden und Sinti und Roma auf Vernichtung zielte. Dies bestätigt die These, wonach Rassekonzeptionen in historischen und nationalen Kontexten spezifisch funktionieren und unterschiedliche Ausprägungen erfahren.

Diese akribisch geplante und durchgeführte Vernichtung im Namen der Rasse war nach 1945 nicht nur der Anlass für zahlreiche nationale Vorschriften und internationale Abkommen gegen Rassismus, sie gaben auch der antirassistischen Forschung und Bewegung weltweit Anlass, Rassismus neu zu denken. Als der große US-amerikanische Forscher W.E.B. Du Bois 1949 nach Europa reiste und dort unter anderem das ehemalige Warschauer Ghetto besuchte, bezichtigte er sich angesichts der antisemitischen Verwüstung, die »seine wildesten Vorstellungen« übertraf, des Provinzialismus.[242] Zugleich revidierte er seine Theorie der *color line* als global gültiger Formel zum Verständnis des Rassismus und schlug vor, »das Rasseproblem« neu und weiter zu definieren, nicht mehr nur als Problem »von Sklavenstatus«, »Hautfarbe und physischer und rassischer Eigenschaften«.[243] Du Bois' Reflexion versinnbildlicht die Einsicht in die komplexe Gleichzeitigkeit von globaler Universalität und regionalen Besonderheiten von Rassismus und Rassekonzeptionen. Zugleich verweist sie auf die zentralen Themen, die das Nachdenken über »Rasse« bis heute aufruft und die zur Grundlage einer ganzen Reihe internationaler Abkommen und nationaler Rechtsetzungsakte gegen Rassismus wurden: Auschwitz und die *color line.*

242 W.E.B. Du Bois, »The Negro and the Warsaw Ghetto«, in: Eric J. Sundquist (Hg.), *The Oxford W.E.B. Du Bois Reader*, Oxford 1996, S.469-473, hier: S.469 f., Übers. d. Verf., ungekürztes Originalzitat: »I have seen something of human upheaval in the world: The screams and shots of the race riots in Atlanta, the marching of the Ku Klux Clan, the threat of courts and police, the neglection and destruction of human habitation; but nothing in my wildest imagination was equal to what I saw in Warsaw in 1949.« Der Text wurde zuerst 1952 im US-amerikanischen Magazin *Jewish Life* veröffentlicht.

243 Ebd., S.472.

# 5. Recht gegen Rassismus

> The difference dilemma is a symptom of a particular way of looking at the world. The problem arises only in a culture that officially condemns the assigned status of inequalities and yet, in practice, perpetuates them.
>
> Martha Minow[1]

Recht bringt rassistische Diskriminierung nicht nur hervor, es reagiert auch auf rassistische Diskriminierung, mit dem Ziel diese »zu verhindern und zu beseitigen« (§ 1 AGG). Dieses Recht gegen Rassismus ist ein Ergebnis der Kämpfe gegen rassistisches Recht. Doch auch in der Anrufung antirassistischen Rechts kann rassistisches Wissen legitimiert und reproduziert werden. Dies zeigt sich bereits an der begrifflichen Anleihe, die Recht gegen Rassismus beim rassistischen Recht genommen hat, dem Bezug auf die Kategorie *race* bzw. Rasse. Wie Recht gegen Rassismus mit dieser Herausforderung umgeht, ist Gegenstand dieses Kapitels. Dazu muss dieses »Rechtsgebiet« zunächst umrissen werden und es müssen generelle Überlegungen zu Gleichheitskonzeptionen und Kategorien im Recht gegen Rassismus angestellt werden. Daran anschließend ist eine ausführliche Analyse konkreter Ausprägungen antirassistischen Rechts möglich. Dabei stellen sich vielfältige Fragen: Wie wird der Begriff Rasse in Abgrenzung zu seinen historischen Vorläufern ausgefüllt? Modernisierte sich rassistisches Wissen oder verschwand es aus der Rechtsanwendung und machte neuem rassismuskritischen Wissen Platz? Schließlich: Wie gehen Literatur und Rechtsprechung mit dem antirassistischen Dilemma der Differenz um?

## 5.1. Recht gegen Rassismus als Antidiskriminierungsrecht

Recht gegen Rassismus ist Teil eines Rechtsgebietes, das als Gleichheits- oder Antidiskriminierungsrecht bezeichnet wird.[2] Es ist Ausfluss einer politischen Praxis, die aus den Menschenrechten hervor-

1 Martha Minow, *Making All the Difference. Inclusion, Exclusion, and American Law*, Ithaca, 1991, S. 79.

2 Zu Antidiskriminierungsrecht als Rechtsgebiet Susanne Baer, »Innovationen im Recht: Antidiskriminierungsrecht«, in: Wolfgang Hoffmann-Riem (Hg.), *Innova-*

geht, und reagiert mit besonderen Rechtsgarantien auf besondere Ungleichheitslagen marginalisierter Subjektpositionen, aus denen besondere Diskriminierungsrisiken resultieren.

### 5.1.1. Rechtliche Instrumente gegen Rassismus im Überblick

Recht gegen Rassismus kann in internationalen Konventionen, im supranationalen Recht, es kann verfassungsrechtlich, verwaltungsrechtlich, strafrechtlich und zivilrechtlich kodifiziert sein. Die Forderungen nach rechtlich abzusichernder beziehungsweise herzustellender Gleichheit gehen aus Kämpfen um Anerkennung, Legitimität, Integrität, Autonomie, Privatheit und Sichtbarkeit hervor. Sie betreffen die gleiche rechtliche Anerkennung und Absicherung durch den Staat: als Rechtssubjekt, als Staatsbürger:in oder auch als Familie. Hier setzen verfassungsrechtliche Gleichheitsgarantien an. Verbote rassistischer Diskriminierung finden sich weltweit in vielen Verfassungen, zuerst in den Zusatzartikeln 14 und 15 zur US-amerikanischen Verfassung.[3] Erste Versuche, Rasse als Diskriminierungskategorie in internationalen Abkommen zu etablieren, fallen in die Zeit des Völkerbundes nach dem Ende des Ersten Weltkrieges. Ein internationales Verbot rassistischer Diskriminierung konnte sich erst knapp 30 Jahre später und nach einem weiteren Weltkrieg durchsetzen, in der UN-Charta von 1945. In Anlehnung daran finden sich Verbote der Diskriminierung aufgrund der Rasse in Art. 2 Abs. 1 Allgemeine Erklärung der Menschenrechte (AEMR) von 1948, im Internationalen Pakt über bürgerliche und politische Rechte (ICCPR) von 1966, im Internationalen Pakt über wirtschaftliche, soziale und kulturelle Rechte (ICESR) von 1966, im Internationalen Übereinkommen zur Beseitigung jeder Form von rassistischer Diskriminierung (International Convention on the Elimination of All Forms of Racial Discrimi-

*tion und Recht*, Tübingen 2016, S. 271-289; Anna Katharina Mangold, *Demokratische Inklusion durch Recht. Antidiskriminierungsrecht als Ermöglichungsbedingung der demokratischen Begegnung von Freien und Gleichen*, Tübingen 2021.

3 Nach der französischen Übersetzung der argentinischen Verfassung enthält Art. 16 S. 1 1.HS ArgVErf bereits 1853 (1860) ein Verbot der Privilegierung aufgrund von *race*, die spanische Originalfassung verwendet jedoch den Terminus *sangre*. Es ist unklar, ob damit der gesellschaftliche Stand oder rassialisierte Differenz gemeint ist.

nation, ICERD, auch UN-Rassismus-Konvention) von 1965[4] und in regionalen Menschenrechtsabkommen, zum Beispiel in Art. 14 Europäische Menschenrechtskonvention (EMRK) von 1950, Art. 1 Abs. 1 Amerikanische Menschenrechtskonvention von 1969 und Art. 2 Afrikanische Charta der Menschenrechte und der Rechte der Völker (Banjul-Charta) von 1981. Die Arabische Menschenrechtscharta von 2004 enthält in Art. 3 Abs. 1 ebenfalls ein Diskriminierungsverbot »aufgrund der Rasse«.[5] Art. 3 Genfer Flüchtlingskonvention formuliert ein Diskriminierungsverbot »aus Gründen der Rasse«.[6] Nach Art. 21 EU-Grundrechtecharta, im Jahr 2000 proklamiert und 2009 in Kraft getreten, sind »Diskriminierungen insbesondere wegen [...] der Rasse, der Hautfarbe, der ethnischen oder sozialen Herkunft, der genetischen Merkmale, der Sprache, der Religion oder der Weltanschauung, der politischen oder sonstigen Anschauung, der Zugehörigkeit zu einer nationalen Minderheit [...]« verboten. Eine Legaldefinition von Rasse enthält keiner dieser Verträge.

Das gilt auch für die im Jahr 2000 verabschiedete EU-Antirassismus-Richtlinie RL 2000/43/EG, deren Zweck es ist, einen von den Mitgliedstaaten auszufüllenden Rahmen zur Bekämpfung von Diskriminierung »aufgrund der Rasse oder der ethnischen Herkunft« zu schaffen. Der Umsetzungsverpflichtung der Richtlinie sind die Mitgliedstaaten mit der Verabschiedung von einfachgesetzlichem nationalen Antidiskriminierungsrecht nachgekommen. Die ersten einfachgesetzlichen Vorschriften gegen rassistische Diskriminierung finden sich im US-amerikanischen Recht. Der *Civil Rights Act* von 1866 bestimmte, dass alle US-amerikanischen Staatsangehörigen vor dem Recht gleich sind. Das Gesetz diente der Umsetzung und Unterstützung des 13. Zusatzartikels und

4 Die amtliche deutsche Übersetzung lautet Internationales Übereinkommen zur Beseitigung jeder Form von Rassendiskriminierung, die hier verwendete Bezeichnung entspricht der Verwendungsweise des Deutschen Instituts für Menschenrechte.

5 Die Präambel und Art. 2 Abs. 3 setzen »Rassismus und Zionismus« mit einer »Verletzung der Menschenrechte« gleich und fordert dazu auf, »diese nach Kräften zu beseitigen«. Damit wird einseitig der Kampf gegen einen UN-Staat (Israel) zur Aufgabe erklärt.

6 Nach § 3b Abs. 1 Nr. 1 AsylG umfasst »der Begriff der Rasse [...] insbesondere die Aspekte Hautfarbe, Herkunft und Zugehörigkeit zu einer bestimmten ethnischen Gruppe«.

zielte hauptsächlich auf Afroamerikaner:innen.[7] Es enthielt eine Passage, die »allen Staatsbürgern jeder Rasse und Farbe« gleiches Recht bei Vertragsabschlüssen zusicherte, sie ist bis heute als § 1981 von Title 42 United States Code (Equal Rights Under the Law) in Kraft. Bekannter ist der *Civil Rights Act* von 1964, er stützt sich auf den 14. Zusatzartikel und gilt als zentrale Errungenschaft des rechtlich und politisch geführten Kampfes der Civil-Rights-Bewegung.[8] Kern des Gesetzes war zunächst das Verbot rassistischer Diskriminierung sowie der Abbau rassistischer Segregation in den Bereichen Wahlrecht (Title I, VIII), Bildung (Title IV), Arbeit (Title VII) und öffentlich angebotene Dienstleistungen (Title II, III). Es wurde um weitere Diskriminierungskategorien erweitert und verbietet heute in den genannten Lebensbereichen Diskriminierung *»on the ground of race, color, religion, sex, or national origin«.*[9]

Die Entwicklung des Antidiskriminierungsrechts in Großbritannien seit den 1960er Jahren und später auch in anderen Teilen Europas wurde wesentlich durch das US-amerikanische Antidiskriminierungsrecht beeinflusst.[10] Mit dem *Race Relation Act* 1965 führte Großbritannien ein Jahr nach Erlass des US-amerikanischen *Civil Rights Act* ein Gesetz ein, das neben einem strafrechtlichen Verbot rassistischer Hetze (Section 6) auch ein zivilrechtliches Diskriminierungsverbot (Section 3) *»on grounds of colour, race, or ethnic or national origins«* (Section 1) enthielt.[11] Das Gesetz ging im Jahr 2010 im *Equality Act* auf. Section 9 (1) Equality Act formuliert: *»Race includes (a) colour; (b) nationality; (c) ethnic or national origins«*. Alle anderen EU-Staaten verfügen durch die Verpflichtung zur Umsetzung der EU-Antirassismusrichtlinie 2000/43 EG über

7 Zur Entstehungsgeschichte Cheryl Harris, »The Story of Plessy v. Ferguson: The Death and Resurrection of Racial Formalism«, in: Michael C. Dorf (Hg.), *Constitutional Law Stories*, New York 2004, S. 183-222, hier: S. 191 f.

8 Civil Rights Act vom 02. 07. 1964, Pub.L. 88-352, 78 Stat. 241.

9 Sect. 201.a, 202, 601, andere Formulierungen lauten: *»on account of his race, color* […]« (Sect. 301.a), *»without regard to their race* […]« (Sect. 401b), *»by reason of race* […]« (Sect. 402); *»because of race* […]« (Sect. 701.b) *»because of such individual's race* […]« (Sect. 703.a); *»based on race* […]« (Sect.704.b).

10 Eva Dreyer, *Race Relations Act 1976 und Rassendiskriminierung in Großbritannien*, Baden-Baden 2000; Bob Hepple, »The European Legacy of Brown v. Board of Education«, in: *Univ. Ill. Law Rev.* 2006, S. 605-623.

11 Nordirland verfügt seit 1997 über eine eigene *Race Relations Northern Ireland Order.*

Gesetze gegen rassistische Diskriminierung. In Deutschland kann seit 2006 mit dem Allgemeinen Gleichbehandlungsgesetz zivilrechtlich gegen Diskriminierungen durch Vertragspartner:innen »aus Gründen der Rasse oder wegen der ethnischen Herkunft« (§ 1 AGG) vorgegangen werden. Zivilrechtliche Antidiskriminierungsgesetze können durch strafrechtliche Sanktionen ergänzt werden. In Deutschland kommen dafür die Straftatbestände der Ehrverletzungsdelikte §§ 185 ff. und der Volksverhetzung § 130 StGB in Betracht. Rassistische Motive können zudem niedrige Beweggründe im Sinne von § 211 StGB darstellen und nach § 46 Abs. 2 StGB sind »besonders auch rassistische, fremdenfeindliche oder sonstige menschenverachtende Beweggründe und die Ziele des Täters« bei der Strafzumessung zu berücksichtigen. Ordnungsrechtliche Diskriminierungsverbote betreffen Benachteiligungen in unternehmerischen Tätigkeitsbereichen, die der staatlichen Aufsicht unterstehen, z. B. im privaten Versicherungswesen und in Gaststätten und in Diskotheken.[12]

Zum Antidiskriminierungsrecht zählen auch Regelungen, die mit Wiedergutmachungsansprüchen und Fördermaßnahmen auf historische Diskriminierung und strukturell ungleiche Ausgangslagen reagieren. Wiedergutmachungsgesetze regeln Rückerstattungen und Entschädigungen für historisches rassistisches Unrecht. In Deutschland sind das zahlreiche Abkommen und gesetzliche Vorschriften im Zusammenhang mit der rassistischen Verfolgung im Nationalsozialismus, vor allem das Bundesgesetz zur Entschädigung für Opfer der nationalsozialistischen Verfolgung (Bundesentschädigungsgesetz – BEG). Nach § 1 Abs. 1 BEG gilt als Verfolgter u. a., wer »aus Gründen der Rasse, des Glaubens oder der Weltanschauung durch nationalsozialistische Gewaltmaßnahmen« einen Schaden erlitten hat. Auch Art. 116 Abs. 2 GG, wonach früheren deutschen Staatsangehörigen, die in der Zeit des nationalsozialistischen Regimes ihre Staatsangehörigkeit durch dessen Unrechtsmaßnahmen verloren hatten, die Staatsangehörigkeit wieder zuerkannt wird, dient der Wiedergutmachung nationalsozialistischen Unrechts.[13]

12 In Bremen und Niedersachsen sanktionieren die Landesgaststättengesetze rassistisch diskriminierende Einlasskontrollen mit Bußgeldern.

13 BVerfG v. 15. 04. 1980-2 BvR 842/77–, Rn. 52 = BVerfGE 54, 53 (Ausbürgerung II).

Nachteilsausgleichende positive Maßnahmen reagieren auf strukturell verfestigte Benachteiligungen. Das können Quotenregelungen, Bevorzugungsregeln oder spezifische Fördermaßnahmen zugunsten von sozialen Gruppen sein, die in konkreten Lebensbereichen unterrepräsentiert oder gesellschaftlich benachteiligt sind. Nach § 5 AGG sind im Beschäftigungssektor im Einklang mit Art. 5 RL 2000/43/EG positive Maßnahmen zulässig, aber nicht verpflichtend. Im Verfassungsrecht können sie auch als ausdrücklicher staatlicher Förderauftrag verankert sein. Art. 3 Abs. 2 S. 2 GG formuliert das bislang nur für geschlechtsspezifische Gleichstellung. Zwei Anträge zur Änderung des Grundgesetzes bezwecken eine Ausweitung des Fördergebotes auf andere strukturell benachteiligte Menschen durch die Anfügung einer Gewährleistungsverpflichtung in einem neuen Art. 3 Abs. 3 Satz 3 GG.[14] Art. 9 Abs. 2 S. 2 Südafrikanische Verfassung und Section 15 (2) Kanadische Verfassung räumen bereits seit vielen Jahren die Möglichkeit solcher Maßnahmen zugunsten rassistisch diskriminierter Personen ein. Der US-amerikanische *Civil Rights Act* 1964 erlaubt Affirmative-Action-Maßnahmen im Beschäftigungssektor, schreibt sie aber nicht zwingend vor.[15] Executive Orders 11 246 zu Title VI *Civil Rights Act* vom 24. 09. 1965 verpflichtet Bundesbehörden sowie Organisationen und Unternehmen, die staatliche Gelder erhalten, positive Maßnahmen zu implementieren, um die gleiche Teilhabe von Minderheiten und Frauen zu fördern. Title VI *Civil Rights Act* 1964 sieht die vergaberechtliche Möglichkeit vor, öffentliche Subventionen und Aufträge an die Verpflichtung zur Nichtdiskriminierung und Förderung von Gleichbehandlung zu koppeln und einen bestimmten Anteil staatlicher Aufträge Unternehmen minorisierter

14 BT-Fraktion DIE LINKE, Entwurf eines Gesetzes zur Änderung des Grundgesetzes (Änderung des Artikel 3 – Streichung des Begriffs »Rasse«), BT-Drs. 19/20628 vom 01. 07. 2020; BT-Fraktion Bündnis90/Die Grünen, Entwurf eines Gesetzes zur Änderung des Grundgesetzes (Artikel 3 Abs. 3 – Ersetzung des Wortes ›Rasse‹ und Ergänzung zum Schutz gegen gruppenbezogene Menschenwürdeverletzungen), BT-Drs. 19/24434 vom 18. 11. 2020.

15 Der Begriff Affirmative Action geht auf den afroamerikanischen Anwalt Hobart Taylor Jr. zurück, er war federführend an der Ausarbeitung der Executive Order 10 295, 26 C.F.R. 1977 vom 06. 03. 1961 zur Erhöhung von Beschäftigungschancen rassistisch benachteiligter Minderheiten und Frauen beteiligt; Christopher Richardson, Ralph Luker, *Historical Dictionary of the Civil Rights Movement*, Lanham 2014.

Bevölkerungsgruppen, zum Beispiel Frauen, African Americans, Native Americans und Veteranen mit Behinderungen, vorzubehalten, um deren wirtschaftliche Lage zu verbessern.

### 5.1.2. Gleichheit im Antidiskriminierungsrecht

Eine unterschiedliche Behandlung aufgrund individuell nicht beeinflussbarer stigmatisierender Kollektivzuweisungen, so der Tenor aller Verständnisse von Diskriminierung, widerspricht dem Ideal von Freiheit und Selbstbestimmung. Die liberale antidiskriminierungsrechtliche Perspektive stellt dabei stärker auf Freiheit ab. Zugrunde liegt dem ein meritokratisches Modell, wonach die Freiheit aller, am Markt teilzuhaben und Verträge abzuschließen, durch Antidiskriminierungsrecht gewährleistet wird und auch die Marktbedingungen nicht durch Diskriminierung des Staates oder Privater verzerrt werden sollen.[16] Autonomie bedeutet jedoch beides, die Abwesenheit von äußerem Zwang und die reale Existenz von Handlungsoptionen. Einem sozial-egalitären Verständnis von Antidiskriminierungsrecht folgend ist Autonomie in eine gesellschaftliche Konzeption von Freiheit eingebettet, die gleiche Teilhabe am gesellschaftlichen Leben voraussetzt und zum Ziel hat. Diskriminierung ist danach »nicht nur der Eingriff in eine vorher bestehende Freiheit oder Autonomie, sondern oftmals die Vorenthaltung jeder Möglichkeit von Freiheit und Selbstbestimmung«.[17] Diskriminierung hebt sich vom allgemeinen Persönlichkeitsrecht ab, weil in ihr immer auch eine Beeinträchtigung des Inklusionsinteresses liegt. Damit ist nicht nur das gesamtgesellschaftliche Interesse an Teilhabegerechtigkeit und Inklusion angesprochen.

16 Grundsätzlich zur Diskussion um Freiheit und Gleichheit im Antidiskriminierungsrecht Susanne Baer »›Ende der Privatautonomie‹ oder grundrechtlich fundierte Rechtsetzung?«, in: *ZRP* 35/2002, S. 290-294; Gabriele Britz, »Diskriminierungsschutz und Privatautonomie«, in: *VVDStRL* (64) 2005, S. 355-402; Matthias Mahlmann, »Gleichheitsschutz und Privatautonomie. Probleme und Perspektiven der Umsetzung der Richtlinie 2000/43/EG gegen Diskriminierungen aufgrund von Rasse und ethnischer Herkunft«, in: *ZEuS* (5) 3/2002, S. 407-425; zu wirtschaftsrechtlichen Ursprüngen des Antidiskriminierungsrechts Doris Liebscher, »Gleiche Rechte für marginalisierte Subjektpositionen? Probleme subjektiver Rechte im deutschen Antidiskriminierungsrecht«, in: *RphZ* 2/2017, S. 117-135, hier: S. 121 f.

17 Baer, *Würde oder Gleichheit?*, S. 329.

Benachteiligungen beeinträchtigen auch das individuelle Interesse, nicht vom Markt und nicht aus dem sozialen Leben ausgeschlossen zu werden und nicht an den Rand beziehungsweise in eine stigmatisierte Ecke gedrängt zu werden. Deshalb schränkt Recht gegen Rassismus beispielsweise die Entscheidungsfreiheit ein, nicht an Mieter:innen aus Einwandererfamilien zu vermieten[18] oder rassistische Plakate aufzuhängen.[19] Auch die Menschenwürde ist als alleinige oder zentrale Orientierung für die Bestimmung von Diskriminierung unzureichend. Nach der menschenwürdebasierten Konzeption verstößt die schematisierende Benachteiligung eines Menschen gegen den persönlichen Achtungsanspruch des Einzelnen, weil die Würde den Kern der Individualität jedes einzelnen Menschen bildet.[20] Diskriminierung heißt dann, dass Individuen nicht mehr als solche behandelt, sondern einer Gruppe zugeordnet werden, so dass ihr personaler Eigenwert verblasst. Eine rein individuelle Orientierung vernachlässigt jedoch die immer auch soziale und damit kollektive Dynamik von Diskriminierung. Gleichheit, Freiheit und Menschenwürde stehen als fundamentale Rechte in einem Wechselverhältnis.[21] Mit der Gleichheit wird die soziale und auch solidarische Dimension, mit der Freiheit die individuelle und selbstbestimmte Dimension und mit der Menschenwürde die Dimension der Anerkennung verknüpft.[22]

Dass Gleichheit zum Kern von Antidiskriminierungsrecht gehört, sagt aber noch nichts darüber aus, wie diese Gleichheit verfasst ist. Welche Menschen gleich oder ungleich sind und daher gleich oder ungleich behandelt werden sollen, ist eine Frage der Perspektive auf Gleichheit. Je nach Gleichheitsverständnis ergeben sich verschiedene dogmatische Folgen für die Beschreibung der Ziele von Recht gegen Diskriminierung, für die Zulässigkeit der Mittel zur Erreichung dieser Ziele und auch für die Verfasstheit von

18 AG Hamburg-Barmbek v. 03.02.2017-811b C 273/15–, Verstoß gegen § 19 AGG.

19 OVG Mecklenburg-Vorpommern v. 19.09.2009-3 M 155/09–, Verstoß gegen § 130 StGB.

20 Für viele Dürig, in: Maunz/Dürig, 1973, Art. 3 Abs. 3, Rn. 1.

21 Für viele Baer, *Würde oder Gleichheit?*, S. 210, Gleichheit als speziellen Ausdruck der Würde, die Pflicht, andere gleich zu behandeln, als Pflicht der Würde und Solidarität als praktizierte Würde beschreibend.

22 Susanne Baer, »Dignity, Liberty, Equality: A Fundamental Rights Triangle of Constitutionalism«, in: *University of Toronto Law Journal* (59) 4/2009, S. 417-468.

Diskriminierungskategorien. Gleichheit kann formal oder materiell verstanden werden; dieser Dualität entspricht die symmetrische bzw. asymmetrische Konzeption von Antidiskriminierungsrecht.

#### *5.1.2.1. Formal-symmetrische Interpretation von Gleichheit*

Nach der aristotelischen Interpretation des Gleichheitssatzes ist personale Gleichheit ein relationaler Begriff.[23] Verglichen werden potentiell Gleiche und konkret Vergleichbare an einem als neutral verstandenen Maßstab. Dahinter steht die meritokratische These, dass jeder nur an individueller Leistung, nicht an unbeeinflussbaren Merkmalen gemessen werden solle. Wenn diese Konzeption des Gleichheitsproblems auf die Annahme trifft, dass grundsätzlich alle Menschen die gleichen Chancen haben und einige nur ausnahmsweise benachteiligt werden, entsteht eine symmetrische, formale Vorstellung von Gleichheit.[24] Antidiskriminierungsrecht ist dann ein Recht gegen unsachliche Unterscheidungen, die potentiell alle Menschen treffen können. Die Verletzung der Individualität wiegt umso schwerer, wenn eine Ungleichbehandlung an individuell nicht beeinflussbare, unveränderliche »Merkmale« anknüpft. Das Ziel lautet Wiederherstellung der ausnahmsweise gestörten Chancengleichheit. Das Mittel zur Erreichung dieses Ziels sind symmetrische Ge- und Verbote: das Gebot formaler Gleichbehandlung durch das Recht und ein negatives Verbot der Ungleichbehandlung aufgrund »verpönter Merkmale«, das mit individuell einklagbaren Ansprüchen einhergeht.

In der deutschen Verfassungsdogmatik entspricht das formalsymmetrische Differenzierungsverbot einem Verständnis von Art. 3 Abs. 3 GG als Anknüpfungs- bzw. Begründungsverbot.[25] Jede Un-

23 Zur Relationalität des Gleichheitssatzes Lerke Osterloh, Angelika Nußberger, in: Michael Sachs (Hg.), *Grundgesetz Kommentar*, München 2014, Art. 3, Rn. 1ff.

24 Das zeigen Ute Sacksofsky, *Das Grundrecht auf Gleichberechtigung. Eine rechtsdogmatische Untersuchung zu Artikel 3 Absatz 2 des Grundgesetzes*, Baden-Baden 1996, S. 337 (Erstaufl. 1991); Susanne Baer, »Chancen und Risiken positiver Maßnahmen: Grundprobleme des Antidiskriminierungsrechts«, in: Heinrich-Böll-Stiftung (Hg.), *Positive Maßnahmen*, Berlin 2010, S. 11-20, hier: S. 29.

25 Für ein »striktes« Anknüpfungsverbot Christian Starck, in: Hermann von Mangoldt, Friedrich Klein, Christian Starck (Hg.), *Kommentar zum Grundgesetz*, München 1985, Art. 3, Rn. 304; Michael Sachs, in: Josef Isensee, Paul Kirchhof, *Handbuch des Staatsrechts der Bundesrepublik Deutschland*, Bd. VIII, Heidelberg

terscheidung, die an eine Kategorie des Art. 3 Abs. 3 GG anknüpft, ist dann tatbestandlich eine Diskriminierung. Differenzierungen, die unmittelbar an eine der genannten Kategorien anknüpfen, können nach dem strikten Anknüpfungsverbot nur durch kollidierendes Verfassungsrecht gerechtfertigt werden, nach dem relativen Anknüpfungsverbot auch »durch andere, Gewicht und Eigenart des betroffenen Merkmals betreffende besonders schwerwiegende sachliche Gründe«.[26] Eine nur mittelbar benachteiligende Behandlung ist nach dem strikten Anknüpfungsverbot tatbestandlich keine Diskriminierung, da die den Nachteil begründende Regelung nicht an die genannten Diskriminierungskategorien anknüpft, weil sie neutral formuliert ist.[27] Es bleibt in diesen Fällen nur der Rückgriff auf Art. 3 Abs. 1 GG. Das Bundesverfassungsgericht nimmt dann ebenfalls eine strikte Verhältnismäßigkeitsprüfung vor, »je mehr sich die personenbezogenen Merkmale den in Art. 3 Abs. 3 GG genannten annähern und je größer deshalb die Gefahr ist, dass eine an sie anknüpfende Ungleichbehandlung zur Diskriminierung einer Minderheit führt«.[28] Nach dem relativen Anknüpfungsverbot sind mittelbare Diskriminierungen verfassungsrechtlich zulässig, die Rechtfertigungsanforderungen sind aber abgesenkt, im Ergebnis kann das auf denselben Schutzstandard hinauslaufen wie bei Art. 3 Abs. 1 GG. Positive Maßnahmen stellen nach allen Varianten von Differenzierungsverboten tatbestandlich immer eine Diskriminierung dar, die nur mit Art. 3 Abs. 2 GG für das Geschlecht und mit Art. 3 Abs. 3 S. 2 GG für Behinderungen gerechtfertigt werden kann. In Deutschland wird die Diskussion um positive Maßnahmen bislang auch fast ausschließlich für die Bereiche der Gleichstellung von Frauen und von Menschen mit

2010, § 182, Rn. 153; für ein »relatives« bzw. »grundsätzliches« Anknüpfungsverbot Osterloh/Nußberger in: Sachs, *Grundgesetz*, Art. 3, Rn. 238; BVerfG v. 16. 11. 1993-1 BvR 258/86 –, Rn. 49 = BVerfGE 89, 276. Zur Kontroverse um den Charakter der Diskriminierungsverbote des Art. 3 GG als Begründungs- oder Anknüpfungsverbote Werner Heun, in: Horst Dreier, *Grundgesetz-Kommentar*, Tübingen 2013, Art. 3, Rn. 119 f.

26 Hans Jarass, in: Hans Jarass, Bodo Pieroth (Hg.), *Grundgesetz für die Bundesrepublik Deutschland. Kommentar*, Baden-Baden 2018, Art. 3, Rn. 135 m. w. N.; BVerfG v. 07. 10. 2003-2 BvR 2118/01 –, Rn. 21.

27 Für viele Uwe Kischel, in: Volker Epping, Christian Hillgruber (Hg.), *Grundgesetz Kommentar*, München 2020, Art. 3, Rn. 215.

28 BVerfG v. 08. 06. 2016-1 BvR 3634/13 –, Rn. 16.

Behinderungen geführt.[29] Auch Klagen richten sich bisher zumeist gegen Maßnahmen zugunsten dieser Gruppen.[30] Das liegt auch daran, dass es in Deutschland bisher kaum positive Maßnahmen zugunsten rassialisierter Gruppen gibt. Im angloamerikanischen Raum werden dagegen die zahlreichen Affirmative-Action-Maßnahmen von Vertreter:innen eines formal symmetrischen Differenzierungsverbotes als Diskriminierung aufgrund von *race* rechtlich angegriffen, zu diesem Antiklassifikationsansatz sogleich in Kapitel 5.2.3.

Ein formal-symmetrisches Verständnis prägt auch die strafrechtliche Konzeption von Hasskriminalität (*hate crime*). Für die Schutzbedürftigkeit entscheidend ist, »dass das Opfer als Repräsentant einer täterfremden Gruppe allein aufgrund seines ›So-Seins‹ ausgesucht wird«.[31] Die besondere Schadenszufügung von *hate crimes* liegt nach herrschender Auffassung in der verachtenden Behandlung als Mitglied einer Gruppe unter Absehung von der Individualität anhand personengebundener Merkmale. Auf einen qualitativen Minoritätsstatus kommt es nicht an. Im deutschen Rechtskontext wird Hasskriminalität zudem fast ausschließlich als Verletzung »des sozialen Achtungsanspruchs des oder der Einzelnen nach außen, der sich in der Anerkennung der Würde der Person und auch im Schutz der persönlichen Ehre niederschlägt«,

29 Auf Bundes- und Länderebene halten vielfältige Gleichstellungsgesetze positive Maßnahmen für Frauen und für Menschen mit Behinderungen vor. Zur Aufweichung des asymmetrischen Förderauftrages von Art. 3 Abs. 2 GG durch die Reform BGleiG, das nunmehr »strukturelle Benachteiligung« gänzlich von gesamtgesellschaftlichen Ungleichheitsverhältnissen loslöst, Torsten v. Roetteken, »Das Bundesgleichstellungsgesetz 2015 – Teil 1«, in: *ZTR* 2017, S: 63-72, hier: S. 65 ff.

30 Eine Ausnahme stellt die Klage eines migrantischen Mannes gegen eine ausschließlich für migrantische und Schwarze Frauen ausgeschriebene Volontariatsstelle dar, ArbG Berlin v. 05.06.2014-42 Ca 1530/14 dar. Das Gericht prüfte nur eine geschlechtsspezifische Diskriminierung des Bewerbers, ohne sich mit der Frage der intersektionalen Diskriminierung von Migrantinnen zu beschäftigen.

31 Karsten Krupna, *Das Konzept der »Hate Crimes« in Deutschland*, Frankfurt/M. 2010, S. 23, bereits vor einer »Polarisierung in Richtung Deutschenfeindlichkeit« warnend. Für eine Berücksichtigung von Mehrheitsdeutschen als Opfer von Fremdenfeindlichkeit und Volksverhetzung dann tatsächlich Günter Bertram, »Verpflichtung der Ermittlung und Berücksichtigung rassistischer Motive bei der Strafzumessung«, in: *ZRP* (45) 6/2012, S. 188-189; Wolfgang Mitsch, »Der unmögliche Zustand des § 130 StGB«, in: *KriPoZ* 4/2018, S. 198-203.

diskutiert, der Aspekt der Gleichheit wird ebenso vernachlässigt wie die strukturelle Dimension von Diskriminierung.[32]

### *5.1.2.2. Materiell-asymmetrische Interpretationen von Gleichheit*

Gegen solche formal-symmetrischen Vorstellungen von Gleichheit haben vor allem feministische und rassismuskritische Jurist:innen eingewendet, diese hielten eine ahistorische Illusion aufrecht, wonach Ungleichbehandlungen alle Menschen mehr oder weniger zufällig und somit letztlich gleichermaßen träfen.[33] Sie setzen dem eine materiell-asymmetrische Interpretation von Gleichheit entgegen.[34] Danach ist Diskriminierung keine schlichte Differenzierung, sondern eine materielle nachteilige Unterscheidung, die aus der asymmetrischen Verteilung von Anerkennung, Ressourcen und Chancen resultiert. Benachteiligungen sind dann nicht zufällig, willkürlich oder in natürlicher Differenz begründet, sondern gesellschaftlich bedingt und historisch gewachsen. Aus dieser Einsicht heraus geraten die dem Anspruch auf Gleichheit entgegenstehenden Machtverhältnisse stärker in den Blick, zum Beispiel Sexismus und Rassismus. Gleichheit wird als eigenständiges Recht gegen Unterdrückung interpretiert und die Funktion von Antidiskriminierungsrecht besteht gerade darin, einen Ausgleich für historisch entstandene und verfestigte, mithin strukturelle Benachteiligungen zu schaffen.[35] Die Ziele rechtlicher Regulierung lauten nach diesem Verständnis substantielle bzw. materielle Gleichheit statt nur formale Gleichbehandlung. Substantielle Gleichheit kann entweder als tatsächlich herzustellende, also zu befördernde Chancengleichheit verstanden werden oder als Ergebnisgleichheit. In Abgrenzung von differenztheoretischen Ansätzen, die eine Ungleichartigkeit

32 Dieter Kugelmann, *Möglichkeiten effektiver Strafverfolgung bei Hasskriminalität*, Berlin 2010, S. 13 f. erwähnt nur Art. 1 Abs. 1 GG und Art. 2 Abs. 1 i.V.m. Art. 1 Abs. 1 GG als betroffene Grundrechte.

33 Baer, »Chancen und Risiken«, S. 14 f.; für das US-amerikanische Recht Robert Hayman, *The Smart Culture. Society, Intelligence, and Law*, New York 1998, S. 95.

34 Susanne Baer, Nora Markard, in: von Mangoldt/Klein/Starck (Hg.), *Kommentar zum Grundgesetz*, München 2018, Art. 3 Abs. 2, 3, Rn. 419; Crenshaw u. a. (Hg.), *Critical Race Theory*, S. cvii.

35 Baer, *Würde oder Gleichheit?*, S. 219; Anna Katharina Mangold, Mehrdad Payandeh, »Diskriminierungsschutz und unternehmerische Freiheit im Unionsrecht«, in: *EuR* 2017, S. 700-724, hier: S. 712.

von Gruppen voraussetzen, gehen materiell-asymmetrische Gleichheitsverständnisse von der Ungleichwertigkeit sozialer Lagen aus.

Im US-amerikanischen Kontext entspricht dem der von feministischen und von CRT-Jurist:innen vertretene Antisubordinationsansatz.[36] Subordination im Sinne von systematischer Unterordnung soll der Prüfstein für die Anrufung der Verfassung sein, wenn ein Staat zwischen Gruppen unterscheidet. Antisubordination fokussiert folgende Elemente eines Gleichheitsverstoßes: Erstens existiert ein Gruppenstatus, der Subordination im Sinne einer Statushierarchie perpetuiert, zweitens blickt eine Gruppe auf eine Geschichte zurück, die Diskriminierung und Unterdrückung beinhaltet, und drittens besteht eine politische Machtlosigkeit dieser Gruppe.[37] Diskriminierung bewirkt insofern auch einen »Status-Schaden«, als dass sich die angefochtene Praxis auf den gesellschaftlichen Status der Gruppe auswirkt.[38] Ein strenger Rechtfertigungsmaßstab (*strict scrunity*) ist nach dem Antisubordinationsansatz nur bei solchen Maßnahmen anzulegen, die aufgrund ihrer Geschichte, ihres Kontextes und ihrer Effekte dazu geeignet sind, Subordination zu perpetuieren, sowie bei Maßnahmen, die traditionelle Abneigung gegenüber einer historisch benachteiligten Gruppe oder Blindheit oder Gleichgültigkeit gegenüber deren Interessen widerspiegeln.[39] Positive Maßnahmen zum Abbau von Nachteilen sind dann rechtlich zulässig.

36 Abigail Nurse, »Anti-Subordination in the Equal Protection Clause«, in: *N.Y.U. Law Review* 1/2014, S. 293-336; aus feministischer Perspektive schon Catharine MacKinnon, *Sexual Harassment of Working Women. A Case of Sex Discrimination*, London 1979; für Critical Race Theory Kimberlé Crenshaw, »Race, Reform, and Retrenchment«; für ein asymmetrisches Verständnis von sozialem Status Sandra Fredman »Positive Duties and Socio-Economic Disadvantage«, in: *Legal Research Paper Series*, 55/2010.

37 Für *gender* und unter dem Stichwort Dominanz MacKinnon, *Feminism Unmodified*, S. 32 ff.; für *race* Derrick Bell, *And We are Not Saved. The Elusive Quest for Racial Justice*, San Francisco 1987, S. 187 ff. In ähnlicher Weise identifiziert Deborah Hellman, »Equal Protection in the Key of Respect«, in: *Yale Law Journal* (123) 8/2014, S. 3036-3062, hier: S. 3046 f. als Kern von Diskriminierung eine Klasse »erniedrigender« Klassifikationen, die erst im Kontext von Machtungleichheiten Anwendung finden.

38 Charles Lawrence, »Two Views of the River: A Critique of the Liberal Defense of Affirmative Action«, in: *Georgetown University Law Center* (101) 2001, S. 928-975, hier: S. 951.

39 Nurse, »Anti-Subordination in the Equal Protection Clause«, S. 302.

Im europäischen Rechtsraum hat der Europäische Gerichtshof einen materiellen Gleichheitsbegriff entscheidend fortentwickelt, indem er die Rechtsfigur der mittelbaren Diskriminierung einführte. Der U.S. Supreme Court hatte 1971 in der Entscheidung *Griggs vs. Duke Power Co.* – einem Fall rassistischer Diskriminierung – das Konzept des *disparate impact* geprägt.[40] Das britische Antidiskriminierungsrecht übernahm diese Rechtsfigur als *indirect discrimination* in den *Discrimination Act 1975* und den *Race Relations Act 1976*.[41] Darüber gelangte sie, allerdings anhand von Fällen der geschlechtsspezifischen Diskriminierung, in das Recht der Europäischen Union.[42] Im deutschen Kontext wurde die gleichheitstheoretische und grundrechtsdogmatische Ausarbeitung eines materiellen Gleichheitsverständnisses von diesen europäischen Entwicklungen und von der feministischen Rechtswissenschaft vorangetrieben.[43] Sacksofsky hat das Gleichheitsgebot im deutschen Verfassungsrecht als Dominierungsverbot konzeptualisiert.[44] Danach ist es Gruppen, die in einem Gemeinwesen ökonomische und politische Macht besitzen, verboten, unterprivilegierte Gruppen zu benachteiligen.[45] Baer interpretiert Gleichheit als Hierarchisierungsverbot. Auch dabei handelt es sich um eine asymmetrisch orientierte Gleichheitstheorie, die sie am Beispiel sexualisierter Belästigung entfaltet, die aber »auf jedes Diskriminierungsproblem Anwendung finden kann«.[46] Unterschiede zwischen Menschen sind nach Baer für das

40 Griggs v. Duke Power Co. 401 US- 424 (1971). 1991 erweiterte der Kongress Title VII des *Civil Rights Act* 1964 und kodifizierte damit den *disparate impact*-Test. Zuletzt Texas Dept. of Housing and Community Affairs v. Inclusive Communities Project, Inc., 576 U.S. _ (2015), wonach »disparate treatment based on race« gegen den Fair Housing Act 1968 verstößt. Ausführliche Darstellung der Rechtsprechung bei Thorsten Kingreen, in: *Bonner Kommentar (BK)*, 2020, Art. 3, Rn. 418 ff.

41 Zur Konsultation US-amerikanischer Rechtsprechung und Rechtsexperten im britischen Gesetzgebungsverfahren Hepple, »The European Legacy of Brown v. Board of Education«, S. 608 f.

42 EuGH, Rs. 170/84, Slg. 1986, 1607 (Bilka); später auch für rassistische und religionsbezogene Diskriminierung EuGH, 16.07.2015 – C-83/14 (Chez); EuGH, 14.03.2017 – C-188/15 (Bougnaoui und ADDH).

43 Die Entwicklung zeichnet nach Ute Sacksofsky, »Geschlechterforschung im Öffentlichen Recht«, in: *JöR* 67/2019, S. 377-402.

44 Sacksofsky, *Das Grundrecht auf Gleichberechtigung*, S. 352 f.

45 Sacksofsky, »Geschlechterforschung im Öffentlichen Recht«, S. 387.

46 Baer, *Würde oder Gleichheit?*, S. 231.

Recht nur dann relevant, wenn sie Ausdruck gesellschaftlich relevanter Hierarchisierungen sind, die sich in Benachteiligung äußern. Mit Sacksofsky und Baer resultiert Diskriminierung nicht aus der Anknüpfung an eine »quasi-willkürliche vorurteilsbehaftete Bewertung des Einzelnen aufgrund eines Merkmals«[47] sondern aus historisch gewachsener Ungleichheit, die »durch die Stigmatisierung und Vorenthaltung von Chancen wiederholt und verfestigt wird«,[48] mithin eine systematische Benachteiligung, die auf eine Dominanz oder auf eine Hierarchie zurückgeht. Ziel von Gleichheitsrecht ist es nach dieser Auffassung, asymmetrische Dominanz zu bekämpfen statt symmetrische Differenz zu fixieren. Sie kombiniert letztlich die Ansätze Antiklassifikation und Antisubordination.[49]

Die materielle Perspektive auf Gleichheit beeinflusste auch die Rechtsprechung zu Art. 3 Abs. 2 und 3 GG. In einem Obiter Dictum stellte der Erste Senat des Bundesverfassungsgerichts 1997 fest, eine Anknüpfung an das Geschlecht könne auch dann vorliegen, wenn »eine geschlechtsneutral formulierte Regelung überwiegend Frauen trifft und dies auf natürliche oder gesellschaftliche Unterschiede zwischen den Geschlechtern zurückzuführen ist«.[50] 2008 präzisierte der Zweite Senat dann, es handle sich um eine mittelbare Diskriminierung, »wenn der durch Art. 3 Abs. 3 GG nicht verbotene sachliche Anknüpfungspunkt in der gesellschaftlichen Wirklichkeit weitgehend nur für eine Gruppe zutrifft oder die differenzierende Regelung sich weitgehend nur auf eine Gruppe im Sinne einer faktischen Benachteiligung auswirkt, deren Ungleichbehandlung nach Art. 3 Abs. 3 GG strikt verboten ist«.[51] Indem das BVerfG auf die gesellschaftliche Wirklichkeit verwies, erkannte es zugleich an, dass in dieser Wirklichkeit Ungleichheit

47 Sacksofsky, »Geschlechterforschung im Öffentlichen Recht«, S. 387.

48 Baer, *Würde oder Gleichheit?*, S. 235.

49 Ähnlich Jack Balkin, Reva Siegel, »The American Civil Rights Tradition: Anticlassification or Antisubordination?«, in: *University of Miami Law Review* (58) 1/2003, S. 9-33, auf die Überlappungen beider Ansätze hinweisend.

50 BVerfG v. 27. 11. 1997-1 BvL 12/91 = BVerfGE 97, 35 (Hamburger Ruhegeldgesetz). Die Anwendbarkeit des Verbots mittelbarer Diskriminierung auf andere Kategorien des Art. 3 Abs. 3 GG erklärt am Beispiel »Sprache« BVerfG v. 27. 08. 2003-2 BvR 2032/01 –, Rn. 17. Einfachgerichtlich verurteilte AG Tempelhof-Kreuzberg, Urt. v. 19. 12. 2014-25 C 357/14, die Anknüpfung an türkisch und arabisch klingende Nachnamen als unmittelbare Diskriminierung.

51 BVerfG v. 18. 07. 2008-2 BvL 6/07 –, Rn. 49 = BVerfGE 121, 241.

entlang heterosexistischer Normen und Ausschlüsse strukturiert ist. Mit der »neuesten Formel« bezeichnete das Gericht dann 2017 Benachteiligung ausdrücklich als Kern von Diskriminierung.[52] Im Beschluss zur Option eines dritten Geschlechtseintrages machte das der Erste Senat deutlich: »Zweck des Art. 3 Abs. 3 Satz 1 GG ist es, Angehörige strukturell diskriminierungsgefährdeter Gruppen vor Benachteiligung zu schützen.«[53] Der Senat stellte dafür auf die »Vulnerabilität von Menschen« ab, die in einer überwiegend an einer bestimmten Norm – im konkreten Fall an einer binären Geschlechternorm – ausgerichteten Gesellschaft als normabweichend wahrgenommen werden. Daraus resultiert ein erhöhtes Risiko, diskriminiert zu werden.

Nach dem asymmetrischen Ansatz sind auch positive Maßnahmen rechtlich zulässig. Art. 3 Abs. 3 S. 1 GG verbietet nach diesem Verständnis nicht die Bevorzugung, die in der positiven Maßnahme liegt, sondern zielt auf »diejenige Bevorzugung, die eine Privilegierung darstellt«, weil mit einer Statuskategorie strukturelle Vorteile einhergehen.[54] Positive Maßnahmen sind deshalb nicht rechtfertigungsbedürftig, wenn sie nicht selbst stigmatisieren. Das südafrikanische Verfassungsgericht vertritt den Standpunkt, dass positive Maßnahmen nach Artikel 9 Abs. 2 endgV schon tatbestandlich keine »unfaire Diskriminierung« darstellen, wenn sie erstens geschaffen wurden, um Personen zu schützen oder zu fördern, die aufgrund unfairer Diskriminierung benachteiligt wurden, zweitens das tatsächliche Erreichen von Gleichheit anstreben und drittens tatsächlich Menschen oder Menschengruppen adressieren, die durch unfaire Diskriminierung benachteiligt wurden.[55]Auch das kanadische Verfassungsrecht folgt einem substantiellen asymmetrischen Gleichheitsverständnis. Nach dem kanadischen Supreme Court sind positive Maßnahmen »Ausdruck von Gleich-

52 Den Begriff Diskriminierung verwendet das Gericht schon seit BVerfG v. 07.05.1953-1 BvL 104/52 –, Rn. 52 = BVerfGE 2, 266.

53 BVerfG, 10.10. 2017-1 BvR 2019/16 –, Rn. 59 = BVerfGE 147, 1.

54 Baer/Markard, in: v. Mangoldt/Klein/Starck, 2018, Art. 3 Abs. 2, 3, Rn. 422.

55 Minister of Finance and Other v. Van Heerden (CCT 63/03) [2004] ZACC 3 2004 (11) BCLR 1125 (CC); South African Police Service v Solidarity obo Barnard (CCT 01/14) [2014] ZACC 23; 2014 (6) SA 123 (CC); [2014] 11 BLLR 1025 (CC); 2014 (10) BCLR 1195 (CC); (2014) 35 ILJ 2981 (CC), zum Ganzen McConnachie, CCR 2015, 163.

heit, keine Ausnahme von Gleichheit«.[56] Entscheidend ist, dass die Maßnahme kein diskriminierendes, sondern ein nachteilsausgleichendes Ziel verfolgt und dass die konkret begünstigten Personen oder Personengruppen »vorangegangener Benachteiligung, Stereotypisierung, Vorurteilen oder Verletzlichkeit« ausgesetzt waren.[57]

Auch aus substantiell-asymmetrischer Perspektive kann Recht auf Gleichheit unterschiedlich konzipiert werden. Aus gruppenrechtlicher Perspektive liegt das kollektive Moment von Diskriminierung darin, dass »Geschlecht« und »Rasse« Gruppeneigenschaften bzw. Gruppenidentitäten sind. Geschlechtsbezogene Rollenfestlegungen, so hat es Vera Slupik für die feministische Rechtswissenschaft formuliert, seien so stark, dass sie alle Frauen im Sinne eines »weiblichen Sozialschicksals« beträfen.[58] Recht gegen Diskriminierung zielt dann auf die Herstellung tatsächlicher Gleichheit für Frauen durch deren Privilegierung angesichts ihrer strukturellen Deprivilegierung. Es zielt nicht auf die Abschaffung des binär kodierten Geschlechterunterschiedes an sich. Auch Critical Race Theory entwirft Gleichheitsrecht als Recht zugunsten von Gruppen, deren Gruppenstatus verletzt wird.[59] Recht, das selbst rassisch definierte Gruppenzugehörigkeit zum Zweck der Diskriminierung kodifiziert habe und nun auf formale Rechtsgleichheit für Individuen setze, diskriminiere weiter, nun »durch die Verweigerung von Gruppenidentität«, lautet die Kritik von CRT am liberalen Ansatz.[60] CRT fordert daher »gruppenfokussierte positive Maßnahmen«.[61]

Von der Konzeption als Gruppenrecht zu unterscheiden sind von der feministischen Rechtswissenschaft entwickelte gruppenbezogene Konzeptionen, die Gruppen weniger statisch und un-

56 Lovelace v. Ontario, 1 S.C.R. 950, 2000 SCC 37, Rn. 101.

57 Ebd., Rn. 69 ff., 84 f. sowie R. v. Kapp, 2008 SCC 41, Rn. 17.

58 Vera Slupik, *Die Entscheidung des Grundgesetzes für Parität im Geschlechterverhältnis. Zur Bedeutung von Art. 3 Abs. 2 und 3 GG in Recht und Wirklichkeit*, Berlin 1988, S. 81; für ein Kollektivrecht auch Sibylle Raasch, *Frauenquoten und Männerrecht*, Baden-Baden 1991, S. 148 ff.

59 Francisco Valdes u. a., »Critical Race Theory at the Turn of the Millennium«, in: dies. (Hg.), *Crossroads, Directions, and a New Critical Race Theory*, Philadelphia 2002, S. 1.

60 Harris, »Whiteness as Property«, S. 287, Übers. d. Verf.

61 Iyiola Solanke, *Discrimination as Stigma. A Theory of Anti-Discrimination Law*, Oxford 2017, S. 161.

veränderbar verstehen, indem sie zwischen zugeschriebener sozialer Rolle und individueller Identität unterscheiden. Sie sprechen Art. 3 Abs. 3 GG eine gruppenbezogene Dimension zu, weil das zugeschriebene Geschlecht, die Geschlechtsidentität und die Geschlechterrolle »vielfach untrennbar miteinander verbunden« seien.[62] Zugleich weisen sie darauf hin, dass die Geschlechterrolle mit dem selbst- oder fremdzugeschriebenen Geschlecht nicht zwangsläufig übereinstimmt: So fallen untypische Frauen aus dem Geltungsbereich mittelbar diskriminierender neutraler Regelungen heraus; untypische Männer werden dagegen erfasst und faktisch in einer sozialen Frauenrolle benachteiligt. Der Schutz des Antidiskriminierungsrechts zielt dann nicht auf die Gruppe der Frauen oder der Romnja, sondern auf die individuell als Frau oder als Romnja dieser Gruppe zugeschriebene Person. Der Begriff der Diskriminierung wird weiter aus der Perspektive von vergeschlechtlichten oder rassialisierten Gruppen und deren Position in gesellschaftlichen Machtverhältnissen bestimmt. Die Rechtswidrigkeit einer Maßnahme beurteilt sich jedoch nach den Auswirkungen, die eine Regelung auf ein Individuum hat, weil es einer Gruppe zugeschrieben wird, die als minderwertig gilt.[63]

### 5.1.3. Recht gegen Rassismus als kategoriales Antidiskriminierungsrecht

Gemeinsam ist den unterschiedlichen rechtlichen Instrumenten gegen Rassismus und den verschiedenen Gleichheitsverständnissen, dass sie den Schutz vor Diskriminierung über sogenannte Merkmale, Gründe oder Kategorien herleiten. Recht gegen Rassismus verbietet in der Regel nicht rassistische Diskriminierung, sondern statuiert ein Verbot von Diskriminierung »*based on race*« (Art. VII *Civil Rights Act* 1964) bzw. »aufgrund der Rasse« (§ 1 AGG) oder »wegen seiner Rasse« (Art. 3 Abs. 1 S. 1 GG). Ob Rasse, Geschlecht oder Religion, Kataloge von Diskriminierungskategorien prägen weltweit das Antidiskriminierungsrecht. Die etablierte Verwendung von Dis-

62 Gerlind Wisskirchen, *Mittelbare Diskriminierung von Frauen im Erwerbsleben*, Berlin 1994, S. 57; ähnlich Christine Fuchsloch, *Das Verbot der mittelbaren Geschlechterdiskriminierung*, Baden-Baden 1995, S. 140 f.

63 Sacksofsky, *Das Grundrecht auf Gleichberechtigung*, S. 314; Baer, »Chancen und Risiken«, S. 13.

kriminierungskategorien sagt aber noch nicht zwingend etwas über das Verständnis von deren Verfasstheit aus. Kategorie ist einerseits ein philosophischer Grundbegriff der Logik, der Ontologie und der Metaphysik. Andererseits dienen Kategorien disziplinübergreifend zur Klassifizierung, also zum Zusammenfassen von Sachen, Sachverhalten oder Personen zu Klassen, Gruppen, Mengen. Vermittels Kategorien lässt sich benennen und darstellen, was als soziale Zuschreibung, Ordnungsstruktur und gesellschaftliche Stratifizierung auf den ersten Blick schwer erkennbar ist. Ausgehend von dieser Benennung können Analysen und Maßnahmen durchgeführt werden. Damit einher geht immer auch die Gefahr, die benannten Zuschreibungen, Strukturen und Stratifizierungen zu festigen. Diese Doppelwirkung von Sichtbarmachung und Reifizierung ist allen kategorialen Zuordnungen eingeschrieben, auch rechtlichen.

In den Sozial- und Kulturwissenschaften verweisen Diskriminierungskategorien einerseits auf Dominanz- bzw. Herrschaftsverhältnisse, andererseits auf Subjektpositionen und Identitäten.[64] All diese Ansätze gehen von sozial hergestellten Kategorien aus. Sie enthalten und kombinieren in unterschiedlicher Gewichtung drei Elemente: erstens politisch, sozial und auch rechtlich strukturierte gesellschaftliche Verhältnisse, zweitens Fremdzuschreibungen bzw. -identifizierungen und drittens Selbstwahrnehmungen bzw. -identifikationen. Überschneidungen zwischen Kategorien werden als intersektional ausgewiesen, wie die Darstellung in Kapitel 2.2.3. gezeigt hat. Doch auch intersektionale Ansätze reproduzieren implizit die Annahme, es gebe dieser Komplexität vorgängige, getrennte Strukturkategorien. Kategorien bilden dann die unhinterfragte Grundlage der Untersuchung ihrer eigenen Komplexität. Das liegt auch daran, dass »durch sprachliche Benennungspraktiken getragene und hergestellte Kategorisierungen so stark konventionalisiert sind, dass sie den Anschein der Vorgängigkeit und Natürlichkeit besitzen können«.[65] Das gilt in besonderem Maße für rechtliche

64 Leslie McCall, »The Complexity of Intersectionality«, in: *Signs* (30) 3/2005, S. 1771-1800, fasst dekonstruktivistische Zugänge als *antikategoriale*, differenztheoretische und makrosoziologische Ansätze als *interkategoriale* und standpunkttheoretische bzw. identitätspolitische Ansätze als *intrakategoriale* Komplexitätsansätze zusammen. Hinzu kommen postkategoriale Ansätze.

65 Hornscheidt, »Sprachliche Kategorisierung«, in: Walgenbach u. a. (Hg.), *Gender als interdependente Kategorie*, S. 65-106, hier: S. 67.

Kategorien, denn so Anna Katharina Mangold, »rechtliche Regelungen und Praktiken wirken in erheblichem Maße an der Etablierung und Aufrechterhaltung von Kategorisierungen mit«.[66]

### *5.1.3.1. Diskriminierungsmerkmale: Eigenschaften oder Stigmata?*

Im englischen Sprachgebrauch ist für Diskriminierungskategorien die Formulierung *grounds of discrimination* üblich. Die EU-Antidiskriminierungsrichtlinien und der EuGH verwenden diesen Begriff durchgehend. Die deutsche Übersetzung lautet »Gründe« der Benachteiligung oder »aufgrund von«.[67] In Art. 14 EMRK englischsprachige Fassung heißt es ebenfalls »without discrimination on any ground such as sex, race, colour [...] or other status«. Ein Diskriminierungsgrund, das wird hier klar, ist keine Eigenschaft, sondern eine Statuskategorie. In Kommentarliteratur und Rechtsprechung zu den EU-Antidiskriminierungsrichtlinien und zum AGG überwiegt dagegen der Begriff Merkmal.[68] Die AGG-Gesetzesbegründung verwendet ihn ebenfalls durchgehend, unter der Überschrift »Vorgaben der EU« heißt es dort: »Die in den Richtlinien genannten Merkmale werden von jedem Menschen in der einen oder anderen Form verwirklicht, denn alle Menschen sind beispielsweise Träger eines Geschlechts, einer Ethnie, eines bestimmten Lebensalters, einer bestimmten sexuellen Identität.«[69] Obwohl weder die Richtlinien noch der EuGH die Begriffe »Merkmal« oder »Träger« verwenden, suggeriert die Gesetzbegründung ebendies.[70] In den EU-Antidiskriminierungsrichtlinien wird der Begriff *characteristic*, der in den deutschen Fassungen mit Merkmal übersetzt wurde, jedoch ausschließlich im Zusammenhang mit

66 Mangold, *Demokratische Inklusion durch Recht*, S. 6.

67 Art. 2 Abs. 1 RL 2000/43 »aus Gründen der Rasse oder der ethnischen Herkunft«; Art. 2 Abs. 1 RL 2000/78 »wegen eines der in Artikel 1 genannten Gründe«.

68 Für viele BAG v. 23. 11. 2017-8 AZR 372/16, Rn. 37, »den in Art. 1 der Richtlinie bzw. § 1 AGG aufgeführten persönlichen Merkmalen«.

69 BT-Drs. 16/1780, S. 21, 31; darauf bezugnehmend Hessisches LAG, Urt. v. 15. 07. 2015-16 Sa 1619/14, Rn. 32 »Ausweislich der Begründung des AGG-Gesetzesentwurfs ist das Merkmal der ethnischen Herkunft – wie auch das der Rasse – in einem umfassenden Sinn zu verstehen.«

70 BAG v. 21.11. 2017-9 AZR 141/17, Rn. 21 »Träger eines Diskriminierungsmerkmals« unter Verweis auf EuGH v. 12. 10. 2010 – C-499/08 –, wobei der EuGH »Gründe« verwendet (Rn. 19, 22, 30).

der Beschreibung von möglichen Rechtfertigungsgründen verwendet.[71] So kann nach Art. 4 RL 2000/43 eine mittelbare Benachteiligung »aufgrund eines mit der Rasse oder der ethnischen Herkunft zusammenhängenden Merkmals« ausnahmsweise gerechtfertigt sein.[72] In der englischen Sprachfassung wird diese mit *characteristic* übersetzt. Daran wird deutlich, dass es Merkmale gibt, die mit den Statuskategorien (»Gründen«) zusammenhängen, nicht aber mit diesen in eins fallen. Auch der EuGH hat wiederholt klargestellt, dass »nicht der Grund, auf den die Ungleichbehandlung gestützt ist, sondern ein mit diesem Grund im Zusammenhang stehendes Merkmal eine wesentliche und entscheidende berufliche Anforderung darstellen muss«.[73] Merkmale im Sinne von Charakteristika sind Eigenschaften, die Menschen tatsächlich haben und an die ausnahmsweise differenzierend angeknüpft werden darf, zum Beispiel wenn das Beherrschen einer besonderen Sprache oder eine besondere Migrationserfahrung eine wesentliche und entscheidende Anforderung für die Erfüllung einer beruflichen Tätigkeit sind. Merkmal bedeutet eher Eigenschaft, Eigenheit oder Wesenszug als Grund oder Kategorie. Die Gleichsetzung von Diskriminierungskategorie und Eigenschaft als »Merkmal« verstärkt den Eindruck, dass »Geschlechter« oder »Rassen« einfach da sind und Rechtssprache sie also lediglich noch benennen würde. Besonders deutlich wird das an rechtlichen Wortschöpfungen wie »Merkmalsträger« oder »verpönte Merkmale«.[74] Der Begriff »Träger« suggeriert eher einen medizinischen Befund als ein Verständnis, wonach nicht die davon Betroffenen und ihre Eigenschaften der Grund für Diskriminierung sind, sondern deren Benachteiligungen die Folge von Diskriminierung. Und verpönt ist nicht ein Merkmal, das einen Menschen charakterisiert, sondern eine darauf bezogene Diskriminierung.[75]

71 Art. 4 RL 2000/43 »aufgrund eines mit der Rasse oder der ethnischen Herkunft zusammenhängenden Merkmals«.

72 Ebenso Art. 4 Abs. 1 RL 2000/78 für Religion, Lebensalter, sexuelle Orientierung und Behinderung; Art. 14 Abs. 2 RL 54/2006 für Geschlecht.

73 EuGH 14. 03. 2017 – C-188/15 (Bougnaoui und ADDH), Rn. 37 m. w. N.

74 Körlings, NZA 2018, 282; LAG Schleswig-Holstein v. 12. 04. 2018-5 Sa 438/17–, Rn. 63; BAG v. 21. 11. 2017-9 AZR 141/17–, Rn. 21; BAG v. 20. 02. 2018-3 AZR 43/17, Rn. 19.

75 Regine Winter, »Facetten des Antidiskriminierungsrechts im Arbeitsleben und in der arbeitsgerichtlichen Praxis«, in: *Soziales Recht* 3/2019, S. 188-196, hier: S. 190.

Der Begriff »Merkmal« stammt aus dem deutschen Verfassungsrecht. Die Kommentierungen zu Art. 3 Abs. 3 GG verwenden den Begriff durchgängig.[76] Das führt oft zu einer begriffliche Gleichsetzung von abstrakter Diskriminierungskategorie und den tatsächlichen persönlichen Eigenschaften, an die die Diskriminierung in der Lebenswelt erst anknüpft: »Die in Art. 3 Abs. 3 S. 1 aufgezählten Merkmale sind als Eigenschaften der Person gemeint, die sich darauf berufen kann.«[77] Das läuft einem sozialkonstruktivistischen Verständnis der Kategorien eher entgegen. Auch das BVerfG und die Landesverfassungsgerichte greifen in ständiger Rechtsprechung auf den Begriff zurück.[78] Das führt oft zu einer Fokussierung auf persönliche Eigenschaften der Diskriminierungsbetroffenen. Dazu hieß es in der Entscheidung des Ersten Senates zur Sonderschulzuweisung von Kindern mit Behinderungen aus dem Jahr 1997: »Wie bei den schon von Art. 3 Abs. 3 Satz 1 GG erfaßten Merkmalen etwa des Geschlechts, der Abstammung, der Rasse oder der Sprache handelt es sich um eine persönliche Eigenschaft, auf deren Vorhandensein oder Fehlen der Einzelne keinen oder nur einen begrenzten Einfluß nehmen kann.«[79] Behinderung, so der Senat weiter, sei »die Auswirkung einer nicht nur vorübergehenden Funktionsbeeinträchtigung, die auf einem regelwidrigen körperlichen, geistigen oder seelischen Zustand beruht«.[80]

Diese Rechtsauffassung hat sich, nicht zuletzt aufgrund des teilhabeorientierten Diskriminierungsverständnisses der UN-Behindertenrechtskonvention, inzwischen fundamental geändert. Danach zählen zu den Menschen mit Behinderungen »Menschen, die langfristige körperliche, seelische, geistige oder Sinnesbeeinträchtigungen haben, welche sie in Wechselwirkung mit verschiedenen Barrieren an der vollen, wirksamen und gleichberechtigten

76 Für viele Sachs, in: HbdStR Bd. VIII, 2010, § 182, Rn. 29 ff.

77 Für viele Starck, in: v. Mangoldt/Klein/Starck, 2010, Art. 3, Rn. 377.

78 BVerfG v. 10. 10. 2017-1 BvR 2019/16 (Dritte Option) für Geschlecht und sexuelle Identität (Rn. 3b, 62); BVerfG v. 07. 06. 2009-1 BvR 1164/07, Rn. 85 = BVerfGE 124, 199 (Lebenspartnerschaft) »das personenbezogene Merkmal der sexuellen Orientierung«; BVerfG v. 12. 02. 2003-2 BvR 709/99–, Rn. 43 = BVerfGE 107, 257 (Beamtenbesoldung Ost II): »Merkmal der Heimat im Sinne der örtlichen Herkunft nach Geburt oder Ansässigkeit«; StaatsGH Hessen v. 16. 04. 1997 – P.St. 1202–, Rn. 116: »Ungleichbehandlung nach den dort genannten Merkmalen«.

79 BVerfG v. 08. 10. 1997-1 BvR 9/97, Rn. 68 = BVerfGE 96, 288.

80 Ebd., Rn. 65.

Teilhabe an der Gesellschaft hindern können«, Art. 1 Abs. 1 UN-BRK. Behinderung als Diskriminierungskategorie bezeichnet dann keine unveränderliche persönliche Eigenschaft, auch wenn solche Eigenschaften mit zu Behinderungen beitragen können. Entsprechend formulierte das Bundesverfassungsgericht 2019 in der Entscheidung zur Verfassungswidrigkeit von Wahlrechtsausschlüssen von Menschen, die unter Betreuung stehen: »Entscheidend ist vielmehr, ob eine Person in der Fähigkeit zur individuellen und selbstständigen Lebensführung längerfristig beeinträchtigt ist [...]. Dies ist der Fall, wenn ihnen Entfaltungs- und Betätigungsmöglichkeiten vorenthalten werden, die anderen offenstehen [...].«[81] Der Senat weist Behinderung damit nicht als individuelle Eigenschaft aus, sondern als gesellschaftlich verantworteten und gesellschaftlich veränderbaren Status, der sich aus einem Wechselspiel von mit sozialer Bedeutung versehenen persönlichen Eigenschaften, stereotypen Zuschreibungen und gesellschaftlichen Barrieren ergibt. Das hat auch das BAG in seinen Ausführungen zur Benachteiligung eines Angestellten wegen seiner symptomlosen HIV-Infektion im Rahmen eines AGG-Verfahrens deutlich gemacht:

> Der Kläger wird durch seine HIV-Infektion im erforderlichen Maß an der Teilhabe am Leben beeinträchtigt. Unerheblich ist dabei, dass seine Leistungsfähigkeit nicht eingeschränkt ist. Es genügt, dass er in interpersonellen Beziehungen und bei der Arbeit Stigmatisierungen ausgesetzt sein kann [...]. Diese Vorurteile und Stigmatisierungen seiner Umwelt machen ihn zu einem Behinderten iSv § 1 AGG.[82]

Eine behindernde Diskriminierung kann an eine symptomlose HIV anknüpfen, genau wie an eine Lähmung der Beine oder Probleme bei der Lautartikulation. Dieses Verständnis kann auf andere Kategorisierungen wie »Geschlecht« oder »Rasse« übertragen werden. Personenbezogene und mit sozialer Bedeutung versehene Eigenschaften (Merkmale im deskriptiven Sinne) führen erst im Wechselspiel mit sozialen Stereotypisierungen und ihnen innewohnenden Abwertungen zu diskriminierungsanfälligen Statuspositionen, die als rechtliche Diskriminierungskategorien (Merkmale im normativen Sinne) geschützt werden. Die Ineinssetzung

81 BVerfG v. 29.01.2019-2 BvC 62/14, Rn. 55.
82 BAG v. 19.12.2013-6 AZR 190/12–, Rn. 73.

von Merkmal mit Eigenschaft naturalisiert soziale Ungleichheit, sie verdeckt, dass es nicht um etwas geht, was Menschen haben oder sind, sondern um soziale Signifikanten. »Die Fixierung und Reduzierung auf ein Merkmal als unveränderliche verhaltenssteuernde Eigenschaft ist ein Teilaspekt von Diskriminierung«, stellen Susanne Baer und Nora Markard unter Verweis auf die Rechtsprechung des Bundesverfassungsgerichts zu geschlechtsspezifischer Diskriminierung fest.[83] Das gilt auch für die Kategorie Rasse. Als Merkmal erscheint Rasse nicht als Ergebnis von Rassialisierung, an die Stigmatisierung und Benachteiligung anknüpfen, sondern als Eigenschaft der diskriminierten Person. Dabei hat die Darstellung in Kapitel 3 und Kapitel 4 gezeigt, wie personenbezogene Eigenschaften wie Hautfarbe, Haarfarbe, Sprache, herkunftsassoziierte Nachnamen oder religiöse Symbole erst in sozialen Interaktionen mit Bedeutung versehen und so zu Markern von rassischen Zuordnungen wurden. Der Begriff Diskriminierungsmerkmal verwischt diese Unterscheidung.

Winter plädiert daher dafür, statt von Merkmalen von Diskriminierungsgründen zu sprechen.[84] Doch auch der Begriff »Grund« läuft Gefahr, Ursache und Verantwortung für die Benachteiligung bei der diskriminierten Person zu verorten. Baer und Markard schlagen vor, Diskriminierungsmerkmale als stigmatisierende »Merk-Male« zu verstehen, denn »ein Mal ist als Stigma ein Zeichen, das unabhängig vom Verhalten der Gezeichneten zu gesellschaftlicher Abwertung und Ausgrenzung führt«.[85] Sie schaffen damit ein Angebot, einen antidiskriminierungsrechtlich fest etablierten Begriff beizubehalten und ihn sozialkonstruktivistisch und hierarchiekritisch umzudeuten. Ähnliches hat Iyiola Solanke für das britische Antidiskriminierungsrecht vorgeschlagen, sie schreibt: »Während Merkmale angeboren sind, sind Stigmata produziert. Es ist die Produktion und Perpetuierung von Stigmata, ob sie nun einzeln oder gebündelt auftreten, auf die Antidiskriminierungsrecht reagieren muss, statt Merkmale per se anzuerkennen.«[86] Susanne Baer, Melanie Bittner und Anna Lena Göttsche argumentieren,

83 Baer/Markard, in: v. Mangoldt/Klein/Starck 2018, Art. 3 Abs. 2, 3, Rn. 441.

84 Winter, »Facetten des Antidiskriminierungsrechts«, S. 190.

85 Baer/Markard, in: v. Mangoldt/Klein/Starck 2018, Art. 3 Abs. 2, 3, Rn. 441.

86 Iyiola Solanke, »Putting Race and Gender Together: A New Approach to Intersectionality«, in: *Modern Law Review* 2009, S. 723-749, hier: S. 737.

»ethnische (oder dann besser: ethnisierte) Herkunft, Geschlecht (oder: Vergeschlechtlichung), Religion und Weltanschauung (oder: Kulturalisierung), Behinderung (oder: behinderte Entfaltung), Alter (oder: Biochronologisierung) und sexuelle Identität (oder: sexuelle Normierung)« ließen sich sprachlich präziser als »Kategorisierungen« bezeichnen.[87] Auch Anna Katharina Mangold beschreibt »rechtliche Diskriminierungsverbote aufgrund der Kategorisierung von Menschen«.[88] Wer von Kategorisierung ausgeht, gibt zudem zu erkennen, dass eine diskriminierende Fremdzuschreibung nicht zwingend mit einer Identifikation mit dieser Zuschreibung einhergeht. Noch einmal Baer, Bittner und Göttsche: »Kategorisierungen können sich auch in Selbstwahrnehmungen und Identitäten widerspiegeln, aber – und das macht einen großen Unterschied – sie müssen es nicht.«[89] Kategorisierung betont damit im Unterschied zu »Gründen«, »Merkmalen« oder selbst »Kategorien« den aktiven Prozess der Herstellung von benachteiligender Wirklichkeit durch Sprache. Mit Blick auf rassistische Diskriminierung leistet das der Begriff der Rassialisierung.

#### *5.1.3.2. Suspekte Klassifizierungen: Unverfügbarkeit und Machtlosigkeit*

Im US-amerikanischen Recht wird die Frage, was Diskriminierungskategorien ausmacht und also schützenswert macht, ebenfalls kontrovers diskutiert. Rechtsdogmatisch kommt sie in einem abgestuften Prüfungsmaßstab zum Ausdruck. Die Prüfungsintensität mit Blick auf die Anforderungen für eine Rechtfertigung einer Ungleichbehandlung ist höher, wenn es sich um eine *suspect classification* handelt. Darunter wird die Klassifizierung von Gruppen anhand bestimmter Kriterien verstanden, die zu der Annahme führen, dass eine Gruppe einem erhöhten Diskriminierungsrisiko unterliegt. Ungleichbehandlungen der diskriminierungsverdächtigen Klassifizierungen (*suspect classes*) werden an einem erhöhten Rechtfertigungsmaßstab gemessen. Der *strict scrutiny test* wird auf fundamentale Menschenrechtsverletzungen angewendet sowie auf

87 Baer, Bittner, Göttsche, *Mehrdimensionale Diskriminierung*, S. 26.

88 Mangold, *Demokratische Inklusion durch Recht*, S. 72.

89 Baer, Bittner, Göttsche, *Mehrdimensionale Diskriminierung*, S. 26.

Benachteiligungen wegen *race* oder *origin*. Ein *intermediate level of scrutiny* wird angelegt bei Benachteiligungen wegen des Geschlechts und wegen der nichtehelichen Geburt. Bei allen anderen Ungleichbehandlungen gilt mit Abstufungen der *rational basis test*, dann reicht jedes legitime öffentliche Interesse für eine Rechtfertigung.[90]

Der U.S. Supreme Court hat eine Vielzahl von Kriterien benannt, die eine Gruppe als *suspect class* qualifizieren und nach denen sich der Prüfungsmaßstab für eine Rechtfertigung richtet. Die drei zentralen sind: Ist die Person Teil einer Gruppe, die sich durch eine offensichtliche, unveränderliche oder erkennbare Eigenschaft abhebt? Ist sie Mitglied einer Gruppe, die historisch Diskriminierung unterworfen war? Ist sie Mitglied einer politisch machtlosen Gruppe?[91]

Das erste Kriterium wird als *immutability* bezeichnet.[92] Der Begriff »unveränderliche Eigenschaft« (*immutable characteristic*) taucht das erste Mal in der Entscheidung *Frontiero vs. Richardson* auf.[93] Darin erklärte der Gerichtshof Regelungen des US-Militärs für verfassungswidrig, wonach Ehefrauen von Soldaten leichter finanzielle Hilfen gewährt wurden als Ehemännern von Soldatinnen. Die Mehrheit der Richter:innen entschied:

> Geschlecht ist, wie auch Rasse und nationale Herkunft, ein unveränderliches Merkmal, das nur durch den Zufall der Geburt festgelegt wird. […] Was Geschlecht von diskriminierungsunverdächtigen Status wie Intelligenz oder körperlichen Einschränkungen unterscheidet und was es mit anderen diskriminierungsanfälligen Kriterien gemeinsam hat, ist die Tatsache, dass das Geschlecht unerheblich für die Fähigkeit ist, durch eigene Leistung zur Gesellschaft beizutragen.[94]

Der Supreme Court unterscheidet hier zwischen verhaltensbezogenen Merkmalen und unverfügbaren Merkmalen. Letztere weist er als Eigenschaften aus, »denen ihre Besitzer machtlos ausgelie-

90 Einen ausgezeichneten Überblick über die dazu ergangene Rechtsprechung des Supreme Court gibt Thorsten Kingreen, in: *BK*, 2020, Art. 3, Rn. 385 ff.

91 483 US-587 (Bowen v. Gilliard), 60.

92 Grundsätzlich und kritisch zu *immutability* Jessica Clarke, »Against Immutability«, in: *Yale Law Journal* 125 (2015), S. 2-102.

93 Frontiero, 411 US-677 (1973).

94 Ebd., 686 (1973), Übers. d. Verf., i. Orig.

fert sind bzw. die sie nicht ablegen können«.[95] Das Unverfügbarkeitskriterium dreht sich also zentral um die Frage individueller Verantwortung. Es reklamiert die geschützten Eigenschaften als »Zufälle der Geburt«. Sie gelten damit nicht nur als unveränderbar, sondern auch als zu keinem Zeitpunkt frei gewählt.[96] Auch dies trifft, wie in Kapitel 3.3.7.3 unter dem Stichwort *transracial* diskutiert wurde, in besonderem Maße auf rassische Kategorisierungen zu. Später erweiterten US-amerikanische Gerichte diese Definition im Sinne einer »revised immutability«.[97] Damit sind Eigenschaften bezeichnet, deren Anpassung durch Aufgabe nicht verlangt werden darf, weil sie einen zentralen Kern der eigenen Identität und damit der Würde jeder:s Einzelnen betreffen. So gilt Homosexualität als geschützt, weil sie »einen so zentralen Teil im Leben eines Individuums ausmacht [...] und die Selbstdefinition des Individuums in bedeutender Weise bestimmt«.[98] Die Argumentation verschiebt sich hier von der Frage, ob eine Chance zur Veränderung einer Eigenschaft besteht, hin zu der Frage, ob die Möglichkeit einer selbstbestimmten Wahl besteht.[99] In ähnlicher Weise verwenden britische Gerichte das Kriterium *soft immutability*. Sie beschreiben damit »schwer ablegbare« Merkmale oder Eigenschaften, auf die das Recht mit besonderem Schutz reagieren soll.[100]

Auch das deutsche Antidiskriminierungsrecht setzt mit Blick auf die Kategorien in Art. 3 Abs. 3 GG oder § 1 AGG auf die Frage, ob ein »Merkmal« der selbstbestimmten Verfügung entzogen ist.[101] Aufschlussreich für die verfassungsrechtliche Konzeption der Diskriminierungskategorien des Art. 3 Abs. 3 GG ist auch die

95 Regents of the Univ. of Cal. v. Bakke, 438 US- 265, 360 (1978), Übers. d. Verf.

96 Clarke, »Against Immutability«, spricht von einem »right of chance« und einem »right of change«.

97 Zu Problemen des Ansatzes Clarke, »Against Immutablity«, S. 32 ff.

98 Bowers v. Hardwick, 478 US- 186, 204 f. (1986) (Blackmun, J., dissenting), overruled by Lawrence v. Texas, 539 US- 558 (2003); ebenso Obergefell v. Hodges, 576 US- _ (2015).

99 Hintergrund Clarke, »Against Immutability«, S. 26, er konstatiert deshalb eine Verschiebung in Richtung Freiheitsrechte.

100 Instruktiv Solanke, »Putting Race and Gender Together«, S. 737.

101 Baer/Markard, in: v. Mangoldt/Klein/Starck, 2018, Art. 3 Abs. 2, 3, Rn. 439; Michael Sachs, in: Klaus Stern (Hg.), *Das Staatsrecht der Bundesrepublik Deutschland*, Bd. IV, München 2011, § 122, Rn. 1727; Schiek, in: Schiek, AGG, § 1 Rn. 6.

Rechtsprechung des BVerfG zur Verletzung von Art. 3 Abs. 1 GG in solchen Fällen, in denen Art. 3 Abs. 3 GG nicht greift, weil sich die erfahrene Diskriminierung nicht unter eine der dort aufgezählten Kategorien subsumieren lässt.[102] Das betraf zum Beispiel die Benachteiligung wegen des Lebensalters, der sexuellen Identität oder der Staatsangehörigkeit. Das Gericht stellte dazu fest: »Bei lediglich verhaltensbezogenen Unterscheidungen hängt das Maß der Bindung davon ab, inwieweit die Betroffenen in der Lage sind, durch ihr Verhalten die Verwirklichung der Merkmale zu beeinflussen, nach denen unterschieden wird.«[103] Aus der Abgrenzung wird deutlich, dass zentral für die Definition als schützenswertes »Merkmal« die individuelle Verantwortbarkeit, Verfügbarkeit und Veränderbarkeit jener Kriterien ist, an die Diskriminierung anknüpft.

Isoliert angewendet, liegt dem Unverfügbarkeitskriterium ein individualisierender Blick auf symmetrisch verteilte Eigenschaften zugrunde. Ausschließlich dieses Kriterium anzulegen, würde bedeuten, »dass alle Menschen gleichermaßen geschützt werden sollen, wenn an Eigenschaften im Zusammenhang mit geschützten Statuskategorien angeknüpft wird«.[104] Einen Ausgleich schaffen die Kriterien Diskriminierungsgeschichte und politische Machtlosigkeit. Dadurch bezieht der U.S. Supreme Court historische und aktuelle gesellschaftliche Machtverhältnisse mit in die Bewertung als *suspect classification* ein. Als historische Diskriminierung erkannte er an: die Diskriminierung von Afroamerikaner:innen, von Lateinamerikaner:innen, von Frauen und von LGBT-Personen.[105] Das Kriterium der Machtlosigkeit formulierte der Gerichtshof erstmals 1973 in der Entscheidung *San Antonio Independent School*

102 Zum Ganzen Gabriele Britz, »Der allgemeine Gleichheitssatz in der Rechtsprechung des BVerfG«, in: *NJW* 2014, S. 346-351.

103 BVerfG v. 26. 1. 1993-1 BvL 38/92, –, Rn. 38 = BVerfGE 88, 87-103 für Alter; BVerfG v. 7. 7. 2009-1 BvR 1164/07, Rn. 85 = BVerfGE 124, 199 für sexuelle Identität; BVerfG v. 10.07. 2012-1 BvL 2/10, Rn. 42, 46 = BVerfGE 132, 72 für Staatsangehörigkeit.

104 Das kritisiert Kenji Yoshino, »Assimilationist Bias in Equal Protection: The Visibility Presumption and the Case of ›Don't Ask, Don't Tell‹«, in: *The Yale Law Journal* (108) 3/1998, S. 485-571, hier: S. 563.

105 Fullilove v. Klutznick, 448 U.S. 448, 452 (1980); Builders Association of Greater Chicago v. County of Cook, 256 F.3d 642, 645 f. (7th Cir. 2001); Frontiero v. Richardson, 411 U.S. 677, 684 (Footnote 11) (1973); Strauss v. Horton, 46 Cal. 4th 364 (2009).

*District v. Rodriguez* ausdrücklich. Ob eine Klassifikation diskriminierungsanfällig sei, heißt es dort, richte sich auch danach, »ob eine Gruppe auf eine derart machtlose Position verbannt ist, dass dies außerordentlichen Schutz durch die politische Mehrheit verlangt«.[106] Doch politische Machtlosigkeit und Zugehörigkeit zu einer Minderheit korrelieren nicht notwendigerweise, das zeigt sich am Beispiel Geschlecht.[107] Die Gerichte haben das Kriterium daher ausdifferenziert, aber nicht einheitlich interpretiert: Sie bezogen sich auf die quantitative Größe einer Gruppe, ihren Zugang zum Wahlrecht, das Ausmaß an politischer Repräsentation, ihre finanziellen Ressourcen, die Einführung rechtlicher Regelungen zu ihrem Schutz und die politische Stärke.[108] Nicholas Stephanopoulos fasst zusammen, eine Gruppe sei »relativ machtlos, wenn die Umsetzung ihrer zusammengefassten politischen Präferenzen weniger wahrscheinlich ist als die ähnlich großer und ähnlich klassifizierter Gruppen«.[109]

Der kanadische Supreme Court stellt zur Bestimmung der Schutzwürdigkeit auf das Kriterium Diskriminierungsgeschichte ab. Besonders interessant ist die Entscheidung *Lovelace v. Ontario,* die die Verteilung staatlicher Casino-Einnahmen zugunsten bestimmter First-Nation-Gruppen zum Inhalt hatte.[110] Die Maßnahme war von einer Gruppe rechtlich angegriffen worden, die sich ebenfalls als First Nation identifizierte, die jedoch nicht unter dem kanadischen *Indian Act* registriert war und daher nicht als historisch benachteiligte Gruppe von der Maßnahme begünstigt wurde. Die Kläger waren zwar von der verfassungsrechtlich geschützten Kategorie »*race and ethnicity*« erfasst, der kanadische Supreme Court interpretierte diese Kategorie jedoch so, dass sich nur Mitglieder einer Gruppe darauf berufen konnten, die nachweisen konnten, von historischem Rassismus und dessen Auswirkungen betroffen zu sein.

106 San Antonio Indep. Sch. Dist. v. Rodriguez, 411 U.S. 1, 28 (1973). Übers. d. Verf. In diese Richtung bereits United States v. Carolene Products's 304 U.S. 144, Fn. 4; Strauder v. West Virginia 100 U.S. 303, 306 (1880).

107 So auch Kingreen, in *BK*, 2020, Art. 3, Rn. 401.

108 Beispiele bei Nicholas Stephanopoulos, »Political Powerlessness«, in: *New York University Law Review* (90) 5/2015, S. 1527-1608, hier: S. 1528 ff., 1537 ff.

109 Ebd., S. 1531.

110 Lovelace v. Ontario, 1 S.C.R. 950, 2000 SCC 37; ausführlich Lori Sterling, »The Impact Of Lovelace V. Ontario On Section 15 Of The Charter«, in: *Supreme Court Law Review* (14) 1/2001, S. 53-64.

Das Bundesverfassungsgericht räumt dem Kriterium Machtlosigkeit auf verschiedene Weise Bedeutung ein. In der bereits zitierten Rechtsprechung zur Berücksichtigung von Diskriminierung nach Art. 3 Abs. 1 GG führte der erste Senat aus, eine Rechtfertigung der Ungleichbehandlung sei umso strenger, »je mehr sich die personenbezogenen Merkmale den in Art. 3 Abs. 3 GG genannten annähern und je größer deshalb die Gefahr ist, daß eine an sie anknüpfende Ungleichbehandlung zur Diskriminierung einer Minderheit führt«.[111] Die in der Entscheidung zur dritten Option am Beispiel heteronormativer Diskriminierung entwickelte Rechtsprechung zum Schutz »strukturell diskriminierungsgefährdeter Gruppen vor Benachteiligung« nimmt ebenfalls auf eine Geschichte der Diskriminierung und Machtlosigkeit Bezug.[112] Solankes Anti-Stigma-Ansatz erweitert Goffmans sozialpsychologische Theoretisierung von sozialem Stigma um eine soziologische Machtperspektive und gelangt so ebenfalls zu einer strukturellen Einbettung von Stigma. Solanke betont, erst soziale, politische, ökonomische und kulturelle Macht befähige eine Gruppe, eine andere zu stigmatisieren. Sie fragt, welche Gruppen vom speziellen Schutz des Antidiskriminierungsrechts profitieren sollten, und antwortet, dass dies stigmatisierte Gruppen sein sollten.[113]

Deutlich wird aus alldem: Je stärker die Kriterien Diskriminierungsgeschichte und Machtlosigkeit gewichtet werden, desto mehr verschiebt sich auch das Gewicht in Richtung einer asymmetrischen Auslegung rechtlicher Diskriminierungskategorien. Je stärker das Kriterium der unverfügbaren Persönlichkeitsmerkmale angelegt wird, desto mehr wird einem symmetrisch verstandenen Diskriminierungsschutz Raum gegeben. Eine Hautfarbe, eine nationale und familiär-regionale Herkunft, eine geschlechtliche Identität, eine sexuelle Orientierung haben alle Menschen. Damit ist aber noch nichts darüber gesagt, dass diese Markierungen, Zuordnungen und Zugehörigkeiten historisch entstanden sind und dass dieser Prozess mit sozialen Hierarchisierungen einherging. Wenn zur Bestimmung von Diskriminierung nur oder vor allem auf das Vorliegen personenbezogener unverfügbarer Eigenschaften

111 BVerfG v. 26.01.1993-1 BvL 38/92, –, Rn. 38.

112 BVerfG v. 10.10.2017-1 BvR 2019/16 –, Rn. 59.

113 Solanke, *Discrimination as Stigma*, S. 4.

abgestellt wird bzw. auf die Zugehörigkeit zu Gruppen mit solchen »Merkmalen«, verschwindet diese Geschichte.

### 5.1.4. Postkategoriales Antidiskriminierungsrecht

Die kategoriale Formulierung von Antidiskriminierungsrecht erleichtert, wie gezeigt, essentialisierende Interpretationen von Differenz und die Aufrechterhaltung der ahistorischen Illusion von symmetrisch verteilten Unterschieden und Diskriminierungsrisiken. Angesichts dessen stellt sich die Frage, ob und wie sich wirksames Antidiskriminierungsrecht »postkategorial« formulieren ließe. Neue Formulierungen sollen neue Horizonte eröffnen, weil sie eher zu antiessentialistischen und asymmetrischen Interpretationen führen. Postkategoriale Ansätze argumentieren für eine juridische Benennungspraxis, »die auf Handlungen, Prozesse und Verhältnisse rekurriert und Diskriminierungen als in diese eingebunden entgegenwirkt«.[114] Zugrunde liegt dem die Überlegung, dass Sprache Wirklichkeit mit herstellt. Vorstellungen über Identitäten werden eher über Substantive wie Mann oder Frau, Schwarze oder Weiße vermittelt. Das vermittelt die Idee einer Substanz. Adjektivformen wie vergeschlechtlicht oder rassialisiert, feministisch oder antirassistisch machen Zugehörigkeiten und Politiken eher zu Handlungen und essentialisieren weniger. Sie betonen nicht Differenz oder Diversität, sondern den Prozess der Herstellung von Wirklichkeit. Sie bilden ab, dass etwas nicht schicksalshaft da ist, sondern gemacht wird und veränderbar ist. Eine adjektivische Formulierung verweist aber nicht nur auf den Kategorisierungsprozess, sondern auch auf den sozial-historischen Prozess der Subordination, der ein asymmetrischer ist. Auch vergeschlechtlicht und rassialisiert werden alle Menschen, von heterosexistischen und rassistischen Zuschreibungen und daraus resultierenden Diskriminierungen sind dagegen nicht alle betroffen.

Postkategoriale Ansätze wurden zuerst im Zusammenhang mit dem AGG diskutiert. Das Deutsche Institut für Menschenrechte veranstaltete 2007 einen Workshop mit dem Ziel, eine Gesetzesänderung des AGG zu erörtern, nach der der Begriff Rasse nicht mehr in dem Gesetz stehen würde. Die Ergebnisse bildeten die

114 Liebscher u. a., »Wege aus der Essentialismusfalle«, S. 217.

Grundlage für ein 2008 von Hendrik Cremer verfasstes Policy Paper zur Frage des Umgangs mit dem Begriff Rasse in rechtlichen Texten.[115] Bereits der Titel des Papiers »›… und welcher Rasse gehören Sie an?‹ Zur Problematik des Begriffs ›Rasse‹ in der Gesetzgebung« spielt auf das Dilemma der Differenz an. Die Ersetzung von »Rasse« durch den Terminus »rassistische Benachteiligung« soll, so der Vorschlag, Sprach- und Denkgewohnheiten hinterfragen und aufbrechen.[116] Susanne Baer hat, im Zusammenhang mit einigen Überlegungen zu Chancen und Risiken gruppenbezogener positiver Maßnahmen nach dem AGG, für ein solches Unterfangen den Begriff »postkategoriales Antidiskriminierungsrecht« eingeführt. Sie fragt: »Warum nicht Recht – und damit auch Maßnahmen – gegen Rassismus, und damit allgemeiner: postkategoriales Antidiskriminierungsrecht? Warum nicht Recht gegen Sexismus, damit für all die Männer und Frauen und Intersexuellen, die von einer rigiden Zweigeschlechtlichkeit nachteilig betroffen sind?«[117] Im Anschluss daran habe ich mit Tarek Naguib, Tino Plümecke und Juana Remus für die Ersetzung kategorialer Termini im Antidiskriminierungsrecht durch Verbote rassistischer, ableistischer und heterosexistischer Diskriminierung plädiert.[118] So soll die Gesellschaftlichkeit der Diskriminierung zentral gestellt werden und nicht das Wesen der Diskriminierten. Ergänzend dazu haben wir vorgeschlagen, Diskriminierung in den Gesetzesbegründungen allgemein zu definieren als »Praxen von Stigmatisierung, Benachteiligung und Ausgrenzung von gesellschaftlicher Teilhabe, Teilnahme und Anerkennung«.[119] Mit Ulrike Lembke habe ich argumentiert, dass postkategoriale Formulierungen zudem intersektionale Diskriminierungsrealitäten wie antimuslimischen Rassismus besser erfassen können, als es getrennte Kategorien wie Rasse und Religion im

115 Hendrik Cremer, »›… und welcher Rasse gehören Sie an?‹ Zur Problematik des Begriffs ›Rasse‹ in der Gesetzgebung«, S. 5, zuerst erschienen 2008, vorliegend zitiert nach 2. Auflage 2009 ⟨policy_paper_10_und_welcher_rasse_gehoeren_sie_an_2_auflage.pdf (institut-fuer-menschenrechte.de)⟩.

116 Ebd., S. 5.

117 Baer, »Chancen und Risiken«, S. 18, der Beitrag geht auf einen Vortrag der Autorin zum 6. Geburtstag des Antidiskriminierungsnetzwerkes Berlin (ADNB) im TBB Berlin 2009 zurück.

118 Liebscher u. a., »Wege aus der Essentialismusfalle«, S. 217 f.

119 Ebd., S. 218.

AGG vermögen.[120] Dies gilt auch für den Antisemitismus. Antisemitismus ist weder ein Merkmal der davon Betroffenen, noch lässt er sich in eine einzige Diskriminierungskategorie pressen, zudem geht er, wie in Kapitel 3.2.1. nachgezeichnet wurde, zum Teil auch über Rassismus hinaus. Rassistische und verschwörungstheoretische Zuschreibungen, Religion, mitunter die israelische Staatsangehörigkeit, ganz unterschiedliche Aspekte spielen hier intersektional zusammen. Für dieses Zusammenspiel passen Konzepte wie kultureller Rassismus oder Antisemitismus besser als Kategorien wie Rasse, Ethnie und Religion.[121]

Postkategorialen Ansätzen geht es ausdrücklich nicht darum, kritische Benennungs- und Analysebegriffe für soziale Ungleichheiten abzuschaffen, sondern diese kritisch zu reflektieren und zu resignifizieren.[122] Akteure des Rechts sollen vielmehr darin bestärkt werden, Ungleichwertigkeitsideologien und soziale Ungleichheitsverhältnisse, also die strukturelle Dimension von Diskriminierung, zu adressieren. Damit muss eine Orientierung hin zu proaktiven Gleichstellungspolitiken und zu Rechten kollektiver Interessenvertretung zur Durchsetzung von Rechtsansprüchen einhergehen.[123]

Mit einer postkategorialen Benennung gesellschaftlicher Ungleichheitslagen tat sich das Antidiskriminierungsrecht lange schwer. Der Bezug auf vermeintlich neutrale und symmetrische Kategorien ist etabliert und wurde lange nicht hinterfragt, Begrifflichkeiten wie Sexismus oder Rassismus werden dagegen als zu politisch oder als moralischer Vorwurf wahrgenommen. Das Hauptargument gegen postkategoriale Ansätze ist daher, dass Begriffe wie »rassistisch« das Vorliegen einer ausdrücklich rassistischen Motivation nahelegen können.[124] Anna Katharina Mangold gibt zu bedenken, dass vermittels postkategorialer Formulierungen »durch die Hintertür intentionale Erwägungen wieder bedeutsam w[ü]rden,

120 Lembke, Liebscher, »Postkategoriales Antidiskriminierungsrecht?«, S. 261.

121 Liebscher, »Sind Juden weiß?«, S. 423.

122 Baer, »Chancen und Risiken«, S. 18; Cremer, »... und welcher Rasse gehören Sie an?«, S. 5; Liebscher u. a., »Wege aus der Essentialismusfalle«, S. 217.

123 Das missversteht Felix Hartmann, »Diskriminierung durch Antidiskriminierungsrecht? Möglichkeiten und Grenzen eines postkategorialen Diskriminierungsschutzes in der europäischen Union«, in: *EuZA* 2019, S. 24-44, der als Konsequenz eines postkategorialen Ansatzes eine Absenkung des Rechtfertigungsmaßstabes diskutiert.

124 Mangold, *Demokratische Inklusion durch Recht*, S. 337.

die mit der Figur der mittelbaren Diskriminierung gerade überwunden werden können«.[125] Dagegen muss rechtsdogmatisch eingewendet werden, das antidiskriminierungsrechtliche Regelungen jenseits des Strafrechts gerade nicht auf den Vorsatz der Verantwortlichen, sondern auf die nachteiligen Effekte einer Handlung oder Regelung abstellen.[126] Mit Blick auf den Stand der Rassismusforschung hat auch die Darstellung in Kapitel 3 gezeigt: der Terminus »rassistisch« verweist nicht nur auf individuelle, feindliche oder auch nur vorsätzliche rassistische Vorurteile oder ein geschlossen rassenideologisches Weltbild, sondern auf strukturelle Machtverhältnisse.

Tatsächlich taucht der Begriff »rassistisch« auch im deutschen Recht bei weitem nicht nur im Strafrecht und nicht nur im Zusammenhang mit vorsätzlichen, also rassistisch motivierten Handlungen auf. Die §§ 99, 104 Betriebsverfassungsgesetz regeln seit langem Rechte des Betriebsrates für den Fall, dass der Betriebsfrieden durch »rassistische Betätigung« gestört wird, hier kommt es auf einen Vorsatz nicht an. Zunehmend verwenden auch landesrechtliche Vorschriften gegen Diskriminierung den Begriff »rassistisch«. In Art. 12 Abs. 2 Verfassung des Landes Brandenburg und in Art. 7 Abs. 3 Verfassung des Landes Sachsen-Anhalt steht »aus rassistischen Gründen bevorzugt oder benachteiligt«,[127] § 2 Abs. 1 Schulgesetz Berlin garantiert »diskriminierungsfreie schulische Bildung und Erziehung ungeachtet insbesondere […] einer rassistischen Zuschreibung«, § 4 Abs. 2 Brandenburgisches Schulgesetz formuliert »aus rassistischen Gründen bevorzugt oder benachteiligt«, in § 4 Abs. 10 Landeshochschulgesetz Baden-Württemberg »Diskriminierungen aus rassistischen Gründen«, § 69 Abs. 1 Landespersonalvertretungsgesetz Baden-Württemberg »Benachteiligung von Personen aus rassistischen Gründen«. § 2 Landesantidiskriminierungsgesetz Berlin (LADG) formuliert seit 2020: »Kein Mensch

125 Ebd., S. 245.

126 So auch Hendrik Cremer, *Das Verbot rassistischer Diskriminierung. Vorschlag für eine Änderung von Artikel 3 Absatz 3 Satz 1 Grundgesetz*, Berlin 2020, S. 23 f. Siehe auch die in Kapitel 5.1.2.2. rekapitulierte Rechtsprechung des EuGH und des BVerfG zu mittelbarer Diskriminierung.

127 Auch die Bremer Bürgerschaft diskutiert eine entsprechende Verfassungsänderung, Dringlichkeitsantrag der Fraktionen der SPD, Bündnis 90/Die Grünen und DIE LINKE, Drs. 20/375 v. 05. 05. 2020.

darf im Rahmen öffentlich-rechtlichen Handelns aufgrund [...] der ethnischen Herkunft, einer rassistischen und antisemitischen Zuschreibung [...] diskriminiert werden.« Die Berliner Gesetzgebung hat damit eine Formulierung gewählt, die zum einen auf den stigmatisierenden Charakter der Zuschreibung abhebt, zum anderen das asymmetrische Machtverhältnis ausdrücklich benennt.

Postkategoriales Antidiskriminierungsrecht ist bislang die Ausnahme. In einem nächsten Schritt gilt es daher zu untersuchen, wie sich der Zusammenhang von kategorialer Formulierung, Differenzdilemma und Illusion der Symmetrie in den konkreten Setzungen und Anwendungen von solchem Recht gegen Rassismus darstellt, das auf die Kategorie *race* bzw. Rasse setzt und das im deutschen Rechtskontext Einfluss und Wirksamkeit entfaltet.

## 5.2. Mit *race* gegen Rassismus: US-amerikanisches Verfassungsrecht

Die US-Verfassung formulierte als erste Verfassung ein Diskriminierungsverbot aufgrund von *race*. Der 15. Zusatzartikel von 1870 zur Verfassung von 1787 verbot die Einschränkung des verfassungsmäßigen Wahlrechts »on account of race, color, or previous condition of servitude«. Die *Equal Protection Clause*, das Gleichbehandlungsverbot in Absatz 1 Satz 2 des 14. Zusatzartikels der Verfassung, datiert bereits auf das Jahr 1868. Sie sollte als erste allgemeine Rechtsgrundlage gegen rassistische Diskriminierung dienen:

> Keiner der Einzelstaaten darf Gesetze erlassen oder durchführen, die die Vorrechte oder Freiheiten von Bürgern der Vereinigten Staaten beschränken, und kein Staat darf irgendjemandem ohne ordentliches Gerichtsverfahren nach Recht und Gesetz Leben, Freiheit oder Eigentum nehmen oder irgendjemandem innerhalb seines Hoheitsbereiches den gleichen Schutz durch das Gesetz versagen.[128]

Absatz 5 des 14. Zusatzartikels verleiht dem Kongress die Gesetzgebungskompetenz für Antidiskriminierungsgesetze zur Umsetzung des Diskriminierungsverbotes, zum Beispiel die *Civil Rights Acts*

128 Übersetzung nach ⟨https://usa.usembassy.de/etexts/gov/gov-constitutiond.pdf⟩.

von 1866 und 1964. Beide Zusatzartikel reagierten auf die Abschaffung der Sklaverei durch den 13. Verfassungszusatz im Jahr 1865.[129] Sie sollten nach der Sklaverei fortwirkende rassistische Diskriminierungen verhindern.

### 5.2.1. Von *Plessy* zu *Brown*: der juristische Kampf gegen gesetzlich vorgeschriebene Segregation nach rassistischen Kriterien

Bereits in den ersten Entscheidungen, die unter Bezug auf die *Equal Protection Clause* ergingen, erklärte der U.S. Supreme Court, dass davon staatliche Diskriminierungen auf der Grundlage von *race* erfasst seien. In einem Obiter Dictum aus dem Jahr 1873 heißt es: »Die Klausel, die es einem Staat verbietet, irgendjemandem gleichen Rechtsschutz zu verwehren, war eindeutig dazu bestimmt, feindselige Diskriminierung gegen die Negro-Rasse zu verhindern, wie sie in den Staaten geläufig war, wo diese versklavt wurde.«[130] Die Formulierung war eine antidiskriminierungsrechtliche Reaktion auf die rassistische Segregation vorschreibenden *Black Codes* in den Südstaaten. Auch in späteren Entscheidungen stellte der Supreme Court klar, dass die Klausel vor allem die Diskriminierung von Afroamerikaner:innen als »Bürger besonderer Rasse und Abstammung« erfasste.[131] In *Strauder v. West Virginia*[132] entschied der Gerichtshof im Jahr 1880, der Ausschluss von Schwarzen Menschen als Geschworene in Gerichtsverfahren verstoße gegen die *Equal Protection Clause*. Deren Ziel sei es, »einer kürzlich emanzipierten Rasse, die durch mehrere Generationen in Sklaverei gehalten wurde, all jene Bürgerrechte zuzusichern, die die höhere Rasse genießt«.[133] Dabei hebt der Gerichtshof hervor, dass der gesetzlich erzeugte Status als »unterworfene Rasse«[134] ein Stigma ist:

> Dass farbige Menschen ausgesondert werden und dass ihnen durch ein Gesetz wegen ihrer Farbe ausdrücklich das Recht verweigert wird, sich

129 Siehe dazu auch Kapitel 4.1.1.

130 Slaughter-House Cases, 83 US 36, 38 (1873), Übers. d. Verf.

131 Shelley v. Kraemer 334 US 21 (1948); Brown v. Board of Education of Topeka 490 US 483 (1954), Übers. d. Verf., i. O. *citizens of specified race and ancestry.*

132 Strauder v. West Virginia 100 US 303 (1880).

133 Ebd., S. 306, Übers. d. Verf.

134 Ebd., Übers. d. Verf., i. Orig.: *subject race.*

als Geschworene an der Anwendung des Rechts zu beteiligen, obwohl sie Staatsbürger sind und in anderer Hinsicht voll qualifiziert sein mögen, ist ein Brandmal, das ihnen durch das Recht aufgelegt wird. Es ist eine Beteuerung ihrer Minderwertigkeit und ein Ansporn jenes Rassenvorurteils, das verhindert, Individuen dieser Rasse die gleiche Rechtssicherheit zuzugestehen, die das Recht allen anderen zusichern will.[135]

Im Fall *Plessy v. Ferguson* musste der Gerichtshof 1896 dann zum ersten Mal darüber entscheiden, ob Bundesstaaten die rassistische Diskriminierung von Menschen durch private Unternehmen gesetzlich anordnen können.[136] Er ging dabei hinter *Strauder v. West Virginia* zurück und wertete den *1890 Louisiana Separate Car Act*, der die Trennung in Zugabteile für Schwarze und Weiße verlangte, nicht als Verstoß gegen die *Equal Protection Clause*. Neun der Richter entschieden, die Segregation sei verfassungsmäßig, und führten die *separate-but-equal*-Doktrin ein. Sie erkannten in der Klassifikation anhand der rassischen Kriterien schwarz und weiß keine rassistische Benachteiligung, solange beiden Klassen grundsätzlich Zugang zu Einrichtungen des öffentlichen Lebens, zu Gütern und Dienstleistungen gewährt werde. Nur Richter John Marshall Harlan votierte dagegen. In seinem berühmten Dissens argumentierte er gegen die Mehrheit der Richter: »Unsere Verfassung ist farbenblind, weder kennt noch toleriert sie Klassen unter den Bürgern«.[137] Die Mehrheit begründete ihre Entscheidung dagegen wie folgt:

Ziel des Zusatzartikels war es zweifellos, die absolute Gleichheit beider Rassen vor dem Gesetz durchzusetzen. Doch der Natur der Sache nach kann es nicht die Intention gewesen sein, Unterscheidungen aufgrund der Farbe abzuschaffen oder soziale Gleichheit (im Unterschied zu politischer Gleichheit) durchzusetzen oder eine Vermischung der beiden Rassen zu Bedingungen durchzusetzen, die für beide unbefriedigend sind.[138]

»Soziale Gleichheit« verwenden die Richter hier nicht im Sinne ökonomisch-sozialstaatlicher Gleichheit, sondern zur Bezeichnung der privatrechtlichen Sphäre in Abgrenzung zu politischen Rechten. Für letztere hatte der Supreme Court in *Strauder v. West Virginia*

135 Ebd., S. 308, Übers. d. Verf.
136 Plessy v. Ferguson 163 U.S. 537 (1896).
137 163 U.S. 537, 559 (1896) Harlan, J., dissenting, Übers. d. Verf.
138 163 U.S. 537, 544 (1896), Übers. d. Verf.

die *Equal Protection Clause* gerade erst für anwendbar erklärt.[139] In *Plessy v. Ferguson* erteilte der Gerichtshof der Idee einer verfassungsrechtlichen Intervention in einzelstaatliche Gesetze, die jenseits der politischen Sphäre das Alltagsleben rassistisch segregierten, jedoch eine Abfuhr. Zugleich erteilte er den bestehenden gesellschaftlichen rassistischen Mehrheitsverhältnissen eine Absolution: Der Kläger, Homer Plessy, hatte argumentiert, die staatlich erzwungene Separation stemple Schwarze als minderwertig ab. Die Richter hielten, wiederum im Unterschied zu *Strauder v. West Virginia,* dagegen, das Gefühl der Minderwertigkeit habe »seine Ursache in keiner Weise in dem Gesetz«, sondern beruhe »allein darauf, dass die schwarze Bevölkerung sich entscheidet, dieses anzunehmen«.[140]

Doch wie definierte der Gerichtshof, wer Schwarz und wer weiß war? Im Urteil verwendete der Supreme Court durchgehend Formulierungen wie »white race«, »colored race«, »of the race they belong to« oder »physical differences«.[141] Die Richter führten aus, die Unterscheidung gründe »in der Farbe der beiden Rassen« und müsse so lange existieren, »solange weiße Menschen sich durch ihre Farbe von der anderen Rasse unterscheiden«.[142] Doch der Kläger war äußerlich nicht eindeutig rassisch kategorisierbar. Nach der *one-drop rule* galt er aufgrund einer Schwarzen Urgroßmutter juristisch als Schwarz. Im Urteil wird er so beschrieben: »Der Kläger ist Bürger der Vereinigten Staaten, wohnhaft im Bundesstaat Louisiana, mit gemischter Abstammung, im Verhältnis von sieben Achteln kaukasischem und einem Achtel afrikanischem Blut. Die Mischung aus farbigem Blut war in ihm nicht erkennbar.«[143]

Hier wird rassialisierte Differenz also in erster Linie über Blut und Abstammung definiert und nicht über sichtbare körperliche Unterschiede und Hautfarbe. Das zeigt, wie schwierig es Gerichten fiel, rechtliche Zuordnungen zu Rassegruppen vorzunehmen, auch wenn sie an deren Bestehen keinen Zweifel hegten. *Plessy v. Ferguson* ist aber auch ein anschauliches Beispiel für ein Verständnis von Rassismus als quasi-natürlicher sozialer Ordnung, die das Recht

139 Entsprechend heißt es an anderer Stelle *»civil and political rights«* (544). Den Hinweis auf diese Unterscheidung verdanke ich Ian Haney López.

140 163 U.S. 537, 544 (1896), Übers. d. Verf.

141 Ebd., S. 552 (1896).

142 Ebd., S. 543, Übers. d. Verf.

143 Ebd., Übers. d. Verf.

nicht einfach umwerfen könne. »Wenn die eine Rasse gesellschaftlich weniger wert ist als die andere, kann die Verfassung der Vereinigten Staaten sie nicht auf dieselbe Stufe stellen«, argumentierte die Mehrheit.[144] Politische Machtverhältnisse werden damit zwar als solche anerkannt, aber zugleich als vermeintlich unhintergehbarer politischer Wille naturalisiert und rechtlich legitimiert. Die bestehende rassistische Ordnung galt dem Supreme Court auch um des sozialen Friedens willen als erhaltenswert:

> Wenn sich die beiden Rassen unter dem Gesichtspunkt der sozialen Gleichheit begegnen sollen, muss dies das Ergebnis natürlicher Affinitäten, gegenseitiger Wertschätzung und freiwilliger individueller Übereinkunft sein. [...] Gesetzgebung ist machtlos, rassische Instinkte auszulöschen oder Unterscheidungen, die auf physischen Unterschieden basieren, zu beseitigen, und der Versuch, das zu tun, kann die bestehenden Probleme nur verschärfen.[145]

Diese Argumentation weist nicht nur die verfassungsrechtliche Verantwortung, gegen Diskriminierung vorzugehen, zurück, sie legitimiert auch diskriminierende Praktiken, indem sie diese als natürliche Affinitäten darstellt, die an »physische«, also ebenfalls natürliche Unterschiede anknüpfen. Der Verweis auf eine freiwillige Übereinkunft suggeriert zudem, es handle sich bei den Verhältnissen zwischen Schwarzen und Weißen dieser Zeit um symmetrische Unterschiede, auf die individuell Einfluss genommen werden könne. Auf diese Weise verschleiert und stabilisiert die Entscheidung die realen asymmetrischen, also rassistischen Verhältnisse. Der Gerichtshof zementierte damit für die nächsten 58 Jahre die formale staatliche Segregation nach rassistischen Kriterien in den USA.[146]

Erst 1954 hob der Supreme Court, ebenfalls unter Berufung auf den 14. Zusatzartikel, die *separate-but-equal*-Doktrin mit der berühmten Entscheidung *Brown v. Board of Education* auf.[147] Hintergrund war die getrennte Beschulung von afroamerikanischen Kindern in schlechter ausgestatteten Schulen. Solcherart nach *race* getrennte Bildungseinrichtungen, entschied der Supreme Court nun einstimmig, seien schon ihrem Wesen nach ungleich. Eine weitaus weniger bekannte Entscheidung gegen *separate but equal*

144 Ebd., S. 552, Übers. d. Verf.

145 Ebd., Übers. d. Verf.

146 Vgl. Harris, »The Story of Plessy v. Ferguson«, S. 183.

147 Brown v. Board of Education of Topeka 347 U.S. 483 (1954).

hatte jedoch schon 1947 ein Bundesgericht, der United States Court of Appeals for the Ninth Circuit, getroffen. Geklagt hatten die Eltern von Schulkindern, denen mit Verweis auf ihre spanische Erstsprache, die mexikanische Herkunft ihrer Eltern und ihre Herkunft aus ärmsten Verhältnissen besonders schlecht ausgestattete Schulen in Orange County, Kalifornien, zugewiesen wurden, die nicht von weißen Kindern besucht wurden. Der Court of Appeals wertete die segregierende Praxis an Schulen als erstes Bundesgericht als Verstoß gegen die kalifornische Verfassung und den 14. Verfassungszusatz der US-Verfassung.[148] Interessant ist an dieser Entscheidung mit Blick auf die rechtlichen Definitionen rassialisierter Differenz, dass sich alle Verfahrensbeteiligten einig waren, es handle sich nicht um einen Fall von Diskriminierung aufgrund von *race*, sondern um eine Diskriminierung aufgrund von »mexican descent«.[149] Segregation aufgrund von *race,* stellte das Gericht fest, beziehe sich sowohl nach der Rechtsprechung des Supreme Court als auch nach kalifornischen Gesetzen »nur auf Kinder von Eltern, die zu dieser oder jener der großen Rassen der Menschheit gehören«.[150] Dagegen sehe keine Vorschrift des kalifornischen Rechts »irgendeine Trennung zwischen Kindern innerhalb einer der großen Rassen« vor.[151] In einer Fußnote machte das Gericht auch Ausführungen zu seinem Rasseverständnis:

> Früher wurde gelehrt, dass die Menschheit aus weißen, braunen, gelben, schwarzen und roten Menschen besteht. Eine solche Bezeichnung der Einteilungen hat unter Anthropologen oder Ethnologen wenig bis keine Anhänger mehr. Eine wissenschaftlichere Nomenklatur ist kaukasisch, mongolid und negrid; doch selbst dies ist als Versuch, die gesamte Menschheit in verschiedene Gruppen einzuteilen, unbefriedigend.[152]

Die Richter äußerten damit deutliche Zweifel an alltagssprachlichen rassischen Einteilungen. Sie hielten jedoch grundsätzlich an

148 Mendez v. Westminster 161 F.2d 774 (9th Cir. 1947), an anderer Stelle auch »mexican blood«.

149 Ebd., S. 781.

150 Ebd., S. 780. § 8003 California Education Code ermöglichte die Sonderbeschulung für »Indian children, children of Chinese, Japanese or Mongolian parentage«, für lateinamerikanische Kinder existierten solche gesetzlichen Vorschriften nicht.

151 Ebd., S. 780.

152 Ebd., Fn. 7, Übers. d. Verf.

den anthropologischen Rasseklassifikationen fest, die schon Johann Friedrich Blumenbachs 1775 aufgestellt hatte – auch wenn diese auf Mexikaner:innen nicht passen wollten. Die Richter sahen diese wohl anthropologisch als Teil einer »weißen Rasse« an. Dabei hätte das Gericht die Rassifizierung mexikanisch-amerikanischer Schüler:innen anhand von Eigenschaften wie Sprache, Herkunftsland der Eltern und sozioökonomischer Status unter Verweis auf eine lange Tradition der intersektionalen Rassialisierung, zum Beispiel durch den *Greaser Act*, weitaus treffender beschreiben können. Das führt zu einem Widerspruch, der das US-amerikanische Recht gegen Rassismus bis heute prägt: Formen von Rassismus jenseits der *color line* und jenseits klassisch biologistisch-anthropologischer Rasseeinteilungen sind unter dem engen Verständnis von *race* nur schwer zu adressieren.

In der *Brown-v.-Board-of-Education*-Entscheidung äußerte sich der Supreme Court gar nicht zur Frage, wie *race* zu verstehen sei. Die Richter stellten lediglich fest, dass die Kläger der »negro race« angehörten, denen der Besuch von Schulen mit »weißen Kindern« verwehrt bleibe.[153] Begriffe wie »rassistisch« oder »Rassismus« finden sich in der Entscheidung nicht, obwohl sie im wissenschaftlichen und politischen Vokabular dieser Zeit bereits Verwendung fanden. Die Entscheidung verkörpere »den tragischen Fehler dieser Epoche, dass sie zwar gegen Segregation, aber nicht *anti-race* war«, kritisiert angesichts dessen Carlos Hoyt.[154] Hinsichtlich des herangezogenen Wissens markierte die Entscheidung *Brown* jedoch einen entscheidenden Bruch. Das Gericht gründete seine Entscheidung nicht auf die Expertise von Anthropologen oder Ethnologen, sondern erstmals und in Abgrenzung zu *Plessy vs. Ferguson* ausdrücklich auf die Autorität der sozialwissenschaftlichen Forschung: »Was auch immer der Stand des psychologischen Wissens zur Zeit von Plessy vs. Ferguson gewesen sein mag, das vorliegende Urteil wird von der modernen Autorität umfassend unterstützt. [Fn. 11] Jede entgegenstehende Feststellung in Plessy vs. Ferguson wird zurückgewiesen.«[155] Die Aufzählung der wissenschaftlichen Forschung zu den psychologischen Effekten von Diskriminierung in Fußnote 11 endete mit einem generellen Verweis auf Gunnar

153 Brown v. Board of Education of Topeka 347 U.S. 483 (1954), 489.

154 Hoyt, The Arc of a Bad Idea, S. 48.

155 Brown v. Board of Education of Topeka 347 U.S. 483 (1954), 494 f., Übers. d. Verf.

Myrdals bekannte Studie *An American Dilemma* aus dem Jahr 1944, die zu dem Schluss kommt, dass die niedrige soziale Stellung der Schwarzen in den USA nicht naturgegeben ist, sondern aus Diskriminierung resultiert.[156] Mit den Nachweisen in dieser mittlerweile berühmten Fußnote begründeten die Richter, dass aus der Segregation soziale und psychologische Probleme für die davon betroffenen Menschen resultieren, die diese Praxis als erniedrigend ausweisen. Damit öffneten sie rassismuskritischem Wissen den Weg in den Rechtsdiskurs.[157]

In der Entscheidung *Loving vs. Virginia*[158] urteilte der Gerichtshof dann im Jahr 1967, dass die *one-drop rule* ebenso wie das Verbot der Ehen zwischen Schwarzen und Weißen gegen den 14. Zusatzartikel der US-Verfassung verstoße.[159] Zu diesem Zeitpunkt existierten Eheverbote noch in 16 Bundesstaaten. Schon 1948 hatte der kalifornische Oberste Gerichtshof in *Perez v. Sharp*[160] als erstes US-amerikanisches Gericht ein solches Eheverbot mit einer knappen 4:3 Entscheidung für unvereinbar mit der *Equal Protection Clause* erklärt. Besonders ist an dem Fall, dass er die Ehe zwischen einem afroamerikanischen Mann und einer mexikanisch-amerikanischen Frau betraf. Die Ehefrau bezeichnete sich selbst als weiß und galt auch nach kalifornischem Recht als *white*, deshalb fiel die Ehe unter das seit 1850 geltende kalifornische zivilrechtliche Verbot gemischter Ehen. Interessant ist auch, dass Richter Jesse W. Carter eine Passage aus Hitlers *Mein Kampf* über die Pflicht zur Reinhaltung des Blutes heranzog, um gegen das Eheverbot zu streiten. Die Entscheidung erging knapp drei Jahre nach dem Ende des Zweiten Weltkriegs und Carter setzt seine Argumentation ganz bewusst in diesen historischen Kontext. Die gesetzlichen Eheverbote, führt er aus, »verletzen die Prämisse, auf der dieses Land und seine Verfassung aufgebaut wurden, [...] die Frage um die im Revolutionskrieg, im Bürgerkrieg und im Zweiten Weltkrieg gekämpft wurde,

156 Gunnar Myrdal, *An American Dilemma. The Negro Problem and Modern Democracy*, Milton Park 2017, Erstauflage Harper 1944.

157 Zu Bedeutung und Interpretation von Fn. 11 Heise, Corn. Law Rev. 2005, 279.

158 Loving v. Virginia 388 U.S. 1 (1967).

159 Lombardo, U.C. Davis Law Rev. 1987, 421 zeigt eindrücklich, wie sich Gerichte und Gesetzgebung auf die Naturwissenschaft beriefen, um Eheverbote zu rechtfertigen.

160 Perez v. Sharp, 32 Cal.2d 711, 198 P.2d 17.

und den Geist, in dem die Verfassung ausgelegt werden muss, damit ihre Interpretationen als ›vernünftig in allen anderen Teilen der Welt‹ erscheinen«.[161] Die mit der Klage des Ehepaars Loving vor dem U.S. Supreme Court erfolgreich angegriffene Entscheidung des Bezirksgerichts von Caroline County zeigt dagegen, wie lange sich biologistische Rassetheorien auch im US-amerikanischen Rechtsverständnis hielten. Das Bezirksgericht hatte das Ehepaar Loving noch im Jahr 1959, 14 Jahre nach Ende des Zweiten Weltkriegs und sechs Jahre nach der Entscheidung *Brown*, wegen Verstoßes gegen den *Racial Integrity Act* von 1924 zu einer einjährigen Gefängnisstrafe verurteilt. Die wenig »vernünftig« erscheinende Begründung des Bezirksgerichts lautete:

> Gott der Allmächtige hat die Rassen geschaffen, Weiße, Schwarze, Gelbe, Malaien und Rote, und er hat sie verschiedenen Kontinenten zugeordnet. Und daher gibt es keinen Grund für solche Ehen. Die Tatsache, dass er die Rassen getrennt hat, ist Beweis dafür, dass er nicht beabsichtigte, dass sich die Rassen mischen.[162]

Virginia argumentierte vor dem Supreme Court, dass die Eheverbote gleichermaßen für Schwarze und Weiße galten und es sich deshalb trotz des Bezugs auf rassische Klassifikationen nicht um eine verbotene Ungleichbehandlung handle. Der Supreme Court wies dies zurück, in dem er das Antiklassifikationsargument durch das der Antisubordination ergänzte: »Die Tatsache, dass Virginia nur interrassische Ehen verbietet, in die Weiße involviert sind, zeigt, dass die rassischen Klassifikationen Maßnahmen sind, die etabliert wurden, um weiße Vorherrschaft aufrechtzuerhalten; als solche müssen sie sich messen lassen.«[163] Diese frühen Entscheidungen stehen am Anfang einer weltweiten Tradition, mit den Mitteln des Rechts unter Bezug auf *race* als Diskriminierungskategorie gegen rassistische Diskriminierung vorzugehen. Zugleich machen sie deutlich, dass besondere historische Formen des Rassismus, hier die Geschichte von Sklaverei und rassistischer Segregation entlang der *color line*, die rechtliche Definition von rassialisierter Differenz entscheidend mitprägen.

161 Ebd., S. 740 (Carter concurring), Übers. d. Verf.
162 Zitiert in 388 U.S. 1, 3 (1967), Übers. d. Verf.
163 Ebd., S. 11, Übers. d. Verf.

### 5.2.2. Antisubordination und rassistische Diskriminierung jenseits der *color line*

*Race* und damit rechtlicher Schutz gegen rassistische Diskriminierung bleibt im US-amerikanischen Antidiskriminierungsrecht an die Zensuskategorien gebunden. Die daraus resultierenden Schwierigkeiten und Auseinandersetzungen werden an Entscheidungen des Supreme Court deutlich, in denen andere von Rassismus betroffene Bevölkerungsgruppen eine Rechtsverletzung geltend machten, die nach dem Zensus als *white* gelten. Die Entscheidung *Hernandez v. Texas*[164] aus dem Jahr 1954 gilt als Grundsatzentscheidung, weil der Gerichtshof erstmals klarstellte, dass nicht nur *African Americans*, sondern auch *Mexican Americans* sich auf den Schutz der *Equal Protection Clause* berufen können. Ausgangspunkt war die Verurteilung eines mexikanisch-amerikanischen Bürgers wegen Mordes durch eine Jury, der – wie allen anderen Jurys in Texas auch – keine Mitglieder mexikanischer Herkunft angehörten. Der beklagte Staat Texas argumentierte, *Mexican Americans* seien weiß, könnten sich also nicht auf den Schutz der *Equal Protection Clause* berufen, da diese ausschließlich für Ungleichbehandlungen zweier Klassen, »white and negro«, geschaffen worden sei, hier aber keine Diskriminierung von allen Weißen vorliege.[165] Im Ergebnis ist das eine ähnliche Argumentationsfigur wie im Fall *DeGraffenreid vs. General Motors*. Auch dort hatte das Gericht argumentiert, dass nicht alle Mitglieder einer geschützten Gruppe von einer Maßnahme betroffen seien und so eine Diskriminierung aufgrund von *race* ausgeschlossen.[166]

Hier lag die Sache aber anders. Auch die Kläger, unterstützt durch die League of United Latin American Citizens (LULAC), die zu dieser Zeit prominenteste mexikanisch-amerikanische Bürgerrechtsorganisation im Land, nahmen für sich in Anspruch weiß, nicht Schwarz zu sein. Dies entsprach der Selbstdefinition der um Integration bemühten aufsteigenden lateinamerikanischen Elite jener Zeit,[167] die ihre mexikanisch-amerikanische Identität sowohl

164 Hernandez v. Texas 347 U.S. 475 (1954).

165 Ebd., 478.

166 558 F.2d 480 and 145 (8th Cir. 1977), siehe auch Kapitel 2.2.3.

167 In der US-amerikanischen Diskussion wird von *assimilation* gesprochen, der hier verwendete Begriff Integration entspricht jedoch eher dem US-amerikani-

als Ausdruck der mexikanischen Kultur als auch als Ausdruck einer amerikanischen nationalen Identität betrachtete. Der Terminus *Mexican Americans* stammt aus dieser Zeit. Rechtliche Kämpfe um Bürgerrechte zielten auch auf die Anerkennung als vollwertige Amerikaner und auf einen Aufstieg in der sozialen Hierarchie.[168] Die juristische Strategie der Kläger stützte sich also auf eine Version von Ethnizität, die proklamierte, rassisch weiß zu sein, gleichzeitig aber Diskriminierung durch die Mehrheitsgesellschaft zu erfahren. Die Kläger argumentierten deshalb, Mexikaner in Texas seien zwar rechtlich weiß, in der sozialen Praxis seien diese jedoch in einer ähnlichen Position wie andere weiße ethnische Gruppen, die Opfer von Vorurteilen waren. Ihre Anwälte verwiesen dazu ausdrücklich auf die Diskriminierungserfahrungen deutscher, italienischer und jüdischer Zugewanderter. Die Geltendmachung einer weißen ethnischen und zugleich diskriminierten Position im Unterschied zu einer diskriminierten nichtweißen rassisch definierten Position war »die Wurzel der rechtlichen Herausforderung«, fasst Haney López die Bedeutung des Falles zusammen.[169]

Der Supreme Court nahm die Herausforderung an und erweiterte den Anwendungsbereich der *Equal Protection Clause* wie folgt:

> Im Laufe unserer Geschichte haben Unterschiede in *race* und *color* leicht erkennbare Gruppen definiert, die mitunter die Hilfe der Gerichte zur Sicherstellung ihrer rechtlichen Gleichbehandlung benötigten. Aber kollektive Vorurteile sind nicht statisch, und von Zeit zu Zeit können andere Abweichungen von der Gemeinschaftsnorm andere Gruppen definieren, die den gleichen Schutz benötigen. Der 14. Zusatzartikel richtet sich nicht nur gegen Diskriminierung aufgrund einer »Zweiklassen-Theorie« basierend auf Unterschieden zwischen »weiß« und Negro.[170]

schen Verständnis von *assimilation* als das deutsche Konzept von Assimilierung, das stärker auf umfassende Anpassung an die Mehrheitsgesellschaft unter Aufgabe partikularer kultureller Praktiken setzt.

168 Haney López, »Race and Colorblindness after Hernandez and Brown«, S. 64; Haney López, »Protest, Repression, and Race: Legal Violence and the Chicano Movement«, in: *University of Pennsylvania Law Review* (150) 1/2001, S. 205-244, zeigt, dass sich ärmere Schichten dagegen eine Identiät als *brown race* aneigneten.

169 Haney López, »Race and Colorblindness after Hernandez and Brown«, S. 65.

170 347 U.S. 483 (1954), 479, Übers. d. Verf.

Die Richter wiesen damit hier *race* sozialkonstruktivistisch als flexiblen Träger sozialer Bedeutung aus. Zugleich vermieden sie eine Stellungnahme zur *race question*. Sie begründeten ihre Entscheidung nicht damit, dass Mexican Americans nominell eine *race* seien, sondern damit, dass sie in Texas Opfer von historischen *community prejudices* und somit eine von der *Equal Protection Clause* geschützte Klasse, eine *distinct class* im Sinne einer minorisierten sozialen Klasse seien:

> Ob eine solche Gruppe innerhalb einer Gemeinschaft existiert, ist eine Tatsachenfrage. Wenn die Existenz einer bestimmten Klasse nachgewiesen wird, wenn ferner gezeigt wird, dass Gesetze, vom Gesetzestext oder ihrer Anwendung her, diese Klasse unterschiedlich behandeln und wenn diese Behandlung nicht auf einer gerechtfertigten Klassifizierung beruht, wurde die Verfassung verletzt.[171]

Um diese Frage zu beantworten, zeigte das Gericht detailliert auf, dass das rassistisch segregierende Jim-Crow-System auch auf *Mexican Americans* Anwendung fand. Die Richter entschieden, die Tatsache, dass in ganz Texas keine *Mexican Americans* als Geschworene in den Jurys vertreten waren, sei diskriminierend und solcherart entstandene Urteile seien nichtig. Als Marker, an den die Auswahlkomitees für Jurys ihre diskriminierende Entscheidung anknüpften, macht das Gericht die Namen von *Mexican Americans* aus: »So wie sich Personen einer anderen Rasse durch ihre Farbe unterscheiden, so bieten diese spanischen Namen eine eindeutige Identifizierung der Mitglieder dieser Klasse.«[172] Die Richter verwendeten im Ergebnis eine sozialkonstruktivistische Konzeption rassialisierter Differenz, ohne dabei *race* als Kategorie zu bemühen. Haney López fasst die Bedeutung der Entscheidung so zusammen:

> Hernandez versteht, dass *race* letztlich eine Frage von Gemeinschaftsnormen und -praktiken ist, also eine soziale Konstruktion. Keine Stellungnahme des Obersten Gerichtshofs vor oder nach diesem Zeitpunkt ist diesem Verständnis so nahegekommen oder hat so klar wahrgenommen, dass Unterordnung der Prüfstein für die Anrufung einer verfassungsmäßigen Intervention sein sollte, wenn ein Staat zwischen zwei Gruppen unterscheidet.[173]

171 Ebd., Übers. d. Verf.

172 Ebd., Fn. 12, Übers. d. Verf.

173 Haney López, »Race and Colorblindness after Hernandez and Brown«, S. 67.

Hinzuzufügen ist, dass der Supreme Court hier einem Verständnis von kulturellem Rassismus den Weg öffnet, das rassistische Zuschreibungen nicht ausschließlich im Zusammenhang mit biologischen Eigenschaften definiert, sondern auch Anknüpfungen an soziokulturelle Marker, z. B. stigmatisierte Namen, erfasst. Zugrunde lagen dem Urteil ein machttheoretisches Verständnis von rassialisierter Differenz und ein asymmetrisches Gleichheitsverständnis im Sinn des Antisubordinationsansatzes. »Die Kernfrage für den Gerichtshof war: Ordnen soziale Praktiken Gruppen basierend auf Vorstellungen rassischer Unterschiede unter?«, beschreibt Haney López die Bedeutung des Urteils.[174] Doch diese Entscheidung sollte ein Einzelfall bleiben. In zukünftigen Urteilen setzte sich der Antiklassifikationsansatz durch.

### 5.2.3. Antiklassifikation, die Illusion der Symmetrie und der Streit um Affirmative Action

Der formal-symmetrische Antiklassifikationsansatz richtete sich ursprünglich gegen staatliche Gesetze, die Segregation nach rassischen Kriterien vorschrieben. Der von Richter Harlan gegen die Mehrheitsentscheidung in *Plessy vs. Ferguson* eingeführte Ausdruck *colorblind* muss vor dem historischen Hintergrund der Jim Crow-Gesetze dieser Zeit verstanden werden. Er wies die rassistische Segregation von Bürger:innen durch den Staat zurück. Colorblind bedeutete: ohne Berücksichtigung rassistischer Motive. Mit dieser Bedeutung wurde der Begriff in den 1940er und 1950er Jahren von der amerikanischen Bürgerrechtsbewegung als Forderung und als Ziel, formale Rechtsgleichheit herzustellen, übernommen.

Nach Abschaffung der gesetzlich verordneten Segregation seit der *Brown*-Entscheidung wandelte sich das Verständnis von Gleichheit. Nun ging es vermehrt um substantielle Gleichheit. Die Einsicht in die tiefe Verwurzelung des Rassismus in den gesellschaftlichen Verhältnissen der USA führte in der Folge zu einem Bewusstseins- und Rechtswandel, der auch auf den Erlass des *Civil Rights Act* 1964 datiert, der Affirmative-Action-Maßnahmen ausdrücklich auch im Bildungsbereich zuließ. Das wirkliche Problem, bewertete Derrick Bell die Wirkung der *Brown*-Entscheidung kritisch, sei die staat-

174 Ebd., S. 74.

lich mitgetragene Unterordnung Schwarzer Schüler:innen in allen Aspekten des Bildungswesens, die schulische Segregation sei davon nur der offensichtlichste Teil. Den Eltern gehe es primär um eine bessere Bildung für ihre Kinder, unabhängig davon, ob das Schulsystem segregiert oder inklusiv sei. Ihr Ziel sei weniger formale Gleichheit als vielmehr substantielle Teilhabe an der Ressource Bildung.[175]

Die Gegner von substantieller Gleichheit, die den Status quo beibehalten wollten, reagierten auf diese Entwicklung mit einer strategischen Intervention in den rechtspolitischen Diskurs: Sie übernahmen das Antiklassifikations-Argument und wendeten es in eine neue Lesart von *colorblindness,* die sich gegen die Herstellung substantieller Gleichheit richtete.[176] Der praktische Einsatz des *colorblindness*-Arguments verschob sich so von der Unterstützung der Gleichstellung hin zu deren Bekämpfung. Nun zeigte sich: die Forderung, dass der Staat *race* nicht berücksichtigen dürfe, war nur so lange eine antirassistische, wie der Staat per Gesetz segregierte. Jetzt wurde sie dahingehend gewendet, dass der Staat auch nicht mehr auf Ungleichheit reagieren konnte. Haney López unterscheidet deshalb zwischen dem antirassistischen Einsatz von *colorblindness* durch die Civil-Rights-Bewegung und »reaktionärer *colorblindness*«.[177] Mit reaktionärer *colorblindness* bezeichnet er ein antiklassifikatorisches Verständnis der *Equal Protection Clause,* das Maßnahmen, die mit inklusiver Zielrichtung an *race* anknüpfen, mit solchen Maßnahmen gleichstellt, die rassistisch segregieren und unterdrücken. Die herausstechende Eigenschaft dieser zeitgenössischen Version von *colorblindness* sei nicht so sehr ihre Gegnerschaft zu positiven Maßnahmen »als die strikte dogmatische Ineinssetzung von Affirmative Action und Jim-Crow-Rassismus«.[178] Dem ursprünglichen Ansatz von *colorblindness* lag ein Konzept zugrunde, das in Anerkennung der rassistischen Segregation der

175 Derrick A. Bell, »Serving Two Masters: Integration Ideals and Client Interests in School Desegregation Litigation«, in: *Yale Law Journal* 85/1976 S. 470-517.

176 Eine präzise Darstellung der konservativen Wende leistet Haney López, *Dog Whistle Politics. How Coded Racial Appeals Have Reinvented Racism and Wrecked the Middle Class,* Oxford 2015.

177 Haney López, »A Nation of Minorities«, S. 989, 1004. Dieser Unterschied wird in der europäischen Rezeption oft übersehen.

178 Ebd., S. 989.

bestehenden Gesellschaft auf eine Gesellschaft zielte, die nicht rassistisch segregiert. Die neue Lesart basierte auf der Behauptung, Rassismus sei mit der Abschaffung gesetzlicher Segregation erfolgreich überwunden worden. Dies entspricht dem von der Critical Race Theory als *post-racialism* kritisierten Glauben, dass der Staat aufgrund der bereits erreichten Gleichstellungsfortschritte rassialisierte Differenz nicht mehr berücksichtigen müsse, weder in politischen Entscheidungen noch in positiven Maßnahmen.[179]

Ab Ende der 1970er Jahre setzte sich die postrassistische Sicht auch im Supreme Court zunehmend durch.[180] In der Entscheidung *Regents of the Univ. of Cal. v. Bakke* gab der Gerichtshof 1978 erstmals der Klage eines abgelehnten weißen Bewerbers an einer US-amerikanischen Universität recht, weil diese einen festen Prozentsatz an Studienplätzen für gesellschaftlich benachteiligte Bewerber:innen, u. a. Afroamerikaner:innen, reserviert hatte.[181] Stärker nuancierte Zulassungsprogramme, die *race* als einen unter vielen Faktoren berücksichtigen, sollten jedoch grundsätzlich weiterhin zulässig sein: »Der Staat hat ein substantielles Interesse [an Gleichstellung], dem in verfassungsgemäßer Weise durch ein angemessen ausgestaltetes Zulassungsverfahren nachgekommen werden kann, in dem auch *race* und ethnische Herkunft berücksichtigt werden können.«[182] Alle staatlichen und unternehmerischen Maßnahmen der Affirmative Action, die zugunsten von Minderheiten an *race, color* oder *national origin* anknüpfen, müssen nach seitdem herrschender Rechtsauffassung ihrerseits diskriminierungsfrei sein; das heißt, sie dürfen weiße Personen nicht unverhältnismäßig benachteiligen. Zugrunde liegt dem ein symmetrisches Verständnis von Gleichheit. Alle Maßnahmen, die an *race* anknüpfen, seien es Quoten, Bevorzugungspunkte oder sonstige Maßnahmen, müssen strengen Rechtfertigungsanforderungen (*strict scrutiny*) genügen.[183]

179 Siehe Kapitel 3.3.8.1.

180 Regents of Univ. of Cal. v. Bakke, 438 U.S. 265 (1978). Weitere Beispiele aus den Bereichen Wahlrecht, Affirmative Action und Jury-Auswahl bei Neil Gotanda, »A Critique of ›Our Constitution Is Color-Blind‹«, in: *Stanford Law Review* (44) 1/1991, S. 1-68, hier: 2, 40 ff. Als bekannteste Vertreter des Ansatzes gelten die Richter William Rehnquist, Antonin Scalia, Anthony Kennedy und Clarence Thomas.

181 438 U.S. 265, (1978).

182 Ebd., S. 320, Übers. d. Verf.

183 438 U.S. 265, (1978); City of Richmond v. J. A. Croson Co., 488 U.S. 469 (1989)

In *Adarand Constructors, Inc. v. Pena*[184] stellte der Supreme Court dann klar, dass auch Gesetze, die an rassische Klassifikationen anknüpfen, unabhängig davon, ob sie darauf zielen, eine marginalisierte Gruppe zu unterstützen oder dieser zu schaden, *strict scrutiny* unterliegen. Der strikte Rechtfertigungsmaßstab verlangt ein zwingendes öffentliches Interesse, das die darauf eng zugeschnittene Maßnahme rechtfertigt (*narrowly tailored to a compelling governmental interest*). Im Kontext von Affirmative Action werden seither zwei zwingende Interessen anerkannt: die Beseitigung geschehener Diskriminierungen und das Herstellen einer vielfältigen Studierendenschaft (*diversity*).[185] Im Beschäftigungssektor können positive Maßnahmen dazu dienen, Diskriminierungen durch staatliche Behörden zu rekompensieren, wenn die Behörde, die diese Maßnahmen durchführt, nachweist, dass sie historisch diskriminiert hat und wie die Maßnahmen diese spezifische Diskriminierung wiedergutmachen beziehungsweise abbauen können.[186]

Im Hochschulwesen wird ein zwingendes öffentliches Interesse anerkannt, wenn Universitäten Affirmative-Action-Programme zugunsten rassistisch marginalisierter Bevölkerungsgruppen mit dem Ziel durchführen, mehr Vielfalt unter Lehrenden und unter Studierenden zu schaffen, weil damit pädagogische Vorteile einhergehen.[187] Der Bundesstaat Michigan hat inzwischen Maßnah-

für State Law; Adarand Constructors, Inc. v. Pena, 515 U.S. 200 (1995) für Federal Law; Gratz v. Bollinger, 539 U.S. 244, (2003).

184 515 U.S. 200 (1995), ebenso City of Richmond v. J. A. Croson Co., 488 U.S. 469 (1989), anders dazwischen Metro Broadcasting, Inc. v. Federal Communications Commission 110 S. Ct. 2997 (1990), dort hatte der Gerichtshof nur *immediate scrutiny* angeordnet.

185 Zum Ganzen *Diver*, U. ILL. L. REV. 2004, 691. Ein zwingendes öffentliches Interesse außerhalb von Affirmative Action ist z. B. die Verhinderung von Gewalt, z. B. die getrennte Unterbringung im Strafvollzug, Lee v. Washington, 390 U.S. 333 (1968).

186 Fullilove v. Klutznick, 448 U.S. 448 (1980); City of Richmond v. J. A. Croson Co., 488 U.S. 511 (1989), 498; Adarand Constructors, Inc. v. Peña, 515 US 200 (1995).

187 Grutter v. Bollinger, 539 U.S. 306, (2003), 335-36; Gratz v. Bollinger, 539 U.S. 244 (2003); kritisch zum Rechtfertigungsmaßstab Sam Erman, Gregory Walton, »Stereotype Threat and Antidiscrimination Law: Affirmative Steps to Promote Meritocracy and Racial Equality in Education«, in: *Southern California Law Review* (88) 2014, S. 307-378, hier: S. 253.

men verboten, die *race* im Rahmen des Bewerbungsverfahrens zu Hochschulen – neben anderen Kriterien – ausdrücklich berücksichtigen. Der Supreme Court hat diese Praxis als verfassungsmäßig bewertet.[188] In *Fisher v. Univ. of Texas* (Fisher I) führte der Supreme Court die Kriterien für die Überprüfung der Verfassungsmäßigkeit einer Maßnahme weiter aus: Der Grundsatz von *strict scrutiny* gilt danach für alle Maßnahmen, die an *race* unmittelbar anknüpfen, egal ob es sich dabei um eine auf Diskriminierung zielende oder eine auf den Abbau von Diskriminierung gerichtete Maßnahme handelt. *Race,* bestätigten die Richter:innen weiter, darf weiterhin in die Auswahlentscheidung einbezogen werden, aber nur gleichgewichtig neben anderen Faktoren wie Geschlecht und Behinderung und diskriminierungsunabhängigen Kriterien wie sportlicher Erfolg.[189] Ein strikt symmetrisches Gleichheitsverständnis weisen sie mit Verweis auf historische Diskriminierung zurück:

> Der Gerichtshof erkennt an, dass die Regierung ein zwingendes Interesse daran hat vorangegangene Diskriminierung, für die sie verantwortlich ist, wiedergutzumachen. Aber wir heben auch hervor, dass eine Regierung, die das Kriterium Rasse nutzen will, starke Nachweise erbringen muss, warum sie zum dem Schluss kommt, dass Abhilfemaßnahmen nötig sind.[190]

Die Bezugnahme auf rassialisierte Differenz in Maßnahmen, die auf den Abbau von struktureller Diskriminierung und auf Inklusion zielen, ist damit weiter möglich. Sie wird aber dem gleichen strengen Rechtfertigungsmaßstab unterzogen wie segregierende Maßnahmen, die Exklusion bewirken. Die Entscheidungen des Supreme Court etablieren also nicht *per se* eine Regel der *colorblindness.*[191] Sie verstehen positive Maßnahmen jedoch tatbestandlich als Diskriminierung und unterwerfen sie einem sehr strengen Maß-

188 Schuette v. Coalition to Defend Affirmative Action, 572 US_ (2014).

189 Fisher v. University of Texas, 570 U.S. _ (2013).

190 Fisher v. Univ. of Tex. at Austin, 133 S. Ct. 2411, (2013), 2423, Übers. d. Verf. In diese Richtung schon Parents Involved in Cmty. Sch. v. Seattle Sch. Dist. No. 1, 551 U.S. 701, (2007), 720 f.; die Entscheidung Fisher I bestätigte Fisher v. University of Texas, 579 U.S. _ (2016).

191 Eugene Volokh, »Racial and Ethnic Classifications in American Law«, in: Abigail Thernstrom, Stephan Thernstrom (Hg.), *Beyond the Color Line: New Perspectives on Race and Ethnicity in America*, Stanford, New York 2002, S. 309-318, hier: S. 309, merkt an, dass viele umstrittene Entscheidungen des USSC nur mit knapper Mehrheit ergingen.

stab. Damit ähneln sie im Ergebnis dem relativen Anknüpfungsverbot im deutschen Verfassungsrecht.

Mit diesem Diskriminierungsverständnis geht auch eine symmetrische Konzeption von *race* einher. Deutlich wird das an der von Richter Lewis Powell verfassten Begründung der Mehrheitsentscheidung im Fall *Bakke*. Der 14. Zusatzartikel, gibt Powell zu bedenken, sei zwar ursprünglich zum Schutz von Schwarzen Menschen geschaffen worden, seitdem seien die USA jedoch zu einer »*nation of minorities*« geworden, in der auch andere Gruppen Diskriminierung ausgesetzt waren:

> Alle mussten kämpfen – und kämpfen teilweise noch. Nicht gegen die Vorurteile einer monolithischen Mehrheit, sondern gegen die Vorurteile einer »Mehrheit«, die sich selbst aus verschiedenen Minderheitengruppen zusammensetzt, von denen in vielen Fällen zu Unrecht behauptet wurde, dass eine gemeinsame Eigenschaft zu der Bereitschaft führe, andere Gruppen zu benachteiligen.[192]

Einer nach rassischen Kriterien in Schwarz und weiß segregierten Gesellschaft stellt Powell hier eine Gesellschaft ethnischer Minderheiten gegenüber, die potentiell alle unter diskriminierenden Vorurteilen und Klassifizierungen leiden würden:

> Die weiße »Mehrheit« selbst besteht aus verschiedenen Minderheitengruppen [...]. Nicht alle diese Gruppen können eine Präferenzbehandlung und eine entsprechende juristische Toleranz gegenüber Unterschieden in Bezug auf Rasse und Nationalität erhalten, denn dann wäre die einzige »Mehrheit«, die noch übrig wäre, eine neue Minderheit weißer angelsächsischer Protestanten.[193]

So hatten 1963 schon Glazer und Moynihan in *Beyond the Melting Pot* argumentiert. Mit seinen Worten löse Richter Powell »die Dominanz der weißen Gruppe in Luft auf – und beschwört Weiße als potentielle Opfer in der schönen neuen Welt der Bürgerrechte und der rassischen Wiedergutmachung«, hat Haney López treffend kommentiert.[194] Er äußert damit eine klassische Kritik der Critical Race Theory am symmetrischen Antiklassifikationsansatz. Dieser

192 438 U.S. 265 (1978), 292, Übers. d. Verf.

193 438 U.S. 265 (1978), 295 f., Übers. d. Verf.

194 Haney López, »Race and Colorblindness after Hernandez and Brown«, S. 74.

suggeriere, dass alle Menschen, auch weiße, potentiell gleichermaßen von vermeintlich »irrationalen rassischen Klassifizierungen« und damit rassischer Diskriminierung betroffen sein könnten.[195]

Haney López' Kritik überzeugt, und doch muss eingewendet werden, dass eine homogene Gruppe »der Weißen«, die gegenüber »den Schwarzen« pauschal privilegiert ist, tatsächlich nicht existiert. Haney López hat selbst mit Blick auf *Mexican Americans* herausgestellt, dass auch Gruppen, die darum kämpfen, sozial weiß zu werden, weiter von Rassismus betroffen sein können. Powell war zwar ein erklärter Gegner von solchen Affirmative-Action-Quoten, die ausschließlich an *race* im Sinne der *color line* anknüpften. Doch sprach er sich zugleich für Maßnahmen aus, die *diversity* im weiteren Sinne berücksichtigen, also auch diskriminierten Bevölkerungsgruppen offenstanden, die nach den rigiden Kategorien des Zensus weiß waren. Dies betraf nicht nur viele Lateinamerikaner:-innen, sondern auch Juden und Jüdinnen.[196] Jüdische Organisationen äußerten sich besorgt über *race*-Quoten, da vor dem Zweiten Weltkrieg Zulassungsquoten dazu verwendet worden waren, die Zahl der Juden in Universitäten und anderen Berufen zu begrenzen. Nach einem langen Kampf der drei wichtigsten jüdischen Organisationen, der Anti Defamation League, des American Jewish Congress und des American Jewish Committee, gaben fast alle Hochschulen und Fachhochschulen solche Quoten in den 1960er Jahren auf.[197] Diese und andere jüdische Organisationen wandten sich 1978 im Verfahren *Bakke* in einem Amicus-Brief an den Supreme Court und sprachen sich gegen strikte Quoten auf der Grundlage von *race* aus.[198] Zugleich bekräftigten sie nach der Entscheidung *Bakke* ihre Unterstützung für »wirksame und angemessene Affirmative-Action-Programme, die an ökonomischen, kulturellen und sozialen Benachteiligungen ansetzen«, so das American

195 Den Ausdruck verwendet in kritischer Absicht Alan Freeman, »Legitimizing Racial Discrimination Through Antidiscrimination Law: A Critical Review of Supreme Court Doctrine«, in: *Minnesota Law Review* 62/1978, S. 1049-1119, hier: S. 1065.

196 Powell war selbst Jude. Das kann, muss aber nicht seinen Standpunkt informiert haben.

197 Goldstein, *The Price of Whiteness*.

198 Jacob Scheer, »The American Jewish Affirmative Action About-Face«, ⟨www.tabletmag.com/jewish-news-and-politics/267470/the-american-jewish-affir mative-action-about-face⟩, letzter Zugriff 01. 11. 2020.

Jewish Committee, und »die dazu beitragen würden, Minderheitengemeinschaften vollständig in den Mainstream des amerikanischen Lebens zu integrieren, ohne starre und spaltende rassische Kriterien oder die Verwendung unflexibler und stigmatisierender Quotensysteme«.[199] In späteren Verfahren, die die Verfassungsmäßigkeit von Affirmative-Action-Programmen betrafen, die auf Diversity zielten, unterstützten die jüdischen Organisationen in Amicus-Briefen an den Supreme Court deren Bestehen.

Das American Jewish Committee und Critical Race Theory liegen damit in einem Punkt nah beieinander: Entscheidend für die rechtliche Bewertung von Diskriminierung ist nicht die Klassifikation, sondern die damit verbundene Hierarchie. Das unterschlägt Powells Darstellung einer *nation of minorities* als einer symmetrischen Anordnung vieler unterschiedlicher Ethnien, die Vorurteile gegeneinander hegen. Nicht der Hinweis auf vielfältige Diskriminierungsrealitäten jenseits der *color line* macht seine Argumentation blind für bestehende gesellschaftliche Ungleichheit, sondern die durch diese Argumentation erzeugte Illusion der Symmetrie. Das Problem ist nicht nur ein binäres, sondern auch ein symmetrisches Verständnis von *race*, das die Hierarchie des Rassismus unbewusst ausblendet oder bewusst abstreitet. Das bestätigt Haney López, der Dreh- und Angelpunkt von *colorblindness* sei nicht, »dass *race* auf physische Unterschiede reduziert wird, sondern dass *race* von seiner sozialen Bedeutung getrennt wird«.[200] Hier bestätigt sich die bereits im Zusammenhang mit *post-racialism* in Kapitel 3.3.8. diskutierte These: Präziser als mit Begriffen wie *colorblindness* oder *post-racialism* lässt sich das Phänomen als rassismusblinde Argumentation beschreiben.

Zu diesem Schluss kommt auch Neil Gotanda in seinem Beitrag »A Critique of ›Our Constitution Is Color-Blind‹«.[201] Er analysiert, dass US-amerikanische Definitionen von *race* zwei Grundregeln folgen, die auch nach der Abschaffung der *one-drop rule* weiter sozial wirkmächtig blieben: Die Erkennungsregel (*rule of recognition*) stellt auf die sichtbare Abstammung von einer Schwarzen Person ab. Die Abstammungsregel (*rule of descent*) stellt auf die verwandtschaftliche Beziehung zu einer Schwarzen Person ab, unabhängig

199 American Jewish Committee, Jewish Telegraphic Agency, *Daily News Bulletin* v. 29.07.1978.

200 Haney López, »Race and Colorblindness after Hernandez and Brown«, S. 75.

201 Gotanda, »A Critique of ›Our Constitution Is Color-Blind‹«.

davon, wie diese aussieht, wie sie also erkannt wird. Diese Regeln rassischer Kategorisierung folgen nach Gotanda einem Schema: Erstens setze der Rückgriff auf rassische Kategorien voraus, dass zu einem bestimmten Zeitpunkt »reine« Rassen vorlagen. Zweitens weist nichts bei dieser Art der Kategorisierung auf Ungleichheit oder Hierarchisierung zwischen Rassen hin, weil die Schemata symmetrisch erscheinen.[202]

In der Wirklichkeit finde jedoch schon in dem Moment eine Hierarchisierung statt, in dem eine Person als Schwarz kategorisiert werde. Der rechtliche *colorblindness*-Diskurs verschleiere diese Hierarchisierung, indem er rassische Kategorien so behandle, als wären sie symmetrisch, und sie zu festen unveränderlichen Eigenschaften erkläre und so ihre sozioökonomische und politische Geschichte abwerte.[203] Hier wird einmal mehr deutlich, dass Antidiskriminierungsrecht, das auf personale Kategorien wie *race* setzt, einen symmetrischen und essentialistischen Zugriff erleichtert. Recht, dass sich gegen rassistische Diskriminierung richtet und das auch so formuliert, kann dagegen nie *colorblind* sein. Es interessiert sich nicht für symmetrische rassisch definierte Zugehörigkeiten und Differenzen, sondern reagiert auf hierarchische Verhältnisse.

### 5.2.4. Das Dilemma der Differenz bei der Anwendung von race-basiertem Recht gegen Rassismus

Rassialisiertes und rassistisches Wissen ist nicht aus dem US-amerikanischen Recht gegen Rassismus verschwunden. Als ein Beispiel für offen rassistisches Wissen in der Supreme Court-Rechtsprechung nach *Brown v. Board of Education* ist der Dissens von Richter William Rehnquist in der Entscheidung *US v. Sioux Nation of Indians*, in der dieser Native Americans noch 1980 beschreibt als »[...] edle körperliche Gestalten, die nur für die Gegenwart lebten, keine Eigentumsrechte anerkannten, jeden beraubten und töteten, wenn sie eine Chance sahen, die ohne Bedenken Grausamkeiten zufügten und Folter ertrugen, ohne mit der Wimper zu zucken«.[204] Dieses Zitat ist nicht nur ein Beleg für die Verknüpfung von Ras-

202 Ebd., S. 26, Übers. d. Verf.

203 Ebd.

204 US v. Sioux Nation of Indians, 448 U.S. 371, 436 f. (J. Rehnquist, dissenting, 1980), Übers. d. Verf.

sialisierungen mit der rechtlichen Kategorie des Eigentums. Es ist auch »nicht die Sprache von jemandem, der zutiefst skeptisch gegenüber der Existenz von Rassen ist«, gibt Haney López zu bedenken.[205] Zugleich ist es in dieser Offenheit die Ausnahme.

Die Schwierigkeit im rechtlichen Umgang mit rassischen Kategorisierungen bei Maßnahmen zur Affirmative Action verdeutlicht der 1977 entschiedene Fall der Brüder Malone. Beide hatten bei der Aufnahmeprüfung für Feuerwehrleute *black* angegeben und nur auf diesem Wege die erforderliche *race*-spezifisch für Schwarze Beschäftigte niedriger angesetzte Punktzahl erreicht.[206] Als nach einigen Jahren Zweifel an der Richtigkeit ihrer Angaben auftauchten, wurde eine Untersuchung eingeleitet, die schließlich vor Gericht führte. Der Suffolk County Court musste entscheiden, ob die Brüder *black* oder *white* seien. Richter Herbert Wilkins stellte dafür folgende Kriterien auf: »(1) die Inaugenscheinnahme ihrer Eigenschaften; (2) durch geeignete dokumentarische Beweise, wie Geburtsurkunden, die schwarze Vorfahren ausweisen; (3) durch Beweise, dass sie oder ihre Familien sich selbst für schwarz halten und in der Community für schwarz gehalten werden.«[207]

Nach diesen Kriterien, befand Wilkins, seien die Malones »rassisch weiß«: Sie hätten »helle Haut und Haarfarbe und kaukasische Gesichtszüge«, die Geburtsurkunden zeigten, dass die Familie Malone seit drei Generationen durchweg als weiß registriert wurde, und schließlich gebe es »keine Beweise, dass die Malones sich persönlich oder sozial als Schwarz identifizierten«.[208] Die Kriterien waren damit Fremdidentifikation durch Inaugenscheinnahme, Fremdidentifikation durch Urkunden sowie Selbstidentifikation. Das Kriterium Diskriminierungserfahrungen durch rassistische Zuschreibungen fehlt in dieser Auflistung. Charlie Gerstein fragt in einer kritischen Relektüre der Entscheidung aus dem Jahr 2012: »Wird Ihnen unwohl angesichts eines Richters, der einen Blick auf Menschen wirft und sagt, ›Sie sind weiß‹? Falls ja, lehnen Sie sich

205 Haney López, »Race and Colorblindness after Hernandez and Brown«, S. 75.

206 Charlie Gerstein, »What Can the Brothers Malone Teach Us About Ficher v. University of Texas?«, in: *Michigan Law Review* (111) 2012, S. 97-105.

207 Malone v. Haley, No. 88-339, Mass. Sup. Jud. Ct. Suffolk Cnty. July 25, 1989, zitiert nach Ford, »Administering Identity«, S. 1233, Übers. d. Verf.

208 Ebd.

zurück: Das ist das einzige Beispiel dieser Art, das in den juristischen Datenbanken zu finden ist.«[209]

Gersteins Einschätzung kann auch für die Zeit nach 2012 Geltung beanspruchen. Obwohl *race* ein Faktor mit rechtlicher Bedeutung bleibt, vermeiden es die US-amerikanischen Gerichte, über die *race* der Kläger:innen zu entscheiden. Bis heute fehlt es an einer präzisen rechtlichen Definition von *race*.[210] Das Office of Management and Budget, das für die Erhebung von *race* im Zensus zuständig ist, verweist seit 1977 darauf, dass die verwendeten rassischen Kategorien keine biologische, anthropologische oder genetische, sondern eine soziale Definition von *race* abbilden.[211] Nichtsdestotrotz stellt das U.S. Census Bureau bis heute auf ethnologisch-geografische Herkünfte (*origins*) ab. So gilt als rassisch weiß: »Eine Person, die ihren Ursprung in einem der ursprünglichen Völker Europas, des Nahen Ostens oder Nordafrikas hat.«[212] *Race* wird zwar seit 1980 auf der Basis von Selbstidentifizierung erfasst, letztlich aber weiter über Abstammung bestimmt.[213]

Der Supreme Court hat bis heute die Kategorisierungen *black* oder *white* nicht definiert, auch bezüglich der Verfasstheit von *race* hält er sich für gewöhnlich bedeckt. Lediglich in der Entscheidung *St. Francis Coll. v. Al-Khazraji* vom 24. Februar 1987 äußerten sich die Richter:innen in einer Fußnote etwas ausführlicher zu dieser Frage.[214] Zugrunde lag dem Urteil die Diskriminierung eines US-amerikanischen Staatsbürgers, dessen Eltern aus dem Irak in die

209 Gerstein, »What Can the Brothers Malone Teach US«, S. 97.

210 Zu dieser Einschätzung gelangen für die 1990er Jahre Paul Finkelman, »The Color of Law«, in: *Northwestern University Law Review* (87) 1993, S. 937-991, hier: S. 937, Fn. 3; Gotanda, »A Critique of ›Our Constitution Is Color-Blind‹«, S. 36.

211 U.S. Census Bureau, Overview of Race and Hispanic Origin: 2010, March 2011, S. 2, Fn. 7; U.S. Census Bureau, Statistical Directive No.15 (1977).

212 U.S. Census Bureau, ⟨www.census.gov/topics/population/race/about.html⟩, letzter Zugriff 01. 11. 2020.

213 Haney López, »State of Race: The Hispanic Question on the U.S. Census«, in: *Insights on Law & Society* (10) 8/2009, S. 8-15, hier: S. 9. Auch im ausführlichen Geburtszertifikat wird *race* ausgewiesen, in den meisten Bundesstaaten wird diese von der rassischen Kategorie der Mutter abgeleitet: Mathias Bös, *Rasse und Ethnizität. Zur Problemgeschichte zweier Begriffe in der amerikanischen Soziologie*, Wiesbaden 2005, S. 230; Lisa Mason u. a., »Validity of Infant Race/Ethnicity from Birth Certificates in the Context of U.S. Demographic Change«, in: *Health Services Research* (49) 1/2014, S. 249-267.

214 St. Francis Coll. v. Al-Khazraji, 481 U.S. 604 (1987).

USA eingewandert waren und dem wegen seiner Herkunft der berufliche Aufstieg in eine Professur verwehrt worden war.[215] Obwohl 42 US-C. §1981, auf den sich der Kläger berufen hatte, das Wort *race* nicht verwendet, legt der Supreme Court in ständiger Rechtsprechung die Vorschrift so aus, dass jede »rassische Unterscheidung« bei der Vergabe von privaten und öffentlichen Aufträgen verboten ist.[216] Wie schon in der Entscheidung *Hernandez v. Texas* stand auch hier zur Debatte, ob sich Personen, die nach dem US-Zensus als »*white*« gelten, auf Diskriminierungsverbote aufgrund von *race* berufen können. Die erste Instanz argumentierte asymmetrisch, die *Equal Protection Clause* und 42 US-C. §1981 seien nicht auf Klagen von Weißen gegen Weiße anwendbar. Der Kläger sei aber vorliegend »*Caucasian*«, also weiß.[217] Der Supreme Court trat dieser Auffassung insofern entgegen, indem er entscheidend auf den *original intent* des Gesetzgebers abstellte. Die Vorschrift §1981 sei im Jahr 1866 als Teil des ersten *Civil Rights Act* erlassen worden, um »identifizierbare Klassen von Personen vor vorsätzlicher Diskriminierung aufgrund ihrer Abstammung oder ethnischen Charakteristiken zu schützen«.[218] Auch eine Person arabischer Abstammung sei davon erfasst gewesen: »Quellen des 19. Jahrhunderts beschrieben ›Rasse‹ bezogen auf bestimmte ethnische Gruppen, einschließlich Araber, sie unterstützen nicht die Behauptung, dass Araber und andere heutige ›Kaukasier‹ damals als eine Rasse betrachtet wurden.«[219] Mit Blick auf das Jahr 1987 schreibt der Supreme Court: »Es mag sein, dass eine Vielzahl von ethnischen Gruppen, einschließlich der Araber, heute als Teil der kaukasischen Rasse angesehen werden. [Fn. 4]«[220] Mit der Formulierung »angesehen werden« stellt der Gerichtshof auf die Fremdzuordnung zu einer rassisch definierten Gruppe ab. Aufgrund dessen wird die Entscheidung von Vertreter:innen der Critical Race Theory als Beispiel eines sozialkonstruktivistischen Verständnisses von *race* bewertet.[221] Eine genaue Analyse des Urteils offenbart jedoch

215 Ebd., 610.
216 Ebd.
217 Ebd.
218 481 U.S. 615 (1987), 617, Übers. d. Verf.
219 Ebd., 606, Übers. d. Verf.
220 481 U.S. 604 (1987), 611, Übers. d. Verf.
221 Gotanda, »A Critique of ›Our Constitution Is Color-Blind‹«, S. 29; Haney Ló-

wenig weitere Belege für eine solche Einschätzung. In Fußnote 4 etwa führt der Gerichtshof aus:

> Nach allgemeinem Verständnis gibt es drei menschliche Hauptrassen – kaukasisch, mongolid und negrid. Viele moderne Biologen und Anthropologen kritisieren rassische Klassifikationen jedoch als willkürlich und von geringem Nutzen für das Verständnis der Vielfalt der Menschen. Es heißt, dass keine genetisch homogenen Populationen existieren. [...] Eindeutige Kategorien gibt es nicht. Die Eigenschaften, die normalerweise herangezogen wurden, um Rassen zu charakterisieren, sind als biologisch wenig aussagekräftig kritisiert worden. Es wurde herausgefunden, dass die Unterschiede zwischen Individuen der gleichen Rasse oft größer sind als die Unterschiede zwischen »durchschnittlichen« Individuen verschiedener Rassen. Diese Beobachtungen haben einige, aber nicht alle Wissenschaftler zu dem Schluss geführt, dass rassische Klassifikationen zum größten Teil eher soziopolitischer als biologischer Natur sind.[222]

Festhaltenswert ist zum einen, dass der Gerichtshof noch 1987 Rasseeinteilungen, die den rassenanthropologischen Einteilungen Blumenbachs von 1775 entsprechen, als Teil des allgemeinen Verständnisses bezeichnet. Zum anderen liest sich diese Definition wie eine Wiedergabe des Diskussionsstandes der ersten UNESCO-Erklärungen zur Rassenfrage aus den 1950er Jahren. Darauf deuten auch die im Urteil zitierten wissenschaftlichen Referenzen hin, unter anderem Ashley Montagus erweiterte Veröffentlichung des *UNESCO Statement on Race* von 1951, Ruth Benedicts *Race and Racism* von 1942 sowie mit *The Race Concept* eine historisch-soziologische Studie des britischen Soziologen und Rassismusexperten Michael Banton, der zum Zeitpunkt des Urteils Mitglied des UN-Ausschusses für die Beseitigung von Rassendiskriminierung (CERD) war.[223] Die Richter:innen legen sich letztlich nicht fest, welcher der dargestellten Auffassungen sie folgen. Die Formulierung, rassische Klassifikationen seien »zum größten Teil eher« soziopolitischer als biologischer Natur, weist jedenfalls nicht auf eine Kenntnis der sozialkonstruktivistischen Literatur zu *race* hin. Omi und Winants Klassiker *Racial Formation in the United States* wird ebenso wenig zitiert wie Appiahs Artikel *The Uncompleted Argu-*

pez, »Social Constructiony of Race«, S. 16; Valdes, Culp, Harris (Hg.), *A New Critical Race Theory*, S. 178.

222 481 U.S. 604 (1987). 611, n. 4, Übers. d. Verf.

223 Ebd.

*ment: Du Bois and the Illusion of Race.* Beide Texte waren zu diesem Zeitpunkt bereits veröffentlicht. An anderer Stelle heißt es im Urteil: »Das Berufungsgericht hatte völlig recht, als es feststellte, dass § 1981 mindestens die Diskriminierung einer Person umfasst, die genetisch Teil einer ethnisch und physiognomisch unterschiedlichen Unterteilung des Homo sapiens ist.«[224] Auch das ist nicht gerade eine Formulierung, die eine tiefe Skepsis gegenüber dem Glauben an die Existenz von Rassen ausdrückt.

Das Dilemma der Differenz wird auch in der zweiten, am 24. Februar 1987 nur kurz nach *St. Francis Coll. v. Al-Khazraji* ergangenen Entscheidung *Shaare Tefila Congregation v. Cobb*[225] deutlich, die von der rassismuskritischen Rechtswissenschaft kaum rezipiert wurde und in der es um Antisemitismus ging.[226] Die jüdische Gemeinde Shaare Tefila, deren Synagoge mit antisemitischen Symbolen und Slogans wie »Tod den Juden« und »White Power« beschmiert wurde, hatte die Täter wegen Diskriminierung auf Schadensersatz und Entschädigung verklagt. Als Rechtsgrundlage diente die aus dem *Civil Rights Act* von 1866 stammende antidiskriminierungsrechtliche Vorschrift 42 US-C. § 1982, die nach der Rechtsprechung des Supreme Court staatliche und private »rassisch diskriminierende« Eingriffe in Eigentumsrechte verbietet.[227] Die beklagten Täter, die in der Verhandlung noch angaben, ihr Ziel sei es gewesen, »the Jewish race« zu beleidigen, argumentierten nun strategisch, Juden könnten sich nicht auf das Gesetz berufen, denn sie seien als Teil der »caucasian race« keine vom Schutzbereich des Gesetzes erfasste »racial group«. Auch die Klägerin Shaare Tefila vertrat, Juden seien keine Rasse. Sie argumentierte, Juden seien trotzdem von 42 US-C. § 1982 geschützt, weil die Täter sie als »distant racial group« ansehen würden und ihre Tat auf rassistische Vorurteile zurückgehe.[228]

224 481 U.S. 604 (1987), 613, Übers. d. Verf.

225 Shaare Tefila Congregation v. Cobb 481 U.S. 615 (1987).

226 Lediglich Valdes, Culp, Harris (Hg.), *A New Critical Race Theory*, S. 178, erwähnen die Entscheidung am Rande; zu einer ausführlichen Besprechung Christopher Celichowski, »Racial Discrimination under 42 U.S.C. 1982: Proof or Perceptions – Shaare Tefila Congregation v. Cobb«, in: *Law & Inequality* (5) 1987, S. 161-185; Kenneth Marcus, *Jewish Identity and Civil Rights in America*, Cambridge 2010, S. 104 ff.

227 481 U.S. 615 (1987), 616; Jones v. Alfred H. Mayer Co., 392 U. (1968), S. 409, Übers. d. Verf., i. Orig.: *racially discriminatory*.

228 Shaare Tefila Congregation v. Cobb 785 F.2d 527.

Die Gerichte folgten der Argumentation von Shaare Tefila nicht. Die beiden ersten Gerichtsinstanzen urteilten, »rassische Diskriminierung auf nichts als die subjektive, irrationale Wahrnehmung der Beklagten zu stützen«, würde den Anwendungsbereich des 42 US-C. §1982 überschreiten.[229] 42 US-C. §1982 sei gerade nicht anwendbar »in Situationen, in denen der Kläger kein Angehöriger einer rassisch verschiedenen Gruppe ist, sondern nur die Beklagten dies annehmen«.[230] Weil Juden »heutzutage als Teil der *caucasian race* angesehen« würden, sei die Klage zurückzuweisen.[231]

Der Supreme Court hob die Urteile auf. Er gab den Untergerichten dahingehend recht, dass allein die Behauptung, die Beklagten hätten aus rassistischer Abneigung heraus gehandelt, nicht ausreiche, um den Anwendungsbereich des 42 US-C. §1982 zu eröffnen. Die feindselige Haltung der Beklagten müsse sich auch gegen eine Gruppe richten, die der amerikanische Kongress nach dem Bürgerkrieg durch die Bürgerrechtsgesetzgebung der Jahre 1866 und 1870 ursprünglich als *distinct race* hatten schützen wollen.[232] Die Richter:innen folgten damit einem kategorialen und essentialisierenden Ansatz, sie prüften nicht die Zuschreibung, sondern die Zugehörigkeit zu rassischen Kategorien. Mit der Bezeichnung *caucasian* verwendete der Gerichtshof zudem eine alte rassenanthropologische Bezeichnung für eine weiße oder europäische Rasse. Zu Antisemitismus äußert er sich nicht. Im Ergebnis stellte der Supreme Court wie in *St. Francis Coll. v. Al-Khazraji* auf den *original intent* des Gesetzgebers ab. Zu diesem Zweck untersuchte er, welche Gruppen der Kongress nach dem Bürgerkrieg durch die Bürgerrechtsgesetzgebung der Jahre 1866 und 1870 hatte schützten wollen, und kam zu dem Schluss:

Juden können eine Klage gegen rassische Diskriminierung nach §1982 erheben, weil sie zu den Völkern zählten, die als andere Rassen angesehen wurden und daher vom Schutzbereich des Gesetzes erfasst waren, als

229 606 F. Supp. 1504, 1508 (D. Md. 1985), 785 F.2d at 527; 606 F. Supp. at 1509 (1985).

230 785 F.2d 523, 525 (4th Cir.1986), rev'd, 107 S. Ct. 2019 [1987]), zitiert nach 481 U.S. 615 (1987), 618, Übers. d. Verf., i. Orig.: »§1982 was not intended to apply to situations in which a plaintiff is not a member of a racially distinct group but is merely perceived to be so by defendants« (Hervorh. i. Original).

231 Ebd.

232 481 U.S. 615 (1987), 617.

es verabschiedet wurde. Sie sind nicht von der Klageberechtigung ausgeschlossen, nur weil sie, wie die Beklagten, Teil dessen sind, was heute als kaukasische Rasse angesehen wird.[233]

Gotanda deutet die Formulierung »angesehen werden« als Ausdruck eines sozialkonstruktivistischen Verständnisses von Rasse.[234] Doch dem Gericht reicht eine rassistische Zuschreibung letztlich nicht aus, selbst die offen zur Schau getragene, unbestritten antisemitische Motivation der Täter lassen die Richter:innen nicht genügen. Martha Minow hat daher zu Recht darauf hingewiesen, dass die historische Auslegung des Supreme Court »nicht nur das kategorische Denken im Allgemeinen, sondern auch das spezifische kategorische Denken über die in den 1860er Jahren vorherrschende Rasse«[235] revitalisiert hat: »Ob es sich nun um Geschlecht, Religion oder Rasse handelt, die Wiederaufrufung alter Wissensquellen zur Definition von Gruppendifferenz kann älteres Wissen über die Bedeutung von Gruppeneigenschaften wiederbeleben.«[236] Kenneth Marcus kritisiert, dass diese Rechtsprechung Juden zwang, sich strategisch in rassische Kategorien einzuordnen, denen zu entkommen sie lange erkämpft hatten.[237] Zu diesem Schluss kommt auch Eric Goldstein: »Zum ersten Mal in ihrer Geschichte versuchten amerikanische Juden nicht, die Regierung daran zu hindern, sie als ›Rasse‹ zu kategorisieren, sondern kämpften darum, als eine eigenständige Gruppe anerkannt zu werden, die Schutz vor ›rassischer‹ Diskriminierung verdient.«[238] Letztlich seien sie bereit gewesen, die Terminologie der Rasse zu akzeptieren, »denn dies war die einzige verfügbare Sprache, die Juden unter den Schutz des Antidiskriminierungsrechts stellen konnte«.[239] Ein aus Perspektive der amerikanischen Juden erreichter Schritt zur Emanzipation wurde so durch den Zwang zur Selbstrassialisierung wieder in Frage gestellt. Eine postkategoriale Formulierung wie »antisemitische Diskriminie-

233 481 U.S. 615 (1987), Übers. d. Verf.

234 Gotanda, »A Critique of ›Our Constitution Is Color-Blind‹«; S. 29; ebenso Valdes, Culp, Harris (Hg.), *A New Critical Race Theory*, S. 178.

235 Martha Minow, Donald Langevoort, »The Supreme Court 1986 Term«, in: *Harv. L. Rev.* 1987, S. 21 f.

236 Ebd.

237 Marcus, *Jewish Identity and Civil Rights*, S. 98 ff.

238 Goldstein, *The Price of Whiteness*, S. 225 f.

239 Ebd., S. 226.

rung« wäre aus Sicht der Betroffenen adäquater und aus Sicht des Rechts ebenso erfolgreich gewesen, das erlittene Unrecht zu adressieren.

Marcus kommt noch aus einem weiteren Grund zu dem Ergebnis, dass der kategoriale Ansatz im Antidiskriminierungsrecht ein grundsätzliches Problem für die adäquate rechtliche Adressierung von Antisemitismus und antimuslimischem Rassismus ist. Die *original-intent*-Argumentation des Supreme Court ist auf später erlassene Antidiskriminierungsgesetze schlicht nicht anwendbar. Wäre der *Civil Rights Act* nicht 1866, sondern erst 1964 verabschiedet worden, zu einem Zeitpunkt, zu dem Juden und Araber bereits sozial und rechtlich als weiß und damit nicht als zu schützende *race* galten, sondern ausschließlich als Religion, wären die Kläger schutzlos geblieben. Diese Schutzlücke wird besonders im Bereich der Bildung deutlich. Title VI des *Civil Rights Act* von 1964 schützt Studierende vor Diskriminierung aufgrund von »race, color, and national origin discrimination«. Das für solche Fälle zuständige Departement of Education's Office for Civil Rights (OCR) lehnte daher eine Zuständigkeit für Fälle von Antisemitismus an US-amerikanischen Universitäten lange ab.[240] Seit dem 11. Dezember 2019 erklärt zumindest eine *executive order* die Anwendung von Title VI des *Civil Rights Act* auf Juden.[241] Hier zeigt sich ein weiteres von Martha Minow adressiertes Problem kategorialen Antidiskriminierungsrechts in Verbindung mit einem verkürzten Verständnis von *race* als anthropologischer, historischer Kategorie. Es führt zu Exklusionen und Hierarchisierungen innerhalb des bestehenden Rechtsschutzes, wenn dieser nicht für alle Diskriminierungskategorien gleich ausgestaltet ist.[242]

240 Kenneth Marcus, »The New OCR Antisemitism Policy«, in: *Journal for the Study of Antisemitism* (2) 2011, o. S.

241 Executive Order on Combating Anti-Semitism v. 11. 12. 2019, ⟨www.whitehouse.gov/presidential-actions/executive-order-combating-anti-semitism/⟩, letzter Zugriff 01. 11. 2020.

242 Hierarchisierungen des deutschen Antidiskriminierungsrechts am Beispiel des AGG diskutieren Ulrike Lembke, Doris Liebscher, »Postkategoriales Antidiskriminierungsrecht? Oder: Wie kommen Konzepte der Intersektionalität in die Rechtsdogmatik?«, in: Simone Philipp u. a. (Hg.), *Intersektionelle Benachteiligung und Diskriminierung*, Baden-Baden 2014, S. 261-290.

## 5.3. Internationales Recht: Recht gegen rassistische Diskriminierung als Menschenrecht

Rasse ist heute eine Standardkategorie in internationalen Menschenrechtsabkommen.[243] Wie im US-amerikanischen Recht lauten auch in menschenrechtlichen Abkommen die Formulierungen nicht »rassistische Diskriminierung«, sondern »Diskriminierung aufgrund der Rasse« oder »Rassendiskriminierung«. Das hat viel mit der Zeit ihrer Entstehung zu tun. Als Reaktion auf den Zweiten Weltkrieg und auf die faschistischen Regime in Italien, in Japan und im nationalsozialistischen Deutschland entstand im Kontext internationaler Verträge ein antirassistischer Universalismus, der sich in der Verabschiedung rechtlicher Erklärungen und Pakte wie der AEMR 1948, der EMRK 1950, den UNESCO-Erklärungen zu Rasse und Rassismus ab 1951 und ICERD 1965 niederschlug. Alle diese internationalen Konventionen verwenden den Rassebegriff in antirassistischer Zielrichtung. Erste Schritte in diese Richtung gab es indes schon nach dem Ersten Weltkrieg.

### 5.3.1. Der erste Versuch: Das Völkerbundstatut und die Gleichheit der Nationen

Der erste Versuch, Gleichheit »aufgrund der Rasse« in einem internationalen Abkommen zu garantieren, datiert auf 1919. Die japanische Delegation stellte auf der Pariser Konferenz den folgenden Änderungsantrag zu Artikel 21 des Statutes des Völkerbundes:

> Da die Gleichheit der Nationen ein Grundprinzip des Völkerbundes ist, kommen die Hohen Vertragsparteien überein, allen ausländischen Staatsangehörigen der Mitglieder des Völkerbundes so bald wie möglich in jeder Hinsicht gleiche und gerechte Behandlung zu gewähren, ohne aufgrund ihrer Rasse oder Nationalität rechtlich oder tatsächlich zu unterscheiden.[244]

Japan verfolgte damit nationale Interessen. Innenpolitisch sollte

243 Die OHCHR-Data Base nennt 15 internationale Abkommen und Zusatzprotokolle, die *race* enthalten, Abruf 03.09.2020.

244 Völkerbundkommission, japanischer Gleichstellungsantrag vom 13.02.1919, Paris, zitiert nach Paul G. Lauren, *Power and Prejudice. The Politics and Diplomacy of Racial Discrimination*, Boulder 1988, S. 85, Übers. d. Verf. Der Vorschlag bezog sich auf Artikel 22 Abs. 5 der endgültigen Vertragsfassung.

der Vorschlag die Akzeptanz der Idee des Völkerbundes stärken.[245] Außenpolitisch zielte er auf die Gleichstellung japanischer Staatsangehöriger, die als Immigrant:innen in Australien, Kanada und den USA einer Welle der Diskriminierung ausgesetzt waren.[246] Schließlich sollte die Gleichstellung aller Mitglieder des Völkerbundes signalisiert werden, da Japan den Status einer Großmacht gerade erst errungen hatte.[247] Auch die drei Großmächte Großbritannien, Frankreich und die Vereinigten Staaten wollten das Prinzip der Gleichheit nicht universalistisch verstanden wissen, sondern im Sinne einer »Gleichheit der Nationen«, die schwächeren Mitgliedern des Völkerbundes zugutekommen sollte.[248]

Diese Gleichheit der Nationen wurde nach Auffassung der Mehrheit der Delegierten bereits durch die Existenz des Völkerbundes an sich zum Ausdruck gebracht.[249] Dass der Antrag keine Mehrheit erhielt, lag aber auch an seinen universalistischen Implikationen, eröffnete er doch die Möglichkeit einer weiteren, antirassistischen Interpretation.[250] Dass es natürlich menschliche Rassen gebe und dass diese Rassen ebenso natürlich und gottgewollt in einem durch den Kolonialismus bestätigten Verhältnis der Über- und Unterlegenheit zueinander stünden, gehörte im Jahr 1919 zum *common sense*. Die Worte, mit denen der britische Außenminister Arthur Balfour in der Völkerbundkommission eine universalistische Interpretation des japanischen Vorschlags zurückwies, beschreiben den kolonialistischen Zeitgeist: »Es ist gewiss wahr, dass alle Menschen einer Nation als Gleiche geschaffen wurden, doch nicht, dass ein Mensch aus Zentralafrika als gleich gegenüber einem Europäer erschaffen wurde.«[251] Das koloniale System und die dieses System

245 Naoko Shimazu, *Japan, Race, and Equality. The Racial Equality Proposal of 1919*, London 1998, S. 39.

246 Paul G. Lauren, »Human Rights in History Diplomacy and Racial Equality at the Paris Peace Conference«, in: *Diplomatic History* (2) 3/1978, 257-278, hier: 260.

247 Shimazu, *Japan, Race, and Equality*, S. 164 ff.

248 Ebd., S. 181 ff.

249 Zum Verfahrensablauf Lauren, *Power and Prejudice*, S. 90 ff.

250 Darauf hat Samuel Lissner, »Menschenrechte auf der Pariser Konferenz 1919: Universalistisches ›Menschenrasserecht‹?«, in: *Bucerius Law Journal* 2/2014, S. 91-103, hier: S. 98 hingewiesen.

251 Zitiert nach David Miller, *The Drafting of the Covenant*, New York 1928, S. 183, Übers. d. Verf.

rechtfertigende Vorstellung von unterschiedlichen »Entwicklungsstufen der Völker« fanden auch in Artikel 22 Völkerbundsatzung ihren Ausdruck.[252] Darin sollte für ehemalige Kolonien, »die von solchen Völkern bewohnt sind, die noch nicht imstande sind, sich unter den besonders schwierigen Bedingungen der heutigen Welt selbst zu leiten«, das Folgende gelten: »Das Wohlergehen und die Entwicklung dieser Völker bilden eine heilige Aufgabe der Zivilisation [...]. Der beste Weg, diesen Grundsatz durch die Tat zu verwirklichen, ist die Übertragung der Vormundschaft über diese Völker an die fortgeschrittenen Nationen [...]. Die Art des Mandats muß nach der Entwicklungsstufe des Volkes, nach der geographischen Lage des Gebiets, nach seinen wirtschaftlichen Verhältnissen und allen sonstigen Umständen dieser verschieden sein.«

Eine solcherart kolonialrassistischen Vorstellungen verhaftete Sicht auf die Ordnung der Welt stand im Jahr 1919 der Regelung eines internationalen universellen Verbotes der Ungleichbehandlung »aufgrund der Rasse« im Wege. Die erste antirassistisch intendierte Regelung im internationalen Recht sollte daher den Minderheitenverträgen vorbehalten bleiben. Das Minderheitenrecht stellte die koloniale Ordnung der Welt nicht in Frage und wurde vor allem durch eine Reihe von Verträgen und Erklärungen etabliert, die Osteuropa betrafen. Der sogenannte kleine Vertrag von Versailles, der Polnische Minderheitenvertrag vom 28. Juni 1919, war der erste einer Reihe solcher Verträge und diente insofern als Vorlage. Im Gegenzug für die nationale Unabhängigkeit und Souveränität versicherte Polen in Artikel 2 des Vertrages seine Unterstützung für den »vollständigen Schutz des Lebens und der Freiheit aller Menschen unabhängig von ihrer Geburt, Nationalität, Sprache, Rasse oder Religion«. Der am gleichen Tag unterzeichnete Vertrag von Versailles besagte in Art. 93: »Polen akzeptiert [...] Bestimmungen [...] zum Schutz der Interessen der Einwohner Polens, die sich von der Mehrheit der Bevölkerung durch Rasse, Sprache oder Religion unterscheiden.« Dabei ging es besonders um den Schutz der Juden. In der Folge entstanden auch einige Verfassungsbestimmungen, die gleiche Rechte unabhängig von »Rasse« gewährleisteten; Beispiele sind Nr. 22 der Russischen Verfassung von 1918, Art. 5 der Chine-

252 Art. 22 Völkerbundsatzung vom 14.02.1919, als Teil der Pariser Vorortverträge in Kraft getreten am 10.01.1920.

sischen Verfassung von 1920 oder § 128 Nr. 1 der Tschechoslowakischen Verfassung von 1920 sowie Art. 123 Abs. 1 und 2 Verfassung der UdSSR von 1936.[253]

### 5.3.2. Im Angesicht des Holocaust: Die Allgemeine Erklärung der Menschenrechte

Bereits die Charta der Vereinten Nationen (UN-Charta) vom 26. Juni 1945 sprach sich in Art. 1 Abs. 3, Art. 13 Abs. 1 lit. b, Art. 55 lit. c, Art. 76 lit c für die Gewährung von Menschenrechten und Grundfreiheiten »ohne Unterschied der Rasse, des Geschlechts, der Sprache oder der Religion« aus.[254] In Art. 2 Abs. 1 der am 10. Dezember 1948 verabschiedeten Allgemeinen Erklärung der Menschenrechte (AEMR) heißt es dann:

> Jeder hat Anspruch auf die in dieser Erklärung verkündeten Rechte und Freiheiten ohne irgendeinen Unterschied, etwa nach Rasse, Hautfarbe, Geschlecht, Sprache, Religion, politischer oder sonstiger Überzeugung, nationaler oder sozialer Herkunft, Vermögen, Geburt oder sonstigem Stand.[255]

Die Erklärung sei, so die Delegierten, »von der Opposition gegen die barbarischen Doktrinen des Nazismus und des Faschismus« inspiriert.[256] Die Dokumente der Beratungen zeigen, dass diese Fokussierung auf Nazismus und Faschismus keine westlich-eurozentristische Sicht war, sondern von Delegierten aus aller Welt geteilt wurde. Johannes Morsink hat herausgearbeitet, dass der Holocaust (obwohl der Begriff zur damaligen Zeit noch nicht verwendet wurde) eines der bedeutsamsten Motive für die Resolution war.[257] Das galt insbesondere für Art. 1 AEMR, der in den Worten des franzö-

253 Zur Rassekonzeption in China Dikötter, *Racial Identities in China and Japan*, zu Russland/Sowjetunion Francine Hirsch, *Empire of Nations, Ethnographic Knowledge & The Making of the Soviet Union*, Ithaca 2005.

254 Charta der Vereinten Nationen vom 26. 06. 1945, Inkrafttreten am 24. 10. 1945, BGBl. 1973 II, 430, 505, ber. BGBBl. 1980 II, 1252.

255 Universal Declaration of Human Rights, UN-Resolution 217 A (III) vom 10. 12. 1948.

256 Johannes Morsink, *Universal Declaration of Human Rights: Origins, Drafting, and Intent*, Philadelphia 1999, S. 36.

257 Ebd., S. 37, Morsink nennt als weitere Motive den Zweiten Weltkrieg, den Kalten Krieg, die Frauenrechtslobby und die Tradition des lateinamerikanischen Sozialismus.

sischen Delegierten René Cassin auf »die Einheit der menschlichen Rasse unabhängig von Grenzen und in Gegnerschaft zu Theorien wie der von Hitler« zielte.[258] Das galt aber auch für das Prinzip der Nichtdiskriminierung in Art. 2 Abs. 1 AEMR, das von den Delegierten der Sowjetunion eingebracht wurde, die es als »das bedeutendste Prinzip, das in einen Katalog der Rechte gehört«, bezeichneten.[259] »Rasse« ist die erste Kategorie in der Liste von Art. 2 Abs. 1 AEMR, und dass damit die Rassengesetzgebung der Nationalsozialisten gemeint war, stand außer Frage. Insbesondere der sowjetische Delegierte Alexei Pavlov bezog sich ausdrücklich auf die Negation des Prinzips der Gleichheit durch die Nationalsozialisten.[260] Trotz dieser Bekenntnisse adressiert die Deklaration an keiner Stelle ausdrücklich den Antisemitismus.[261] Pavlov war es auch, der im Rahmen der Diskussionen um Art. 3 AEMR (Leben, Freiheit und Sicherheit der Person) die britische Kolonialpolitik und die Lynchmorde an Afroamerikanern in den Vereinigten Staaten ansprach.[262]

In den Unterkommissionen wurde kontrovers diskutiert, inwieweit Diskriminierung aufgrund der Hautfarbe (*color*) einzeln benannt werden sollte oder ob dies vom Begriff Rasse bereits erfasst sei. Der indische Delegierte Minocheher Masani vertrat, Rasse und Hautfarbe seien zwei Konzeptionen, die nicht zwangsläufig übereinstimmen.[263] Unklar ist, ob er damit auf das indische Kastensystem referierte oder ob er gegenüber dem Verständnis von Rasse als vor allem antisemitischer Kategorie der Nürnberger Gesetze auf die Bedeutung der *color line*, also auf kolonialen Rassismus verweisen wollte. Gegen seinen Vorschlag wurden zwei Einwände vorgebracht, die die Diskussion um die Diskriminierungskategorie Rasse bis heute prägen.[264] Zum einen wurde argumentiert, die Liste der Diskriminierungsgründe dürfe nicht von den vier Kategorien der UN-Charta – Rasse, Geschlecht, Sprache und Religion – abweichen. Hautfarbe extra zu erwähnen, könnte zu dem Verständnis

258 Ebd., S. 38.

259 Ebd.

260 Alexei Pavlov, zitiert nach ebd., S. 39.

261 Jacob Dolinger, »The Failure of the Universal Declaration of Human Rights«, in: University of Miami Inter-American Law Review (47) 2016, S. 164-199, hier: S. 168.

262 Morsink, *Universal Declaration of Human Rights*, S. 40.

263 Ebd., S. 102.

264 Ebd., S. 102 f.

beitragen, dass Hautfarbe von der UN-Charta und in anderen Dokumenten der UN, die nur Rasse erwähnen, nicht erfasst sei.

Der andere Einwand basierte auf dem von den meisten Delegierten geteilten Standpunkt, dass es keine wissenschaftliche Definition von Rasse gebe. Deshalb könne das Wort in der Deklaration nur eine weite, generelle Bedeutung haben, die die Idee von Hautfarbe mit umfasse. Die Debatte war einerseits von einer großen Unsicherheit bezüglich des Verhältnisses und der Definition von Rasse und Hautfarbe geprägt, andererseits von dem Wunsch, einen möglichst umfassenden Schutz zu gewährleisten. Deshalb setzte sich der indische Vorschlag schließlich durch und die Liste wurde um Hautfarbe, Sprache und nationale Herkunft erweitert, »um einen starken Schutzwall um ethnische, kulturelle und sprachliche Minderheitengruppen zu bauen«.[265] Das bedeutete nicht, dass Rasse und Hautfarbe begrifflich und konzeptionell auf einer Stufe stehen sollten. Dies stellt Morsink in seiner Durchsicht und Bewertung der Protokolle klar: »Rasse schließt die Klassifizierung von Menschengruppen auf der Basis vererbter Eigenschaften ein, von denen Hautfarbe nur [die ersichtlichste] ist.«[266] Auch an anderen Stellen zeigen die Diskussionen, dass das Verhältnis zwischen den Kategorien Rasse, Hautfarbe, Ethnizität, Nationalität und nationale Herkunft nie abschließend geklärt wurde. Regionale und historische Besonderheiten machten eine global gültige Definition geradezu unmöglich. So wandte sich die sowjetische Delegation vehement gegen Vorschläge, das Item »nationale Herkunft« durch »Nationalität« oder »ethnische Herkunft« zu ersetzen. Sie argumentierte, innerhalb derselben Nationalität könne es verschiedene Herkünfte geben.[267] Dabei kommt nicht nur der Wunsch zum Ausdruck, Staatsangehörigkeit von nationaler Herkunft zu unterscheiden, deutlich wird auch, dass Juden in der Sowjetunion nicht als Rasse, sondern als nationale Gruppe kategorisiert wurden. An keiner Stelle in den Verhandlungen wurde vorgeschlagen, von Rassismus zu sprechen, die Terminologie war zu dieser Zeit schlicht noch nicht etabliert. Damit wurde eine kategoriale Festlegung getroffen, die beispielgebend für Gleichheitsgebote in internationalen Abkommen wurde.

265 Ebd., S. 103.
266 Ebd.
267 Ebd., S. 104.

## 5.3.3. In Verurteilung des Kolonialismus: Die UN-Rassismus-Konvention

Das gilt auch für die von 1962 bis 1965 in der Menschenrechtskommission der Vereinten Nationen verhandelte, am 21. Dezember 1965 von der Generalversammlung verabschiedete und am 4. Januar 1969 völkerrechtlich in Kraft getretene UN-Rassismus-Konvention (ICERD).[268] Ihre Entstehung ist stärker als die AEMR vor dem Hintergrund des Kolonialismus und der gegen diesen gerichteten Befreiungsbewegungen sowie der Apartheid in Südafrika zu sehen und war deutlich von der Blockkonfrontation gekennzeichnet. Durch das »Gesetz zu dem Internationalen Übereinkommen vom 07.03.1966 zur Beseitigung jeder Form von Rassendiskriminierung« wurden am 09.05.1969 die völkerrechtlich verbindliche englische und französische Sprachfassung des Abkommens und die amtliche deutsche Übersetzung Bestandteil des Bundesrechts der Bundesrepublik Deutschland.[269]

### *5.3.3.1. Rassische Differenzierung oder rassische Überlegenheit? – Rassischer Essentialismus in ICERD*

Wichtige Vorarbeiten für ICERD stellten die ILO-Konvention Nr. 111 über Diskriminierung in Beschäftigung und Beruf vom 15. Juni 1958, die UNESCO-Konvention gegen Diskriminierung in der Bildung vom 14. Dezember 1960, die Erklärung vom 14. Dezember 1960 (Resolution 1514 (XV.) der Generalversammlung) über die Gewährung der Unabhängigkeit der Kolonialgebiete und Kolonialvölker und schließlich und vor allem die Erklärung über die Beseitigung aller Formen rassistischer Diskriminierung (Resolution 1904 (XVIII.) vom 20. November 1963, im Folgenden Res. 1904 (XVIII.), dar. Die Präambel von ICERD verweist auf diese Dokumente, die alle Rasse als Diskriminierungskategorie aufzählen. Art. 2 Abs. 1 UN-Res. 1904 (XVIII.) formuliert:

> Kein Staat, keine Institution, Gruppe oder Einzelperson darf in Bezug auf Menschenrechte und Grundfreiheiten Personen, Personengruppen oder

268 UN-Resolution 2106A (XX).
269 BGBl. 1969 II, 962.

Institutionen aus Gründen der Rasse, Hautfarbe oder ethnischen Herkunft diskriminieren.[270]

Absatz 5 Präambel UN-Res. 1904 (XVIII.) erklärt, dass

> jede Doktrin der *rassischen Differenzierung oder Überlegenheit* wissenschaftlich falsch, moralisch zu verurteilen, sozial ungerecht und gefährlich ist und dass es keine Rechtfertigung für rassische Diskriminierung gibt, weder in der Theorie noch in der Praxis […].[271]

Damit wurde erstmals in einem internationalen Rechtsdokument die Idee der Existenz von Menschenrassen als »rassische Differenzierung« sowie die Idee darauf basierender »rassischer Überlegenheit« zurückgewiesen. Im Unterschied dazu war 1965 in der Antirassismus-Konvention von der Ablehnung »rassischer Differenzierung« nicht mehr die Rede. Absatz 6 Präambel ICERD statuiert stattdessen, dass

> jede Lehre von einer auf Rassenunterschiede gegründeten *Überlegenheit* wissenschaftlich falsch, moralisch verwerflich sowie sozial ungerecht und gefährlich ist und dass eine Rassendiskriminierung, gleichviel ob in Theorie oder in Praxis, nirgends gerechtfertigt ist […].[272]

Diese Fassung war das Ergebnis kontroverser Diskussionen darüber, wie die *UNESCO Statements on the Race Question* zu interpretieren seien. Das ergibt die Auswertung der Protokolle der Verhandlungen.[273] Bereits in der Unterkommission, die den Konventionstext

270 In englischer Sprache: »No state, institution, group or individual shall make any discrimination whatsoever in matters of human rights and fundamental freedoms in the treatment of persons, groups of persons or institutions on the ground of race, colour or ethnic origin.«

271 Hervorhebung d. Verf.; englische Fassung: »Considering that any doctrine of racial differentiation or superiority is scientifically false, morally condemnable, socially unjust and dangerous, and that there is no justification for racial discrimination either in theory or in practice […].«

272 Hervorhebung d. Verf.; englische Fassung: »Convinced that any doctrine of superiority based on racial differentiation is scientifically false, morally condemnable, socially unjust and dangerous, and that there is no justification for racial discrimination, in theory or in practice […].«

273 Vorliegend zitiert nach Patrick Thornberry, *The International Convention on the Elimination of All Forms of Racial Discrimination (ICERD). A Commentary*, Oxford 2016, alle Übers. d. Verf.

von ICERD auf der Basis von drei Entwürfen von Kommissionsmitgliedern (Abram, Calvocoressi Ivanov/Ketrzynski) und unter Bezugnahme auf Res. 1904 (XVIII.) vorbereitete, herrschte Dissens. Der Entwurfstext der russischen Delegierten Ivanov/Ketrzynski berief sich auf Absatz 5 Präambel Res. 1904 (XVIII.) und betonte, dass Rassismus nicht nur auf der Annahme von rassischer Überlegenheit basiere, sondern regelmäßig gerade mit rassischen Differenzen zwischen Gruppen oder Individuen begründet werde.[274]

Der US-amerikanische Delegierte Abram vertrat dagegen, »die Wurzel rassischer Diskriminierung« sei »die Doktrin der rassischen Überlegenheit«.[275] Zugleich sei es fehlerhaft, daran festzuhalten, dass rassische Differenzierung wissenschaftlich falsch sei. Im Gegenteil, sei doch »der eigentliche Zweck der Abschaffung rassischer Diskriminierung, die für jeden Beobachter sichtbaren Unterschiede zwischen Rassen zu schützen«.[276] Unterstützer dieser Ansicht argumentierten, die UNESCO-Erklärungen zur Rassefrage hätten nicht ergeben, dass es *keine* rassischen Unterschiede zwischen Menschen gebe, sondern dass die genetischen Unterschiede wenig Bedeutung für die sozialen und kulturellen Unterschiede zwischen verschiedenen Gruppen der Menschheit hätten und dass die »rein physische Natur der Unterschiede zwischen Rassen weder Überlegenheit noch Unterlegenheit« impliziere.[277]

Ketrzynski trat dieser Ansicht auch mit dem Argument entgegen, eine solche Position rechtfertige die in den USA kurz vorher noch praktizierte und durch *Plessy v. Ferguson* lange verfassungsrechtlich legitimierte *separate-but-equal*-Doktrin, wonach dann keine Diskriminierung vorliegt, wenn als rassisch definierte Gruppen getrennt, aber gleichbehandelt werden.[278] Der Vorsitzende der Unterkommission pflichtete ihm bei. Er erklärte, die UNESCO-Erklärungen machten deutlich, dass biologische Unterschiede zwischen Menschengruppen nicht groß genug seien, als dass sie sich auf zwischenmenschliche Beziehungen und die soziale und politische Organisation auswirken dürften. Deshalb sei beides, »eine Doktrin, die rassische Überlegenheit proklamiert, wie

274 Ebd., S. 76.
275 Ebd.
276 Ebd., S. 76, Fn. 40.
277 Ebd., S. 77, Fn. 46.
278 Ebd.

im Nazismus, oder eine Doktrin, die lediglich auf dem Konzept der unüberwindbaren Differenz basiert, wie das der Apartheid, verhängnisvoll«.[279] Der Streit setzte sich in der Menschenrechtskommission fort. Entscheidend beeinflusst wurde er letztlich durch die Intervention eines Vertreters der UNESCO in die Debatte.[280] Dieser insistierte, es sei naturwissenschaftlich inakkurat zu behaupten, es gebe keine rassischen Unterschiede zwischen Menschen. Wenn ein Verbot rassischer Differenzierung darauf zielen solle, *separate but equal* zu verhindern, dann sei das »keine Angelegenheit der Naturwissenschaft«.[281] Die Mehrheit der Mitglieder der Menschenrechtskommission entschloss sich daraufhin für die heutige Formulierung in Absatz 6 der Präambel ICERD. Danach wird nicht mehr jede Doktrin der rassischen Differenzierung oder Überlegenheit verurteilt, sondern nur noch »jede Lehre von einer auf Rassenunterschieden gegründeten Überlegenheit«.

Die Debatte bildet exakt den Streit unter Anthropolog:innen und Genetiker:innen im Zusammenhang mit der Ersten und Zweiten UNESCO-Erklärung zur Rassefrage von 1950 und 1951 ab.[282] Das *Dritte UNESCO Statement on the Question of Race*, das als Erstes den Begriff Rassismus verwendete und statuierte, »biologische Daten […] stehen in offenem Widerspruch zu den Lehren des Rassismus«, wurde erst am 18. August 1964 verabschiedet.[283] Zu diesem Zeitpunkt war die Entscheidung über die Formulierung in ICERD in der Menschenrechtskommission schon gefallen.[284] Die Intervention des UNESCO-Vertreters verweist aber auch auf ein biologisches Verständnis, nach dem Rasseeinteilungen nach biowissenschaftlichen Kriterien objektiv möglich und nicht rassistisch sind. Nicht nur die Präambel, auch andere Formulierungen in der Konvention erwecken den Eindruck, dass die Konvention von der Existenz natürlicher menschlicher Rassen ausgeht beziehungsweise

279 Ebd., Fn. 49.

280 Ebd., S. 76, ohne Namensnennung.

281 Ebd., Fn. 60, i. Orig.: *»that was in no way a scientific matter«*.

282 Siehe Kapitel 3.3.4.1.

283 *UNESCO*, Proposals on the Biological Aspects of Race (1964), Para. 13.

284 Die Menschenrechtskommission (HRC) nahm den Entwurf des Konventionstextes im Februar/März 1964 an, HRC report on the 20th session, 17.02.-18.03.1964, ECOSOC official records 37th session E/3873, Supplement Nr. 8 Chapter II, draft resolution I (XX).

diese zumindest nahelegt.[285] Art. 1 Abs. 4 ICERD und Art. 2 Abs. 2 ICERD sprechen von Rechten »für verschiedene Rassegruppen« und Artikel 2 Abs. 1 ICERD verpflichtet zur »Förderung des Verständnisses unter allen Rassen.« Im Ergebnis setzte sich also eine Lesart des Rassebegriffs durch, wie sie die Kulturanthropolog:innen um Ruth Benedict vertreten hatten.[286] Damit trat auch der Antisemitismus in den Hintergrund, denn Juden galten nach diesem Verständnis als weiß. Hier wird deutlich, was Heide Fehrenbach meint, wenn sie davon spricht, dass der Antisemitismus aus dem Rassebegriff herausgeschrieben wurde.[287] Während das naturwissenschaftliche Wissen über vermeintlich objektive, biologische Rassenunterschiede auf diese Weise in die Konvention einging, wurde der Glaube an eine soziale Rassenhierarchie (rassisch definierte Überlegenheit) entschieden verurteilt. Deutlich wird Letzteres daran, dass Absatz 4 Präambel ICERD »Kolonialismus und alle damit verbundenen Praktiken der Segregation und der Diskriminierung« verurteilte und Absatz 9 Präambel ICERD der Beunruhigung über »Politiken der Apartheid, Segregation und Separation« Ausdruck verlieh.

### *5.3.3.2. Der Streit um den Antisemitismus*

Die Frage, ob eine Reihe von »Ismen« in den Vertragstext aufgenommen werden sollten, war in den Vorarbeiten zum Konventionstext kontrovers diskutiert worden. Ausdrückliche Nennung erfahren in der Präambel jedoch nur Kolonialismus und Apartheid. Der Begriff Rassismus tauchte bereits in der Diskussion nicht auf. Er wurde, wie gezeigt, erst durch die dritte UNESCO-Erklärung zu Rasse und Rassismus etabliert. Dass sich postkategoriale Formulierungen nicht durchsetzen ließen, hatte aber noch andere Grün-

285 Ebenso Thornberry, *ICERD*, S. 87, der den Formulierungen der Präambel einen solchen »Ton« entnimmt; noch weiter geht David Keane, *Caste-Based Discrimination in International Human Rights Law*, London 2016, S. 177, der feststellt, dass die Präambel »unausgesprochen das Konzept der Existenz verschiedener Rassen unterstützt«, und angesichts dessen vorschlägt, dass CERD »Rasse« als Konzept zurückweisen sollte (S. 178).

286 Im Einzelnen zu Benedicts Konzeption Kapitel 3.3.3.

287 Fehrenbach, »Die Beharrlichkeit eines Konzepts«, S. 330, zum Ganzen auch Kapitel 3.3.8.2.

de. Viele Vertragsstaaten befürchteten, eine Aufzählung von Ismen könne schnell inaktuell werden, das Abkommen solle jedoch auch neue, künftige Formen »rassischer Diskriminierung« im Blick haben.[288] Der Streit entfachte sich jedoch besonders an der Frage des Antisemitismus.

Die Konvention richtet sich gegen »rassische« Diskriminierung, Religion ist nicht Teil der Aufzählung in Art. 1 Abs. 1 ICERD. Dies resultierte vor allem aus der Konfrontation zweier politischer Blöcke im Kalten Krieg.[289] Die USA und Israel setzten sich für die Aufnahme von Religion als Diskriminierungskategorie ein, sie taten dies vor allem angesichts der Verfolgung von Juden und Jüdinnen in den Ostblockstaaten, besonders in der Sowjetunion. Diese wiederum wollte im Verbund mit verschiedenen afrikanischen und asiatischen Staaten den Schwerpunkt auf rassistische Diskriminierung legen und hatte dabei die Diskriminierung von Schwarzen Menschen und die postkoloniale Situation im Blick.[290] Arabische Staaten unterstützten diesen Block wegen des Israel-Palästina-Konflikts. Vor diesem Hintergrund brachte die israelische Delegation schließlich den Vorschlag ein, zumindest in die Präambel der Konvention – die besonders eklatante und verbotene Formen der Diskriminierung aufzählte – auch den zu dieser Zeit bereits etablierten Begriff Antisemitismus aufzunehmen, vor allem, um dessen dualistische Natur aus rassistischer und religiöser Diskriminierung begrifflich und rechtlich abzubilden.[291] Der Vorschlag erhielt Unterstützung aus den USA und aus Südamerika, Widerstand begegnete ihm von Seiten der Sowjetunion und arabischer Staaten.[292] So äußerte der Vertreter Saudi-Arabiens, während Europa unter dem Nazismus

288 Ebd.

289 Als Kompromiss sollte eine weitere Konvention religiöse Diskriminierung verbieten, dazu kam es allerdings nie. 1981 wurde schließlich eine rechtlich nicht bindende Erklärung verabschiedet, Declaration on the Elimination of All Forms of Intolerance and of Discrimination Based on Religion or Belief, Res. 36/55 vom 25. 11. 1981.

290 Detailliert Ofra Friesel, »Equating Zionism with Racism: The 1965 Precedent«, in: *American Jewish History* 97/3 (2013), S. 283-313, hier: S. 284 f.

291 Nachweise ebd., S. 287 sowie bei Thornberry, *ICERD*, S. 75.

292 Thornberry, *ICERD*, S. 74 f. Der afrikanisch-asiatische Block wandte sich vor allem deshalb gegen den Vorschlag, weil seine Vertreter:innen befürchteten, die Verabschiedung der Konvention würde durch solche Verhandlungen hinausgezögert. Friesel, »Equating Zionism with Racism«, S. 287 f., 293.

gelitten habe, habe »der Rest der Welt unter dem Kolonialismus gelitten und die Araber unter dem Zionismus«.[293] Zudem seien »95 Prozent der Personen semitischer Herkunft Araber« und Juden daher nur »von religiöser, nicht von rassischer Intoleranz betroffen, wer Ethnologie und Religion vermengt, stiftet nur Verwirrung«.[294] Der Vertreter Israels antwortete darauf: »Das jüdische Volk weiß genau, was Antisemitismus ist, weil es so lange dessen Opfer war, ganz egal ob aus rassischen, religiösen oder anderen Gründen.«[295]

Unter den kontrovers diskutierten Vorschlägen für eine Klausel in der Präambel waren schließlich: Antisemitismus, Nazismus, Neonazismus und Kolonialismus.[296] Die Sowjetunion schlug vor, auch Zionismus aufzunehmen, da dieser zur selben Klasse verabscheuungswürdiger Phänomene gehören.[297] Dies war das erste Mal, dass in den Vereinten Nationen Zionismus mit Rassismus verglichen wurde.[298] Das Ergebnis der Debatte war ein Kompromiss, die Delegierten verzichteten quid pro quo auf alle Ismen in der Präambel. Absatz 4 Präambel ICERD verurteilt seither »Kolonialismus und alle damit verbundenen Praktiken der Segregation und der Diskriminierung« und Absatz 9 Präambel ICERD »Politiken der Apartheid, Segregation und Separation«.

Die Diskussion beinhaltet sämtliche Topoi, die Debatten um Rassismus und Antisemitismus bis heute kennzeichnen. Es geht in diesen Debatten um gegenläufige Gedächtnisse und um multidirektionale Erinnerung, um Anerkennungskonflikte und um Opferkonkurrenz im Zusammenhang mit der Bewertung der Verbrechen des Kolonialismus und des Nationalsozialismus.[299] Da Kolonialismus und Nazismus, wie auch Rassismus und Antisemitismus, nicht ineinander aufgehen, besteht eine Spannung zwischen Postkoloni-

293 Zitiert nach Thornberry, *ICERD*, S. 75.

294 Ebd.

295 Ebd.

296 Ebd., S. 74 f.

297 Natan Lerner, *The U.N. Convention on the Elimination of All Forms of Racial Discrimination*, Leiden 2015, S. 79.

298 Friesel, »Equating Zionism with Racism«, S. 303.

299 Dan Diner, *Gegenläufige Gedächtnisse / thakirat moutaddah. Über Geltung und Wirkung des Holocaust / Bisadad sihhat wa athar al-holokoust*, Göttingen 2020; Michael Rothberg, *Multidirektionale Erinnerung: Holocaustgedenken im Zeitalter der Dekolonisierung*, Berlin 2021; Terkessidis, *Wessen Erinnerung zählt?*

alismus und Postnazismus. Zu Recht weisen dekoloniale Stimmen auf die Leerstellen im Erinnern und im Wiedergutmachen kolonialen Unrechts hin und zu Recht drängen sie auf die Anerkennung der historischen Matrix des Kolonialismus und der Perspektiven aus dem globalen Süden auf post- und neokoloniale Machtverhältnisse.[300] Auf der anderen Seite blendet eine ausschließlich postkoloniale Einordnung »jedes historischen Verständnisses der Gewalt der heutigen Weltordnung« die diese Weltordnung ebenso strukturierende Tatsache des Holocaust aus.[301] Antisemitismus ist dann auch kein eigenständiges Machtverhältnis, sondern nur eine andere Form von Rassismus.[302] Wie die binäre Einteilung in Schwarz und Weiß die antisemitische Figur des Dritten nicht zu erfassen vermag, so verkürzt eine manichäische Einteilung der Welt in einen unterdrückenden Norden und einen unterdrückten Süden die komplexe Geschichte des Staates Israel. Aus dieser Reduktion der historischen Komplexität resultiert die Gleichsetzung von Zionismus und Rassismus.

Rechtlich schlagen sich diese Schwierigkeiten des Umgangs mit Antisemitismus und Rassismus nieder, wenn Ersterer auf religiöse Intoleranz (Religion) oder auf den Rassenantisemitismus nationalsozialistischer Couleur (Rasse) reduziert wird. Juden gelten dann nur als rechtlich schützenswert, wenn sie wegen ihres religiösen Bekenntnisses diskriminiert oder wenn sie unter Verweis auf biologische bzw. völkische Rassetheorien rassistisch kategorisiert werden. Der Komplexität antisemitischer Artikulationen und deren spezifischem ideologischen Gehalt zu Er- bzw. Verklärung abstrakter Machtverhältnisse in der kapitalistischen Moderne werden beide Kategorien – Religion wie auch Rasse – jedoch nicht gerecht. Das zeigt sich auch in der Berichts- und Entscheidungspraxis des UN-Ausschusses CERD, der für die Auslegung des Übereinkommens und die Überwachung seiner Einhaltung zuständig ist. Antisemi-

300 Für viele Achille Mbembe, *Politik der Feindschaft*, Berlin 2016; siehe auch die Beiträge in: Karina Theurer, Wolfgang Kaleck (Hg.), *Dekoloniale Rechtskritik und Rechtspraxis*, Baden-Baden 2020.

301 Mbembe, *Politik der Feindschaft*, S. 48: »Demokratie, Plantage und Kolonialreich gehören objektiv ein und derselben geschichtlichen Matrix an. Diese ursprüngliche und strukturierende Tatsache bildet den Kern jedes historischen Verständnisses der Gewalt in der heutigen Weltordnung.«

302 Zu den Unterschieden siehe Kapitel 3.2.1.

tismus spielt darin kaum eine Rolle.[303] Lediglich in einem Fall, dem Verfahren »Jüdische Gemeinde von Oslo u. a. gegen Norwegen« entschied der Ausschuss, dass Hetzreden einer Neonazigruppierung gegen Juden eine Diskriminierung nach ICERD darstellen, die der Vertragsstaat, in diesem Fall Norwegen, mit den Mitteln des Rechts zu verfolgen habe.[304] Die Redner der Organisation hatten sich auf die Vorherrschaft einer nach nationalsozialistischen Rassetheorien definierten norwegischen weißen Rasse berufen und sowohl gegen Juden als auch Migranten gehetzt. Damit war rechtlich und politisch unstrittig das Tatbestandsmerkmal »racial hatred« in Art. 4 a) ICERD erfüllt.

#### *5.3.3.3. »Rassische Diskriminierung« und »Unterscheidung beruhend auf der Rasse«*

Weniger kontrovers als die Diskussion über die Präambel war jene um die Formulierung von Art. 1 Abs. 1 ICERD.[305] Darin heißt es:

> In this Convention, the term »racial discrimination« shall mean any distinction, exclusion, restriction or preference based on race, colour, descent, or national or ethnic origin which has the purpose or effect of nullifying or impairing the recognition, enjoyment or exercise, on an equal footing, of human rights and fundamental freedoms in the political, economic, social, cultural or any other field of public life.

In der amtlichen deutschen Übersetzung heißt es:

> In diesem Übereinkommen bezeichnet der Ausdruck »Rassendiskriminierung« jede auf der Rasse, der Hautfarbe, der Abstammung, dem nationalen Ursprung oder dem Volkstum beruhende Unterscheidung, Ausschließung, Beschränkung oder Bevorzugung, die zum Ziel oder zur Folge hat, dass dadurch ein gleichberechtigtes Anerkennen, Genießen oder Ausüben von Menschenrechten und Grundfreiheiten im politischen, wirtschaftlichen,

303 Doris Liebscher, Juliane Wetzel, »Umsetzung und Wirkung des ICERD. Landesbericht Deutschland«, in: Doris Angst, Emma Lantschner (Hg.), *ICERD-Kommentar*, Baden-Baden 2020, S. 534-559, Rn. 88.

304 Jüdische Gemeinde von Oslo u. a./Norwegen, CERD/C/67/D/30/2003 v. 22. 05. 2005, Rn. 2.1.

305 Für eine Zusammenschau der Diskussion Keane, *Caste-Based Discrimination*, S. 178.

sozialen, kulturellen oder jedem sonstigen Bereich des öffentlichen Lebens vereitelt oder beeinträchtigt wird.[306]

Den Begriff »Rasse« akzeptierten die Delegierten in der Aufzählung in Art. 1 Abs. 1 ICERD ohne dokumentierte Debatten.[307] »Rassische Diskriminierung« ist damit der Oberbegriff und »Rasse« eine Unterkategorie, dass es sich dabei um eine Tautologie handelt, wurde nicht problematisiert. Voitto Saario, Mitglied der Kommission, fasste die Diskussion wie folgt zusammen: Obwohl es, »wie die UNESCO gezeigt hat, keine ›Rasse‹ gibt, muss der Begriff in der Konvention verwendet werden [...]. Rasse, Hautfarbe und ethnische Herkunft, alle Begriffe bedeuten ziemlich das Gleiche.«[308] Die Vielfalt der Begriffe, die Beibehaltung des Rassebegriffs und die damit einhergehenden begrifflichen Widersprüche gründeten damit auch auf der Absicht, möglichst alle Formen von Rassismus zu erfassen und zu bekämpfen.[309]

Der UN-Ausschuss gegen rassistische Diskriminierung CERD insistiert trotz der Probleme und Sensibilitäten, die die Begriffsverwendung mit sich bringt, dass die Vertragsstaaten alle in Art. 1 ICERD aufgezählten Kategorien, auch Rasse, in ihre nationale Gesetzgebung aufnehmen, weil er befürchtet, dass der Schutzbereich von ICERD eingeschränkt werden könne.[310] Zugleich hat der Ausschuss selbst wenig dazu beigetragen, den Begriff Rasse zu schärfen. Eine Klarstellung, dass die Verwendung des Begriffs in der Konvention nicht die Akzeptanz von Theorien impliziert, die die Existenz menschlicher Rassen vertreten, hat CERD im Unterschied zum UN-Ausschuss für ökonomische, soziale und kulturelle Rechte nie abgegeben.[311] Aus den Abschließenden Bemerkungen

306 BGBL 1969 II, S. 961.

307 In Absatz 7 Präambel ICERD werden diese Kategorien als Gründe bezeichnet, in deutscher Übersetzung: »auf Grund ihrer Rasse, ihrer Hautfarbe oder ihres Volkstums«.

308 E/CN.4/Sub.2/SR.411, S. 6.

309 Schmahl, *Der Umgang mit rassistischen Wahlkampfplakaten*, S. 85, 12, 14 schreibt »allein auf der Absicht«. Das ist vor dem Hintergrund der hier aufgezeigten vielschichtigen Beweggründe, zu denen auch die Überzeugung zählte, dass es biologische rassische Differenzen gebe, in dieser Absolutheit nicht aufrechtzuerhalten. Siehe die Nachweise bei Thornberry, *ICERD*, S. 74.

310 Siehe CERD/C/NOR/CO/19-20, para. 11; CERD/C/NOR/CO/21-22, para. 9; CERD/C/SR. 2251, 2373, 2374, CERD/C/DEU/C=/18, para. 15.

311 CESCR E/C.12/GC/20 v. 02. 07. 2009, para. 19, i.Orig.: »The use of the term

von CERD in einigen Staatenberichtsverfahren in jüngerer Zeit geht hervor, dass der Ausschuss einen sozialkonstruktivistischen Rassebegriff zumindest nicht ablehnt.[312] CERD hat Rasse nie selbst sozialkonstruktivistisch definiert, auch wenn der Ausschuss einer solchen Interpretation nicht widersprochen hat. Was Rasse sozialkonstruktivistisch ist und was Rasse/sozialkonstruktivistisch von Hautfarbe/sozialkonstruktivistisch und Ethnizität/sozialkonstruktivistisch unterscheidet, führt weder der Ausschuss CERD noch die deutschsprachige Kommentierung zu ICERD aus.[313]

In der seit einigen Jahren geführten Auseinandersetzung mit jenen Vertragsstaaten, die den Begriff Rasse in ihrer nationalen Gesetzgebung nicht verwenden wollen, wurde von Mitgliedern des Ausschusses ebenfalls deutlich gemacht, dass CERD einen sozialkonstruktivistischen Rassebegriff nicht ablehnt.[314]Mit Blick auf das Gleichheitsverständnis wird im Unterschied zur US-amerikanischen *Equal Protection Clause* eine rein antiklassifikatorische und symmetrische Interpretation des Diskriminierungsverbotes ausgeschlossen. Art. 1 Abs. 1 ICERD bezeichnet nur Formen der »Unterscheidung, Ausschließung, Beschränkung oder Bevorzugung« als Diskriminierung, die auf den Ausschluss von gleicher Teilhabe zielen oder diesen zur Folge haben. Positive Maßnahmen sind danach zulässig.

Zu einer vertieften theoretischen und empirischen Ausarbeitung des Gehalts der in Art. 1 Abs. 1 ICERD aufgelisteten Gründe durch CERD kam es bisher nicht. Während der Ausschuss im Rahmen

»race« in the Covenant or the present general comment does not imply the acceptance of theories which attempt to determine the existence of separate human races.«

312 CERD/C/KOR/CO/14 Abs. 12 v. 17.08.2007 sowie CERD/C/DOM/CO/12 Abs. 8, v. 16.05.2008 kritisiert, dass die in den Länderberichten Südkoreas und der Dominikanischen Republik verwendete Sprache auf biologistische Rassekonzepte schließen lasse. Die Feststellung Kubas, »The notion of race is thus taken to be a social construct which, in Cuba, as the research conducted by the Cuban Institute of Anthropology has been revealing, consists fundamentally of ›skin colour‹«, kritisiert CERD dagegen nicht, CERD/C/CUB/14-18, Thornberry, *ICERD*, S. 118 erkennt darin ein starkes Indiz für eine sozialkonstruktivistische Lesart von Rasse.

313 Peter Gragl, in: Doris Angst, Emma Lantschner (Hg.), *ICERD-Kommentar*, Baden-Baden 2020, Art. 1, Rn. 21, 25.

314 CERD/C/SR.2251 v. 12.11.2013, para. 6.

von Individualbeschwerdeverfahren zu Art. 4 ICERD ausdrücklich Äußerungen verurteilte, »die irgendeine Form von Rassenhass und Rassendiskriminierung zu rechtfertigen oder zu fördern suchen«,[315] hat er Rasse nur selten ausdrücklich als Diskriminierungskategorie benannt, und wenn, dann nur in einer Aufzählung gemeinsam mit den anderen in Artikel 1 aufgelisteten Gründen.

Es ist auch nicht geklärt worden, ob einer der unter *racial discrimination*/Rassendiskriminierung aufgelisteten Gründe sich eher zur »Differenzierung« eignet als andere, ob eine Hierarchie zwischen den Gründen besteht und ob und wie festgestellt werden kann, welcher der Gründe angesichts der Komplexität rassistischer Stereotypisierungen ausschlaggebend für eine Diskriminierung war.[316] Unklar bzw. tautologisch erscheint, dass *racial*/rassisch der Überbegriff für eine Aufzählung von Unterkategorien ist, von denen *race*/Rasse dann wiederum auch eine Unterkategorie ist neben Hautfarbe, Abstammung, Nationalität und ethnischer Herkunft.[317]

Der Europäische Gerichtshof für Menschenrechte (EGMR), dessen Entscheidungen im Unterschied zu denen CERDs als Auslegungshilfe für die Bestimmung von Inhalt und Reichweite der Grundrechte herangezogen werden müssen,[318] hat klarer zwischen Rasse und ethnischer Herkunft unterschieden. Er tat dies erstmals ausdrücklich in der vielzitierten Entscheidung *Timishev/Russland*. Der Beschwerdeführer hatte geltend gemacht, ihm sei aufgrund seiner tschetschenischen Herkunft das Passieren eines Kontrollpunkts in der Russischen Föderation verweigert worden. Der EGMR sah darin eine Diskriminierung. Er stützt sich dabei nicht auf die Kategorie nationale Minderheit in Art. 14 EMRK, sondern verurteilte Russland wegen einer Diskriminierung aufgrund der ethnischen Herkunft des Beschwerdeführers. Diese wiederum verortete er als Subkategorie von Rasse in Art. 14 EGMR. In seinem Urteil be-

315 CERD, Hagen/Australia v. 20.03.2003, CERD/C/62/D26/2002 (2003); CERD, Jüdische Gemeinde von Oslo u.a./Norwegen Mitteilung v. 22.05.2005, Nr. 30/2003; TBB/Deutschland, CERD, v. 04.04.2013, C/82/D/48/2010.

316 Zu dieser Einsicht gelangt Thornberry, *ICERD*, S. 134.

317 Siehe Robert Miles' Kritik, die Definition sei notwendig ein Zirkelschluss: »Eine Rasse ist eine Gruppe von Personen definiert durch ihre Rasse«, Miles, *Racism after »Race Relations«*, S. 5 f.

318 BVerfG v. 24.07.2018-2 BvR 309/15, Rn. 86; BVerfG, v. 29.01.2019-2 BvC 62/14 -, Rn. 61 f. und 64.

schreibt er dazu beide Kategorien als »miteinander verbundene und sich überschneidende Konzepte«.[319] Zugleich verbindet er Rasse eher mit Vorstellungen biologischer Klassifikationen, Ethnizität dagegen mit Ideen soziokultureller Klassifikationen:

> Während der Begriff Rasse seine Wurzeln in der Vorstellung einer biologischen Klassifizierung der Menschen in Untergruppen gemäß morphologischen Merkmalen wie Hautfarbe oder Gesichtsmerkmalen hat, entspringt der Begriff Ethnizität einer Idee von gesellschaftlichen Gruppen, die durch eine gemeinsame Staatsangehörigkeit, Stammeszugehörigkeit, einen gemeinsamen religiösen Glauben, eine gemeinsame Sprache oder gemeinsame Ursprünge in Kultur und Tradition sowie einen gemeinsamen Hintergrund gekennzeichnet sind.[320]

Wie der EGMR schien auch CERD Rasse lange vor allem als biologistische Idee und Konzeption von Rassenreinheit und rassisch definierter Überlegenheit zu verstehen. In letzter Zeit hat sich der Ausschuss stärker einem Verständnis von Rassismus geöffnet, das auch kulturalistische Ausprägungen berücksichtigt.[321] In der Allgemeinen Empfehlung Nr. 32 aus dem Jahr 2009 weist CERD auf die Überschneidungen von »Rasse, Hautfarbe, Abstammung und nationaler oder ethnischer Herkunft mit Religion und Geschlecht«[322] hin und liefert damit Anhaltspunkte, die in Art. 1 Abs. 1 ICERD aufgezählten Kategorien als sich überschneidende, intersektionale Begriffe zur Beschreibung rassistischer Diskriminierung zu verstehen.

Anschlussstellen zwischen Rasse und Religion diskutierte der

319 EGMR v. 13. 12. 2005 – Rs. 55762/00 und 55974/00 (Timishev/Russland).

320 EGMR, 13. 12. 2005 – Rs. 55762/00 und 55974/00, Rn. 55, Übers. d. Verf.; ebenso EGMR, 22. 12. 2009, Rs. 27996/06 und 34836/06 (Sejdić and Finci/Bosnia and Herzegovina) für Juden und Jüdinnen und für Rom:nja, wobei gerade in diesen Fällen (Antisemitismus und Antiziganismus) eine Trennung zwischen biologischen und kulturellen Annahmen kaum vorgenommen werden kann.

321 Zu diesem Schluss kommt auch Barskanmaz, *Recht und Rassismus*, S. 184ff. m. w. N. zur deutschsprachigen Literatur zu ICERD; Gabriele Britz, »Die Individualbeschwerde nach Art. 14 des Übereinkommens zur Beseitigung jeder Form von Rassendiskriminierung«, in: *EuGRZ* 2002, S. 381-384, hier: S. 383, spricht ebenfalls von einem weiten Rassebegriff von CERD, der sich an den angloamerikanischen Gebrauch des Begriffs *race* anlehne, ohne Ausführungen zu den verschiedenen Bedeutungsweisen zu machen.

322 CERD, General Recommendation No. 32 v. 24. 09. 2009, Rn. 7.

Ausschuss in mehreren Individualbeschwerdeverfahren, in denen die Beschwerdeführer einen Verstoß gegen Art. 4 Abs. 1 a) ICERD geltend machten. Dieser Artikel verpflichtet die Vertragsstaaten, »Ideen, die sich auf die Überlegenheit einer Rasse oder den Rassenhass gründen, jedes Aufreizen zur Rassendiskriminierung und jede Gewalttätigkeit oder Aufreizung dazu gegen eine Rasse oder eine Personengruppe anderer Hautfarbe oder Volkszugehörigkeit« zu verbieten. In *Jüdische Gemeinde von Oslo u. a. gegen Norwegen* musste sich CERD nicht ausdrücklich zum Element der Religion in antisemitischen und antimuslimischen Ideologien äußern, da sich öffentliche Hetzreden einer Neonazigruppierung auf nationalsozialistische Rassentheorien berufen hatten und Juden und Jüdinnen und Migrant:innen als Bedrohung einer nach den Rasseprinzipien des Nationalsozialismus definierten norwegischen weißen Rasse darstellten.[323] In *P. S. N. gegen Dänemark* lag der Fall weniger klar. Hier ging die Hassrede von einer Parlamentarierin einer rechtsextremen Partei aus, die eine vermeintliche Bedrohung der dänischen Frauen durch Vergewaltigungen muslimischer Einwanderer vor allem aus dem Koran und deren islamischer Erziehung herleitete, ohne ausdrückliche Referenzen auf Rasse, Kultur oder Ethnizität. CERD entschied, dass Erklärungen gegen Migration und Muslim:innen, die sich auf eine Kritik der Religion stützen, zwar grundsätzlich eine »doppelte Diskriminierung« darstellen können.[324] Bei Handlungen, die sich »allein auf eine Kritik der Religion« stützten, sei dies jedoch nicht der Fall.[325] Der Islam sei eine heterogene Religion, die nicht von einer bestimmten Gruppe, die durch »ihre Rasse, Hautfarbe, Abstammung oder nationale oder ethnische Herkunft im Sinne von Artikel 1 der Konvention« bestimmt sei, praktiziert werde.[326] Eine generelle Referenz auf Muslime, die keine solche partikulare Gruppe aussondere, falle daher nicht in den Anwendungsbereich der Konvention.[327] Hier zeigen sich die Fallstricke eines gruppistischen, kategorialen Ansatzes, der auf abgrenzbare Gruppenzugehörigkeit setzt und intersektionale

323 Jüdische Gemeinde von Oslo u. a./Norwegen, CERD/C/67/D/30/2003 v. 22. 05. 2005, Rn. 2.1.

324 P. S. N./Dänemark, CERD, Mitteilung v. 08. 08. 2007, Nr. 36/2006 –, Rn. 6.3.

325 Ebd.

326 Ebd.

327 Ebd., Rn. 6.4.

Zuschreibungen nicht angemessen erfasst. Mit dem essentialisierenden, kulturalistischen Gehalt eines Diskurses, der muslimische Männer als genuin sexistisch und gewalttätig zeichnet, setzte sich der Ausschuss an keiner Stelle auseinander.

Die herabwürdigende und verdinglichende Darstellung von Menschen aus türkischen und arabischen Einwanderungsfamilien im Zusammenspiel von sozialdarwinistischen Rassentheorien und antimuslimischen Stereotypen erkannte CERD dagegen als rassistische Diskriminierung im Sinne von Art. 4 ICERD an. So befand der Ausschuss in der Entscheidung Türkischer Bund Berlin-Brandenburg (TBB) gegen Deutschland, dem die Einstellung eines Strafverfahrens wegen Volksverhetzung gegen Thilo Sarrazin nach einem Interview in der Zeitschrift *Lettre International* zugrunde lag.[328] Sarrazin ist kein Neonazi, er war zum Zeitpunkt der Äußerungen ein anerkannter Politiker. Der rassistische Gehalt seiner Äußerungen im Interview ist jedoch durch mehrere Gutachten belegt,[329] auch die Europäische Kommission gegen Rassismus und Intoleranz (ECRI) gelangte zu dieser Einschätzung.[330] Die Meinung des Ausschusses ist daher in der Sache richtig.[331] Doch der Ausschuss bemüht sich nicht um eine Klärung, welcher der in Art. 1 ICERD gelisteten Gründe einschlägig ist. Er stellt stattdessen mit Blick auf Art. 4 ICERD fest:

> The Committee considers that the above statements contain ideas of racial superiority, denying respect as human beings and depicting generalized negative characteristics of the Turkish population, […].[332]

Die deutsche Übersetzung lautet:

> Der Ausschuss stellt fest, dass die vorstehenden Äußerungen im Sinne von Artikel 4 des Übereinkommens Ideen enthalten, die sich auf die Überle-

328 TBB/Deutschland CERD/C/82/D/48/2010 vom 04. 04. 2013.

329 DIMR, *Stellungnahme im Verfahren vor dem UN-Antirassismus-Ausschuss Türkischer Bund in Berlin-Brandenburg e. V. /. Deutschland (Beschwerde-Nr. 48/2010)*, Berlin 2011, S. 11 m. w. N.

330 ECRI, *5. Länderbericht Deutschland*, 2014, S. 35 ff.

331 Ausführlich zur Entscheidung und ihrer Rezeption Liebscher, Wetzel, »Landesbericht Deutschland«, Rn. 71 ff.; Mehrdad Payandeh, »Die Entscheidung des UN-Ausschusses gegen Rassendiskriminierung im Fall Sarrazin«, in: *JZ* 2013, S. 980-990.

332 TBB/Deutschland CERD/C/82/D/48/2010, Nr. 12.6.

genheit einer Rasse gründen, da den Betroffenen der Achtungsanspruch als Menschen abgesprochen und die türkische Bevölkerung mit verallgemeinernden negativen Charaktereigenschaften beschrieben wird […].

Während der englische Originaltext »*ideas of racial superiority*« lautet, wird er in der deutschen Übersetzung zu »Ideen, die sich auf die Überlegenheit einer Rasse gründen«. Damit einher geht eine kaum merkbare Verschiebung von den rassialisierenden Zuschreibungen zur rassischen Zugehörigkeit. Die Konsequenzen dieser Verschiebung werden an einer ebenfalls von Christian Tomuschat verfassten Kritik an der Entscheidung in der *EuGRZ* deutlich.[333] Der Autor kritisiert CERD unter anderem dafür, eine mangelhafte Subsumtion des Falls unter die Kategorie Rasse vorgenommen zu haben. Es sei eine »rechtlich höchst bedeutsame Frage, ob die Türken und die Araber als eine ›Rasse‹ betrachtet werden können«, konstatiert Tomuschat. Er kommt zu dem Ergebnis, dass dies nicht der Fall sei. »Araber ist eine generelle Sammelbezeichnung ohne irgendeinen Identifikationswert«, zudem bedürfte es »schon waghalsiger Interpretationskünste, um Türken – zu denen bekanntlich nach den Kriterien der deutschen Staatsangehörigkeit Millionen ethnisch unterschiedliche Kurden gehören – als eine Rasse zu bezeichnen. Türke zu sein, bedeutet in erster Linie, Bürger eines anderen Staates, nämlich der Türkei zu sein.«[334]

Tomuschats Abgrenzung zwischen »Rassezugehörigkeit«, »ethnischer Zugehörigkeit« und »Staatsangehörigkeit« läuft darauf hinaus, dass der Anwendungsbereich von Art. 4 ICERD auf Fälle »rassischer Zugehörigkeit« reduziert wird. Geschützt sind dann nur Menschen, die objektiv anthropologisch-genetischen Rassegruppen angehören (das wäre die biologistische Lesart) oder die, wie im Fall Jüdische Gemeinde von Oslo u. a. gegen Norwegen, nach subjektiven Rassevorstellungen der Diskriminierenden eine Rasse sind (das wäre die sozialkonstruktivistische Lesart). Eine solche auf Gruppenzugehörigkeit abstellende Lesart hatte CERD selbst in P.S.N. gegen Dänemark nahegelegt. Wer über »rassische Zugehörigkeit« bestimmt, bleibt weiter unklar. Sarrazin selbst spricht nie von Rassen, sondern von Ethnien.[335] Nach der Allgemeinen Empfehlung

333 Tomuschat, »Der Fall Sarrazin«, S. 262.

334 Ebd., S. 264.

335 Im ursprünglichen Manuskript von *Deutschland schafft sich ab* hatte der Au-

Nr. VIII vom 2. August 1990 über die Auslegung und Anwendung von Artikel 1 Absatz 1 und 4 ICERD erfolgt die Zugehörigkeit einer Person zu einer bestimmten Rasse oder ethnischen Gruppe »auf der Grundlage der Selbstidentifizierung der betreffenden Person«.[336] Die von Sarrazin adressierten Bevölkerungsgruppen verstehen sich mehrheitlich auch selbst nicht als biologische oder als soziohistorische Rassegruppe. Die Rassismusforschung schließlich zeigt, dass eine scharfe Trennung in biologistisch-rassistische und kulturalistisch-rassistische Kategorien unmöglich ist, weil beide sich weder klar noch sinnigerweise voneinander abgrenzen lassen.[337] Dem sollte die Aufzählung unterschiedlicher Gründe in Art. 1 Abs. 1 ICERD ursprünglich gerade gerecht werden.

Das von Tomuschat skizierte Verständnis von rassistischer Hassrede verkürzt aber nicht nur den Anwendungsbereich von Art. 4 ICERD. Er folgt im Ergebnis auch einer essentialisierenden Logik. Er prüft zuerst die tatsächliche Zugehörigkeit zu »Rassegruppen« (die rassische Differenzierung) und dann deren Abwertung (die rassische Überlegenheit). Diese Logik ist durchaus in ICERD eingeschrieben. Das wurde an der Entstehungsgeschichte deutlich und das wird an der kategorialen Formulierung in Art. 1 Abs. 1 ICERD deutlich. Dass das kategoriale Denken in rassischen Gruppen der Realität rassistischer Diskriminierung nicht entspricht, zeigt der Fall eindrücklich. Die von Sarrazin im Interview rassialisierten Berliner:innen türkischer Herkunft sind nach Tomuschats Definition national alle Türken und ethnisch manchmal auch Kurden, jedenfalls sind sie keine Deutschen. Eine solche Interpretation von ICERD als »Rassegruppen« schützende Konvention schließt von Rassismus betroffene Bürger:innen vom Rechtsschutz aus und ignoriert zugleich deren Zugehörigkeit zu Deutschland. Tatsächlich kommt es nicht darauf an, ob es sich bei »Türken«, wie Tomuschat fragt, um eine »rassische Gruppe«, um »Bürger eines anderen Staates« oder um eine »Sammelbezeichnung ohne Identifikationswert« handelt.[338] Die rassistischen Zuschreibungen und Essentialisierun-

tor von Rassen geschrieben, auf Anhalten seines Verlegers wurde Rasse durchgängig durch Ethnie ersetzt, *Broder*, Interview mit Thilo Sarrazin, ⟨www.taz.de/!62422/⟩, letzter Zugriff 01. 11. 2020.

336 CERD, Allgemeine Empfehlung Nr. 8, 02. 08. 1990.

337 Ausführlich Kapitel 3.

338 Tomuschat, »Der Fall Sarrazin«, S. 264, dagegen bereits Hendrik Cremer, »Ver-

gen der Sarrazinschen Thesen stigmatisieren und verunglimpfen in Deutschland lebende Menschen aus Einwanderungsfamilien ganz unabhängig von fremdimaginierten Rassezugehörigkeiten, von selbstgewählten ethnischen Identifikationen oder von ihrer türkischen, libanesischen und/oder – von Tomuschat schlicht unterschlagenen – deutschen Staatsangehörigkeit.

Mit unterschiedlichen Begriffen und Übersetzungen, das zeigt sich hier einmal mehr, werden unterschiedliche Bedeutungen transportiert und Interpretationen ermöglicht. Der deutsche Terminus »Rassendiskriminierung« eröffnet andere Assoziationen und erleichtert andere Subsumtionen als der hier präferierte Begriff »rassistische Diskriminierung«, den auch das Deutsche Institut für Menschenrechte verwendet. Der in ICERD zweimal auftauchende Begriff »racist« (in Absatz 10 Präambel »racist doctrines and practices« und in Art. 4 a) »racist activities«) lautet in der deutschen Übersetzung nicht »rassistisch« sondern »rassenkämpferisch«. Diese Übersetzung verengt den Anwendungsbereich. Eine Veröffentlichung des Bundesministeriums für Justiz und Verbraucherschutz zu ICERD aus dem Jahr 2017 greift dagegen auf die Begriffe »rassistische Diskriminierung«, »rassistische Hassrede« und »rassistisch motiviert« zurück.[339] Die divergierenden sprachlichen Konventionen und die historische Begriffsentwicklung werden darin nun ausdrücklich thematisiert:

Es gibt nachvollziehbare Argumente für die Auffassung, dass der Begriff »rassistische Diskriminierung« gegenüber »Rassendiskriminierung« zu bevorzugen ist, um das Missverständnis zu vermeiden, dass unterschiedliche »Rassen« existent seien. [...] In der vorliegenden Broschüre wird der Originalwortlaut verwendet, der als Ausdruck der Zeitgeschichte und in seinem Kontext zu verstehen ist. Klarstellend sei jedoch noch einmal darauf hingewiesen (entsprechend bereits 19.-22. Staatenbericht der Bundesrepublik zu ICERD), dass Theorien, mit denen versucht wird, die Existenz verschiedener menschlicher Rassen zu belegen, von der Bundesregierung ausdrücklich zurückgewiesen werden. Im weiteren Text werden die Begrif-

breitung rassistischer Positionen – Meinungsfreiheit hat Grenzen«, in: *ZRP* 2017, S. 151-153, hier: S. 153.

339 BMJV, *Das Internationale Übereinkommen der Vereinten Nationen zur Beseitigung jeder Form von Rassendiskriminierung (I) vom 21. Dezember 1965*, Berlin 2017, an einigen Stellen wird »racial« auch synonym mit »rassisch« und »rassistisch« übersetzt, z. B. S. 37 ff.

fe »Rassendiskriminierung« und »Rasse« sowie »nationaler Ursprung« und »Volkstum« vor diesem Hintergrund in Anführungszeichen verwendet.[340]

Im Jahr 2011 hat CERD in der Allgemeinen Empfehlung Nr. 34 zur Diskriminierung von Menschen afrikanischer Herkunft schließlich Rassismus definiert:

> Rassismus und strukturelle Diskriminierung [...] spiegeln sich unter anderem in folgenden Bereichen wider: ihre Gruppierung zusammen mit den indigenen Völkern zu den Ärmsten der Armen; ihre geringe Beteiligung und Vertretung in politischen und institutionellen Entscheidungsprozessen; zusätzliche Schwierigkeiten beim Zugang zu und bei der Vollendung und Qualität der Bildung, was zur Übertragung der Armut von Generation zu Generation führt; Ungleichheit beim Zugang zum Arbeitsmarkt; begrenzte soziale Anerkennung und Bewertung ihrer ethnischen und kulturellen Vielfalt; und eine unverhältnismäßige Präsenz in der Strafvollzugsbevölkerung.[341]

Wie der kanadische Supreme Court und in einigen Entscheidungen der U.S. Supreme Court bezieht CERD hier die Kriterien historische Benachteiligung und Ausschluss von Ressourcen und politischer Macht in die Definition rassistischer Diskriminierung ein. Damit stellt CERD eine Definition von Rassismus bereit, die rassistische Diskriminierung gerade nicht nur an rassische oder ethnische Kategorien bindet.

### 5.4. Recht der Europäischen Union: Der Streit um Rasse und ethnische Herkunft in RL 2000/43/EG und in den nationalen Umsetzungsgesetzen

Im Jahr 1999 trat mit dem Amsterdamer Vertrag Art. 13 EGV (heute Art. 19 AEUV) in Kraft. Er bildet die Ermächtigungsgrundlage für die Antidiskriminierungsrichtlinien der EU und nennt »racial or ethnic origin«, in deutscher Vertragsfassung »Rasse oder ethnische Herkunft«, als Diskriminierungsgründe. Der Begriff Rasse

340 Ebd., S. 6, Fn. 4.
341 CERD/C/GC/34 vom 03.10.2011, para. 6, Übers. d. Verf.

wurde ohne dokumentierte Diskussion von den Regierungs- und Staatschefs der EU-Mitgliedstaaten akzeptiert.[342]

### 5.4.1. Die Ausarbeitung der Richtlinie 2000/43/EG

Bei der Ausarbeitung der Antirassismus-Richtlinie 2000/43/EG war das anders. Eine Koalition aus NGOs und staatlichen Organisationen aus Großbritannien und den Niederlanden hatte bereits 1993 einen Entwurf für eine Antirassismus-Richtlinie entworfen. Dies war auch eine Reaktion auf eine Welle rassistischer und antisemitischer Gewalt in Europa Anfang der 1990er Jahre. Die erstmalige Regierungsbeteiligung der rechtspopulistischen Freiheitlichen Partei Österreichs (FPÖ) in Österreich 1999 beschleunigte schließlich die einstimmige Verabschiedung der Antirassismus-Richtlinie 2000/43/EG.

In ihrem Richtlinienvorschlag wiederholte die Kommission die Sprachfassung von Art. 13 Abs. 1 EGV. Eine Anzahl von Mitgliedstaaten war mit dieser Sprachfassung unzufrieden. Argumentiert wurde, dass mit der Aufzählung der Kategorie Rasse verbreiteten biologistischen Konzeptionen von rassialisierter Differenz juristische Legitimation erteilt würde.[343] Das Europäische Parlament hatte mit dieser Argumentation bereits 1996 eine Entschließung begründet, wonach der Begriff in amtlichen Texten zu vermeiden sei.[344] Befürwortende Stimmen wandten ein, der Begriff entspreche dem gewöhnlichen Sprachgebrauch, sei international gebräuchlich und würde in keiner Weise die Akzeptanz solcher Theorien bedeuten, seine Verwendung sei sogar notwendig, um klarzustellen, dass die Richtlinie Rassismus bekämpfe.[345] Hier wiederholt sich die in Kapitel 3 dargestellte Diskussion zwischen einem anglo-amerikanischen Zugriff auf den Begriff *race*, der den Begriff aus einer (auch) antidiskriminierungsrechtlichen Tradition und daher mit großer

342 Adam Tyson, »The Negotiation of the European Community Directive on Racial Discrimination«, in: *European Journal of Migration and Law* (3) 2/2001, S. 199-218, hier: S. 199.

343 Ebd., S. 201.

344 Europäisches Parlament, Entschließung zu der Mitteilung der Kommission über Rassismus, Fremdenfeindlichkeit und Antisemitismus, Erwägung K, ABl. Nr. C 152 v. 27.05.1996, S. 57.

345 Ebd.

Selbstverständlichkeit verwendet, und einem kontinentaleuropäischen Verständnis, in dem sich der Bedeutungsgehalt des Begriffs stärker aus seiner essentialistisch-biologistischen rassistischen Tradition ergibt.

Als Vorschlag wurde die an das französische Rechtssystem angelehnte Formulierung »tatsächliche oder vermeintliche Rasse« (*race vraie ou supposée*) diskutiert.[346] Diese Formulierung wurde jedoch abgelehnt, da sie in einigen Sprachfassungen implizieren könnte, es müsse erst nachgewiesen werden, dass die beklagte Person zum Zeitpunkt der Diskriminierung eine Idee oder Vermutung über die rassisch definierte Herkunft des Opfers hatte. Das wäre schwierig zu beweisen und würde den Anwendungsbereich des Diskriminierungsverbotes auf solche Fälle begrenzen, in denen ein diskriminierender Zweck bestand.[347] Der Diskriminierungsschutz des Antidiskriminierungsrechtes richtet sich jedoch gerade nicht nach der Absicht, sondern nach dem Effekt. Im Ergebnis wurde ein Kompromiss geschlossen. Der Begriff *racial origin*/Rasse wurde beibehalten und der Richtlinie wurde Erwägungsgrund 6 vorangestellt, der lautet:

> Die Europäische Union weist Theorien, mit denen versucht wird, die Existenz verschiedener menschlicher Rassen zu belegen, zurück. Die Verwendung des Begriffs »Rasse« in dieser Richtlinie impliziert nicht die Akzeptanz solcher Theorien.[348]

Tatsächlich erweist sich die Formulierung als wenig klarstellend. Sie expliziert nicht, welche der in Kapitel 3 dargestellten Theorien rassischer Differenzierung sie konkret meint, etwa nur die biologistischen oder auch jene sozio-historisch identitätspolitischen Rassetheorien. Zudem stellen Formulierungen wie in der deutschen Fassung von Art. 2 Abs. 2 b) RL 2000/43/EG, »Personen, die einer Rasse oder ethnischen Gruppe angehören«, das Bekenntnis, es gebe keine menschlichen Rassen, wieder in Frage. Ungeklärt bleibt schließlich, was dann unter Rasse zu verstehen ist. Der Schutzgrund »Rasse und ethnische Herkunft« wird in RL 2000/43

346 Tyson, »The Negotiation of the Directive on Racial Discrimination«, S. 202.

347 Ebd.

348 Diese Lösung wählt auch ECRI, Allgemeine Politik-Empfehlung Nr. 7, vom 13. 12. 2002, S. 5: »ECRI lehnt Theorien ab, die sich auf die Existenz verschiedener »Rassen« gründen.«

EG nur insoweit definiert, dass Art. 3 Abs. 2 RL 2000/43 EG die »Staatsangehörigkeit« davon ausdrücklich ausnimmt. Das bedeutet nicht, dass die Staatsangehörigkeit nicht als ein konstitutives Element von »Rasse und ethnischer Herkunft« verstanden werden kann. Wenn untrennbar mit der Staatsangehörigkeit verbundene Faktoren auch für Diskriminierungen »aus Gründen der Rasse oder der ethnischen Herkunft« relevant sind, kann die Staatsangehörigkeit auch in den Bedeutungsumfang dieser Schutzgründe fallen.[349] Jenseits dessen beinhaltet RL 2000/43 keine Definition von »Rasse oder ethnische Herkunft«. Anknüpfungsmerkmale wie »Hautfarbe« oder »Sprache« oder »Religion« werden nicht genannt. Der Schutz vor Diskriminierungen aufgrund der Religion ist lediglich für den Bereich Beschäftigung und Beruf durch RL 2000/78/EG geschützt. Damit droht eine künstliche Aufspaltung von antisemitischen und antimuslimischen Diskriminierungen in Diskriminierung »aufgrund der Religion« einerseits oder »der Rasse und ethnischen Herkunft« andererseits.[350]

### 5.4.2. Die Formulierungen in den Umsetzungsgesetzen der Mitgliedstaaten

Der Dissens über den Rassebegriff war trotz des Erwägungsgrunds 6 in RL 2000/43 EG nicht aus der Welt. Er hat sich einerseits in unterschiedlichen sprachlichen Bezeichnungen der Richtlinie niedergeschlagen,[351] andererseits in unterschiedlichen Formulierungen in den nationalen Umsetzungsgesetzen. So wird die RL 2000/43 EG in der englischen Rechtsliteratur und auch von der europäischen Kommission als *race directive* bezeichnet, in Deutschland und in Österreich dagegen als Antirassismus-Richtlinie.

349 Europäische Union u. a., *Handbuch zum europäischen Antidiskriminierungsrecht*, Brüssel 2018, S. 125.

350 Für das Strafrecht ist durch Art. 1 Abs. 3 EU-Rahmenbeschluss 2008/913/JI zur strafrechtlichen Bekämpfung bestimmter Formen und Ausdrucksweisen von Rassismus und Fremdenfeindlichkeit geklärt, dass religiöse Menschen von rassistischen Strafhandlungen betroffen sein können.

351 Die offizielle Bezeichnung ist gleich, sie lautet in englischer Sprache: »Council Directive implementing the principle of equal treatment between persons irrespective of racial or ethnic origin«, in deutscher Sprache lautet sie: »Richtlinie zur Anwendung des Gleichbehandlungsgrundsatzes ohne Unterschied der Rasse oder der ethnischen Herkunft«.

Einige Sprachfassungen der Umsetzungsgesetze der Mitgliedstaaten verwenden die auch im Deutschen gebräuchliche Formulierung »Rasse und ethnische Herkunft«,[352] andere eine Formulierung, die der englischen Sprachfassung »racial or ethnic origin«, also »rassische und ethnische Herkunft«, entspricht.[353] Das belgische Recht verwendet »vorgebliche Rasse« (*race prétendue*).[354] In Estland, Lettland, Malta, Slowenien und Ungarn ist zusätzlich »Hautfarbe« benannt. Im finnischen Umsetzungsgesetz findet sich die Formulierung »ethnische und nationale Herkunft«, im schwedischen und im norwegischen Umsetzungsgesetz wird lediglich auf »Ethnizität« Bezug genommen.[355] Auch die finnische Verfassung beschränkt sich auf das Verbot der Diskriminierung aus Gründen der »Herkunft«, nach der Gesetzesbegründung sind davon auch rassistische Diskriminierungen und Diskriminierungen aus Gründen der ethnischen Herkunft erfasst.[356] In der schwedischen Verfassung wurde der Begriff Rasse ersetzt durch »ethnische Herkunft, Hautfarbe und andere ähnliche Umstände«.[357] In Frankreich ist in verschiedenen Rechtsvorschriften von der »tatsächlichen oder vermuteten« Rasse die Rede.[358] Aus der französischen Verfassung sollte Rasse mit Entscheidung der Nationalversammlung vom 12. Juli 2018 gestrichen werden, dies ist jedoch bis heute nicht erfolgt.

Auch im österreichischen Gleichbehandlungsgesetz wurde bei der Umsetzung bewusst auf den Begriff »Rasse« verzichtet; stattdessen ist nur »ethnische Zugehörigkeit« geschützt.[359] Um Zweck und Zielrichtung des Gesetzes klarzustellen, führt die Gesetzesbegründung dazu aus:

352 Feldmann u. a., »›Rasse‹ und ›ethnische Herkunft‹ als Merkmale des AGG«, S. 31, nennen Bulgarien, Dänemark, Italien, Niederlande, Rumänien, Tschechien.

353 Dies., ebd., nennen Griechenland, Malta, Slowakei, Spanien, Polen, Portugal.

354 Wolfgang Däubler, in: Däubler/Bertzbach, *AGG*, 2018, § 1 AGG, Rn. 23.

355 Für Norwegen CERD/C/NOR/CO/19-20, para. 11; für Schweden CERD/C/SWE/CO/19-21, para. 6; für Finnland Martina Benecke, *Rechtsvergleich der europäischen Systeme zum Antidiskriminierungsrecht,* Berlin 2010, S. 22.

356 Martin Scheinin, »Constitutional Consistence: Minority Rights and Non-Discrimination under the Finish Constitution«, in: Martin Scheinin, Reetta Toivanen (Hg.), *Rethinking Non-Discrimination and Minority Rights*, Turku 2004, S. 2.

357 CERD/C/SR.2251, para 6.

358 Benecke, *Rechtsvergleich der europäischen Systeme*, S. 22.

359 Bundesgesetz über die Gleichbehandlung (Gleichbehandlungsgesetz – GlBG) BGBl. I Nr. 66/2004, zuletzt geändert durch BGBl. I Nr. 16/2020.

Die Verwendung des Begriffes »Rasse« [in ICERD und RL 2000/43/EG] zeigt, dass dieser Ausdruck in der Rechtssprache durchaus gebräuchlich ist, wobei die Begriffe »Rasse oder ethnische Herkunft« – völkerrechtskonform ausgelegt – nicht im Sinne einer Abstammungslehre so verstanden werden dürfen, dass es auf biologische Verwandtschaftsverhältnisse ankomme, die zu einer bestimmten Volksgruppe bestünden. Die oben genannten Rechtsquellen können vielmehr als Unterstützung für eine Definition ethnischer Diskriminierung herangezogen werden, die sich stärker kulturell orientiert. Adressaten der Diskriminierung sind Personen, die als fremd wahrgenommen werden, weil sie auf Grund bestimmter Unterschiede von der regionalen Mehrheit als nicht zugehörig angesehen werden. Sie knüpft überwiegend an Unterschiede an, die auf Grund von Abstammungs- oder Zugehörigkeitsmythen als natürlich angesehen werden und die die betroffenen Personen nicht ändern können. Häufige Erscheinungsformen sind Diskriminierung wegen der Hautfarbe und anderer äußerer Merkmale sowie wegen einer als fremd angesehenen Muttersprache. Auch bei Ethnien handelt es sich um »imaginierte Gemeinschaften«, die durch Bekenntnis oder Fremdzuschreibung entstehen können und sich nicht allein auf biologische oder sonstige tatsächliche Unterscheidungen stützen können. Sie bezieht sich auf Gemeinsamkeiten von Menschen, die sich auf Grund ihrer Hautfarbe, Herkunft, Religion, Sprache, Kultur oder Sitten ergeben.[360]

Das österreichische Umsetzungsgesetz ist damit ein Beispiel für eine weite und sozialkonstruktivistische Auslegung des Ethnizitätsbegriffs, der vielfältige Rassialisierung ganz unterschiedlicher Bevölkerungsgruppen umfasst.

Die deutsche Umsetzung von RL 2000/43/EG im AGG hält am Begriff der Rasse fest. Die Gesetzesbegründung führt zur Klarstellung, dass dies keine essentialistische Lesart impliziere, an:

Die Verwendung des Begriffs »Rasse« in der Anti-Rassismus-Richtlinie 2000/43/EG bedeutet keinesfalls eine Akzeptanz solcher Vorstellungen. Zur Klarstellung wurde daher – auch in Anlehnung an den Wortlaut des Artikels 13 des EG-Vertrags – die Formulierung »aus Gründen der Rasse« und nicht die in Artikel 3 Abs. 3 GG verwandte Wendung »wegen seiner Rasse« gewählt. Sie soll deutlich machen, dass nicht das Gesetz das Vorhandensein verschiedener menschlicher »Rassen« voraussetzt, sondern dass derjenige, der sich rassistisch verhält, eben dies annimmt.[361]

360 Parlamentskorrespondenz Nr. 903 vom 26. 11. 2003, 307 Beilagen XXII – GBK/GAW-Gesetz.

361 BT-Drs. 16/1780, S. 31.

Das ist in der Sache richtig. Ob die Formulierung »aus Gründen der Rasse« tatsächlich zu einer weniger essentialistischen Lesart führt, ist indes spekulativ. Zudem tut sich die Frage auf, ob damit im Umkehrschluss eine sozialkonstruktivistische Lesart von ethnischer Herkunft ausgeschlossen ist. Eine positive sozialkonstruktivistische Definition von »Rasse und ethnische Herkunft« ähnlich der Definition in der österreichischen Begründung des GBK/GAW-Gesetzes fehlt in der AGG-Gesetzesbegründung.

### 5.4.3. Die Rechtsprechung des EuGH und die deutsche Rechtsprechung zum AGG

Eine Klarstellung des tatsächlichen Bedeutungsumfangs des Schutzgrundes »Rasse oder ethnische Herkunft« gemäß den EU-Rechtsvorschriften durch den EuGH steht noch aus. Fälle rassistischer Diskriminierung wurden bislang nur selten an den EuGH herangetragen. In der Rechtssache *Feryn* hatte der Gerichtshof über die öffentliche Bekanntmachung eines Unternehmens zu urteilen, es werde keine Menschen »fremder Herkunft« beschäftigen, da die Kunden Bedenken hätten, ihnen für die Dauer der Arbeiten Zugang zu ihren privaten Wohnungen zu gewähren.[362] Der EuGH entschied, die öffentliche Äußerung eines Arbeitgebers, »er werde keine Arbeitnehmer einer bestimmten ethnischen Herkunft oder Rasse einstellen«, begründe eine unmittelbare Diskriminierung im Sinne von Art. 2 Abs. 2 a) RL 2000/43, »da solche Äußerungen bestimmte Bewerber ernsthaft davon abhalten können, ihre Bewerbungen einzureichen, und damit ihren Zugang zum Arbeitsmarkt behindern«.[363] Eine Definition von ethnischer Herkunft oder Rasse enthalten weder das Urteil noch die Schlussanträge des Generalanwalts.[364]

Die Rechtssache *CHEZ* betraf die Praxis eines bulgarischen Stromunternehmens, Stromzähler in einem Stadtviertel, in dem vor allem Rom:nja wohnen, in unerreichbarer Höhe anzubringen. Auch hier bejahte der EuGH einen Verstoß gegen RL 2000/43/EG.

362 EuGH v. 10.07.2008 – C-54/07, Rn. 17.

363 Ebd., Rn. 29.

364 Schlussanträge des Generalanwalts M. Poiares Maduro v. 12.03.20081(1) – C-54/07.

Das bulgarische Gericht hatte dem EuGH unter anderem die Frage zur Beantwortung vorgelegt, ob der Begriff ethnische Herkunft so auszulegen sei, dass er »eine kompakte Gruppe bulgarischer Staatsangehöriger mit Roma-Herkunft« erfasse.[365] »Der Begriff der ethnischen Herkunft«, führte der EuGH dazu unter Verweis auf Art. 1 ICERD und die Definition des EGMR aus, beruhe auf dem Gedanken, »dass gesellschaftliche Gruppen insbesondere durch eine Gemeinsamkeit der Staatsangehörigkeit, Religion, Sprache, kulturelle und traditionelle Herkunft und Lebensumgebung gekennzeichnet« seien, und erfasse »auch die Gemeinschaft der Roma«.[366] Damit befindet sich der EuGH im Einklang mit der Rechtsprechung anderer EU-Staaten und auch mit der Literatur zum AGG, die Roma »unstreitig« als ethnische Minderheit ausweisen.[367]

Doch warum gelten Roma unstreitig als ethnisch definierte und nicht als rassisch definierte Gruppe? Rom:nja besitzen oft keine einheitliche Religion und gerade keine gemeinsame Staatsangehörigkeit.[368] Im Nationalsozialismus wurden sie als Rasse verfolgt. Hier zeigt sich einmal mehr die Schwierigkeit, rassistische, im konkreten Fall antiziganistische Zuordnungen und Zuschreibungen in abgegrenzten rechtlichen Kategorien zu erfassen. Es zeigt sich aber auch, wie der antidiskriminierungsrechtliche Ethnizitätsbegriff jene Essentialisierung reproduzieren kann, welche abzubauen das Recht angetreten war. Sollte die Diskriminierung von Rom_nja Jurist_innen nicht eher mit Blick auf die antiziganistischen Stereotype interessieren, die an Vorstellungen von Kultur und Tradition ansetzen, als auf deren »kulturelle und traditionelle Herkunft«? An zwei Stellen im Urteil *CHEZ* verweist der EuGH ausdrücklich auf ebendiese Stereotype. Das verklagte Unternehmen hatte die Stromzähler deshalb seit Jahrzehnten in vor allem von Rom:nja bewohnten Gebieten so hoch angebracht, um damit nach eigenem Bekunden »Manipulationen oder illegale Stromentnahmen« zu

365 EuGH v. 16. 07. 2015 – C-83/14, Rn. 37.

366 Ebd., Rn. 46 unter Verweis auf EGMR (2005) Natchova u. a./Bulgarien – 43577/98 und 43 579/98 sowie Sejdić und Finbci/Bosnien-Herzegowina (2009) – 7996/06 und 34 836/06.

367 Für viele Gregor Thüsing, in: *Münchener Kommentar zum BGB*, 2018, § 1 AGG, Rn. 21 m. w. N.

368 Auf diese Unschärfe weist auch Däubler, in: Däubler/Bertzbach, *AGG*, 2018, § 1 AGG, Rn. 27, hin.

verhindern.[369] Der EuGH erkennt der Maßnahme daher zu Recht »einen beleidigenden und stigmatisierenden Charakter« zu.[370] Auf die tradierten antiziganistischen Zuschreibungen, die die Diskriminierung begründen, geht das Urteil dennoch weitaus weniger ein als auf die ethnische Zugehörigkeit der Diskriminierten.

In der Entscheidung *Jyske Finans* ging der EuGH ähnlich vor, doch mit anderem Ausgang. Das dänische Kreditinstitut Jyske Finans vergab Darlehensverträge zum Kauf eines Kraftfahrzeugs in der Regel unter Vorlage des Führerscheins. Der Kläger hatte die dänische Staatsangehörigkeit, aus seinem Führerschein ging jedoch nur hervor, dass er in Bosnien-Herzegowina geboren war. Jyske Finans verlangte von ihm als zusätzlichen Identitätsnachweis die Kopie seines Reisepasses oder seiner Aufenthaltserlaubnis. Dies entsprach ihren internen Verfahrensregeln, wonach Personen, die nicht in einem EU-Mitgliedstaat geboren wurden, zusätzlich diese Nachweise beizubringen hätten. Die in Dänemark geborene Frau des Klägers wurde entsprechend nicht nach diesen Nachweisen gefragt. Der Kläger machte einen Verstoß gegen das dänische Antidiskriminierungsgesetz geltend, der dänische Beschwerdeausschuss für Gleichbehandlung verurteilte Jyske Finans zur Zahlung einer Entschädigungssumme wegen Diskriminierung. Als Jyske Finans nicht zahlte, kam es zum Rechtsstreit. Der EuGH hatte sich dann mit der Frage zu befassen, ob diese Praxis eine unmittelbare oder mittelbare Diskriminierung aufgrund der ethnischen Herkunft darstellte.

Der Generalanwalt und der Gerichtshof bezogen sich zur Auslegung auf die Rechtsprechung des EGMR und auf das Urteil in der Sache *CHEZ*. Entsprechend definierten sie »ethnische Herkunft« über »eine Gemeinsamkeit der Staatsangehörigkeit, Religion, Sprache, kulturellen und traditionellen Herkunft und Lebensumgebung«.[371] Das Geburtsland sei aber nur ein Indiz von vielen, um darauf zu schließen, dass eine Person »einer bestimmten ethnischen Gruppe angehört«. Zudem könne nicht davon ausgegangen werden, dass in Bezug auf jeden souveränen Staat nur eine ethnische Gruppe existiere.[372] Während der EGMR in *Timishev/Russland* noch von

369 EuGH v. 16.07.2015 – C-83/14, Rn. 84.

370 Ebd., Rn. 87.

371 EuGH v. 06.04.2017 – C-668/15, Rn. 17.

372 Ebd., Rn. 21.

der »Idee von sozialen Gruppen« sprach, die ethnisch definiert werden, geht es dem EuGH gar nicht mehr um Zuschreibungen, sondern ausschließlich um Zugehörigkeit; »das Geburtsland für sich genommen« könne »keine allgemeine Vermutung der Zugehörigkeit zu einer bestimmten ethnischen Gruppe begründen«.[373] An einer Stelle spricht der EuGH ausdrücklich von »Inhaber[n] der geschützten persönlichen Eigenschaft«.

Doch nicht persönliche Eigenschaften, sondern soziale Stereotype motivierten die interne Regelung von Jyske Finans. Das geht aus dem Urteil nicht hervor, aber aus den Schlussanträgen des Generalanwalts. Dieser hatte sich auch mit der Frage beschäftigt, ob die interne Verfahrensregel zur Einhaltung der Vorschriften der Richtlinie 2005/60 zur Verhinderung der Geldwäsche und der Terrorismusfinanzierung grundsätzlich gerechtfertigt werden könne. Denn so hatte Jyske Finans argumentiert und zudem geltend gemacht, dies sei »insbesondere angesichts der allgemeinen Risikobeurteilung bezüglich des betreffenden Landes (Bosnien und Herzegowina)« zu bejahen.[374] Der im Verfahren Stellung nehmende Mitgliedstaat Dänemark und die EU-Kommission führen insbesondere aus, dass die Richtlinie 2005/60 keinen Zusammenhang zwischen dem Geburtsort einer Person und einem erhöhten Risiko der Geldwäsche oder der Terrorismusfinanzierung begründe. Andernfalls würde damit zu einem Generalverdacht und zu einer Stigmatisierung von Unionsbürgern oder Staatsbürgern der EFTA-Staaten, die außerhalb der Union oder der EFTA-Staaten geboren seien, beigetragen.[375] Für das Vorbringen von Jyske Finans, die Regelung sei deshalb angemessen, weil in Drittstaaten geborene Kund:innen die Vermögenswerte, für die eine Kreditlinie eingeräumt werde, mit höherer Wahrscheinlichkeit zur Finanzierung von Zielen verwendet würden, deren Verwirklichung die Richtlinie 2005/60 verhindern wolle, fehle es schlicht an Belegen. Der Generalanwalt zweifelte ebenfalls an der Rechtmäßigkeit der Regelung, auch weil die Entscheidung pauschal auf einer »Profilerstellung« beruht habe, ohne dass eine individuelle Beurteilung erging.[376] Er schlug dem Gerichtshof jedoch vor, bereits keine Diskriminierung

373 Ebd., Rn. 20.
374 Ebd., Rn. 74.
375 Ebd., Rn. 75.
376 Ebd., Rn. 88.

wegen der ethnischen Herkunft anzunehmen. Der EuGH folgte diesem Vorschlag, so dass er die Frage des Vorliegens eines Rechtfertigungsgrundes nicht mehr prüfen musste. Im Ergebnis lehnte der EuGH einen Verstoß gegen das Diskriminierungsverbot unter Anwendung eines essentialistischen Ethnizitätskonzepts ab, ohne auf die stereotypen rassistischen Zuschreibungen gegenüber vermeintlich kriminellen Drittstaatsangehörigen insbesondere aus Bosnien-Herzegowina einzugehen.

Im deutschen Recht wird das Dilemma der Differenz im AGG bisher an der weitgehenden Abwesenheit von Fällen deutlich, in denen Rechtsuchende und Richter:innen auf die Kategorie Rasse setzen. Klageparteien und Gerichte in AGG-Verfahren meiden die Kategorie, sie subsumieren – wie der EuGH – fast ausschließlich unter ethnische Herkunft.[377] Klagevertreter:innen und Gerichte begeben sich auch hierbei mitunter in eine Auseinandersetzung darüber, ob die Kläger:innen zu einer abgrenzbaren Ethnie *gehören*, statt mit diskriminierenden Zuschreibungen und struktureller Benachteiligung zu argumentieren.[378] Statt Rassismen zu thematisieren, die sich hinter der Benachteiligung von Menschen aus Einwanderungsfamilien verbergen, steht im Untersuchungsfokus auch hier oft der essentialisierende Nachweis gemeinsamer Abstammung. Damit werden rassistische Kategorisierungen nicht problematisiert, sondern reproduziert. Auch die Literatur zum AGG vernachlässigt vielfach, dass Ethnie nicht einfacher zu definieren ist als Rasse und dass auch Ethnien künstlich entstanden.[379] An Kate-

377 Die Untersuchung eines Samples aus in der Datenbank Juris veröffentlichten 40 AGG-Entscheidungen, die Sachverhalte rassistischer Diskriminierung zum Inhalt hatten (Stichtag 12. 12. 2018), ergab, dass die Diskriminierungskategorie »Rasse« in § 1 AGG für die Beschreibung und rechtliche Beurteilung von Diskriminierungsfällen im sachlichen und persönlichen Anwendungsbereich des AGG faktisch bedeutungslos ist, Doris Liebscher, *Gutachten zu den Begriffen ›Rasse‹ und ›rassistische Zuschreibung‹ als Diskriminierungskategorien im Entwurf eines Berliner Landesantidiskriminierungsgesetzes (LADG-E)*, Berlin 2019 (unveröffentlicht).

378 Liebscher u. a., »Wege aus der Essentialismusfalle«, S. 209; Lembke, Liebscher, »Postkategoriales Antidiskriminierungsrecht?«, S. 275 f.

379 Für viele Jobst-Hubertus Bauer, »Ostdeutsche sind keine Ethnie«, in: *Arbeitsrecht Aktuell* 9/2010, S. 22: »Zusammengehörigkeitsmerkmale wie z. B. ein gemeinsamer Dialekt oder bestimmte gemeinsame Traditionen«; anders dagegen Schiek, »Diskriminierung wegen ›Rasse‹ oder ›ethnischer Herkunft‹«, S. 45, und

gorien – ob Rasse oder ethnische Herkunft – geknüpfte Rechte, das machen diese Fälle deutlich, können Differenz essentialisieren und sozial produzierte Ungleichheit naturalisieren.[380]

## 5.5. Recht gegen Rassismus im deutschen Recht: Vorläufer und Einflüsse

In der deutschen Verfassungsgeschichte kommt der Begriff Rasse bis 1949 nicht vor. Als Diskriminierungskategorie ist »Rasse« nach Michael Sachs »die einzige genuine Neuschöpfung der Nachkriegsgeschichte«.[381] Wie kam es zu dieser Neuschöpfung? Als wesentliche Einflüsse auf das Grundgesetz und die Verfassung der DDR gelten die Negativerfahrungen mit der nationalsozialistischen Diktatur, der sachlich-inhaltliche Druck der Alliierten sowie die Paulskirchenverfassung 1848/1849 und die Weimarer Verfassung als Verfassungsvorgänger.[382] Einerseits konnten damit rassistisch diskriminierende Rechtsvorschriften zur negativen Abgrenzung herangezogen werden, insbesondere die bereits dargestellte Nürnberger Rassengesetzgebung. Andererseits kommen Rechtsvorschriften in Betracht, die positiv zum Schutz vor rassistischer Diskriminierung dienten, also Vorbildfunktion hatten. Hier gilt es, dem Einfluss der deutschen Verfassungen und der Alliierten und dabei insbesondere des US-amerikanischen Verfassungsrechts nachzuspüren.

### 5.5.1. Deutsches Verfassungsrecht vor 1933

Verfassungsartikel, die auf den Schutz rassialisierter Minderheiten gerichtet und als Minderheitenrechte konzipiert waren, gab es in

v. Roetteken, »Rasse« in: v. Roetteken, *AGG-Kommentar,* München 2020, Rn. 336ff.

380 Ebenso Choudhry, »Distribution vs. Recognition«, S. 145; Minow, *Not Only for Myself,* S. 79; Pohlen, »Kategorien, die fiesen Biester«, S. 95.

381 Sachs, *Grenzen des Diskriminierungsverbots,* S. 324.

382 Peter Unruh, *Der Verfassungsbegriff des Grundgesetzes: Eine verfassungstheoretische Rekonstruktion,* Tübingen 2002, S. 332; Frank Rainer Dietze, *Die Verfassung der DDR. Zur verfassungsgeschichtlichen Entwicklung der Deutschen Demokratischen Republik von 1949-1990,* Hamburg 2018, S. 115.

Deutschland bereits vor 1933. Schon die Paulskirchenverfassung von 1849 enthielt mit § 188 eine entsprechende Vorschrift:

Den nicht Deutsch redenden Volksstämmen Deutschlands ist ihre volksthümliche Entwickelung gewährleistet, namentlich die Gleichberechtigung ihrer Sprachen, soweit deren Gebiete reichen, in dem Kirchenwesen, dem Unterrichte, der inneren Verwaltung und der Rechtspflege.

Artikel 113 Weimarer Reichsverfassung erkannte ebenfalls ethnische Minderheiten als Teil des Staatsvolkes an und stellte sie unter Schutz:

Die fremdsprachigen Volksteile des Reichs dürfen durch die Gesetzgebung und Verwaltung nicht in ihrer freien, volkstümlichen Entwicklung, besonders nicht im Gebrauch ihrer Muttersprache beim Unterricht sowie bei der inneren Verwaltung und Rechtspflege beeinträchtigt werden.

Der Rückgriff auf die Formulierung »Volksteile« statt »Volksstämme« verwarf eine auf ethnisierenden Kriterien basierende Definition des Gesamtvolkes zugunsten eines pluralistischen Volksbegriffs.[383] Die Weimarer Verfassung vermied damit eine völkische Aufladung. Im Ausschuss der verfassungsgebenden Deutschen Nationalversammlung über den Entwurf einer Verfassung des Deutschen Reiches war 1919 noch über die Ausweitung des verfassungsrechtlichen Schutzes auf deutschsprachige Minderheiten wie Sorben, assimilierte Polen und Juden durch die Formulierung »nationale Minderheiten« diskutiert worden. Diese Ausweitung wurde schließlich abgelehnt, da befürchtet wurde, dass sie »den jahrhundertelangen Emanzipations- und Assimilationsbestrebungen« insbesondere der deutschen Juden eher widersprochen und der Position radikaler Antisemiten, wonach »Juden zwar die Rechte deutscher Staatsangehöriger haben, niemals aber Deutsche sein können«,[384] in die Hände gespielt hätte.[385] »Die fremden ›Volksgruppen‹«, schlussfolgert Jörn Retterath in seiner historisch-semantischen Studie zur Verwendung des Volkbegriffs in der Weimarer Zeit, wurden »in erster Linie als kulturelle Gemeinschaften verstanden, deren Zugehörigkeitskrite-

383 Retterath, *Was ist das Volk?*, S. 204.

384 »Ein jüdischer Misserfolg«, Beitrag in der antisemitischen Zeitschrift *Staatsbürgerzeitung* vom 04. 02. 1900, zitiert nach Jahr, *Antisemitismus vor Gericht*, S. 193.

385 Retterath, *Was ist das Volk?*, S. 204.

rien subjektiver Natur waren«.[386] Obwohl auch der Begriff Rasse Anfang des 20. Jahrhunderts in Deutschland als Synonym für Volk im ethnischen Sinne diente,[387] tauchte die Kategorie Rasse in den Debatten und Entwürfen zu Artikel 113 Weimarer Reichsverfassung (WRV) noch nicht auf. Sie gelangte erst nach dem Ende des Nationalsozialismus in deutsche Verfassungen.

### 5.5.2. Der Einfluss des Alliierten Rechts

Mit der bedingungslosen Kapitulation der deutschen Streitkräfte am 7. Mai 1945 in Reims und am 8. Mai 1945 in Berlin-Karlshorst endeten der Zweite Weltkrieg und die nationalsozialistische Herrschaft in Europa. Die Nachkriegszeit stand zunächst im Zeichen der Vier-Mächte-Verwaltung und Gesetzgebung der Alliierten. Die Regierungen des Vereinigten Königreichs, der Vereinigten Staaten von Amerika, der Sowjetunion und die Provisorische Regierung der Französischen Republik übernahmen am 5. Juni 1945 die oberste Regierungsgewalt in Deutschland. Am 30. Juli 1945 trat der Alliierte Kontrollrat am Rande der Potsdamer Konferenz zu einer konstituierenden Sitzung zusammen. Seine Aufgabe war die Umsetzung der Beschlüsse des Potsdamer Abkommens vom 2. August 1945, dazu hatte er Gesetzgebungskompetenz für das besetzte Gebiet. Die rechtlichen Angelegenheiten regelte das Rechtsdirektorat des Kontrollrats (*Legal Directorate*, DLEG).

### 5.5.3. Die Aufhebung nationalsozialistischen Rasserechts und eine Verfassung für Groß-Berlin

Im Potsdamer Abkommen taucht der Begriff Rasse zweimal auf. In Abschnitt III Nr. 4 S. 1 heißt es: »Alle nazistischen Gesetze, welche die Grundlagen für das Hitlerregime geliefert haben oder eine Diskriminierung auf Grund der Rasse, Religion oder politischer Überzeugung errichteten, müssen abgeschafft werden.« Abschnitt III Nr. 8 formuliert: »Das Gerichtswesen wird entsprechend den Grundsätzen der Demokratie und der Gerechtigkeit auf der Grundlage der Gesetzlichkeit und der Gleichheit aller Bürger vor

386 Ebd., S. 205.
387 Nachweise ebd., S. 370f.

dem Gesetz ohne Unterschied der Rasse, der Nationalität und der Religion reorganisiert werden.«

Während sich die Alliierten in den Fragen von Einheit oder Teilung sowie der politischen und wirtschaftlichen Ausrichtung eines zukünftigen deutschen Staates uneins waren, waren sie sich bezüglich einer Politik der Entnazifizierung, die zuallererst auch das Recht betraf, einig.[388] Das erste vom Kontrollrat erlassene Gesetz, das Kontrollratsgesetz Nr. 1 vom 20. September 1945, setzte in Art. I.1. zentrale Elemente des nationalsozialistischen Rechts außer Kraft.[389] Insgesamt wurden 25 Gesetze und Verordnungen aufgehoben, einschließlich der zugehörigen Durchführungsbeschlüsse und Erlasse, darunter auch die Nürnberger Rassengesetze. Art. II b verfügte, dass keine deutsche Gesetzesverfügung mehr anzuwenden sei, »durch die irgendjemand auf Grund seiner Rasse, Staatsangehörigkeit, seines Glaubens oder seiner Opposition zur Nationalsozialistischen Deutschen Arbeiterpartei oder ihrer Lehren Nachteile erleiden würde«.[390]

Nr. 42 a Proklamation Nr. 2 des Kontrollrates vom 20. September 1945 ordnete an:

Die deutschen Behörden müssen alle Anweisungen befolgen, die von den alliierten Vertretern für die Ungültigkeitserklärung der deutschen Gesetzgebung herausgegeben werden, die unterschiedliche Behandlung auf Grund von Rasse, Farbe, Glauben, Sprache oder politischer Meinung mit

388 Trotz eines deutlichen Bruchs mit rassistischem nationalsozialistischen Recht gilt die Verfolgung von NS-Justiz-Verbrechen und die Entnazifizierung des Justizsystems als gescheitert. Vgl. Manfred Görtemaker, Christoph Safferling, *Die Akte Rosenburg*; Hubert Rottleuthner, *Karrieren und Kontinuitäten deutscher Justizjuristen vor und nach 1945*, Berlin 2010; Ingo Müller, *Furchtbare Juristen. Die unbewältigte Vergangenheit unserer Justiz*, München 1987.

389 Kontrollratsgesetz Nr. 1 betreffend die Aufhebung von NS-Recht vom 20. 09. 1945, in Kraft getreten am 20. 09. 1945, ABl. des Kontrollrats in Deutschland, Nr. 1 v. 29. 10. 1945, S. 7.

390 In der englischsprachigen Fassung des Control Council Law No. 1, Art. II b heißt es »by discrimination against any person by reason of his race, nationality, religious beliefs […]«, ABl. des Kontrollrats in Deutschland Nr. 1. 29. 10. 1945, S. 7. Bei Auslegungsschwierigkeiten war nach dem Willen der Militärregierung allein der englische Text maßgebend, vgl. Dieter Waibel, *Von der wohlwollenden Despotie zur Herrschaft des Rechts. Entwicklungsstufen der amerikanischen Besatzung Deutschlands 1944-1949*, Tübingen 1996, S. 266.

sich bringt, und für die Abschaffung aller daraus erwachsenden gesetzlichen oder anderweitigen Rechtsunfähigkeiten.[391]

In Art. I Proklamation Nr. 3 des Kontrollrates (Grundsätze für die Umgestaltung der Rechtspflege) vom 20. Oktober 1945 hieß es dann unter der Überschrift »Gleichheit vor dem Gesetz«: »Alle Personen sind vor dem Gesetz gleich. Niemandem, was immer seine Rasse, Staatsangehörigkeit oder Religion sei, dürfen die ihm gesetzlich zustehenden Rechte entzogen werden.«[392]Art. IV. 2. Proklamation Nr. 3 statuierte: »Der Zugang zum Richteramt steht ohne Rücksicht auf Rasse, gesellschaftliche Herkunft oder Religion allen Personen offen, sofern sie die Grundsätze der Demokratie anerkennen.«[393] Dabei handelt es sich um die ersten für Deutschland geltenden Rechtsvorschriften, die sich in antirassistischer Intention, also mit dem Ziel, rassistische Diskriminierung zu beseitigen, ausdrücklich auch auf die Kategorie »Rasse« beziehen.

Sachs hat diese Formulierungen als »Vorwegnahme der Merkmale des Art. 3 Abs. 3 GG« bezeichnet.[394] Schlüsse über den genauen Ursprung der aufgezählten Kategorien können allerdings nur thesenhaft gezogen werden, da der Aktenbestand der Beratungen im Koordinierungsausschuss »bruchstückhaft, desolat und unvollständig«[395] ist und eine Auswertung noch aussteht. Offen ist daher auch, wie der Begriff »Farbe« in die Liste der Diskriminierungskategorien in Nr. 42 a Proklamation Nr. 2 des Kontrollrates Eingang fand. In der englischsprachigen Fassung der Proklamation Nr. 2 lautet der Begriff »color«. In Kapitel 4.2.3.3 wurde gezeigt, dass die Verfolgung Schwarzer Menschen in Deutschland nicht im Zentrum der nationalsozialistischen Gesetzgebung und Rechtsanwendung stand. Die Bevölkerungsgruppen der Juden und der Sinti und Roma wiederum galten weder im zeitgenössischen deutschen noch im internationalen Verständnis als »colored« oder »farbig«. Es scheint daher wahrscheinlicher, dass der Begriff eine Übertragung

391 ABl. des Kontrollrats in Deutschland, Nr. 1 v. 29. 10. 1945, S. 8. Dieselben Kategorien kehren wieder in Nr. 42 b und in Nr. 43 Proklamation Nr. 2.

392 ABl. des Kontrollrats in Deutschland, Nr. 1 v. 29. 10. 1945, S. 22 f.

393 Ebd.

394 Sachs, in: HbdStR Bd. VIII, 2010, § 182, Rn. 324.

395 Darstellung des Bundesarchivs, ⟨www.archivesportaleurope.net/ead-display/-/ead/pl/aicode/DE-1958/type/fa/id/DE-1958_114b8ff.7-582d-4240-a4c6-c99ba6a49799⟩, letzter Zugriff 01. 11. 2020.

aus dem US-amerikanischen, von der *color line* geprägten Recht ist und die Auflistung der Diskriminierungskategorien ihr Vorbild auch in der US-amerikanischen Verfassung hatte. Die USA gelten grundsätzlich als dominanter Referenzpunkt der deutschen Demokratisierung und der rechtlichen Entwicklung nach 1945.[396] Die amerikanische Militärverwaltung betonte stets die Bedeutung von *civil liberties* oder *civil rights* für die Ausübung der Besatzungsmacht und die Reeducation der Deutschen.[397] Schon früh hatte es sich die Rechtsabteilung der US-amerikanischen Militärverwaltung zur Aufgabe gemacht, das nationalsozialistische Recht – und hier stand an erster Stelle Rasserecht – außer Kraft zu setzen.[398] In der *Special Legal Unit for Germany and Austria* (SLUGA), deren Aufgabe die Zusammenstellung von rassistisch diskriminierenden Gesetzen war, die die Grundlage für das spätere Kontrollratsgesetz Nr. 1 bildeten, waren fünf der sechs Juristen amerikanische Staatsbürger. Auch der Katalog für die Überprüfung deutscher Gesetze wurde von Max Rheinstein, US-Vertreter im alliierten *Law Reform Committee (*LARE), aufgestellt, und die letztliche Arbeitsgrundlage für das Kontrollratsgesetz Nr. 1 stammte ebenfalls von US-Delegierten.[399]

Am 13. August 1946 erließ die Alliierte Kommandantur, die die gemeinsame Regierung Groß-Berlins im Auftrag des Alliierten Kontrollrates ausübte, die Vorläufige Verfassung für Groß-Berlin und erteilte damit den Auftrag an den Magistrat von Berlin, sich zu einer konstitutionellen Versammlung zusammenzuschließen, um unverzüglich mit der Ausarbeitung einer Verfassung auf breiterer Basis für die Stadt Berlin zu beginnen.[400] Art. 2 Abs. 2 Vorläufige

396 Für viele Edmund Spevack, »Amerikanische Einflüsse auf das Grundgesetz«, in: Heinz Bude, Bernd Greiner (Hg.), *Westbindungen. Amerika in der Bundesrepublik*, Hamburg 1999, S. 7-15.

397 Waibel, *Von der wohlwollenden Despotie zur Herrschaft des Rechts*, S. 266 f. zur Arbeit der Legal Divison, S. 293 ff. zur Stellung der Menschen- und Bürgerrechte in der amerikanischen Besatzungszone.

398 Ebd.

399 Matthias Etzel, *Die Aufhebung von nationalsozialistischen Gesetzen durch den Alliierten Kontrollrat, 1945-1948*, Tübingen 1992, S. 22, 27, 56, 81.

400 Begleitschreiben der Alliierten Kommandanten von Berlin zur Vorläufigen Verfassung für Groß-Berlin vom 13. 08. 1946, Schreiben der Kommandanten an den Oberbürgermeister, Verordnungsblatt für Berlin 1946, 295, abgedruckt in Ingo v. Münch, *Dokumente des geteilten Deutschland*, Stuttgart 1976, S. 391.

Verfassung für Groß-Berlin lautete: »Alle Bürger von Groß-Berlin sind im Rahmen der geltenden Gesetze gleichberechtigt, unabhängig von Rasse, Geschlecht, Glaubensbekenntnis und Vermögen.«[401]

Dabei handelt es sich um die erste Erwähnung des Begriffs Rasse in einer für Deutschland geltenden gleichheitsrechtlichen Verfassungsvorschrift. Auch in diesem Fall spielten die Alliierten die entscheidende Rolle. Die deutschen Vorentwürfe hatten den einschlägigen Art. 2 Abs. 2 noch nicht enthalten, erst im Laufe mehrmonatiger Beratungen in der Alliierten Kommandantur wurde er in die Vorläufige Verfassung Groß-Berlins aufgenommen.[402] An Art. 2 Abs. 2 Vorläufige Verfassung für Groß-Berlin sollten sich später weitere ähnliche Formulierungen in den Landesverfassungen der unterschiedlichen Besatzungszonen und schließlich in der Deutschen Demokratischen Republik und der Bundesrepublik Deutschland anschließen.

## 5.6. Recht gegen Rassismus in der sowjetischen Besatzungszone und der Deutschen Demokratischen Republik

Im Juli 1946 beauftragte die Sowjetische Militäradministration in Deutschland (SMAD) in ihrer Besatzungszone die SED-Führung mit der Ausarbeitung eines Entwurfs für eine neue gesamtdeutsche »Reichsverfassung«.[403] Sie wollte damit ein Gegengewicht zu den Föderalisierungsbestrebungen der Westalliierten schaffen. Der »Reichsverfassungsentwurf« wurde auf Anweisung der Parteivorsitzenden Otto Grotewohl und Wilhelm Pieck federführend vom Staatsrechtler und marxistischen Theoretiker Karl Polak ausgearbeitet; er war der erste Vorschlag für eine deutsche Verfassung.[404] Wesentliche Bezugspunkte für seine Ausarbeitung waren die Weimarer Reichsverfassung von 1919 und damit ein grundsätzliches Bekenntnis zu einem freiheitlichen Rechtsstaat nach bürgerlichem

401 Verordnungsblatt für Berlin 1946, S. 295, abgedruckt ebd., S. 391.

402 Darauf weist Sachs, *Grenzen des Diskriminierungsverbots*, S. 324 m. w. N. hin.

403 Ausführlich Heike Amos, *Die Entstehung der Verfassung in der Sowjetischen Besatzungszone/DDR 1946-1949*, Münster 2006, S. 60 ff.; Dietze, *Die Verfassung der DDR*, S. 87 ff.

404 Otto Grotewohl, *Deutsche Verfassungspläne*, Berlin 1947, S. 87 ff.

Verständnis,[405] das Bekenntnis zu Deutschland als zentralem Einheitsstaat mit dezentralisierter Verwaltung in den Ländern, die Festschreibung des Antifaschismus und die Übernahme von sozialistischen Verfassungsvorstellungen, wie eine staatliche Wirtschaftsplanung.[406] Der Entwurf sollte damit grundsätzlich auch für sozialdemokratische und bürgerliche Kreise in den westlichen Besatzungszonen annehmbar sein.[407] Am 16. November 1946 wurde der »Entwurf einer Verfassung für die Deutsche Demokratische Republik« vom Parteivorstand der SED beschlossen und veröffentlicht.[408] Der Abschnitt »Grundrechte und Grundpflichten der Bürger« begann mit der Gleichheit in Artikel 7:

1. Alle Bürger sind vor dem Gesetz gleich. Männer und Frauen sind gleichberechtigt.
2. Alle Bürger haben die gleichen staatsbürgerlichen Rechte, es sei denn, daß sie ihnen wegen Begehung eines Verbrechens oder wegen ihrer nationalsozialistischen oder militaristischen Betätigung aberkannt worden sind. Jede Bekundung nationalen oder religiösen Hasses und jede Rassenhetze ist verboten und wird auf das strengste bestraft. Personen, die militaristische oder nationalsozialistische Auffassungen verbreiten oder unterstützen, sind aus dem öffentlichen Dienst zu entfernen. Sie dürfen leitende Stellungen in der Wirtschaft und im kulturellen Leben nicht bekleiden. Auch kann ihnen das Wahlrecht entzogen werden.

Auch die Landesverfassungen Brandenburgs, Sachsens und Thüringens enthielten strafbewehrte Verbote der »Rassenhetze«.[409] Der Sachsen-Anhaltische Landtag verabschiedete am 30. Mai 1947 ein Gesetz zur Sicherung der Demokratie, dessen Paragraf 4 die Beleidigung, die körperliche oder gesundheitliche Schädigung eines Menschen aufgrund seiner »Zugehörigkeit zu einer bestimmten Religionsgemeinschaft, Rasse, Nation oder [wegen seiner Eigen-

405 Herwig Roggemann, *Die DDR-Verfassungen*, Berlin 1976, S. 16; Dietze, *Die Verfassung der DDR*, S. 115.

406 Sozialistische Einheitspartei Deutschlands, *Dokumente der SED*, Berlin 1951, S. 114 ff.

407 Roggemann, *Die DDR Verfassungen*, S. 26.

408 Außerordentliche Sitzung des Parteivorstands der SED v. 16. 11. 1946, ⟨www.documentarchiv.de/ddr/1946/sed-verfassungsentwurf-ddr.html⟩, letzter Zugriff 01. 11. 2020.

409 Jahr, *Antisemitismus vor Gericht*, S. 326 ff. m. w. N.

schaft als, Anm. d. Verf.] Opfer des Faschismus« für strafbar erklärte.[410] Versuche, diese Regelung in ein zoneneinheitliches Gesetz zu überführen, das über die Regelung des § 130 StGB hinaus auch solche »Bekundung, Erregung, Erhaltung oder Vertiefung von Völker-, Glaubens- und Rassenhass« verbieten sollte, die nicht den öffentlichen Frieden gefährdeten, scheiterten jedoch.[411] Interessant für die vorliegende Untersuchung ist die Begründung des Entwurfs des Gesetzes gegen die Bekundung von Völker-, Glaubens- und Rassenhass. Verboten war danach die Verbreitung von Hass »durch Wort, Schrift oder Bild oder auf andere Weise [...] gegen einen anderen oder gegen ein Volk oder eine sonstige Personengemeinschaft wegen ihrer wirklichen oder behaupteten nationalen, religiösen oder rassischen Eigenart (Völker-, Glaubens- oder Rassenhass)«.[412] Unklar bleibt, wer genau damit bezeichnet wurde und wie nationale und religiöse von rassischen »Eigenarten« abgegrenzt wurden.[413] Nichtsdestotrotz ist dies ein frühes Zeugnis für eine Definition des Begriffs »Rasse«. Eine solche ausdrückliche Definition sollte für die Zukunft die Ausnahme bleiben.

### 5.6.1. Die DDR-Verfassung von 1949 und das Rassenhassverbot

Der vom am 18. März 1948 gewählten Zweiten Volkskongress eingerichtete Verfassungsausschuss erstellte zum 22. Oktober 1948 als Synthese aus Weimarer Verfassung, dem SED-Verfassungsentwurf vom November 1946 und den Landesverfassungen der Sowjetischen Besatzungszone Deutschlands (SBZ) einen Entwurf für eine »Verfassung der Deutschen Demokratischen Republik«. Der Verfassungsausschuss hatte die Beratungen des Parlamentarischen Rates in Bonn aufmerksam verfolgt, nahm aber keine Anregungen aus diesen Diskussionen auf.[414] Die aus dem Deutschen Volksrat hervorgegangene provisorische Volkskammer verlieh am 7. Ok-

410 Ebd., S. 327.

411 Ebd., S. 327 f.

412 Entwurf für ein Gesetz gegen die Bekundung von Völker-, Glaubens- und Rassenhass vom 22. 06. 1948, nach Jahr, *Antisemitismus vor Gericht*, S. 329 m. w. N.

413 Eine Auswertung der Materialien in dieser Hinsicht steht noch aus.

414 Amos, *Verfassung in der SBZ/DDR*, S. 60 f.

tober 1949 der Verfassung der Deutschen Demokratischen Republik Rechtskraft.[415] Die Verfassung enthielt einen umfangreichen Grundrechtskatalog; einen Katalog von Diskriminierungsverboten enthielt sie indes nicht, sondern einzelne Gleichheitsbestimmungen. Artikel 7 garantierte »die Gleichberechtigung der Frau«, Artikel 11 die Förderung der »fremdsprachigen Volksteile der Republik [...] in ihrer freien volkstümlichen Entwicklung« und Artikel 42 die Freiheit der Religionsausübung. »Rasse« oder »Rassismus« tauchen 1949 noch nicht als Kategorien für Gleichheitsgarantien auf.

Artikel 6 VerfDDR 1949 formulierte unter der Überschrift »Rechte des Bürgers« ein Verbot von »Rassenhass«:

1. Alle Bürger sind vor dem Gesetz gleichberechtigt.
2. Boykotthetze gegen demokratische Einrichtungen und Organisationen, Mordhetze gegen demokratische Politiker, Bekundung von Glaubens-, Rassen-, Völkerhaß, militaristische Propaganda sowie Kriegshetze und alle sonstigen Handlungen, die sich gegen die Gleichberechtigung richten, sind Verbrechen im Sinne des Strafgesetzbuches. Ausübung demokratischer Rechte im Sinne der Verfassung ist keine Boykotthetze.
3. Wer wegen Begehung dieser Verbrechen bestraft ist, kann weder im öffentlichen Dienst noch in leitenden Stellen im wirtschaftlichen und kulturellen Leben tätig sein. Er verliert das Recht, zu wählen und gewählt zu werden.

Absatz 2 wurde, meist in Verbindung mit Kontrollratsdirektive 38 über die »Verhaftung und Bestrafung von Kriegsverbrechern, Nationalsozialisten und Militaristen und die Internierung, Kontrolle und Überwachung von möglicherweise gefährlichen Deutschen«,[416] zur Grundlage der Entnazifizierung und des politischen Strafrechts in der frühen DDR.

Im Jahr 1952 urteilte der Strafsenat des Obersten Gerichts der DDR auf Basis von Art. 6 VerfDDR i. V. m. Kontrollratsdirektive Nr. 38:

Jede Äußerung des Antisemitismus ist daher eine besonders bezeichnende Bekundung von Rassenhass. Hierbei kommt es keineswegs darauf an, ob Menschen, die Juden sind oder als solche betrachtet werden, in ihrer Gesamtheit oder einzelne Gruppen von ihnen im Sinne der Wissenschaft als

415 GBl. DDR 1949, S. 5.
416 ABl. AHK S. 3268.

Rasse anzusehen wären; wird gegen sie auch nur als vermeintliche Rasse gehetzt, Mißachtung oder Diskriminierung welcher Art immer bekundet, dann liegt Rassenhaß vor. Er trägt in aller Regel der Fälle Verbrechensschwere.[417]

Dieses frühe Urteil ist ein Beispiel für die konsequente Verfolgung von Antisemitismus. Im konkreten Fall hatte ein ehemaliger Wehrmachtssoldat öffentlich verbreitet, er sei Zeuge geworden, wie eine jüdische Familie deutsche Soldaten hinterhältig in eine Falle gelockt hätte, so dass er einen Keller voll ermordeter Soldaten vorfand. Nach heutigem Forschungsstand handelte es sich dabei um ein weit verbreitetes Narrativ zur Rechtfertigung von Verbrechen an der Zivilbevölkerung und zur Täter-Opfer-Umkehr.[418] Das Oberste Gericht zeichnet diese Strategie bereits 1952 nach, verweist auf die Gräueltaten an der jüdischen Bevölkerung Europas und verhängt ein hartes Urteil: Es hält eine Zuchthausstrafe für gerechtfertigt. Das Urteil ist für die vorliegende Untersuchung aber auch von Bedeutung, weil die Richter »Rassenhass« und »Rasse« als lebensweltliche und rechtliche Kategorien am Beispiel des Antisemitismus bestimmen. Die beiden ersten UNESCO-Erklärungen zur Rassefrage von 1950 und 1951 waren dem Obersten Gericht wahrscheinlich bekannt. Die DDR bezog sich durchweg positiv auf Erklärungen der UN-Organe zu Rassismus.[419] Auch die Formulierung »ob Menschen [...] im Sinne der Wissenschaft als Rasse anzusehen wären« lässt auf eine Kenntnis der zeitgenössischen internationalen Debatten um den Rassebegriff schließen. Interessant ist auch die Formulierung »vermeintliche Rasse«. Hier deutet sich ein Verständnis von Rasse als sozialer Konstruktion an, die den so kategorisierten Personen auferlegt wird. Die Formulierung »sind oder als solche betrachtet werden« zeugt von dem Wissen darüber, dass viele Menschen im Nationalsozialismus per Gesetz und auch entgegen ihrem eigenen Selbstverständnis oder ihrer Religionszu-

417 Oberstes Gerichts der DDR v. 04.01.1952-1 a ZSt 31/51 –, Entscheidungen des Obersten Gerichts der DDR in Strafsachen, 2. Bd., Deutscher Zentralverlag Berlin 1952, S. 289-295, 292.

418 Eindrücklich Sönke Neitzel, Harald Welzer, *Soldaten. Protokolle vom Kämpfen, Töten und Sterben*, Frankfurt/M. 2011.

419 Bernhard Graefrath, »Überwindung des Rassismus – antiimperialistisches Kampfziel und völkerrechtliche Verpflichtung«, in: *Neue Justiz* 23/1971, S. 695-700, hier: S. 695 f. erwähnt die Deklarationen ausdrücklich.

gehörigkeit zu Juden gemacht wurden. Dies war insbesondere eine Erfahrung säkularer jüdischer Kommunist:innen.[420]

Zur weiteren Umsetzung wurde 1950 als eines der ersten Gesetze der DDR das Gesetz zum Schutz des Friedens erlassen.[421] § 1 lautet:

> Wer andere Völker oder Rassen schmäht, gegen sie hetzt, zum Boykott gegen sie auffordert, um die friedlichen Beziehungen zwischen den Völkern zu stören und das deutsche Volk in einen neuen Krieg zu verwickeln, wird mit Gefängnis, in schweren Fällen mit Zuchthaus bestraft.

Nach Auskunft des Ministeriums der Justiz gründete das Gesetz auch »auf Art. 1 und 2 der Charta der Vereinten Nationen«.[422] In der Praxis diente es zunächst der Bestrafung von »Nazi- und Kriegsverbrechen«,[423] zunehmend, wie auch Art. 6 VerfDDR, jedoch der Bestrafung von sogenannten »friedensgefährdenden Verbrechen gegen die DDR [...] und die sozialistische Gesellschaft«.[424] Sie zielten weniger auf die Bestrafung von Rassismus als auf die Abwehr tatsächlicher und oft auch nur vermeintlicher »Boykotthetze« und Spionage. Öffentlichkeitswirksam wurde über Verfahren gegen NS-Verbrecher berichtet, in denen es zunehmend weniger um die Verurteilung der Täter ging als um eine propagandistische Bloßstellung der Bundesrepublik,[425] sowie über Schauprozesse gegen tatsächliche Spione oder vermeintliche »Agenten«.[426]

Auch mit Blick auf die Bestrafung von Kriegsverbrechen und

420 Eindrücklich für Deutschland Naturfreundejugend Berlin (Hg.), *Stalin hat uns das Herz gebrochen. Antisemitismus in der DDR und die Verfolgung jüdischer Kommunist*innen*, Münster 2017; für Polen David Kowalski, *Polens letzte Juden. Herkunft und Dissidenz um 1968*, Göttingen 2018.

421 Zu den einzelnen Tatbeständen und der »antiimperialistischen« Ausrichtung des Gesetzes Wolfgang Weiß, »Das Gesetz zum Schutz des Friedens«, in: *Neue Justiz* 1951, S. 10-16.

422 Hilde Benjamin, »Rede auf der Tagung der Volkskammer der DDR v. 01. 09. 1966 zur Anwendung des Gesetzes zum Schutze des Friedens«, in: *Neue Justiz* 1966, S. 547-548.

423 Redaktion Neue Justiz, *Neue Justiz* 1965, S. 111.

424 Benjamin, »Rede auf der Tagung der Volkskammer der DDR«, S. 548.

425 Mit Beispielen Hermann Wentker, »Die juristische Ahndung von NS-Verbrechen in der Sowjetischen Besatzungszone und der DDR«, in: *Kritische Justiz* 1/2002, S. 60-78, hier: S. 71 f.

426 Für viele Benjamin, »Rede auf der Tagung der Volkskammer der DDR«, S. 548. Zum Ganzen auch Siegfried Mampel, *Die sozialistische Verfassung der Deutschen Demokratischen Republik. Kommentar*, Goldbach 1997, Art. 6, Rn. 48.

von nationalsozialistischem Unrecht stand die öffentlichkeitswirksame Ahndung der Verfolgung von Kommunist:innen und nicht die Shoah im Vordergrund. Die Debatten zur Bekämpfung des Rassenhasses in der SBZ/DDR, schlussfolgert Christoph Jahr im historischen Rückblick, folgten »in hohem Maße politisch-utilitaristischen Erwägungen, vor allem deutschlandpolitischen Überlegungen, […] die mit Empathie für die Opfer nichts zu tun hatten«.[427] Dies verstärkte sich mit der antizionistischen Wende im Ostblock ab 1952, die mit einer antiimperialistischen Rhetorik einherging.[428] Deren bekannteste juristische Auswirkung war der Schauprozess gegen Paul Merker. Merker, der selbst nicht jüdisch war, hatte sich als einziges Mitglied des Politbüros des Zentralkomitees der SED – vergeblich – für Entschädigungen für jüdische Opfer des Nationalsozialismus und für die Anerkennung der Juden als nationale Minderheit in der DDR eingesetzt. Seine Analyse des Faschismus stützte er nicht auf die Dimitroffsche Faschismustheorie, wonach Rassismus sich in einem sozialistischen Staat von selbst erledigte,[429] sondern auf eine Analyse des völkischen Rassenantisemitismus. Damit fiel er in Ungnade und wurde 1955 vom Obersten Gericht der DDR als »zionistischer Agent« verurteilt.[430]

### 5.6.2. Die DDR-Verfassung von 1968 und ihre Bezüge auf die UN-Rassismus-Konvention

Nachdem es in den 1960er Jahren zu einer Verfestigung der Macht des SED-Regimes gekommen war, wurde 1968 eine neue »sozialistische Verfassung« (Präambel) nach dem Vorbild osteuropäischer Volksdemokratien entworfen, die den tatsächlichen Machtverhältnissen stärker entsprach als die erste, noch stärker an Weimar orientierte Verfassung.[431] Nach dem ersten und einzigen Volksentscheid

427 Jahr, *Antisemitismus vor Gericht*, S. 334.

428 Für die DDR Thomas Haury, *Antisemitismus von links*, Hamburg 2002; für Polen David Kowalski, *Polens letzte Juden*; für die Tschechoslowakei Jan Gerber, *Ein Prozess in Prag: das Volk gegen Rudolf Slánský und Genossen*, Göttingen 2016.

429 Ausführlich sogleich Kapitel 5.6.3.

430 Zun Ganzen Matthias Vetter, »Merker, Paul«, in: Wolfgang Benz (Hg.), *Handbuch des Antisemitismus*, Bd. 2, München 2009, S. 548.

431 Klaus Sorgenicht, Reiner Arlt, *Verfassung der Deutschen Demokratischen Republik. Dokumente, Kommentar* Bd. 1, Berlin 1969, S. 52 ff., der Entwurf trug den Titel »Die Verfassung des sozialistischen Staates deutscher Nation«.

der DDR trat diese Verfassung am 9. April 1968 in Kraft.[432] Das Verbot von »Rassen- und Völkerhass« war im Abschnitt »Politische Grundlagen« in Art. 6 Abs. 5 VerfDDR 1968 geregelt: »Militaristische und revanchistische Propaganda in jeder Form, Kriegshetze und Bekundung von Glaubens-, Rassen- und Völkerhaß werden als Verbrechen geahndet.«

Seit 1968 verbot § 91 StGB-DDR in Umsetzung der UN-Völkermordkonvention die Verfolgung, Vertreibung oder Vernichtung »nationaler, ethnischer, rassischer oder religiöser Gruppen« als Verbrechen gegen die Menschlichkeit.[433] § 92 StGB-DDR enthielt seither entsprechend Sanktionen gegen »faschistische Propaganda, Völker- und Rassenhetze« und § 140 StGB-DDR verbot auch die Beleidigung von Einzelpersonen oder Kollektiven wegen Zugehörigkeit zu einer anderen Nation oder Rasse:

> Wer einen Menschen wegen seiner Zugehörigkeit zu einem anderen Volk, einer anderen Nation oder Rasse beleidigt oder verleumdet, wird mit Freiheitsstrafe bis zu zwei Jahren, Verurteilung auf Bewährung, Geldstrafe oder mit öffentlichem Tadel bestraft.[434]

Die DDR hatte die einschlägigen Menschenrechtskonventionen nach ihrer Aufnahme in die UN im Jahr 1973 ratifiziert[435] und setzte sie nach eigener Darstellung geradezu vorbildlich um.[436] Propagandistische Beiträge führender Jurist:innen der DDR in der seit 1949 vom Ministerium der Justiz der DDR herausgegebenen Zeitschrift *Neue Justiz* bezogen sich auf UN-Resolutionen und Konventionen gegen Rassismus, Kolonialismus und Apartheid.[437] Zeitgenössische

432 § 10 Gesetz vom 26. 03. 1968 zur Durchführung eines Volksentscheides über die Verfassung der Deutschen Demokratischen Republik (GBl. DDR 1968, S. 192).

433 StGB-DDR vom 12. 01. 1968, GBl. DDR 1968, S. 1.

434 Ministerium der Justiz, *Strafrecht der DDR. Kommentar zum Strafgesetzbuch*, Berlin 1981, § 140, Rn. 1.

435 Die DDR trat nach ihrer Aufnahme in die UN allen Menschenrechtskonventionen bei, GBl. DDR SdR. Nr. 1057. Sie ratifizierte ICERD am 27. 03. 1973, GBl. DDR II. 1974 S. 129.

436 Heinrich Toeplitz, »Kampf gegen Rassismus und Rassendiskriminierung«, in: *Neue Justiz* 1/1979, S. 7-9, hier: S. 9; Eberhard Poppe, *Politische und persönliche Grundrechte in den Kämpfen unserer Zeit*, Berlin 1984, S. 214; Hans-Joachim Heintze, »Das Verbot der Rassendiskriminierung, eine zwingende Norm des Völkerechts«, in: *Neue Justiz* 8/1985, S. 325-327, hier: S. 327.

437 Ebd., S. 325; Poppe, *Politische und persönliche Grundrechte*, S. 40; Graefrath,

Veröffentlichungen zum StGB der DDR beziehen sich im Zusammenhang mit § 92 StGB-DDR durchweg auch auf die UN-Rassismus-Konvention und zitieren insbesondere Art. 4 ICERD.[438] Auch Eberhard Poppes bekannte Monographie zu Grundrechten in der DDR verweist auf ICERD.[439] Die »Rassen- und Völkerhetze«, heißt es in einer Kommentierung zu § 92 StGB von 1970, trete »in den mannigfaltigsten Formen der Diskriminierung von Völkern und Rassen auf«, insbesondere »in Form der Antisowjethetze sowie der Hetze gegen Farbige, Juden usw«.[440] Damit sind wichtige zeitgenössische Formen des Rassismus benannt: antikommunistisch überformter antislawischer Rassismus, kolonialer Rassismus und Antisemitismus. Sie werden jedoch »als Begleiter der reaktionären Ideologie des Imperialismus« ausschließlich außerhalb der DDR verortet.[441]

Ein kategorial formulierter Gleichheitssatz hielt 1968 unter der Überschrift »Grundrechte und Grundpflichten der Bürger« Einzug in die Verfassung der DDR.[442] Art. 20 Abs. 1 S. 1 VerfDDR statuierte seither:

> Jeder Bürger der Deutschen Demokratischen Republik hat unabhängig von seiner Nationalität, seiner Rasse, seinem weltanschaulichen oder religiösen Bekenntnis, seiner sozialen Herkunft und Stellung die gleichen Rechte und Pflichten.

Der Gleichheitssatz wurde in der DDR im Sinne eines materiellen Gleichheitsverständnisses verstanden, zentral ging es dabei jedoch um die Stellung des Menschen in der Klassengesellschaft. Das sozialistische Gleichheitsrecht diene, so der marxistische Rechtstheoretiker Hermann Klenner, »auf der Grundlage des gesellschaftlichen Eigentums an den Produktionsmitteln und der beseitigten Klassengegensätze der allmählichen Überwindung der

»Überwindung des Rassismus«, S. 695; Toeplitz, »Kampf gegen Rassismus«, S. 9.

438 Ministerium der Justiz, *Strafrecht der DDR. Lehrkommentar zum Strafgesetzbuch*, Berlin 1970, § 92 Rn. 4; Ministerium der Justiz, *Strafrecht der DDR. 1981*, § 92 Rn. 2; *Sektion Rechtswissenschaft der Humboldt-Universität zu Berlin*, Strafrecht BT, 1981, S. 34.

439 Poppe, *Politische und persönliche Grundrechte*, S. 214.

440 Ministerium der Justiz, *Strafrecht der DDR. 1970*, § 92, Rn. 3.

441 Ebd.

442 Die Verfassung der DDR von 1974 nahm diesbezüglich keine Änderungen vor.

sozialen Ungleichheit«.[443] Die »gezielte Förderung bestimmter sozialer Gruppen«[444] galt danach nicht als Verstoß gegen den Gleichheitssatz, wie Poppe erläutert:

> Getragen von seinem Klassencharakter, ist der gleiche Rechtsmaßstab nach dem Prinzip der sozialistischen Gerechtigkeit frei von diskriminierenden oder benachteiligenden Kriterien. Die weit wichtigere und das Wesen der Gleichstellung ausmachende Seite besteht darin, dass der gleiche Rechtsmaßstab – seinem Klassencharakter entsprechend und als Ausdruck der sozialistischen Gerechtigkeit, soweit notwendig und möglich, bestehende wichtige Differenzierungen in sich aufnimmt; das heißt, bei der Verteilung der sozialen Güter werden Besonderheiten berücksichtigt.[445]

Als Beispiel nennt Poppe die »Förderung der Frau«, die »Jugendförderungspläne« und »das Recht der Nationalitäten zur Pflege ihrer Muttersprache und Kultur«.[446] Fördermaßnahmen zum Ausgleich rassistischer Diskriminierungen werden nicht erwähnt.

Poppe stand für eine marxistische Schule, die formale Rechtsgleichheit und reale soziale Ungleichheit nicht mehr frontal gegenüberstellte und Grund- und Menschenrechte als bloßen Ausdruck kapitalistischer Verhältnisse ablehnte. Er bezog sich affirmativ auf formale Rechtsgleichheit, sprach sich aber auch für reale Rechtsgleichheit aus: »Soziale Grundrechte bringen nicht nur eine formale Rechtsgleichheit zur Geltung, sondern sie sind unauflöslich mit solchen staatlichen und gesellschaftlichen Tätigkeiten verbunden, die in zunehmendem Maße für alle Bürger die gleichen tatsächlichen Möglichkeiten herbeiführen und sichern.«[447]

Entsprechend hatten die Grundrechte in der DDR stärker den Charakter von Teilhaberechten als von Abwehrrechten des Bürgers gegen den Staat.[448] Doch galten »alle sozialen Grundrechte« zumindest in der Theorie auch als »persönliche Rechte des Bürgers im Sinne von subjektiven Rechten«.[449] Zur »Grundrechtskon-

443 Hermann Klenner, *Studien über die Grundrechte*, Berlin 1964, S. 60.

444 Poppe, *Politische und persönliche Grundrechte,* S. 91.

445 Ebd., S. 92 f.

446 Ebd., S. 93. Damit waren die Sorben angesprochen.

447 Eberhard Poppe, Rolf Schüsseler, »Sozialistische Grundrechte und Grundpflichten der Bürger«, in: *Staat und Recht* 12/1963, S. 209-228, hier: S. 220 f.

448 Dietze, *Die Verfassung der DDR*, S. 116.

449 Poppe, *Politische und persönliche Grundrechte,* S. 22.

zeption der SED« schreibt Poppe 1984: »Das Individuelle bewegt sich stets in einer unaufhebbaren Relation zum Gesellschaftlichen. Dies festzustellen negiert keineswegs den eigenständigen Wert der Persönlichkeit, des Individuellen, betont hingegen die primären Faktoren.«[450]

Die Materialien des Verfassungsausschusses definieren zwar nicht, was mit »Rasse« gemeint ist, deutlich wird aber, dass die Nennung von »Nationalität« und »Rasse« in Art. 20 Abs. 1 S. 1 VerfDDR eine Anpassung an die Formulierungen internationaler Konventionen darstellt. Im Bericht der Verfassungskommission vom 22. März 1968 heißt es ausdrücklich: »Die Menschenrechtserklärung wurde den Völkern 1948 als anzustrebendes Ideal verkündet. [...I]n der Deutschen Demokratischen Republik ist dieses Ideal verwirklicht!«[451] Im Verfassungsausschuss wurde insbesondere die Freiheit des weltanschaulichen und religiösen Bekenntnisses diskutiert. Hierbei ging es vor allem darum, die Ausübung des christlichen Glaubens zu sichern.[452] Mit Nationalität war vor allem die sorbische Minderheit adressiert, der in Art. 40 VerfDDR seit 1968 ausdrücklich zugestanden wird: »Bürger der Deutschen Demokratischen Republik sorbischer Nationalität haben das Recht zur Pflege ihrer Muttersprache und Kultur. Die Ausübung dieses Rechts wird vom Staat gefördert.«[453] Zu »Rasse« wurden in der Ver-

450 Ebd., S. 39. Die Behauptung, die DDR hätte den Grundrechten keine subjektive Geltung zugestanden, ist damit zumindest mit Blick auf die Gleichheit falsch, so aber Karin Schmid, *Die Verfassungssysteme der Bundesrepublik Deutschland und der DDR*, Berlin 1982, S. 66; differenziert Dietze, *Die Verfassung der DDR*, S. 116; nach Roggemann, *Die DDR-Verfassungen*, S. 76, trat die traditionelle Funktion der Grundrechte, persönliche Freiräume gegen Eingriffe staatlicher Gewalt zu schützen, mit der Verfassung von 1974 noch weiter zurück.

451 Bericht der Verfassungskommission vom 22. März 1968, in: Klaus Sorgenicht/Reiner Arlt, *Verfassung der DDR Bd. 1*, 1969, S. 165 ff.

452 Wilfriede Otto, »Verfassungsdebatte und Verfassung der DDR – Kernstück für relative Identifikationsmöglichkeiten und möglichen Abbruch«, in: Heiner Timmermann (Hg.), *Die DDR zwischen Mauerbau und Mauerfall*, Münster 2012, S. 151-177, hier: S. 151.

453 So auch Mampel, *Die sozialistische Verfassung der DDR*, Art. 6. Rn. 7. In Art. 11 VerfDDR 1949 hieß es noch, »fremdsprachige Volksteile« seien in ihrer Entwicklung zu fördern. Nach der Gründung von BRD und DDR waren die Sorben jedoch die einzige fremdsprachige Minderheit, so dass die Umformulierung konsequent erscheint, ebenso Mampel, *Die sozialistische Verfassung der DDR*, Art. 40, Rn. 1.

fassungskommission keinerlei Positionen ausgetauscht.[454] Siegfried Mampel schreibt in seiner in der Bundesrepublik herausgegebenen Kommentierung der DDR-Verfassung, das Verbot der Rassendiskriminierung in Art. 20 Abs. 1 S. 1 VerfDDR bedeute, »dass normale erbliche Körpermerkmale nicht zu einer unterschiedlichen Behandlung führen dürfen«,[455] bzw. verlange »die gleiche Behandlung auch bei ungleichen äußeren Merkmalen«.[456] Mampel gibt keine Quellen an, so dass es sich wahrscheinlich um seine eigene, an den zeitgenössischen Definitionen in den Kommentierungen zu Art. 3 Abs. 3 GG ausgerichtete Definition handelt.[457] In den eingesehenen Dokumenten des Verfassungsausschusses wird Rasse gar nicht erwähnt, ebenso wenig in der schriftlichen Auswertung der Verfassungskommission vom 22. März 1968 über die Ergebnisse der Volksaussprache zum Verfassungsentwurf.[458] Auch in den einschlägigen Monografien zur Verfassung der DDR finden sich keine Ausführungen zur Frage, was mit »Rasse« gemeint ist.[459]

### 5.6.3. Rasse, Klasse und Dimitroffsche Faschismusanalyse

Eine Definition rassialisierter Differenz findet sich zwar nicht in der verfassungsrechtlichen Literatur, eine aufschlussreiche Definition liefern aber die Kommentierungen zu § 91 StGB-DDR (Verbrechen gegen die Menschlichkeit). Darin heißt es zu den geschützten Gruppen:

> – nationale Gruppen, d. h. durch soziale, wirtschaftliche, territoriale, sprachliche und physische Elemente gekennzeichnete Strukturen und Entwicklungsformen eines menschlichen Gesellschaftsverbandes,
>
> – ethnische Gruppen, d. h. einheitliche Bevölkerungsgruppen gleicher Sprache und Kultur, die sich ihrer Zusammengehörigkeit und volksthümlichen Eigenheit meist bewußt sind,

454 Dokumentiert in Sorgenicht/Arlt, *Verfassung der DDR Bd. 1*, S. 165.

455 Mampel, *Die sozialistische Verfassung der DDR*, Art. 6, Rn. 8.

456 Ebd., Rn. 9.

457 Ausführlich zu Art. 3 Abs. 3 GG Kapitel 5.8.

458 Dokumentiert in Sorgenicht/Arlt, *Verfassung der DDR Bd. 1*.

459 Dietze, *Die Verfassung der DDR*, S. 222; Roggemann, *Die DDR-Verfassungen*, S. 76.

– rassische Gruppen, d. h. große Gruppen von Menschen, die eine kennzeichnende Vereinigung von erblichen Körpereigenschaften mit begrenzter Schwankungsbreite aufweisen, welche unter dem zusammenwirkenden Einfluss natürlicher und sozial-ökonomischer Bedingungen entstanden sind.[460]

In der Auflage von 1981 ist die Definition »rassischer Gruppen« kürzer, dort steht: »Menschengruppen, die unter dem Einfluss natürlicher und sozioökonomischer Bedingungen entstanden.«[461] Zunächst zeigt sich hier einmal mehr die Schwierigkeit, miteinander interdependent verwobene Kategorisierungen definitorisch zu trennen. So können »rassische Gruppen« nach der Definition auch »nationale« Gruppen sein und vice versa. Die Definition der »ethnischen Gruppen« enthält (vielleicht in Anlehnung an Max Weber) als einzige ein subjektives Element. Sie passt auf die Bevölkerungsgruppe der Sorben, die in Art. 40 VerfDDR jedoch als nationale Gruppe legaldefiniert ist. Die Definition »rassischer Gruppen« ist insofern interessant, als sie auch auf sozioökonomische Bedingungen hinweist. Das weist auf ein Bewusstsein für die interdependente Verwobenheit rassistischer Teilungen mit sozioökonomischen Positionierungen (Klasse) hin. Deutlicher wird das in anderen juristischen Veröffentlichungen. Es stehe »außer Zweifel, dass der Rassismus keinerlei wissenschaftliche Grundlage habe – schon gar keine biologische«, schreibt 1971 Bernhard Graefrath, Vertreter der DDR im UN-Menschenrechtsausschuss und später in der Völkerrechtskommission der UN, in der *Neuen Justiz*.[462] Ähnlich heißt es dort schon im Jahr 1960, »das Geschwätz von der ›rassischen Minderwertigkeit‹ anderer Völker ist nichts anderes als die ins Biologische übertragene Forderung nach der ›Freiheit zur Ausbeutung‹«.[463]

Zum Beweis für den »unwissenschaftlichen und menschenfeindlichen Charakter aller rassistischen Theorien« führt Graefrath die vier UNESCO-Erklärungen zur Rassefrage an.[464] Graefrath analysiert überaus hellsichtig den »sozialen Charakter des Rassis-

460 Ministerium der Justiz, *Strafrecht der DDR. 1970*, § 91 Rn. 3, Rechtschreibung i. Orig.; ebenso Ministerium der Justiz, *Strafrecht der DDR 1981*, § 91, Rn. 2.

461 Ebd.

462 Graefrath, »Überwindung des Rassismus«, S. 695.

463 Hans-Gerhard Cheim u. a., »Globke – Kriegsverbrecher und Verbrecher gegen die Menschlichkeit«, in: *Neue Justiz* (1960), S. 719-727, hier: S. 719.

464 Graefrath, »Überwindung des Rassismus«, S. 696.

mus« und weist darauf hin, dass dieser nicht »auf Fragen der Nationalität, Hautfarbe und Sprache reduziert werden kann«, obwohl er »häufig auch als eine Form des Nationalismus« auftrete: »Hautfarbe, Sprache oder Nationalität liefern dem Rassismus nur den Aufhänger, den Anknüpfungspunkt, um die soziale Diskriminierung zu rechtfertigen oder, wie häufig im Fall des Antisemitismus, einen Schuldigen für soziale Missstände oder Krisen zu finden [...].«[465] Graefrath beschreibt hier einerseits deutlich, wie rassistische Zuschreibungen (Rassialisierungen) an Eigenschaften, z. B. Hautfarbe oder Sprache, anknüpfen. Zum anderen beschreibt der Autor die Funktion des Rassismus: Dieser legitimiert soziale Diskriminierung durch die Naturalisierung des Sozialen.[466] Damit befindet sich Graefrath im Einklang mit der modernen Rassismusforschung. Unter Verweis auf Lenin führt er dann weiter aus:

Der Rassismus wurde und wird [...] eingesetzt, um den Blick des Arbeiters zu trügen, um seine Aufmerksamkeit vom wirklichen Feind der Werktätigen, vom Kapital, abzulenken.[467] [...]

Der Rassismus diente den Nazis dazu, das eigene Volk zu entrechten, zu verdummen und zu verrohen, es reif zu machen, sich als Herrscher zu bewähren über Millionenheere in- und ausländischer Arbeitssklaven und als Kommandeure der faschistischen Todesfabriken.[468]

In ähnlicher Weise hatte das Oberste Gericht der DDR schon 1952 geurteilt: »Der Antisemitismus wurde vom Nationalsozialismus als hauptsächlichstes Mittel zur Barbarisierung des deutschen Volkes benutzt.«[469] In einer Veröffentlichung des DDR-Komitees zur ersten UN-Dekade gegen Rassismus aus dem Jahr 1978 steht zu lesen:

Für die Menschheit bleibt der Völkermord unvergessen, den die berüchtigte deutsche »Schutztruppe« im heutigen Namibia (dem früheren Südwestafrika) zu Beginn unseres Jahrhunderts an über 70 000 Hereros verübte, um die Profitinteressen des deutschen Monopolkapitals zu sichern.[470]

465 Ebd., S. 698.
466 Ausführlich Kapitel 3.1.3.
467 Graefrath, »Überwindung des Rassismus«, S. 695.
468 Ebd., S. 697.
469 Oberstes Gericht der DDR v. 04. 01. 1952-1 a ZSt 31/51, NJ 1952, S. 278 ff. (279).
470 DDR-Komitee für die Kampfdekade gegen Rassismus und Rassendiskriminierung, *Rassismus, Apartheid und Kolonialismus. Dokumente der DDR 1949-1977*, Berlin 1978, S. 46.

Die Verbrechen des deutschen Kolonialismus und des Nationalsozialismus werden hier in einer Deutlichkeit benannt, die der rechtswissenschaftlichen und politischen Diskussion der Bundesrepublik jener Zeit fremd war. Auch der Hinweis darauf, dass Rassismus als Rechtfertigungsideologie für ökonomische Ausbeutung in modernen, nach kapitalistischen Prinzipien organisierten Gesellschaften entstanden ist und im Nationalsozialismus propagandistisch mobilisiert wurde, ist richtig. Und doch greifen die Darstellungen viel zu kurz. Indem Graefrath das Kapitalverhältnis als den »wirklichen Feind« herausstellt, erklärt er den Rassismus im Sinne der Dimitroffschen Faschismusanalyse zu einem untergeordneten Phänomen. Die Verflechtung von Herrschaftsverhältnissen in modernen arbeitsteiligen Gesellschaften und die Eigendynamiken rassistischer Ideologien und Stratifikationen vermag er nicht zu erklären. Weder die Shoah noch der Genozid an den Herero und Nama lassen sich allein über ökonomische Motive angemessen begreifen. Graefrath erklärt Rassismus darüber hinaus zum bloßen Instrument einer herrschenden Klasse über ein »verdummtes«, »abgelenktes«, manipuliertes Volk. Dieses erscheint damit aller Handlungsoptionen beraubt und somit auch frei von Verantwortung. Damit verfehlt er auch die komplexe Wirkmächtigkeit rassistischer Verhältnisse auf der Mikro-, Meso- und Makroebene von Gesellschaft.

Eine solche Erklärung bzw. Verklärung der kolonialen und nationalsozialistischen Verbrechen ermöglichte den antifaschistischen Gründungsmythos der DDR, der wesentlich auf der im Marxismus-Leninismus vertretenen Faschismustheorie Georgi Dimitroffs beruhte. Danach ist der Faschismus die »offene, terroristische Diktatur der am reaktionärsten, am meisten chauvinistischen, am meisten imperialistischen Elemente des Finanzkapitals«.[471] Aus der im Staatsverlag der DDR erschienenen Kommentierung der Verfassung der Deutschen Demokratischen Republik geht dies deutlich hervor, dort steht zu Art. 20 Abs. 1 S. 1 VerfDDR zu lesen:

> Dagegen gehört es zu den Praktiken der Bourgeoisie beziehungsweise Monopolbourgeoisie, nationale oder Rassenunterschiede wie religiöse Differenzierungen zu nutzen und zu erzeugen – bis zur Propagierung von Völ-

471 Georgi Dimitroff, Referate auf dem VII. Kongreß der Kommunistischen Internationale 1935, zitiert nach DDR-Komitee für die Kampfdekade gegen Rassismus und Rassendiskriminierung, S. 46.

ker-, Rassen- und Glaubenshaß –, um das Wesen der Klassenherrschaft zu verschleiern und von Profit- und Raubgier bestimmte Ziele der herrschenden Klasse durchzusetzen.[472]

Rassismus galt danach »als eine systembedingte Begleiterscheinung der imperialistischen Herrschaft«,[473] sei es in Form des vergangenen »deutschen Faschismus« oder der weiterbestehenden »herrschenden imperialistischen Klasse« in den Staaten des Westblocks.[474] Dieser Logik folgend, müsste sich mit dem Ende der »imperialistischen Herrschaft« auch der Rassismus erledigen. So formulierte es auch das »DDR-Komitee für die Kampfdekade gegen Rassismus und Rassendiskriminierung, gegen Apartheid und Kolonialismus« in einem anlässlich der ersten UNESCO-Weltkonferenz zur Bekämpfung von Rassismus und rassistischer Diskriminierung in Genf 1978 herausgegebenen Dokumentenband:

Mit dem Aufbau und der Existenz des Sowjetstaates wurde die »Rassenfrage« erstmalig praktisch gelöst. Das heißt, die »Rassenfrage« im Sinne der Ideologie des Rassismus verlor mit der Errichtung des ersten sozialistischen Staates auf dessen Territorium ihre sozialökonomische Basis, weil mit der Zerschlagung der kapitalistischen Ausbeutungs- und Unterdrückungsverhältnisse nicht nur die Ausbeutung bestimmter Klassen, sondern auch die bestimmter Rassen endgültig beseitigt wurde.[475]

Der antifaschistische Gründungsmythos der DDR lautete, dass Nazi- und Kriegsverbrecher auf dem Territorium der DDR nicht nur strafrechtlich verfolgt und abgeurteilt, sondern auch enteignet wurden. Damit und mit der Einführung des Sozialismus waren »die sozialen Wurzeln der faschistischen Verbrechen ausgemerzt« und »gesellschaftliche Verhältnisse geschaffen worden, die eine Aggression sowie Kriegsverbrechen und Verbrechen gegen die Menschlichkeit für alle Zukunft ausschließen«, so schrieb 1979 Peter Przybylski, stellvertretender Chefredakteur der Zeitschrift *Neue Justiz* und Staatsanwalt der Generalstaatsanwaltschaft der DDR.[476]

472 Sorgenicht, Arlt, *Verfassung der DDR Bd. 1*, S. 29.

473 DDR-Komitee für die Kampfdekade gegen Rassismus und Rassendiskriminierung, S. 45.

474 Graefrath, »Überwindung des Rassismus«, S. 697.

475 DDR-Komitee für die Kampfdekade gegen Rassismus und Rassendiskriminierung, S. 45.

476 Peter Przybylski, *Zwischen Galgen und Amnestie – Kriegsverbrecherprozesse im Spiegel von Nürnberg*, Berlin 1979, S. 152.

Mit dieser Formel zog die DDR einen Schlussstrich unter die Zeit des Nationalsozialismus. Die Dimitroffsche Formel eröffnete ihr den Weg zu einer doppelten Externalisierung von Rassismus, zum einen in die Vergangenheit und zum anderen in die Bundesrepublik und andere Staaten des westlichen Staatenblocks.

### 5.6.4. »Im Hoheitsgebiet der DDR ist der Rassismus ausgerottet« – die Überwindung des Rassismus durch dessen Externalisierung

Für die Bevölkerung der DDR bedeutete die Dimitroffsche Formel Entlastung von Fragen nach der eigenen Verantwortung in Zeiten des Nationalsozialismus. Für die Staats- und Parteiführung und die Justiz der DDR bedeutete das auch, dass es Rassismus in der DDR nicht mehr geben konnte und durfte. Walter Ulbricht, Vorsitzender der Kommission zur Ausarbeitung einer sozialistischen Verfassung der DDR und Vorsitzender des Staatsrates der Republik, hatte schon auf der Tagung der 7. Volkskammer am 31. Januar 1968 anlässlich der Vorstellung des Entwurfs der Verfassung von 1968 verkündet:

> Seitdem wir in der Deutschen Demokratischen Republik den Imperialismus mit der Wurzel beseitigt haben und durch das Gesetz zum Schutze des Friedens jedwede Rassenhetze oder Propaganda des Völkerhasses ausgemerzt haben, ist unsere Politik des Friedens, des Antiimperialismus und Antikolonialismus wirklich zu einer Sache des ganzen Volkes geworden.[477]

Bernhard Graefrath erweiterte diese Erfolgsmeldung 1971. Es sei »eine der historischen Leistungen der Deutschen Demokratischen Republik, dass der Rassismus sowohl in seinen Erscheinungsformen als auch in seinen Wurzeln ausgerottet ist«,[478] schrieb er in der *Neuen Justiz*.

So wenig wie angesichts dieser Feststellung über Rassismus in der DDR gesprochen werden musste, so viel wurde dort zugleich über Rassismus in der Bundesrepublik und anderen Staaten des Westblocks berichtet und gerichtet. Am bekanntesten ist der Prozess gegen Hans Globke aus dem Jahr 1963. Globke war Kommen-

477 Sorgenicht, Arlt, *Verfassung der DDR Bd. 1*, S. 99.
478 Graefrath, »Überwindung des Rassismus«, S. 696.

tator der Nürnberger Rassengesetze und nun Staatssekretär im Bundeskanzleramt und engster Vertrauter Konrad Adenauers. Vor dem Obersten Gericht der DDR wurde Globke in Abwesenheit in einem in propagandistischer Absicht geführten Prozess wegen Verbrechen gegen die Menschlichkeit zu lebenslänglicher Zuchthausstrafe verurteilt.[479] Auch wenn die Verantwortung Globkes für die Entrechtung und Verfolgung der deutschen Juden unbestritten ist, war der Prozess ein Schauprozess, der in erster Linie das Ziel verfolgte, die Wesensgleichheit der Bonner Republik mit der Nazi-Diktatur vorzuführen. Unter der Rubrik »Staat und Recht im Imperialismus« berichtete die *Neue Justiz* regelmäßig über die mit Blick auf Rassismus unbefriedigende rechtliche und tatsächliche Situation im Westblock. Darunter finden sich Studien über die rechtliche Situation von *Native Americans* in den USA,[480] die mangelnde straf- und verwaltungsrechtliche Verfolgung neonazistischer Gruppen in der Bundesrepublik,[481] die Umsetzung der UN-Rassismus-Konvention in Großbritannien[482] und zur Kriminalisierung und überproportionalen strafrechtlichen Verfolgung von Afroamerikanern in den USA.[483] Die Rubrik »Bei anderen gelesen« berichtete über Gerichtsurteile und rechtliche Entwicklungen in der Bundesrepublik, zum Beispiel über verzerrende statistische Effekte bei der Erhebung von »Ausländerkriminalität«,[484] die Entscheidung des BGH aus dem Jahre 1984, wonach die Parolen »Türken raus« und »Ausländer raus« keine Volksverhetzung darstellten,[485] und

479 Oberstes Gericht der DDR v. 23.07.1963-1 ZSt (I) 1/63, NJ, 15/1963, S. 449-517; zur Einordnung des in Abwesenheit durchgeführten Prozesses Hermann Wentker, »Die juristische Ahndung von NS-Verbrechen in der Sowjetischen Besatzungszone und in der DDR« in: *Kritische Justiz* (35) 1/2002, S. 60-78, hier: S. 72 m. w. N.

480 Helga Lumer, »Die rechtliche Situation der Indianer in den USA«, in: *Neue Justiz* 5/1988, S. 184-187.

481 Karl-Heinz Röder, »Bemerkenswerte Erkenntnisse eines kritischen Kriminologen aus den USA«, in: *Neue Justiz* 3/1982, S. 114-116.

482 Hans-Joachim Heintze, »Zur Verwirklichung der Antirassismuskonvention in Großbritannien«, in: *Neue Justiz* 10/1981, S. 461-464.

483 Röder, »Bemerkenswerte Erkenntnisse«, S. 114.

484 Redaktion Neue Justiz, »Zur Bewertung der Ausländerkriminalität in der BRD«, in: *Neue Justiz* 1/1989, S. 28.

485 Redaktion Neue Justiz, »BRD-Bundesgerichtshof toleriert Neonazismus«, in: *Neue Justiz* 9/1984, S. 352.

über die Diskussion um den Vorschlag des Regensburger Professors für Strafrecht, Strafprozessrecht und Ostrecht, Friedrich-Christian Schröder, Ausländer aus den Ostblockländern härter zu bestrafen als Deutsche, da sie weniger »strafempfindlich« seien.[486]

Alle diese Beiträge enthalten zahlreiche Bezüge auf ICERD und auf UN-Resolutionen. Sie zeichnen sich einerseits durch eine ausgezeichnete Kenntnis internationaler Menschenrechtsstandards und der rechtlichen Situation in den Staaten des Westblocks aus. Andererseits sind die Veröffentlichungen durch eine für die DDR typische antiimperialistische Kampfrhetorik überformt, die positive Entwicklungen, Ambivalenzen und Widersprüche in den porträtierten Staaten zugunsten einer ideologischen Feindbestimmung verschweigen. Dieses diskursive Muster zeigt sich auch in der Aufzählung der »spezifischen Erscheinungen des Rassismus in der Gegenwart« in der *Neuen Justiz*. Genannt werden das »unmenschliche und friedensgefährdende Apartheidregime in Südafrika«,[487] »das illegale Rassistenregime von Smith in Simbabwe«[488] und »die amerikanische Aggression gegen das vietnamesische Volk, die rassistische Züge trägt«.[489] »[D]ie Aggression Israels gegen die arabischen Völker« weist nach Graefrath auf einen »kolonialen Rassismus«[490] hin, der der »herrschenden Klasse in Israel«[491] zur Rechtfertigung der »Ausnutzung der einheimischen arabischen Bevölkerung als billige Arbeitssklaven«[492] diene. Mit Blick auf die Bundesrepublik klagt Graefrath die »freiheitlich kaschierte Form der Rassendiskriminierung« durch die »massenhafte Beschäftigung von sog. Fremd- oder Gastarbeitern« an.[493] Die Gemeinsamkeit dieser »Erscheinungsformen des Rassismus« beschreibt Graefrath dahingehend, »dass es sich im Grunde immer um eine an eine äußere Erscheinung anknüpfende Diskriminierung eines Heeres von Arbeitssklaven handelt, die in dem Umfang ausgerottet oder ›gehalten‹ werden, in

486 Redaktion Neue Justiz, »Professor C. F. Schroeder kontra Diskriminierungsverbot des BRD-Grundgesetzes«, in: *Neue Justiz* 10/1984, S. 402.
487 Für viele Toeplitz, »Kampf gegen Rassismus«, S. 9.
488 Ebd.
489 Graefrath, »Überwindung des Rassismus«, S. 697.
490 Ebd.
491 Ebd.
492 Ebd.
493 Ebd.

dem es zur Mehrung des Reichtums der Imperialisten zweckmäßig erscheint«.[494]

Diese Darstellung ist in mehrerlei Hinsicht aufschlussreich. Die Beiträge benennen und analysieren zentrale zeitgenössische Konflikte, die international unter dem Stichwort »Rassismus« diskutiert wurden. Diesen fasst Graefrath vermittels der in der DDR gängigen reduktionistischen Definition von Rassismus als »Instrument der Herrschaft des Imperialismus«[495] zusammen. Das führt (oder dient) im Ergebnis zu einer Gleichsetzung ganz unterschiedlicher Phänomene. Die unmittelbar und offen an rassische Kategorien anknüpfende segregierende Rechtslage in Südafrika und Simbabwe lässt sich mit der rassistischen Behandlung angeworbener ausländischer Arbeitskräfte in der Bundesrepublik hinsichtlich Ursache und Wirkung kaum vergleichen. Deutlicher tritt die Reduktion auch beim Vergleich mit dem Stellvertreterkrieg in Vietnam zutage, und gänzlich krude wird die Argumentation, wenn der komplexe Konflikt in Israel/Palästina auf ein israelisches Interesse an »billigen Arbeitssklaven« heruntergebrochen wird. Auffällig ist in diesem Zusammenhang auch, dass in den Beiträgen kein Wort über zeitgenössischen Antisemitismus fällt. Die Verwendung von Begriffen wie »Fremdarbeiter« und »Arbeitssklaven« verweist auf eine weitere Gleichsetzung: Diese Topoi stehen in der DDR-Rhetorik auch für den Faschismus.[496] Kontinuitätslinien zieht Graefrath damit nicht nur zwischen dem nationalsozialistischen Deutschland und der Bundesrepublik Deutschland, sondern auch zwischen dem Nationalsozialismus und Israel. Er verwendet damit eine klassische Figur der Schuldabwehr und des sekundären Antisemitismus.[497]

Während der Blick auf Rassismen in der Vergangenheit und in den Staaten des Westblocks geschärft war, wurde Rassismus in der DDR in keinem Urteil des Obersten Gerichts und in keinem Beitrag der *Neuen Justiz* erwähnt. Dass sich die Behandlung von Vertragsarbeiter:innen in der DDR von jener von Gastarbeiter:innen in der Bundesrepublik nicht wesentlich unterschied, blieb ebenso unbenannt wie die Schändung von jüdischen Friedhöfen im Ostteil Deutschlands. Graefrath konstatierte schon 1971:

494 Ebd.

495 Ebd., S. 696.

496 Ebd., S. 698 »Millionenheere in- und ausländischer Arbeitssklaven«.

497 Zum sekundären Antisemitismus siehe Kapitel 3.2.1.

Aus den Schulbüchern, aus dem Unterricht an Schulen und Hochschulen, aus dem öffentlichen und kulturellen Leben wurden alle rassistischen Vorstellungen, darunter insbesondere der Antisemitismus, ausgemerzt, den Vertretern rassistischer Ideologien wurde jede Einwirkung auf die Öffentlichkeit genommen.[498]

Nicht nur angesichts von Begriffen wie »ausmerzen« und »ausrotten«, die die Sprache und Politik des Nationalsozialismus wiedergeben, kommen Zweifel an solchen Erfolgsmeldungen auf. Ein Blick in Schulbücher und Lexika der DDR und auch die neuere Forschung zu Antisemitismus und Rassismus in der DDR zeigen, dass Rassismus nicht ausgerottet, sondern weit verbreitet war.[499] Doch ein Eingeständnis von dessen Existenz hätte nicht nur die eigene Theorie und Weltanschauung ad absurdum geführt, sondern auch das sorgsam gepflegte Bild des antifaschistischen, antirassistischen Vorzeigestaates auf deutschem Boden beschädigt. Im »Bericht der DDR an den UN-Generalsekretär über Maßnahmen der DDR im Rahmen der Kampfdekade gegen Rassismus und Rassendiskriminierung« vom Dezember 1975 heißt es:

Im Berichtszeitraum gibt es keine Verletzung jener gesetzlichen Bestimmungen, die sich auf das Verbot jedweder Handlungen der Rassendiskriminierung beziehen; und deshalb gab es in der Gerichtspraxis der DDR auch keinen einzigen Fall dieser Art von strafbaren Handlungen.[500]

An dieser Berichtspraxis sollte sich bis zum Ende der DDR nichts ändern. 1975, im selben Jahr des Berichts an die UN, wurden in Erfurt Vertragsarbeiter aus Algerien mit dem Ruf »Schlagt die Algerier tot!« durch die Stadt gejagt. Dies verschwieg die Regierung ebenso wie viele andere rassistische Taten.[501] 1979 kamen nach einer Schlägerei und anschließender Hetzjagd in Merseburg die kubanischen Vertragsarbeiter Delfin Guerra und Raúl Garcia Paret

498 Graefrath, »Überwindung des Rassismus«, S. 696.

499 Zahlreiche Beispiele dokumentiert Harry Waibel, *Die braune Saat. Antisemitismus und Neonazismus in der DDR*, Stuttgart 2017; Harry Waibel, *Der gescheiterte Anti-Faschismus der SED. Rassismus in der DDR*, Frankfurt/M. 2014; zu Schulbüchern und Lexika siehe Kapitel 3.3.4.2.

500 DDR-Komitee für die Kampfdekade gegen Rassismus und Rassendiskriminierung, *Rassismus, Apartheid und Kolonialismus,* S. 549.

501 Elsa Koester, »700 rassistische Übergriffe in der DDR«, in: *Neues Deutschland* v. 17.08.2016.

ums Leben. Ihr Tod wurde vertuscht, die Ermittlungsverfahren mit Billigung des Staatsratsvorsitzenden der DDR Erich Honecker eingestellt, um die durch andere rassistische Vorkommnisse bereits belasteten Beziehungen zum sozialistischen Bruderstaat Kuba nicht zu gefährden.[502] Im gleichen Jahr vermeldete Heinrich Toeplitz in seiner Funktion als Präsident des Obersten Gerichts der DDR:

> Die Regierung konnte dem Generalsekretär der UNO berichten, dass unserer sozialistischen Gesellschaft Rassismus und Rassendiskriminierung wesensfremd sind und dass sie auf allen Gebieten mit der Wurzel ausgerottet wurden, dass unser Volk in Freundschaft mit allen Völkern leben will und im Geiste der antiimperialistischen Solidarität am weltweiten Kampf gegen Kolonialismus, Apartheid, Rassismus und Rassendiskriminierung aktiv teilnimmt.[503]

Rassismus besteht nach dieser Darstellung nur jenseits des antifaschistischen Schutzwalls weiter. Antisemitismus kommt in Toeplitz' Aufzählung weltweit gar nicht mehr vor. Die Realität sah anders aus. Harry Waibel spricht als Ergebnis einer Auswertung von Unterlagen der Staatssicherheit von etwa 725 Propaganda- und Gewalttaten, die »manifesten Rassismus« betrafen, und von 900 Straftaten antisemitischer Natur.[504] 200 Vorfälle bezeichnet er als »pogromartig«, dabei wurden mindestens 10 Personen getötet.[505] Antisemitische Vorfälle in der DDR wurden verschwiegen oder zum Werk »westlicher Agenten« erklärt.[506] Bei Auseinandersetzungen zwischen Deutschen und Ausländern gingen Polizei und Staatsanwaltschaft in der Regel gegen Letztere vor, meist wurden sie daraufhin zwangsweise in ihre Heimatländer zurückgewiesen.[507]

Wenn überhaupt, wurden rassistische und antisemitische Gewalt oder Hassrede als »Rowdytum«, »staatsfeindliches« oder »asoziales Verhalten« bezeichnet und bestraft.[508] Von Rassismus oder

502 mdr, *Rassismus in der DDR. Bis heute ungeklärt: Der gewaltsame Tod von Delfin Guerra und Raúl Garcia Paret in Merseburg*, unter: ⟨https://www.mdr.de/sachsen-anhalt/halle/saalekreis/rassismus--ddr-der-gewaltsame-tod-delfin-guerra-und-raul-garcia-paret-in-merseburg-100.html⟩, Stand: 01.12.2020.

503 Toeplitz, »Kampf gegen Rassismus«, S. 9.

504 Waibel, *Die braune Saat*, S. 10.

505 Ebd.

506 Jahr, *Antisemitismus vor Gericht*, S. 334.

507 Waibel, *Die braune Saat*, S. 241 ff. mit Beispielen.

508 Oberstes Gericht der DDR v. 04.04.1974-1 a ZSt 1/74, OGE DDR Bd. 15, Staatsverlag der DDR 1976, S. 152 ff.; Oberstes Gericht der DDR v. 16.05.1990-

rechter Gewalt war offiziell nie die Rede. Rassistische Übergriffe wurden auf diese Weise bagatellisiert und zugleich als Angriff auf den antifaschistischen Staat statt auf die betroffenen Individuen reformuliert. Vor diesem Hintergrund wundert es nicht, dass Art. 20 Abs. 1 S. 1 VerfDDR mit Blick auf rassistische Diskriminierung in der Rechtswirklichkeit keinerlei Bedeutung hatte.[509] »Rechtsradikale Tendenzen in der DDR« waren erstmals in der *Neuen Justiz* 1/1990 Thema eines Fachaufsatzes. Der Beitrag erwähnt, dass auf der Dokumentarfilmwoche in Leipzig 1989 mit »Unsere Kinder« der erste Beitrag über »Skinheads im eigenen Land« gezeigt wurde.[510] Zu diesem Zeitpunkt trug die Zeitschrift schon nicht mehr den Zusatz »Zeitschrift für sozialistisches Recht und Gesetzlichkeit«.

## 5.7. Auf dem Weg zu Artikel 3 Absatz 3 Grundgesetz

Während in Berlin über eine Verfassung der Deutschen Demokratischen Republik diskutiert wurde, beschlossen die westlichen Alliierten auf der Londoner Sechs-Mächte-Konferenz die Gründung eines neuen Weststaates auf deutschem Boden. In Form der Frankfurter Dokumente vom 1. Juli 1948 informierten die westlichen alliierten Militärgouverneure die westdeutschen Ministerpräsidenten über den Wunsch nach einer einheitlichen Verfassungsgebung und gaben einen inhaltlichen Rahmen für die zu erarbeitende Verfassung vor, zu dem auch die Schaffung von »Garantien der individuellen Rechte und Freiheiten« zählte.[511] Der Gründung der Bundesrepublik Deutschland und dem Grundgesetz voraus gingen auch zahlreiche Landesverfassungen in den westlichen Besatzungszonen,

3 OSK 19/90, NJ 7/1990, S. 311 ff. Eine detaillierte Auswertung der Rechtsprechung der DDR steht noch aus.

509 Die Grundrechte galten bereits nur für Bürger:innen der DDR, nicht für deren ausländische Bewohner:innen. Mampel, *Die sozialistische Verfassung der DDR*, Art. 6, Rn. 12.

510 Loni Niederländer, »Zu den Ursachen rechtsradikaler Tendenzen in der DDR«, in: *Neue Justiz* 1/1990, S. 16-18.

511 Dokument Nr. 1, abgedruckt in Stern, *Staatsrecht*, Bd. V, 2000, S. 1215 f. Von diesem Zeitpunkt an kam der Gesetzgebung der Alliierten in den einzelnen Besatzungszonen eine immer größere Bedeutung zu, Görtemaker/Safferling, »Justiz unter Besatzungsherrschaft«, S. 35.

die Kataloge verbotener Diskriminierungskategorien enthielten, »die den alliierten Vorbildern weithin entsprachen«.[512] Sie sollten auch Art. 3 Abs. 3 Grundgesetz prägen.[513]

### 5.7.1. Diskriminierungsverbote in den Landesverfassungen der westdeutschen Besatzungszonen und in Berlin (West)

Die erste deutsche Verfassungsvorschrift, die ein Diskriminierungsverbot an die Kategorie Rasse knüpfte und die nicht (wie die Verfassung von Groß-Berlin) von den Alliierten erlassen wurde, war die Verfassung des Landes Hessen vom 1. Dezember 1946. Wie in der französischen Erklärung der Menschen- und Bürgerrechte vom 24. Juni 1793 steht darin die Gleichheit vor der Freiheit. Artikel 1 Hessische Verfassung lautet:

Alle Menschen sind vor dem Gesetze gleich, ohne Unterschied des Geschlechts, der Rasse, der religiösen und der politischen Überzeugung.[514]

Die (süd-)badische Verfassung vom 19. Mai 1947 formulierte in Artikel 1 ebenfalls ein Gleichheitsbekenntnis unter ausdrücklichem Bezug auf die Menschenrechte:

Das badische Volk bekennt sich zu dem Grundsatz, dass jeder Mensch, ohne Unterschied der Rasse, der Religion und des Glaubens, unveräußerliche und geheiligte Rechte besitzt. Diese Menschenrechte werden ausdrücklich bestätigt und stehen unter dem Schutz der Verfassung.[515]

Artikel 2 enthielt ein Diskriminierungsverbot. Die Formulierung in Satz 3 stand Patin für den späteren Art. 3 Abs. 3 GG:

Alle Bewohner Badens, ohne Unterschied der Herkunft, der Rasse, der Religion und der politischen Überzeugung, sind vor dem Gesetze gleich. Männer und Frauen haben dieselben staatsbürgerlichen Rechte und Pflichten. Es bestehen keine Vorrechte der Geburt, des Standes und des Geschlechts. Niemand darf seiner Abstammung, seiner Rasse, seines Glau-

512 Sachs, *Grenzen des Diskriminierungsverbots*, S. 324, 447.

513 Sachs, in: Stern, *Staatsrecht*, Bd. IV, 2011, § 122, Rn. II 1 d.

514 GVBl. I, S. 229.

515 Regierungsblatt Landesregierung Baden, 2. Jahrgang, Nr. 21 v. 28. 05. 1947, S. 129 ff. Art. 1 der Verfassung des Landes Baden vom 18. 05. 1947 wurde durch Artikel 94 Absatz 2 der Verfassung des Landes Baden-Württemberg vom 11. 11. 1953 aufgehoben.

bens, seiner religiösen und politischen Anschauungen wegen bevorzugt oder benachteiligt werden.

In Art. 7 S. 2 wurde darüber hinaus ein strafrechtliches Verbot rassistischer Beleidigung aufgenommen, das an die persönliche Ehre und an die Zugehörigkeit zu einer Gruppe anknüpft:

Die Ehre des Menschen steht unter dem Schutz des Staates. Das Nähere bestimmt das Gesetz. Beleidigungen, die sich gegen einzelne Personen oder Gruppen wegen ihrer Zugehörigkeit zu einer Rasse oder einer religiösen oder politischen Gemeinschaft richten, sind von Amts wegen zu verfolgen.

Art. 6 Abs. 1 Württ.-Hoh. Verf 1947 bestimmte:

Unterschiede der Geburt, des Geschlechts und der Rasse, des Bekenntnisses und des Standes begründen grundsätzlich keinen Unterschied der Rechte und Pflichten.[516]

Art. 4 Verfassung für Rheinland-Pfalz vom 18. Mai 1947 postulierte:

Die Ehre des Menschen steht unter dem Schutz des Staates. Beleidigungen, die sich gegen einzelne Personen oder Gruppen wegen ihrer Zugehörigkeit zu einer Rasse, einer religiösen, weltanschaulichen oder anerkannten politischen Gemeinschaft richten, sollen durch öffentliche Klage verfolgt werden.[517]

Am 13. März 1946 trat in Bayern das Gesetz Nr. 14 gegen Rassenwahn und Völkerhass in Kraft, das zur Verfolgung antisemitischer Straftaten herangezogen wurde.[518] Die Bayrische Verfassung vom 2. Dezember 1946 enthielt (und enthält bis heute) in Art. 119 ein strafbewehrtes Verbot rassistischer Hetze:

Rassen- und Völkerhass zu entfachen, ist verboten und strafbar.[519]

Gleiches gilt für die – nur für die Westsektoren Berlins – geltende Berliner Verfassung vom 1. September 1950. Art. 20 Abs. 2 lautete:

Rassenhetze und Bekundung nationalen oder religiösen Hasses widersprechen dem Geist der Verfassung und sind unter Strafe zu stellen.[520]

516 Zitiert nach Sachs, *Grenzen des Diskriminierungsverbots*, S. 316 f.

517 VOBl. 1947, 209.

518 Jahr, *Antisemitismus vor Gericht*, S. 325.

519 Art. 119 Verfassung des Freistaates Bayern vom 02.12.1946, in Kraft getreten am 08.12.1946.

520 VOBl. I S. 433.

Der Einfluss der Rechtstraditionen der Alliierten auf diese landesverfassungsrechtlichen Diskriminierungsverbote ist im Einzelnen noch nicht erforscht. Etabliert ist die Feststellung, dass sich die verfassungsrechtliche Entwicklung der westdeutschen Länder stark an den westlichen Verfassungstraditionen orientierte.[521] Auffällig ist, dass alle Länder mit verfassungsrechtlichen Diskriminierungsverboten in der US-amerikanischen oder im Fall von Rheinland-Pfalz zunächst in der US-amerikanischen, dann in der französischen Besatzungszone lagen, beides Staaten mit verfassungsrechtlichen Diskriminierungsverboten.[522] Ludwig Bergsträsser, Vorsitzender des hessischen Verfassungsausschusses und an der Erarbeitung der hessischen Landesverfassung sowie später des Grundrechtekataloges im Grundgesetz maßgeblich beteiligt, schreibt dazu in seinem Tagebuch: »Den Amerikanern vor allen Dingen scheint [...] daran gelegen, dass Grundrechte in die deutsche Verfassung aufgenommen werden.«[523] An anderer Stelle berichtet er mit Blick auf die Hessische Landesverfassung von einem »starken Eindruck der französischen Verfassung, die auch im Original vorliegt«.[524]

Das Medium der Kooperation mit den Deutschen war die Justizministerkonferenz, ab 1946 der Rechtsausschuss des Länderrates, der an die Stelle der Justizministerkonferenz trat. Hier arbeiteten vor allem US-amerikanische Juristen und Politikwissenschaftler mit den deutschen Justizministern, Rechtsprofessoren und Richtern zusammen.[525] Dazu zählten Karl Loewenstein, amerikanischer Jurist und Exildeutscher und einflussreicher Mitarbeiter der Legal

521 Waibel, *Von der wohlwollenden Despotie zur Herrschaft des Rechts*, S. 300.

522 In Bezug auf Frankreich trifft das erst auf die Verfassung vom 27.10.1946 zu, deren Präambel unter deutlichem Bezug auf die Situation nach dem Zweiten Weltkrieg erstmals antirassistische Referenzen enthält: »(1) Am Tage nach dem Siege, den die freien Völker über die Regimes davongetragen haben, die versucht hatten, die menschliche Person zu unterjochen und zu entwürdigen, verkündet das französische Volk von neuem, dass jedes menschliche Wesen ohne Unterschied der Rasse, der Religion oder des Glaubens unveräußerliche und geheiligte Rechte besitzt. (16) Frankreich bildet mit den überseeischen Völkern eine Union, die auf der Gleichheit der Rechte und Pflichten ohne Unterschied der Rasse oder Religion gegründet ist.«

523 Walter Mühlhausen, *Befreiung, Besatzung, Neubeginn. Tagebuch des Darmstädter Regierungspräsidenten Ludwig Bergsträsser 1945-1948*, München 1987, S. 363.

524 Ebd., S. 123.

525 Etzel, *Die Aufhebung von nationalsozialistischen* Gesetzen, S. 61.

Division, sowie der Politologe James Kerr Pollock, direkter Mitarbeiter von Militärgouverneur General Lucius Dubignon Clay und Gründer des Länderrates des amerikanischen Besatzungsgebietes (Süddeutscher Länderrat).[526] Im Sommer 1948 besuchten, auf Einladung Clays, bedeutende Vertreter der US-amerikanischen Bürgerrechtsbewegung Deutschland, unter ihnen Roger Baldwin, Direktor der American Civil Liberties Union (ACLU),[527] und Arthur Garfield Hays, Rechtsberater der ACLU.[528] Carl Friedrich, deutschamerikanischer Politikwissenschaftler, Verfassungstheoretiker und Berater Clays, hatte für Baldwin schon im Juni 1948 ein Memorandum über den Stand der Bürger- und Freiheitsrechte in der amerikanischen Besatzungszone verfasst, in dem er das amerikanische Bemühen um diese Rechtsgarantien bestätigte und von den Schwierigkeiten, deutsche Stellen von der Wichtigkeit von Rechtsgarantien zu überzeugen, berichtete. Darin schrieb er: »Ein Grundrechtekatalog ist jetzt definitiv ein vereinbarter Teil unserer Politik.«[529] Die Sicherung und Stärkung der deutschen Bürger- und Freiheitsrechte wurde 1948 einer neu gegründeten *Civil Liberties and Democratization Branch* innerhalb der US-amerikanischen Militärregierung übertragen. Dieter Waibel kommt in seiner rechtswissenschaftlichen Studie zur amerikanischen Besatzung und zur Stellung der Menschen- und Bürgerrechte in der amerikanischen Besatzungszone zu folgendem Schluss:

> So hatten die verfassungsgebenden Versammlungen Bayerns, Hessens und Württemberg-Badens einen besonderen Schwerpunkt ihrer Arbeit auf die Verankerung von Grund- und Menschenrechten gelegt und ihre Verfassungen mit »Bill of Rights« versehen, die dem amerikanischen Ideal sehr nahekamen.[530]

526 Ebd., S. 59 ff. Etzel nennt Loewenstein u. a. »Vater des noch heute gültigen Ehegesetzes«, Loewenstein beseitigte darin u. a. rassistische und frauendiskriminierende Vorschriften, ebd., S. 89 ff.

527 Die 1920 gegründete Bürgerrechtsorganisation arbeitete schon während der 1920er Jahre u. a. mit der National Association for the Advancement of Colored People (NAACP) und seit den 1930er Jahren mit dem Native American Movement zusammen, mit dem Ziel, Rassismus zu bekämpfen.

528 Waibel, *Von der wohlwollenden Despotie zur Herrschaft des Rechts*, S. 303 ff., 308.

529 Friedrich an Baldwin, 23.06.1948, zitiert nach Waibel, *Von der wohlwollenden Despotie zur Herrschaft des Rechts*, S. 305, Fn. 64, Übers. d. Verf.

530 Ebd., S. 300.

Ein US-amerikanischer Einfluss auf die Formulierung der Diskriminierungsverbote in den Landesverfassungen liegt nach alledem sehr nahe.[531]

### 5.7.2. Die Debatten im Herrenchiemseer Konvent

Am 10. August 1948 begannen auf der Herreninsel im Chiemsee die Beratungen eines Verfassungsentwurfs für die Bundesrepublik Deutschland. In den Verfassungskonvent (»Verfassungsausschuss der Ministerpräsidenten-Konferenz der westdeutschen Besatzungszonen« oder »Herrenchiemseer Konvent«) war die Auflistung unterschiedlicher Diskriminierungsgründe durch den bayerischen Entwurf eines Grundgesetzes eingebracht worden. Unter der Überschrift »Freiheit vor dem Gesetz« heißt es darin:

Gleichheit vor dem Gesetz gilt ohne Unterschied von Abstammung, Rasse, Herkunft, Bekenntnis, Beruf und Vermögen.[532]

Der im Verfassungskonvent vom Unterausschuss I erarbeitete Entwurf zur Formulierung der Grundrechte schlug dagegen einen allgemeinen Gleichheitssatz vor. Er lautete:

Vor dem Gesetz sind alle gleich.

Der Grundsatz der Gleichheit bindet auch den Gesetzgeber.

Jeder hat den Anspruch auf gleiche wirtschaftliche und kulturelle Entwicklungsmöglichkeiten.[533]

Im Unterausschuss I diskutierten die Abgeordneten darüber, »ob man näher ausführen soll, dass keine Diskriminierung auf Grund der Rasse, Religion, des Geschlechts usw. erfolgen darf«.[534] Die Mehrheit des Ausschusses gab der generalklauselartigen Formulierung den Vorzug. Sie wurde als Art. 14 in den Tätigkeitsbericht über den Verfassungskonvent übernommen, den die Ministerprä-

531 So auch Etzel, *Die Aufhebung von nationalsozialistischen Gesetzen*, S. 61, Fn. 156, S. 62, Fn. 159.

532 Deutscher Bundestag/Bundesarchiv, *Der Parlamentarische Rat 1948-1949. Akten und Protokolle*, Bd. 2, Boppard am Rhein 1993, S. 44 f.

533 Ebd., S. 224.

534 Ebd.

sidenten als Ergebnis der Beratungen vom 10. bis 23. August 1948 dem Parlamentarischen Rat in Bonn übergaben.[535]

Über Rassismen, insbesondere Antisemitismus und die daraus zu ziehenden Lehren, wurde in den Beratungen auf Herrenchiemsee so gut wie gar nicht gesprochen. Hermann Brill, SPD-Mitglied und Bevollmächtigter des Landes Hessen, sprach als einziger Teilnehmer des Konvents von der Verantwortung der Deutschen für »Massenmord«, »Judenvernichtung« und »Zwangsarbeit« als »aufrüttelndes Moment in der Forderung nach der Verwirklichung der Menschenrechte in Deutschland«.[536] Die Mitglieder des Verfassungskonvents diskutierten die Bindung an den Gleichheitssatz nicht als Konsequenz rassistischer Entrechtungen im Nationalsozialismus und im Kolonialismus, sondern begründeten sie abstrakt »mit den Erfahrungen, die man mit einer steuerlosen oder gar in den Dienst des Verbrechens gestellten Gesetzesmaschine gemacht hat«.[537] An anderer Stelle heißt es, es gehe darum, »neue Formulierungen zu finden, um früher unbekannten, in der nationalsozialistischen Zeit eingerissenen Missbräuchen für die Zukunft den Boden zu entziehen«.[538] Über die Umstände und die Opfer dieser Missbräuche sowie über ihre Verantwortlichen fehlen jegliche Angaben.[539]

### 5.7.3. Die Debatten im Parlamentarischen Rat

Am 1. September 1948 begannen im Parlamentarischen Rat 65 Abgeordnete der elf westdeutschen Landtage und beratend fünf Vertreter Berlins die Arbeit am Grundgesetz. Maßgeblich an der Formulierung der Grundrechte im Grundgesetz beteiligt war Ludwig Bergsträsser, Abgeordneter der SPD aus Hessen.[540] Im Parlamentarischen Rat erarbeitete er als Berichterstatter im Ausschuss für Grundsatzfragen einerseits einen historischen Überblick über

535 Deutscher Bundestag/Bundesarchiv, *Der Parlamentarische Rat*, Bd. 2, S. 581.

536 Ebd., S. 112.

537 Ebd., S. 515.

538 Ebd., S. 573.

539 Das kritisiert auch Hans Wrobel, *Verurteilt zur Demokratie. Justiz und Justizpolitik in Deutschland 1945-1949*, Heidelberg 1989, S. 287.

540 Zu dessen politischem Werdegang Mühlhausen, *Befreiung, Besatzung, Neubeginn*, S. 10 ff.

die Grundrechtsentwicklung, andererseits eine Aufstellung eines vollständigen Grundrechtskataloges. Er stützte sich auf die Vorarbeiten des Herrenchiemsee-Konvents, die Länderverfassungen und den Entwurf der Allgemeinen Erklärung der Menschenrechte.

### *5.7.3.1. Eine landesrechtliche Vorschrift als Patin*

Im Ausschuss für Grundsatzfragen (AfGF) des Parlamentarischen Rates kam die Diskussion um einen Allgemeinen Gleichheitssatz oder die besondere Erwähnung von einzelnen Diskriminierungsgründen wieder auf. Bergsträsser legte dem Ausschuss für Grundsatzfragen am 21. September 1948 einen 29 Rechte umfassenden »Katalog der Grundrechte« vor, der als Leitfaden für die Einzelberatungen der Grundrechte diente.[541] Der Katalog begann mit einem Artikel über die Gleichheit, der sich an Art. 1 Verfassung des Landes Hessen (Formulierung des ersten Satzes) und Art. 2 S. 3 Südbadische Verfassung (Formulierung des dritten Satzes) anlehnte:

1. Alle Menschen sind vor dem Gesetz gleich ohne Unterschied des Geschlechts, der Rasse, der Herkunft, der religiösen oder politischen Überzeugung.

2. Alle Männer und Frauen haben dieselben staatsbürgerlichen Rechte und Pflichten.

3. Niemand darf seiner Abstammung, seiner Rasse, seines Glaubens, seiner religiösen oder politischen Anschauungen wegen benachteiligt oder bevorzugt werden.[542]

Zu Satz 3 fasste er zusammen:

Der 3. Satz könnte als überflüssig angesehen werden, da er im Grunde genommen im ersten Satz erläutert ist. Er ist mit aufgenommen worden, weil die Verfasser der südbadischen Verfassung es offenbar für nötig hielten, die Konsequenz der allgemeinen Gleichheit noch besonders hervorzuheben.[543]

Die Formulierung in Art. 2 Satz 3 LVerfBaden, das wird hier deutlich, stand Patin für Art. 3 Abs. 3 GG. Der Redaktionsausschuss für

541 Deutscher Bundestag/Bundesarchiv, *Der Parlamentarische Rat*, Bd. 5/I, S. 15 ff.
542 Ebd., S. 28.
543 Ebd., S. 51.

Grundsatzfragen beschloss daraufhin am 5. Oktober 1948 folgende Fassung:

1. Alle Menschen sind vor dem Gesetz gleich.

2. Alle Männer und Frauen haben dieselben staatsbürgerlichen Rechte und Pflichten.

3. Niemand darf wegen seiner Abstammung, seiner Rasse, seines Glaubens, seiner religiösen oder politischen Anschauungen benachteiligt oder bevorzugt werden.

Diese Formulierung wurde in erster Lesung am 18. Oktober 1948 als Artikel 19 vom Ausschuss für Grundsatzfragen angenommen.[544]

Am 1. Dezember 1948 nahm der Ausschuss für Grundsatzfragen als Ergebnis dieser Diskussionen schließlich die endgültige Fassung von Absatz 3 an:

Niemand darf wegen seines Geschlechts, seiner Abstammung, seiner Rasse, seiner Sprache, seiner Heimat und Herkunft, seines Glaubens, seiner religiösen oder politischen Anschauungen benachteiligt oder bevorzugt werden.[545]

Sie wurde in erster, zweiter und dritter Lesung des Hauptausschusses als Art. 4 Abs. 3 GG und schließlich am 5. Mai 1949 in vierter Lesung des Hauptausschusses als Art. 3 Abs. 3 GG angenommen.[546]

### *5.7.3.2. Die Rolle der Allgemeinen Erklärung der Menschenrechte*

Während der Beratungen im Parlamentarischen Rat lag die AEMR zunächst als Entwurf vor. Am 10. Dezember 1948 wurde sie dann als Resolution der UN-Vollversammlung verabschiedet.[547] Wegen des zeitlichen Zusammenhangs der Beratung beider Dokumente und des gemeinsamen Anliegens »der Eröffnung einer neuen Perspektive der Gewährleistung menschlicher Würde nach den Geschehnissen vor und während des Zweiten Weltkrieges« legt die rechtshistorische Forschung einen Einfluss der AEMR auf die

544 Ebd., S. 338.

545 Ebd., S. 784 f. (als Artikel 4).

546 Deutscher Bundestag/Bundesarchiv, *Der Parlamentarische Rat*, Bd. 7, S. 91 f., 96 f., 532 f.

547 UN-Resolution 217 A (III) vom 10. 12. 1948.

Formulierung der Grundrechte des Grundgesetzes nahe.[548] Unbestritten ist, dass die AEMR in Entwurfsfassungen im Parlamentarischen Rat kursierte und in den Beratungen insbesondere des Grundsatzausschusses eine Rolle spielte. Heinrich Wilms sieht in dieser Rezeption einen ersten Versuch zur Wiedereingliederung Deutschlands in die westliche Verfassungstradition.[549] Die offizielle Quellensammlung zur Arbeit des Parlamentarischen Rats enthält auch den Abdruck einer Entwurfsfassung der AEMR. Wie konkret die Einflussnahme aussah, ist weitgehend ungeklärt. Horst Dreier schreibt von einem intensiven Rezeptionsprozess auf deutscher Seite,[550] Stephan Hobe konstatiert »eine sehr deutliche Einflussnahme der Allgemeinen Erklärung« auf die Menschenwürdebestimmung des Art. 1 Abs. 1 und 2 GG.[551] Nach Christian Hillgruber fungierte die AEMR »als Formulierungshilfe« und »Inspirationsquelle«, ohne dass dies »auf die Auswahl und Formulierung oder gar die Grundkonzeption der Grundrechte durchgeschlagen wäre«.[552] Daniel Eberhardt beschreibt den Entwurf der AEMR als »wichtigsten ausländischen Bezugspunkt«.[553] Ludwig Bergsträsser habe daraus »Anregungen für denkbare neue deutsche Rechtsgewährleistungen«[554] erfahren und die AEMR herangezogen, um die deutsche Grundrechtsentwicklung international zu bestätigen.[555] Als auffällig beschreibt Eberhardt, dass die Aufzäh-

548 Stefan Hobe, »Der Einfluss der Allgemeinen Erklärung der Menschenrechte vom 10. Dezember 1948 auf das Grundgesetz und die verfassungsrechtliche Staatspraxis der Bundesrepublik Deutschland«, in: Klaus Dicke (Hg.), *Zur Wirkungsgeschichte der Allgemeinen Erklärung der Menschenrechte in Verfassungsrecht und Politik*, Bonn 2004, S. 7-26, hier: S. 9.

549 Heinrich Wilms, *Ausländische Einwirkungen auf die Entstehung des Grundgesetzes*, Stuttgart 1999, S. 302.

550 Horst Dreier, »Kontexte des Grundgesetzes«, in: *DVBl* 1999, S. 667-679, hier: S. 672 f.

551 Hobe, »Der Einfluss der AEMR«, S. 14 f.

552 Christian Hillgruber, »Der internationale Menschenrechtsstandard: geltendes Verfassungsrecht?«, in: Gilbert-Hanno Gornig (Hg.), *Iustitia et pax. Gedächtnisschrift für Dieter Blumenwitz*, Berlin 2008, S. 123-142, hier: S. 134.

553 Daniel Eberhardt, »Der Einfluss der Allgemeinen Erklärung der Menschenrechte auf die Grundrechtsberatungen des Grundgesetzes im Parlamentarischen Rat«, in: *MenschenRechtsMagazin* 2/2009, S. 162-172, hier: S. 166.

554 Ebd.

555 Ebd.

lung der Diskriminierungsmerkmale in Art. 3 Abs. 3 GG mit der in Art. 2 AEMR fast vollständig übereinstimmt.[556] Er schlussfolgert daraus einen »unmittelbaren Einfluss«.[557] Im Zusammenhang mit dem Gleichheitssatz erwähnte nicht Ludwig Bergsträsser, sondern Friederike Nadig die AEMR im Parlamentarischen Rat. Sie führte aus:

Ich darf auf die Fassung der UN verweisen, wo es heißt: ›Alle Menschen sind vor dem Gesetz gleich und haben ohne Unterschied das Recht auf gleichen Rechtsschutz gegen jegliche, die vorliegende Erklärung verletzende Diskriminierung und gegen jede Herausforderung zu einer solchen Diskriminierung.‹ Vielleicht kann man es mit dieser Ergänzung erklären: Es ist ein bisschen lang. Es wird aber das ausdrücken, was wir wollen.[558]

Ihr Hinweis ist auch ein Ausweis der frühen Verwendung des dem internationalen Recht entlehnten Begriffs Diskriminierung. Die Kategorie »Sprache« gelangte als einzige erst nach ausdrücklicher Erörterung der Fassung von Art. 2 des Entwurfs der AEMR in Art. 3 Abs. 3 GG. Hermann von Mangoldt brachte sie am 30. November 1948 in den Ausschuss für Grundsatzfragen ein:

Vors. (Dr. v. Mangoldt): Bei den Vereinten Nationen heißt es in Art. 2 »Jede Person ohne irgendwelchen Unterschied, sei es der Rasse, der Farbe, des Geschlechts, der Sprache …« […] Es ist schon richtig das aufzunehmen, wir fügen also in unsere Fassung ein: der Sprache wegen. Herr Dr. Mücke hat noch einen Vorschlag dazu: Hinter »seiner Rasse« soll eingefügt werden: »seiner Zugehörigkeit zu einer Landsmannschaft«. Das betrifft aber Heimat und Herkunft.[559]

Die Kategorie Rasse wurde in diesem Zusammenhang nur genannt, aber nicht erörtert.

#### *5.7.3.3. Das Schweigen der Materialien zu »Rasse« und zum Nationalsozialismus*

Im Unterschied zu anderen Diskriminierungskategorien wie Geschlecht, Heimat und Herkunft spielte Rasse in der gesamten De-

556 Ebd., S. 167.
557 Ebd., S. 171.
558 Ebd., S. 742.
559 Deutscher Bundestag/Bundesarchiv, *Der Parlamentarische Rat*, Bd. 5/II, S. 751.

batte im Parlamentarischen Rat nur eine marginale Rolle. Das ist ein Unterschied zum Kriterium Geschlecht, das – nicht zuletzt dank der Intervention der im Parlamentarischen Rat vertretenen vier Frauen – kontrovers debattiert wurde.[560] Auch Ludwig Bergsträssers Tagebuchaufzeichnungen enthalten keinerlei Hinweise auf Kontroversen um den Begriff.[561] Dies ist bemerkenswert angesichts des Ausmaßes rassistischer Gewalt und Diskriminierung im Nationalsozialismus und der in der Kommentarliteratur bestehenden Einigkeit darüber, dass »das Kriterium der Rasse als Reaktion auf den Rassenwahn des NS-Staates Eingang in den Katalog des Art. 3 Abs. 3 S. 1 GG gefunden« habe.[562] Sachs interpretiert »das Schweigen der Materialien zu Art. 3 Abs. 3 GG im Sinne fragloser und uneingeschränkter Billigung des Verbotes«.[563] Unstreitig gelte das Diskriminierungsverbot »wegen seiner Rasse« als »Reaktion auf die rassistisch begründete Vernichtung der Juden«[564] durch das nationalsozialistische Deutsche Reich. Eine Diskussion musste nach dieser Auffassung nicht geführt werden, weil sich alle einig gewesen seien. Doch worüber? Für wen sollte das Verbot der Benachteiligung »wegen seiner Rasse« Geltung haben? Ludwig Bergsträsser führte mit Blick auf seinen Vorschlag vom 21. September 1948 – »Alle Menschen sind vor dem Gesetz gleich ohne Unterschied des Geschlechts, der Rasse, der Herkunft, der religiösen oder politischen Überzeugung« – aus:

> Nach den Erfahrungen der Hitlerzeit scheint es notwendig, den Grundsatz der Gleichheit ausdrücklich auszusprechen. Es ist wohl auch richtig, die staatsbürgerliche Gleichheit der Frauen mit den Männern besonders herauszustreichen.[565]

560 Siehe nur Deutscher Bundestag/Bundesarchiv, *Der Parlamentarische Rat*, Bd. 5/I, S. 142. Ausführlich zur Auseinandersetzung um das Kriterium Geschlecht im Parlamentarischen Rat Barbara Böttger, *Das Recht auf Gleichheit und Differenz. Elisabeth Selbert und der Kampf der Frauen um Art. 3.2 Grundgesetz*, Münster 1990.

561 Mühlhausen, *Befreiung, Besatzung, Neubeginn.*

562 Für viele Christine Langenfeld, in: Maunz/Dürig, 2019 (Stand der 74. Ergänzungslieferung 2015), Art. 3 Abs. 3, Rn. 45; ausführlich zur Kommentarliteratur Kapitel 5.8.

563 Sachs, *Grenzen des Diskriminierungsverbots*, S. 325.

564 Ebd., in für die verfassungsrechtliche Literatur ungewöhnlicher Deutlichkeit.

565 Deutscher Bundestag/Bundesarchiv, *Der Parlamentarische Rat*, Bd. 5/I, S. 28.

Die »Erfahrungen der Hitlerzeit« bezog Bergsträsser damit auf rassistische, religiöse und politische Verfolgung im Nationalsozialismus. Dass die Verfolgung und Ermordung von behinderten Menschen und Homosexuellen im Nationalsozialismus nicht angesprochen wird, liegt an der geteilten zeitgenössischen Sicht bzw. Ignoranz im Hinblick auf diese Diskriminierungsdimensionen. Am 5. Oktober 1948 wies Bergsträsser im Redaktionsausschuss nochmals darauf hin, man habe hinsichtlich der »Erfahrungen der Vergangenheit« hervorheben wollen, dass niemand wegen seiner Abstammung, Rasse, seines Glaubens, seiner religiösen oder politischen Anschauungen benachteiligt oder bevorzugt werden dürfe.[566] Darüber hinausgehend fand keine Debatte zu rassistischer Diskriminierung im Nationalsozialismus im Parlamentarischen Rat statt.[567]

Das Schweigen der Abgeordneten zum Rassebegriff könnte also nicht nur auf Billigung, sondern ebenso auf ein Desinteresse am Thema Rassismus zurückzuführen sein oder auf den Wunsch, das Thema so weit als möglich zu vermeiden und zu verdrängen. Auch darauf lässt die reichlich abstrakt anmutende Rede von den »Erfahrungen der Vergangenheit« schließen.[568] Von den 73 Männern und vier Frauen im Parlamentarischen Rat waren nur wenige Juden und keine, soweit bekannt, Sinti:zze oder Rom:nja oder andere aus rassistischen Gründen verfolgte Minderheiten. Die Sozialdemokraten Hans Heinz Bauer und Rudolf Katz und der Christdemokrat Walther Strauss waren aufgrund ihrer jüdischen Herkunft verfolgt worden. Doch sprechen diese Abgeordneten nach 1945 nicht über ihr Jüdischsein. Ronen Steinke führt das darauf zurück, dass dies

566 Ebd., S. 142.

567 Vereinzelte ausdrückliche Bezugnahmen auf den Nationalsozialismus und auf die in dessen Namen begangenen Gewaltverbrechen gab es im Parlamentarischen Rat im Zusammenhang mit der Verletzung der Menschenwürde, den Euthanasiemorden, Eingriffen in die körperliche Unversehrtheit, der Verfolgung der Zeugen Jehovas, der Rundfunkfreiheit, der Zwangsarbeit und der Ausbürgerungsgesetze; Nachweise bei Mathias Hong, *Der Menschenwürdegehalt der Grundrechte*, Tübingen 2019, S. 384-392, sowie zur Ausbürgerung Kapitel 5.7.3.4.

568 Ähnlich allgemein äußerte sich Hermann v. Mangoldt, *Schriftlicher Bericht über den Abschnitt I. Die Grundrechte, Parlamentarischer Rat Bonn 1948/49*, Anlage zum stenographischen Bericht der Sitzung vom 6. Mai 1949, S. 2: »Unterdrückung menschlicher Freiheit in der jüngeren Vergangenheit«.

ihren Karrieren geschadet hätte: »Der gute Jude ist ein unsichtbarer Jude«, konstatiert er mit Blick auf die Entstehung des Grundgesetzes.[569] Walter Strauss wird später Staatssekretär im Bundesjustizministerium, Rudolf Katz Justizminister in Schleswig-Holstein. In diesen Positionen tragen sie eine nachsichtige Politik gegenüber Verbrechern des nationalsozialistischen Regimes mit.[570] Thomas Dehler, FDP, und Otto Suhr, SPD, wurden im Nationalsozialismus verfolgt, weil sie mit jüdischen Frauen verheiratet waren und trotz Repressalien an ihren Ehen festgehalten hatten.[571] Andere nichtjüdische Abgeordnete, wie Hugo Paul, hatten unter Straf- und Konzentrationslagerhaft gelitten, wieder andere hatten im Exil gelebt oder, wie Ludwig Bergsträsser und Friederike Nadig, unter Berufsverboten gelitten. Viele der Abgeordneten mussten sich im Nationalsozialismus arrangieren, einige hatten Karriere gemacht. Zu Letzteren zählte Hermann von Mangoldt. Im Nationalsozialismus Professor für Öffentliches Recht, zunächst in Königsberg, dann in Tübingen, hatte er die Nürnberger Rassegesetze noch begeistert befürwortet.[572] Er wurde als Mitglied der CDU vom Schleswig-Holsteinischen Landtag in den Parlamentarischen Rat gewählt und hatte als Vorsitzender im Ausschuss für Grundsatzfragen maßgeblichen Anteil an der Ausformulierung des Grundrechtekatalogs.[573]

Für eine Interpretation des »Schweigens der Materialien« als Verdrängung spricht, dass die Verbrechen der Nationalsozialist:innen im Herrenchiemseer Konvent und im Parlamentarischen Rat

569 Ronen Steinke, »In bester Verfassung?«, in: *Jüdische Allgemeine* v. 23.05.2019, S. 1.

570 Ebd.

571 Wissenschaftlicher Dienst des Deutschen Bundestages, *Biographische Angaben zu den Mitgliedern des Parlamentarischen Rates während der Zeit des Nationalsozialismus*, Berlin 2009.

572 Von Mangoldt, »Rassenrecht und Judentum«, S. 49, ausführlich Kapitel 4.2.3.1., diesen Schluss ziehen auch Hong, *Der Menschenwürdegehalt der Grundrechte*, S. 324 f., und Hans J. Sandkühler, *Nach dem Unrecht*, Freiburg 2015, S. 77.

573 Christian Starck, »Hermann von Mangoldt (1895 bis 1953), Mitglied des Parlamentarischen Rates und Kommentator des Grundgesetzes«, in: *Archiv für öffentliches Recht* (26) 3/1996, S. 438-447. Nach Ulrich Vosgerau, »Hermann von Mangoldt«, in: Günter Buchstab, Hans-Otto Kleinmann, *Christliche Demokraten im Parlamentarischen Rat 1948/49*, Freiburg 2008, S. 271-282, hier: S. 279, war von Mangoldts Wirken als Vorsitzender des Ausschusses »von einer straffen Führung gekennzeichnet«.

in allen Debatten kaum zur Sprache kamen, und wenn, dann oft nur dergestalt, dass alle Deutschen als Opfer des Nationalsozialismus und der darauf folgenden Besatzung bezeichnet wurden, eine zu dieser Zeit in allen gesellschaftlichen Schichten weit verbreitete Auffassung.[574] Ein anschauliches Beispiel ist der Vorschlag des Abgeordneten des Bayerischen Landtages Willibald Mücke, SPD, in der Sitzung des Grundsatzausschusses vom 9. November 1948 für folgende Formulierung in der Präambel des Grundgesetzes:

> Die Besetzung Deutschlands durch fremde Mächte hat das Recht des deutschen Volkes, sein Leben in Freiheit wieder zu gestalten, schweren Einschränkungen unterworfen, die Vertreibung der Bewohner aus den zur Deutschen Republik gehörigen Gebieten östlich der Oder und Neiße und die Ausweisung von Bewohnern fremdstaatlicher Gebiete wegen ihrer Zugehörigkeit zum deutschen Volkstum hat viele Millionen deutscher Menschen in größte Not und Verzweiflung gestürzt.[575]

Dass das »deutsche Volk« selbst als verantwortlich für die Verbrechen des Nationalsozialismus benannt wurde, blieb die Ausnahme. Die Verschiebung von Verantwortung und die Verallgemeinerung der Opfereigenschaft ging auch mit einer Nichtbenennung der Opfer und der Motive für deren Verfolgung einher. Bereits mit der Formulierung *das* »deutsche Volk« wird die von den Nazis beabsichtigte Trennung in »Deutsche« und »Juden« bzw. »Artfremde« nachvollzogen und perpetuiert. Ein großer Teil der entrechteten, verfolgten und ermordeten Juden, Sinti, Roma und Schwarzen waren Deutsche.

Schwarze und Sinti und Roma wurden 1948 in Deutschland und in der Welt noch nicht als Opfer des Nationalsozialismus angesehen, diese Erkenntnis setzte sich erst später durch. Die Erfassung der Juden in der Nürnberger Rassengesetzgebung war dagegen offensichtlich, auch an dem Versuch ihrer totalen Vernichtung bestand 1948 kein Zweifel mehr. Über Juden erfahren wir in den Debatten zum Gleichheitsgrundrecht dennoch nichts; das Wort findet sich in den protokollierten Debatten zu Art. 3 Abs. 3 GG

574 Norbert Frei, *Vergangenheitspolitik. Die Anfänge der Bundesrepublik und die NS-Vergangenheit*, München 1996. Für den Parlamentarischen Rat konstatiert das auch Wrobel, *Verurteilt zur Demokratie*; für Herrenchiemsee Angela Bauer-Kirsch, *Herrenchiemsee*, Bonn 2005.

575 Deutscher Bundestag/Bundesarchiv, *Der Parlamentarische Rat*, Bd. 5/I, S. 515.

kein einziges Mal, ebenso wenig wie ein Hinweis auf die Nürnberger Rassengesetze. Die Nichtbenennung der jüdischen Opfer im Zusammenhang mit dem grundrechtlichen Diskriminierungsverbot kann Schweigen angesichts des Offensichtlichen oder des Verdrängten bedeuten oder beides sein. Es bietet sich aber noch eine weitere Erklärung an. International war die Zuordnung von Juden als rassisch definierte Gruppe seit den 1930er Jahren durch Wissenschaftler:innen wie Huxley, Haddon, Benedict und Hirschfeld in Frage gestellt worden; sie galten zunehmend als weiß.[576] Auch daraus kann eine Zurückhaltung resultieren, Juden als Rasse zu bezeichnen. Dass ihre rassenantisemitische Verfolgung nicht diskutiert wird, kann schließlich auch mit dem Diskriminierungsbegriff der Diskutanten zusammenhängen. Diese sprechen nicht über Diskriminierung als soziales Verhältnis und strukturellen Nachteil, sondern über Ungleichheit durch Verschiedenheit in der Person.

Deutlich wird das an einer Diskussion zum Diskriminierungsverbot im Ausschuss für Grundsatzfragen vom 30. November 1948 zwischen Bergsträsser und von Mangoldt:

Bergsträsser: Ich möchte, dass mit dem Artikel bestehende Ungleichheiten beseitigt werden. Niemand will, dass sinnlose Ungleichheiten beseitigt werden. Der Schutz der »männlichen Mutterschaft« ist doch eine Sinnlosigkeit.[577]

Vors. (Dr. v. Mangoldt): Der Gesetzgeber kann Verschiedenartiges verschieden, entsprechend seiner Eigenart behandeln. Der Satz, dass niemand willkürlich festgenommen werden kann, gilt für jeden, auch für den Irren. Doch da ist es nicht mehr willkürlich, sondern zum Schutz der Persönlichkeit. Da ist eine Verschiedenheit schon in der Person vorhanden. Die besonderen Gesetze, die für den Geisteskranken gemacht werden, sind auch nur über diese Anweisung an den Gesetzgeber zu halten, dass er Verschiedenartiges seiner Eigenart entsprechend behandeln kann.[578]

576 Ausführlich Kapitel 3.3.3.

577 Bergsträsser war nicht visionär genug, um vorauszusehen, dass diese Frage heute deutschen Gerichten einiges Kopfzerbrechen bereitet, siehe nur BGH v. 06.09.2017 – XII ZB 660/14 ablehnend zur Eintragung eines Transmannes, der ein Kind gebar, als rechtlicher Vater sowie BGH v. 29.11.2017 – XII ZB 459/16 ablehnend zur Eintragung einer Transfrau, die ein Kind zeugte, als rechtliche Mutter.

578 Deutscher Bundestag/Bundesarchiv, *Der Parlamentarische Rat*, Bd. 5/I, S. 742 f.

Die besonderen Gesetze »für den Geisteskranken«, die von Mangoldt ansprach, zielten nicht auf die Herstellung von Teilhabegerechtigkeit und die Wiedergutmachung der Entrechtung und Verfolgung im Nationalsozialismus, sondern auf die Aufrechterhaltung ebenjener pathologisierenden Gesetze, vor dem Hintergrund der Annahme, dass die »Verschiedenheit« behinderter Menschen deren diskriminierende Sonderbehandlung rechtfertigen bzw. sogar verlangen würde. Die Annahme einer pathologischen Andersartigkeit und die diskriminierenden Effekte ebendieser Annahme werden auf diese Weise nicht hinterfragt, sondern perpetuiert.

#### *5.7.3.4. Entrechtung der Anderen: Kalter Krieg und Totalitarismus*

Der Begriff antisemitisch fällt in den Diskussionen zur Formulierung eines Diskriminierungsverbotes genau einmal, und zwar im Zusammenhang mit einer Relativierung. Richard Thoma, der als Sachverständiger im Parlamentarischen Rat hinzugezogen wurde, führte in seiner kritischen Würdigung des Grundrechtekatalogs in der Sitzung des Grundsatzausschusses vom 25. Oktober 1948 aus:

> In den Absatz 3 wäre m.E. noch das Wort »der Klasse« einzufügen, so dass er nicht nur gegen die nazistisch-antisemitischen Entrechtungen Front macht, sondern auch gegen die bolschewistischen Entrechtungen der höheren Klasse der Gesellschaft.[579]

Thomas Vorschlag konnte sich nicht durchsetzen. Er schlug sich jedoch in weiteren Debatten über die drohende »Entrechtung der höheren Klasse« nieder, die schließlich in der Aufnahme der Kategorie »Herkunft« in den Katalog der verbotenen Diskriminierungsgründe mündete, wodurch nicht die soziale Schicht oder Lage – oder ein Migrationshintergrund, wie man heutzutage auch vermuten könnte –, sondern die adlige oder bürgerliche Herkunft geschützt werden sollte.[580] Thomas Bemerkung, dass Absatz 3 »gegen die nazistisch-antisemitischen Entrechtungen Front macht«, bleibt der einzige dokumentierte Nachweis im Zusammenhang mit den Debatten um ein verfassungsrechtliches Diskriminierungsverbot

579 Ebd., S. 361.
580 Deutscher Bundestag/Bundesarchiv, *Der Parlamentarische Rat*, Bd. 5/II, S. 750.

für eine ausdrückliche Benennung von Antisemitismus. Deutlich wird daran auch, dass Thoma »Rasse« in Absatz 3 mit Blick auf den Nationalsozialismus definiert.

Seinen Einsatz für eine Kategorie »Klasse« begründet er weder mit jenen »nazistisch-antisemitischen Entrechtungen«, die zur Verarmung der wenigen jüdischen Überlebenden führten, namentlich Arisierung und Enteignung im Nationalsozialismus, noch mit Blick auf andere besitzlose, ökonomisch und sozial benachteiligte Bevölkerungsteile. Als schützenswert gelten ihm besitzende, ökonomisch und sozial privilegierte Schichten der Bevölkerung, die er nicht als Profiteure des Nationalsozialismus,[581] sondern als potentielle Opfer »bolschewistischer Entrechtungen« darstellt. Thomas Forderung ist auch ein Ausdruck der 1947 begonnenen Blockkonfrontation im Kalten Krieg und der damit einhergehenden antitotalitaristischen und antikommunistischen Haltung, die sich auch in den Debatten auf Herrenchiemsee und in Bonn niederschlug. Bei der Diskussion zum Begriff der Menschenwürde im Grundsatzausschuss hatte sich Thoma ähnlich geäußert:

> Angesichts der entsetzlichen, die Würde des Menschen unter die Füße tretenden Entrechtungen, Erniedrigungen, Versklavungen, grausamer Quälereien und Massenmorde, deren sich die nationalsozialistische Gewaltherrschaft in Deutschland schuldig gemacht hat und deren sich die bolschewistische Gewaltherrschaft der Sowjetunion noch immer schuldig macht, ist es zu begrüßen, dass der Grundrechtskatalog sofort die Würde des Menschen unter den Schutz des Staats stellt.[582]

Auch im Zusammenhang mit dem Grundrecht zum Schutz der Staatsangehörigkeit bezog sich von Mangoldt zwar ausdrücklich auf »die Ausbürgerungsgesetze der Nazis«, nicht ohne jedoch kurz zu relativieren, eine verfassungsrechtliche Absicherung sei nötig »gegen den Mißbrauch der Aberkennung der Staatsangehörigkeit, der in der Nazizeit betrieben worden ist und heute auch im Osten betrieben wird.«[583]

581 Eindrücklich Sebastian Brünger, *Geschichte und Gewinn: Der Umgang deutscher Konzerne mit ihrer NS-Vergangenheit*, Göttingen 2017; Helmut Genschel, *Die Verdrängung der Juden aus der Wirtschaft im Dritten Reich*, Göttingen 2001.

582 Deutscher Bundestag/Bundesarchiv, *Der Parlamentarische Rat*, Bd. 5/I, S. 587.

583 Deutscher Bundestag/Bundesarchiv, *Der Parlamentarische Rat*, Bd. 5/II, S. 714 und S. 716.

Es entsteht der Eindruck, dass die deutliche Benennung der nationalsozialistischen Verbrechen nur im Zusammenhang mit deren Gleichsetzung mit den stalinistischen Säuberungen aussprechbar war. Ausdruck der Blockkonfrontation zwischen Ost und West ist auch die Diskussion um die Aufnahme eines ausdrücklichen Passus gegen Rassenhetze in Art. 3 GG nach dem Vorbild des Bayerischen Gesetzes Nr. 14 gegen Rassenwahn und Völkerhass und Art. 118 Bayerische Verfassung in der Sitzung vom 29. September 1948. Hugo Paul, Abgeordneter der KPD des Nordrhein-Westfälischen Landtags, drängte auf eine solche Formulierung. Die Freiheit der Meinungsäußerung könne nicht darin bestehen, dass jede Meinungsäußerung erlaubt sei, so Paul. Unter Verweis auf den *Stürmer* forderte er:

> Wir dürfen keine neue Völker- und Rassenhetze mehr dulden, wie wir sie in der Weimarer Republik so oft erleben mussten. […] Wir Deutschen müssen doch auch der Welt gegenüber zum Ausdruck bringen, dass wir mit diesen verhängnisvollen Entwicklungen der Vergangenheit brechen wollen.[584]

Paul erstreckt die oft zitierte »Vergangenheit« dabei über den Zeitraum des Nationalsozialismus hinaus auf jene rassenantisemitische Hetze in der Weimarer Republik, der das Recht keinen Einhalt geboten hatte.[585] Er ging jedoch noch weiter:

> Das darf im deutschen Volke nicht wiederaufkommen, dass man einen Menschen einfach deshalb diffamiert, weil er farbig ist, und dass man auf diese Weise eine allgemeine Hasspropaganda entfacht, die nur den Kriegstreibern dient.[586]

Hier weist Paul auf Rassismus gegen Schwarze Menschen hin, die Wortwahl legt nahe, dass er sich auf die rassistischen Hetzkampagne zur »Schwarzen Schmach am Rhein« in der Weimarer Zeit bezieht. Dies ist die einzige Bezugnahme auf kolonialen Rassismus in Deutschland in den Beratungen, die in den Aufzeichnungen festgehalten ist.

584 Deutscher Bundestag/Bundesarchiv, *Der Parlamentarische Rat*, Bd. 5/I, S. 113 f.
585 Siehe Kapitel 4.2.1. zu den gescheiterten Versuchen mit Strafrecht gegen antisemitische Hetze vorzugehen.
586 Deutscher Bundestag/Bundesarchiv, *Der Parlamentarische Rat*, Bd. 5/I, S. 114.

Die Abgeordneten Bergsträsser und Theodor Heuss, FDP, reagierten durchweg abwehrend auf Pauls Hinweise auf »Volks- und Rassenhetze«. Es reiche aus, dass die Meinungsfreiheit ihre Grenze in der Treue zur Verfassung finde, befanden sie. Auf Pauls Insistieren beendete der Ausschussvorsitzende von Mangoldt die Debatte mit der Begründung, dass »in einem Verhalten, wie Herr Paul es brandmarkt, schon eine Verletzung der Treuepflicht gegenüber der Verfassung, eine Verletzung des Gleichheitssatzes« liege.[587] Zuvor hatte noch Heuss gestichelt, wenn »Herr Paul eine andere Formulierung wünscht«, solle er »sich selber anstrengen, uns eine Fassung vorzuschlagen«.[588] All das klingt weniger nach einem gemeinsamen Ringen um bestmöglichen Schutz vor rassistischer Diskriminierung als nach einer generellen Ablehnung von Pauls Position. Das lag sehr wahrscheinlich auch an dessen Mitgliedschaft in der KPD. Die KPD war in jener Zeit darum bemüht, sich selbst und die im Entstehen begriffene DDR, deren Entwurf einer Verfassung ein solches Verbot der Rassenhetze enthielt, als einzig wahre Kämpfer gegen den Faschismus zu präsentieren. Unabhängig von diesen parteipolitischen Auseinandersetzungen im beginnenden Kalten Krieg konstatiert bereits Christoph Jahr »ein gewisses Befremden« angesichts der Vehemenz, mit der sich die Abgeordneten gegen eine Benennung von rassistischer Hetze und Konkretisierung von deren Strafbarmachung sträubten.[589]

Das Grundgesetz kam der Forderung nach einer »wehrhaften Demokratie« und den aus dem Scheitern der Weimarer Republik zu ziehenden Lehren schließlich nicht durch das ausdrückliche Verbot rassistischer Hetze als Einschränkung der Meinungsfreiheit nach, sondern durch die Möglichkeit der Einschränkung der Vereinigungsfreiheit in Art. 9 Abs. 2 GG, der Einschränkung der Parteienfreiheit in Art. 21 Abs. 2 und 3 GG, der Grundrechtsverwirkung in Art. 18 Abs. 2 GG und durch die Ewigkeitsgarantie in Art. 79 Abs. 3 GG, Vorschriften, die allesamt auf den Kampf gegen die freiheitliche demokratische Grundordnung (FdGO) abstellen.[590] Diese

587 Ebd., S. 115.

588 Ebd.

589 Jahr, *Antisemitismus vor Gericht*, S. 323, merkt an, dass ein solches Verhalten keineswegs singulär war, sondern sich in späteren Debatten um die Strafbarkeit von Volksverhetzung wiederholen sollte.

590 Kritisch dazu Jahr, ebd.; kritisch zur grundrechtseinschränkenden totalitaristi-

FdGO, beschrieb Günter Dürig in Maunz/Dürig die herrschende Meinung in der frühen Bundesrepublik, bestimme sich »durch den Abzug dessen, was nach früherem und gegenwärtig fremdem totalitären Anschauungsunterricht bei uns rechtens sein soll«.[591] Dieser Antitotalitarismus hatte für die bundesdeutsche Nachkriegsgesellschaft eine ähnliche Entlastungsfunktion wie der antifaschistische Gründungsmythos für die DDR. Er ermöglichte die Vorstellung von einem demokratischen Neubeginn, einerseits in Abgrenzung zur jüngsten, nationalsozialistischen Vergangenheit, andererseits in Abgrenzung zum Ostblock. Das totalitäre Erbe der »Hitler-Diktatur« wurde ebenso wie in der DDR nun auf der anderen Seite des Eisernen Vorhangs ausgemacht, hier jedoch nicht in Form der »Bedrohung durch den Imperialismus«, sondern in der »gegenwärtigen Bedrohung durch den Stalinismus«.[592] Damit wurden auch Rassismus und Antisemitismus in die Vergangenheit (»früher«) und in ein Außen (»fremd«) verlagert. Zu einer Auseinandersetzung mit der eigenen Verantwortung im Nationalsozialismus, mit den personellen Kontinuitäten in Rechtswissenschaft und Justiz und mit rassistischen Wissensarchiven kam es so erst viele Jahrzehnte später.

#### *5.7.3.5. Kontinuitäten rassistischen Wissens*

Entgegen der Vorstellung von der »Stunde null«, also eines gewissermaßen unschuldigen Neuanfangs, war das rassistische Wissen auch in der Bundesrepublik nicht verschwunden. Trotz des »Schweigens der Materialien« zeigt das eine Analyse der protokollierten Diskussionen im Parlamentarischen Rat. Der allgemeine Redaktionsausschuss beschloss am 16. November 1948 in erster Lesung folgenden Formulierungsvorschlag für den Artikel 3 Grundgesetz:

schen Konzeption der FdGO Ulrich K. Preuß, *Legalität und Pluralismus*, Frankfurt/M. 1973, S. 17 ff.; Sarah Schulz, *Die freiheitliche demokratische Grundordnung. Ergebnis und Folgen eines historisch-politischen Prozesses*, Weilerswist 2019; zur neueren Interpretation der FdGO BverfG v. 17. 01. 2017-2 BvB 1/13, Rn. 529 = BVerfGE 144, 20 (NPD-Verbot II).

591 Dürig/Klein, in: Maunz/Dürig, 2017, Art. 18, Rn. 58.

592 So noch Stern, *Staatsrecht*, Bd. IV/2, 1994, S. 558.

1. Alle Deutschen sind vor dem Gesetz gleich.
2. Der Gesetzgeber muss Gleiches gleich, Verschiedenes nach seiner Eigenart behandeln.
3. Jedoch darf niemand wegen seines Geschlechts, seiner Abstammung, seiner Rasse, seiner Heimat und Herkunft, seiner religiösen oder politischen Anschauungen bevorrechtigt oder benachteiligt werden.[593]

In der Sitzung des Ausschusses für Grundsatzfragen vom 30. November 1948 löste Absatz 2 dieses Vorschlags eine Debatte über die Frage von Gleichheit und Differenz aus. Sie wird hinsichtlich Redezeit und Entscheidung über einzelne Formulierungen deutlich vom Ausschussvorsitzenden von Mangoldt dominiert. Im Ergebnis der Debatte setzte sich von Mangoldt mit folgender Formulierung von Absatz 2 durch: »Das Gesetz muß Gleiches gleich, es kann Verschiedenes nach seiner Eigenart behandeln. Jedoch dürfen die Grundrechte nicht angetastet werden.« Dieser Absatz wurde später im Haupausschuss ganz gestrichen. Von Mangoldt notierte dazu später rückblickend in seinem schriftlichen Bericht über die Diskussion zu den Grundrechten:

In Absatz 1 des Gleichheitsartikels (Artikel 3) sind im Hauptausschuß in dritter Lesung Satz 2 und 3 leider gestrichen worden. Diese im Ausschuß für Grundsatzfragen erst in der Sitzung vom 30. November eingefügten Sätze

»Das Gesetz muß Gleiches gleich, es kann Verschiedenes nach seiner Eigenart behandeln. Jedoch dürfen die Grundrechte nicht angetastet werden«

klärten eindeutig die unter der Weimarer Verfassung stark umstrittene Frage, ob der Gleichheitssatz auch den Gesetzgeber binde. Jede Gefahr, daß auf Grund der Bestimmung des Halbsatzes 2 von Satz 1 dieses Zusatzes [»Verschiedenes nach seiner Eigenart behandeln«, Anm. d. Verf.] eine Diskriminierung etwa aus rassischen Gründen erfolgen konnte, war durch die Fassung des Satzes 2 verhindert. Denn es war in Anlehnung an eine nordamerikanische Praxis dort ausdrücklich festgestellt, daß das in den Grundrechten verkörperte Mindestmaß der jedem Menschen und jedem Deutschen zustehenden Rechte (nach dem Rechte der U.S.A. der »minimum standard of free society«) unter allen Umständen garantiert bleiben müsse.[594]

593 Deutscher Bundestag/Bundesarchiv, *Der Parlamentarische Rat*, Bd. 5/I, S. 578.
594 Von Mangoldt, *Schriftlicher Bericht über den Abschnitt I. Die Grundrechte*, S. 8.

Die hier von von Mangoldt angesprochene nordamerikanische Praxis, »Verschiedenes nach seiner Eigenart zu behandeln«, war die *separate-but-equal*-Doktrin, die der Supreme Court 1896 in *Plessy v. Ferguson* als verfassungsgemäß eingestuft hatte und die bis zur Entscheidung *Brown v. Board of Education* im Jahr 1954 fortgalt, also 1948 noch Geltung besaß.[595] »Der Natur der Sache nach« könne es nicht die Intention des Verfassungsgebers gewesen sein, »Unterscheidungen aufgrund der Farbe abzuschaffen oder soziale Gleichheit (im Unterschied zu politischer Gleichheit) durchzusetzen«, hatte der Supreme Court in *Plessy* geurteilt.[596] Ebenso stellte von Mangoldt eine rassisch definierte Unterscheidung an sich nicht in Frage. Auch der Minimalstandard gleicher Rechte, den von Mangoldt meinte, bezog sich wie in *Plessy* nur auf die gleiche Gewährung politischer Freiheiten, wie er selbst an anderer Stelle deutlich machte.[597] Das galt im Übrigen auch für die Gleichstellung von Frauen mit Männern, wie die Debatte um Art. 3 Abs. 2 GG zeigte. Im Grundsatzausschuss wurde zuerst die Formulierung »Männer und Frauen haben dieselben staatsbürgerlichen Rechte und Pflichten« favorisiert. Zugrunde lag auch dieser Formulierung die Vorstellung, von Natur aus Verschiedenes im Sozialen, zum Beispiel im Familien- und im Arbeitsrecht, nicht gleich behandeln zu müssen. Es ist vor allem der Intervention der Abgeordneten Elisabeth Selbert zu verdanken, dass der Parlamentarische Rat seine Entscheidung revidieren musste und eine Formulierung gefunden wurde, die Frauen nicht nur als Staatsbürger:innen, sondern auch als Subjekte des Privatrechts gleiche Rechte wie Männern garantierte: »Männer und Frauen sind gleichberechtigt.«[598]

Auch die Annahme einer essentiellen rassischen Verschiedenheit von Menschen teilte von Mangoldt mit der *Plessy*-Entscheidung. Nach einigen Ausführungen zu der nach seiner Ansicht naturgegebenen Verschiedenheit von Frauen und Männern wendete er sich

595 Zu diesem Schluss kommt auch Hong, *Der Menschenwürdegehalt der Grundrechte*, S. 318.

596 163 U.S. 537, 544 (1896), Übers. d. Verf., ausführlich zur Entscheidung siehe Kapitel 5.2.1.

597 Deutscher Bundestag/Bundesarchiv, *Der Parlamentarische Rat*, Bd. 5/I, S. 745, die verschiedenen Freiheitsgrundrechte aufzählend.

598 Böttger, *Das Recht auf Gleichheit und Differenz: Elisabeth Selbert und der Kampf der Frauen um Art. 3.2 Grundgesetz*, S. 169 f.

in der Ausschusssitzung vom 30. November 1948 der Frage nach der Diskriminierung »aus rassischen Gründen« in Deutschland und den USA zu:

> Vors. (Dr. v. Mangoldt): Wenn man sagt, alle Menschen sind gleich, so zeigt sich eben, dass sie praktisch nicht vollkommen gleich sind, sondern dass es gewisse Dinge gibt, die auf Grund der bei den Menschen nun einmal naturgegebenen Nuancierungen zu einer anderen Regelung führen müssen. Zum Beispiel könnte der Zigeuner, der herumwandert, gewissen gesetzlichen Sonderregelungen unterliegen. In Staaten wie den Vereinigten Staaten wird die Vorherrschaft einer Rasse praktisch niemals zugegeben. Man wird dort auf der einen Seite von dem Gedankengut der französischen Revolution so beherrscht, dass man nach außen immer wieder sagt: völlige Gleichheit. Aber im Grunde genommen schwebt über dem gesamten Recht der Vereinigten Staaten doch der Gedanke: Wir können und werden niemals zulassen von einer fremden Rasse überfremdet zu werden. Das betrifft nicht nur die schwarze Rasse, sondern in der Gesetzgebung über die Einwanderung wird gesagt: Wir müssen das Übergewicht der nordischen Rasse in den Vereinigten Staaten erhalten.[599]

Der Hinweis, dass »der Zigeuner herumwandert«, verweist auf ein klassisches antiziganistisches Stereotyp, die Bezeichnung als »naturgegebene Nuancierungen« verweist auf eine biologistische Essentialisierung. Von Mangoldts Beitrag verdeutlicht aber auch, dass sowohl die rassistische Gesetzgebung der USA als auch die dazu im Widerspruch stehende *Equal Protection Clause* in deutschen juristischen Debatten rezipiert wurden. Von Mangoldt hatte sich 1934, im Jahr seines Beitritts zum Bund Nationalsozialistischer Deutscher Juristen, mit einer verfassungsrechtlichen Arbeit über die USA habilitiert. Er führte diese Arbeit in seiner Hauptschrift *Rechtsstaatsgedanke und Regierungsformen in den Vereinigten Staaten von Amerika* 1938 fort. Darin beschäftige er sich ausführlich mit der von Abraham Lincoln eingeführten Idee eines menschenrechtlichen Mindeststandards an Freiheiten für alle Bürger:innen bei gleichzeitiger Aufrechterhaltung rassistischer Ungleichheit, er analysierte die Gesetzgebung und die Rechtsprechung zu Eheverboten sowie zur rassistischen Segregation an Schulen und in öffentlichen Verkehrsmitteln.[600] Er befürwortete die Segregation, die Rechtspre-

599 Deutscher Bundestag/Bundesarchiv, *Der Parlamentarische Rat*, Bd. 5/I, S. 741.

600 Siehe auch Kapitel 4.2.3.2.; ausführlicher zu von Mangoldts in den 1930er Jahren verfassten Schriften Hong, *Menschwürdegehalt der Grundrechte*, S. 319 ff.

chung in *Plessy* ging ihm 1938 mit Blick auf die Gewährung formaler gleicher politischer Rechte für »artfremde Rassen« noch zu weit. Von Mangoldts Karriere schadeten seine rechtsvergleichenden rasserechtlichen Veröffentlichungen weder im Nationalsozialismus noch in der Bundesrepublik, im Gegenteil. 1948, im Parlamentarischen Rat, sprach er nicht nur die noch bestehende, durch die Jim-Crow-Gesetzgebung angeordnete rassistische Segregation der afroamerikanischen Bevölkerung an, er verwies auch auf die an rassistischen Kriterien orientierte »Gesetzgebung über die Einwanderung«, für die sich schon Frick, Kerrl und Freisler bei der Ausarbeitung der Nürnberger Rassegesetze interessiert hatten.[601] Auffällig ist, dass von Mangoldt sich in diesem Zusammenhang weder zur rassistischen Gesetzgebung zum Nachteil von Kolonisierten im deutschen Kolonialismus äußerte noch zur Diskriminierung Schwarzer Menschen im Nationalsozialismus.

Theorien der Überfremdung wie auch die Einteilungen in nordische und andere Rassen waren nicht nur im Wissensbestand von Mangoldts unangefochten. Solches Wissen war 1948 weit verbreitet. Erst 1950 publizierte die UNESCO die erste »Erklärung zur Rassefrage«, der weltweite Abschied von der anthropologischen Rasseforschung stand erst noch bevor. Doch gerieten die alten Rasseeinteilungen und der superiore Rassismus ins Wanken, wie folgende Diskussion zwischen von Mangoldt und Bergsträsser andeutet, die sich an von Mangoldts Bemerkung im Grundsatzausschuss zum »Übergewicht der nordischen Rasse in den Vereinigten Staaten« anschloss:

Bergsträsser: Es ist vielleicht mehr das Übergewicht des abendländischen Kulturkreises, – ein mir auch nicht ganz sympathisches Wort. Aber so ungefähr ist es doch.

Vors. (Dr. v. Mangoldt): Praktisch steht man vor einer Schwierigkeit. Der Gesetzgeber kann sich praktisch einer solchen Verpflichtung gar nicht entziehen, nur sagen kann man es nicht.[602]

Bergsträssers Äußerung lässt Berührungsängste mit dem alten rassenanthropologischen Vokabular erkennen. Dass ihm auch die For-

601 Siehe Kapitel 4.2.3.2.

602 Deutscher Bundestag/Bundesarchiv, *Der Parlamentarische Rat*, Bd. 5/I, S. 741.

mulierung »Übergewicht des abendländischen Kulturkreises« nicht ganz symphatisch ist, ist wahrscheinlich der Verwendung dieses Vokabulars durch die republikfeindlichen neurechten Theoretiker der Weimarer Zeit um Oswald Spengler geschuldet.[603] Bergsträsser bevorzugt den Verweis auf Kultur dennoch gegenüber dem aus seiner Sicht offenbar diskreditierten Ausdruck Rasse. Mit dieser sprachlichen Neuerung liefert er zugleich die Lösung für das Problem »nur sagen kann man es nicht«, das von Mangoldt angesichts des bürgerlichen Gleichheitsversprechens sah. Adorno analysierte diese Art diskursiver Modernisierung 1955 in Auswertung seiner soziologischen Studien zu »Schuld und Abwehr« der deutschen Bevölkerung: »Das vornehme Wort Kultur tritt anstelle des verpönten Ausdrucks Rasse, bleibt aber ein bloßes Deckbild für den brutalen Herrschaftsanspruch.«[604]

Ein Herrschaftsanspruch geht auch aus von Mangoldts Entgegnung hervor. Nach seiner Auffassung besteht eine »Verpflichtung des Gesetzgebers«, die »nordische Rasse« vor »Überfremdung« zu schützen, nur sagen könne dieser es nicht. Interessant ist, dass von Mangoldt an dieser Stelle offenbar davon ausgeht, es bestehe bereits ein etabliertes Tabu, von Rasse zu sprechen, eines, das offenbar Schwierigkeiten bereitet, die gesellschaftlichen, polizeilichen oder sicherheitspolitischen Anforderungen offen anzusprechen. Auf von Mangolds Feststellung »Der Gesetzgeber kann Verschiedenartiges verschieden, entsprechend seiner Eigenart behandeln«, gefolgt von den bereits zitierten Bemerkungen über »Geisteskranke«,[605] fragt Bergsträsser nach:

Bergsträsser: Kann der Gesetzgeber dann nicht folgern, dass zum Beispiel ein Kind, dass von einem Neger und einer Deutschen stammt, verschiedenartig sei?

Dehler: Das ist die Ausnahme, dass niemand wegen seiner Rasse benachteiligt werden darf.[606]

603 Weiß, *Autoritäre Revolte,* S. 150 ff.

604 Theodor W. Adorno »Schuld und Abwehr«, in: ders. (Hg.), *Soziologische Schriften II.1*, Frankfurt/M. 1997, S. 121-324, hier: S. 277; der Essay wurde zuerst 1955 im Rahmen der Gruppeninterviews veröffentlicht, in denen politische Einstellungen der deutschen Bevölkerung erfragt wurden.

605 Deutscher Bundestag/Bundesarchiv, *Der Parlamentarische Rat*, Bd. 5/I, S. 742 f.

606 Ebd.

Als ausdrücklich von »Rasse« umfasste Bevölkerungsgruppen tauchen hier einmal mehr Schwarze Menschen auf; bezeichnet werden sie, wie auch Sinti und Roma, mit zeitgenössischen, diskriminierenden Begriffen. Bergsträssers Frage nach Kindern von Schwarzen und Deutschen weist einerseits auf das seit dem deutschen Kolonialismus verfestigte Volks- und Nationalitätsverständnis hin, nach dem Schwarze keine Deutschen sein konnten, auch wenn das der empirischen Realität nicht entsprach. Zum anderen ist Bergsträssers Frage ein Hinweis auf die Beziehungen zwischen einheimischen Frauen und afroamerikanischen, afrobritischen und afrofranzösischen Besatzungssoldaten, aus denen eine neue Generation Schwarzer Deutscher hervorging.[607] Rasse wird damit im Parlamentarischen Rat vor allem im Zusammenhang mit Schwarzen Menschen in den USA und in Deutschland mit Roma und Sinti diskutiert. Der Begriff war damit keineswegs tabuisiert – jedenfalls nicht, wenn es um bestimmte Gruppen ging.

Auf den Hinweis des bayerischen Abgeordneten Thomas Dehler, FDP, der Begriff »der natürlichen Verschiedenheit« sei »unklar« und könne sich auch auf »verschiedene Lebenslagen« beziehen,[608] insistiert Bergsträsser:

> Gemeint ist doch das natürlich Ungleiche. […] Man könnte von naturbedingter Verschiedenheit und naturbedingter Eigenart der einzelnen Personen sprechen. Es handelt sich hauptsächlich um die physischen Unterschiede der Menschen.[609]

Auch im Zusammenhang mit dem Vorschlag, die Diskriminierungskategorie »Glauben« an die erste Stelle einer Aufzählung zu stellen, wendet er ein:

> Dann trennen Sie die natürlichen Dinge: Geschlecht, Abstammung, Rasse, Sprache, Heimat, Herkunft, und die äußeren Dinge, das andere sind die inneren Dinge.[610]

Rasse gilt danach als »natürliches Ding« und »physischer Unterschied«. Das entspricht einem naturalistischen Verständnis von rassialisierter Differenz.

607 Siehe Kapitel 3.3.8.2. m. w. N. zur zeitgenössischen Debatte.
608 Deutscher Bundestag/Bundesarchiv, *Der Parlamentarische Rat*, Bd. 5/I, S. 746.
609 Ebd.
610 Ebd., S. 750.

Die Frage nach der Rasse, der Verschiedenheit und dem Gleichheitssatz diskutierte der Parlamentarische Rat jedoch nicht nur anhand von Art. 3 GG, sondern auch an anderer Stelle – im Zusammenhang mit dem Freizügigkeitsgrundrecht, Art. 11 GG. In der Sitzung des Ausschusses für Grundsatzfragen am 16. Dezember 1948 diskutierten die Abgeordneten über Aufenthaltsbeschränkungen für Verbrecher:

Maier: Bei Zigeunern wäre die Vorschrift auch nicht mehr möglich.

Vors. (Dr. v. Mangoldt): Das ist immer eine zweifelhafte Frage gewesen, die Polizeivorschrift für Zigeuner. Das würde schon nicht mehr gehen aus dem Gleichheitssatz heraus. Wir sagen, niemand darf wegen seiner Rasse benachteiligt werden. Das geht also schon nicht mehr bei Zigeunern. Der einzige Grund, aus dem das im Interesse der öffentlichen Sicherheit zu rechtfertigen wäre, wäre die Überwachung des Verbrechers.[611]

In der Sitzung am 27. Januar 1949 brachte der niedersächsische Abgeordnete Wilhelm Heile, Deutsche Partei, die Frage erneut auf:

Darf ich mal – unbedacht – aus meiner Verwaltungspraxis heraus – eine Frage stellen? Sie betrifft die Zigeunerplage. Die Zigeuner berufen sich immer auf ihr Recht der Freizügigkeit. Sie ziehen aber dauernd herum. Kann man den Leuten sagen: Ihr habt kein Recht dazu? Unter dem Militärgesetz[612] konnten wir gar nichts machen. Denn die Militärs sagen: das sind Naziverfolgte.

Vors. (Dr. v. Mangoldt): Wenn sie asoziale Elemente sind, können wir über die Fassung, die wir vorschlagen, etwas machen. Aber im Übrigen können wir nichts machen, auch weil wir im Gleichheitssatz ausdrücklich gesagt haben: Wegen seiner Rasse darf niemand benachteiligt werden.

Heile: Nicht, weil sie eine andere Rasse sind – die Rasse weiß man gar nicht –, sondern weil sie überhaupt nirgendwo bodenständig sind. Bei irgendeinem Dorfbürgermeister haben sie sich eintragen lassen und ziehen dauernd in der Welt herum. Es sind oft oder meist asoziale Elemente.

Vors. (Dr. v. Mangoldt): Der Gesetzgeber kann also nur für solche asozialen Elemente solche Beschränkungen der Freizügigkeit vorsehen. Ich glaube, dabei sollte man bleiben, auch gerade wegen des Gleichheitssatzes. Denn

611 Deutscher Bundestag/Bundesarchiv, *Der Parlamentarische Rat*, Bd. 5/I, S. 805, 858.

612 Gesetz Nr. 18 des Alliierten Kontrollrats, das die Grundlage für Zuzugs- und Abwanderungsbeschränkungen schuf, Anm. d. Verf.

dem würde es auch entsprechen: er muß die Grundrechte, wenn er Verschiedenartiges gleich behandelt, auf alle Fälle berücksichtigen. Er kann niemanden aufgrund seiner Rasse etwa nicht gleichmäßig behandeln. Das ist verboten. Es kann niemand wegen seiner Rasse benachteiligt werden. Das würde gegenüber einem Zigeuner auch gelten; eine Einschränkung kann also nur erfolgen, wenn es sich um asoziale Elemente handelt. Wenn einer einen Wandertrieb hat, soll man ihn nicht daran hindern.[613]

Die nordrhein-westfälische Abgeordnete Friederike Nadig, SPD, wendet ein:

Frau Nadig: An sich ist wohl richtig, man soll ihn nicht hindern, wenn er unter dem Wandertrieb leidet. Aber das Herumziehen der Zigeuner – ich sage das auch ins Unreine – ist doch etwas, womit sich die Allgemeinheit beschäftigen müsste, wenn man in Norddeutschland beobachtet, wie dieses Umherziehen wieder zugenommen hat. Ich will es nicht auf Zigeuner formuliert wissen. Man sagt vielleicht richtiger: das Umherziehen von asozialen Menschengruppen überhaupt. Da muß die Möglichkeit einer Einschränkung gegeben sein.

[…]

Frau Nadig: Es muß in einem Gesetz geregelt werden.

Dr. Bergsträsser: Es bleibt: asoziale Elemente.

Frau Nadig: Unter »asoziale« ist das schwer zu fassen, wenn man z. B. die Kesselflickereien sieht.[614]

Daraufhin erwidert der rheinland-pfälzische Abgeordnete Karl Kuhn, ebenfalls SPD:

Kuhn: Ich glaube, auch der Begriff des Asozialen trifft hier nicht wirklich zu, auf den Zigeuner bestimmt nicht, und wir können keineswegs Menschen von ihrer Lebensweise abbringen. Man könnte sogar sagen: In dem Moment, wo wir sie staatlicherseits seßhaft machen wollen, würden wir sie in ihrer physischen Existenz bedrohen. Denn bekanntlich werden Zigeuner, wenn sie nicht wandern, tuberkulös.

Frau Nadig: Aber wir brauchen sie bei uns nicht zu dulden.

Kuhn: Das darf ich doch wohl sagen, inwieweit wir sie hier dulden oder nicht, werden andere Mächte bestimmen. Von Bedeutung könnte sein, dass wir uns ihnen keineswegs so feindlich gegenüberstellen sollen, zumal

613 Deutscher Bundestag/Bundesarchiv, *Der Parlamentarische Rat*, Bd. 5/I, S. 1040.
614 Ebd., S. 1041.

uns das wiederum das Odium aufladen würde, wir wollten wieder die Rasse verfolgen. Insofern sind wir zur Zeit in einer absolut schwierigen Situation. Es wird keinen Polizeigewaltigen geben, der zur Zeit diese Zigeuner sehr bedrängen wird.[615]

An Kuhns Hinweis schließt sich eine längere Debatte über die richtige Formulierung zur Einschränkung der Freizügigkeit an. Von Mangoldt setzt sich darin erneut und mit dem Verweis »damit wir nicht zur Nazizeit zurückkommen«[616] für einen starken Grundrechtsschutz ein und Bergsträsser gibt zu bedenken: »Asozial ist kein schönes Wort.«[617] Schließlich einigt man sich auf die Formulierung »zur Überwachung straffällig gewordener und asozialer Personen«.[618]

An der Diskussion wird deutlich, dass Sinti und Roma unter den Rassebegriff und damit den Schutzbereich des Art. 3 Abs. 3 GG subsumiert werden. Von Mangoldt weist eingangs auch auf eine zentrale antiziganistische Vorschrift des deutschen Polizeirechts hin. Die angesprochene »Polizeivorschrift für Zigeuner« ist das Bayerische »Gesetz zur Bekämpfung von Zigeunern, Landfahrern und Arbeitsscheuen« vom 16. Juli 1926, auch Bayerisches Landfahrergesetz.[619] In den Anordnungen des bayerischen Innenministeriums zur Gesetzesanwendung heißt es: »Die Rassenkunde gibt darüber Aufschluss, wer als Zigeuner anzusehen ist.«[620] Das Gesetz verbot unter der Bezeichnung »vorbeugende Verbrechensbekämpfung« »das Reisen in Horden«, sah eine Vielzahl von Aufenthaltsbeschränkungen vor und ermächtigte die Polizei, Personen, die den bezeichneten Gruppen zugerechnet wurden, bis zur Dauer von zwei Jahren in einer Arbeitsanstalt unterzubringen, wenn sie nicht nachweisen konnten, dass sie einer geregelten Arbeit nachgingen. Dem Bayerischen Gesetz ähnliche, im Nationalsozialismus erlassene Landesgesetze gingen 1938 aus Himmlers Runderlass zur »Bekämpfung der Zigeunerplage« hervor.[621] Das Bayerische Landfahrergesetz von

615 Ebd.
616 Ebd.
617 Ebd., S. 1043.
618 Ebd.
619 BayGVBl. 1926, S. 359.
620 Ebd., S. 361.
621 Zu antiziganistischen Kontinuitäten im Landesrecht vor und nach 1945 Gilad Margalit, »Die deutsche Zigeunerpolitik nach 1945«, in: *Vierteljahrshefte*

1926 offenbart Parallelen zum kalifornischen *Greaser Act*. In beiden Fällen verbinden sich rassistische, sozialdarwinistische und klassistische Zuschreibungen. Beiden Gesetzen liegt ein Verständnis von Armut und mangelnder oder nicht vorhandener Arbeitsdisziplin als naturgegebene Eigenschaften bestimmter Gruppen zugrunde, womit Arbeitszwang für diese Gruppen gerechtfertigt wird. In der Weimarer Republik und im Nationalsozialismus benutzte man für Menschen, denen eine moralische Gefahr und eine wirtschaftliche Belastung für die Gesellschaft unterstellt wurde, auch den Begriff »asozial«, das galt besonders für die als »Plage« bezeichneten sogenannten »Zigeuner«.[622]

Das Bayerische Landfahrergesetz wurde mit Befehl des Amtes der Militärregierung für Bayern vom 28. November 1947 außer Kraft gesetzt.[623] Himmlers Runderlasse fielen unter Art. 1 Kontrollratsgesetz Nr. 1 über die Aufhebung nationalsozialistischen Unrechts. Nicht für alle Polizeibehörden war es jedoch einsichtig, dass die Erlasse »Zur Bekämpfung der Zigeunerfrage« auf rassistischen Grundsätzen beruhten.[624] Die Alliierten zeigten keinerlei Interesse an der Thematisierung der planmäßigen und systematischen Vernichtung von Sinti und Roma und der Rehabilitierung und Inklusion der als »Zigeuner« verfolgten Menschen. Im Unterschied zum Antisemitismus blieben antiziganistische Einstellungen und Praktiken unangefochten. Die Anmerkung des Abgeordneten Kuhn, es werde keinen Polizeigewaltigen geben, der »diese Zigeuner« bedrängen werde, entsprach nicht der Realität. Zahlreiche Länderbehörden drängten auf die Beibehaltung der Zentralstelle zur »Bekämpfung des Zigeunerwesens« und auf neue Gesetzgebung gegen die »Zigeunerplage« auf Basis der Gesetze aus der Weimarer Zeit.[625] Nach 1945 wurde das »Zigeunersippenarchiv« des Reichsgesundheitsamtes in die Dienststelle für Zigeunerwesen im Münchner Polizeipräsidium überführt, teilweise mit demselben

*für Zeitgeschichte* 4/1997, S. 557-588; zu Kontinuitäten 1945 bis heute Markus End, »Die Dispositive des Antiziganismus in Deutschland nach 1945«, ⟨www.yadvashem.org/de/education/newsletter/13/markus-end.html⟩, letzter Zugriff 01. 11. 2020.

622 Matthias Willing, *Das Bewahrungsgesetz (1918-1967)*, Tübingen 2003, S. 61.

623 BayGVBl. 1947, S. 247.

624 Margalit, »Die deutsche Zigeunerpolitik nach 1945«, S. 564.

625 Ebd., S. 568 f., 570.

Personal. Im neuen Bayerischen Landeskriminalamt fungierte ab 1953 die »Landfahrerzentrale« als zuständige Erfassungsstelle. Erst 1965 wurde sie offiziell aufgelöst.[626]

Antiziganistische Gesetze wurden lange nicht als rassistische Gesetze angesehen. So heißt es im berühmten und berüchtigten »Zigeuner«-Urteil des BGH vom 7. Januar 1956:

> Das Verhindern des Umherwanderns der Zigeuner ist keine spezifisch rassenpolitische, sondern eine auch bisher übliche polizeiliche Präventivmaßnahme, wie z. B. auch das Bayerische Gesetz zur Bekämpfung von Zigeunern, Landfahrern und Arbeitsscheuen vom 16. Juli 1926 (GVOBl 359), das das Umherwandern der Zigeuner und nach Zigeunerart lebenden Personen dadurch einzudämmen versucht hat, daß es das Umherwandern von einer besonderen polizeilichen Genehmigung abhängig machte.[627]

Damit wertete der BGH die Verfolgung von Sinti und Roma bis zu ihrer systematischen Vernichtung 1943 lediglich als reguläre »polizeiliche Vorbeugungs- und Sicherungsmaßnahmen«, ihre Behandlung wolle »trotz der auch rassenideologischen Begründung lediglich die durch die Zigeuner hervorgerufenen Mißstände auf einer einheitlichen Basis bekämpfen«.[628] Entschädigungsansprüche nach dem BEG wegen Verfolgung »aus Gründen der Rasse« erhielten Sinti:zze und Rom:nja wie auch die Opfer des GzVeN daher nicht. Ab 1963 bejahte der BGH eine rassistische Verfolgung auch für die Zeit vor 1943, ohne sich dabei von den früheren Formulierungen zu distanzieren. Der Zentralrat Deutscher Sinti und Roma drängte jahrzehntelang auf eine Entschuldigung für die antiziganistische Entschädigungsrechtsprechung, 2015 entschuldigte sich schließlich die Präsidentin des BGH, Bettina Limperg, öffentlich dafür.[629]

Nach der Gründung der Bundesrepublik Deutschland beschlossen die Innenminister der Länder zunächst, gesetzliche Schritte zu ergreifen, nun allerdings gegen die »Landfahrerplage«.[630] Die Mehrheit der Landesparlamente folgte nicht der Argumentation

626 NS-Dokumentationszentrum München (Hg.), *Verfolgung der Sinti und Roma*, München 2016, S. 255 ff.

627 BGH, 07.01.1956 – IV ZR 273/55, Rn. 19.

628 Ebd., Rn. 8 f.

629 BGH Pressemitteilung Nr. 42/2016 vom 17.02.2016 und Pressemitteilung Nr. 32/2015 vom 12.03.2015.

630 Margalit, »Die deutsche Zigeunerpolitik nach 1945«, S. 572 f.

Heiles und Nadigs im Parlamentarischen Rat, die Bewegungsfreiheit »straffällig gewordener und asozialer Personen« einzuschränken, sondern schlossen sich von Mangoldts Plädoyer für einen starken Grundrechtsschutz und das Ausnutzen bestehender Gesetze gegen Diebstahl und Ordnungswidrigkeiten an.[631] Eine Ausnahme bildete Bayern mit der 1953 verabschiedeten Landfahrerordnung. Trotz des neuen Begriffs führte es zahlreiche Restriktionen des Gesetzes von 1926 wieder ein.[632] Im Gesetz selber wurde der Begriff »Zigeuner« tunlichst vermieden. In den Ausführungsbestimmungen hieß es:

> Für die Feststellung der Landfahrereigenschaft ist die nomadisierende Lebensweise entscheidend, die sich darin äußert, daß eine Person ohne festen Wohnsitz oder trotz eigenen Wohnsitzes nicht nur vorübergehend nach Zigeunerart unstet im Lande umherzieht.[633]

Antiziganistisches Alltagswissen hielt sich auch nach 1945 in Politik, Recht und der Bevölkerungsmehrheit, das zeigt die Debatte im Parlamentarischen Rat in drastischer Deutlichkeit. Heiles Frage zur »Zigeunerplage« löste eine wahre Entladung antiziganistischen Wissens im Grundsatzausschuss aus. Dazu zählt zum Beispiel Friederike Nadigs Ruf nach Ausweisung, »aber wir brauchen sie hier nicht zu dulden«,[634] wobei sie nicht offen von »Zigeunern« redet, sondern es vorzieht, von »umherziehenden asozialen Menschengruppen« zu sprechen. »Wir brauchen sie hier nicht zu dulden« heißt auch, dass *sie*, egal ob deutsche Staatsangehörige oder nicht, nicht als Teil der deutschen Gesellschaft angesehen und anerkannt wurden.

Nadigs Beiträge sind ein Beispiel dafür, dass rassistisches Wissen geteiltes Alltagswissen ist und über rassenideologische Anschauungen weit hinausreicht. Nadig war alles andere als eine Befürworterin des nationalsozialistischen Systems. Als bekennende Sozialistin war sie von den Nationalsozialisten zunächst mit einem Berufsverbot belegt worden. Im Parlamentarischen Rat setzte sie sich vehement

631 Ebd., S. 574 f. m. w. N.

632 Ebd., S. 575 ff. m. w. N. zur Entstehung und zur Debatte im Bayerischen Landtag.

633 BayGVBl. 27/1953, S. 199. Das Gesetz galt bis 1970. Antiziganistische Erfassungspraktiken bei deutschen Polizeibehörden bestehen zum Teil bis in die Gegenwart fort.

634 Deutscher Bundestag/Bundesarchiv, *Der Parlamentarische Rat*, Bd. 5/I, S. 1041.

für die Gleichstellung der Frau ein. Doch hatte sie in der Weimarer Zeit viele Jahre als Wohlfahrtspflegerin und Fürsorgerin gearbeitet. In der Wohlfahrtspflege waren Konzepte von Zwangserziehung und Zwangsunterbringung marginalisierter Bevölkerungsgruppen schon vor 1933 gebräuchlich. Menschen mit Behinderungen wurden dabei als »geistig Minderwertige« bezeichnet, Roma und Sinti wurden gesellschaftsschädigende »Asozialität« und »kriminelle Veranlagungen« attestiert.[635] Nadigs Diskussionsbeiträge, aus denen keine Empathie für die von Verfolgung betroffenen Sinti und Roma spricht, speisen sich aus diesem bereits vor 1933 und auch nach 1945 unangefochten rassistischen Wissen über Sinti und Roma.

Ein weiterer Ausweis geteilten Alltagswissens sind die Bemerkungen über einen vermeintlichen Wandertrieb von Sinti und Roma. In den Debatten im Parlamentarischen Rat wird der »Wandertrieb« nicht als per se negative, aber in jedem Fall natürliche Eigenschaft beschrieben: »Wenn einer einen Wandertrieb hat, soll man ihn nicht daran hindern«,[636] befindet von Mangoldt, woraufhin Nadig zuspitzt »wenn er unter dem Wandertrieb leidet«.[637] Der »Wandertrieb« stellt sich hier als eine Eigenschaft dar, die angeboren und unverfügbar ist, sogar Leiden verursacht. Kuhn nimmt dieses Bild wieder auf, wenn er – in Verteidigung der so Bezeichneten – anmerkt: »bekanntlich werden Zigeuner, wenn sie nicht wandern, tuberkulös«.[638] Der Begriff »bekanntlich« kleidet Alltagswissen in ein pseudowissenschaftliches Gewand.

Die biologistische Zuschreibung des »Wandertriebs« vollzieht sich ohne vordergründige Abwertung und doch ist sie mit abwertenden Stereotypen untrennbar verbunden. Das zeigt die bereits zitierte Entscheidung des BGH zur Entschädigung von Sinti und Roma aus dem Jahr 1956. Auch darin findet sich der Hinweis auf einen »Wandertrieb«, ergänzt durch Wertungen wie »asoziale Eigenschaften der Zigeuner«,[639] »Kriminalität der Zigeuner«[640] und »Landplage«.[641] Die folgende Passage stellt den traurigen

635 Willing, *Das Bewahrungsgesetz*, S. 61.
636 Deutscher Bundestag/Bundesarchiv, *Der Parlamentarische Rat*, Bd. 5/I, S. 1041.
637 Ebd.
638 Ebd.
639 BGH v. 07.01.1956 – IV ZR 273/55, Rn. 14.
640 Ebd.
641 BGH v. 07.01.1956 – IV ZR 273/55, Rn. 16.

Höhepunkt des Urteils und den Ausweis rassistischen Wissens über Sinti und Roma dar:

Sie neigen, wie die Erfahrung zeigt, zur Kriminalität, besonders zu Diebstählen und Betrügereien, es fehlen ihnen vielfach die sittlichen Antriebe der Achtung vor fremdem Eigentum, weil ihnen wie primitiven Urmenschen ein ungehemmter Okkupationstrieb eigen ist (vgl. hierzu Groß-Seelig, Handbuch der Kriminalistik 8./9. Aufl. Seite 99 Note 4).[642]

Andreas Mosbacher hat herausgearbeitet, dass es sich bei der im Urteil ohne Auflage zitierten Quelle um eine Ausgabe von 1942 handelte, die » – gerade auch im Vergleich zu den Vorauflagen vor 1933 – ganz offensichtlich von nationalsozialistischem Gedankengut geprägt« war.[643] Das Zitat befindet sich nach Mosbachers Recherchen im 2. Band des *Handbuchs der Kriminalistik* von 1942, im Abschnitt »Die Zigeuner; ihr Wesen und ihre Eigenschaften« im Kapitel »Herkunft, Verbreitung und rassische Eigenschaften«, in dem insbesondere Literatur von Robert Ritter, Leiter der Rassehygienischen Forschungsstelle, als Referenz genannt wird. Die Fußnote 4, auf die sich der BGH 1956 stützte, erläuterte im Originaltext von 1942 den folgenden Satz: »Zu ihren Rasseeigenschaften gehört ferner der durch die Geschichte bewiesene unwiderstehliche Wandertrieb und der (sich durch Jahrhunderte bemerkbar machende) Stehltrieb, der im Zusammenhang mit ihrer Faulheit steht [...].«[644]

Das alte Stereotyp der Nichtsesshaftigkeit entsprach zu keinem Zeitpunkt der Lebensrealität der allermeisten Sinti und Roma – auch nicht nach 1945. Viele Sinti und Roma, die nach der Befreiung als Überlebende der Deportationen aus den Konzentrationslagern in ihre Heimatorte zurückkehrten, fanden ihre Wohnungen von Fremden besetzt, ihr Eigentum beschlagnahmt oder zerstört. Das zwang sie in behelfsmäßigen Siedlungen zu leben, oft ließen sich auch Flüchtlinge aus dem Osten und andere Wohnungslose dort nieder.[645] Viele dieser Siedlungen wurden durch die Polizei wie-

642 Ebd., Rn. 14.

643 Andreas Mosbacher, »›Wie primitive Urmenschen‹ – eine späte Entschuldigung. 60 Jahre ›Zigeuner‹-Urteile des BGH«, in: *NJW* 1/2016, S. 30-35.

644 Zitiert nach ebd., S. 33.

645 Eindrücklich NS-Dokumentationszentrum München (Hg.), *Verfolgung der Sinti und Roma*, S. 242 ff.

der aufgelöst, weil Anwohner sich mit Eingaben und Protestmärschen vehement gegen die neue Nachbarschaft zur Wehr setzten.[646] Die Wohnungssuche fiel aufgrund von Vorurteilen schwer.[647] Die Bevölkerung, die Verwaltung und auch die Mitglieder des Parlamentarischen Rates reagierten auf die prekäre Situation der Opfer nationalsozialistischer Verfolgung nicht mit Verständnis und Verantwortungsübernahme, sondern mit Abwehr und Schuldumkehr.[648] Obgleich im Nationalsozialismus verfolgt und ermordet, wurden Sinti und Roma von der Mehrheitsgesellschaft weiter als Belastung und Fremdkörper empfunden und abgelehnt.

Das zeigt auch Heiles Hinweis auf das Kontrollratsgesetz Nr. 18. Das Gesetz regelte Erhaltung, Vermehrung, Sichtung, Zuteilung und Ausnutzung des vorhandenen Wohnraums und sollte vor allem der Unterbringung der umzusiedelnden Deutschen aus dem Osten dienen.[649] Nach Artikel XI. konnte die Militärregierung bestimmte Gemeinden oder gewisse Bezirke zu »Brennpunkten des Wohnungsbedarfs« erklären. Dies berechtigte Behörden Maßnahmen zu treffen, »um den Zuzug von Personen dorthin zu verhindern und die Abwanderung von Einwohnern, die für die Aufrechterhaltung des Wirtschaftslebens der Gemeinde oder des Bezirkes nicht erforderlich sind, zu erleichtern.« Art. VIII. a) regelte, nach welchen Kriterien freier oder beschlagnahmter Wohnraum zuzuweisen sei. An erster Stelle standen dabei Personen, »die dem nationalsozialistischen Regime Widerstand geleistet haben oder durch seine Maßnahmen benachteiligt« wurden.[650] An keiner Stelle der Debatte im Parlamentarischen Rat werden die Ursachen der Lebensbedingungen von Sinti und Roma thematisiert. Vielmehr beklagt Heile: »Unter dem Militärgesetz konnten wir gar nichts

646 Beispiele von Beschwerden der Bevölkerung gegen »Zigeuner« und »Asoziale« nach 1945 sowie deren Ausweisung aus Städten und Gemeinden nennt Margalit, »Die deutsche Zigeunerpolitik nach 1945«, S. 560-572; NS-Dokumentationszentrum München (Hg.), *Verfolgung der Sinti und Roma*, S. 245 ff.

647 Ebd., S. 266 ff.

648 Dieses Muster beschreibt Adorno, *Schuld und Abwehr*, S. 121, auch mit Blick auf Antisemitismus.

649 Sylvia Schraut, *Flüchtlingsaufnahme in Württemberg-Baden 1945-1949. Amerikanische Besatzungsziele und demokratischer Wiederaufbau im Konflikt*, München 1995, S. 89.

650 Kontrollratsgesetz Nr. 18 (Wohnungsgesetz) vom 08. 03. 1946, ABl. des Kontrollrats, S. 117.

machen. Denn die Militärs sagen: das sind Naziverfolgte.«[651] Das klingt nicht nach Anerkennung der Verfolgteneigenschaft, sondern nach Bedauern über die alliierte Fremdbestimmung.

Die diskursiven Topoi »wir können nicht offen sagen, was wir wirklich sagen wollen« und »wir können nicht wirklich machen, was wir machen wollen« prägten bereits die Debatte um Art. 3 Abs. 3 GG. Hier tauchen sie erneut auf. Nadig will Grundrechtseinschränkungen »nicht auf Zigeuner formuliert wissen«.[652] Bergsträsser bemerkt, »asozial« sei »kein schönes Wort«.[653] Kuhn fragt, wie man mit der »absolut schwierigen Situation«[654] umgehen solle, »ohne sich das »Odium auf[zu]laden, wir wollten wieder die Rasse verfolgen«.[655] Von Mangoldt weist darauf hin, man könne »über die Fassung, die wir vorschlagen, etwas machen. Aber im Übrigen können wir nichts machen.«[656] Es entsteht der Eindruck, als gehe es nicht um den größtmöglichen Schutz vor rassistischer Diskriminierung, sondern um Strategien und Formulierungen, um genau diesen Schutz elegant zu umgehen. Deutlich wird auch, dass die Mitglieder des Parlamentarischen Rats den Gebrauch von bestimmten Begriffen als problematisch oder mit einem Tabu belegt empfanden. Dass es biologische »Rassen« mit determinierten vererbbaren Eigenschaften gibt, war dagegen Konsens. Auch Mathias Hong kommt in seiner umfangreichen Würdigung der Debatten im Grundsatzausschuss zu diesem Schluss. Zugleich sieht er keine Anhaltspunkte dafür, dass der Grundsatzausschuss seine Annahmen über die biologische Existenz rassisch definierter Unterschiede zu einer »widerlegungsresistenten Legalfiktion« erheben wollte. Der Verfassungsgeber habe vielmehr durch die Betonung einer beweglichen Grundrechtsauslegung an anderen Stellen auch den Begriff Rasse als einer Auslegung nach dem jeweiligen Erkenntnisstand der Zeit zugänglich angesehen.[657] Dem ist in der Sache zuzustimmen, doch hat die vorliegende Rekonstruktion des entstehungsgeschichtlichen Hintergrunds der Kategorie »Rasse« in Art. 3

651 Deutscher Bundestag/Bundesarchiv, *Der Parlamentarische Rat*, Bd. 5/I, S. 1040.
652 Ebd., S. 1041.
653 Ebd.
654 Ebd.
655 Ebd.
656 Ebd., S. 1040.
657 Hong, »Menschenwürdegehalt der Grundrechte«, S. 317 f.

Abs. 3 GG gezeigt, dass ein kritischer Blick auf den jeweiligen Erkenntnisstand der Zeit dringend geboten ist.

### 5.7.4. Rasse als zentrale Verfolgungskategorie des Nationalsozialismus – begriffliche Engführungen und gewollte Schutzlücken im Entschädigungsrecht

Mit Blick auf zentrale Verfolgungskategorien des Nationalsozialismus fehlt sowohl in der Gesetzgebung der Alliierten für Deutschland als auch in den frühen Landesverfassungen und schließlich im Grundgesetz von 1949 ein wichtiger Begriff – Behinderung. Diese Leerstelle ist darauf zurückzuführen, dass Rechtswissenschaft und Politik die Sterilisierung, Segregation und anderweitige Diskriminierung behinderter Menschen nach 1945 lange nicht als Problem ansahen, nicht nur in Deutschland. Wie in Kapitel 3.3.4. gezeigt, war die Eugenik nur bezüglich explizit rassischer Begründungsmuster in Verruf geraten. Jene Aspekte, die sich mit physischen oder psychischen Behinderungen oder anderen Normabweichungen befassten, galten international weiterhin als State of the Art.[658] Das Gesetz zur Verhütung erbkranken Nachwuchses (GzVeN), eines der Hauptinstrumente für Diskriminierung und Gewalt gegen Menschen mit Behinderungen, war durch Kontrollratsgesetz Nr. 1 nicht aufgehoben worden. Der Chef der Rechtsabteilung der US-amerikanischen Militärregierung Charles H. Fahy hatte sich im Kontrollratsdirektorat für die Suspension des Gesetzes ausgesprochen, bis seine Anwendung eventuell »wieder im öffentlichen Interesse« läge.[659] Im Nürnberger Juristenprozess 1947 wurde das GzVeN – zugunsten der Angeklagten – als »vernünftigerweise diskutierbar« bezeichnet.[660] Dabei wurde negiert, dass das GzVeN

658 Siehe nur BT-Plenarprotokoll 2/191, S. 10876, Debatte v. 07. 02. 1957: »Das Gesetz zur Verhütung erbkranken Nachwuchses vom 14. Juli 1933 ist kein typisch nationalsozialistisches Gesetz, denn auch in demokratisch regierten Ländern – z. B. Schweden, Dänemark, Finnland und in einigen Staaten der USA – bestehen ähnliche Gesetze.«

659 Zitiert nach Andreas Scheulen, »Zur Rechtslage und Rechtsentwicklung des Erbgesundheitsgesetzes 1934«, in: Margret Hamm (Hg.), *Lebensunwert, zerstörte Leben. Zwangssterilisation und »Euthanasie«*, Frankfurt/M. 2005, S. 212-219.

660 Ebd. m. w. N.

auch ein rassistisches Gesetz war, diente es doch der »Reinhaltung der Rasse« von fehlerhaften Erbmerkmalen.[661]

Entsprechend tauchte »Behinderung« oder ein anderer an die Diskriminierung behinderter Menschen anknüpfender Begriff in den frühen Diskussionen um internationale Menschenrechtsabkommen oder nationale verfassungsrechtliche Diskriminierungsverbote lange nicht auf, die Begriffe »Rasse«, »Staatsangehörigkeit« und »Religion« dagegen schon. Die Kategorie »Behinderung« wurde erst 1994 in Art. 3 Abs. 3 S. 2 GG aufgenommen. Im § 1 Bundesentschädigungsgesetz taucht sie bis heute nicht auf. Eine Ächtung des GzVeN als »nationalsozialistisches Unrecht« durch den Bundestag erfolgte erstmals 1988.[662] Die Opfer der auf das GzVeN gestützten Menschenrechtsverbrechen werden bis heute nicht als Verfolgte des Nationalsozialismus im Sinne von § 1 BEG anerkannt.[663] »Obwohl diesem Gesetz eindeutig rassenpolitische Gesichtspunkte zugrunde lagen«, stellte der BGH seit den 1960er Jahren in ständiger Rechtsprechung fest, handle es sich auch nicht um eine »Verfolgung aus Gründen der Rasse«.[664] Eine Verfolgung in diesem Sinne komme auch dann nicht in Betracht, »wenn einem sog. ›Arier‹ eine für ihn etwa erforderliche Heiratserlaubnis versagt wurde, weil seine Braut nicht ›rassisch wertvoll‹ erschien«.[665] Zur Begründung dieses engen Verfolgungsbegriffs beriefen sich die Gerichte mitunter selbst auf biologistische Rassentheorien. So urteilte das Bundessozialgericht noch im Jahr 2007 im Fall eines im Nationalsozialismus zwangsweise in Heil- und Pflegeanstalten untergebrachten und zwangsweise sterilisierten Klägers:

> Unter Rasse wird allgemein eine Gruppe von Lebewesen verstanden, die sich durch ihre gemeinsamen Erbanlagen von anderen Artangehörigen unterscheiden [...] bzw. eine Formengruppe mit kennzeichnenden, gleichen Merkmalen [...]. Hierunter sind geistig behinderte bzw. minderbegabte Menschen nicht einzuordnen, weil sie sich grundsätzlich bei allen Rassen

661 Siehe Kapitel 4.2.3.1., insbesondere Fn. 158.

662 BT-Drs. 11/1714 sowie, erneut im Jahr 2007, BT-Drs. 16/3811.

663 Ausführlich zur verweigerten Entschädigung für die Opfer des GzVeN Rolf Surmann, *Abgegoltene Schuld? Über den Widerspruch zwischen entschädigungspolitischem Schlussstrich und interventionistischer Menschenrechtspolitik*, Münster 2005, S. 99-114.

664 BGH, 20.10.1967 – IV ZR 140/66, Rn. 18.

665 Ebd.

finden, aber nicht zur Unterscheidung der Rassen untereinander dienen können.[666]

Die spezifische Verknüpfung von rassistischen mit sozialdarwinistischen Motiven wird von diesem eng verstandenen und biologistisch ausgefüllten Rassebegriff nicht erfasst. Auch anderen im Nationalsozialismus rassistisch verfolgten Menschen wird bis heute mit solchen Begründungsmustern eine Entschädigung versagt. Polnische oder sowjetische Zivil- und Zwangsarbeiter:innen[667] werden nicht als »aus Gründen der Rasse« Verfolgte nach § 1 BEG anerkannt, sondern nur als sogenannte Nationalgeschädigte i. S. v. Art. VI BEGSchlG (»Personen, die unter der nationalsozialistischen Gewaltherrschaft aus Gründen ihrer Nationalität unter Mißachtung der Menschenrechte geschädigt wurden«). Die Polen, urteilte 1950 das OLG Stuttgart, seien »keine einheitlich besondere Rasse, sondern ein aus slawischen und westeuropäischen Elementen gemischtes Volk«.[668] Im Fall eines polnischen Zivilarbeiters, der während des Krieges wegen Geschlechtsverkehrs mit einem deutschen Mädchen festgenommen und ohne Gerichtsverfahren hingerichtet worden war, entschied 1967 der BGH:

> Nach dem Bundesentschädigungsgesetz ist Verfolgter aus Gründen der Rasse nur derjenige, der allein wegen seiner Zugehörigkeit zu einer bestimmten Rasse verfolgt wurde, und zwar deshalb, weil diese Rasse ausgemerzt werden sollte. Eine Verfolgung letzterer Art ist gegeben, wenn sich die Unrechtsmaßnahmen gegen Personen ›artfremden Bluts‹ richteten. Als solche kamen in Europa regelmäßig nur ›Juden und Zigeuner‹ in Betracht (vgl. Stuckart/Globke, Reichsbürgergesetz, § 2 Anm. 3 a und b). Demgemäß sind Angehörige der slawischen Völker, so die Polen, nicht aus Gründen der Rasse verfolgt worden.[669]

Diese Personengruppen seien nur wegen der »Zugehörigkeit zu einem fremden Volkstum« geschädigt worden, der »Umstand, dass diesem Volkstumskampf rassenpolitische Gesichtspunkte mit zu-

666 BSG v. 29. 11. 2007 – B 13 R 54/06 R, Rn. 24.

667 Als Zivilarbeiter wurden Zwangsarbeiter bezeichnet, die keine Kriegsgefangenen oder KZ-Häftlinge waren und die von privaten Firmen, Behörden, Bauern oder Familien beschäftigt, untergebracht und überwacht wurden.

668 OLG Stuttgart, RzW 1950, 375 Nr. 12.

669 BGH, 20. 10. 1967 – IV ZR 140/66, Rn. 19.

grunde lagen«, könne daran nichts ändern.[670] Diese seit 1956 im BEG vorgenommene Unterscheidung zwischen Verfolgten des Nationalsozialismus und Geschädigten aus Gründen ihrer Nationalität ignoriert, dass der Einsatz der Zwangsarbeiter:innen »sowohl hinsichtlich der ideologischen Grundlegung als auch der tatsächlichen Durchführung einen rassistischen Charakter« hatte.[671] Sie verweist zugleich auf die Gefahr, die Antidiskriminierungskategorie »Rasse« begrifflich mit der Definition der Nürnberger Gesetze gleichzusetzen, sie solcherart zu verengen und zugleich ihren biologistischen Gehalt zu reproduzieren.

## 5.8. Das Diskriminierungsverbot wegen der Rasse in Art. 3 Abs. 3 GG

Die Diskriminierungsverbote in Art. 3 Abs. 3 GG führen ein »merkwürdiges Schattendasein«, konstatierte das BVerfG 1983.[672] Das gilt in besonderem Maße für die Diskriminierungskategorie Rasse, die nicht nur in den Beratungen auf Herrenchiemsee und im Parlamentarischen Rat, sondern auch in Rechtsprechung und Literatur bis heute weit weniger Aufmerksamkeit erfahren hat als im Entschädigungsrecht. Eine rege rechtsdogmatische Diskussion zum verfassungsrechtlichen Verbot der Diskriminierung eines Menschen »wegen seiner Rasse«[673] fehlt bisher. Das hat die Durchsicht und vergleichende Analyse aller Grundgesetzkommentierungen zu Artikel 3 in allen verfügbaren Auflagen ergeben, deren Ergebnisse in diesem Kapitel vorgestellt werden sollen.[674] Einige der frü-

670 Ebd., Rn. 20. Dem Begriff des »Volkstums« entspricht heute der Begriff »ethnische Herkunft«, das verdeutlicht zum Beispiel die deutsche Übersetzung von Art. 1 ICERD.

671 So das Vorbringen der Klägerin, einer sowjetischen Zwangsarbeiterin, in BSG, 23.05.1995-13 RJ 67/91, Rn. 4, vom BSG ebenfalls abgelehnt.

672 BVerfG v. 08.03.1983-1 BvR 1078/80, Rn. 81 = BVerfGE 63, 266 (Anwaltszulassung); ähnlich Robert Uerpmann-Wittzack: »Gleiche Freiheit im Verhältnis zwischen Privaten. Art. 3 Abs. 3 GG als unterschätzte Verfassungsnorm«, in: *ZaöRV* (68) 2/2008, S. 359-370.

673 Art. 3 Abs. 3 S. 1 GG formuliert »wegen seiner Rasse«, im Folgenden wird auch die geschlechtsneutrale Formulierung »wegen der Rasse« verwendet.

674 Nicht aufgefunden werden konnte die erste Auflage von Andreas Hamann, *Das Grundgesetz für die Bundesrepublik Deutschland vom 23. Mai 1949*, München 1956.

hen Kommentierungen zum Grundgesetz aus den 1950er Jahren kommen ganz ohne Erwähnung dieser Kategorie aus.[675] In von Mangoldt/Klein kommentierte Friedrich Klein das Diskriminierungsverbot wegen der Rasse erstmalig in der 2. Auflage 1957. Der Herausgeber und alleinige Kommentator der 1. Ausgabe von Mangoldt entschied sich aus unbekannten Gründen ganz gegen eine Diskussion.[676] Günter Dürig war der erste deutsche Rechtswissenschaftler, der sich um eine umfängliche Bestimmung der Kategorie Rasse in Art. 3 Abs. 3 GG bemühte. Seine Kommentierung in Maunz/Dürig aus dem Jahr 1973 ist bis heute die umfangreichste Auseinandersetzung mit den Bedeutungsgehalten des Begriffs in einem Grundgesetzkommentar und die historisch kenntnisreichste Auseinandersetzung mit dem Rassebegriff im Nationalsozialismus.[677] Dürigs Kommentierung war zudem die erste und lange die einzige, die auf internationale Menschenrechtsabkommen abstellte.[678] Sie blieb bis zur Neubearbeitung durch Christine Langenfeld im Jahr 2015 bis aufs Wort unverändert.[679] Die allermeisten Kommentierungen blieben über mehrere Auflagen, mitunter über Jahrzehnte, fast wortgleich[680] und reagierten oft erst mit erheblicher Verspätung, meist nach einem Wechsel der kommentierenden Person, auf neue Entwicklungen im Bereich des internationalen und europäischen Rechts.[681] Viele Kommentierungen sind im Ver-

675 Von Mangoldt, in: von Mangoldt, *Das Bonner Grundgesetz. Kommentar,* Berlin/Franfurt/M. 1953, Art. 3, S. 53, ganz ohne Kommentierung von Art. 3 Abs. 3 kommt aus Maunz/Dürig, 1958.

676 Klein, in: von Mangoldt/Klein, 1957, Art. 3, Rn. 270.

677 Dürig, in: Maunz/Dürig, 1973, Art. 3 Abs. 3, Rn. 58 ff., ausführlich Kapitel 5.8.4.

678 Ebd. Neben der AEMR weist er ausführlicher auch auf ICERD hin (Rn. 65 ff.), als deren »interessantesten Aspekt« bezeichnet er weitsichtig »die Einbeziehung der Rechtsverhältnisse Privater untereinander« (Rn. 66).

679 Langenfeld, in: Maunz/Dürig, 2019, Art. 3 Abs. 3, Rn. 45 ff. Lief. 74 Mai 2015.

680 Für viele Heun, in: Dreier, *Grundgesetz,* 1996, Art. 3, Rn. 114 bis einschließlich Ausgabe 2013, Rn. 1293; Jarass, in: Jarass/Pieroth, 1. Aufl. 1989, Art. 3, Rn. 56 bis einschließlich Jarass, in: Jarass/Pieroth, 2020, Art. 3, Rn. 140; Klein, in: von Mangoldt/Klein, 1957, Art. 3, Rn. 270 bis einschließlich Starck, in: von Mangoldt/Klein/Starck, 2010, Art. 3, Rn. 387; Wolfgang Rüfner, in: Wolfgang Kahl, Christian Waldhoff, Christian Walter (Hg.), *Bonner Kommentar zum Grundgesetz. Loseblatt,* Heidelberg 1996, Art. 3, Rn. 830 f. bis einschließlich Rüfner, in: BK, 2019, Art. 3, Rn. 830 f.

681 Für viele Christoph Kannengießer, in: Schmidt-Bleibtreu/Hofmann/Henneke, *Grundgesetz,* 2010, Art. 3, Rn. 57: »Der Begriff ›Rasse‹ bezieht sich auf Gruppen

gleich zu den meisten anderen Kategorien des Art. 3 Abs. 3 GG wesentlich kürzer, der Kommentar von Leibholz/Rinck kommt noch 2018 ohne Ausführungen zu Rasse aus.[682] Die Kommentierung von Baer/Markard in der 7. Auflage 2018 des von Mangoldt/Klein/Starck markiert insofern einen Bruch, dass sich die Autorinnen umfangreich mit der Kategorie Rasse als »rassistische Kategorisierung« auseinandersetzen.[683] Nur wenige Monografien diskutieren Rasse als Kategorie in Art. 3 Abs. 3 GG aus verfassungsrechtlicher Perspektive oder der Perspektive des internationalen Rechts. Jost Delbrücks 1971 erschienene Habilitationsschrift *Die Rassenfrage als Problem des Völkerrechts und nationaler Rechtsordnungen*[684] und Michael Sachs' Habilitationsschrift *Grenzen des Diskriminierungsverbotes*[685] von 1987 werden in der Literatur regelmäßig als Referenzen für die Bestimmung des Rassebegriffs im Antidiskriminierungsrecht herangezogen. Cengiz Barskanmaz' 2019 publizierte Dissertation *Recht und Rassismus* kann einer neuen Generation rassismuskritischer Literatur zugerechnet werden, die Art. 3 Abs. 3 GG im Lichte menschenrechtlicher Diskriminierungsverbote diskutiert.[686]

Die Zurückhaltung der Rechtswissenschaft mag verwundern angesichts der Bedeutung, die der Diskriminierungskategorie Rasse, als Ausfluss und Abkehr von der nationalsozialistischen Rassengesetzgebung, für die verfassungsrechtlichen Diskriminierungsverbote zukommt. Einigkeit besteht in der Literatur, dass »das Kriterium der Rasse als Reaktion auf den Rassenwahn des NS-Staates Eingang in den Katalog des Art. 3 Abs. 3 S. 1 GG gefunden« hat.[687] Günter

mit bestimmten biologisch vererbbaren Merkmalen.« Erst ab 2017 findet sich eine längere und differenzierte Kommentierung.

682 Gerhard Leibholz, Hans-Justus Rinck, in: dies. (Hg.), *Grundgesetz für die Bundesrepublik Deutschland. Kommentar an Hand der Rechtsprechung des Bundesverfassungsgerichts*, Köln 2018, Art. 3.

683 Baer/Markard, in: von Mangoldt/Klein/Starck, 2018, Art. 3 Abs. 2, 3, Rn. 469 ff., ausführlich Kapitel 5.8.7.

684 Jost Delbrück, *Die Rassenfrage als Problem des Völkerrechts und nationaler Rechtsordnungen*, Frankfurt/M. 1971, ausführlich Kapitel 5.8.3.

685 Sachs, *Grenzen des Diskriminierungsverbots*, ausführlich Kapitel 5.8.5.

686 Barskanmaz, *Recht und Rassismus*; zur Bedeutung von Art. 3 Abs. 3 GG im Kontext internationaler Gleichbehandlungsgebote bereits Baer, »Gleichberechtigung revisited«, S. 3145.

687 Sachs, in: HbdStR Bd. VIII, § 182, Rn. 44; ebenso Heun, in: Dreier, *Grundgesetz* 2013, Art. 3, Rn. 129 »soll für die Zukunft Verbrechen wie im Nationalsozialismus verhindern«; Marion Eckertz-Höfer, in: Ekkehart Stein, Erhard

Dürig wies auf die »Vergangenheitsbewältigung des Rassismus und die Vermeidung seiner Wiederholung«[688] hin – wobei die Rekonstruktion der Debatten im Parlamentarischen Rat gezeigt hat, dass bei dieser Vergangenheitsbewältigung der deutsche Kolonialismus ausgespart blieb. Baer/Markard beschreiben Art. 3 Abs. 3 S. 1 GG als »das deutliche ›Nie wieder‹ zur rassistischen Ausgrenzung und Vernichtung im deutschen NS«.[689] Sachs nennt den »Rassenwahn des NS-Staates und die darauf gestützten Gräueltaten vor allem gegen die Juden«.[690] Auch das Bundesverfassungsgericht setzte sich bisher nur im Zusammenhang mit der Ausbürgerung deutscher Juden im Nationalsozialismus ausführlich mit dem Diskriminierungsverbot »wegen seiner Rasse« auseinander.[691] Erst in jüngster Zeit entrissen verwaltungsrechtliche Verfahren zum sogenannten Racial Profiling das Diskriminierungsverbot wegen der Rasse dem Schattendasein.[692] Viele Autor:innen beschreiben den Begriff Rasse bis heute als »unklar«,[693] »recht diffus«[694] oder räumen – dabei selbst diffus

Denninger, Wolfgang Hoffmann-Riem, *Kommentar zum Grundgesetz für die Bundesrepublik Deutschland (AK-GG) Loseblatt*, Neuwied 2001, Art. 3, Rn. 115 »Antwort auf die Verbrechen des Nationalsozialismus«; Heike Krieger, in: Art. 3, in: Schmidt-Bleibtreu/Hofmann/Henneke, *Grundgesetz*, 2017, Art. 3, Rn. 79 »im Lichte seiner missbräuchlichen Verwendung im Nationalsozialismus bewusst zur Abgrenzung hiervon«; Rüfner, in: BK, 2019, Art. 3, Rn. 830 »Reaktion auf die nationalsozialistische Rassenideologie«; Andreas Reich, in: ders. (Hg.), *Magdeburger Kommentar zum Grundgesetz für die Bundesrepublik Deutschland*, Bad Honnef 1998, Art. 3, Rn. 4 »unmittelbare Reaktion auf die nationalsozialistische Zeit«; Sachs, *Grenzen des Diskriminierungsverbots*, S. 324 »Diskriminierungspraktiken der jüngsten Vorgeschichte«.

688 Dürig, in: Maunz/Dürig, 1973, Art. 3 Abs. 3, Rn. 31.

689 Baer/Markard, in: von Mangoldt/Klein/Starck, 2018, Art. 3 Abs. 2, 3, Rn. 472.

690 Sachs, in: Stern, *Staatsrecht*, Bd. IV, 2011, § 122, Rn. 1730; ähnlich Jarass, in: Jarass/Pieroth, 2020, Art. 3, Rn. 131: »Verfolgung und Benachteiligung von Minderheiten im Nationalsozialismus, insb. der Personen jüdischer Abstammung«.

691 BVerfG v. 14. 02. 1968-2 BvR 557/62 = BVerfGE 23, 98 (Ausbürgerung I) und BVerfG v. 15. 04. 1980-2 BvR 842/77 = BVerfGE 54, 53 (Ausbürgerung II), ausführlich Kapitel 5.8.2.

692 Ausführlich Kapitel 5.8.8.

693 Sachs, *Grenzen des Diskriminierungsverbots*, S. 222; Sachs, in: HbdStR Bd. V, 2000, § 126, Rn. 44; Sachs, in: HbdStR Bd. V, 1992, § 126, Rn. 44; ebenso Delbrück, *Die Rassenfrage*, S. 13 ff.

694 Heinrich Wolff, in: Heinrich Wolff, Dieter Hömig, *Grundgesetz für die Bundesrepublik Deutschland*, Baden-Baden 2018, Art. 3, Rn. 21.

bleibend – »faktisch oder potentiell variable Unterscheidungen«[695] ein. Umso mehr interessiert, welche rechtlichen und außerrechtlichen Wissensquellen ausgezeichnet werden und auf welches Wissen über rassialisierte Differenz implizit Bezug genommen wird.

### 5.8.1. Neuanfang und Kontinuitäten: Abkehr vom nationalsozialistischen System ohne Abkehr vom Biologismus

Die erste Kommentierung des Begriffs Rasse in Art. 3 Abs. 3 GG geht auf Kurt Georg Wernicke zurück. Wernicke war wissenschaftlicher Assistent im Ausschuss für Grundsatzfragen des Parlamentarischen Rates und dort als Protokollant tätig. Zu Artikel 3 schrieb er in der 1. Auflage des ältesten Grundgesetz-Kommentars, dem Bonner Kommentar zum Grundgesetz aus dem Jahr 1950:

> Die »Rasse«: Dieser Begriff, der größere Menschengruppen mit bestimmten vererbbaren Eigenschaften bezeichnet, dürfte, wie er hier verwendet wird, nicht im engen, streng wissenschaftlichen Sinne zu verstehen sein. Danach findet er, ebenso wie der vorstehende Begriff der Abstammung, ebenfalls zugunsten von Juden usw. Anwendung. Diese Bestimmung bezieht sich auch auf die Hautfarbe des Menschen und hat insofern z. B. für die seit Kriegsende in Deutschland geborenen Mischlinge Bedeutung.[696]

Dass Juden jedenfalls keine Rasse im »streng wissenschaftlichen Sinne« sind, aber vom Diskriminierungsverbot »wegen seiner Rasse« geschützt sein sollen, wird hier deutlich. Was Rasse im »engen, streng wissenschaftlichen Sinne« sein soll, führt Wernicke dagegen nicht aus. Ob das zum Beispiel für Hautfarbe zutrifft und damit die Schwarzen Deutschen, die das Wort »Mischlinge« hier bezeichnet, eine Rasse im streng wissenschaftlichen Sinne wären, lässt Wernicke offen. Dass er nicht nur Juden, sondern auch Schwarze Menschen als geschützte Gruppen hervorhebt, kann an seiner Anwesenheit im Ausschuss für Grundsatzfragen liegen, in denen von Mangoldt über die Behandlung der »schwarzen Rasse« in den USA sprach und Bergsträsser auf Kinder Schwarzer Besatzungssoldaten

695 Dürig, in: Maunz/Dürig, 1973, Art. 3 Abs. 3, Rn. 59.

696 Wernicke, in: Wernicke, BK, 1950, Art. 3, S. 206, gleichlautend bis zur Neukommentierung durch Rüfner, in: BK, 2019, Art. 3, Rn. 830 f.

hinwies.[697] Ein anderer wahrscheinlicher Grund für diesen Hinweis können die nach Kriegsende geführten rassistischen Debatten über den Umgang mit diesen sogenannten »farbigen Mischlingskindern« sein,[698] die auch das Vokabular in den Grundgesetzkommentierungen prägten und es bis heute prägen.

Von Mangoldt hatte in der 1. Auflage seines Grundgesetzkommentars 1953 nur allgemein die Kategorien des Absatzes 3 als »naturgegebene, geschichtlich oder in freier Entscheidung begründete menschliche Verschiedenheiten«[699] beschrieben, ohne spezifische Ausführungen zu Rasse zu machen. Friedrich Klein übernahm nach dessen Tod in der 2. Auflage des nun von Mangoldt/Klein genannten Kommentars 1957 die Definition von Wernicke. Als Quellen weist er Wernicke und Hans-Peter Ipsen aus.[700] Letzterer hatte 1954 im *Handbuch der Theorie und Praxis der Grundrechte* Wernickes Definition von 1950 – »größere Menschengruppen mit bestimmten vererbbaren Eigenschaften« – jedoch nur übernommen.[701] Unter Verweis auf Ipsen prägt Wernickes Formulierung bis heute die Kommentarliteratur. Wie Wernicke verwendete auch Klein die Formulierungen »nicht im engen, streng wissenschaftlichen Sinne«, sondern »angesichts der nationalsozialistischen Gesetzgebung«, woraus sich die Bedeutung des Diskriminierungsverbotes »insbesondere für die Juden« ergebe. Ebenso nennt er »die seit Kriegsende in Deutschland geborenen Mischlinge«.[702] Im Unterschied zu Wernicke leitet Klein die Bezugnahme auf kolonialen Rassismus ausdrücklich unter Bezug auf die USA her. So schreibt er, »die Hautfarbe des Menschen« sei eine »rassisch bestimmte Eigenschaft [...], die in der Gleichheitsrechtsprechung der USA eine wesentliche Rolle spielt«.[703] Daran wird deutlich, dass Klein die Zuordnung von Juden als Rasse ablehnt, Schwarze Menschen jedoch weiter als Rasse ansieht. Die Verfolgung von Sinti und

697 Deutscher Bundestag/Bundesarchiv, *Der Parlamentarische Rat*, Bd. 5/I, S. 742f., siehe auch Kapitel 5.7.3.5.

698 Zum Ganzen Opitz, »Afro-Deutsche nach 1945«, S. 85; sowie Kapitel 3.3.8.2.

699 Von Mangoldt, in: von Mangoldt, 1953, Art. 3, Rn. 5.

700 Klein, in: von Mangoldt/Klein, GG 1957, Art. 3, S. 209.

701 Hans Peter Ipsen, »Gleichheit«, in: Neumann/Nipperdey/Scheuner (Hg.), *Die Grundrechte*, Berlin 1954, S. 111-198, hier: S. 145.

702 Klein, in: von Mangoldt/Klein, GG 1957, Art. 3, S. 209.

703 Ebd.

Roma im Nationalsozialismus erwähnt Klein ebenso wenig wie die Verbrechen an Schwarzen Menschen im Nationalsozialismus. Die Präsenz Schwarzer Menschen in Deutschland schon vor der Generation der seit Kriegsende in Deutschland geborenen Kinder von alliierten Soldaten war ihm offenbar gänzlich unbekannt.

Andreas Hamann brachte 1960 in der 2. Auflage seines Grundgesetzkommentars für Wissenschaft und Praxis eine erweiterte Definition ins Spiel. Er schrieb:

> Der Begriff der »Rasse« ist nicht im (engeren) anthropologischen Sinne, sondern etwa in demjenigen der nationalsozialistischen »Rassen«-Gesetzgebung zu verstehen. Hiernach sind Diskriminierungen von Juden, Zigeunern, Mischlingen (das gilt auch für die nach dem Krieg geborenen Kinder deutscher Mütter und farbiger Väter) verboten. Die Wiedergutmachungsgesetzgebung (vor allem das BEG v. 18. 8. 1953, BGBl. I/1387) bedeutet keine »rassische« (vgl. § 1 Abs. 1 a. a. O.) Bevorzugung, sondern nur die Erfüllung einer unabdingbaren Verpflichtung, »geschehenes Unrecht« (so die Präambel zu diesem Gesetz) wiedergutzumachen.[704]

Auch Hamann hielt an der Unterscheidung eines nationalsozialistischen Rassebegriffs von einem naturwissenschaftlichen, hier als anthropologisch bezeichneten Rassebegriff fest, ohne das näher zu begründen. Er erweiterte die Liste der von Diskriminierung Betroffenen jedoch erstmals um Sinti und Roma. Das Bewusstsein für deren Diskriminierung durch die nationalsozialistische Rassengesetzgebung resultierte wahrscheinlich aus den Diskussionen um das Bundesentschädigungsgesetz, auf die Hamann ausdrücklich verweist. Der juristische Kampf von Sinti und Roma um Anerkennung und Entschädigung und die umstrittene Rechtsprechung des BGH zu dieser Frage hatten diese stärker als Opfergruppe ins juristische Bewusstsein gerückt.[705] Interessant ist der Bezug auf die Wiedergutmachungsgesetzgebung aber auch, weil damit klargestellt wird, dass die Wiedergutmachung rassistischen Unrechts keine Bevorzugung i. S. v. Art. § Abs. 3 GG impliziert.

Begriffe wie »Zigeuner«, »Mischlinge« und »Farbige« finden sich in fast allen Kommentierungen.[706] Der Begriff »Zigeuner«

704 Hamann, GG, 2. Aufl. 1960, Art. 3 Rn. 8. Die erste Auflage von 1956 konnte nicht aufgefunden werden.

705 Ausführlich zur Rechtsprechung des BGH Kapitel 5.7.3.5.

706 Ausnahmen sind Baer/Markard, in: von Mangoldt/Klein/Starck, 2018, Art. 3 Abs. 2, 3, Rn. 481, sie benennen u. a. »Menschen mit dunkler Hautfarbe«, »Men-

wurde seit Mitte der neunziger Jahren in vielen Kommentierungen entweder in Anführungszeichen gesetzt oder es ist von »Sinti und Roma« die Rede.[707] Die diskriminierenden Bezeichnungen als »Farbige« und »Mischlinge« werden dagegen bis heute in der Kommentarliteratur in vielen Fällen ohne Anführungszeichen verwendet.[708] Im Unterschied zum Wort »Juden« handelt es sich bei diesen Begriffen weder um Selbstbezeichnungen noch um neutrale Begriffe. »Zigeuner« ist eine seit dem 16. Jahrhundert verwendete und von Klischees überlagerte Fremdbezeichnung durch die Mehrheitsgesellschaft.[709] Die Begriffe »Farbige« und »Mischlinge« sind rassistische Wortschöpfungen aus der Zeit des deutschen Kolonialismus.[710] Mit dieser Bedeutung wurden diese Begriffe im Nationalsozialismus übernommen. Das N-Wort taucht dagegen in den Kommentierungen zu Art. 3 Abs. 3 GG nicht auf.[711] Das ist wahrscheinlich darauf zurückzuführen, dass in den USA, angestoßen durch die amerikanische Bürgerrechtsbewegung in den 1950er und 1960er Jahren, das Wort *negro* durch *colored* ersetzt wurde. In dieser Zeit begann auch die deutsche Mehrheitsgesellschaft das N-Wort durch den Begriff »Farbiger« zu ersetzen. Im Gegensatz zu den USA blieben jedoch kritische Diskussionen und Selbstreflexionen zur Problematik des N-Worts in Deutschland ebenso aus wie solche zum kolonialen Ursprung des Wortes Farbige.[712] Die meisten als »Zigeuner«, »Mischlinge« oder »Farbige« bezeichneten Menschen empfinden diese Begriffe als diskriminierend und lehnen sie ab.[713]

schen, denen [...] eine türkische, arabische oder asiatische Herkunft zugeschrieben wird«, »Muslime«, »Flüchtlinge«; Nußberger, in: Sachs, 2018, Art. 3, Rn. 293 f. zählt nur noch »Juden« auf.

707 Joachim Englisch, in: Klaus Stern, Florian Becker, *Grundrechte-Kommentar*, Köln 2010, Art. 3 Rn. 86, verwendet den Begriff zwar ohne Anführungszeichen, schreibt aber von »Kategorien wie Farbige, Zigeuner, Juden«, was eine Distanzierung impliziert.

708 Langenfeld, in: Maunz/Dürig, 2019, Art. 3 Abs. 3, Rn. 45; Osterloh/Nußberger, in: Sachs, 2014, Art. 3, Rn. 293 wortgleich seit Osterloh, in: Sachs, 1996, Art. 3, Rn. 293; Jarass, in: Jarass/Pieroth, 2020, Art. 3, Rn. 121.

709 Siehe die Darstellung in Kapitel 3.2.1.

710 Siehe die Darstellung in Kapitel 4.1.2.2.

711 Eine Ausnahme ist Dürig, in: Maunz/Dürig, 1973, Art. 3 Abs. 3, Rn. 84 unter Bezug auf die USA.

712 Nduka-Agwu, »›Farbig‹, ›Farbige_e‹«, S. 127.

713 Zentralrat Deutscher Sinti und Roma, »Erläuterungen zum Begriff ›Zigeuner‹«; Jamie Schearer, Hadija Haruna, »Über Schwarze Menschen in Deutschland be-

Ihre Verwendung in Kommentierungen der zentralen deutschen Verfassungsnorm, die in Abgrenzung gegen rassistische Diskriminierungen geschaffen wurde, deutet auf Unwissenheit oder Desinteresse an der Begriffsgeschichte hin. Auch wenn dies nicht mit diskriminierender Absicht, sondern aufgrund von unhinterfragtem Wissen oder Gedankenlosigkeit geschieht, wird damit rassistische Sprache nicht nur reproduziert. Sie erfährt auch eine juristische Legitimierung.

### 5.8.2. Die Ausbürgerungsentscheidung des Bundesverfassungsgerichts vom 14. Februar 1968: Rasse als Kriterium der Verfolgung

Das Bundesverfassungsgericht äußerte sich bislang nur in einem Urteil des Zweiten Senats aus dem Jahre 1968 zur Ausbürgerung jüdischer deutscher Staatsbürger im Nationalsozialismus auf Grundlage der 11. Durchführungsverordnung zum Reichsbürgergesetz (11. VO) ausdrücklich zum Diskriminierungsverbot wegen der Rasse.[714] Ausgangspunkt war ein Streit um die Ausstellung eines Erbscheins, mit dem die beiden Beschwerdeführer ein Wiedergutmachungsverfahren durchführen wollten.[715] Ihr Onkel, ein jüdischer Deutscher, hatte nach § 2 der 1941 in Kraft getretenen 11. VO zum Reichsbürgergesetz seine Staatsangehörigkeit verloren, da er 1939 nach Amsterdam emigriert war und damit zum Zeitpunkt des Inkrafttretens der 11. VO im Ausland lebte. Von dort war er 1942 deportiert und ermordet worden.[716] Seinen Neffen ging es um die Rückerstattung seines während des Nationalsozialismus »arisierten«, mithin zwangsübertragenen Eigentums. Das Amtsgericht Wiesbaden hatte die Ausstellung des Erbscheins mit der Begründung abgelehnt, der Erblasser sei aufgrund seiner Ausbürgerung staatenlos gewesen.[717] Somit sei deutsches Erbrecht nicht anwendbar und die Antragstel-

richten«, ⟨http://isdonline.de/uber-schwarze-menschen-in-deutschland-berichten/⟩, Stand: 01. 04. 2019.

714 BVerfG. 14. 02. 1968-2 BvR 557/62 = BVerfGE 23, 98 (Ausbürgerung I).

715 Wiedergabe von Sachverhalt und Verfahrensgang hier (Rn. 1) und im Folgenden nach BVerfG 14. 02. 1968-2 BvR 557/62; die Entscheidungen der unteren Instanzen wurden nicht eingesehen, sie waren für die Frage nach der Auslegung von Art. 3 Abs. 3 GG auch nicht relevant.

716 Ebd., Rn. 2.

717 AG Wiesbaden, 08. 05. 1962-41 VI 586/61 (unveröffentlicht).

ler seien nicht erbberechtigt. Das Landgericht Wiesbaden[718] und das OLG Frankfurt am Main[719] bestätigten diese Entscheidung und begründeten sie mit Art. 116 Abs. 2 GG.

Nach Art. 116 Abs. 2 S. 1 GG sind »frühere deutsche Staatsangehörige, denen zwischen dem 30. Januar 1933 und dem 8. Mai 1945 die Staatsangehörigkeit aus politischen, rassischen oder religiösen Gründen entzogen worden ist«, auf Antrag wiedereinzubürgern. Nach Art. 116 Abs. 2 S. 2 GG gelten sie »als nicht ausgebürgert, sofern sie nach dem 8. Mai 1945 ihren Wohnsitz in Deutschland genommen haben und nicht einen entgegengesetzten Willen zum Ausdruck gebracht haben«. Hintergrund dieser Formulierung war die Anerkennung des voluntativen Elements der Staatsangehörigkeit, zugleich sollte die deutsche Staatsangehörigkeit aus »historisch-moralischen Gründen« nicht unzumutbar erschwert werden und die ideellen und finanziellen Belange der Ausgebürgerten bestmöglich wahrgenommen werden.[720] Der Erblasser war jedoch bereits vor dem 8. Mai 1945 ermordet worden, konnte also den Voraussetzungen des Art. 116 Abs. 2 GG nicht genügen. Die Vorinstanzen entschieden nichtsdestotrotz, bei Art. 116 Abs. 2 GG handle es sich um eine abschließende Regelung, der Erblasser könne daher nicht als deutscher Staatsangehöriger anerkannt werden.[721] Die Beschwerdeführer machten dagegen geltend, ihr ursprünglich auf § 2 11. VO gründender Ausschluss von der Erbfolge verstoße gegen den allgemeinen Gleichheitssatz, Art. 3 Abs. 1 GG.[722] Einen Verstoß gegen das Diskriminierungsverbot »wegen seiner Rasse« in Art. 3 Abs. 3 GG machten sie dagegen nicht ausdrücklich geltend.

Der Zweite Senat des Bundesverfassungsgerichts gab der Verfassungsbeschwerde statt. Er erklärte die 11. VO zum Reichsbürgergesetz als von Anfang an nichtig und darauf basierende Ausbürgerungen für rechtsunwirksam.[723] Das Gericht bestätigte damit seine

718 LG Wiesbaden, 27.07.1962-4 T 252/62 (unveröffentlicht).

719 OLG Frankfurt, 18.09.1962-6 W 441/62 (unveröffentlicht).

720 Uwe Berlit, »Das Grundgesetz und die ›Fremden‹«, in: *Kritische Justiz* 1994, S. 77-87; zur Debatte im Parlamentarischen Rat auch Masing/Kau, in: von Mangoldt/Klein/Starck, 2018, Art. 16, Rn. 143 f.

721 BVerfG v. 04.02.1968-2 BvR 557/62–, Rn. 3 ff. und Rn. 9.

722 Ebd., Rn. 19.

723 Zu Inhalt und Geschichte der 11. VO zum Reichsbürgergesetz, RGBl. 1941, 722 siehe Kapitel 4.2.3.2.

Rechtsprechung, »nationalsozialistischen ›Rechts‹-Vorschriften die Geltung als Recht abzuerkennen, weil sie fundamentalen Prinzipien der Gerechtigkeit so evident widersprechen, daß der Richter, der sie anwenden oder ihre Rechtsfolgen anerkennen wollte, Unrecht statt Recht sprechen würde«.[724] Das zu diesen Prinzipien gehörende Willkürverbot habe seinen Ausdruck in Art. 3 Abs. 1 GG gefunden. Was unter Willkür zu verstehen sei, konkretisiere Art. 3 Abs. 3 GG für alle Bereiche des Rechts »grundsätzlich dahin, daß niemand wegen seines Geschlechtes, seiner Abstammung, seiner Rasse, seiner Sprache, seiner Heimat und Herkunft, seines Glaubens, seiner religiösen oder politischen Anschauungen benachteiligt oder bevorzugt werden darf«.[725]

Die 11. VO verstoße gegen diese Prinzipien, denn: »Der Versuch, nach »rassischen« Kriterien bestimmte Teile der eigenen Bevölkerung mit Einschluß der Frauen und Kinder physisch und materiell zu vernichten, hat mit Recht und Gerechtigkeit nichts gemein.«[726] Der Senat fragt hier nicht »Was bedeutet Rasse?«, der Begriff taucht bis auf dieses Zitat des Grundgesetztextes in dem Urteil nicht auf. Die Richter zeichnen jedoch den Prozess der rassialisierenden Kategorisierung und rassistischen Diskriminierung Schritt für Schritt nach. In einem ersten Schritt kontextualisieren sie die 11. VO historisch und gesellschaftspolitisch. Die Verordnung könne nur richtig beurteilt werden,

> [...] wenn sie im Zusammenhang mit der nationalsozialistischen Rassengesetzgebung und dem politischen Ziel des Nationalsozialismus, das deutsche und europäische Judentum auszurotten, gesehen wird. Die Ausbürgerung war als diskriminierender Ausschluß aus der deutschen Volksgemeinschaft gemeint. Sie knüpfte allein an ein »rassisches« Merkmal an und traf zunächst vornehmlich diejenigen, denen es gelungen war, unter Gefahr für Leib und Leben der nationalsozialistischen Tyrannis zu entrinnen (§ 2).[727]

724 BVerfG v. 04. 02. 1968-2 BvR 557/62 – Rn. 30; so schon BVerfG v. 17. 12. 1953-1 BvR 147/52, Rn. 191 = BVerfGE 3, 58 (Beamtenurteil).

725 BVerfG v. 04. 02. 1968-2 BvR 557/62 –, Rn. 32.

726 Ebd., Rn. 28 f.; ebenso BVerfG v. 15. 4. 1980-2 BvR 842/77 –, Rn. 48, »dass der durch Akte des nationalsozialistischen Staates aus rassenideologischen Gründen angeordnete Entzug der deutschen Staatsangehörigkeit krasses Unrecht darstellte«.

727 BVerfG v. 04. 02. 1968-2 BvR 557/62–, Rn. 23 ff.

Eine vertiefte Auseinandersetzung mit den Kriterien der 1. VO zum Reichsbürgergesetz und dem darin etablierten personenstandsrechtlichen, genealogisch abgeleiteten graduellen Judenbegriff,[728] die Grundlage für die Ausbürgerung nach der 11. VO war, nimmt der Senat nicht vor. Im Unterschied zur zeitgenössischen Kommentarliteratur interessiert ihn jedoch auch nicht, ob Juden eine Rasse im erbbiologischen oder physisch-anthropologischen Sinne sind. Der Senat führt Rasse damit nicht als naturgegebene und unveränderliche Eigenschaft ein, sondern als ein Kriterium der rassistischen Verfolgung. Die Distanz des Gerichts zu biologistischen Rasseverständnissen drückt er über die Anführungszeichen um das Wort »rassisch« aus. »Rassisch« wird damit als ein Begriff des nationalsozialistischen Rechts markiert, auf den sich das BVerfG nicht affirmativ-objektiv, sondern im Sinne einer Negativdefinition bezieht, die »rassisch« als Fremdzuschreibung bzw. Fremdzuordnung ausweist. Damit weist der Zweite Senat die deutschen Juden als vulnerable und daher schützenswerte Bevölkerungsgruppe aus, eine Denkfigur, die der Erste Senat im Jahr 2017 im Beschluss zur Option eines dritten Geschlechtseintrages mit den Worten »Angehörige strukturell diskriminierungsgefährdeter Gruppen« konkretisiert.[729]

In einem zweiten Schritt zeichnet der Senat die Zielsetzungen und die Effekte der an »rassische« Kriterien anknüpfenden Maßnahme »Ausbürgerung« nach. Angestrebte Ziele und erzielte Effekte decken sich vorliegend: Einerseits war das der »diskriminierende Ausschluss aus der deutschen Volksgemeinschaft«. Andererseits sollte die jüdische Bevölkerung so auch von lebensnotwendigen materiellen Ressourcen ausgeschlossen werden, denn das Vermögen der nach § 2 11. VO Ausgebürgerten fiel nach § 3 Abs. 1 S. 1 11. VO an das Reich.[730]

> Den Juden wurden die Mittel genommen, sich im Ausland eine neue Existenz aufzubauen. [...] Diese Regelung kann nur so verstanden werden, daß sie dazu beitragen sollte, die zur Emigration gezwungenen Juden ins

728 RGBl. 1935 I S. 1333, zu den Kriterien Kapitel 4.2.3.2.

729 BVerfG v. 08. 11. 2017-1 BvR 2019/16 –, Rn. 59 = BVerfGE 147, 1 (Dritte Option).

730 Die Ausbürgerung war die rechtliche Grundlage für die Enteignung des Vermögens der ins Ausland geflohenen oder deportierten deutschen Juden, ein weiteres Ziel war also die Aneignung (Arisierung) von deren Vermögen, dazu Kapitel 4.2.3.2.

Elend zu stürzen und zugleich der Fürsorge des Auslandes zu überlassen. Die 11. Verordnung war ein Mittel, die verfolgten Juden nach Möglichkeit auch jenseits der Grenzen des nationalsozialistischen Machtbereichs zu vernichten.[731]

Der Senat stellt die rechtliche Ausbürgerung, den symbolischen Ausschluss aus dem Kreis der Deutschen und die rechtlich angeordnete materielle Enteignung in einen untrennbaren Zusammenhang mit dem Ziel des nationalsozialistischen Staates, die deutschen und europäischen Juden auszurotten. Auch damit weist er das strukturelle Moment der Benachteiligung nach. Die Richter verwenden die Begriffe Rassismus oder rassischer Antisemitismus nicht, doch steht diese Definition im Einklang mit Definitionen von Rassismus, die rassialisierte Differenz im Zusammenhang mit dem Machtverhältnis Rassismus erklären. Rassismus ist demnach das Zusammenwirken von rassialisierender Klassifikation (die Einteilung in Gruppen nach rassischen Kriterien, mit denen eine Bedeutungszuschreibung einhergeht) und Subordination – Benachteiligung bei Zugang bzw. Ausschluss oder der Verteilung von politischen, sozialen und ökonomischen Ressourcen.[732]

Die Klassifikation der Juden, das macht der Zweite Senat in der Ausbürgerungsentscheidung deutlich, erfolgte durch die nationalsozialistische Rassengesetzgebung. Ihre Subordination erfolgte durch die diskriminierenden Maßnahmen auf Basis dieser Gesetzgebung (hier angeordnet durch 11. VO zum Reichsbürgergesetz). Diese auf die Verfolgung und nicht auf die Eigenschaften der verfolgten Person abstellende Rechtsprechung bestätigt der Erste Senat in einem Kammerbeschluss vom 13. Januar 1995, in dem es um konkurrierende Ansprüche nach § 1 BEG und dem BVG ging:

> Gerade bei den Maßnahmen nationalsozialistischer Gewaltherrschaft, die aus Gründen der Rasse erfolgten, wäre dann nicht nur der Schutzbereich des Art. 3 Abs. 1 GG, sondern auch der des Art. 3 Abs. 3 GG berührt, zumal die Schlechterstellung des genannten Personenkreises letztlich aufgrund der Verfolgung, also wegen »seiner Rasse« einträte.[733]

Der Senat hat damit eine elaborierte Konzeption der Herstellung und Wirkungen rassialisierter Differenz vorgelegt, die von der Li-

731 BVerfG v. 04.02.1968-2 BvR 557/62–, Rn. 26 ff.

732 Ausführlich Kapitel 3.1.4.

733 BVerfG v. 13.01.1995-1 BvR 205/88, Rn. 9.

teratur noch nicht aufgegriffen wurde. Die Entscheidung wird in der Literatur zum verfassungsrechtlichen Diskriminierungsverbot »wegen der Rasse« vielfach als Beispiel für Rasse als Kriterium der Verfolgung zitiert[734] und hinsichtlich der Auslegung von Art. 116 Abs. 2 GG sowie der Anwendung der Radbruchschen Formel diskutiert.[735] Ihr rassismustheoretischer Gehalt war bislang nicht Teil der Diskussionen.

Letzteres mag auch daran liegen, dass die Einordnung der Fallkonstellation unstrittig ist, weil sie sich nach allen Interpretationen des Diskriminierungsverbotes und nach allen Konzeptionen der Diskriminierungskategorie Rasse als einschlägige Diskriminierung darstellt. Mit der 1. VO zum Reichsbürgergesetz bestand bereits eine ausdrückliche rechtliche Regelung, die anhand von rassischen Kriterien Kategorisierungen vornahm. Daran knüpfte eine weitere rechtliche Regelung, die 11. Verordnung zum Reichsbürgergesetz, unmittelbar benachteiligende Wirkungen an. Zudem bemühten sich die nationalsozialistischen Machthaber weder darum, diese Diskriminierung zu verdecken, noch wiesen sie den Vorwurf der Diskriminierung zurück. Ihnen kam es ideologisch und programmatisch auf die Diskriminierung an, rassischer Antisemitismus war Staatsdoktrin.[736] Ein kausaler Zusammenhang zwischen Diskriminierungskategorie und Ungleichbehandlung bzw. Benachteiligung ist daher zweifellos gegeben, nicht nur verstanden im Sinne einer Conditio sine qua non bezogen auf den Effekt, sondern im Sinne von Finalität bezogen auf den Zweck.[737] Schließlich traf das moralische Urteil, das mit der Ausweisung eines Tatbestandes als rassistisch in der Regel einhergeht,[738] keinen am Rechtsstreit selbst betei-

734 Für viele Langenfeld, in: Maunz/Dürig, 2019, Art. 3 Abs. 3, Rn. 45.

735 Herbert Genzel, »Die Staatsangehörigkeit ausgebürgerter Juden. Stellungnahme zu der Anmerkung von Makarov in JZ 1968, 559«, in: *JZ* (1969), S. 98-101; zur Frage, ob das Ergebnis mit Art. 116 Abs. 2 GG vereinbar ist, Gerd Roellecke, Herbert Genzel, Heribert Westerath, »Die Staatsangehörigkeit ausgebürgerter Juden«, in: *JZ* (1969), S. 97-102; zur Kritik am Folgebeschluss BVerfGE 54, 53 (Ausbürgerung II) Michael Silagi, »Rechtsfolgen nichtiger Ausbürgerungen«, in: *Das Standesamt* 1981, S. 105-108; zur Radbruchschen Formel Florian Schwill, »Zur Anwendung der Radbruchschen Formel in der Rechtsprechung des Bundesverfassungsgerichts«, in: *KritV* 2002, S. 79-97.

736 Zum Ganzen Kapitel 4.2.2.

737 Den Unterschied diskutiert Sachs, *Grenzen des Diskriminierungsverbots*, S. 390 ff.

738 Zu Schuld, Moral und Distanzierung Kapitel 3.3.8.2.

ligten Akteur, sondern vielmehr einen konsensual weit außerhalb des eigenen Norm- und Wertekanons stehenden und überwundenen Unrechtsstaat. Dass die Verbreitung einer Rassenlehre, wie sie im Nationalsozialismus praktiziert wurde, aber auch antisemitische oder auf rassistische Diskriminierung zielende Konzepte von Volkszugehörigkeit mit Art. 3 Abs. 3 Satz 1 GG und mit der Achtung der Menschenwürde, Art. 1 Abs. 1 und 2 GG, unvereinbar sind, ist heute gefestigte, im Zusammenhang mit Verbotsverfahren gegen neonazistische Vereine und Parteien entwickelte Rechtsprechung.[739]

### 5.8.3. Auf der Suche nach einer sozialwissenschaftlichen Definition des Rassebegriffs

Weitaus umfassender als frühere Kommentatoren setzte sich 1971 Jost Delbrück in *Die Rassenfrage als Problem des Völkerrechts und nationaler Rechtsordnungen* mit einer »im Bereich der Rechtswissenschaft operablen Definition des Rassebegriffs« auseinander.[740] Einige Autor:innen bezeichnen ihn als Vertreter eines »soziologischen Rassebegriffs«.[741] Delbrück selbst verwendet diese Beschreibung nicht, zudem gibt es keinen einheitlichen soziologischen Rassebegriff.[742] Delbrück setzt sich für eine juristische Arbeit vergleichbar umfangreich mit naturwissenschaftlichen und sozialwissenschaftlichen Begriffsverständnissen auseinander und zitiert auch Quellen außerrechtlichen Wissens. Eingangs konstatiert er ein »Dickicht umstrittener Definitions- und Methodenprobleme«.[743] Dann hält er fest: »Als relativ gesicherter und von der herrschenden Lehre in der Anthropologie anerkannter Befund [Fn. 6] kann die Einteilung der Spezies Mensch in drei Hauptspezies oder Hauptrassen

739 BVerfG v. 13.07.2018-1 BvR 1474/12, Rn. 141 = BVerfGE 149, 160; BVerwG v. 01.09.2010-6 A 4/09, Rn. 14; BVerwG v. 25.03.1993-1 ER 301/92, Rn. 17; BVerfG v. 17.01.2017-2 BvB 1/13–, Rn. 541 = BVerfGE 144, 20 (NPD-Verbot II).

740 Delbrück, *Die Rassenfrage*, S. 15.

741 Angela Streibel, *Rassendiskriminierung als Eingriff in das allgemeine Persönlichkeitsrecht*, Frankfurt/M. 2010, S. 184; Delbrück als Vertreter eines »soziologischen Rassebegriffs« bezeichnen Barskanmaz, *Recht und Rassismus*, S. 184 und Christoph Fröb, *Die Bekämpfung von Rassismus und Fremdenfeindlichkeit im Arbeitsrecht*, Wiesbaden 2018, S. 62.

742 Instruktiv zu biologistischen Rassebegriffen in der Soziologie Plümecke, *Rasse in der Ära der Genetik*, S. 423.

743 Delbrück, *Die Rassenfrage*, S. 15.

angesehen werden, wobei die Bezeichnung dieser drei Hauptrassen unterschiedlich ist.«[744]

In der zitierten Fußnote 6 verweist Delbrück auf das von Egon von Eickstedts Schülerin und Mitarbeiterin Ilse Schwidetzky zusammen mit Gerhard Heberer und Gottfried Kurth herausgegebene *Fischer-Lexikon Anthropologie* von 1959.[745] Entgegen Delbrücks Darstellung war die Eickstedtsche Einteilung der Menschen in drei »Hauptrassen« 1971 keinesfalls herrschende Meinung. Das zeigen die vier zu diesem Zeitpunkt vorliegenden UNESCO-Erklärungen zur Frage von Rasse und Rassismus. An anderer Stelle verweist er selbst auf diese Erklärungen und kritisiert den anthropologischen Rassebegriff, weil dieser »geistige oder gemütsmäßige Charakteristika« umfasse, die »nach dem bisherigen Stand der Forschung nicht mit der erforderlichen Sicherheit auf erbbiologische Faktoren zurückgeführt werden können«.[746] Im Ergebnis verabschiedet Delbrück einen anthropologischen Rassebegriff zwar nicht konsequent. Er will ihn aber für das Recht nicht anwenden, da er für »die Erhellung des Phänomens der Rassendiskriminierung […] nicht geeignet« sei.[747] Damit folgt auch er der Definition der Anthropologin Ruth Benedict, die schrieb, »Rassismus ist nicht, wie Rasse, ein Thema, dessen Inhalt wissenschaftlich untersucht werden kann. Es ist, wie eine Religion, ein Glaube, der nur historisch untersucht werden kann.«[748] Vor diesem Hintergrund stellt Delbrück »die Frage nach einer Definition, die sozialwissenschaftlich brauchbar ist«.[749] Als Anknüpfungspunkt plädiert er für einen »subjektiven Zugang«,

> daß nämlich im Alltagsleben die Menschen »wissen«, ob und welcher Rasse eine bestimmte Bevölkerungsgruppe zuzurechnen ist. Hier hat man die

744 Ebd.

745 Alle drei waren im Nationalsozialismus Rassenforscher:innen und nach 1945 weiter als Anthropolog:innen tätig, zu Schwidetzky Klee, *Personenlexikon zum Dritten Reich*, S. 574 f.; zu Kurth ebd., S. 353; zu Heberer Uwe Hossfeld (Hg.), *Kämpferische Wissenschaft. Studien zur Universität Jena im Nationalsozialismus*, Köln 2003, S. 213 ff.

746 Delbrück, *Die Rassenfrage*, S. 14; zu den UNESCO-Erklärungen ausführlich Kapitel 3.3.4.1.

747 Ebd., S. 16.

748 Benedict, *Race. Science and Politics*, S. 99, ausführlich Kapitel 3.3.3.

749 Delbrück, *Die Rassenfrage*, S. 15.

Vorstellung, dass die eine Gruppe charakterisierenden Merkmale (Hautfarbe, Kopfform, Haarwuchs usw.) Rassenmerkmale sind, gleichgültig, ob dies vom naturwissenschaftlichen Standpunkt aus richtig ist oder nicht. Derartige subjektive Qualifikationen sind für das Sozialleben real. Man muss mit ihnen rechnen, weil sie das Individual- und Gruppenverhalten bestimmen. Somit wird für die sozialwissenschaftlichen Zwecke Rasse verblüffend einfach als »eine Gruppe von Menschen, die im tatsächlichen Leben als Rasse angesehen und so behandelt wird« [Fn. 12], definiert.[750]

Für diese sozialwissenschaftliche Definition verweist er in der Fußnote 12 auf Arbeiten des US-amerikanischen Soziologen Herbert Blumer und des britischen Soziologen Michael Banton zu *race relations.* Die soziologische *race-relations*-Forschung lehnte eine biologistische Definition von *race* ab. Nach Banton ist Rassismus vielmehr eine Doktrin, nach der »individuelles Verhalten durch stabile, vererbbare Merkmale definiert ist, die von den getrennten rassischen Wurzeln mit unterschiedlichen Charakteristika abstammen«.[751] Die *race-relation*-Forschung interessiert sich vor allem für soziale Gruppenkonflikte, die entstehen, wenn Gruppen durch Migration in einem Gebiet zusammentreffen und in Wettbewerb miteinander treten. Die Konsequenz einer solchen Herangehensweise wird an Delbrücks Argumentationsgang deutlich. Diskriminierung definiert er wie folgt:

> Als Rassendiskriminierung ist demnach jedes diskriminierende Verhalten zu qualifizieren, das sich gegen eine Bevölkerungsgruppe oder Angehörige derselben richtet, die nach der Vorstellung des Diskriminierenden aufgrund äußerer Merkmale einer fremden Rasse angehören.[752]

Im Kern geht es dabei um das »Außerachtlassen individueller Charakteristika zugunsten kollektiver Merkmale bei der Einstufung eines Individuums in eine soziale Gruppe und seine entsprechende Behandlung«.[753] Er verweist zwar auf die realen Konsequenzen rassischer Zuordnungen, verortet die Ursache von Diskriminierung letztlich jedoch ausschließlich in »Individual-

750 Ebd.

751 Banton, *Race Relations*, 1967, S. 8, siehe auch Kapitel 3.1.4.1.

752 Delbrück, *Die Rassenfrage*, S. 16.

753 Ebd., S. 16.

und Gruppenverhalten«[754] und »Vorurteilen«.[755] Damit geht ein symmetrisches Verständnis von Diskriminierung einher. Delbrück betont, es könnten sich auch in der Minderheitengruppe als Reflex auf die erfahrene Diskriminierung Vorurteile bilden, die »ihrerseits zu einem diskriminierenden Verhalten der Mehrheitsgruppe gegenüber der Minderheitsgruppe führen können«.[756] Er verweist auf die *race-conciousness*-Bewegung in den USA, in seinen Worten die »extremen Negerbewegungen«, deren Ziel »nicht die Integration beider Rassen in die Gesamtbevölkerung« sei, »sondern Lostrennung der Farbigen vom weißen Amerika durch Gewalt«.[757] Delbrück spricht damit den rassischen Essentialismus des *black nationalism* an, und er benennt auch dessen Motiv, die Reaktion auf rassistische Verhältnisse.[758] Er relativiert diese Verhältnisse jedoch, indem er anschließt, deren Verhalten führe wiederum »zu einer Radikalisierung der weißen Bevölkerung, so dass gegenseitiger Hass und Verachtung, kurz Irrationalität die Beziehung der extremen Gruppen kennzeichnen«.[759] Rassismus (in Delbrücks Worten Rassendiskriminierung) erscheint als symmetrischer, irrationaler Rassenhass. Er spitzt diese These an anderer Stelle noch zu und schreibt, eine der »Hauptursachen der Rassendiskriminierung ist in der heutigen Welt […] auch die Entstehung von rassischen Überlegenheitsgefühlen in sich emanzipierenden Rassen«.[760] Der Kampf gegen Rassismus wird so gleichsam zur Ursache rassistischer Diskriminierung bzw. zu Diskriminierung selbst erklärt.

»Der Konflikt zwischen schwarz und weiß«[761] habe sich durch »die zunehmende Mobilität der schwarzen Bevölkerung«[762] weiter ausgedehnt, schreibt Delbrück weiter. So seien »tausende Schwarze […] aus dem Commonwealth in das britische Mutterland eingeströmt«.[763] Dadurch sehe sich auch Großbritannien »zuneh-

754 Ebd., S. 15.
755 Ebd., S. 19 f.
756 Ebd., S. 22.
757 Ebd., S. 22 f., als Beispiele nennt er »Black Panthers« und »Black Muslim« (Fn. 26).
758 Ausführlich zum *black nationalism* Kapitel 3.3.6.
759 Delbrück, *Die Rassenfrage*, S. 23.
760 Ebd., S. 23.
761 Ebd.
762 Ebd., S. 26.
763 Ebd.

mend einem Rassenproblem ausgesetzt«.[764] Was sich dort in großem Maßstab vollziehe, sei in kleinem Ausmaß auch in anderen europäischen Staaten zu beobachten, wo sich »Schwierigkeiten in den Beziehungen zwischen Angehörigen schwarzafrikanischer Staaten, die sich zu Ausbildungszwecken nur vorübergehend in europäischen Staaten aufhalten, und der einheimischen Bevölkerung häufen« würden.[765] Das Problem entsteht nach dieser Beschreibung vor allem durch Migration nach Europa, die zu Gruppenkonflikten führt. Dass Rassismus diese Beziehungen sozialhistorisch vorstrukturiert und zu asymmetrischen Machtbeziehungen geformt hat, findet nicht Eingang in Delbrücks Darstellung.

Als Folge des Problems der »Rassendiskriminierung« nennt er die »psychische und soziale Deformierung der diskriminierten Rasse«.[766] Der Hinweis auf »mangelnde sexuelle Moralität, Unsauberkeit, intellektuelle Minderwertigkeit, Unfähigkeit zur steter Arbeit«[767] und »zerrüttete Familienverhältnisse«[768] sei richtig, er dürfe aber nicht als Ausdruck rassischer Minderwertigkeit falsch verstanden werden.[769] Es gebe »keine ausreichenden Beweise« dafür, dass »die biologische Rassenzugehörigkeit für eine unterschiedliche Intelligenz- oder Kulturleistung kausal« sei.[770] Daher, zitiert er aus den UNESCO-Erklärungen von 1964 und 1967, sei »weder mit Blick auf erbliche Potentiale noch auf körperliche Merkmale ein Konzept niederer oder höherer Rassen zu rechtfertigen«.[771] Andererseits ruft Delbrück selbst Bilder von der Minderwertigkeit der rassistisch diskriminierten Menschen auf. So schreibt er, es sei unübersehbar, »dass die zivilisatorischen und kulturellen Leistungen von der Umwelt, in der Menschen verschiedener Rassen leben, bedingt werden«.[772] Die zivilisatorischen und kulturellen Leistungen einer Gesellschaft, die einen Teil der Bevölkerung unter Verweis auf rassistische Theorien unterdrückt, stellt Delbrück nicht in

764 Ebd.
765 Ebd.
766 Ebd., S. 23.
767 Ebd., S. 24.
768 Ebd., S. 23.
769 Ebd.
770 Ebd., Übers. d. Verf.
771 Ebd.
772 Ebd., S. 24.

Frage. Zu zivilisatorischen und kulturellen Werten erklärt er vielmehr christliche Sexualmoral und protestantische Arbeitsmoral, Werte, die schon der kolonialen Rassialisierung dienten. Aussagen wie »die intellektuelle Leistungsfähigkeit, z. B. von Negerkindern aus den Slums amerikanischer Negerghettos« sei »geringer als die gleichaltriger Kinder weißer Abstammung«[773] belegt er nicht. Die Interdependenzen von Rassismus und ökonomischer Deprivation diskutiert er nicht. Delbrück wendet sich so gegen einen biologischen Essentialismus und betreibt doch einen kulturalistischen Essentialismus. Es ist ein Grundmotiv des Rassismus, die »anderen Rassen« als unzivilisiert, triebhaft und ausgeliefert zu beschreiben und der »eigenen Rasse« einen höheren Grad an Rationalität und Zivilisierung zuzuschreiben.[774]

In einer zivilisationsmissionarischen, paternalistischen Logik bleibt auch Delbrücks Lösungsvorschlag befangen. »Die materielle Gleichstellung, die Emanzipierung der Persönlichkeit der diskriminierten Menschen«, schreibt er, »ist Aufgabe der Erziehung und der sozialen und psychologischen Betreuung.«[775] Der Beitrag des Rechts sei hingegen gering. Er müsse sich »darauf beschränken, für die Zukunft die äußeren Bedingungen der Gleichstellung der Rassen zu schaffen«.[776] Er plädiert für formale rechtliche Gleichstellung,[777] erkennt aber auch an, dass Gleichstellung »eine Vorzugsbehandlung erfordert, um z. B. den Nachholbedarf an Bildung und Lebensstandard einer bis dahin diskriminierten rassischen Minderheit zu decken«.[778] Als Ziel der Beseitigung der »Rassendiskriminierung« nennt er jedoch »die völlige Integration und Assimilation [...] der Minderheit«.[779] Ziel ist damit nicht Inklusion, sondern die Anpassung der von Delbrück als kulturell defizitär entworfenen Rassegruppen an die grundsätzlich als zivilisiert entworfene Mehrheit.

Das Problem dieser Denkfigur zeigt sich auch an Delbrücks kurzen Ausführungen zum Antisemitismus. Er schreibt dazu:

773 Ebd., S. 23.
774 Ausführlich Kapitel 3.1.
775 Delbrück, *Die Rassenfrage*, S. 25.
776 Ebd., S. 25.
777 Ebd., S. 18, 25.
778 Ebd., S. 18.
779 Ebd.

Es kann keinem Zweifel unterliegen, dass nach dem hier verstandenen Rassebegriff auch die jüdischen Minderheiten der Welt als ›Rasse‹ begriffen werden müssen, unabhängig von der Komplexität der rassischen Komponenten, die sich in der jüdischen Bevölkerung unter anthropologischen Gesichtspunkten feststellen lässt. Auch die Gestaltung des Verhältnisses der jüdischen Minderheiten zu ihren Gastländern, vor allem in den weißen Staaten, ist in vielerlei Hinsicht mit den Manifestationen der Rassendiskriminierung gegenüber farbigen Rassen weitgehend identisch. Dennoch handelte es sich hier um ein Sonderproblem, da häufig religiös-soziale Züge der jüdischen Bevölkerungsgruppen in den Auseinandersetzungen im Vordergrund gestanden haben und die rassischen Argumentationen erst sekundär zur Rechtfertigung der Verhaltensweisen gegenüber den Juden herangezogen worden sind.[780]

Zu Recht weist er darauf hin, dass Antisemitismus nicht nur rassenbiologisch begründet wurde, sondern auch unter Bezug auf Religion und Kultur und nicht ohne weiteres »auf die Beziehungen zwischen Schwarzen und Weißen« übertragbar sei.[781] Trotzdem müsse Antisemitismus als eine »Ausprägung rassendiskriminierenden Verhaltens« berücksichtigt werden.[782] Dem ist zuzustimmen. Die Rede von »Gastländern« unterschlägt jedoch die lange und selbstverständliche Geschichte des Judentums in Europa und in Nordamerika. Delbrück erklärt Juden kurzerhand zu Gästen in dem Territorium, in dem sie seit Jahrhunderten leben. Damit verwendet er selbst einen antisemitischen Topos, wonach Juden einen Fremdkörper darstellen. Dabei waren es meist genau jene Zuschreibungen an Juden als »die Anderen« und nicht deren tatsächliche »religiös-soziale Züge«, mit denen ihre Diskriminierung und Verfolgung gerechtfertigt wurden.[783] Sein Nachdenken über die »Komplexität der rassischen Komponenten, die sich in der jüdischen Bevölkerung unter anthropologischen Gesichtspunkten feststellen lässt«,[784] zeigt schließlich, dass er naturwissenschaftliches

780 Ebd., S. 33 f.

781 Ebd., S. 34.

782 Ebd.

783 Zur Aussage, dass die Juden durch ihr Verhalten an ihren Verfolgungen mitschuldig sind, einem verbreiteten antisemitischen Topos, Andreas Zick, Beate Küpper, »›Die sind doch selbst schuld, wenn man was gegen sie hat‹ – oder wie man sich seiner Vorurteile entledigt«, in: Wilhelm Heitmeyer (Hg.), *Deutsche Zustände, Folge 3*, Frankfurt/M. 2005, S. 129-143.

784 Delbrück, *Die Rassenfrage*, S. 33 f.

Wissen über anthropologische Rasseeinteilungen auch im Gespräch über einen sozialwissenschaftlichen Rassebegriff weiter mitführt. Die Verabschiedung biologischer Rassentheorien, das wird an Delbrücks Beschäftigung mit der »Rassenfrage« deutlich, bedeutet nicht zwangsläufig die Verabschiedung rassistischen Wissens.

### 5.8.4. Missbrauchstopos und Vererbungstopos: »wissenschaftlicher« vs. »missbrauchter« Rassebegriff in der Kommentarliteratur

Formulierungen wie »Menschengruppen mit bestimmten vererbbaren Eigenschaften«,[785] »Zugehörigkeit zu einer Gruppe von Menschen mit gemeinsamen vererblichen, gegenüber anderen Menschengruppen besonderen Merkmalen«[786] oder ähnlich lautende Definitionen[787] ziehen sich über Jahrzehnte wie ein roter Faden durch die Kommentierungen.[788] Eine außerrechtliche Quelle für diese Definitionen wird an keiner Stelle ausgewiesen. Die Bearbeiter verweisen vielmehr immer wieder aufeinander. Exemplarisch heißt es in der Kommentierung von Heike Krieger in Schmidt-Bleibtreu/Hofmann/Henneke aus dem Jahr 2018 unter Verweis auf die Kommentierung von Christian Starck in von Mangoldt/Klein/Starck aus dem Jahr 2010:

> Der Begriff »Rasse« wurde im Lichte seiner missbräuchlichen Verwendung im Nationalsozialismus bewusst zur Abgrenzung hiervon herangezogen und wird demnach verstanden als Abstellen auf die »Vererblichkeit bestimmter Gruppenmerkmale und bezeichnet zusammenfassend Men-

785 Krieger, in: Schmidt-Bleibtreu/Hofmann/Henneke, 2017, Art. 3, Rn. 79; ebenso schon Kannengießer, in: Schmidt-Bleibtreu/Hofmann/Henneke, 2010, Art. 3, Rn. 57; ähnlich Rüfner, in: *BK*, 2019, Art. 3, Rn. 830.

786 Sachs, in: Stern, *Staatsrecht*, Bd. IV/2, 2011, § 122, S. 1730.

787 Wortgleiche oder ähnliche Formulierungen bei Ulrich Battis, Christoph Gusy, *Einführung in das Staatsrecht*, Berlin 2018, S. 598; Heun, in: Dreier, *Grundgesetz*, 2013, Art. 3, Rn. 129; Rüfner, in: *BK*, 2019, Art. 3, Rn. 830; Ekkehart Stein, in: *AK-GG*, 1989, Art. 3, Rn. 88; Uwe Kischel, in: Volker Epping, Christian Hillgruber, (Hg.), *Beckscher Online-Kommentar zum Grundgesetz*, München 2010, Art. 3, Rn. 202; Sachs, in: HbdStR Bd. VIII 2010, § 182, Rn. 44.

788 Anders Baer/Markard, in: von Mangoldt/Klein/Starck, 2018, Art. 3 Abs. 2, 3, Rn. 469 ff., die sich nicht affirmativ, sondern kritisch auf diese Definition beziehen.

schengruppen mit bestimmten vererbbaren Eigenschaften« (v. Mangoldt/Klein/Starck/*Starck,* Art. 3 Rn. 386).[789]

Wie im genetischen Rassediskurs nach 1945 und in vielen Lexika und Schulbüchern[790] wird hier weiter an der Naturwissenschaft festgehalten, die nur missbraucht worden sei. Der diskursive Topos »Missbrauch« findet sich in vielen Kommentierungen.[791] Eine Abwandlung des Missbrauchstopos sind die Beschreibung als »nationalsozialistischer Rassenwahn und seine Auswüchse«,[792] die Unterscheidung in einen »wissenschaftlichen oder pseudowissenschaftlichen Rassebegriff«[793] oder auch der Hinweis auf die »mit einem Unwerturteil verbundene, irrationale Verknüpfung einer Rasse mit bestimmten Eigenschaften«, die mit dem Diskriminierungsverbot verhindert werden solle.[794]

Woher diese Abgrenzung zwischen »wissenschaftlichem« und »missbrauchtem« Rassebegriff kommt und was damit gemeint ist, ergibt sich aus der Lektüre der ausführlichen Kommentierung von Art. 3 Abs. 3 GG durch Günter Dürig in Maunz/Dürig aus dem Jahr 1973.[795] Dürig verwendete bereits 1973 eine Missbrauchsmetapher, indem er die Ableitung eines Überlegenheitsanspruchs aus einem »kulturell-sozial bestimmten Rassebegriff« als »vom naturwissenschaftlichen Standpunkt irrational«[796] beschreibt. Den »Weg zu den Behauptungen von Höherwertigkeit und Minderwertigkeit von Gobineau über Chamberlain und Hitler«[797] analysiert er wie folgt:

789 Krieger, in: Schmidt-Bleibtreu/Hofmann/Henneke, 2017, Art. 3, Rn. 79.
790 Ausführlich Kapitel 3.3.4.
791 Boysen, in: Münch/Kunig, 2012, Art. 3, Rn. 175 »bewußt missbräuchliche Verwendung während der Zeit des Nationalsozialismus«; Nußberger, in: Sachs, 2018, Art. 3, Rn. 293 »historisch eigenen unklaren und mißbräuchlichen Verwendung«; so auch schon Osterloh/Nußberger, in: Sachs, 2014, Art. 3, Rn. 293, wortgleich seit Osterloh, in: Sachs, 1996, Art. 3, Rn. 293; dagegen, die Rede vom Missbrauch ausdrücklich zurückweisend, Baer/Markard, in: von Mangoldt/Klein/Starck, 2018, Art. 3 Abs. 2, 3, Rn. 472.
792 Sachs, in: Stern, *Staatsrecht*, Bd. IV, 2011, § 122, Rn. 1716.
793 Heun, in: Dreier, 2013, Art. 3, Rn. 129; ähnlich Eckertz-Höfer, in: *AK-GG*, 2001, Art. 3, Rn. 115 »pseudowissenschaftlich«.
794 Heun, in: Dreier, 2013, Art. 3, Rn. 129.
795 Dürig, in: Maunz/Dürig, 1973, Art. 3 Abs. 3, Rn. 58 ff.
796 Ebd., Rn. 60 c).
797 Ebd., Rn. 60 b). Ausführlich zum Rassebegriff Chamberlains und Hitlers Kapitel 3.3.3.

aa) Am Beginn steht in der Tat ein naturwissenschaftlicher Ausgangspunkt. Gerade das macht den irrationalen Prozess zum »Rassismus« so gefährlich, weil es die Existenz von Rassen naturwissenschaftlich nachgewiesen gibt und weil man naturwissenschaftliche Rassenlehren (Der Kronzeuge für den Nationalsozialismus war vor allem Günther, Rassenkunde Europas, mit Berücksichtigung der Rassengeschichte der Hauptvölker indogermanischer Sprache, 2. Aufl. 1929, ders., Rassengeschichte des Deutschen Volkes, 1937) als Anknüpfungspunkt benutzen kann.

bb) Der zweite Takt ist bereits eine Abwendung vom naturwissenschaftlichen Ausgangspunkt. Entweder man versteht ihn gar nicht (Rosenberg), oder man will ihn nicht verstehen, weil er das politische Endziel relativieren würde (Hitler). Dieses massenpsychologische Abheben von der Naturwissenschaft zeigt sich in dieser Stufe daran, daß man nicht mehr auf den gemeinsamen Genotyp, sondern auf den Phänotypus abstellt, also auf Äußerlichkeiten wie etwa die Hautfarbe (vgl. Art. 14 MRK).

cc) Und der dritte Takt löst sich ganz von der biologischen »Abstammung«. Man verniedlicht die gefährliche Raffinesse des Rassismus, wenn man ihn auf atavistische Blut(- und Boden)romantik reduziert. Die Todfeindschaft, die in der »Endlösung« zur Selektion und Liquidation der minderwertigen Rasse führt, erscheint vorwiegend als »Rassenseelenkunde«. In der konkreten Vergangenheit etwa: der Jude als »Todfeind jeder echten Produktivität bei jedem anderen Volk; als »der Geist, der stets verneint«, als »der Zersetzer aller Kultur«, als der Kapitalist und Ausbeuter«, der selbst nicht arbeitet, u.s.w.«[798]

Dürigs Analyse ist in vielerlei Hinsicht bemerkenswert und aufschlussreich. Sein Hinweis auf Hitler sowie auf Adolf Rosenberg, der als Anhänger der Thesen Chamberlains maßgeblich für die ideologische Ausrichtung der NSDAP verantwortlich war, deutet auf eine genaue Kenntnis der Debatten um den Rassebegriff im Zusammenhang mit den Nürnberger Rassengesetzen hin.[799] Auch die Spezifik des völkischen Rassenantisemitismus, der Elemente der naturwissenschaftlichen Erblehre mit solchen der mythischen nordischen Rassenseelenlehre überformte, spricht Dürig an. Der völkische Rassismus wurde als Antithese zur Aufklärung formuliert und griff für die Bestimmung von Zugehörigkeit im Zweifelsfall auf mystische Erklärungen zurück. Deutlich benennt er auch die

798 Ebd., Rn. 60 b) aa) ff.

799 Ausführlich Kapitel 4.2.2. und 4.2.3.

antisemitische Unterscheidung zwischen raffendem, parasitärem jüdischen Finanzkapital und schaffendem, produktivem deutschen Industriekapital. Antisemitismus im Gewand der Kapitalismuskritik, paraphrasiert in der Inschrift »Arbeit macht frei« über den Eingangstoren der Konzentrationslager, war neben der Rassenlehre ein zentrales Ideologiefragment des völkischen und nationalsozialistischen Antisemitismus.[800] Die Nationalsozialist:innen hatten »das Wahnsystem zur vernünftigen Norm in der Welt«[801] erhoben, schrieben Horkheimer und Adorno – insofern trifft Dürigs Analyse »irrational« für den völkischen Rassismus durchaus zu.

Und doch verfehlt er dessen genaue Bestimmung. Der Rassismus im Nationalsozialismus hatte sich weder gänzlich von der Idee der biologischen Abstammung gelöst noch von der Naturwissenschaft abgewendet. Er konnte wesentlich auf anthropologische und erbbiologische Forschungen zurückgreifen und diese wiederum fanden im Nationalsozialismus die besten Bedingungen vor.[802] Die von Dürig suggerierte Ablösung einer rationalen, erbbiologischen Forschung (Genotypus) von einer irrationalen, anthropologischen Forschung (Phänotypus) fand weder im Nationalsozialismus so statt noch viele Jahre danach. Das galt besonders für Deutschland. Als Dürigs Kommentierung 1973 veröffentlicht wurde, unterrichtete Rainer Knußmann als Professor für Anthropologie an der Universität Hamburg rassenanthropologische Theorien, die in der Tradition des nationalsozialistischen Rassentheoretikers von Eickstedt stehen.[803] Selbst Hans F. K. Günthers *Rassenkunde des deutschen Volkes* von 1937 weist Dürig als »naturwissenschaftliche Rasselehren« aus. Günther war jedoch keineswegs, wie von Dürig suggeriert, bloß der naturwissenschaftliche »Kronzeuge« des Nationalsozialismus. Er war ein aktiver nationalsozialistischer Rassentheoretiker, der die von Dürig als »irrational« bezeichnete nordische Rassenlehre wesentlich propagierte und sie mit eugenischen Überlegungen verband.[804] Die Formulierung »kulturell-sozial bestimmter Rassebegriff« weist damit zwar den Weg zu einem sozialkonstruktivistischen Rasseverständnis. »Irrational« waren

800 Fredrickson, *Rassismus*, S. 94.

801 Horkheimer, Adorno, *Dialektik der Aufklärung*, S. 196.

802 Ausführlich Kapitel 3.3.1.2. und 4.2.2.f.

803 Ausführlich Kapitel 3.3.4.1.

804 Siehe Kapitel 3.3.2.

aber nicht nur die Ableitung einer rassisch definierten Hierarchie, sondern bereits die vermeintlich objektiven naturwissenschaftlichen Zuordnungen. Das zeigen die verzweifelten Versuche, die Juden rassisch zu klassifizieren. Der Verweis auf die Irrationalität von Rassismus ist auch insofern unsauber, als sich der weiße Überlegenheitsrassismus in den USA und in vielen europäischen Kolonien auch positiv auf Universalismus und Rationalismus berief. Die wissenschaftlichen Theorien von der rassischen Ungleichheit der Menschen sollten den Gegensatz zwischen universellem Gleichheits- und Freiheitsanspruch und erlebter Ungleichheit rational erklären.[805]

Dürigs Auseinandersetzung mit dem Gehalt des Diskriminierungsverbotes wegen der Rasse ist nicht nur von der Abgrenzung zum Nationalsozialismus geprägt, sondern auch von einer Abgrenzung von materiellen Gleichheitsvorstellungen.[806] Dürig verteidigt ein strikt formales Gleichheitsverständnis, das er aus der Menschenwürde ableitet,[807] gegen die Thematisierung »soziologisch vorhandener Ungleichheit«.[808] Er tut das mit einem Furor, der nur vor dem historischen Hintergrund von Kaltem Krieg und Existenz des realsozialistischen Staatenblocks sowie der Ende der 1960er Jahre sehr aktiven, auf gesellschaftliche Reformen drängenden Studentenbewegung[809] erklärbar ist. Dem »soziologischen Positivismus«[810] der »Egalitaristen«[811] tritt er durch einen Vergleich von »Rassenkampf« und »Klassenkampf« entgegen, der in einer antitotalitaristischen Gleichsetzung von nationalsozialistischem und sozial-egalitärem Gleichheitsverständnis endet:

> Wer den »klassischen« Gleichheitssatz (»Gleichheit vor dem Gesetz«) so schnell wie heute üblich […] überspringt, ist sofort mitten drin im Kampf um materielle Inhaltsbestimmungen des Gesetzes. […] Dann rechtfertigt

805 Ausführlich Kapitel 3.1.2. und 3.1.3.1.

806 Dürig, in: Maunz/Dürig, 1973, Art. 3 Abs. 3, Rn. 7.

807 Ebd., Rn. 1.

808 Ebd.

809 An vielen Stellen verlässt Dürig den Boden der rechtlichen Argumentation gänzlich, um sich an der Studentenbewegung, deren Störungen von Vorlesungen und der Infragestellung elterlicher und staatlicher Autoritäten abzuarbeiten, siehe nur Dürig, in: Maunz/Dürig, 1973, Art. 3 Abs. 3, Rn. 74, 120 ff.

810 Ebd., Rn. 7.

811 Ebd., Rn. 38, Fn. 7.

dieser mit »soziologischer Substanz« aufgefüllte oder zugedeckte Gleichheitssatz sogar den »Rassenkampf« – aber auch den »Klassenkampf«; und sogar beides gleichzeitig, wenn man, wie beim Antisemitismus im NS-Staat, eine Rasse als Exponenten einer »herrschenden Klasse« hinstellt. [Fn. 2: »Der Jude« war in der NS-Propaganda auch fast immer »der Kapitalist«.][812]

Dürigs in der Sache richtiger Hinweis auf den Antisemitismus und Antiliberalismus der Nationalsozialisten unterschlägt, dass Juden in der nationalsozialistischen Propaganda nicht nur als raffende Kapitalisten, sondern auch als Bolschewisten dargestellt wurden und der Kommunismus als »jüdisch« galt.[813] Zudem erweckt die Kommentierung den Eindruck, dass seine Sorge weniger dem Antisemitismus und seinen Opfern gilt als der eigenen, von marxistischen Rechtstheorien kritisierten und von der zeitgenössischen Studentenbewegung angegriffenen sozialen Position:

Für den Rassenkampf wie für den Klassenkampf muss man zunächst einmal die »formale Gleichheit« des »allgemeinen« Gesetzes denunzieren und korrumpieren, in dem man soziologische Feindbilder (den »Artfremden«, den »Klassenfeind«, den »Konterrevolutionär« usw). entwirft, an die das Recht (z. B. als »Überbau« oder um die »Wirklichkeit« nicht zu verfehlen) anzuknüpfen habe.[814]

In der Tat waren »die Juden« nicht nur in der antisemitischen Vorstellung des Nationalsozialismus vornehmlich mit wirtschaftlicher Macht verkoppelt. Die manichäische Gegenüberstellung von produktiver Arbeit und kapitalistischem Parasitismus war auch ein zentrales Element von Lenins Imperialismustheorie und prägte den zeitgenössischen Marxismus-Leninismus. Dieser wiederum war sowohl die Staatsideologie der realsozialistischen Blockstaaten als auch ideologisches Rüstzeug von Teilen der deutschen Linken, insbesondere kommunistischer Gruppen.[815] Insofern wäre es richtig und wichtig, auf die Schnittmengen eines holzschnittartigen Antiimperialismus und der nationalsozialistischen Ideologie hinzuweisen. Doch Dürig geht es nicht um Antisemitismus. Er arbeitet sich

812 Ebd., Rn. 7.

813 Agnieszka Pufelska, »Bolschewismus«, in: Wolfgang Benz (Hg.), *Handbuch des Antisemitismus,* Bd. 3, München 2010, S. 46-48.

814 Dürig, in: Maunz/Dürig, 1973, Art. 3 Abs. 3, Rn. 7.

815 Thomas Haury, *Antisemitismus von links: kommunistische Ideologie. Nationalismus und Antizionismus in der frühen DDR*, Hamburg 2002, S. 214.

an der Studentenbewegung ab, die er kurzerhand in die Nähe der Nazis rückt.

Die totalitarismustheoretische Gleichsetzung von »Rassenkampf« im Nationalsozialismus und »Klassenkampf« in sozialistischen Gesellschaftsmodellen greift zu kurz. Unhistorisch verkennt diese Sichtweise, dass Staatsideologie und Rechtsprinzip im Nationalsozialismus nicht der Antikapitalismus, sondern an erster Stelle völkischer Rassismus war. Die Ablehnung der formalen Rechtsgleichheit im nationalsozialistischen Recht ergab sich daher gerade nicht aus der soziologischen Einsicht in materielle Ungleichheit, die es durch rechtliche Bevorzugung der dadurch Benachteiligten auszugleichen gelte, mit dem Ziel, ihre soziale und ökonomische materielle Gleichstellung zu bewirken. Nationalsozialistisches Recht lehnte formale Rechtsgleichheit aus anderen, nämlich aus rassistischen Gründen ab:

> Eine formale Gleichheit, die die wesenhaften Unterschiede auslöschen oder ignorieren will, kann für den Gesetzgeber nicht maßgebend sein. An ihre Stelle ist die materielle Gleichheit des völkischen Rechts getreten, die aus dem Erlebnis der völkischen Art- und Wesensgleichheit erwächst. [...] Die nationalsozialistischen Rassengesetze, das Gesetz gegen die Neubildung politischer Parteien, das Sterilisationsgesetz – sie alle wenden sich vom formalen Gleichheitssatz ab, um eine wirkliche art- und wesensmäßige Gleichheit zum Siege zu führen.[816]

Die Ungleichheit eines Teiles der Bevölkerung wurde im Nationalsozialismus nicht aus materiellen Umständen abgeleitet, sondern als natur- und schicksalsgegebene, rassisch definierte »Art- und Wesensungleichheit« imaginiert. Rechtliche Ungleichbehandlung ist nicht auf Abbau von Ungleichheit durch gleiche Teilhabe am gesellschaftlichen Reichtum gerichtet, sondern auf Benachteiligung, Ausschluss und Vernichtung der als wesenshaft markierten Ungleichheit, mit dem Ziel eine »art- und wesensmäßig« gleiche Volksgemeinschaft zu schaffen, über deren materielle Gleichheit damit keinerlei Aussage getroffen ist.

Dürigs totalitarismustheoretische Denkbewegung ist nicht nur unhistorisch, sie hat auch Auswirkungen auf die gleichheitsrecht-

816 Ernst Rudolf Huber, *Verfassungsrecht des Grossdeutschen Reiches*, S. 260 f. zitiert nach Dürig, in: Maunz/Dürig, 1973, Art. 3 Abs. 3, Rn. 1. Zum nationalsozialistischen Gleichheitsbegriff auch Kapitel 4.2.3.2.

liche Problembeschreibung. Einiges erinnert dabei an die US-amerikanische Diskussion um *post-racialism* und die dogmatische Ineinssetzung von Affirmative Action und Jim-Crow-Rassismus. Maßnahmen, die mit inklusiver Zielrichtung an Rasse (oder Klasse) anknüpfen, werden mit Maßnahmen gleichgestellt, die auf rassistische Diskriminierung und Gewalt zielen. Deutlich wird das an folgendem Zitat:

> Vor allem aber lehrt uns die Erfahrung einer unseligen Vergangenheit, daß uns nur das – unmittelbar auf Art. 1 Abs. 1 zurückzuführende – ausdrückliche Verbot einer Bevorzugung oder Benachteiligung wegen der in Abs. 3 aufgezählten Unterscheidungsmerkmale schützen kann vor der »Jakobinischen Logik«, mit der man im Zeichen eines »Bedeutungswandels der Grundrechte« die Substanz der Gleichheit in der blutmäßigen Artengleichheit der deutschen Menschen sah, die eine Absonderung der artfremden Elemente gebiete.[817]

Hier wird mit dem Rassismus »einer unseligen Vergangenheit« ein formal-symmetrisches Gleichheitsverständnis begründet und im selben Atemzug ein materiell-asymmetrisches Gleichheitsverständnis zurückgewiesen. Über den Begriff der »Jakobinischen Logik« werden Maßnahmen mit rassistisch diskriminierender Zielrichtung mit solchen Maßnahmen gleichgesetzt, die soziale Ungleichheit ausgleichen sollen. Ein soziologisch informiertes, asymmetrisch-materielles Verständnis von Gleichheitsrecht wird so als totalitäres Instrument zur Gleichmacherei denunziert. Dieser Topos taucht später auch in Polemiken gegen das Allgemeine Gleichbehandlungsgesetz oder Entscheidungen des UN- Ausschusses gegen rassistische Diskriminierung CERD wieder auf.[818]

Antisemitismus hat sich nach Dürigs antitotalitaristischer Ansicht als gesellschaftlich relevantes Phänomen mit dem Ende des Nationalsozialismus erledigt. Das neue Problem ist für ihn ein Klassismus, den er – wie schon Richard Thoma im Parlamentarischen Rat – als gegen das Bürgertum gerichtet ansieht.[819] In dieses Muster passt auch die Einschätzung, der Neonazismus sei bereits 1973 kein relevantes Problem mehr bzw. nur durch Linke provoziert: »Da es derzeit (1973) gottlob keinen nennenswerten aktiven

817 Dürig, in: Maunz/Dürig, 1973, Art. 3 Abs. 3, Rn. 1.

818 Säcker, »Vernunft statt Freiheit!«, S. 286 ff.; Tomuschat, »Der Fall Sarrazin«, S. 262 ff.

819 Zu Thoma siehe Kapitel 5.7.3.4.

Rechtsextremismus gibt (er wurde virulent nur in den Wahlen nach den linken ›Osterunruhen‹), ist quantitativ die Verteidigung der Verfassung derzeit in der Tat vor allem gegen links gerichtet.«[820] Diese Einschätzung entsprach nicht der historischen Realität, wie die Rechtsextremismusforschung nachgewiesen hat.[821] In den 1970er Jahren gründeten sich neonazistische Gruppen wie die Wehrsportgruppe Hoffmann, die auch vor terroristischen Mitteln nicht zurückschraken.[822] 1971 hatte Gerhard Frey auch die Deutsche Volksunion (DVU) gegründet. Sein juristischer Berater und Autor unter Pseudonym in der neonazistischen *Nationalzeitung* war Dürigs Mitherausgeber Theodor Maunz.[823] Doch nach Dürig gehörte der Antisemitismus »einer unseligen Vergangenheit« an.[824] Diese Auffassung prägt bis heute die Rechtswissenschaft in Deutschland und führt zu Leerstellen in der rechtlichen Adressierung neuerer Formen des Antisemitismus.[825] Andere Rassismen verortet Dürig in der Zukunft:

War das Differenzierungsmerkmal »Rasse« in seiner vergangenheitsbezogenen Entstehungsgeschichte vor allem darauf gerichtet, Judenverfolgungen ein für alle Mal zu verhindern, so kann es möglicherweise in Zukunft wieder größere Wirkung entfalten, wobei wahrscheinlich Diskriminierungen (Vor-Urteile) wegen der »Hautfarbe« den Stoff liefern werden. Hierfür ist schon jetzt die juristische Aufmerksamkeit zu schärfen, denn als primitiv blutsbedingt kehrt Rassismus sicher nicht wieder; möglicherweise jedoch wieder auf Umwegen, z. B. gegenüber »den Arabern, weil sie auf dem Ölhahn sitzen«.[826]

Dürig sieht hier überaus hellsichtig neue Formen des Rassismus voraus, doch sein eigenwilliger Rassismusbegriff, der Rassismus und Antikapitalismus gleichsetzt, versperrt ihm den Blick. Die Ölkrise führte nicht zu rassistischen Ressentiments gegen die arabischen Staaten in der OPEC, sondern zum Anwerbestopp ausländischer

820 Dürig, in: Maunz/Dürig, 1973, Art. 3 Abs. 3, Rn. 19.

821 Richard Stöss, *Rechtsextremismus im Wandel*, Berlin 2010, S. 36 ff., 71, 77.

822 Ebd., S. 150.

823 Gerd Roellecke, »Theodor Maunz und die Verantwortung des Öffentlichrechtlers«, in: *Kritische Justiz* (27) 3/1994, S. 433-354, hier: S. 344 ff.

824 Dürig, in: Maunz/Dürig, 1973, Art. 3 Abs. 3, Rn. 1.

825 Siehe nur Liebscher u. a., »Antisemitismus im Spiegel des Rechts«, S. 897; Liebscher, »Sind Juden weiß?«, S. 423; Ronen Steinke, *Terror gegen Juden. Wie antisemitische Gewalt erstarkt und der Staat versagt*, Berlin 2020.

826 Dürig, in: Maunz/Dürig, 1973, Art. 3 Abs. 3, Rn. 63, Fn. 63.

Arbeitskräfte 1973 in Deutschland, mit dem eine rassistische Diskursverschiebung gegen Arbeitsmigrant:innen u. a. aus der Türkei und Jugoslawien einsetzte. Sie sollte sich mit der Jahrtausendwende in antimuslimischem Rassismus aktualisieren.[827] Wenn Dürig vom »Gastarbeiterproblem«[828] schreibt, dann problematisiert er nicht Rassismus, sondern, dass »niemand eigentlich recht weiß, ob sie sich dadurch ›diffamiert‹ fühlen, dass sie ›germanisiert‹ werden (z. B. den Kindern in der Schule die deutsche Sprache abverlangt), oder dadurch, dass man ihnen nicht die kulturell-sprachliche Einordnung in die deutsche Nation staatlicherseits verschafft (also z. B. den Kindern in der Schule deutschen Sprachunterricht nicht vermittelt)«.[829] Jedenfalls müssten die Entsendeländer bilateral verpflichtet werden, »die fremdsprachlichen Betreuer« zu stellen.[830]

Dürigs Analyse des Rassismus ist auch mit Blick auf die Bestimmung des Rassebegriffs ein Ausdruck ihrer Zeit. Er entschuldigt die Rasseforschung, indem er sie als im Nationalsozialismus pervertiert darstellt. Zum kolonialen Rassismus schweigt er.[831] An einem naturwissenschaftlichen Rasseverständnis hält er, im Unterschied zu Delbrück, fest. Insgesamt ist seiner Kommentierung eine große Unsicherheit im Umgang mit dem Begriff anzumerken. So bezeichnet er einerseits »Rasse als Gegenbegriff mit nicht naturwissenschaftlichem Inhalt« und als »polemischen Begriff«,[832] oder er gibt zu bedenken, dass der »Gesamtbestand der Gene, die der ›Menschenrasse‹ als solche gemeinsam sind, sicherlich die Unterschiede überwiegt«.[833] An anderer Stelle hält er fest, »kulturelle, soziologische Assimilation der Eltern, sozialer Wandel usw.« könnten »den code [sic] der Erbmerkmale weder auf der Elternebene selbst noch für Kinder und Enkel beeinflussen«.[834]

827 Zum Zusammenhang von Anwerbestopp und rassistischer Überfremdungsrhetorik Terkessidis, *Banalität des Rassismus*, S. 16 ff.; zu antimuslimischem Rassismus Kapitel 3.2.1.

828 Dürig, in: Maunz/Dürig, 1973, Art. 3 Abs. 3, Rn. 73

829 Ebd.

830 Ebd.

831 Zum kolonialen Rassismus der Vergangenheit und Gegenwart findet sich in der Kommentierung bis auf die Erwähnung von »Hautfarbe« (Rn. 60) bzw. »Vorurteile wegen der Hautfarbe« (Rn. 63) kein Hinweis.

832 Dürig, in: Maunz/Dürig, 1973, Art. 3 Abs. 3, Rn. 61.

833 Ebd., Rn. 34.

834 Ebd., Rn. 58, ähnlich Rn. 38.

Rasse i. S. d. Art. 3 Abs. 3 GG, fasst er schließlich zusammen, »setzt normativ als Unterscheidungsverbot ein bei behaupteten gruppenweisen Erbmerkmalen körperlicher und/oder geistiger Art, – auch wenn die Naturwissenschaft genetische Unterschiede der Bevölkerungsgruppe exakt (rational) belegt – zur normativen Abwehr der Bewertung von Bevölkerungsgruppen als rassisch überlegen ›oder minderwertig‹.«[835] Wenige Sätze später geht Dürig dann selbst durch die Hintertür der Naturwissenschaft, die er offen gelassen hatte, und schreibt: »Dieses Unterscheidungsverbot ist nicht generalisierbar zu einem Gebot, Genetik und Erbanlage schlechterdings zu ignorieren, etwa bei der Ermittlung des Intelligenzquotienten eines konkreten Menschen im Bildungswesen.«[836] Die »rationale« Naturwissenschaft, das zeigt sich hier einmal mehr, ist nicht die Lösung, sondern Teil des Problems Rassismus. Die naturwissenschaftliche Einteilung in Rassegruppen (Klassifizierung) kann nicht losgelöst von rassistischen Hierarchisierungen betrachtet werden. Rassische Klassifizierung und Hierarchisierung sind unlösbar miteinander verbunden. Unter Rückgriff auf neue naturwissenschaftliche Forschung wie die Genetik können hierarchisierende Bewertungen daher immer wieder neu gerechtfertigt werden. Dieser bei Dürig aufscheinende Widerspruch bzw. das Schwanken zwischen Ablehnung und Affirmation biowissenschaftlicher Rassedefinitionen ist emblematisch für die verfassungsrechtliche Literatur zum Rassebegriff.

### 5.8.5. Von tatsächlichen zu vermeintlichen Merkmalen: Auf dem Weg zu einem sozialkonstruktivistischen Verständnis rassialisierter Differenz

Das Ringen um einen diffusen Begriff und das Festhalten an einer naturwissenschaftlichen Terminologie prägte auch die Literatur nach Dürigs Kommentierung. In der ersten Ausgabe des Grundgesetzkommentars von Hans Jarass und Bodo Pieroth aus dem Jahr 1989 werden Rasse und Abstammung noch gleichgesetzt:

> Abstammung meint »die natürliche biologische Beziehung eines Menschen zu seinen Vorfahren« (BVerfGE 9, 124/128; MaKl 268), also den Umstand,

835 Ebd., Rn. 62.
836 Ebd.

dass jemand Abkömmling einer bestimmten Vorfahrenreihe ist. Das Merkmal überschneidet sich mit dem der Rasse, das Gruppen mit bestimmten vererbbaren Merkmalen erfasst (Mü 90; MD 61 ff.; MaKl 270). Unter eines der beiden Merkmale fallen etwa Farbige, Mischlinge, Juden, Sinti und Roma.[837]

Sachs vertritt in *Grenzen des Diskriminierungsverbots* 1987 eine Konzeption der Diskriminierungsverbote des Art. 3 Abs. 3 GG als Unterscheidungsverbote in der Form eines Anknüpfungsverbotes. Die Folgen der unterscheidenden Regelungen treten nach seiner Ansicht

> nur für die Personen ein, bei denen die zur Voraussetzung erhobenen, durch eines der Merkmale des Art. 3 Abs. 3 GG verpönten Umstände (also etwa männliches Geschlecht, »arische Rasse«, adlige Herkunft, protestantisches Bekenntnis) vorliegen, während sie für die übrigen Personen nicht gelten.[838]

Im Unterschied zu allen anderen verpönten Umständen setzt er den Terminus »arische Rasse« in Anführungszeichen. Das verweist darauf, dass er Rasse im Sinne von etwas Sogenanntem, als eine dieser Person zugeschriebene Eigenschaft, also als sozialen Umstand versteht. Andererseits schreibt Sachs »vorliegen«, dies könnte auf ein essentalistisches Begriffsverständnis verweisen. Eine eindeutige Antwort gibt Sachs in »Grenzen des Diskriminierungsverbotes« nicht. Seine Behauptung, bezüglich der inhaltlichen Bedeutung der »Merkmale« bestünden zwar »Interpretationsspielräume«, sie seien jedoch »in ihrem Kern durchweg nicht zweifelhaft«,[839] bleibt für die Kategorie Rasse unbewiesen. Sachs definiert Rasse an keiner Stelle. »Aus Gründen der Praktikabilität, vor allem aber wegen der praktischen Relevanz«, schreibt er, »wird dabei hier das grundsätzlich von der Rechtsprechung des Bundesverfassungsgerichts geprägte Verständnis der Merkmale zugrunde gelegt.«[840] Was das für Rasse bedeutet, führt er nicht aus. In einer Fußnote erwähnt Sachs »die Unklarheiten um das Merkmal ›Rasse‹« und verweist diesbezüglich auf Dürigs Kommentierung von Art. 3 Abs. 3 von 1973 und Delbrücks *Die Rassenfrage als Problem des Völkerrechts und*

837 Jarass, in: Jarass/Pieroth, 1989, Art. 3, Rn. 56.
838 Sachs, *Grenzen des Diskriminierungsverbots*, S. 244.
839 Ebd., S. 222.
840 Ebd.

*nationaler Rechtsordnungen* von 1971.[841] Sachs zitiert auch US-amerikanische und britische Rechtsprechung und Literatur zum Verbot rassistischer Diskriminierung. Er weist auf die *Equal Protection Clause* des 14. Verfassungszusatzes hin, auf die Rechtsprechung zu Verboten »des Geschlechtsverkehrs zwischen Personen schwarzer und weißer Hautfarbe« und Ehe- und Beziehungsverboten »zwischen rassisch gemischten und rassisch ungemischten Paaren«[842] sowie auf Debatten im Kontext der Entscheidung *Bakke* um den Rechtfertigungsmaßstab bei Affirmative Action »im Hinblick auf rassische Unterschiede«.[843] Auch hebt er dogmatische Parallelen der Verfasstheit von Diskriminierungsverboten hervor. Die US-amerikanische Judikatur, schreibt er im Einklang mit dem hier vorgelegten Rechtsvergleich, gelange »zu einer mit dem Bestehen ausdrücklicher strikter Unterscheidungsverbote vergleichbaren Rechtslage«.[844]

Sachs' eigenes konzeptionelles Verständnis von Rasse tritt nur an einer Stelle hervor, an der er, in Auseinandersetzung mit MacKinnons Konzept von Gleichheit als Verbot von Dominierung, das Kriterium der Vergleichbarkeit diskutiert.[845] »Außerhalb des Merkmals des Geschlechts«, schreibt er, komme der Vergleichbarkeit keine große Bedeutung zu, weil »den Trägern anderer Merkmale in der Regel keine ausschließlich von ihnen verwirklichten Eigenschaften zugesprochen werden«.[846] Dies gelte

> zumal für Menschen einer Rasse, für die – ungeachtet aller Theorien über etwaige rassetypische Eigenschaften – ausschließliche weitere Eigenschaften nicht infrage kommen, insoweit ist eine grundsätzliche Abkehr von den im »Dritten Reich« so geschichtsmächtigen kollektiven Vorurteilen festzustellen.[847]

Wie Dürig und Delbrück wendet sich damit auch Sachs gegen Theorien von »rassetypischen Eigenschaften« und meint damit

841 Ebd., S. 222, Fn. 2.

842 Ebd., S. 260 f.

843 Ebd., S. 244, Fn. 240; ausführlich zur Entscheidung Kapitel 5.2.3.

844 Sachs, *Grenzen des Diskriminierungsverbots*, S. 164, verweist auf Konrad Hesse, »Der Gleichheitssatz in der neueren deutschen Verfassungsentwicklung«, in: *AöR* 109/1984, S. 174-198

845 Sachs, *Grenzen des Diskriminierungsverbots*, S. 381 ff.

846 Ebd.

847 Ebd.

Charaktereigenschaften. Im *Handbuch des Staatsrechts* formuliert er dann 1992, es genüge, »wenn die Existenz einer rassischen Gruppe [mit gemeinsamen vererblichen Merkmalen] von der Staatsgewalt postuliert wird, sie muss nicht (biologie)wissenschaftlich nachweisbar sein«.[848]

In einer Fußnote weist er auf § 2 Abs. 2 S. 2 der 1. VO zum Reichsbürgergesetz hin, wonach im Zweifel auf die Zugehörigkeit zur jüdischen Religionsgemeinschaft als Kriterium für die Bestimmung von rassischer Zugehörigkeit abgestellt wurde.[849] Das ist ein wichtiger Hinweis, verdeutlicht er doch, dass rassialisierte Differenz nicht nur auf biologische Kriterien, sondern auch auf stigmatisierende Marker wie Religion und Kultur zurückgreift. Balibar hatte Antisemitismus als »Prototyp« des kulturalistischen Neorassismus bezeichnet.[850] Die Formulierung »muss nicht (biologie) wissenschaftlich nachweisbar sein«, lässt aber auch die Lesart zu, dass die Existenz von Rassen biowissenschaftlich nachweisbar sein *kann*. In Sterns *Handbuch des Staatsrechts* formuliert Sachs ähnlich offen: »Es muss die Rasse als nachweisbare anthropologische Kategorie nicht wirklich geben.«[851] Die tatsächliche Existenz biologischer Menschenrassen wird damit nicht ausgeschlossen, auch wenn sie für die juristische Bestimmung des Rassebegriffs nicht als ausschlaggebend angesehen wird. In diese Richtung weist auch die Kommentierung von Christian Starck in von Mangoldt/Klein/Starck aus dem Jahr 1999:

> Es kommt nicht darauf an, ob der Begriff Rasse wissenschaftlich fundiert ist; allein entscheidend ist der herkömmliche Gebrauch des Begriffs, insbesondere in der nationalsozialistischen Gesetzgebung. Rassisch bestimmt sind Hautfarbe, Form der Augen, des Schädels oder die Farbe der Haare. Gerade wegen der unentrinnbaren Vorgegebenheit dieser und ähnlicher vererbbarer Merkmale und der darauf möglicherweise beruhenden Vorurteile besteht das rechtliche Differenzierungsverbot […].[852]

848 Sachs, in: HbdStR Bd. V, 1992, § 126, Rn. 44; wortgleich Sachs, in: HbdStR Bd. VIII, 2010, § 182, Rn. 44.

849 Ausführlich Kapitel 4.2.3.2.

850 Balibar, »Gibt es einen Neorassismus?«, S. 32.

851 Sachs, in: Stern, *Staatsrecht*, Bd. IV, 2011, § 122, Rn. 1730.

852 Starck, in: von Mangoldt/Klein/Starck, 1999, Art. 3, Rn. 358, ebenso schon Starck, in: von Mangoldt/Klein/Starck, 1985, Art. 3, Rn. 270; gleichlautend dann auch Starck, in: von Mangoldt/Klein/Starck, 2010, Art. 3, Rn. 369; ebenso Heun, in: Dreier, 2013, Art. 3, Rn. 129.

Interessant ist, dass Starck die nationalsozialistische Gesetzgebung als unwissenschaftlich ablehnt und dann selbst im Jargon der physischen Rassenanthropologie gegen den biowissenschaftlichen Erkenntnisstand im Jahr 1999 von rassisch bestimmten Schädelformen schreibt. Selbst in der Kommentierung von 2010 schreibt er ohne jede biowissenschaftliche Fundierung von »ähnlichen Artunterschieden (Hautfarbe, Augenfarbe)«.[853] Rassistische Vorurteile erklärt auch Starck aus »unentrinnbaren« personengebundenen Merkmalen heraus sowie darauf »möglicherweise beruhenden Vorurteilen« und nicht aus einer Geschichte des Rassismus. Am Beispiel der antisemitischen Diskriminierung im Nationalsozialismus wird deutlich, dass eine solche Herleitung des Diskriminierungsverbotes über äußere »rassische« Merkmale auch analytisch ins Leere läuft. Juden waren von der nichtjüdischen Bevölkerung durch »Hautfarbe, Form der Augen, des Schädels oder die Farbe der Haare« nicht zu unterscheiden, weshalb sie erst durch Passeinträge, Ariernachweise, Ehetauglichkeitszeugnisse und schließlich durch den Zwang, bestimmte Namen und Zeichen zu tragen, sichtbar gemacht und damit stigmatisiert wurden. §2 Abs. 2 S. 2 der 1. VO zum Reichsbürgergesetz zog ausdrücklich die Angehörigkeit in der jüdischen Religionsgemeinschaft als Kriterium heran. Unentrinnbar waren nicht vererbbare Merkmale der Juden, sondern die antisemitischen Projektionen der Nationalsozialisten, die die Merkmale als stigmatisierende Marker durch ihre Vermessungen, Registrierungen und Kennzeichnungen selbst produzierten.

Der Verweis auf erbliche Eigenschaften ist folglich nur insofern richtig, als einige (nicht alle) rassialisierende Zuordnungen an vererbbare Eigenschaften, wie Haut-, Haarfarbe oder Physiognomie anknüpfen. Auch diese wurden jedoch erst in historischen Rassialisierungsprozessen als Gruppeneigenschaften konzipiert und mit stigmatisierenden Bedeutungszuweisungen von Über- und Unterordnung versehen. Rasse ist nach einer Vorstellung, die auf die »unentrinnbare Vorgegebenheit [...] vererbbarer Merkmale und der darauf möglicherweise beruhenden Vorurteile«[854] abstellt, eine grundsätzlich wertfreie und symmetrische Eigenschaft. Die auf »vererbbaren Merkmalen« beruhenden »Vorurteile« können

853 Starck, in: von Mangoldt/Klein/Starck, 2010, Art. 3, Rn. 369.

854 Starck, in: von Mangoldt/Klein/Starck, 2005, Art. 3, Rn. 387.

alle Menschen treffen. Eine solche Definition vernachlässigt, dass nur ganz bestimmte Merkmale und ganz bestimmte Ausprägungen dieser Merkmale mit Wert aufgeladen sind und mit einem Diskriminierungsrisiko einhergehen. Nicht an die Körpergröße, sondern an die Hautfarbe knüpfen Rassialisierungen an. Rassistische Diskriminierung trifft nur solche Menschen, deren Hautfarbe oder Religionszugehörigkeit mit dem Stigma der Abweichung und Minderwertigkeit untrennbar verknüpft ist. Richtig ist, dass Rassezuordnungen im Unterschied zu Geschlechtszuordnungen zentral über die Idee von Abstammung, also Prozesse der genetischen, genealogischen und kulturellen Vererbung, erfolgen. Das Problem rassialisierender Zuordnungen ist jedoch nicht, anders zu sein, sondern anders gemacht zu werden.

Um die Jahrtausendwende zeichnete sich in der Literatur eine immer deutlichere Distanzierung von einem biologischen Rasseverständnis ab. 1996 verwendete erstmals Werner Heun die Formulierung »Menschengruppen mit bestimmten wirklich oder vermeintlich vererbbaren Eigenschaften«.[855] Als Quellen verweist er auf Ipsens Kommentierung von 1954 und Starcks Kommentierung von 1985. Beide Autoren hatten jedoch noch von »Menschengruppen mit bestimmten vererbbaren Eigenschaften« geschrieben. Der Terminus »wirklich oder vermeintlich vererbbare Eigenschaften« setzte sich so oder in Abwandlungen in der Folge in fast allen Kommentierungen durch und wird bis heute standardmäßig in der Kommentarliteratur verwendet.[856] Exemplarisch schreibt Sachs im Jahr 2003:

> Bei näherer Betrachtung erweist sich allerdings, dass die biologischen Implikationen des Rassebegriffs wohl nicht konsequent durchgehalten werden können. Der Zielsetzung des Merkmals entsprechend wird man daher

855 Heun, in: Dreier, 1996, Art. 3, Rn. 288.

856 Eckertz-Höfer, in: *AK-GG*, 2001, Art. 3, Rn. 116 (wortgleich 2010); Nußberger, in: Sachs, 2018, Art. 3, Rn. 293; Jarass, in: Jarass/Pieroth, 2007, Art. 3, Rn. 121 (wortgleich 2020); Langenfeld, in: Maunz/Dürig, 2019, Art. 3 Abs. 3, Rn. 45; Sigrid Boysen, in: Art. 3, in: Ingo von Münch, Philip Kunig (Hg.), *Grundgesetz. Kommentar Band 1*, München 2012, Art. 3, Rn. 175: »Gruppen von Menschen mit bestimmten tatsächlich oder auch nur vermeintlich vererbbaren Merkmalen«; ebenso Englisch, in: Stern/Becker, 2010, Art. 3, Rn. 86; ähnlich Reich, in: Magdeburger Kommentar, 1998, Art. 3, Rn. 4: »verbunden sind oder nur unterstellt werden«.

den Begriff »Rasse« auf alle Menschengruppen beziehen können, die nach auch nur vermeintlichen biologischen, vererbbaren Kriterien definiert werden.[857]

Über die Gründe für die beschriebene Verschiebung zu einem Verständnis von Rasse im Sinne nur vermeintlich vererbbarer Kriterien kann mangels Angabe von außerrechtlichen Quellen nur gemutmaßt werden. Wahrscheinlich ist ein Einfluss der öffentlichkeitswirksamen Zurückweisung der Existenz menschlicher Rassen durch die UNESCO-Stellungnahme internationaler Anthropolog:innen, Humangenetiker:innen und Biolog:innen aus dem Jahr 1996 und die Stellungnahmen im Zusammenhang mit der Sequenzierung der menschlichen DNA im Humangenomprojekt zur Jahrtausendwende.[858] Weniger wahrscheinlich ist ein Einfluss der Antirassismus-Richtlinie 2000/43/EG, die in Erwägungsgrund Nr. 6 Theorien zurückweist, »mit denen versucht wird, die Existenz verschiedener menschlicher Rassen zu belegen«. Obwohl die Richtlinie im Jahr 2000 erlassen wurde und das AGG im Jahr 2006 in Kraft trat, verweisen die Kommentierungen zu Art. 3 Abs. 3 S. 1 GG erst seit 2013 auf das AGG.[859] Auch gibt es in der Kommentarliteratur eine Zunahme der Bezüge auf Art. 14 EMRK und auf ICERD.[860]

Die neue Formulierung »vermeintlich« bedeutet indes nicht, dass die Biologie ganz verabschiedet wird. Die Kommentierungen zeichnen sich vielmehr durch Widersprüche aus. So schreibt Uwe Kischel im *Beck'schen Online-Kommentar*:

857 Sachs, *Verfassungsrecht II. Grundrechte. Lehrbuch*, Heidelberg 2003, Rn. 90; die Formulierung »jede Gruppe mit auch nur vermeintlichen vererbbaren Merkmalen« verwenden auch Starck, in: von Mangoldt/Klein/Starck, 2010, Art. 3, Rn. 387; Kischel, in: *Beck OK GG*, 2020, Art. 3, Rn. 223.

858 Ausführlich Kapitel 3.3.4.1.

859 Reinhard Bergmann, in: Dieter Hömig, *Das Grundgesetz der Bundesrepublik Deutschland*, Baden-Baden 2013, Art. 3, Rn. 21; gleichlautend Wolff, in: Wolff/Hömig, 2018, Art. 3, Rn. 21; Baer/Markard, in: von Mangoldt/Klein/Starck, 2018, Art. 3 Abs. 2, 3, Rn. 480; anders noch Starck, in: von Mangoldt/Klein/Starck, 2010, Art. 3, Rn. 388, der nur auf das BGB, nicht auf das AGG verweist.

860 Baer/Markard, in: von Mangoldt/Klein/Starck, 2018, Art. 3 Abs. 2, 3, Rn. 469 f.; Krieger, in: Schmidt-Bleibtreu/Hofmann/Henneke, 2017, Art. 3, Rn. 41; Langenfeld, in: Maunz/Dürig, 2019, Art. 3 Abs. 3, Rn. 48 f.; Wolff, in: Wolff/Hömig, 2018, Art. 3, Rn. 21.

Um die Schutzwirkung nicht zu unterlaufen, müssen gerade auch heute abgelehnte Rassenbegriffe erfasst werden. Unter den meist schon als solchen diskriminierenden Begriff der Rasse fällt daher jede Gruppe mit auch nur vermeintlichen vererbbaren Merkmalen (vgl. v.M/K/S/Starck GG Art 3 Rn. 387).[861]

Nach Kischel gehören zu den abgelehnten Rassebegriffen und diskriminierenden Begriffsverwendungen der »Glauben an eine geistige, körperliche, moralische oder sonstige Überlegenheit einer Rasse, der Versuch, die Vermischung von Rassen zu verhindern, rassenbezogene Enteignungen, Ausbürgerungen oder Verbote bestimmter (beruflicher) Tätigkeiten und ähnliche Unsäglichkeiten«. Nach seiner Auslegung von Art. 3 Abs. 3 S. 1 GG als Differenzierungsverbot, das vor allem gegen ausdrücklich rassisch hierarchisierende Gesetze gerichtet ist, wären rassialisierende Praktiken wie das forensische DNA phenotyping im Rahmen polizeilicher Ermittlungen oder das rassialisierende Racial Profiling im Rahmen polizeilicher Kontrollen dagegen verfassungsrechtlich gerechtfertigt.[862] Zur verfassungsrechtlichen Rechtfertigung schreibt Kischel unter anderem: »Theoretisch denkbar wäre eine Impfpflicht bei rassenspezifischen Krankheiten.«[863] Eine Quelle zu diesen theoretischen Überlegungen findet sich in der Kommentierung nicht. Jedoch verweist Kischel auf »eine rassenbezogene Adoptionspolitik«[864] in den USA, die er als abschreckend und nicht zu rechtfertigen bezeichnet und für die er eine kritische US-amerikanische Quelle ausweist. Es kann vor diesem Hintergrund nur vermutet werden, dass auch die Ausführungen zu »rassenspezifischen Krankheiten« auf die US-amerikanischen Debatten zu rassenspezifischer Medizin zurückgehen. In diesen Debatten geht es jedoch nie um Infektionskrankheiten, da es schlicht keine rassenspezifischen Infektionskrankheiten gibt.[865] Der Begriff Rassismus taucht in der Kommentierung nicht auf.

Als erste Kommentatorin stellte Marion Eckertz-Höfer 2001 weder auf tatsächliche noch auf vermeintliche biologische Eigenschaften ab, sie schreibt: »Das Diskriminierungsverbot richtet sich gegen Vorurteile und Unwerturteile aufgrund gruppenspezifischer

861 Kischel, in: *Beck OK GG,* 2020, Art. 3, Rn. 223.

862 Ausführlich zu Racial Profiling sogleich Kapitel 5.8.8.

863 Kischel, in: *Beck OK GG,* 2020, Art. 3, Rn. 223.1, gleichlautend 2018.

864 Ebd., gleichlautend 2018.

865 Ausführlich Kapitel 3.3.4.3.

Zuschreibungen, die mit der – angenommenen – Zugehörigkeit zu einer ›Rasse‹ verbunden werden.«[866] Die Formulierung »Zuschreibung« eröffnet eine sozialkonstruktivistische Lesart von Rasse. Den Begriff »rassistisch« verwendet dann erstmals Christine Langenfeld in ihrer Neukommentierung von Art. 3 Abs. 3 S. 1 GG in Maunz/Dürig aus dem Jahr 2015, Heike Krieger folgt 2017.[867] Langenfeld schreibt: »Das Kriterium der Rasse [...] soll Gruppen schützen, die [im Nationalsozialismus, Anm. d. Verf.] Verfolgungsmaßnahmen ausgesetzt waren und auch heute noch vielfach rassistischen Vorurteilen ausgesetzt sind, also z. B. ›Zigeuner‹, Juden, Farbige, Mischlinge etc.«[868] Hier fällt zum einen die Weiterverwendung rassistischer Bezeichnungen auf, die Langenfeld leider übernimmt. Den Begriff Rasse versteht Langenfeld dagegen unter Rückgriff auf Dürigs Erstkommentierung als »polemischen Begriff«.[869] Über Dürig noch hinausgehend stellt sie klar: »Rasse meint keinen irgendwie fundierten wissenschaftlichen Begriff.«[870] Nichtsdestotrotz verwendet sie die etablierte Formulierung »Menschengruppen mit bestimmten wirklich oder vermeintlich vererbbaren Eigenschaften« weiter. Sie fügt dann jedoch erklärend hinzu: »Hierbei knüpft die Vorstellung von Rassen an äußerliche körperliche Merkmale wie die Hautfarbe, die Gesichts- und Augenform, die charakteristische Haartracht etc. an.«[871] Damit weist sie Rassen nicht als naturwissenschaftliche Realität aus, sondern als individuelle und kollektive Vorstellung. Fraglich ist auch, wie Rassismen, die sich nicht biologistisch artikulieren, in Literatur und Rechtsprechung zu Art. 3 Abs. 3 S. 1 GG diskutiert werden.

866 Eckertz-Höfer, in: *AK-GG*, 2001, Art. 3, Rn. 116 (gleichlautend 2010).

867 Krieger, in: Schmidt-Bleibtreu/Hofmann/Henneke, 2017, Art. 3, Rn. 79.

868 Langenfeld, in: Maunz/Dürig, 2019, Art. 3 Abs. 3, Rn. 45, zur Problematik der Verwendung rassistischer Fremdbezeichnungen auch Kapitel 5.7.3.5.

869 Ebd.

870 Ebd.

871 Ebd.

## 5.8.6. Von Rasse zu Ethnizität: Zum rechtlichen Umgang mit kulturalistischen Rassismen

Im Jahr 1993 beschäftigte sich die 2. Kammer des Zweiten Senats des BVerfG mit dem Fall einer Sintezza, deren Lebensgefährte Opfer eines Tötungsdeliktes geworden war und die im Strafverfahren gegen die Täter als Nebenklägerin auftreten wollte.[872] Das Landgericht ließ die Nebenklage nach § 395 StPO zu, da beide nach Sinti-Recht verheiratet waren, das Oberlandesgericht hob die Zulassung auf, da keine rechtsgültige Ehe vorliege.[873] Die Beschwerdeführerin argumentierte,

> bei der in Deutschland lebenden Volksgruppe der Sinti werde die Ehe in der ganz überwiegenden Zahl in der Weise eingegangen, daß das Paar die jeweilige elterliche Wohnung verlasse, miteinander weggehe und nach Rückkehr erkläre, als Eheleute zusammenleben zu wollen. Dies dokumentiere sich sodann durch einen sich ankündigenden Kindersegen und das Zusammenleben. Das Abstellen auf die Standesamtsformalie verkenne Sinn und Zweck der Vorschrift des § 395 Abs. 2 Nr. 1 StPO und trage den Besonderheiten der Volksgruppe der Sinti nicht hinreichend Rechnung. [...] Die Sinti-Ehe sei dabei nicht mit der eheähnlichen Lebensgemeinschaft vergleichbar. Während bei jener eine bewußte Entscheidung dafür vorliege, keine Ehe im Sinne des BGB eingehen zu wollen, werde bei den Sinti die »Ehe« willentlich eingegangen, nur eben nach den gruppenspezifischen Rechtsvorstellungen. [...] Ihre Nichtzulassung als Nebenklägerin bedeute eine Benachteiligung wegen ihrer Abstammung.[874]

Der Zweite Senat erkannte keinen Verstoß gegen Art. 3 Abs. 3 GG, denn dieser

> verbietet nur die bezweckte Benachteiligung oder Bevorzugung, nicht aber einen Nachteil oder Vorteil, der die Folge einer ganz anders intendierten Regelung ist und die Auslegung durch angegriffenen Beschluß beabsichtigt, aber nicht eine unzulässige Ausschließung der Beschwerdeführerin als Nebenklägerin aus Gründen ihrer Abstammung oder Rasse, sondern schließt allgemein Nichtehegatten von der Anschlußbefugnis der Nebenklage aus.[875]

872 BVerfG v. 02. 02. 1993-2 BvR 1491/91.

873 Ebd., Rn. 3.

874 Ebd., Rn. 4, Ausgangsentscheidung nicht veröffentlicht, Sachverhaltsdarstellung nach BVerfG.

875 Ebd., Rn. 11.

Eine Auseinandersetzung mit den Begriffen Abstammung und Rasse enthält der Beschluss nicht. Die Rechtsfigur der mittelbaren Diskriminierung entwickelte das BVerfG erst fünf Jahre später. Es musste sich daher nicht mit der Frage auseinandersetzen, ob die Nichtanerkennung »gruppenspezifischer Rechtsvorstellungen«[876] einer als nationale Minderheit anerkannten und rassistisch strukturell benachteiligten Gruppe eine mittelbare Diskriminierung aufgrund der Rasse darstellt. Die Benachteiligung der Klägerin knüpfte weder an einen Status rassistischer Verfolgung noch an tatsächliche oder vermeintliche biologische Merkmale an. Ausschlaggebend war die Nichtanerkennung einer von der Mehrheitsgesellschaft abweichenden Rechtstradition. Da Sinti keine anerkannte Religionsgemeinschaft darstellen, wäre der Fall am ehesten unter die Begriffe der Kultur und der Ethnizität subsumierbar.

Seit der Jahrtausendwende ist eine Öffnung des diskursiven Feldes hin zu einem weiteren Verständnis der Kategorie Rasse festzustellen. »Heutzutage wird der Schutz auf ethnische Minderheiten zu erweitern sein«, stellte Eckertz-Höfer 2001 fest.[877] Der Fall der Sintezza, der eine Nebenklagebefugnis verwehrt wurde, wäre von diesem Verständnis erfasst. Unter Verweis auf Eckertz-Höfer heißt es seither auch in der Kommentierung von Hans Jarass in Jarass/Pieroth: »Weiter werden ethnische Minderheiten erfasst.«[878] In einem Fall aus dem Jahr 2003 hatte die 3. Kammer des Zweiten Senats des BVerfG erneut die Möglichkeit, die Kategorie Rasse zu definieren und eine erweiterte Rassekonzeption zu etablieren. Ein Strafgefangener hatte Verfassungsbeschwerde erhoben, weil sein Antrag auf Aussetzung des Strafrests zur Bewährung u. a. wegen »Einbindung des Beschwerdeführers in die Gruppe der Russlanddeutschen als prognostisch ungünstige[r] Faktor«[879] abgelehnt worden war. Das LG Marburg und das OLG Frankfurt hatten die ablehnende Entscheidung bestätigt.[880] Der Verurteilte mit postsowjetischer Migrationsgeschichte war Erstverbüßer, hatte sich im geschlossenen Vollzug weitgehend ordnungsgemäß geführt, eine Ausbildung

876 Ebd., Rn. 4.

877 Eckertz-Höfer, in: *AK-GG*, 2001, Art. 3, Rn. 115 (wortgleich 2010).

878 Jarass, in: Jarass/Pieroth, 2007, Art. 3, Rn. 121 (wortgleich 2018 und 2020).

879 BVerfG v. 02. 04. 2003-2 BvR 424/03 –, Rn. 2.

880 OLG Frankfurt v. 31. 01. 2003-3 Ws 131/03 – (unveröffentlichter Beschluss, liegt d. Verf. vor); LG Marburg v. 13. 01. 2003, 7 StVK 499/02 (unveröffentlicht).

abgeschlossen und unterhielt stabile Kontakte zu seiner Frau und seinem Kind.[881] Die Instanzgerichte entschieden dennoch gegen eine Bewährung, so urteilte das OLG Frankfurt:

> Andererseits hat die Behandlungsuntersuchung persönlichkeitsbedingte Gründe für die Straftat, insbesondere das Fehlen eines stabilen Wertesystems, Bagatellisierungstendenzen sowie fehlende Empathie mit dem Opfer herausgearbeitet und eine Überlagerung dieser Gründe durch Integrationsschwierigkeiten festgestellt. Vor diesem Hintergrund gewinnen der Umstand, dass die Therapie in der X wegen Behandlungsabbruches durch den Verurteilten *nicht abgeschlossen* werden konnte, namentlich was die Entwicklung der Anerkennung des hiesigen Wertesystems und die Opferempathie anbelangt (auch wenn der Verurteilte in Behandlung gewisse Fortschritte erzielte), und der Umstand, dass er nach dem Bericht der Anstalt ausschließlich Kontakte zu Russlanddeutschen unterhält, wesentliche, und zwar prognostisch ungünstige Bedeutung.[882]

Was das »hiesige Wertesystem« ausmacht, führte das Gericht nicht aus. Die gegen diese Entscheidung erhobene Verfassungsbeschwerde nahm der Zweite Senat des BVerfG nicht zur Entscheidung an, da sie offensichtlich unbegründet sei.[883] Welche Diskriminierungskategorie des Art. 3 Abs. 3 GG einschlägig ist, führte der Senat nicht aus. Der Begriff Rasse wird in der Entscheidung nicht genannt. Einen Verstoß gegen Art. 3 Abs. 3 S. 1 GG lehnt der Senat mit wenigen Worten ab:

> Das Oberlandesgericht hat im Rahmen der Prognose die Einbindung des Beschwerdeführers in die Gruppe der Russlanddeutschen als prognostisch ungünstigen Faktor angesprochen. Dies beruht auf tatsächlichen Erfahrungen (vgl. Dolde, ZfStrVo 2002, S. 146 ff.) und enthält keine Diskriminierung im Sinne von Art. 3 Abs. 3 GG.[884]

Der zitierte Beitrag von Gabriele Dolde, langjährige Leiterin des Kriminologischen Dienstes in Baden-Württemberg, zeichnet unter der Überschrift »Spätaussiedler – ›Russlanddeutsche‹ ein Integrati-

881 OLG Frankfurt, Beschl. v. 31. 01. 2003-3 Ws 131/03 –, Rn. 2. Der unveröffentlichte Ausgangsbeschluss konnte nicht eingesehen werden, Sachverhaltsdarstellung nach OLG Frankfurt.

882 OLG Frankfurt v. 31. 01. 2003-3 Ws 131/03 –, Rn. 2.

883 Ebd., Rn. 1.

884 Ebd.

onsproblem« ein Bild des »homo sovjeticus«[885] und der »russischen Seele«,[886] die aufgrund der kollektiven, autoritären Erziehung in der Sowjetunion und des »Leben[s] in ethnischen Ghettos«[887] in Deutschland »für die extreme Subkulturbildung prädisponiert« sei.[888] Als Ursache für die Straffälligkeit besonders junger männlicher postsowjetischer Migranten werden vor allem Defizite der Herkunftsgesellschaft und der jungen Menschen selbst angeführt. Ihre »fremde Mentalität« resultiere daraus, dass sie »von den seit der französischen Revolution tradierten Werten und Entwicklungen in Westeuropa weitgehend abgeschnitten waren«.[889] Die deutsche Gesellschaft – die diese Werte im Nationalsozialismus ausdrücklich abgelehnt hatte – stellt Dolde demgegenüber pauschal als das Individuum respektierend, tolerant und kritikfähig dar. Die aus der »Last des verlorenen Krieges«[890] resultierende Entwurzelung der »Russlanddeutschen« und aus ihrer Konfrontation mit den liberalen Werten in der bundesdeutschen Aufnahmegesellschaft resultierende Verunsicherung führe in Isolierung und Straffälligkeit. Solcherart stereotype Darstellungen, Essentialisierungen und Homogenisierungen russlanddeutscher Aussiedler sind in der Kriminalistik tradiert und werden bislang kaum hinterfragt.[891] Von

885 Gabriele Dolde, »Spätaussiedler – ›Russlanddeutsche‹ – ein Integrationsproblem«, in: *ZfStrVo* 2002, S. 146-151, hier: S. 148.

886 Ebd., S. 150.

887 Ebd.

888 Ebd., S. 149.

889 Ebd., S. 147.

890 Ebd. Dass das Ende der nationalsozialistischen Herrschaft für Menschen in Russland und auch in Deutschland keine Last, sondern eine Befreiung war, kommt der Autorin nicht in den Sinn. Auch die affirmative, unhistorisierte Verwendung des im Nationalsozialismus geprägten Begriffs »Volksdeutsche« (S. 147) irritiert.

891 Für viele Maida Dietlein, »Bilder des Gulag im baden-württembergischen Jugendstrafvollzug von heute«, in: *ZfStrVo* 2002, S. 151-156; Manfred Otto, Kristina Pawlik-Mierzwa, »Kriminalität und Subkultur inhaftierter Aussiedler«, in: *DVJJ-Journal* 2001, S. 124-132; kritisch zur stereotypen Darstellung postsowjetischer Migrant:innen Jannis Panagiotidis u. a., »›Ich würde nicht in eine Wohngegend mit vielen Russlanddeutschen ziehen‹: Stehen soziale Vorurteile gegen Russlanddeutsche in engem Zusammenhang mit Ausländerfeindlichkeit und Dominanzorientierung?«, in: *Jahrbuch des BKGE* 24 (2016), S. 335-355; Verein zur Integration von russlanddeutschen Aussiedlern e.V., »Offener Brief an Medien und Politik«, unter: ⟨http://vira-ev.de/newsletter/⟩, Stand: 20. 05. 2020.

der Rassismusforschung werden ethnisierende Essentialisierungen als Kulturalismus bzw. kulturalistischer Rassismus bezeichnet.[892] Damit lag eine Diskriminierung aufgrund pauschalisierender und kollektiver Zuschreibungen an die russische bzw. postsowjetische Herkunft des Beschwerdeführers nahe. Der Zweite Senat des BVerfG nahm die stereotype und pauschalisierende Argumentationsführung jedoch nicht zum Anlass einer kritischen Überprüfung der Entscheidung, sondern machte sie sich im Ergebnis zu eigen.

Barskanmaz hat in einer kritischen Relektüre der Entscheidung des Bundesverfassungsgerichts auf den antislawischen Rassismus hingewiesen, der postsowjetische Migranten unabhängig von ihrer deutschen Staatsangehörigkeit trifft.[893] Im Ergebnis stellt er auf eine Diskriminierung des Beschwerdeführers mit Blick auf seine »russische Ethnizität« bzw. »russische Herkunftsidentität« ab.[894] Im Anschluss an die Rechtsprechung des EGMR zu Art. 14 EMRK und an Art. 1 Abs. 1 ICERD plädiert er dafür, auch Ethnizität unter Rasse zu subsumieren.[895] Dieser Ansicht ist im Sinne eines umfangreichen Rechtsschutzes und der Einhaltung internationaler Verträge grundsätzlich zuzustimmen. Doch verweist auch diese Lösung auf die essentialistischen Fallstricke kategorialer Bezüge auf »Ethnizität« und »Herkunftsidentität« und damit auf das Dilemma der Differenz. Sogenannte »Russlanddeutsche« haben zumeist weder eine klare russische Ethnizität noch ein solches Selbstverständnis. Sie verstehen sich meist als »echte Deutsche« oder als »bikulturelle Deutsche«.[896] Es handelt sich um eine überaus heterogene Gruppe von seit den 1980er Jahren und nach der deutschen Vereinigung aus ganz unterschiedlichen Staaten und Nachfolgestaaten der Sowjetunion zugewanderten Personen und deren Nachkommen. Ihre Diskriminierungserfahrungen beruhen auf kulturalistisch-stigmatisierenden Zuschreibungen an Herkunft oder Identität/Mentalität im Kontext einer Geschichte des Antislawismus und des Antikommunismus. Indem Menschen aus Staaten der ehema-

892 Ausführlich Kapitel 3.3.5.

893 Barskanmaz, *Recht und Rassismus*, S. 381, der Autor verwendet selbst den Begriff »Russlanddeutsche«.

894 Ebd.

895 Ebd., S. 382.

896 Jannis Panagiotidis, »Postsowjetische Migranten in Deutschland. Perspektiven auf eine heterogene Diaspora«, in: *APuZ* (67) 11-12/2017, S. 23-30.

ligen Sowjetunion als genuin antiliberal und antiindividualistisch entworfen werden, wird ihnen ihre Individualität abgesprochen. Im Ausgangsfall führte diese gruppistische Herkunftszuschreibung zu einem Nachteil für den Beschwerdeführer. Eine Benennung des Sachverhalts als rassistische Zuschreibung trifft die Realität der Diskriminierung präziser als der mit der Gefahr der Essentialisierung gepflasterte Umweg über ethnische Herkunft.

Auf solche Zuschreibungen weist im Kontext von Art. 3 Abs. 3 S. 1 GG erstmals Reinhard Bergmann im von Dieter Hömig herausgegebenen Grundgesetzkommentar aus dem Jahr 2005 hin. Er schreibt:

> Rasse vereinigt bestimmte Merkmale, die sich eine Gruppe durch Volkszugehörigkeit identitätsbegründend als Schicksalsgemeinschaft zuschreibt oder die ihr – auch gegen ihren Willen – von anderen unter Behauptung genetischer Verbundenheit (oft stigmatisierend, vgl. BVerfG NJW 2001, 63) zugeschrieben werden.[897]

Das weite Begriffsverständnis Bergmanns erfasst sowohl Formen identitätsbegründender Selbstethnisierungen als auch stigmatisierender rassialisierender Fremdzuschreibungen. 2013 verweist Bergmann dann unter dem Stichwort »ethnisch motivierte Benachteiligung« auf ein Urteil des OLG Stuttgart zu rassistischer Einlassverweigerung in einer Diskothek nach dem AGG.[898] An diesem Eintrag ist zweierlei interessant. Er ist ein Beispiel dafür, dass höchstrichterliche Entscheidungen des Bundesarbeitsgerichts und

897 Bergmann, in: Hömig, 2005, Art. 3, Rn. 18; gleichlautend Wolff, in: Wolff/Hömig, 2018, Art. 3, Rn. 21. Der zitierte Beschluss des Bundesverfassungsgerichts behandelt die Deutung von Äußerungen als volksverhetzend. Das Gericht beschreibt darin »die in der Zeit des Nationalsozialismus erfolgte menschenverachtende Art der Stigmatisierung von Juden als Juden und die damit implizit verbundene Aufforderung an andere, sie zu diskriminieren und zu schikanieren«. BVerfG v. 06. 09. 2000-1 BvR 1056/95 –, Rn. 43. Der Begriff »Volkszugehörigkeit« ist ein in Deutschland lange als Äquivalent zu »ethnischer Herkunft« verwendeter Begriff. Er findet sich zum Beispiel in der deutschen Übersetzung von Art. 4 ICERD.

898 Bergmann, in: Hömig, 2005, Art. 3, Rn. 21, Verweis auf OLG Stuttgart v. 12. 12. 2011-10 U 106/11, dazu Doris Liebscher, »Anmerkung zur Entscheidung des OLG Stuttgart vom 12. 12. 2011 (10 U 106/11; MDR 2012, 152) – Zur Bewertung diskriminierender Einlasskontrollen in Diskotheken«, in: *NJW* (2012), S. 1087.

von Oberlandesgerichten zu rassistischer Diskriminierung seit Inkrafttreten des AGG vermehrt auch in die Kommentierungen von Art. 3 Abs. 3 GG einfließen bzw. die Aufmerksamkeit auf das Diskriminierungsverbot im AGG gelenkt haben.[899] Zum anderen zeigt Bergmanns Referenz, dass die Einführung des AGG auch zu neuen Unklarheiten bei der Definition rassistischer Diskriminierung im Recht gegen Rassismus geführt hat. Dem Urteil des OLG lag der Fall eines – sowohl nach Selbstbezeichnung als auch nach Fremdzuordnung durch die Diskothek – Schwarzen Klägers zugrunde. Der Kläger stützt seine Klage und das OLG sein Urteil auf eine »Mehrfachdiskriminierung wegen der Hautfarbe und des Geschlechts«.[900] Eine rechtliche Diskriminierungskategorie nennt das OLG nicht, die erste Instanz hatte von der »dunklen, auf die ethnische Herkunft hindeutende Hautfarbe des Klägers« geschrieben.[901] Damit ist die ganz überwiegende Tendenz in der Rechtsprechung zum AGG angesprochen, Entscheidungen ausschließlich auf das Kriterium ethnische Herkunft zu stützen, unabhängig von Selbstidentifikationen und Fremdzuschreibungen im konkreten Fall.

Dies steht im Widerspruch zu den meisten Kommentierungen von Art. 3 Abs. 3 S. 1 GG, die in Fällen biologistischer Zuordnungen, die an phänotypische Merkmale wie Hautfarbe anknüpfen, mehrheitlich auf »Rasse« abstellen. Nach Langenfeld ist der Schutzbereich von Art. 3 Abs. 3 S. 1 GG sogar auf rassisch vorgestellte Gruppen beschränkt, die über »äußerliche körperliche Merkmale wie die Hautfarbe, die Gesichts- und Augenform, die charakteristische Haartracht etc.« identifiziert werden.[902] Demgegenüber umfasse der Begriff der ethnischen Herkunft, wie er im AGG verwendet werde,

> auch Gruppen, die durch eine spezifische Kultur und Geschichte gekennzeichnet sind. Diese Gemeinsamkeiten können in der gemeinsamen Herkunft, in Sitten und Gebräuchen, in der Erziehung, in Sprache und Reli-

899 Baer/Markard, in: von Mangoldt/Klein/Starck, 2018, Art. 3 Abs. 2, 3, Rn. 480; Nußberger, in: Sachs, 2018, Art. 3, Rn. 293.

900 OLG Stuttgart v. 12. 12. 2011-10 U 106/11 –, Leitsatz, Rn. 2, 34; Liebscher, »Anmerkung zur Entscheidung des OLG Stuttgart vom 12. 12. 2011«, S. 1087.

901 LG Tübingen v. 29. 07. 2011-7 O 111/11 –, S. 5 (unveröffentlichtes Urteil, liegt Verf. vor).

902 Langenfeld, in: Maunz/Dürig, 2019, Art. 3 Abs. 3, Rn. 45.

gion, in Siedlungsgewohnheiten und in der wirtschaftlichen und sozialen Stellung zum Ausdruck kommen.[903]

Ähnliches vertritt Krieger:

> Rassistische Diskriminierungen sind vor allem solche Diskriminierungen, die an das äußere unveränderliche Erscheinungsbild des Menschen anknüpfen, also insbesondere die Hautfarbe oder Gesichtszüge.[904]

Eine derart enge Auslegung von Rasse in Art. 3 Abs. 3 S. 1 GG ist angesichts des Kriteriums »wirkliche oder vermeintliche vererbbare Eigenschaften« konsequent. Sie verengt den Schutzbereich von Art. 3 Abs. 3 S. 1 GG jedoch in einer Weise, die nicht mit einer Auslegung im Licht internationalen und europäischen Rechts vereinbar ist. Darauf hat früh Dagmar Schiek in einem Aufsatz zur Umsetzung der RL 2000/43/EG hingewiesen. Wer überwiegend »auf gemeinsame vererbbare Merkmale« abstelle, könne »die Diskriminierung von Personen, die als fremd wahrgenommen werden, weil sie als türkisch, orientalisch oder gar arabisch eingeordnet werden, nicht als rassistische Diskriminierung« erfassen.[905] Baer und Markard bezeichnen Ethnizität ebenfalls als eine Form »rassistischer Kategorisierung«, diese teile »die Menschen nach der biologischen Abstammung in Gruppen ein, verbunden mit Sprache und ›Kultur‹«.[906] Für die Verschiebung von Biologismus zu Kulturalismus seien »essenzielle Stereotype zentral, die sich von der Hautfarbe lösen und heute etwa bei der Religion ansetzen«.[907] Daher sei »Islamophobie […] nicht nur als religiöse, sondern auch als rassistische Diskriminierung zu verstehen«.[908] Diese Einschätzung ließe sich auf Antisemitismus erweitern.

903 Ebd., Fn. 195.
904 Krieger, in: Schmidt-Bleibtreu/Hofmann/Henneke, 2017, Art. 3, Rn. 79.
905 Schiek, »Diskriminierung wegen ›Rasse‹ oder ›ethnischer Herkunft‹«, S. 45.
906 Baer/Markard, in: von Mangoldt/Klein/Starck, 2018, Art. 3 Abs. 2, 3, Rn. 470.
907 Ebd., Rn. 474.
908 Ebd.

### 5.8.7. Von Rasse zu rassistischer Diskriminierung: rassismuskritische Interpretationen des Diskriminierungsverbotes wegen der Rasse

Eine weitere Verschiebung der Interpretation des Diskriminierungsverbotes wegen der Rasse in Art. 3 Abs. 3 S. 1 GG wurde ebenfalls durch den Erlass der EU-Antirassismus-Richtlinie im Jahr 2000 und die Diskussion über ein deutsches zivilrechtliches Antidiskriminierungsgesetz angeregt. Zahlreiche Aufsätze diskutierten nun die Diskriminierungsverbote »aus Gründen der Rasse oder wegen der ethnischen Herkunft« in RL 2000/43/EG und in § 1 AGG.[909] Einige Autor:innen stellten dabei grundlegende Überlegungen zur rechtlichen Verfasstheit und zur sprachlichen Formulierung eines Verbotes rassistischer Diskriminierung an, die auch Art. 3 Abs. 3 S. 1 GG betrafen.

Im Jahr 2001, ein Jahr nach dem Erlass der RL 2000/43/EG, leitete Baer aus der Richtlinie ein Verständnis von Diskriminierung als »strukturelle und interaktive Alltagserfahrung moderner Gesellschaften«[910] basierend auf »Ausgrenzung und Dominanz«[911] her. Sie hebt darin hervor, dass ein folgenorientierter Diskriminierungsbegriff sich nicht für vorsätzlich rassistisches Handeln oder Denken, sondern für Effekte interessiert.[912] Ihr geht es beim rechtlichen Schutz vor rassistischer Benachteiligung zudem um »Individuen [...], die gleiche Erfahrungen machen, nicht um Gruppenrechte«.[913] Drittens sind ihr zufolge »Rasse und ethnische Herkunft« nicht biologische Essentialia oder Fakten, »sondern – wie Geschlecht – soziale Marker oder Platzanweiser, die Stereotype transportieren«.[914] Baer überträgt damit ihre am Beispiel geschlechtsspezifischer Diskriminierung entwickelte Auslegung von

909 Für viele Baer, »Recht gegen Fremdenfeindlichkeit und andere Ausgrenzungen« in: *ZRP* 34/2001, S. 500-504; Rainer Nickel, »Handlungsaufträge zur Bekämpfung von ethnischen Diskriminierungen in der neuen Gleichbehandlungsrichtlinie 2000/43/EG«, in: *NJW* (2001), S. 2668-2672; Schiek, »Diskriminierung wegen ›Rasse‹ oder ›ethnischer Herkunft‹«, S. 44 ff.

910 Baer, »Recht gegen Fremdenfeindlichkeit«, S. 501.

911 Ebd.

912 Ebd., S. 502.

913 Ebd.

914 Ebd.

Gleichheit als Hierarchiesierungsverbot[915] auf das Verbot rassistischer Diskriminierung. Alexander Tischbirek und Tim Wihl nehmen 2013 ausdrücklich auf Baers Konzeption von Gleichheit als Hierarchisierungsverbot Bezug, wenn sie am Beispiel erster Klagen gegen Racial Profiling ein »grundrechtliches Verbot rassistischer Diskriminierung« diskutieren.[916] Vermittels einer Interpretation von Art. 3 Abs. 3 S. 1 GG als Hierarchisierungsverbot werde »dem wirklichkeitsblinden Missbrauch des Gleichheitsrechts zur Stabilisierung gesellschaftlicher Hierarchien Einhalt geboten«.[917] Ein solcher Missbrauch könne sich zum Beispiel in »Klagen von ›weißen‹ Deutschen wegen rassistischer Diskriminierung manifestieren«.[918]

Dagmar Schiek widmet sich im Zusammenhang mit der Verabschiedung der RL 2000/43/EG ebenfalls der verfassungsrechtlichen Literatur zu Art. 3 Abs. 3 S. 1 GG und kritisiert den Biologismus der herrschenden Meinung: »Die Orientierung an Abstammungsmythen wird der Realität von Rassismus und Fremdenfeindlichkeit nicht gerecht. Bei Alltagsdiskriminierung ist die Abstammung selten bekannt. [...] Bei rassistischer und ethnischer Diskriminierung handelt es sich um Diskriminierung durch Zuschreibung, also Askription.«[919] Entscheidend für rechtlichen Schutz ist nach Schiek damit nicht die Zugehörigkeit zu natürlichen Abstammungsgruppen, sondern die Anknüpfung an Unterschiede, »die aufgrund von Abstammungs- und Zugehörigkeitsmythen als natürlich angesehen werden und die die betroffenen Personen nicht ändern können«.[920] Sie kombiniert damit den Umstand tradierten gesellschaftlichen rassistischen Wissens mit dem Unverfügbarkeitsargument.

»Sprachkritische Überlegungen zur Verwendung des Begriffs ›Rasse‹« stellte 2005 Anja Sunhyun Michaelsen in *Forum Recht* angesichts des Entwurfs für ein zivilrechtliches Antidiskriminierungsgesetz, das spätere AGG, an.[921] Ausgangspunkt ihrer Überlegungen

915 Ausführlich Kapitel 5.1.2.2.

916 Alexander Tischbirek, Tim Wihl, »Verfassungswidrigkeit des ›Racial Profiling‹: Zugleich ein Beitrag zur Systematik des Art. 3 GG«, in: *JZ* 2013, S. 219-224, hier: S. 219.

917 Ebd., S. 223.

918 Ebd.

919 Schiek, »Diskriminierung wegen ›Rasse‹ oder ›ethnischer Herkunft‹«, S. 45.

920 Ebd.

921 Michaelsen, »Sinnliche Evidenzen«, S. 125 ff.

ist das beschriebene Dilemma der Differenz: »Es gibt keine Rassen, aber es gibt Rassismus.« Unter Verweis auf George Mosse historisiert sie Rassismus. Die Wirkung einer rassistischen Diskriminierung beschreibt sie als Anknüpfung an diese Geschichte, »im Laufe derer sich bestimmte Wahrnehmungsformen von Rassen und entsprechende Bezeichnungskonventionen durchgesetzt haben«.[922] Die rechtliche Herausforderung besteht nach Michaelsen darin, die Wahrnehmung realer Unterschiede zwischen Menschen, die sich erst durch diese Geschichte als rassische Unterschiede darstellen, mit der Erkenntnis zu vereinbaren, dass es keine menschlichen Rassen gibt.[923]

In einem Policy Paper des Deutschen Instituts für Menschenrechte zeichnete dann 2008 Hendrik Cremer die Genese des Konzeptes Rasse in der europäischen Aufklärung nach wie auch dessen antisemitische Geschichte. Der Begriff sei historisch und bis heute »mit einem Herrschafts- oder Abhebungsanspruch verbunden« und gehe »mit der Kategorisierung und zugleich Hierarchisierung von Menschengruppen« einher.[924] Cremer vertritt damit ebenfalls ein sozialkonstruktivistisches Verständnis von Rasse. In einem im gleichen Jahr erschienenen Aufsatz in der *Kritischen Justiz* bestimmt auch Cengiz Barskanmaz Rasse als eine soziale Konstruktion. Das Benachteiligungsverbot im AGG und Art. 3 Abs. 3 S. 1 GG bezeichnet er als »Rassifizierungsverbot«.[925] Barskanmaz geht auch auf das Dilemma der Differenz ein, »eine Förderpolitik, die sich auf die Zugehörigkeit zum Kollektiv ›Rasse‹ stützt«, schreibt er, sei problematisch.[926] Stattdessen könne »die strukturelle rassistische Benachteiligung selbst« Anknüpfungspunkt von Gleichstellungspolitiken sein.[927] In späteren Veröffentlichungen setzt er sich dann unter Verweis auf die Critical Race Theory für den Begriff Rasse ein.[928] »Rasse«, stellt er dabei weiter klar, »ist als Ergebnis von Rassifizierungen in einem rassistischen Kontext zu verstehen.«[929] Mit Tarek

922 Ebd.

923 Ebd, S. 125.

924 Cremer, *»… und welcher Rasse gehören Sie an?«*, S. 6.

925 Barskanmaz, »Rassismus, Postkolonialismus und Recht – Zu einer deutschen Critical Race Theory?«, S. 301.

926 Ebd.

927 Ebd.

928 Siehe Kapitel 5.8.9.

929 Barskanmaz, *Recht und Rassismus*, S. 25.

Naguib, Tino Plümecke und Juana Remus habe ich 2012 in einem Beitrag, der sich dem Dilemma der Differenz im kategorialen Antidiskriminierungsrecht widmet, ebenfalls sozialkonstruktivistisch argumentiert. Wir plädierten für eine rechtliche Berücksichtigung des »rassistischen Zuschreibungsprozesses« und für ein Rassismusverständnis, das auch Formen kulturalistisch-rassistischer oder antisemitischer Zuschreibungen umfasst.[930] Am Beispiel juristischer Entscheidungen zu § 130 StGB zeigen wir, dass Gerichte und die juristische Fachliteratur einem naturwissenschaftlichen Zugang verhaftet sind, »der nach Zugehörigkeiten ordnet«.[931] Daraus resultiere eine falsche Unterscheidung zwischen einem vermeintlich objektiven biologisch-anthropologischen Rassebegriff und einem moralisch zu verurteilenden rassenideologischen Rassebegriff. Dass diese Einschätzung auch auf große Teile der rechtswissenschaftlichen Literatur zu Art. 3 Abs. 3 S. 1 GG zutrifft, hat die vorliegende Analyse gezeigt.

Auch Mehrdad Payandeh schreibt 2015, in der Sache gehe es »bei Normen, die auf Diskriminierung wegen der ›Rasse‹ abstellen, um ein Verbot der rassistischen Diskriminierung«.[932] Auf die Zugehörigkeit zu einer bestimmten, »wie auch immer definierten ethnischen Gruppe« komme es nicht an.[933] Er setzt das Wort »Rasse« dabei konsequent in Anführungszeichen, um sich von »biologistischen Argumenten«[934] abzugrenzen.

Einen diskursiven Bruch in der Kommentarliteratur stellt dann die umfängliche Neukommentierung von Artikel 3 Abs. 3 GG von Baer und Markard in der 7. Auflage des von Mangoldt/Klein/Starck 2018 dar.[935] Die Autorinnen vertreten darin konsequent einen rassismuskritischen, sozialkonstruktivistischen Ansatz. Dazu brechen sie mit der Tradition des wechselseitigen Zitierens juristischer Kommentarliteratur zur inhaltlichen Bestimmung der Kategorie Rasse und ziehen stattdessen Quellen der postkolonialen Grundlagenforschung, Grundlagenwerke der Rassismustheorie

930 Liebscher u. a., »Wege aus der Essentialismusfalle«, S. 208, 214.

931 Ebd., S. 208.

932 Mehrdad Payandeh, »Rechtlicher Schutz vor rassistischer Diskriminierung«, in: *JuS* 2015, S. 696.

933 Ebd.

934 Ebd.

935 Baer/Markard, in: von Mangoldt/Klein/Starck, 2018, Art. 3 Abs. 2, 3, Rn. 470 ff.

und Forschung zu Orientalismus und antimuslimischem Rassismus heran. Sie benennen zudem die vielfältigen biologistischen und kulturalistischen Ausformungen des Rassismus, den »aus dem historischen Antijudaismus entwickelten Antisemitismus«, völkischen Rassismus, den sie als spezifischen Vernichtungsrassismus qualifizieren, die »Diskriminierung von Sinti und Roma« und »die Feindschaft gegen (meist als nicht weiß wahrgenommene) ›Ausländer‹ oder Geflüchtete«.[936] Die Wurzeln des Rassismus verfolgen sie zurück in die Sklaverei und – auch das ein Novum in der Kommentarliteratur – in den deutschen Kolonialismus.[937] Die Autorinnen kritisieren auch die »Tendenz, rassistische Diskriminierung vor d[e]m Hintergrund des NS zu eng zu sehen«.[938] Nicht überzeugend ist, dass sie dafür das Beispiel der Benachteiligung Ostdeutscher heranziehen.[939] Dabei handelt es sich nicht um einen Fall rassistischer Diskriminierung, sondern um eine spezifische historische Konstellation und Diskriminierungsform.[940]

Als Gemeinsamkeit aller Rassetheorien beschreiben Baer und Markard die »gestufte Wertigkeit der vermeintlichen Rassen«,[941] mit denen »Verbote der Vermischung oder schematische Ungleichbehandlung gerechtfertigt«[942] werden. Unter Referenz auf die UNESCO-Erklärung von 1950 weisen sie – auch das ist ein Unterschied zu anderen Kommentierungen – die Rede von einer missbräuchlichen Verwendung des Konzeptes zurück.[943] Das Diskriminierungsverbot wegen der Rasse finde zum einen »auf Tatbestände Anwendung, die sich direkt auf eine vermeintliche (menschliche) Rasse beziehen«, verweisen Baer und Markard auf die Ausbürgerungsentscheidung des BVerfG zu den nationalsozialistischen Rassengesetzen.[944]Darüber hinaus umfasse das Diskriminierungs-

936 Ebd., Rn. 470, 473.

937 Ebd., Rn. 473.

938 Ebd., Rn. 477.

939 Ebd.: »wie im Fall der Benachteiligung als ›Ossi‹«.

940 Doris Liebscher, »›Wir sind ein Volk‹? Warum wir Rechtsschutz gegen die Diskriminierung als ›Ossi‹ brauchen«, in: *Ost/Journal*, 02.11.2019, ⟨www.ost-journal.de/wir-sind-ein-volk-warum-wir-rechtsschutz-gegen-die-diskriminierung-als-ossi-brauchen⟩, letzter Zugriff 01.11.2020.

941 Baer/Markard, in: von Mangoldt/Klein/Starck, 2018, Art. 3 Abs. 2, 3, Rn. 477.

942 Ebd.

943 Ebd., Rn. 427.

944 Ebd., Rn. 470.

verbot auch »verdeckte oder mittelbare Diskriminierung, die an Merkmale, wie die Pigmentierung der Haut oder die Haarstruktur oder die Physiognomie, anknüpft, die zur rassistischen Kategorisierung von Menschen herangezogen werden«.[945] Ein Beispiel dafür nennen sie nicht. Wer Menschen anhand des Phänotyps rassisch kategorisiert und benachteiligt, diskriminiert jedoch nicht verdeckt oder mittelbar, sondern unmittelbar rassistisch. Das zeigen die Fallkonstellationen des Racial Profiling. Diskriminierungen mit mittelbar rassistischen Effekten liegen eher auf dem Gebiet von Benachteiligungen aufgrund von Staatsangehörigkeit und Aufenthaltsstatus. Baer und Markard nennen an anderer Stelle selbst eine Konstellation, in der das Zusammenspiel von Migration, Rassismus und ökonomischer Stratifizierung mittelbar rassistische Effekte hat: die Benachteiligung von Kindern »im stark stratifizierten deutschen Schulsystem hat Exklusionseffekte entlang ethnischer Zugehörigkeit, Religions- und Schichtzugehörigkeit«.[946] Aus der Formulierung »mittelbare Diskriminierung« könnte der Schluss gezogen werden, dass die Anforderungen für die Rechtfertigung einer Diskriminierung niedriger sind, wenn diese nicht ausdrücklich mit Rassetheorien begründet wird. Das schließen Baer und Markard jedoch aus. Aus dem engen Bezug des Verbotes rassistischer Diskriminierung zur Menschenwürde ergebe sich ganz grundsätzlich, dass eine Rechtfertigung nur bei »herausragenden wichtigen legitimen Zielen«[947] denkbar sei. »Allgemeine politische Präferenzen, fiskalische oder migrationspolitische Überlegungen« reichten dafür nicht, legitim sei nur, »was nicht selbst Ressentiments aktiviert«.[948] Positive Maßnahmen »zum Ausgleich faktischer Nachteile, die – oft mit langen historischen Wurzeln – auf rassistischen Ausschlüssen beruhen«, fallen nach dem von Baer und Markard vertretenen materiell-asymmetrischen Gleichheitsverständnis nicht unter Art. 3 Abs. 3 S. 1 GG.[949]

Eine weitere rassismuskritische Neukommentierung von Art. 3 GG erfolgte 2020 im Bonner Kommentar. Thorsten Kingreen interpretiert den Gleichheitsartikel rechtsvergleichend, er gibt dazu

945 Ebd.

946 Baer/Markard, in: von Mangoldt/Klein/Starck, 2018, Art. 3 Abs. 2, 3, Rn. 479.

947 Ebd., Rn. 475.

948 Ebd.

949 Ebd., Rn. 419, 423, 476.

einen umfassenden Überblick über US-amerikanische verfassungsrechtliche Diskriminierungsverbote, auch zu *race*. Mit Blick auf »Rasse« in Art. 3 Abs. 3 S. 1 GG schlussfolgert er, dass es sich »nicht um eine anthropologische oder humangenetisch begründbare Kategorie, sondern um ein soziales Konstrukt handelt«, und distanziert sich von Definitionsversuchen im rechtswissenschaftlichen Schrifttum wie »tatsächliche oder behauptete biologisch vererbbare Merkmale«.[950] Rasse könne vielmehr nur aus der »Täterperspektive« interpretiert werden, die Kategorie wende sich »gegen Rassismus, der Menschen allein aufgrund bestimmter äußerlicher Merkmale oder Gruppenzugehörigkeiten diskriminiert«.[951] Kingreen stellt damit weder auf ein vorsätzliches Handeln von Täter:innen ab noch auf Eigenschaften oder Identitäten der Betroffenen im Sinne des *immutability*-Kriteriums. Im Ergebnis weist seine Interpretation des Diskriminierungsverbotes auf den Prozess der rassistischen Zuschreibung hin.

Die Dritte Kammer des 1. Senats des BVerfG hat in einem Nichtannahmebeschluss vom 2. November 2020 ebenfalls klargestellt, dass »Rasse« in Art. 3 Abs. 3 S. 1 GG – die Richter:innen setzen den Begriff in Anführungszeichen – nicht auf biologische Eigenschaften, sondern auf rassistische Diskriminierung verweist.[952] Zugrunde lag der Entscheidung ein Fall von Anti-Schwarzem Rassismus. Ein Betriebsrat hatte anlässlich einer Auseinandersetzung in einer Betriebsratssitzung einen Schwarzen Kollegen mit affenartigen »Ugah, Ugah«-Lauten bezeichnet. Dieser hatte ihn daraufhin »Stricher« genannt. Die AGG-Beschwerdestelle des Unternehmens kam zu dem Ergebnis, dass die Affenlaute eine Diskriminierung aufgrund der ethnischen Herkunft nach § 1 AGG darstellten, und empfahl der Beklagten den Ausschluss des Klägers aus dem Betriebsrat und aus dem Unternehmen. Auf die Aufforderung, zum Vorwurf der rassistischen Diskriminierung Stellung zu nehmen, äußerte der Kläger allerlei Ausflüchte, unter anderem gehöre es im Betriebsrat zum Umgangston, dass flapsige Sprüche fallen, er habe keinen Anlass, um Entschuldigung zu bitten oder Reue zu zeigen, da er kein Rassist sei und sich auch nicht rassistisch geäußert habe.[953]

950 Kingreen, in: *BK*, 2020, Art. 3 Rn. 517.

951 Ebd.

952 BVerfG, Beschl. v. 02. 11. 2020-1 BvR 2727/19.

953 LAG Köln, Urt. v. 06. 11. 2019-4 Sa 18/19, Rn. 10, 29.

Unter anderem wegen dieses Vorfalls wurde er außerordentlich gekündigt.

Dagegen wandte er sich mit einer Kündigungsschutzklage, die das Arbeitsgericht Köln und auf seine Berufung hin das Landesarbeitsgericht Köln zurückwiesen.[954] Das Arbeitsgericht führte aus, dass die Äußerung »regelmäßig als grobe, wegen der ethnischen Herkunft diskriminierende Beleidigung aufzufassen« sei.[955] Die 4. Kammer des Landesarbeitsgerichts fand noch deutlichere Worte: »[D]ie Äußerung ›Ugah Ugah‹ gegenüber einem Menschen dunkler Hautfarbe« kommuniziere auf der Sachebene die Botschaft: »Ich sehe in dir einen Primaten, der sich nahezu kommunikationsunfähig auf dem geistigen Niveau eines zweijährigen Kindes bewegt.« Auf der Selbstoffenbarungsebene signalisiere sie: »Die Hautfarbe eines Mitmenschen ist für mich ein grundsätzlicher und bestimmender Faktor menschlicher Fähigkeiten und Eigenschaften, ich lasse mich also von rassistischen Gedanken leiten.« Auf der Beziehungsebene werde kommuniziert: »Ich verachte dich. Die *mir* gleichen Menschen sind hochwertig, die *dir* gleichen Menschen sind geringwertig.«[956] All dies zeige,

> dass es hier nicht um eine schlicht derbe Beleidigung eines Kollegen geht wie »Arschloch« […]. Durch die Verbindung zu einem nach § 1 AGG verpönten Merkmal wird die schlichte Beleidigung – die lediglich ein Zeichen mangelnder Beherrschung und fehlender Erziehung wäre – zur Selbstoffenbarung eines Diskriminierenden und in diesem speziellen Fall: eines Rassisten. Dabei kann sich der Kläger nicht auf schlichtes Bestreiten zurückziehen und darauf, die Affenlaute seien nicht rassistisch gemeint gewesen […]. Wie es die Wertung in § 22 AGG zum Ausdruck bringt, ist es nämlich die schlichte Kombination aus dem verpönten Merkmal des Opfers (dunkle Hautfarbe) mit der diskriminierenden Facette der Beleidigung (dunkelfarbenes Dschungeltier), die dem Beleidigenden nach § 138 Abs. 1 und 2 ZPO die Aufgabe zuweist, deutlich zu machen, warum dieses rassistische Begriffspaar in diesem speziellen Falle ausnahmsweise *nicht* rassistisch gemeint gewesen sein soll.[957]

954 ArbG Köln, Urt. v. 09.11.2018-18 Ca 7824/17; LAG Köln, Urt. v. 06.11.2019-4 Sa 18/19.

955 Zitiert nach BVerfG, Beschl. v. 02.11.2020-1 BvR 2727/19, Rn. 18.

956 LAG Köln, Urt. v. 06.11.2019-4 Sa 18/19, Rn. 69 ff., Kursivierung im Orig.

957 Ebd., Rn. 74.

Dessen Stellungnahmen zeigten hingegen, »dass er trotz ausdrücklichen Hinweises auf die rassistische Tendenz – jedenfalls auf das rassistische *Verständnis* – seines Verhaltens an dieser Tendenz festhält«. Zur Widerlegung der Annahme einer rassistischen Grundtendenz sei »zumindest eine Bitte um Entschuldigung zu erwarten gewesen«. Mit seinem wahrheitswidrigen Bestreiten stehe auch der Grad seines Verschuldens fest: »Er handelte vorsätzlich.«[958]

Interessant ist, dass die Kammer auf die »dunkle Hautfarbe« als verpöntes Merkmal im Sinne von §1AGG abstellt, §1 AGG enthält jedoch keinen Hinweis auf Hautfarbe, sondern spricht von »Rasse und ethnischer Herkunft«, beide Begriffe macht sich das Gericht im gesamten Urteil nicht zu eigen. Die Richter:innen stellen damit, ganz im Sinne des Vorschlags von Anja Michaelsen, auf jene »Wahrnehmung realer Unterschiede zwischen Menschen [ab], die sich erst durch diese Geschichte als rassische Unterschiede darstellen«. Der Phänotyp, also u. a. die Hautfarbe, ist hier die »unmittelbare sinnliche Evidenz«, an der die Konstruktion rassialisierter Differenz und die rassistische Stigmatisierung anknüpfen und vermittels derer die rassistische Zuschreibung benennbar wird.[959]

Der gekündigte Beschäftigte erhob schließlich Verfassungsbeschwerde, er rügte unter anderem, dass die Gerichte sein Recht auf Meinungsfreiheit aus Art. 5 Abs. 1 GG verletzten, indem sie die Kündigung für rechtmäßig erachteten. Die Arbeitsgerichte dürften ihm keine rassistische Grundeinstellung vorwerfen und ihn nicht als Rassisten betiteln, insbesondere habe es keine strafrechtlichen Verurteilungen wegen der Äußerung gegeben.[960] Die Dritte Kammer des Ersten Senats des Bundesverfassungsgerichts entschied dagegen:

> Der Schluss, dass es sich aufgrund der Verbindung zu einem nach §1 AGG verpönten Merkmal nicht nur um eine derbe Beleidigung handele, sondern die Äußerung fundamental herabwürdigend sei, ist auch im Lichte von Art. 3 Abs. 3 Satz 1 GG, der sich gegen rassistische Diskriminierung wendet, nicht zu beanstanden.[961]

958 Ebd.

959 Michaelsen, »Sinnliche Evidenzen«, S. 125f. Anders Barskanmaz, *Recht und Rassismus*, S. 27f. und 78f., der zu Recht anmerkt, dass es »weiße oder schwarze Hautfarbe« nicht außerhalb rassistischer Bedeutungsproduktion gibt, dann aber kurzschließt: »Ebenso wie Rasse existiert daher auch Hautfarbe nicht« (S. 79).

960 BVerfG, Beschl. v. 02.11.2020-1 BvR 2727/19, Rn. 4.

961 Ebd., Rn. 11.

Eine menschenverachtende Diskriminierung lasse sich auch nicht unter Berufung auf Art. 5 Abs. 1 GG rechtfertigen. Das ergebe sich daraus, »dass die Menschenwürde entgegen Art. 1 Abs. 1 GG angetastet wird, wenn eine Person nicht als Mensch, sondern als Affe adressiert wird, und damit das in Art. 3 Abs. 3 Satz 1 GG ausdrücklich normierte Recht auf Anerkennung als Gleiche unabhängig von der ›Rasse‹ verletzt wird«.[962]

Die hier nachgezeichnete Entwicklung zu einem rassismuskritischen Verständnis der Diskriminierungskategorie Rasse steht erst am Anfang. Sie darf mit Blick auf die Literatur und auf die Rechtsprechung zu Art. 3 Abs. 3 S. 1 GG mit Spannung verfolgt werden.

### 5.8.8. Von der Ausnahme zur Normalität: Die Debatte um Racial Profiling

Lange herrschte in der Literatur die Auffassung vor, Diskriminierung wegen der Rasse durch staatliche Akteure sei ein Problem der nationalsozialistischen Vergangenheit oder neonazistischer Taten. »Rassenhass und -diskriminierung zeigen sich derzeit eher im Zusammenhang mit ausländerfeindlich motivierten Straftaten als Problem« schrieb Eckertz-Höfer noch 2010.[963] Starck notierte im selben Jahr: »Die heutigen Probleme der Rassendiskriminierung [...] spielen sich hauptsächlich im privaten Bereich ab.«[964] Diese Einschätzung änderte sich mit einem Urteil des OVG Koblenz aus dem Jahr 2016.[965] Damit stellte erstmals ein oberinstanzliches Gericht in einem schriftlichen Urteil einen Verstoß gegen Art. 3 Abs. 3 S. 1 GG durch verdachtsunabhängige Kontrollen der Bundespolizei fest.[966] Ein weiteres Urteil des OLG Münster folgte 2018.[967] In beiden Fällen hatten Schwarze Deutsche gegen die Kontrollen ihrer Personalien geklagt

962 Ebd., Rn. 18.

963 Eckertz-Höfer, in: *AK-GG*, 2001, Art. 3, Rn. 115.

964 Starck, in: von Mangoldt/Klein/Starck, 2010, Art. 3, Rn. 388; ebenso Rüfner, in: *BK*, 2019, Art. 3, Rn. 831: »Die Probleme der Rassendiskriminierung spielen sich in Deutschland derzeit eher im privaten Bereich ab.«

965 OVG Rheinland-Pfalz v. 21. 04. 2016-7 A 11108/14.

966 In mündl. Verhandlung so bereits OVG Rheinland-Pfalz – Beschl. v. 29. 10. 2012-7 A 10532/12.OVG, Verfahrenserledigung nach Entschuldigung durch die Beklagte.

967 OVG Nordrhein-Westfalen v. 07. 08. 2018-5 A 294/16.

und geltend gemacht, eine an ihre dunkle Hautfarbe anknüpfende Auswahlentscheidung sei mit dem Diskriminierungsverbot des Art. 3 Abs. 3 Satz 1 GG nicht vereinbar.[968] Der für solche Kontrollen verwendete Ausdruck Racial Profiling stammt aus den USA, dort sind Afroamerikaner:innen und Lateinamerikaner:innen überdurchschnittlich häufig von polizeilichen Personenkontrollen betroffen. Im europäischen Kontext sind neben Schwarzen Menschen auch Personen aus der Balkanregion (insbesondere Roma), junge Russlanddeutsche, türkeistämmige Heranwachsende sowie Personen aus arabischen Ländern und Muslim:innen oder Menschen, die für solche gehalten werden, von gehäuften ungerechtfertigten Polizeikontrollen betroffen.[969] Auch der UN-Ausschuss gegen rassistische Diskriminierung CERD verwendet den Begriff.[970] Neben oder alternativ zu Racial Profiling werden dafür die Begriffe Ethnic Profiling, rassistisches Profiling oder rassistische Polizeikontrollen verwendet. Betroffene beschreiben die damit zusammenhängende Erfahrung als rassistische Diskriminierung.[971] Die in Deutschland zu diesen Kontrollen vertretenen Positionen[972] reichen von der Behauptung »Racial Profiling findet nicht statt«[973] über die Auffassung, es handle sich um Einzelfälle,[974] bis hin zu der Feststellung, es handle sich um ein institutionelles Problem bei der Polizei, das als institutioneller und/oder struktureller Rassismus bezeichnet wird.[975]

Deutsche Gerichte verwenden den Begriff Racial Profiling ausdrücklich bislang nur in asylrechtlichen Entscheidungen für

968 OVG Rheinland-Pfalz v. 21.04.2016-7 A 11108/14 –, Rn. 2.

969 Amnesty International, *Racial/Ethnic Profiling. Positionspapier zu menschenrechtswidrigen Kontrollen*, Berlin, 2014, S. 7f.; ausführlich zum Phänomen in Deutschland Martin Herrnkind, »›Filzen Sie die üblichen Verdächtigen!‹ oder: Racial Profiling in Deutschland«, in: *Polizei & Wissenschaft* 3/2014, S. 35-58.

970 Zuletzt CERD/C/GC/36, Allgemeine Empfehlung Nr. 36 – »General Recommendation on Preventing and Combating Racial Profiling by Law Enforcement Officials« v. 17.12.20.

971 Eindrücklich Wa Baile u.a. (Hg.), *Racial Profiling. Struktureller Rassismus und antirassistischer Widerstand*, Bielefeld 2019.

972 Für einen aktuellen Überblick über die Debatte siehe die Beiträge in *DPolBl* 3/2019 Schwerpunkt »Schleierfahndung und Racial Profiling«.

973 Bundesregierung, BT-Drs. 17/6778 v. 09.08.2011, S. 1f.

974 BT-Drs. 19/9637 v. 24.04.2019, S. 7.

975 Kollaborative Forschungsgruppe Racial Profiling, *Racial Profiling*, Berlin, Bern 2019, S. 163.

polizeiliche Maßnahmen anderer Staaten.[976] Unter Berufung auf Amnesty International heißt es darin, es gehöre »zu dem von den russischen Sicherheitskräften praktizierten ›racial profiling‹, unverhältnismäßig oft die Personalpapiere tschetschenischer Volkszugehöriger[...] zu überprüfen«.[977] In der deutschen Kommentar- und Zeitschriftenliteratur hat sich dagegen auch für verdachtsunabhängige Kontrollen der deutschen Polizei der Begriff Racial Profiling durchgesetzt.[978] Die Onlinedatenbanken *Juris* und *Beck-Online* verwenden den Begriff ebenfalls in ihren redaktionellen Orientierungssätzen.[979] In allen diskutierten Fällen werden damit polizeiliche Fahndungsmuster bezeichnet, die ohne konkrete Indizien eine Behandlung mit nachteiligen Effekten an rassistische Zuschreibungen anknüpfen. Die Beamt:innen wählen die Betroffenen meist aufgrund rassialisierter phänotypischer oder sozialer Merkmale wie dunkler Haut- oder Haarfarbe, aber auch aufgrund der Sprache oder religiös konnotierter Kleidung als kontrollwürdig aus. Aus diesen Merkmalen schließen sie entweder, dass die Reisenden keine EU-Bürger:innen seien, und führen eine verdachtsunabhängige Identitätskontrolle zur Verhinderung oder Unterbindung unerlaubter Einreise in das Bundesgebiet nach §§ 22 Abs. 1a, 23 Abs. 1 Nr. 3 BPolG durch. Oder sie assoziieren mit diesen Merkmalen einen erhöhten Kriminalitätsbezug und führen eine Kontrolle zur Abwehr von Straftaten nach § 23 Nr. 1, 4 BPolG durch. Seit einigen Jahren schon beschäftigen solche Identitätskontrollen die deutsche Verwaltungsgerichtsbarkeit,[980] aber auch die Gerichte anderer EU-

976 Hess. VGH v. 10.04.2008-3 UE 455/06.A; Bay. VGH v. 24.10.2007-11 B 03.30710.

977 Ebd., Rn. 45; ebenso Hess. VGH v. 10.04.2008-3 UE 455/06.A–, Rn. 63.

978 Für viele Langenfeld, in: Maunz/Dürig, 2019, Art. 3 Abs. 3, Rn. 46; Paul Petterson, »Racial Profiling – Eine Systematisierung anhand des Verfassungsrechts«, in: *ZAR* 9-10/2019, S. 301-307.

979 Für viele OVG Nordrhein-Westfalen v. 07.08.2018-5 A 294/16 –, juris.

980 VG Koblenz v. 28.02.2012-5 K 1026/11.KP –, keine Prüfung von Art. 3 Abs. 3 S. 1 GG, kein Verstoß gegen Art. 2 Abs. 1 GG in Verbindung mit Art. 1 Abs. 1 GG; OVG Rheinland-Pfalz v. 27.03.2014-7 A 10993/13 kein Verstoß gegen Art. 3 Abs. 3 S. 1 GG, da die Kontrolle nicht allein an die Hautfarbe angeknüpft habe; VG Dresden v. 14.07.2015-6 K 961/13, kein Feststellungsinteresse mangels einer tiefgreifenden spezifischen Grundrechtsverletzung erkennend; VG Köln v. 10.12.2015-20 K 7847/13 ein »auffälliges Verhalten« des Klägers durch Aufsetzen einer Kapuze annehmend, aufgehoben durch OVG Nordrhein-Westfalen v.

Staaten,[981] internationale Menschenrechtsausschüsse[982] und den EGMR.[983] Die Verfahren sind Bestandteil einer rechtspolitischen Debatte, die sich auch in zahlreichen rechtswissenschaftlichen Aufsätzen und Klausurfällen niedergeschlagen hat.

Diese Fälle verschieben den Diskurs um das verfassungsrechtliche Diskriminierungsverbot »wegen seiner Rasse« in mehrfacher Hinsicht. Rassistische Diskriminierung durch staatliche Akteure steht nicht mehr als Phänomen der Vergangenheit, sondern als eines der Gegenwart zur rechtlichen Diskussion. Zur Beurteilung stehen auch keine Fälle von rassistischer Hasskriminalität, sondern von Alltagsdiskriminierung. Ausgangspunkt der Diskriminierung sind schließlich keine Gesetze, die auf Segregation und Diskriminierung nach rassischen Kriterien zielen. Rechtlicher Zweck der Kontrollen ist es vielmehr, Gefahren für die öffentliche Sicherheit oder Ordnung abzuwehren. Die Kontrollen gehen in der Regel auch nicht mit manifesten Vorstellungen von natürlicher Über- und Unterlegenheit seitens der sie durchführenden Beamten einher. Die diskriminierenden Effekte der Kontrollen werden auch unabhängig von einem rassistischen Vorsatz bewirkt. Mutmaßlich aktivieren die Beamt:innen für ihre Kontrollentscheidung meist unbewusste rassistische Wissensarchive. Die kontrollierenden Beamt:innen handeln in diesem Fall nicht vorsätzlich, sondern fahrlässig rassistisch, weil sie die im Verkehr objektiv erforderliche Sorgfalt außer Acht lassen: Gewissenhafte Beamt:innen der Bundespolizei lassen sich nicht von rassistischen Zuschreibungen leiten. Diese diskursiven Verschiebungen von der Vergangenheit zur Gegenwart, von Hass und Gewalt zu Alltagsdiskriminierung und von gezielter Diskriminierung zu diskriminierender Wirkung beeinflussen die Diskussion um Rassismus im Recht. Rassistische Diskriminierung

07.08.2018-5 A 294/1. In weiteren Verfahren stellten Gerichte die Rechtswidrigkeit der Kontrollen ohne Auseinandersetzung mit Art. 3 Abs. 3 S. 1 GG fest, VG Koblenz v. 23.10.2014-1 K 294/14 (kein grenzüberschreitender Zugverkehr); VG Köln v. 13.06.2013-20 K 4683/12 (keine Voraussetzungen für eine Sichtprüfung) und VG Stuttgart v. 22. Oktober 2015-1 K 5060/13 –, bestätigt durch VGH Mannheim v. 13.02.2018-1 S 1469/17 – (Verstoß gegen Schengener Grenzkodex).

981 France, Court of Cassation (Cour de Cassation), Décision 1245, 09.11.2016; für die Schweiz siehe die umfangreiche Darstellung in Wa Baile u.a. (Hg.), *Racial Profiling. Struktureller Rassismus und antirassistischer Widerstand.*

982 UNHRC, Rosalind Williams Lecraft v. Spain, Comm. No. 1493/2006.

983 ECtHR, Zeshan Muhammad v. Spain, No. 34085/17, eingelegt am 06.05.2017.

erscheint nach alledem nicht mehr als Ausnahme, sondern muss als Bestandteil der gesellschaftlichen Normalität besprochen und beurteilt werden. Daher interessiert, wie Rechtsprechung und Literatur diese Verschiebung aufnehmen und sie ihrerseits prägen und welches Wissen über Rasse und rassistische Diskriminierung sie zur Subsumtion der konkreten Tatbestände unter Art. 3 Abs. 3 S. 1 GG heranziehen.[984]

Dem Urteil des OVG Koblenz aus dem Jahr 2016 lag die Kontrolle eines afrodeutschen Paares, das mit seinen Kindern in der Regionalbahn von Mainz nach Koblenz fuhr, zugrunde.[985] Die Familienmitglieder unterhielten sich in englischer Sprache. Sie wurden von der Bundespolizei anlasslos und als Einzige in dem vollbesetzten Zug nach Ausweispapieren gefragt, § 22 Abs. 1a BPolG (Befragung und Ausweisaushändigung). Als sie in fließendem Deutsch antworteten und sich mit deutschen Personalausweisen auswiesen, brachen die Beamt:innen die Kontrolle nicht ab, sondern führten einen Personalienabgleich nach § 34 Abs. 1 BPolG durch. Zweck der Kontrolle war nach Auskunft der Beamt:innen festzustellen, ob eine unerlaubte Einreise vorlag.[986] Die Kläger stützten ihre Klagen auf eine diskriminierende Auswahlentscheidung aufgrund ihrer dunklen Hautfarbe.[987] Hätten sie »eine helle Hautfarbe gehabt«, wäre der Eingriff mit an Sicherheit grenzender Wahrscheinlichkeit unterblieben.[988] Den Begriff Rasse in Art. 3 Abs. 3 S. 1 GG verwenden die Kläger:innen in ihren Schriftsätzen nur in Anführungszeichen bzw. sie schreiben synonym von »rassis-

984 Zu hiervon unabhängigen Fragen der Verfassungswidrigkeit der Ermächtigungsgrundlage und zur Beweislastverteilung vgl. Hendrik Cremer, »Das Verbot rassistischer Diskriminierung nach Art. 3 Abs. 3 GG«, in: *AnwBl*, Sonderheft 2013, S. 896-899; Doris Liebscher, »›Racial Profiling‹ im Lichte des verfassungsrechtlichen Diskriminierungsverbots«, in: *NJW* 2016, S. 2779-2781; Christian Waldhoff, »Polizei- und Ordnungsrecht: Identitätsfeststellung OVG Münster, Urt. v. 7. 8. 2018-5 A 294/16«, in: *JuS* (2019), S. 95-96; zu unionsrechtlichen Anforderungen an anlasslose Personenkontrollen Fabian Michl, »Schleierhafte Schleierfahndung – Zu den unionsrechtlichen Anforderungen an anlasslose Personenkontrollen«, in: *DÖV* 2018, S. 50-59.

985 OVG Rheinland-Pfalz v. 21. 04. 2016-7 A 11108/14.

986 Ebd., Rn. 7.

987 VG Koblenz v. 23. 10. 2014-1 K 294/14.KO – S. 3 »dunkelhäutig«; OVG Rheinland-Pfalz v. 21. 04. 2016-7 A 11108/14–, Rn. 19 (»dunkle Hautfarbe«).

988 OVG Rheinland-Pfalz v. 21. 04. 2016-7 A 11108/14– Rn. 19.

tischer Diskriminierung«.[989] Darüber hinaus machen sie geltend, bereits der Ermächtigungsgrundlage, § 22 Abs. 1a BPolG, sei »ein Verstoß gegen das Verbot rassistischer Diskriminierung im Sinne des Art. 3 Abs. 3 GG immanent«, da sich eine am Normzweck ausgerichtete Anwendung »allein an phänotypischen Erscheinungen« orientieren könne.[990] Die Beklagte brachte dagegen vor, sie habe ihre Auswahlentscheidung auf andere Kriterien wie Gepäck, Sprache und Kleidung gestützt. Es handele sich daher nicht um eine »rassistische Adressatenauswahl«.[991] Die erste Instanz hatte der Klage stattgegeben, weil der genutzte nur innerdeutsch verkehrende Regionalzug bereits nicht zur unerlaubten Einreise genutzt werden könne, so dass bereits diese Tatbestandsvoraussetzungen des § 22 Abs. 1a BPolG nicht vorlagen.[992] Auf die Berufung der Beklagten hin äußerte sich das OVG Koblenz auch zu Art. 3 Abs. 3 S. 1 GG.

Die Frage, ob § 22 Abs. 1a BPolG einen »strukturell angelegten Verstoß« gegen Art. 3 Abs. 3 Satz 1 GG enthält, der eine Verfassungswidrigkeit der Norm begründen könnte, verneint der Senat. Unter Berücksichtigung insbesondere der geringen Eingriffsintensität der Maßnahmen wahre § 22 Abs. 1a BPolG die verfassungsrechtlichen Vorgaben an die Normenklarheit und Normenbestimmtheit und sei verhältnismäßig.[993] Die konkrete Anwendung des § 22 Abs. 1a BPolG beurteilt er dagegen als ermessensfehlerhaft. Unter Rückgriff auf Heuns Begründungsverbot führt er aus, es komme darauf an, ob bei der Normanwendung »eine (plausible) Begründung der Ungleichbehandlung ohne Rückgriff auf ein Merkmal nach Art. 3 Abs. 3 Satz 1 GG erfolgt«.[994] Eine rechtfertigungsbedürftige Diskriminierung nach Art. 3 Abs. 3 Satz 1 GG liege damit bereits dann vor, fährt der Senat unter Hinweis auf die Rechtsprechung des Bundesverfassungsgerichts zu sexistischer Diskriminierung fort, »wenn eine Ungleichbehandlung an ein dort genanntes Merkmal in diesem Sinne kausal anknüpft; ob daneben auch andere Gründe

989 Ich danke dem Büro zur Umsetzung für Gleichbehandlung (BUG), welches das Verfahren als Beistand begleitet hat, für diese Information.

990 Ebd., Rn. 17.

991 Ebd., Rn. 12.

992 VG Koblenz v. 23. 10. 2014-1 K 294/14.KO –, S. 4.

993 OVG Rheinland-Pfalz v. 21. 04. 2016-7 A 11108/14 – Rn. 63 ff.

994 Ebd., Rn. 105.

in einem Motivbündel maßgeblich waren, ist dann unerheblich«.[995] Er kommt zu dem Schluss:

> Nach diesen Maßstäben liegt ein Eingriff in Art. 3 Abs. 3 Satz 1 GG vor, da der Senat nach Durchführung der Beweisaufnahme nicht die hinreichende Überzeugung gewinnen konnte, dass die Hautfarbe der Kläger, die von dem Merkmal der Rasse in Art. 3 Abs. 3 Satz 1 GG erfasst wird (vgl. nur Jarass, in: Jarass/Pieroth, GG, 13. Aufl. 2014, Art. 3 Rn. 122), für ihre Kontrolle nicht doch mitentscheidend gewesen ist. Dies geht in der vorliegenden zur Entscheidung stehenden Konstellation zulasten der Beklagten.[996]

Die angegebene Stelle bei Jarass lautet:

> Das Merkmal der Rasse (wohl ein Unterfall der Abstammung) bezieht sich auf Gruppen mit bestimmten wirklich oder vermeintlich biologisch vererbbaren Merkmalen. Erfasst werden Farbige, Mischlinge, Juden, Sinti und Roma, wobei es meist um vermeintliche Rassemerkmale geht.[997]

Der Eingriff in Art. 3 Abs. 3 Satz 1 GG ist nach Ansicht des Senats auch nicht gerechtfertigt. Da Art. 3 Abs. 3 GG keinen Gesetzesvorbehalt aufweist, prüft der Senat, ob eine Rechtfertigung durch kollidierendes Verfassungsrecht möglich ist. In Anlehnung an den Normzweck des § 22 Abs. 1a BPolG nennt der Senat die Verhinderung und Unterbindung unerlaubter Einreise und die Verfolgung migrationsrechtlicher Strafvorschriften, die an die unerlaubte Einreise (§ 95 AufentHG) oder sogenanntes Einschleusen von Ausländern (§ 96 AufenthG) anknüpfen.[998] Angesichts einer Erfolgsquote der Kontrollen zur Verhinderung unerlaubter Einreise, die lediglich im Promillebereich liegt, kommt der Senat zu dem Ergebnis, dass die »diskriminierende Vorauswahl« unverhältnismäßig und »die Ungleichbehandlung aufgrund der Rasse« nicht zu rechtfertigen ist.[999]

995 Ebd., Rn. 106, unter Verweis auf BVerfG v. 16. 11. 1993-1 BvR 258/86 – Rn. 49 = BVerfGE 89, 276 (geschlechtsbezogene Diskriminierung). In diese Richtung weist auch EGMR, Entsch. v. 13. 12. 2005-55762/00 und 55974/00, Nr. 58: »to a decisive extent«.

996 OVG Rheinland-Pfalz v. 21. 04. 2016-7 A 11108/14 – Rn. 108.

997 Jarass, in: Jarass/Pieroth, 2014, Art. 3, Rn. 122.

998 OVG Rheinland-Pfalz v. 21. 04. 2016-7 A 11108/14 – Rn. 132, unter Verweis auf Bay.VGH, Entscheidung v. 28. 03. 2003 – Vf. 7-VII-00 –, Rn. 118: »Stabilisierung der verwaltungsrechtlichen Ordnungssysteme des Ausländergesetzes und des Asylverfahrensgesetzes«.

999 OVG Rheinland-Pfalz v. 21. 04. 2016-7 A 11108/14 – Rn. 133.

Im Ergebnis vertritt der Senat ein relatives Anknüpfungsverbot. In einem ersten Schritt prüft er, ob »die Kontrolle der Kläger nicht aufgrund einer Anknüpfung an ihre Hautfarbe und damit unter Verstoß gegen Art. 3 Abs. 3 Satz 1 GG erfolgt ist«,[1000] und in einem zweiten Schritt, ob die Anknüpfung an Hautfarbe als »unzulässiges Differenzierungsmerkmal« gerechtfertigt ist.[1001] Das ist eine symmetrische Konzeption von Diskriminierung. Entscheidend ist allein die Frage, ob irgendeine Hautfarbe eine Kontrolle mitmotivierte. Die von den Klägern intendierte Feststellung, dass es sich um eine rassistische Diskriminierung handelte, trifft der Senat damit nicht. Deutlich wird das an seinen Ausführungen zu Sprache:

> Die Aufnahme der Sprache in Art. 3 Abs. 3 Satz 1 GG zielt allerdings darauf, jegliche sprachliche Minderheit gegen Diskriminierung zu schützen und hierdurch den Gebrauch der Muttersprache sowie die Nutzung eigener kultureller Einrichtungen zu gewährleisten [...]. In dieser geschützten Funktion wird die Sprache jedoch nicht betroffen, wenn sie lediglich unter Berücksichtigung ihres indiziellen Aussagegehalts – die Sprache ist eben auch Ausdruck einer nationalen Identität – als ein die Annahme einer ausländischen Staatsangehörigkeit stützendes bzw. förderndes Element herangezogen wird.[1002]

Der Senat gibt hier den verfassungsrechtlichen Gehalt der Diskriminierungskategorie Sprache in Art. 3 Abs. 3 Satz 1 GG wieder, er verkennt jedoch, dass Sprache vorliegend, ebenso wie Hautfarbe, ein Kriterium für eine rassistische Zuschreibung ist. Da der Senat Rasse vorliegend jedoch nicht als rassistische Zuschreibung definiert, sondern mit einem Teil der Kommentarliteratur als einen Unterfall der Abstammung und eine Frage wirklich oder vermeintlich biologisch vererbbarer Merkmale, diskutiert er die Rolle, die Sprache als Indiz für eine rassistische Zuschreibung hat, vorliegend nicht. Die Kläger:innen wurden jedoch nicht nur Opfer einer Diskriminierung, weil sie aufgrund eines unveränderlichen Persönlichkeitsmerkmals, der Hautfarbe, kontrolliert wurden. Sie wurden vielmehr aufgrund einer stereotypen rassialisierten Vorstellung von Deutschsein, nach der deutsche Staatsangehörige einen hellen Phänotyp haben und ausschließlich oder in der Regel Deutsch sprechen, als nicht zur Gruppe der deutschen Staatsangehörigen

1000 Ebd., Rn. 129.
1001 Ebd., Rn. 110.
1002 Ebd., Rn. 119.

zugehörig angesehen und behandelt. Diese Vorstellung beruht, wie in Kapitel 3 gezeigt wurde, auf einem gesellschaftlich geteilten, tradierten Wissen, das bis in den Kolonialismus zurückreicht. Im deutschen Kontext war dieses Wissen bis zur Reform des Staatsangehörigkeitsrechts im Jahr 2001 rechtlich durch das Prinzip des *ius sanguinis* abgesichert.

Der Senat sieht diese Verbindung durchaus. Er spricht sie an anderer Stelle an, im Zusammenhang mit der Frage, ob § 22 Abs. 1a BPolG gegen Art. 3 Abs. 3 Satz 1 GG verstößt, weil die Norm ein Anknüpfen an den Phänotyp impliziert. Angesichts des Normzwecks sei es zunächst naheliegend, dass Ausschau nach nichtdeutschen Staatsangehörigen gehalten werde, da die unerlaubte Einreise nach den §§ 13, 14 AufenthG nur durch Ausländer erfolgen könne. Unter Bezugnahme auf die Rechtsprechung des BVerfG zur mittelbaren Diskriminierung aufgrund des Geschlechts führt der Senat fort:

> Die (zulässige) Unterscheidung anhand der Staatsangehörigkeit ist indes zu trennen von der Frage, aufgrund welcher im Vorfeld der Maßnahmen nach § 22 Abs. 1a BPolG erkennbarer Kriterien eine etwaig fremde Staatsangehörigkeit und damit eine gesteigerte Nähe zum Normzweck angenommen wird. Auch bei Anwendung dieses an sich neutralen oder zulässigen Differenzierungskriteriums handelte es sich nämlich um eine grundsätzlich unzulässige Diskriminierung nach Art. 3 Abs. 3 Satz 1 GG, wenn sich die (neutrale oder zulässige) Differenzierung weitgehend oder zwingend aus einem der dort genannten Merkmale ergibt (vgl. BVerfG, Beschluss vom 18. Juni 2008-2 BvL 6/07 –, BVerfGE 121, 241 [254 f.] = juris, Rn. 49; Kischel, in: Epping/Hillgruber, BeckOK GG, Stand: 03/2016, Art. 3 Rn. 217).[1003]

Eine »derartig enge Verknüpfung zwischen den Merkmalen in Art. 3 Abs. 3 Satz 1 GG und der Differenzierung nach der Staatsangehörigkeit«[1004] kann der Senat nicht sehen. Er verweist auf Kriterien wie »Kleidung oder Gepäck mit hinweisgebenden Anhängern oder Aufdrucken, die auf eine Einreise und/oder eine fremde Nationalität hindeuten können [...], das offen getragene oder sonst erkennbare Ausweispapier eines anderen Staates«, die eine im Einklang mit Art. 3 III 1 GG stehende Anwendung des § 22 Abs. 1a BPolG eröffnen könnten.[1005] Valide Daten für eine solche Einschät-

1003 Rn. 59 f.
1004 Ebd., Rn. 60.
1005 Ebd.

zung bleibt der Senat schuldig. Die zunehmende Zahl von Klagen und Berichte Betroffener lässt auch einen anderen Schluss zu. Ein Rückgriff auf solche Studien kann erhellen, inwiefern die neutral formulierte Regelung im Sinne der Rechtsprechung des Bundesverfassungsgerichts »weitgehend«[1006] oder »überwiegend«[1007] Reisende mit als fremd zugeschriebenem, also dunklem Phänotyp trifft.[1008] Die kulturwissenschaftliche Rassismusforschung kann zeigen, wie erkennbare Kriterien – Hautfarbe, aber auch Sprache oder religiöse Symbole – erst in Verbindung mit tradiertem und gesellschaftlich geteiltem Wissen über »Deutschsein« zur Annahme einer etwaig fremden Staatsangehörigkeit führen. Die Verbindung von erkennbaren Eigenschaften mit sozialer Bedeutung hat die Rassismusforschung als Rassialisierung beschrieben.[1009] In der Rechtswissenschaft haben sich dafür die Begriffe rassistische Zuschreibung[1010] oder ethnische Zuschreibung[1011] etabliert.

Aus Sicht der Betroffenen handelt es sich um eine rassistische Zuschreibung durch Verweigerung von Zugehörigkeit (*othering*). Diese Zuschreibung hat mehrfache diskriminierende Effekte. Die Betroffenen müssen zum einen die Maßnahmen des Anhaltens, Befragens und Ausweisverlangens hinnehmen, außerdem werden ihre Daten eingesehen und abgeglichen. Der Senat beurteilt diesen Effekt im Vergleich mit anderen Datenerhebungs- und Datennutzungsbefugnissen als »Eingriff mit geringer Intensität«.[1012] Dies träfe aber nur zu, wenn unterschiedslos alle Passagiere einer solchen Maßnahme unterzogen würden. Ist dies nicht der Fall, be-

1006 BVerfG v. 18. Juni 2008-2 BvL 6/07–, Rn. 49 = BVerfGE 121, 241.

1007 Ebd.

1008 So auch schon Cremer, »Das Verbot rassistischer Diskriminierung«, S. 897.

1009 Ausführlich Kapitel 3.3.7.1.

1010 Für viele Ulrike Lembke, »Ein antidiskriminierungsrechtlicher Ansatz für Maßnahmen gegen Cyber Harassment«, in: *Kritische Justiz* (49) 3/2016, S. 385-406; Liebscher u. a., »Rassismus vor Gericht«, S. 138; Eva Kocher, »Antidiskriminierungsrecht: Die Auseinandersetzungen beginnen erst!«, in: *Kritische Justiz* (39) 4/2006, S. 356-360, hier: S. 359; Kati Lang, *Vorurteilskriminalität*, Baden-Baden 2014, S. 336; Joachim Kersten, »Flüchtlingskrise, Männergewalt und ›Stranger Danger‹. Anmerkungen zur Köln-Debatte«, in: *Neue Kriminalpolitik* (28) 4/2016, S. 367.

1011 Tischbirek, Wihl, »Verfassungswidrigkeit des ›Racial Profiling‹«, S. 222; Feldmann u. a., »›Rasse‹ und › ethnische Herkunft‹ als Merkmale des AGG«, S. 34.

1012 OVG Rheinland-Pfalz v. 21. 04. 2016-7 A 11108/14 – Rn. 68.

kommt dieselbe Handlung eine intensivere Grundrechtsrelevanz. Hier kommt Art. 3 Abs. 3 Satz 1 GG als asymmetrisches Diskriminierungsverbot zum Tragen. Es macht einen Unterschied, ob eine Person aufgrund ihrer dunklen Hautfarbe oder ob eine Person aufgrund ihrer hellen Hautfarbe kontrolliert wird. Nur auf Erstere haben solche Kontrollen eine zusätzliche stigmatisierende Wirkung, denn sie knüpfen auch bei Außenstehenden an rassistische Stereotype von »den Fremden« an, die sich weniger gesetzestreu verhalten würden.[1013] Das gibt der Senat selbst zu bedenken, er schreibt, »die Wirkung auf Außenstehende, denen die Gründe für die singuläre Kontrolle in dem Zug nicht bekannt sind, [ist] zu beachten und kann Anlass geben, die Motive für die durchgeführte Kontrolle zu hinterfragen«.[1014] Er geht diesem Hinweis im Weiteren jedoch nicht nach. Bei den Kontrollierten, für die solche rassistische Zuschreibungen in den allermeisten Fällen eine Alltagserfahrung darstellen,[1015] führen sie über die Stigmatisierung hinaus zu dem Gefühl, vom Staat nicht als gleichberechtigte:r Bürger:in anerkannt zu werden. Den Gleichheitseingriff verorten auch Alexander Tischbirek und Tim Wihl in dieser »Zurücksetzung gegenüber den Mitbürger_innen, welche per se gravierend ist, weil sie das demokratische Fundament der *société des égaux* angreift«.[1016] Die vielfachen rassistischen Effekte der Kontrollen sind nach alledem nicht geringfügig, sondern schwerwiegend.[1017] Etwas anderes gilt nur dann, wenn die Anknüpfung an rassialisierte Eigenschaften wie die Hautfarbe Teil der individuellen Beschreibung einer konkreten Verdachtsperson ist. Dann wird, darauf weisen Tischbirek und Wihl hin, »an einen konkreten Verdacht, nicht an Stereotype

1013 In diesem Sinne auch Tischbirek/Wihl, »Verfassungswidrigkeit des ›Racial Profiling‹«, S. 222.

1014 Ebd., Rn. 130.

1015 Eindrücklich die Beschreibung des Klägers in OVG Rheinland-Pfalz – Beschl. v. 29. 10. 2012-7 A 10532/12.OVG, ⟨www.anwaltskanzlei-adam.de/index.php?id=106,824,0,0,1,0⟩, letzter Zugriff 01. 11. 2020.

1016 Tischbirek, Wihl, »Verfassungswidrigkeit des ›Racial Profiling‹«, S. 223. Diesen Effekt bestätigt auch Bundesregierung, BT-Drs. 19/9637, S. 7.

1017 Das verkennen VG Koblenz v. 28. 02. 2012-5 K 1026/11.KP (geringfügige Grundrechtsbeeinträchtigung mit einer sehr niedrigen Belastung im Einzelfall); VG Dresden v. 14. 07. 2015-6 K 961/13 (keine tiefgreifende spezifische Grundrechtsverletzung).

angeknüpft, die eine Stigmatisierungsgefahr bergen«.[1018] Die stigmatisierenden und ausschließenden Effekte treten dann nicht ein, weil die kontrollierte Person die Tatperson ist. Oder es kommt zu einer teleologischen Reduktion von Art. 3 Abs. 3 S. 1 GG.

Eine ähnliche Fallkonstellation lag dem Urteil des OVG Münster zugrunde.[1019] Der Kläger hatte in der Halle des Hauptbahnhofs Bochum auf seine ehemalige Lebensgefährtin gewartet. Dabei war er von zwei Beamt:innen der Bundespolizei beobachtet worden und schließlich zum Vorzeigen eines Ausweisdokumentes aufgefordert worden, welches, obwohl er in deutscher Sprache geantwortet hatte, auch eingesehen wurde. Der Kläger machte geltend, die Kontrolle sei ausschließlich aufgrund seiner dunklen Hautfarbe erfolgt und verstoße gegen Art. 3 Abs. 3 Satz 1 GG.[1020] Die Maßnahme wurde von der Bundespolizei als Gefahrerforschungseingriff nach § 23 Abs. 1 Nr. 1 BPolG begründet.[1021] An dem Bahnhof seien vermehrt Straftaten von »nord- und schwarzafrikanischen Tätern« begangen worden.[1022] Das VG Köln hatte die Klage teilweise zurückgewiesen, da die Beamten ihre Kontrolle nach Überzeugung des Gerichts »nicht ausschließlich« auf die Hautfarbe des Klägers gestützt hätten.[1023]

Das OVG Münster hob das Urteil auf und gab dem Kläger vollumfänglich recht. Es stützte seine Urteilsbegründung im Wesentlichen auf die gleichen Erwägungen wie das OVG Koblenz, konkretisierte diese aber. Der Senat folgte der Einschätzung des Verwaltungsgerichts, dass die Hautfarbe des Klägers ein – wenn auch nicht der allein oder wesentlich ausschlaggebende – Anknüpfungspunkt für die Identitätsfeststellung war.[1024] Die Berücksichtigung der Hautfarbe innerhalb eines Motivbündels sei »grundsätz-

1018 Tischbirek, Wihl, »Verfassungswidrigkeit des ›Racial Profiling‹«, S. 222.

1019 OVG Nordrhein-Westfalen v. 07.08.2018-5 A 294/16; Vorinstanz VG Köln, Urt. v. 10.12.2015-20 K 7847/13.

1020 VG Köln, Urt. v. 10.12.2015-20 K 7847/13 – Rn. 16; OVG Nordrhein-Westfalen v. 07.08.2018-5 A 294/16 – , Rn. 2.

1021 Ebd., Rn. 15. Die Polizei hatte ursprünglich angegeben, sie habe nach § 22 Abs. 1a BpolG gehandelt, dies wiesen beide Instanzen zurück, da der Kläger den Bahnhof von außen betreten hatte, so dass es an Anhaltspunkten für eine illegale Einreise fehlte, ebd., Rn. 82.

1022 Ebd., Rn. 9, 71 ff.

1023 VG Köln, Urt. v. 10.12.2015-20 K 7847/13 – Rn. 55 ff.

1024 OVG Nordrhein-Westfalen v. 07.08.2018-5 A 294/16 – Rn. 69.

lich ebenfalls eine an ein durch Art. 3 Abs. 3 Satz 1 GG verpöntes Merkmal anknüpfende Behandlung«.[1025] Der Senat hebt hervor, »dass der Anknüpfung an die Merkmale des Art. 3 Abs. 3 S. 1 GG stigmatisierende Wirkung zukommen kann«, weshalb erhöhte Anforderungen an die Rechtfertigung eines Grundrechtseingriffs bestehen.[1026] Eine ausschließliche Anknüpfung an die Hautfarbe ist folglich für den Bereich der polizeilichen Standardmaßnahmen grundsätzlich nicht rechtfertigungsfähig.[1027] Eine Rechtfertigungsmöglichkeit besteht aber dann, wenn die Anknüpfung an die Hautfarbe nur ein Motiv in einem Motivbündel ist.[1028]

Zur Begründung verweist der Senat auch auf die Allgemeine Politische Empfehlung Nr. 11 der Europäischen Kommission gegen Rassismus und Intoleranz, die nur die ohne objektive und vernünftige Begründung erfolgende polizeiliche Berücksichtigung der ethnischen Herkunft verbiete.[1029] Aus der Auflistung von ECRI »Rasse, Hautfarbe, Sprache, Religion, Staatsangehörigkeit, nationale oder ethnische Herkunft«[1030] greift der Senat an dieser Stelle die ethnische Herkunft heraus, ohne das zu begründen. Er selbst verwendet im gesamten Urteil sonst nur den Begriff Hautfarbe. Den Begriff Rasse vermeidet er im Urteil. Hier zeigt sich eine begriffliche Unsicherheit, die sich daraus ergeben mag, dass Hautfarbe nicht als Kategorie im Katalog von Art. 3 Abs. 3 Satz 1 GG auftaucht und dass die Kläger den Begriff Rasse in ihren Schriftsätzen nur zurückhaltend, und wenn, dann nur in Anführungsstrichen verwenden.[1031] Das zeigt sich auch im Fortgang der Entscheidung. Die kollidierenden Verfassungsgüter – die staatliche Pflicht, Leib und Leben sowie das Eigentum der Bürger vor unrechtmäßigen Zugriffen Dritter zu schützen – müssten, schreibt der Senat, in einen angemessenen Ausgleich gebracht werden, der sowohl »der Wertung des Art. 3 Abs. 3 Satz 1 GG, grundsätzlich nicht an die dort

1025 Ebd., Rn. 52, unter Verweis auf OVG Rheinland-Pfalz v. 21.04.2016-7 A 11108/14 – Rn. 106 und Liebscher, »›Racial Profiling‹ im Lichte des verfassungsrechtlichen Diskriminierungsverbots«, S. 2781.

1026 OVG Nordrhein-Westfalen v. 07.08.2018-5 A 294/16 – Rn. 58.

1027 Ebd., Rn. 58.

1028 Ebd., Rn. 60.

1029 Ebd., Rn. 61.

1030 ECRI, *Allgemeine Empfehlung Nr. 11*, 2007, S. 4.

1031 Angaben des Verfahrensbeistandes der Kläger, Büro zur Umsetzung von Gleichbehandlung.

genannten Eigenschaften anzuknüpfen, als auch der für eine wirksame Aufgabenerfüllung erforderlichen Einschätzungsspielräume der Polizei Rechnung trägt«.[1032] Auch dabei sei zu berücksichtigen, dass »der Anknüpfung an die Merkmale des Art. 3 Abs. 3 Satz 1 GG wiederum stigmatisierende Wirkung zukommen kann«.[1033] Grundsätzlich dürfe

> bei belastbaren Anhaltspunkten für eine bestimmte äußerlich erkennbare Tätergruppe auch auf die entsprechenden Charakteristika innerhalb eines Motivbündels abgestellt werden [...], und zwar auch dann, wenn diese Charakteristika eines der Diskriminierungsverbote des Art. 3 Abs. 3 GG betreffen.[1034]

Die Behörde, die sich auf Anhaltspunkte für eine bestimmte äußerlich erkennbare Tätergruppe beruft, trifft dann eine entsprechend erhöhte Darlegungslast. Dieser könne die Behörde »aufgrund der Bedeutung des betroffenen Diskriminierungsverbots nicht durch bloße Behauptungen« genügen.[1035] Sie müsse substantiiert vortragen, weshalb die Anknüpfung an stigmatisierungssensible Merkmale zur effektiven Gefahrenabwehr erforderlich sei.[1036] Die Polizeibehörde müsse »anhand von auf die Örtlichkeit oder Situation bezogenen Lagebildern eine erhöhte Delinquenz bestimmter Zielgruppen« konkret schildern. Ob daneben »die ergänzende Heranziehung von Statistiken« in Betracht komme, könne dahinstehen, dies setze jedenfalls voraus, dass bei deren Erstellung »Vorurteile reproduzierende Verzerrungseffekte ausgeschlossen« würden.[1037] Die Beklagte konnte diesen Anforderungen nicht genügen. Ihre Behauptungen über eine erhöhte Delinquenz ausländischer Täter konnte sie nach Auffassung des Senats »nicht ansatzweise« darlegen.[1038] Das Gleiche galt für den behaupteten, aber nicht belegten Zusammenhang zwischen einer überdurchschnittlichen Anzahl an Diebstählen und ausländischen Tätergruppen, insbesondere sol-

1032 OVG Nordrhein-Westfalen v. 07.08.2018-5 A 294/16 – Rn. 64.
1033 Ebd., Rn. 64.
1034 Ebd., Rn. 66.
1035 Ebd., Rn. 68.
1036 Ebd., Rn. 66.
1037 Ebd.
1038 Ebd., Rn. 72.

chen aus »Nordafrika« mit dunklem Phänotyp.[1039] Die behauptete verstärkte Reisetätigkeit von Salafisten habe die Beklagte ebenfalls nicht belegt.[1040] »Völlig unergiebig« sei schließlich die Aussage, Straftaten würden »auch von Schwarzafrikanern« begangen, denn nach der allgemeinen Lebenserfahrung werde es kaum eine Bevölkerungsgruppe geben, die keine Taschendiebstähle begeht.[1041]

Auch wenn der Senat im konkreten Fall einen Verfassungsverstoß feststellt, erklärt er in einem Obiter Dictum verdachtsunabhängige Kontrollen, die an rassialisierte Eigenschaften wie die Hautfarbe anknüpfen, in engen Grenzen weiter für zulässig, namentlich »bei Vorliegen belastbarer Anhaltspunkte für eine bestimmte äußerlich erkennbare Tätergruppe«.[1042] Ein Großteil der Literatur stimmt dem zu.[1043] Bei genauerem Hinsehen zeigt sich jedoch, dass es solche belastbaren Anhaltspunkte nur im Rahmen von Täter:innenbeschreibungen geben kann, die an konkrete Verdachtsfälle anknüpfen. In diesen Fällen liegt keine an rassistisches Wissen anknüpfende Kontrolle vor, wird nicht generell vom Phänotyp auf eine erhöhte Gefährlichkeit geschlossen, sondern es realisiert sich das allgemeine Lebensrisiko, einer konkreten straffälligen oder verdächtigen Person ähnlich zu sehen. Damit liegt dann unstreitig auch kein Verfassungsverstoß vor.[1044]

Anders liegt der Fall, wenn, wie hier, generell von dem Aussehen einer Person auf eine erhöhte Gefährlichkeit geschlossen wird. Polizeiliche Kriminalstatistiken, aus denen »bestimmte äußerlich erkennbare Tätergruppen« hervorgehen, haben bereits mit Blick auf ihr Zustandekommen nur begrenzte Aussagekraft.[1045] Doch die Einwände sind grundsätzlicherer Natur: Es gibt keinerlei all-

1039 Ebd., Rn. 72. Das verkennt Frose, »Gefahrenabwehr durch typisierendes Vorgehen vs. Racial Profiling«, S. 294.

1040 OVG Nordrhein-Westfalen v. 07. 08. 2018-5 A 294/16 –, Rn. 75.

1041 Ebd.

1042 Ebd., Rn. 66.

1043 Für viele Timo Hebeler, »Zulässigkeit des Anknüpfens an die Hautfarbe bei polizeilicher Identitätsfeststellung (sog. ›racial profiling‹)«, in: *Juristische Arbeitsblätter* 2019, S. 237-238, hier: S. 238; Waldhoff, »Polizei- und Ordnungsrecht: Identitätsfeststellung«, S. 95.

1044 Tischbirek, »Racial Profiling vor Gericht. Adressatenauswahl nach der Hautfarbe?«, in: *DPolBl* 3/2019, S. 17-19, hier: S. 17.

1045 Timo Rademacher, »Predictive Policing im deutschen Polizeirecht«, in: *AöR* 142/2017, S. 366-416, hier: S. 376 m. w. N.

gemeinen Kausalzusammenhang zwischen phänotypischen Eigenschaften eines Menschen und einer erhöhten Delinquenz. Solche Annahmen verweisen vielmehr auf eine Geschichte des Rassismus, deren Fortwirkungen Art. 3 Abs. 3 S. 1 GG gerade entgegenwirken will. Menschen werden aus unterschiedlichen Gründen straffällig, zumeist aus oder in Verbindung mit sozio-ökonomischen Ursachen. Diese ökonomischen Zwänge stehen auch mit globalen postkolonialen Ungleichheitsverhältnissen in Zusammenhang, wie Bafta Sarbo verdeutlicht:

> Der deutschen Öffentlichkeit ist – anders als den Betroffenen – zumeist gar nicht klar, dass auf der ökonomischen Ebene zwischen den Herkunftsländern der Betroffenen und der Bundesrepublik bis heute (neo-)koloniale Verhältnisse bestehen, die die Menschen nicht nur in die Flucht, sondern auch hier noch in wirtschaftliche Verhältnisse zwingen, die sie ins Visier der Polizei rücken.[1046]

Statistische Korrelationen zwischen Straffälligkeit und Hautfarbe oder Herkunft sind nicht mit Kausalitäten zu verwechseln. Doch sie legen Kausalitäten nahe, und das ist im Zusammenhang mit verbreitetem rassistischen Wissen ein auch verfassungsrechtliches Problem. Die detaillierte Auseinandersetzung des Senats mit den nicht substantiierten Behauptungen der Beklagten, die die erste Instanz noch als »hinreichend nachvollziehbare Fakten«[1047] bewertet hatte, zeichnet ein anschauliches Bild davon, wie die Polizeibehörde selbst »Vorurteile reproduzierende Verzerrungseffekte«[1048] – in anderen Worten rassistisches Wissen – produzierte. Es kann dahingestellt bleiben, ob dies bewusst oder unbewusst geschieht. Die Beklagte lässt vor dem Auge des:r Lesers:in ein Bild Schwarzer Menschen als Kriminelle entstehen, das durch nichts belegt wird, das aber so wirkmächtig ist, weil es an gesellschaftlich geteiltes Wissen anknüpfen kann. Es ist vor diesem Hintergrund auch nicht verwunderlich, wenn Beamt:innen ihre Auswahlentscheidungen auf solches Wissen stützen. Auf dieses gesellschaftliche Wissen, das

1046 Bafta Sarbo, »Racial Profiling in Deutschland: Keine Frage individuellen Fehlverhaltens«, in: *Cilip* 118-119/2019, ⟨www.cilip.de/2019/06/18/racial-profiling-in-deutschland-keine-frage-individuellen-fehlverhaltens/⟩, letzter Zugriff 01. 11. 2020.

1047 VG Köln, Urt. v. 10. 12. 2015-20 K 7847/13 – Rn. 55.

1048 OVG Nordrhein-Westfalen v. 07. 08. 2018-5 A 294/16 – Rn. 68.

sich in der rassistischen Zuschreibung, die an das Stigma dunkle Hautfarbe anknüpft, erst aktualisiert, wäre eine Beweislastumkehr zugunsten der Kläger:innen zu stützen, ebenso wie die Unzulässigkeit von hautfarbenbasierten Polizeistatistiken.

Wie verbreitet und unhinterfragt solche Bilder sind, wird auch an der Kommentierung von Kischel im *Beck'schen Online-Kommentar* zum Grundgesetz deutlich. Dort ist im Zusammenhang mit Racial Profiling von »Drogenhandel im Bahnhofsviertel einer Stadt, [der] von Schwarzafrikanern dominiert wird«,[1049] zu lesen, davon, »dass an einem bestimmten Ort, zu einer bestimmten Zeit die Gefahr von Gewalt gegen Frauen gerade durch Nordafrikaner besteht (Kölner Domplatte Silvester 2016)«[1050] oder »dass zur Zeit gerade Nordafrikaner oder Schwarzafrikaner oder Chinesen in großer Zahl über Grenzübergänge in der Nähe unerlaubt einreisen«.[1051] Für all diese Szenarien finden sich keinerlei Belege im Text. Kischels These lautet, sowohl bei einem konkreten Verdacht bezüglich bestimmter Tätergruppen als auch bei verdachtsunabhängigen Kontrollen verstoße eine Kontrolle, die an »ein entsprechendes Aussehen«[1052] anknüpfe, nicht gegen Art. 3 Abs. 3 S. 1 GG, »weil und soweit dahinter keine haltlosen Vorurteile, sondern reale und nachvollziehbare polizeiliche Lageerkenntnisse stehen«.[1053] Dabei bezieht er sich auf einen Aufsatz von Judith Froese aus dem Jahr 2017. Die Autorin beruft sich ebenfalls auf Lageerkenntnisse und Erfahrungswerte der Polizei und dabei zentral auf ein Urteil des VG Köln vom 10. Februar 2015.[1054] Dieses Urteil war vom OVG Münster mit Blick auf die behaupteten Lageerkenntnisse in zweiter Instanz ad absurdum geführt und folglich aufgehoben worden. Die rechtskräftigen Entscheidungen des OVG Münster und des OVG Koblenz verdeutlichen, dass die Lageerkenntnisse der Polizei die Kontrolle gerade nicht rechtfertigen konnten. Die vom OVG Koblenz angeführte Erfolgsquote der Kontrollen im Promillebereich erklärt Kischel zu

1049 Kischel, in: *Beck OK GG*, 2020, Art. 3, Rn. 223d.
1050 Ebd.
1051 Ebd., Rn. 223f.
1052 Ebd.
1053 Ebd.
1054 Froese, »Gefahrenabwehr durch typisierendes Vorgehen vs. Racial Profiling: Die Debatte um den Kölner Polizeieinsatz in der Silvesternacht 2016/17«, in: *DVBl* 2017, S. 293-295.

einer »geringen Erfolgsquote«.[1055] Für die Verhältnismäßigkeitsprüfung der konkreten Maßnahme könne es »allenfalls darauf ankommen, ob durch das Abstellen auf konkrete Merkmale in der Vorstufe zum Verdacht die Erfolgswahrscheinlichkeit mehr als nur völlig unerheblich gesteigert wird – wovon mangels genauer statistischer Werte auszugehen sein dürfte«.[1056] Damit wäre die Rechtmäßigkeit einer polizeilichen Kontrolle faktisch nicht mehr gerichtlich überprüfbar und die vom OVG Koblenz aufgestellten Kriterien zur Herstellung praktischer Konkordanz wären hinfällig. Doch darum scheint es dem Autor auch nicht zu gehen, die Kommentierung scheint zum Teil den Boden rechtlicher Argumentation zu verlassen und malt düstere Szenarien, die an den umstrittenen Topos »Clankriminalität« anknüpfen:

> Ein Verbot, Merkmale zu berücksichtigen, die sich auf Art. 3 Abs. 3 GG zurückführen lassen, auch wenn es nicht um Vorurteile, sondern um schlichte polizeiliche Erkenntnisse geht, hätte potentiell geradezu absurde Folgen. Hätten bspw. Ermittlungen ergeben, dass der Täter Mitglied eines bestimmten Familienclans ist, so könnte die Polizei ihr Vorgehen bspw. nicht auf arabische Muttersprachler (Sprache) mit arabischem Aussehen (Rasse) konzentrieren, die sich an moslemische Gebote halten (Religion), im Libanon beheimatet sind (Heimat) und der Großfamilie X angehören (Abstammung). Die Diskriminierungsverbote wollen Menschen vor haltlosen Vorurteilen schützen, nicht die objektive und sinnvolle Polizeiarbeit und Kriminalitätsbekämpfung behindern.[1057]

Ob es sich hier um eine bewusste Provokation oder um unbewusste Stereotype handelt, kann dahingestellt bleiben. Der Effekt ist der gleiche, hier werden in einer juristischen Kommentierung rassistisch aufgeladene Klischees reproduziert. Ermittlungen gegen sogenannte Clankriminalität sind in der Praxis oftmals nicht von polizeilichen Erkenntnissen im Sinne belastbarer Anhaltspunkte, sondern von Medienwirksamkeit und von rassistisch konnotierten polizeilichen Lagebildern geprägt.[1058] Mit Blick auf den weit ver-

1055 Kischel, in: *Beck OK GG*, 2020, Art. 3, Rn. 223 f.1.

1056 Ebd.

1057 Ebd., Rn. 223g.

1058 Ausführlich zu rassistischen Topoi in der Berichterstattung und in polizeilichen Lagebildern zu sogenannter Clankriminalität Doris Liebscher, »Clans statt Rassen. Modernisierungen des Rassismus als Herausforderungen für das Recht«, in: *Kritische Justiz* (53) 4 2020, S. 529-542.

breiteten Zugriff auf den *Beck'schen Online-Kommentar*[1059] ist die unbelegte Wiedergabe stereotyper Bilder in einem Grundgesetzkommentar also überaus bedenklich. Das gilt auch für die Verwendung der Adjektivierung »farbig« in den redaktionellen Obersätzen von *Beck-Online* und *Juris* zu den einschlägigen Entscheidungen zu Racial Profiling.[1060] Dabei handelt es sich nicht um eine Selbstbezeichnung der Kläger:innen, sondern um eine Fremdbezeichnung mit kolonialer Begriffsgeschichte, die von den meisten so Bezeichneten zurückgewiesen wird.[1061]

Auch andere Kommentierungen diskutieren Racial Profiling als Anwendungsfall des Art. 3 Abs. 3 Satz 1 GG.[1062] Langenfelds 2015 erschienene Kommentierung berücksichtigt noch nicht die Rechtsprechung, wonach bereits das Anknüpfen an die Hautfarbe als Teil eines Motivbündels einen Grundrechtseingriff begründet, sie verlangt ein ausschließliches Anknüpfen.[1063] Krieger diskutiert das Phänomen ausführlich als Anwendungsfall mittelbarer Diskriminierung. Eine Verfassungswidrigkeit der Ermächtigungsgrundlage lehnt sie als zu weitgehend ab.[1064] Sie folgt der Rechtsprechung jedoch dahingehend, dass Kontrollen, »die gezielt an die phänotypischen Merkmale anknüpfen, verboten sind« und auch in jedem weiteren Fall vermittels eines strengen Kontrollmaßstabes »ein Vorgehen anhand von Stereotypen ausgeschlossen« werden müsse.[1065] Auch Kingreen weist eine Adressatenauswahl polizeilicher Kontrollen, die sich »allein an der Hautfarbe oder dem ›ausländischen Aussehen‹ orientiert«, als diskriminierend aus, wenn es keine belastbaren Anhaltspunkte für eine Rechtsverletzung gibt.[1066] Er schlägt demgegenüber Zufallskontrollen nach bestimmten vorab festgelegten Maßstäben vor.

1059 Beide hier besprochenen Entscheidungen zitieren selbst die Vorauflage von Kischel, in: *Beck OK GG,* 2010, Art. 3, Rn 202, siehe OVG Nordrhein-Westfalen v. 07.08.2018-5 A 294/16 –, Rn. 57, 59; OVG Rheinland-Pfalz v. 21.04.2016-7 A 11108/14 – Rn. 59 ff., 119.

1060 OVG Rheinland-Pfalz v. 21.04.2016-7 A 11108/14 – *Beck Online*; OVG Nordrhein-Westfalen v. 07.08.2018-5 A 294/16 – juris.

1061 Ausführlich zur Entstehung des Begriffs im Kolonialismus Kapitel 4.1.2.

1062 Nußberger, in: Sachs, 2018, Art. 3, Rn. 293, erwähnt »verdachtsunabhängige Polizeikontrollen«, die er in einer Fußnote als »Racial Profiling« bezeichnet.

1063 Langenfeld, in: Maunz/Dürig, 2019, Art. 3 Abs. 3, Rn. 46

1064 Krieger, in: Schmidt-Bleibtreu/Hofmann/Henneke, 2017, Art. 3, Rn. 63.

1065 Ebd.

1066 Kingreen, in: *BK*, 2020, Rn. 519.

Vertreter:innen eines aristotelischen, symmetrischen Gleichheitsverständnisses betrachten das Anknüpfen an die Hautfarbe im Einzelfall. Racial Profiling beschreibt dann »eine polizeiliche Vorgehensweise, bei der die Hautfarbe einer Person als Kriterium für Ermittlungsmaßnahmen herangezogen wird«[1067] bzw. die »allein aufgrund des Aussehens, etwa Hautfarbe oder Haartracht«, erfolgt.[1068] Ein solches Verständnis legt es auch nahe, auf das Anknüpfen an »vermeintliche und tatsächliche vererbbare Merkmale« abzustellen.[1069] Andreas Leidinger bezeichnet diese Perspektive in seiner Phänomenologie der juristischen Debatte zu Racial Profiling als konservativ-aristotelische Perspektive.[1070] Zur liberalen Perspektive zählt Leidinger jene Ansätze, die zur Begründung der Rechtsverletzung auf die Stereotypisierung und Stigmatisierung abstellen, die dem Anknüpfen einer polizeilichen Auswahlentscheidung an individuelle Eigenschaften inhärent sind.[1071] Betroffen ist demnach der »soziale Achtungsanspruch der Betroffenen, frei von Diskriminierung und Stigmatisierung zu sein«.[1072] Die Auffassung,

1067 Waldhoff, »Polizei- und Ordnungsrecht: Identitätsfeststellung«, S. 95; ähnlich Marc Wagner, »Allegorie des ›racial profiling‹: Die Hautfarbe als polizeiliches Kontrollkriterium«, in: *DÖV* 2013, S. 113-116, hier: S. 115; Jeannine Drohla, »Hautfarbe als Auswahlkriterium für verdachtsunabhängige Polizeikontrollen?«, in: *ZAR* 2012, S. 411-417, hier: S. 413.

1068 Langenfeld, in: Maunz/Dürig, 2019, Art. 3 Abs. 3, Rn. 46.

1069 Wagner, »Allegorie des ›racial profiling‹«, S. 115; Drohla, »Hautfarbe als Auswahlkriterium«, S. 413 unter Verweis auf die Kommentierungen Heun, in: Dreier, 1996, Art. 3, Rn. 128 und Jarass, in: Jarass/Pieroth, 2014, Art. 3, Rn. 121; Michael Riegner, Jasmin Schnitzer, »Fortgeschrittenenklausur – Öffentliches Recht: Verwaltungsprozessrecht und Polizeirecht – Racial Profiling«, in: *JuS* 2014, S. 1003-1009, hier: S. 1006.

1070 Andreas Leidinger, »Drei Perspektiven auf Racial Profiling: Konservativ, liberal, kritisch«, in: *Kritische Justiz* 2018, S. 450-463, hier: S. 453.

1071 Ebd., S. 457 ff.

1072 Drohla, »Hautfarbe als Auswahlkriterium«, S. 413; i.d.S. auch Andreas Kerkemeyer, »Anmerkung zu einer Entscheidung des OVG Münster, Urteil vom 07.08.2018 (5 A 294/16)«, in: *NVwZ* 37/2018, S. 1501-1502, hier: S. 1502: »Jede Identitätsfeststellung aufgrund der eigenen Hautfarbe wirkt stigmatisierend.« Tischbirek, Wihl, »Verfassungswidrigkeit des ›Racial Profiling‹«, S. 222; Baer/Markard, in: von Mangoldt/Klein/Starck, 2018, Art. 3 Abs. 2, 3, S. 478; Liebscher, »›Racial Profiling‹ im Lichte des verfassungsrechtlichen Diskriminierungsverbots«, S. 2779; in diese Richtung auch BVerfG v. 04.04.2006-1 BvR 518/02 – Rn. 111 = BVerfGE 115, 320, mögliche »stigmatisierende Wirkung« der Rasterfahndung.

dass Stereotypisierung und Stigmatisierung für die Beurteilung von Racial Profiling eine zentrale Rolle spielen, setzt sich, das konnte gezeigt werden, im deutschen Rechtsdiskurs langsam durch. Ansätze, die darüber hinaus die strukturellen Rahmenbedingungen der Kontrollen wie rassistisches Alltagswissen auf Seiten der Kontrollierenden und die Häufung der Kontrollerfahrung im Leben der Betroffen, in die Abwägung einbeziehen – Leidinger fasst sie als kritische Ansätze zusammen –, stellen bislang noch die Ausnahme dar.[1073] Baer und Markard fragen ausdrücklich nach der Zumutbarkeit der Kontrollmaßnahmen angesichts des »öffentlichen Stigmas«.[1074] Sie schreiben: »Polizeiliche Maßnahmen, die allein an die nicht weiße Hautfarbe oder eine äußerliche Typisierung als nordafrikanisch anknüpfen (*racial profiling*), fallen in den Anwendungsbereich von Abs. 3 S. 1.«[1075] Damit ziehen sie auch die neuere Rechtsprechung zum Motivbündel noch nicht ein. Sie berücksichtigen jedoch, dass Racial Profiling gerade nicht zufällig und symmetrisch an phänotypische Merkmale anknüpft, sondern an ganz bestimmte, rassialisierte Merkmale. Auch Tischbirek und Wihl leiten aus der asymmetrischen Konzeption von Antidiskriminierung und der asymmetrischen Betroffenheit durch Maßnahmen des Racial Profiling, der im Begriff der rassistischen Diskriminierung zum Ausdruck kommt, einen strengen Rechtfertigungsmaßstab ab, der auch unbewusste Stereotype ausschließen soll.[1076]

### 5.8.9. Der Streit um den Rassebegriff im Grundgesetz

Mit den dargestellten Verschiebungen hin zu einem erweiterten Verständnis und einer sozialkonstruktivistischen Interpretation der Diskriminierungskategorie Rasse im Recht ging auch die Problematisierung von Rasse als Begriff des Rechts gegen Rassismus einher. Sie schließt an die in Kapitel 3 dargestellte Diskussion innerhalb der sozialkonstruktivistischen Schule der Rassismusforschung an, ob aus Einsicht in die Konstruiertheit rassisch definierter Differenz und die Gefahr der Legitimierung biologistischer Rassekonzeptionen besser auf die Kategorie Rasse zu verzichten sei.

1073 Leidinger, »Drei Perspektiven auf Racial Profiling«, S. 459 ff.

1074 Ebd.

1075 Baer/Markard, in: von Mangoldt/Klein/Starck, 2018, Art. 3 Abs. 2, 3, Rn. 478.

1076 Tischbirek, Wihl, »Verfassungswidrigkeit des ›Racial Profiling‹«, S. 223.

Diese Debatte ist kein deutsches Phänomen. Sie wurde im Zusammenhang mit dem Erlass und der Umsetzung der UN-Rassismus-Konvention ebenso geführt[1077] wie anlässlich der Verabschiedung der EU-Antirassismus-Richtlinie und ihrer Umsetzungsgesetze in den Mitgliedstaaten.[1078] In die verfassungsrechtliche Diskussion in Deutschland gelangte sie durch das Policy Paper *Ein Grundgesetz ohne Rasse* aus dem Jahr 2010, das Cremer für das Deutsche Institut für Menschenrechte verfasst hat.[1079] Darin wiederholt und vertieft er Argumente des bereits im Zusammenhang mit dem Erlass des AGG erstellten Papiers »Zur Problematik des Begriffs ›Rasse‹ in der Gesetzgebung« aus dem Jahr 2008. Krieger konstatiert unter Verweis auf das Papier von 2010, die Verwendung des Begriffs im Grundgesetz sei »unter Kritik geraten, weil sie gerade an den Begriff selbst anknüpft, der zur Rechtfertigung von Diskriminierung herangezogen wird«.[1080] Baer und Markard erklären zum Dilemma der Differenz, der Rechtsbegriff der Rasse berge »das Risiko, affirmativ verstanden zu werden«.[1081]

Rechtspolitischen Auftrieb erhielt die Debatte nach dem Anschlag am 19. Februar 2020 in Hanau, bei dem neun Menschen aus rassistischen Motiven ermordet wurden. Die Tat führte auch zu einer breiten gesellschaftlichen Debatte über Rassismus in Deutschland, die durch den brutalen, durch US-amerikanische Polizisten verursachten Tod des Schwarzen US-Amerikaners George Floyd und die darauffolgenden Black-Lives-Matter-Proteste weiteren Aufwind erhielt. Die Bundeskonferenz der Migrantenorganisationen (BKMO) forderte als Reaktion auf Hanau in einem offenen Brief an die Bundeskanzlerin unter anderem die Ersetzung des Rechtsbegriffs Rasse durch die Formulierung »rassistisch«.[1082] Der Kabinettsausschuss zur Bekämpfung von Rechtsextremismus und Rassismus, der sich angesichts der antisemitisch und rassistisch mo-

1077 Ausführlich Kapitel 5.3.3.

1078 Ausführlich Kapitel 5.4.

1079 Hendrik Cremer, Ein Grundgesetz ohne »Rasse«: Vorschlag für eine Änderung von Artikel 3 Grundgesetz, Berlin 2010.

1080 Krieger, in: Schmidt-Bleibtreu/Hofmann/Henneke, 2017, Art. 3, Rn. 80; ähnlich Nußberger, in: Sachs, 2018, Art. 3, Rn. 293; Kingreen, in: BK, 2020, Art. 3, Rn. 517; indirekt auch Kischel, in: *Beck OK GG,* 2020, Art. 3, Rn. 223

1081 Baer/Markard, in: von Mangoldt/Klein/Starck, 2018, Art. 3 Abs. 2, 3, Rn. 478.

1082 BKMO, Brief vom 27.02.2020, ⟨https://bundeskonferenz-mo.de/aktuelles/reaktion-der-bkmo-zu-hanau⟩, letzter Zugriff 01.12.2020.

tivierten Anschläge in Halle und Hanau gegründet hatte, erarbeitete einen Maßnahmenkatalog, der auch die Ersetzung des Begriffs Rasse in Art. 3 Abs. 3 S. 1 GG vorsieht und der am 2. Dezember 2020 von der Bundesregierung beschlossen wurde.[1083] Zur genauen Formulierung werden unterschiedliche Vorschläge diskutiert.

Die Bundestagsfraktion Die LINKE hatte 2010 in einem Antrag zur »Streichung des Begriffes ›Rasse‹ aus der deutschen Rechtsordnung und internationalen Dokumenten« vorgeschlagen, dass der Begriff Rasse darin gestrichen »und stattdessen die Formulierung ›ethnische, soziale und territoriale Herkunft‹ verwendet wird«.[1084] Die Abgeordneten verwiesen dazu auf die Praxis einiger EU-Staaten bei der Umsetzung der EU-Antirassismus-Richtlinie.[1085] Die FDP-Bundestagsfraktion favoritisiert bis heute die Ersetzung durch ethnische Herkunft.[1086] Gegen diesen Vorschlag ist überzeugend eingewendet worden, dass er den rechtlichen Schutzbereich verengt, weil zum Beispiel Anknüpfungen an Hautfarbe von diesem Verständnis nicht erfasst sind und weil er Rassismus nicht benennt.[1087] Zudem kann Ethnizität, kulturalistisch interpretiert, in ein ebenso essentialistisches Konzept übersetzt werden wie Rasse.[1088]

Eine andere Herangehensweise an das Dilemma der Differenz hat Anja Michaelsen gewählt. Auch sie kritisiert die Weiterverwendung des Begriffs Rasse im Recht gegen Diskriminierung. Angesichts der wahrnehmungskonstituierenden Funktion von Sprache sei es ein Irrtum, das Wort Rasse »von seiner wissenschafts- und wahrnehmungshistorisch gewachsenen Bedeutung trennen«[1089] zu

1083 BMJV, Pressemitteilung vom 02. 12. 2020.

1084 BT-Drs. 17/4036, S. 1.

1085 Ebd., zu diesen Beispielen im Einzelnen Kapitel 5.4.

1086 ⟨www.fdpbt.de/thomae-im-grundgesetz-rasse-ersetzen⟩, letzter Zugriff 01. 12. 2020.

1087 Cremer, *Das Verbot rassistischer Diskriminierung*, S. 26. Eine interessante Ausnahme ist die Gesetzbegründung des österreichischen Gleichbehandlungsgesetzes (siehe Kapitel 5.4.2.), die »ethnische Zugehörigkeit« weit und sozialkonstruktivistisch auslegt und vielfältige Rassialisierungen ganz unterschiedlicher Bevölkerungsgruppen umfasst.

1088 Baer/Markard, in: von Mangoldt/Klein/Starck, 2018, Art. 3 Abs. 2, 3, Rn. 471 unter Verweis auf die genozidalen Konflikte im ehemaligen Jugoslawien und in Ruanda; Liebscher u. a., »Wege aus der Essentialismusfalle«, S. 209, 214 unter Verweis auf die Rechtsprechung zum AGG.

1089 Michaelsen, »Sinnliche Evidenzen«, S. 127.

können. Sprechende könnten sich nicht außerhalb der Geschichte ihrer Sprache stellen und diese Geschichte, so zeigt sie, ist eine Geschichte rassistischer Bezüge auf den Begriff Rasse. Auch alternative Formulierungen wie »vermeintliche Rasse« oder »zugewiesene Rasse« lehnt Michaelsen ab. Diese würden das grundlegende Problem der Spannung zwischen Wirklichkeit, Verkörperung und Sprache nur verschieben, weil sie ausschließlich auf die Konstruiertheit von Rasse abzielten. Für die Diskussion rassistischer Diskriminierung in rechtlichen Verfahren reiche es aber nicht, darauf hinzuweisen, dass es Rasse nicht gibt, weil rassialisierte Differenz eine Materialität besitzt, also zum Beispiel als Hautfarbe wahrgenommen wird. Entscheidend für den Umgang mit dem Dilemma der Differenz sei daher, »wie es, im Bewusstsein der Konstruiertheit von Wahrnehmung und Welt, gelingt, das, was wir sehen, dennoch anders zu beschreiben, um die Lücke zwischen Wahrnehmung und Konzept schließen zu können«.[1090]

Michaelsens Kritik erhellt ein bereits aufgeworfenes Problem: die Ineinssetzung von Diskriminierungskategorie und Anknüpfungsmerkmal in der juristischen Literatur und Rechtsprechung.[1091] Das abstrakte Konzept Rasse ist nicht dasselbe wie die Wahrnehmung von Hautfarbe, Sprache, religiösen Symbolen oder Zwangskennzeichnungen wie koloniale Passmarken oder der Gelbe Stern. Diese *tatsächlichen* Merkmale werden erst aus einer Geschichte des Rassismus heraus mit rassistischer Bedeutung versehen, also rassialisiert. Zugleich sind sie, wie Michaelsen formuliert, die »unmittelbare sinnliche Evidenz«,[1092] auf der diese Konstruktion basiert und vermittels derer sie auch benennbar ist.[1093] Michaelsen bezeichnet es als eine »nicht zu vollendende Aufgabe«,[1094] die Lücke zwischen der tatsächlichen Wahrnehmung verkörperter rassialisierter Differenz und dem rassistischen Konzept Rasse zu schließen. Um diese Aufgabe anzugehen, schlägt sie vor, »zu beschreiben, was wir tatsächlich sehen«.[1095] Konkret bedeute das, »rassistische Diskriminierungen, die im Alltag auftreten und in der Regel an bestimmten

1090 Ebd.
1091 Ausführlich Kapitel 5.1.3.1.
1092 Michaelsen, »Sinnliche Evidenzen«, S. 126.
1093 Anders Barskanmaz, *Recht und Rassismus*, S. 27 f., 78 f.
1094 Michaelsen, »Sinnliche Evidenzen«, S. 127.
1095 Ebd.

Merkmalen festgemacht werden, wie z. B. Hautfarbe, Sprache, äußere Erscheinung, im Gesetz beispielhaft und nicht abschließend zu benennen«.[1096] Michaelsen benennt damit den Weg, den einige Gerichte wie das LAG Köln im Fall der rassistischen Beleidigung eines Schwarzen Betriebsratsmitglieds bereits eingeschlagen haben.[1097]

Andere Positionen diskutieren die Ersetzung des Begriffs Rasse durch Termini wie »rassistisch«, rassistische Zuschreibung« oder »rassistische Benachteiligung«. Das DIMR empfiehlt, Artikel 3 Absatz 3 Satz 1 GG wie folgt zu fassen:

> Niemand darf rassistisch oder wegen seines Geschlechtes, seiner Abstammung, seiner Sprache, seiner Heimat und Herkunft, seines Glaubens, seiner religiösen oder politischen Anschauungen benachteiligt oder bevorzugt werden.[1098]

Cremer begründet das mit der Geschichte des Begriffs, der »unweigerlich rassistische Implikationen« habe,[1099] aber auch mit seiner verbreiteten biologistischen Auslegung in der deutschen Rechtswissenschaft.[1100] Die Formulierung in Art. 3 Abs. 3 S. 1 GG führe damit zu einem unauflösbaren Widerspruch. Betroffene müssten sich »quasi selbst einer bestimmten Rasse zuordnen und sind so gezwungen, rassistische Terminologie zu verwenden«.[1101] Er weist auch auf die Verwendung von Rasse als politischem Begriff zur Durchsetzung des Gleichheitsgrundsatzes, insbesondere im englischsprachigen Raum hin und damit implizit auf die Critical Race Theory.[1102] Doch auch diese Verwendung könne sich nicht ohne weiteres von ihrer biologistischen Tradition lösen, wie die affirmative Verwendung des Begriffs *caucasian* zeige.[1103] Die Untersuchung der Verwendung der Kategorie *race* im US-amerikanischen Recht gegen Rassismus in Kapitel 5.2. hat diese These Cremers bestätigt.

1096 Ebd.; ähnlich schon Nickel, »Handlungsaufträge zur Bekämpfung von ethnischen Diskriminierungen«, S. 2670, der Hautfarbe jedoch als bloßen Ersatz für Rasse vorgeschlagen hatte.

1097 LAG Köln, Urt. v. 06. 06. 2019-4 Sa 18/19, ausführlich dazu in Kapitel 5.8.7.

1098 Cremer, *Das Verbot rassistischer Diskriminierung*, S. 15 f.

1099 Ebd., S. 6.

1100 Ebd., S. 17.

1101 Cremer, *Ein Grundgesetz ohne »Rasse«*, S. 3.

1102 Cremer, *»… und welcher Rasse gehören Sie an?«*, S. 6.

1103 Ebd., S. 6 f.

Gegen Versuche der rassismuskritischen Verwendung des Begriffs wendet er weiterhin ein, man könne Rassismus nicht glaubwürdig bekämpfen, wenn der Begriff Rasse beibehalten werde.[1104] Von einer Umformulierung erhofft sich Cremer, »Sprach- und Denkgewohnheiten zu hinterfragen und aufzubrechen«.[1105] Zur Bekämpfung von Rassismus sei es gerade notwendig, dass die Verfassung diesen beim Namen nennt und sich klar davon distanziert.[1106] Den Ausdruck »rassistisch« will er dabei mit der Rassismusforschung weit verstanden wissen, er umfasse nicht nur rechtsextreme und rassistisch motivierte Benachteiligungen, sondern gerade auch nicht intendierte und mittelbare Diskriminierungen.[1107] Formulierungen, die auf subjektive Elemente, zum Beispiel »rassistische Beweggründe«, abstellten, würden demgegenüber den Schutzbereich von Art. 3 Abs. 3 GG verkürzen.

Dem folgten 2020 die BT-Fraktionen von Bündnis 90/Die Grünen und von DIE LINKE, wobei beide Vorschläge zusätzlich die Einführung einer Gewährleistungsklausel zum Schutz vor bestehenden Diskriminierungen mit Blick auf alle in Art. 3 Abs. 3 GG genannten Diskriminierungskategorien vorsehen.[1108] Die Bundesregierung einigte sich Anfang 2021 auf Vorschlag des Bundesjustizministeriums auf die Formulierung »aus rassistischen Gründen«.[1109]

Der postkategoriale Vorschlag des DIMR wird auch von unterschiedlichen Selbstorganisationen antisemitisch und rassistisch diskriminierter Menschen in Deutschland und von Antidiskrimi-

1104 Ebd.

1105 Ebd., S. 6.

1106 Cremer, *Ein Grundgesetz ohne »Rasse«*, S. 5

1107 Cremer, *»… und welcher Rasse gehören Sie an?«*, S. 13, weist bereits darauf hin, dass auch mittelbare Diskriminierungen erfasst sind.

1108 BT-Fraktion DIE LINKE, Entwurf eines Gesetzes zur Änderung des Grundgesetzes (Änderung des Artikel 3 – Streichung des Begriffs »Rasse«), BT-Drs. 19/20628 vom 01. 07. 2020; BT-Fraktion Bündnis 90/Die Grünen, Entwurf eines Gesetzes zur Änderung des Grundgesetzes (Artikel 3 Abs. 3 – Ersetzung des Wortes ›Rasse‹ und Ergänzung zum Schutz gegen gruppenbezogene Menschenwürdeverletzungen), BT-Drs. 19/24434 vom 18. 11. 2020. Für eine Ersetzung von »Rasse« durch »rassistisch« auch Gesetzesantrag der Länder Hamburg und Thüringen, »Entwurf eines Gesetzes zur Änderung des Grundgesetzes (Artikel 3 Absatz 3)«, BR-Drs. 641/20 vom 28. 10. 2020.

1109 Diskussionsantwort des BMJV, Entwurf eines Gesetzes zur Ersetzung des Begriffs »Rasse« in Artikel 3 Absatz 3 Satz 1 des Grundgesetzes v. 01. 02. 2021.

nierungsorganisationen positiv aufgegriffen und unterstützt.[1110] Die Initiative Schwarzer Menschen in Deutschland begründet dies einerseits mit der Geschichte des Begriffs. Dieser sei aus Schwarzer Erfahrung mit »Versklavung, kolonialer Ausbeutung und Verfolgung in der NS-Zeit«[1111] verbunden und spiele »eine zentrale Rolle in der Legitimierung, Verbreitung und Normalisierung rassistischen Gedankenguts«.[1112] Die Umformulierung in rassistische Diskriminierung bewirke eine Bedeutungsverschiebung, weil sie nicht in einem Wesensmerkmal der diskriminierten Personen oder Gruppen gründe, sondern aufgrund einer Zuschreibung und Abwertung durch die Diskriminierenden erfolgt. Nicht die angenommene ›Rasse‹ der Diskriminierten, sondern der Rassismus der Diskriminierenden bewirke die Ungleichbehandlung.«

Ähnlich argumentierte ich mit Naguib, Plümecke und Remus. Auch uns geht es wie den vorgenannten Ansätzen, ausdrücklich nicht darum, den Begriff Rasse ersatzlos zu streichen.[1113] Wir sehen in der Neuformulierung »rassistisch« vielmehr die Chance einer produktiven diskursiven Verschiebung. Der Verweis auf Quellen der kritischen Rassismusforschung zur Definition des rechtlichen Begriffs »rassistisch« kann bislang nicht oder nur marginal im juridischen Diskurs vertretene Wissensbestände stärken. Die Formulierung »rassistisch« mindert zudem die Gefahren der Essentialisierung und Reifizierung.[1114] Schließlich können auch Fälle von

1110 Initiative Schwarze Menschen in Deutschland, »Positionspapier zum Begriff ›Rasse‹« vom 02.03.2015; Bundeskonferenz der Migrantenorganisationen, »Brief an die Bundeskanzlerin« vom 27.02.2020; Zentralrat der Juden, »Stellungnahme« vom 16.06.2020; Zentralrat Deutscher Sinti und Roma, »Streichung von ›Rasse‹ aus dem Grundgesetz«, Stellungnahme vom 15.06.2020; Türkischer Bund Berlin-Brandenburg, »Presseerklärung« vom 17.06.2020; Zentralrat der Muslime in Deutschland, »Stellungnahme« vom 25.08.2020; Antidiskriminierungsstelle des Bundes, »Begriff ›Rasse‹ durch ›rassistisch‹ ersetzen« vom 09.03.2015.

1111 Initiative Schwarze Menschen in Deutschland, »Positionspapier zum Begriff ›Rasse‹«, S. 1.

1112 Ebd., S. 2.

1113 Das suggeriert Barskanmaz, »Rasse – Unwort des Antidiskriminierungsrechts?«, S. 382, der die unterschiedlichen Diskussionsbeiträge pauschal als Vorschläge zur ersatzlosen Streichung des Rassebegriffs nivelliert und ihnen »ein defizitäres Verständnis von (Rechts-)Sprache und Rassismus« (S. 382) attestiert.

1114 Liebscher u. a., »Wege aus der Essentialismusfalle«, S. 214.

Antiziganismus, antimuslimischem Rassismus oder Antisemitismus, die sonst unter ethnische Herkunft oder Religion subsumiert würden, besser in ihrer Mehrdimensionalität beurteilt werden: als spezifische Formen kulturalistisch-rassistischer oder antisemitischer Zuschreibungen.[1115]

Andere Autor:innen plädieren dagegen für die Beibehaltung des Begriffs Rasse im deutschen Recht und für dessen Resignifizierung im Sinne einer sozialkonstruktivistischen Bedeutungszuweisung. »Der Rechtsbegriff ›Rasse‹ wird zu oft und allzu schnell auf eine Kontinuität oder ein Überbleibsel des nationalsozialistischen Denkens reduziert und verkürzend zu einem rassistischen Begriff stilisiert«, gibt Barskanmaz zu bedenken.[1116] Er spricht sich vehement gegen die Streichung des Begriffs aus. Es komme stattdessen darauf an, »Rassifizierungsprozesse und deren Verdichtungen in Rasse sichtbar zu machen und ständig zu hinterfragen«[1117] und »sowohl Rasse als auch Ethnizität als soziale Konstruktionen für das Antidiskriminierungsrecht zu reflektieren«.[1118] Dies betrachtet er, trotz biologistischer Verwendungsweisen in der rechtlichen Literatur, auch als ein aussichtsreiches Unterfangen. Gerade in Rechtsbegriffen würden »die dynamischen und durchlässigen Eigenschaften eines Sprachsystems« besonders hervortreten.[1119] Den Stimmen, die dagegen vor einer Reifizierung rassistischer Konzepte durch die Verwendung des Rassebegriffs in rechtlichen Texten warnen, hält er entgegen, sie würden die Wirkmächtigkeit juristischer Sprache »auf einer sehr suggestiven bzw. spekulativen Ebene« ansetzen.[1120] Barskanmaz folgt damit der Critical Race Theory, deren erklärtes Anliegen es ist, »die ›unsichtbare‹ Ungleichheitskategorie Rasse sichtbar zu machen«.[1121] Dem schließt sich Mangold an, auch sie möchte das Diskriminierungsverbot »wegen der Rasse« beibehalten und als rechtliches Diskriminierungsverbot aufgrund der Kategorisierung von Menschen verstanden wissen.[1122]

1115 Ebd.
1116 Barskanmaz, »Rasse –Unwort des Antidiskriminierungsrechts?«, S. 385.
1117 Ebd.
1118 Ebd.
1119 Ebd., S. 384.
1120 Ebd.
1121 Ebd., S. 383.
1122 Mangold, *Demokratische Inklusion durch Recht*, S. 321.

Einigkeit besteht unter allen Autor:innen dahingehend, dass eine bloße Streichung des Begriffs Rasse in Art. 3 Abs. 3 S. 1 GG oder dessen Ersetzung durch »ethnische Herkunft« dem antirassistischen Dilemma der Differenz nicht angemessen begegnet. Umstritten bleibt, ob das postkategoriale »rassistisch« oder das kategoriale, sozialkonstruktivistisch resignifizierte »Rasse« die bessere Alternative für eine effektive rechtliche Adressierung von Rassismus ist. Gegen die Formulierung »rassistisch« werden mehrere Argumente vorgebracht. Barskanmaz kritisiert, ein antirassistischer Ansatz, der auf Rasse verzichtet, rufe die Illusion hervor, Rassismus sei ein individuelles und kein strukturelles Problem, der rassismuskritische Ansatz rücke dagegen »die Permanenz, die Allgegenwärtigkeit und sogar die Unaufhebbarkeit rassistischer Kontexte in den Vordergrund«.[1123] Dieses Argument trifft auf postrassistische Konzepte, wie sie in Kapitel 3.3.8.1 und 3.3.8.2 vorgestellt wurden, zu. Diese Ansätze wollen auf den Rassebegriff verzichten, weil sie Rassismus als weitgehend überwunden ansehen und rechtliche und politische Maßnahmen zu dessen Bekämpfung daher als überflüssig erachten. Im Unterschied zum US-amerikanischen Diskurs problematisieren aber in Deutschland auch und vor allem solche Stimmen den Rassebegriff, die sich zugleich gegen ein enges Verständnis von Rassismus wenden, welches diesen als Problem der Vergangenheit externalisiert oder auf hasserfüllte Rasseideologie und vorsätzliche Diskriminierung reduziert. Ihre Kritik am Rassebegriff entspricht damit jenen Ansätzen, die in Kapitel 3.3.8.3 als postkategoriale Ansätze jenseits von Rasse und gegen Rassismus eingeführt wurden. Trotz der Einsicht in die strukturelle Verfasstheit von Rassismus glauben sie an die Möglichkeit der Veränderung dieser Verhältnisse, auch durch Recht. Sie befürworten deshalb asymmetrische Diskriminierungsverbote sowie positive und proaktive Maßnahmen gegen Rassismus.

Eine weitere Fürsprache für den Begriff Rasse resultiert aus seiner international etablierten Verwendung. Im Sinne einer einheitlichen Anwendung internationalen Rechts und des Rechts der Europäischen Union sei der Begriff Rasse gegenüber Rassismus zu bevorzugen.[1124] Die vorliegende Untersuchung hat jedoch gezeigt,

1123 Ebd.

1124 Barskanmaz, »Rasse – Unwort des Antidiskriminierungsrechts?«, S. 383.

dass diese Verwendung so einheitlich nicht ist, im Gegenteil ist eine zunehmende Problematisierung des Rassebegriffs und dessen Ersetzung durch andere Termini zu beobachten. Sie hat auch gezeigt, dass es keine international geteilte Definition des Begriffs Rasse als Begriff des Rechts gegen Rassismus gibt. International besteht Einigkeit, dass der Begriff Rasse aus einer globalen Geschichte des Rassismus heraus entstanden und zu verstehen ist. Der Terminus rassistisch wird einem solchen Verständnis gerade gerecht.

Ein Argument gegen den Begriff rassistisch ist bereits in Kapitel 5.1.3.1. im Zusammenhang mit der Frage der Vor- und Nachteile kategorialen Antidiskriminierungsrechts diskutiert worden. Angesichts der weiten Verbreitung von Vorstellungen, die Rassismus auf vorsätzlichen Hass reduzieren, besteht die nicht unberechtigte Sorge, die Formulierung rassistisch könne bei der konkreten Rechtsanwendung missverstanden und so ausgelegt werden, dass sie nur intentionale und unmittelbare Diskriminierungen erfasst. Anna Katharina Mangold befürchtet, dass durch postkategoriale Formulierungen intentionale Erwägungen wieder bedeutsam würden.[1125] Auch Mathias Hong zweifelt: »Würden sich die Gerichte zum Beispiel wohl aufgeschlossen dafür zeigen, auch indirekte, strukturelle oder systemische Wirkungen als ›rassistisch‹ einzustufen?«[1126]

Doch eine Neuformulierung geht mit einer rechtlichen und parlamentarischen Debatte einher und birgt damit erst die Chance, ein weiteres Verständnis von Rassismus zu etablieren. In den Gesetzesmaterialien zur Änderung des Grundgesetzes kann so die Klarstellung erfolgen, dass eine Diskriminierungsabsicht, bei allen Diskriminierungsverboten in Art. 3 Abs. 3 GG, weder für das Vorliegen einer unmittelbaren noch einer mittelbaren Diskriminierung erforderlich ist.[1127] Eine asymmetrische Formulierung löst schließlich auch das Problem, welches als *colorblindness* diskutiert wird. Klagen von Personen, die nicht von Rassismen betroffen sind, gegen positive Maßnahmen zugunsten von People of Color, Migrant:innen, Sint:ezza, Rom:nja und Juden und Jüdinnen sind dann schon tatbestandlich kein Verstoß gegen Art. 3 Abs. 3 S. 1 GG,

1125 Mangold, *Demokratische Inklusion durch Recht*, S. 337.

1126 Hong, »›Rasse‹ im Parlamentarischen Rat und die Dynamik der Gleichheitsidee seit 1776« (Teil V), in: *Verfassungsblog* vom 24. 07. 2020.

1127 Cremer, *Ein Grundgesetz ohne »Rasse«*, S. 6; Liebscher u. a., »Wege aus der Essentialismusfalle«, S. 208.

weil sie durch diese Maßnahmen weder rassistisch kategorisiert, noch rassistisch benachteiligt werden. Zu bedenken ist in diesem Zusammenhang, dass es keine rassistische Bevorzugung gibt, der Vorschlag des DIMR, »Niemand darf rassistisch […] benachteiligt oder bevorzugt werden«, ist insofern missverständlich. Deutlicher und rechtsdogmatisch sauber ist die Formulierung »Niemand darf rassistisch […] diskriminiert werden.« Inwieweit eine sozialkonstruktivistische Umdeutung des Begriffs Rasse im Recht erfolgversprechend sein kann oder nicht, ist eine Frage, die nicht zuletzt die Empirie beantworten wird. Die vorliegende Arbeit hat dazu einen Beitrag geleistet, ihre Ergebnisse werden im folgenden Kapitel zusammenfassend diskutiert.

# 6. Ein Plädoyer für mehr Rassismuskritik im Recht

> Mit rassismustheoretischem Wissen wird es freilich möglich, zumeist eher implizit an Rassekonstruktionen anschließende Unterscheidungen zu erkennen und zu beschreiben, den Bedingungen ihres Wirksamwerdens nachzugehen sowie ihre Konsequenzen zu bestimmen.
>
> María Do Mar Castro Varela, Paul Mecheril[1]

Die unterschiedliche, zum Teil gegensätzliche Verwendung des Begriffs Rasse in der naturwissenschaftlichen Forschung, der Soziologie, in politischen Kämpfen, rassistischen Gesetzen und im Recht gegen Rassismus spiegelt eine der umstrittensten Benennungs- und Ordnungspraktiken moderner Gesellschaften wider. Die Bedeutungen und Verwendungsweisen von Rasse ergeben sich aus einer langen und umkämpften Geschichte, die keinesfalls abgeschlossen ist und die das Recht mitgeschrieben hat und weiter mitschreibt. Die in Kapitel 2 eingeführte kritische Rassismusforschung macht es sich zur Aufgabe, die Rolle des Rechts für die Begründung, Aufrechterhaltung und Bekämpfung von Rassismus zu analysieren. Wenn Recht soziale Verhältnisse formt und legitimiert – so die von kritischen Rechtswissenschaftler:innen geteilte Grundannahme – und wenn rassialisierte Differenz eine zentrale Säule sozialer Machtverhältnisse ist – so die Grundannahme der Rassismusforschung –, dann sind auch Recht und Rassismus in spezifischer, für die Aufrechterhaltung dieser Verhältnisse funktionaler Weise verknüpft.[2] Recht spielt im Prozess der Herstellung, Infragestellung und Rekonfiguration von rassialisierter Differenz eine ambivalente Rolle. Recht war und ist an der Etablierung und Legitimierung rassischer Kategorien und rassistischer Diskriminierung und Gewalt beteiligt, das hat die Darstellung der Ursprünge, Funktionen und Ausprägungen von Rassismen in Kapitel 3 ergeben und das wurde exemplarisch für das deutsche und das US-amerikanische Recht in Kapitel 4 herausgearbeitet. Zugleich ist Recht ein wichtiges Mittel im Kampf gegen rassistische Diskriminierung, wie Kapitel 5 illustriert hat.

1 María do Mar Castro Varela, Paul Mecheril, *Die Dämonisierung der Anderen. Rassismuskritik der Gegenwart*, Bielefeld 2016, S. 16.

2 Crenshaw, Gotanda, *Critical Race Theory*, S. xxii f.

Die Bedeutung des Rechts für die Herstellung rassialisierter Differenz beschreibt der Critical-Race-Forscher Haney López so: »Recht konstruiert Rassen durch einen Prozess der Reifikation.«[3] Er spricht damit einen Vorgang an, in dem eine Abstraktion oder ein Erleben so betrachtet und behandelt wird, als ob es ein konkreter Gegenstand wäre. Die vorliegende Untersuchung hat gezeigt, dass Haney López' Einschätzung auch für das Recht gegen Rassismus gilt. Recht gegen Rassismus bedarf sprachlicher Darstellungsformen – Kategorien und Sachverhaltsbeschreibungen –, die es mit rassistischen Konzepten teilt. Diese Darstellungsformen wiederum sind Einfallstore für tradiertes rassistisches Wissen, das über Kommentarliteratur, Lexika und Alltagswissen weiter in den Rechtsdiskurs einfließt. Das Recht kann sich, so ein zentrales Ergebnis dieser Arbeit, auch als Recht gegen Rassismus nicht außerhalb einer Geschichte des Rassismus stellen, die es selbst mitgeschrieben hat. In Anlehnung an die feministische Rechtswissenschaft stellt dies jedoch keinen Widerspruch, sondern ein Dilemma dar, mit dem Jurist:innen umgehen müssen. Rassismuskritisches Wissen kann sie dabei unterstützen.

## 6.1. Zentrale Topoi von Rasse- und Rassismusdiskursen: Genealogie, Immanenz und Permanenz – Asymmetrie, Struktur und Macht

Der historische Rückblick und der Rekurs auf die Rassismusforschung haben gezeigt, dass der Begriff Rasse keine natürliche Ordnung der Gesellschaft abbildet, sondern als flexibler Träger sozialer Bedeutung eine politische, soziale und ökonomische Ordnung legitimiert, die von Ungleichheit geprägt ist. Rassezuordnungen erfolgen zentral über genealogische Abstammungs- und Zugehörigkeitsmythen. Sie sind von der Grundannahme bestimmt, rassialisierte Differenz sei über biologische oder kulturelle Eigenschaften erkennbar, die generationell weitergegeben würden. Entsprechend gelten rassialisierte Identitäten als gar nicht oder nur schwer veränderbar. Das verdeutlicht die besondere Gefahr der Essentialisie-

3 Haney López, *White by Law*, S. 91, Übers. d. Verf.

rung, die mit rassischen Kategorisierungen immer einhergeht. Rassismus entspringt »einer Denkweise, nach der ›sie‹ sich von ›uns‹ dauerhaft unterscheiden, ohne dass es die Möglichkeit gäbe, die Unterschiede zu überbrücken«.[4] Der in dieser Arbeit präferierte Begriff der Rassialisierung hebt dagegen den sozialen und individualpsychologischen Prozess hervor, in dem Menschen erst rassisch kategorisiert werden und der bewirkt, dass Rasse als feststehend und natürlich betrachtet wird. Rassialisierung bedeutet »dasselbe, wie Rasse in Anführungsstriche zu setzen, es zeigt, dass Rasse keine biologische Basis hat, aber Bedeutung durch soziale, ökonomische, kulturelle und psychologische Praktiken erlangt«.[5]

Während der Begriff der Rassialisierung den Konstruktionsprozess offenlegt und Genealogie, Immanenz und Permanenz rassischer Zuordnungen hinterfragt, stellt der Begriff Rassismus klar, worum es auf der Makroebene geht: um Asymmetrie, Struktur und Macht. Rassialisierungsprozesse vollziehen sich immer im Zusammenhang mit asymmetrischen Machtverhältnissen, sie wirken als tradierte, strukturell verfestigte Benachteiligungen. Dies stellt eine Gemeinsamkeit mit Prozessen der Vergeschlechtlichung dar. Der Terminus Rassismus fügt somit der Einsicht in die gesellschaftliche Bedingtheit des Signifikanten Rasse den Verweis auf die Entstehungs- und Wirkgeschichte rassischer Kategorien im Kontext von globalen Macht- und Gewaltverhältnissen hinzu. Er weist, wie Kapitel 3.1. nachgezeichnet hat, die Idee einer rassisch definierten Teilung der Menschheit als Ideologie der Ungleichheit und als Wissen-Macht-Komplex aus. Der asymmetrische Begriff »rassistisch« macht sprachlich sichtbar, dass die Prozesse und Verhältnisse, die Rasse als sozial wirkmächtige Kategorie erst hervorgebracht haben, asymmetrische Verhältnisse sind. Begriffshistorisch gewinnt der Begriff des Rassismus jedoch um einiges später als der der Rasse an Bedeutung. Erst um die Wende vom 19. zum 20. Jahrhundert taucht er im wissenschaftlichen und politischen Diskurs auf. Das nach dem Zweiten Weltkrieg weltweit entstehende Recht gegen Rassismus verwendete den Begriff Rassismus nicht. Als Begriff des Rechts etablierte er sich erst sehr langsam seit den 1960er Jahren und meist im Zusammenhang mit strafrechtlichen Verboten von Hasskriminalität. Trotzdem ist Rasse ohne Rassismus nur unzu-

4 Fredrickson, *Rassismus*, S. 16.

5 Murji, Solomos, »Introduction to Racialization«, S. 8, Übers. d. Verf.

länglich bestimmt. Die Bedeutungen, Verwendungsweisen und die Wirkmacht von Rasse erschließen sich erst aus der Geschichte des Rassismus und dessen historischen und konkreten Artikulationen.

## 6.2. Rassediskurse, ihre rechtliche Absicherung und Infragestellung

Historisch wurde Rassismus in Kapitel 3 als Phänomen durch den Beginn des modernen Kolonialismus, die Aufklärung, die Nationalstaatenbildung und den Aufstieg der Naturwissenschaften eingegrenzt. Naturwissenschaft, Geschichtswissenschaft, Philosophie und das Recht wirkten bei der Rassialisierung der Menschheit eng zusammen. Der »rassifizierte wissenschaftlich begründete Differenzglauben«[6] sicherte seit Beginn der europäischen Moderne im Entstehen befindliche Macht- und Herrschaftsverhältnisse ideologisch ab. Naturforscher und Philosophen ordneten vermeintlich biologische und objektive »Rassemerkmale« körperlichen und psychischen Eigenschaften und Verhaltensmustern zu und verallgemeinerten, verabsolutierten und bewerteten die so hergestellten Unterschiede. Besonders deutlich wird das auf dem Höhepunkt der affirmativen anthropologischen und erbbiologischen Rasseforschung ab Ende des 19. Jahrhunderts bis Mitte des 20. Jahrhunderts. Als zentrale Topoi wurden die hierarchische Anordnung von Rassegruppen, der Rassenkampf und die Rassenreinheit herausgearbeitet. Im ausgehenden 19. Jahrhundert kamen noch die eugenischen Ideen der Rassenerzeugung und der Rassenhygiene hinzu.

Die Vermischung von Rassen (damals verstanden als Vermischung des Blutes) galt in den in Kapitel 4 analysierten historischen Fällen – der rassistischen Segregation in den USA, im deutschen Kolonialismus und im Nationalsozialismus – als Gefahr für die Reinheit und den Bestand der Rasse. Die Rolle des Rechts bestand darin, die rassistische Trennung zwischen ehemaligen Sklav:innen bzw. Kolonisierten und der weißen Bevölkerung aufrechtzuerhalten oder sie im Fall des Nationalsozialismus durch die Rassifizierung der Juden und Jüdinnen mit dem Ziel ihrer antisemitischen Aussonderung erst herzustellen. In allen drei Fällen galten

6 Eggers, »Rassialisierte Machtdifferenz«, S. 58.

sogenannte »Mischlinge« als besondere Gefahr, waren sie doch der Gegenbeweis zu naturwissenschaftlich und politisch gezogenen Rasselinien. Ihnen galt daher die besondere Aufmerksamkeit des Rechts. Zugleich führten sie die kategorialen Grenzziehungen dieses rassistischen Rechts ad absurdum. Vergleichend wurde auch deutlich, dass die Nürnberger Rassengesetze an kolonialrassistische Rassendiskurse anknüpfen konnten, wie sie nicht nur im deutschen Kolonialismus, sondern auch in den rassistisch segregierten US-amerikanischen Südstaaten prävalent waren. Die nationalsozialistische Rechts- und Rassewissenschaft orientierte sich ausdrücklich sowohl an im deutschen Kolonialismus erarbeiteten Rassentheorien als auch an US-amerikanischen Konzepten zur legislativen Regelung der rassialisierten Beziehungen zwischen Schwarzen und Weißen. Damit ist deutlich geworden, dass die verschiedenen Fälle über ein System global etablierter Rassetheorien miteinander verbunden sind.

Die vergleichende Analyse kolonialrassistischer und antisemitischer Rassekonzepte und deren rechtlicher Regulierungsversuche hat aber auch wichtige Unterschiede ergeben. Das koloniale deutsche Recht schrieb die *color line* und damit die binäre Kodierung der Welt und ihrer Bewohner:innen als weiß und schwarz und also modern und unmodern unter Bezug auf naturwissenschaftliche Theorien fest. Das völkisch-rassistische Recht funktionierte anders. Seine historische Eigenart ergibt sich aus einer Kombination eines mystisch-kulturalistischen Volks- und Rasseverständnisses, der völligen Ablehnung des universalistischen Gleichheitsversprechens der Aufklärung sowie einer antisemitischen Projektion auf die Juden als »Gegenrasse« und als Personifikationen »des Lohns ohne Arbeit [und] der Heimat ohne Grenzstein«.[7] Das nationalsozialistische Rasserecht war aber nicht nur durch seinen expliziten Bezug auf den völkischen Rassediskurs und den rassischen Antisemitismus besonders. Auch die rassistisch-sozialdarwinistisch begründete Vernichtung von Sinti und Roma im Nationalsozialismus folgte weniger einer kolonialen Ausbeutungs- und Zivilisierungsmission als einer Mission der »Vernichtung durch Arbeit« jener, die »asozial« und Erziehung »nicht zugänglich« seien.[8] Rassistische

7 Horkheimer, Adorno, *Dialektik der Aufklärung*, S. 208.
8 RG 1943 516 Nr. 8, zitiert nach Werle, *Justiz-Strafrecht*, S. 461.

Spaltungen in den USA zu Zeiten der Segregation und in Deutschland während des Hochimperialismus und des Nationalsozialismus unterschieden sich schließlich auch deshalb, weil sie sich in verschiedener Weise mit Staatsbürgerschaft verbanden. Während Afroamerikaner:innen seit 1868 über die US-amerikanische Staatsangehörigkeit verfügten,[9] war das in Deutschland, nicht zuletzt aufgrund der rechtlich und bürokratisch verhinderten Naturalisierung von kolonisierten Menschen, nur ausnahmsweise der Fall. Deutsche Juden und Jüdinnen, Sinti:zze und Roma:nja wurden unter Verweis auf völkische Rassekonzepte im Nationalsozialismus ausgebürgert. Diese historischen Besonderheiten prägen unterschiedliche Vorstellungen von nationaler Zugehörigkeit und damit auch rassistische Zuschreibungen bis heute. Rassismustheoretische Ausarbeitungen und antirassistische Kämpfe orientieren sich in den USA bis heute stärker an der *color line* und der Geschichte der Sklaverei, in Europa dagegen eher an einer Geschichte des Holocaust und der Migration seit dem Zweiten Weltkrieg. Mit dem Ende des Nationalsozialismus waren völkische Rassekonzeptionen weitgehend desavouiert – nicht nur in Deutschland. Biologistische Rassekonzeptionen wurden mehr und mehr von populationsgenetischen Rassekonzepten und der Ethnizitätsforschung abgelöst. Die Behauptung rassistischer Unter- und Überordnungsverhältnisse stieß zunehmend auf Ablehnung, sozialkonstruktivistische Konzeptionen wiesen gesellschaftliche Machtverhältnisse als Ursprung rassialisierter Differenz aus und es etablierten sich auch rassismuskritische Gebrauchsweisen von Rasse. *Politics of difference* bekräftigen Unterschiede zwischen rassisch definierten Gruppen, mit dem Ziel, die Perspektiven rassistisch unterdrückter Gruppen sichtbar zu machen und ihre Unterdrückung abzubauen.

Maßgeblich befördert durch internationale Institutionen, setzte nach 1945 ein Wandel ein, von Rasse als einer Kategorie rassistischen Rechts zu einer Kategorie des Antidiskriminierungsrechts. Rasse war eine der ersten antidiskriminierungsrechtlichen Kategorien. Recht gegen Rassismus reagierte auf bereits vorgefundene gesellschaftliche und rechtliche Kategorisierungen wie *race* bzw. Rasse und übernahm diese. Der Begriff Rassismus etablierte sich erst

9 Der 14. Zusatzartikel vom 09.07.1868 erklärte alle in den USA geborenen bzw. eingebürgerten Personen zu Staatsbürger:innen mit gleichen Rechten.

später. Kategoriales Antidiskriminierungsrecht ist aber auch eine praktische Konsequenz der politischen Kritik an mehr oder weniger offensichtlichen Partikularismen von Rechten unter dem Deckmantel des Universalismus. Gesellschaftliche Gruppen machten auf Basis von Zuordnungen, zum Beispiel als Geschlechtergruppen oder als rassische Gruppen, nun besondere Rechte geltend. Damit waren auch Politiken der Anerkennung und Identitätsstiftung verbunden. In Kapitel 5 wurde diese Entwicklung nachgezeichnet. Sie gilt für nationales Recht wie Art. 3 Abs. 3 GG, für internationales Recht wie in AEMR, ICERD und EMRK, und auch das Recht der Europäischen Union hielt in Art. 13 EGV (heute Art. 19 AEUV), Art. 21 EU-GrCh und in der RL 2000/34/EG am Begriff Rasse fest. Im US-amerikanischen Recht geht diese Tradition noch weiter zurück. Hier existiert mit der *Equal Protection Clause* schon seit 1868 Verfassungsrecht gegen Diskriminierung *on account of race*. Das US-amerikanische Recht und die AEMR beeinflussten nach 1945 auch das deutsche Verfassungsrecht gegen Rassismus. Dies gilt, wie diese Arbeit herausgearbeitet hat, sowohl für die ersten landesrechtlichen Verfassungen als auch für Art. 3 Abs. 3 GG.

Dabei setzte sich international eine Konzeption von Diskriminierungskategorien als persönlichen unveränderlichen Eigenschaften oder Identitätsmerkmalen durch, die als Ausdruck der individuellen Menschenwürde schützenswert sind. Der Aspekt der Verweigerung gleicher Teilhabe an der Gesellschaft, der sich stärker in Kriterien wie historische Diskriminierung, strukturelle Benachteiligung und politische und ökonomische Machtlosigkeit widerspiegelt, stand demgegenüber im Hintergrund. Dies stärkte wiederum die Vorstellungen von Rasse als einer immanenten und permanenten persönlichen Eigenschaft von Diskriminierungsbetroffenen. Zugleich waren essentialistische Annahmen über rassische Unterschiede nicht aus der Welt. Das zeigt sich im deutschen Recht in strafrechtlichen und familienrechtlichen Verfahren (Kapitel 3.3.4.2. und 3.3.4.3.) sowie in besonderem Maße im Entschädigungsrecht (Kapitel 5.7.4. und 5.7.3.5.), wo »Rasse« in § 1 BEG bis heute eng und traditionell biologistisch ausgelegt wird. Opfern rassistischer Gewalt und Diskriminierung wurde in diesen Verfahren eine Entschädigung mit zwei Argumentationsmustern verweigert. Sint:izze und Rom:nja wurde in der frühen Entschädigungsrechtsprechung eine rassisch definierte Andersheit und Devianz attestiert, die ihre Verfolgung noch rechtfertigen sollte. Polnischen und russischen Zwangsarbeiter:innen wurde eine Entschädigung dagegen mit dem Argument verwehrt, sie seien keine richtige »Rasse« im Sinne der Nürnberger Rassengesetze.

Trotz dieser nachgezeichneten Kontinuitäten des rassistischen Wissens im Recht gilt Rassismus in postrassistischen, liberalen Diskursen seit der Abschaffung jener rechtlichen Regelungen, die rassistische Ungleichbehandlung ausdrücklich anordneten, als weithin überwunden. Jeder politische und rechtliche Bezug auf Kategorien rassialisierter Differenz gilt dann als diskriminierend, auch wenn er auf den Abbau von Diskriminierung zielt. Zugrunde liegt dem ein formales Gleichheitsverständnis und ein symmetrisches Verständnis von rassisch bzw. ethnisch definierter Differenz. Alle Menschen sind danach Träger einer unablegbaren Rasse oder Ethnizität. An diese individuelle Eigenschaft eine Ungleichbehandlung anzuknüpfen, ist als Diskriminierung verpönt.

Dagegen verstehen sowohl die identitätspolitisch argumentierende Critical Race Theory als auch die postkategorial argumentierende kritische Rassismustheorie rassialisierte Differenz als eine asymmetrische Struktur, die aufgrund historisch gewachsener und verfestigter Machtverhältnisse und Wissensbestände weiter relevant ist. Beide Strömungen vertreten ein materielles Gleichheitsverständnis und eine asymmetrische Konzeption von Diskriminierung. Positive und proaktive Maßnahmen, die wiedergutmachend und nachteilsausgleichend auf strukturelle Nachteile reagieren, sind danach keine Diskriminierung. Critical Race Theory bezieht sich weiter zentral auf die Kategorie Rasse. Postkategoriale rassismuskritische Theorie formuliert Bedenken gegenüber der essentialisierenden diskursiven Kraft von Rassenkonzeptionen auch im rassismuskritischen Gebrauch. Einig sind sich beide Strömungen rassismuskritischer Rechtswissenschaft in ihrer Kritik an der relativierenden Externalisierung von Rassismus in die Vergangenheit oder seiner Reduzierung auf individuellen Hass.

## 6.3. Diskursive Verschiebungen im Rasse- und Rassismusdiskurs und deren rechtliche Implikationen

Seit der Mitte des 20. Jahrhunderts kam es zu vielfältigen Verschiebungen in den diskursiven Formationen und Begründungsmustern von rassialisierter Differenz: zu einer Modernisierung der Begriffe und Begründungen von Rasse zu Ethnizität/Kultur, zu einer Verschiebung der Zwecke von Nachteil zu Nutzen und zu einer Verlagerung des Verhältnisses von Hierarchie zu Differenz. Zugleich wuchs die Bedeutung von rassismuskritischem Wissen.

### 6.3.1. Von Rasse zu Ethnizität

Die erste Verschiebung ist zunächst eine semantische Modernisierung. Natur- und kulturwissenschaftliche sowie soziologische Bezugnahmen auf rassialisierte Differenz werden nun nicht mehr in den Begrifflichkeiten von Rasse und Biologie, sondern von Ethnizität, Kultur oder Religion formuliert. Dies geschah auch als Reaktion auf die naturwissenschaftliche Kritik an der Unzulänglichkeit biologischer Rasseeinteilungen und die politische Kritik an biologistisch begründeter Diskriminierung. Diese Entwicklung vollzog sich nicht zufällig Mitte des 20. Jahrhunderts parallel zur Abschaffung der Nürnberger Rassengesetze, der Abschaffung der US-amerikanischen Segregationsgesetze und parallel zur Einführung rechtlicher Vorschriften gegen Rassismus. In den USA wurden Juden, Iren und italienische Einwanderer erst von der kulturanthropologischen Schule und dann von der migrationssoziologischen *race relations*-Forschung der Chicagoer Schule zu Ethnien erklärt, um sie als Teil einer weißen Mehrheitsgesellschaft auszuweisen. In Deutschland wurden dagegen Migrant:innen mit Verweis auf ihre Herkunft als sogenannte Gastarbeiter oder als Ausländer rassialisiert, ohne dass sie als Rassen kategorisiert wurden. Seit der Jahrtausendwende wurden sowohl diese als auch Neuzugewanderte als Muslime umgedeutet und mit Verweis auf ihre Religion auch essentialisiert und diskriminiert. Auf diese Weise kam es zu einer Essentialisierung von Kultur, die aber nicht mehr als Rassismus galt. Gleichzeitig trat die asymmetrische Realität des Rassismus in den Hintergrund. *Race relations* wurden als mehr oder weniger symmetrische Interessenkonflikte ethnischer

Gruppen erklärt, Rassismus zum individuellen Glauben an biologische Rassenunterschiede.

Die neuen Begrifflichkeiten verdeckten auch, dass biologistische und kulturalistische Begründungsmuster für eine vermeintlich wesenshafte Differenz »der Anderen« seit der Verwendung des Rassebegriffs zur hierarchischen Kategorisierung von Menschen immer schon miteinander vermengt waren. Naturwissenschaftliche Rasseeinteilungen gingen seit jeher mit Annahmen über die kulturelle und zivilisatorische Verfasstheit der als Rassen kategorisierten Gruppen einher und auch im kulturalistischen Rassismus schwingen Vorstellungen von der Vererbung von Kultur weiter mit. Im Gegensatz zum biologistischen Rassismus funktioniert kulturalistischer Rassismus aber auch tatsächlich flexibler. Vorstellungen von Immanenz und Permanenz sind in kulturalistischen Ethnizitätskonzepten schwächer, da Kultur stärker als Biologie als veränderbar gilt. Den rechtlichen Schutz vor Diskriminierung darf das nicht abschwächen.

In beiden deutschen Nachkriegsstaaten ging die Modernisierung von Rasse zu Ethnizität mit der Vorstellung einher, Rassismus sei in der eigenen Gesellschaft überwunden. Rassismus artikuliert als Antisemitismus galt nun als Teil der nationalsozialistischen Vergangenheit und somit abgeschlossen. Eine Beschäftigung mit der kolonialen deutschen Vergangenheit und deren Erbe fand in beiden deutschen Staaten so gut wie nicht statt. Die DDR erklärte Rassismus zur »systembedingte[n] Begleiterscheinung der imperialistischen Herrschaft«[10] und folglich im Sozialismus »in seinen Wurzeln ausgerottet«;[11] postkolonialer Rassismus fand sich nach dieser Auffassung ausschließlich in der BRD und anderen Staaten des Westblocks. Die vorliegende Arbeit hat den Nachweis erbracht, dass diese Externalisierung zentral auch über das Recht gegen Rassismus erfolgte. Dass sich die DDR im Vergleich zur Bundesrepublik weitaus stärker auf internationales Recht gegen Rassismus bezog, wurde nicht als Widerspruch, sondern als zentraler Bestandteil einer Legitimationstrategie als einziger antirassistischer Staat auf

10 DDR-Komitee für die Kampfdekade gegen Rassismus und Rassendiskriminierung, *Rassismus, Apartheid und Kolonialismus*, S. 45.

11 Graefrath, »Überwindung des Rassismus«, S. 696, ausführlich zum Recht gegen Rassismus das DDR-Kapitel 5.6.

deutschem Boden herausgearbeitet. In der Bundesrepublik dominierte dagegen eine totalitarismustheoretische Gesellschaftsinterpretation, die »die nazistisch-antisemitischen Entrechtungen« mit vermeintlich drohenden »bolschewistischen Entrechtungen der höheren Klasse der Gesellschaft« gleichsetzte und so in den Hintergrund treten ließ.[12]

Diese Externalisierungen führten auch dazu, dass der Begriff Rassismus im deutschen Recht bis in die 1990er Jahre kaum verwendet wurde. Stattdessen prägten Begriffe wie »Rassenhass«, »Ausländer-»oder »Fremdenfeindlichkeit« die politische Debatte und den Rechtsdiskurs. In der DDR war, wenn überhaupt, von »Rowdytum« die Rede, auch im Recht. Das verfassungsrechtliche Verbot des Rassenhasses in Art. 6 VerfDDR und seine strafrechtlichen Umsetzungsgesetze dienten nur anfänglich der Bestrafung von Nazi- und Kriegsverbrechen, alsbald schon als propagandistisches Mittel zur Bestrafung sogenannter »friedensgefährdender Verbrechen gegen die DDR [...] und die sozialistische Gesellschaft«.[13] Antisemitismus, Rassismus gegenüber Vertragsarbeiter:innen aus den sozialistischen Bruderländern des globalen Südens und antislawistische Ressentiments gegen russische Soldaten wurden trotz offizieller Bezugnahmen auf ICERD auch unter dem 1968 eingeführten formalen Gleichbehandlungsgebot »unabhängig von [...] seiner Rasse« in Art. 20 Abs. 1 S. 1 VerfDDR nicht thematisiert und rechtlich vernachlässigt.

Auch in der verfassungsrechtlichen Diskussion der Bundesrepublik (vor und nach der Vereinigung beider deutscher Staaten im Jahr 1990) spielte das Diskriminierungsverbot »wegen [...] seiner Rasse« in Art. 3 Abs. 3 S. 1 GG kaum eine Rolle. Die Untersuchung der Rechtsprechung und Literatur hat Kontinuitäten, Entwicklungslinien, Schwerpunkte und diskursive Brüche herausgearbeitet, doch im Unterschied zur Diskriminierungskategorie Geschlecht sind zeitliche Phasen nicht klar abgrenzbar – auch weil es wenig Rechtsprechung gibt.[14] Das Bundesverfassungsgericht setzte

12 Deutscher Bundestag/Bundesarchiv, *Der Parlamentarische Rat*, Bd. 5/I, S. 361, im Einzelnen Kapitel 5.7.3.4.

13 Benjamin, »Rede auf der Tagung der Volkskammer der DDR vom 01. 09. 1966«, S. 548.

14 Phasen der Rechtsprechung des Bundesverfassungsgerichts zur Diskriminierung wegen des Geschlechts zeichnen nach Sacksofsky, *Das Grundrecht auf Gleichbe-*

sich 1968 in seiner Entscheidung zur Ausbürgerung Deutscher Juden nach den Nürnberger Rassengesetzen ausführlicher mit dem Verbot der Diskriminierung wegen der Rasse auseinander.[15] Eine sozialkonstruktivistische Subsumtion unter den Begriff der Rasse bereitete in diesem Fall keine Probleme, ging es doch um den Gebrauch des Begriffs in der nationalsozialistischen Gesetzgebung und damit um einen eindeutigen Fall. In Verfahren zur Rechtswidrigkeit des Racial Profiling, in denen das verfassungsrechtliche Diskriminierungsverbot wegen der Rasse seit einigen Jahren gegen Identitätsüberprüfungen Schwarzer Menschen mobilisiert wird, stellen die Gerichte heute auf »die Hautfarbe der Kläger, die von dem Merkmal der Rasse in Art. 3 Abs. 3 Satz 1 GG erfasst wird«,[16] ab. Sie tun das ohne eigene Definitionsversuche von Rasse, unter Referenz auf die in der Kommentarliteratur weiter verbreitete Definition als »Gruppen mit bestimmten wirklich oder vermeintlich biologisch vererbbaren Merkmalen«.[17] Bei dieser Begründung tritt in den Hintergrund, dass es bei diesen Kontrollen nicht um tatsächliche Zugehörigkeiten oder Eigenschaften der Kontrollierten geht, sondern um ihre rassistische Stigmatisierung als kriminell, illegal und nicht zugehörig.

Recht, das auf Vererbungsprozesse und biologische Merkmale setzt und Rassismus auf völkischen Rassenantisemitismus oder die *color line* reduziert, hat auch Schwierigkeiten, auf neue Rassismen zu reagieren, die sich nicht mehr rassenbiologischer Begründungen bedienen. Das zeigen Entscheidungen des U.S. Supreme Court zur Diskriminierung eines Amerikaners mit irakischer Einwanderungsgeschichte und einer jüdischen Gemeinde[18] ebenso wie Nichtannahmebeschlüsse des Bundesverfassungsgerichts, die in einem Fall von einer Sintezza,[19] in einem anderen von einem als Russlanddeutschen diskriminierten Beschwerdeführer[20] erfolglos

*rechtigung*; Baer, »Gleichberechtigung revisited. Zur Interpretation des Art. 3 GG und internationaler Gleichbehandlungsgebote«, in: *NJW* 43/2013, S. 3145-3150.

15 BVerfG v. 14. 12. 1968-2 BvR 557/62 = BVerfGE 23, 98 (Ausbürgerung I), ausführlich Kapitel 5.8.2.

16 OVG Rheinland-Pfalz v. 21. 04. 2016-7 A 11108/14 – Rn. 108.

17 Für viele Jarass, in: Jarass/Pieroth, 2014, Art. 3, Rn. 122.

18 St. Francis Coll. v. Al-Khazraji, 481 U.S. 604 (1987) und Shaaré Tefila Congregation v. Cobb 481 U.S. 615 (1987), siehe Kapitel 5.2.4.

19 BVerfG v. 02. 02. 1993-2 BvR 1491/91, siehe Kapitel 5.8.6.

20 BVerfG v. 02. 04. 2003-2 BvR 424/03, siehe Kapitel 5.8.6.

geltend gemacht wurden. In diesen Fällen wie auch in Fällen von antimuslimischem Rassismus können die herkömmlichen auf die Biologie oder Hautfarbe der Betroffenen fixierten Rassedefinitionen keine Antworten auf die Frage der Diskriminierung geben. Auch aktuelle kriminal- und sicherheitspolitische Diskurse, die um rassistisch aufgeladene Topoi wie »ethnisch abgeschottete Subkulturen« oder »Clanfamilien«[21] kreisen, erfasst ein vor allem biologisch bzw. kolonialrassistisch umrissener Rassebegriff nicht. Dies gilt auch für Fälle von sekundärem oder israelbezogenem Antisemitismus, in denen rassische Begründungen keine Rolle spielen. Wie solche Formen des Antisemitismus bislang rechtlich adressiert werden und wie sie gegebenenfalls besser adressiert werden können, ist eine Frage, die vorliegend nur am Rande diskutiert werden konnte und die weiterer Forschung bedarf.

Angesichts der Bedeutungsverengung von Rasse auf Formen biologistischer Rassialisierung wird in der Kommentar- und Aufsatzliteratur vorgeschlagen, die Diskriminierungsverbote wegen der Rasse im Lichte von ICERD und EMRK weit auszulegen und durch die Kategorie Ethnizität bzw. ethnische Herkunft zu ergänzen.[22] Ist damit Ethnizität die Antwort auf neue kulturalistische Formen des Rassismus und des Antisemitismus? Die vorliegende Untersuchung hat einige Ansatzpunkte dafür geliefert, dass das nicht ohne weiteres der Fall ist – aus mehreren Gründen. Wenn Rasse und ethnische Herkunft als getrennte Kategorien betrachtet werden, die einerseits biologische und andererseits kulturelle Zuordnungen abbilden, umfasst Rasse dann vor allem Diskriminierungen anhand der *color line*, Ethnizität und Religion dagegen den Rest. Diese Entwicklung zeigt sich im internationalen Recht wie im Antidiskriminierungsrecht der Europäischen Union und den entsprechenden nationalen Umsetzungsgesetzen. Sinti und Roma gelten danach als ethnische Gruppen, Juden als Ethnie oder Religion, Muslime als Religion. Wenn Antiziganismus, Antisemitismus und antimuslimischer Rassismus als Diskriminierung wegen der Ethnizität oder der Religion ausgewiesen werden, droht aber verwischt zu werden, dass es sich dabei ebenfalls um Rassismen

21 Beide Zitate aus Polizei NRW LKA, *Clankriminalität – Lagebild NRW*, 2018, S. 6, 24. Zum Problem Liebscher, »Clans statt Rassen«, S. 536ff.

22 Im Einzelnen Kapitel 5.3.3. und 5.8.7.

handelt, die durch intersektionale und strukturell asymmetrische Ausgangslagen gekennzeichnet sind.

Wenn die Faktoren der Asymmetrie, Struktur und Macht in den Hintergrund treten, verstärkt das auch ein Verständnis der Diskriminierungskategorie als unveränderliche persönliche Eigenschaft. Ethnizität wird dann nicht in rassismuskritischer, sondern eher in essentialistischer Weise ausgelegt. Die Empfehlung der UNESCO, Rasse durch die »weniger gefühlsbeladene und (in der Umgangssprache) genauere Bezeichnung ethnische Gruppe zu ersetzen«,[23] ist ein Ausweis dieses Problem: Mit den neuen Begriffen verschwindet nicht das rassistische Wissen über Genealogie, Immanenz und Permanenz, das allen rassialisierenden Kategorisierungen zugrunde liegt. Am deutlichsten wird das im neorassistischen, ethnopluralistischen Diskurs der Neuen Rechten, die propagiert, einzelne Volksgemeinschaften würden jeweils einheitliche Kulturen bilden, die gegen fremde Einflüsse zu verteidigen seien. Modernisiertes rassistisches Wissen fließt aber auch über Abstammungsbegutachtungen, Altersbegutachtungen oder im Wege des *Forensic DNA Phenotyping* in rechtliche Verfahren ein. Begriffe wie »Ethnie«, »Stamm«, »Population« oder neuerdings auch »Clanfamilie« ersetzen dabei oftmals die alten Rassekategorien oder rufen rassistische Konzeptionen von Differenz und Devianz verdeckt auf, auch weil rassistisches Alltagswissen in die Rechtsanwendung einfließt, ohne dass dies von den juristischen Akteur:innen reflektiert wird.

Mit der Gefahr der Essentialisierung ist auch das Recht gegen Rassismus konfrontiert. Beispiele für essentialisierende Effekte wurden vorliegend mit Blick auf das US-amerikanische Recht und das AGG herausgearbeitet sowie (angesichts noch weniger Gerichtsverfahren) anhand der Literatur zu Art. 3 Abs. 3 S. 1 GG. Der Rückgriff auf erbbiologische Definitionen von Rasse war im deutschen Verfassungsrecht gegen Rassismus lange verbreitet und ist es zum Teil heutzutage noch, das hat die Durchsicht der Kommentierungen zu Art. 3 Abs. 3 S. 1 GG gezeigt. Formulierungen wie »Menschengruppen mit bestimmten wirklich oder vermeintlich vererbbaren Eigenschaften«[24] haben unweigerlich biologistische Implikationen. Sie rufen Erinnerungen an Thilenius' Definition

23 UNESCO, *The Race Concept*, S. 7; UNESCO, *The Race Question*, S. 6; Kapitel 3.3.4.1.

24 Für viele Heun, in: Dreier, 1996, Art. 3, Art. 3, Rn. 288.

im Deutschen Koloniallexikon von 1920 wach, der schrieb: »Eine solche Gruppe von Individuen, die durch gemeinsame, vererbbare Merkmale verbunden sind, bildet eine Rasse.«[25] Doch auch im Rechtsdiskurs der USA, die auf eine umfängliche Judikatur zu Diskriminierung *on account of race* zurückblicken, sind biologistische Verständnisse von *race* nicht obsolet und auch dort werden sie als Ethnizität neu formuliert. In einem der wenigen Urteile, in denen der U.S. Supreme Court *race* im Zusammenhang mit der *Equal Protection Clause* definierte, umschrieb er damit eine Person, »die genetisch Teil einer ethnisch und physiognomisch unterschiedlichen Unterteilung des Homo sapiens ist«.[26] Mit solchen biologistischen Formulierungen wird der sozio-historische Prozess der Rassialisierung, in dem rassisch definierte Gruppen mit den wissenschaftlichen Weihen der Anthropologie und Vererbungslehre erst hergestellt wurden, verschwiegen bzw. legitimiert. Wie gezeigt, erfolgen Rassezuordnungen zentral über Vorstellungen von Genealogie. Doch dabei handelt es sich um Zuschreibungen, nicht um tatsächliche Einteilungen.

### 6.3.2. Von Nachteil zu Nutzen

Die zweite diskursive Neuformierung zeichnet sich durch eine Verschiebung der Zwecke aus, mit denen Bezugnahmen auf rassialisierte Differenz begründet werden. Ob als naturwissenschaftliche oder als rechtliche Kategorie, Rassezuordnungen dienten lange der Begründung von Ausbeutung, Segregation und Gewalt. Mit dem diskursiven Wandel seit Mitte des 20. Jahrhunderts werden Bezugnahmen auf rassialisierte Differenz zunehmend mit den Interessen rassialisierter Minderheiten begründet. Der Rassebegriff erfährt nun zunehmend auch eine neutrale oder positive Konnotation. Medikamente mit angeblich rassespezifischer Wirkung werden vermarktet, die kommerzielle Ahnenforschung bietet genetische Stammbaumanalysen im Internet an und verkauft die so gewonnenen Daten wieder an die Pharmaforschung.[27] Identitätspolitititische Bezugnahmen auf *race* sollen die spezifische Unterdrückungser-

25 Thilenius, »Menschenrassen«, Rn. 546 f., siehe auch Kapitel 3.3.1.2.

26 481 U.S. 604 (1987), 613, ausführlich Kapitel 5.2.4.

27 ⟨https://bigbrotherawards.de/2019/biotechnik-ancestry_com⟩, letzter Zugriff 01. 11. 2020.

fahrung rassialisierter Gruppen kollektiv sichtbar machen, deren Erfahrungen aufwerten und vermeintliche universelle Interessen als weißen Partikularismus entlarven. Differenzen werden nicht mit der Natur, sondern mit einer gelebten Geschichte begründet. Zweck ist nicht die Legitimierung von sozialer Ungleichheit durch deren Naturalisierung, sondern die Sichtbarmachung und Berücksichtigung der Perspektive rassistisch unterdrückter Menschen. Antidiskriminierungsrecht schließlich, das auf Rasse als Diskriminierungskategorie setzt, will Diskriminierung verhindern und beseitigen. Es reagiert mit besonderen Rechtsgarantien auf Benachteiligungen, Stigmatisierungen und Positioniertheiten, aus denen besondere Diskriminierungsrisiken resultieren. In allen diesen Ansätzen zeigt sich deutlich das Dilemma der Differenz. Trotz ihrer antidiskriminierenden Zwecke sind sie nicht gegen die Gefahren der Essentialisierung von Differenz und der Homogenisierung von Erfahrung gefeit.

Affirmative Bezüge auf *race* zum Nutzen marginalisierter Gruppen haben im englischsprachigen Raum, besonders in den USA, eine wesentlich größere Bedeutung und Verbreitung als in Deutschland. Als Gründe dafür wurden die juristischen Kämpfe und Erfolge der Bürgerrechtsbewegung unter Bezug auf kategoriales Antidiskriminierungsrecht und die identitätspolitische Aneignung des Begriffs *race* durch die *race-conciousness*-Bewegung herausgearbeitet. Das antirassistische Verfassungsrecht der USA existierte lange Zeit neben rassistisch segregierenden Gesetzen, die Bedeutung des Begriffes *race* ist untrennbar auch mit rechtlichen Kämpfen gegen Rassismus verbunden. Mit dem Ende der rechtlich vorgeschriebenen Segregation in den USA ging nicht das Ende der staatlichen Erfassung von *race* einher, sondern eine Verschiebung ihrer Zwecke. Das sind laut U.S. Census Bureau die Erhebung von Equalitydaten zur Durchsetzung von Bürgerrechten, die Einteilung von Wahlbezirken und der Abbau ungleicher Gesundheitsrisiken. Zudem sind sozialkonstruktivistische und rassismuskritische Ansätze in der Kultur-, Sozial- und Rechtswissenschaft stärker verankert und institutionalisiert. Auch die dargestellte Kommerzialisierung von Differenz, sei es in der Medizin oder der Ahnenforschung, hat zur affirmativen Bezugnahme auf *race* beigetragen.

Eine vergleichbare Resignifikation des Begriffs Rasse hat in der deutschen Sprache bislang nicht stattgefunden. Der Systemwechsel in Deutschland beendete 1945 die offizielle Erfassung und Berücksichtigung von Rasse durch den Staat.[28] Auch eine kritische Aneignung des Begriffs Rasse durch die Rechtswissenschaft oder in antirassistischen Kämpfen erfolgte nicht – der Begriff war durch seine fundamentale Bedeutung für das nationalsozialistische Deutschland und seine Verbrechen desavouiert. Rassismuskritische Strömungen setzen sich vielmehr für eine Etablierung des Begriffs Rassismus als Analysebegriff und als Begriff des Rechts ein. Der deutsche Begriff Rasse, das ist im Laufe dieser Untersuchung deutlich geworden, hat trotz der dargestellten Gemeinsamkeiten dennoch eine andere Geschichte, unterschiedliche Bedeutungen und Verwendungsweisen als das englischsprachige *race*.[29] Während im anglophonen Raum *racial politics* sowohl rassistische als auch antirassistische Kategorien und Politiken bezeichnen, sprechen wir in Deutschland ausdrücklich von Rassismus oder von Antirassismus und nicht allgemein von rassisch definierter Politik. Während *racial conciousness* im Englischen ein Prozess ist, indem sich Menschen politisch ihrer Rassialisierungsprozesse bewusst werden und dies zum Ausgangpunkt antirassistischer Widerstandsprozesse wird, verweist der Begriff »Rassenbewusstsein« im Deutschen auf völkische Vorstellungen rassisch definierter Überlegenheit. Auch diese sozial geteilten Verständnisse müssen bei der Diskussion über rechtliche Begriffe bedacht werden.

Die Auseinandersetzung um Rasse als Begriff des Rechts gegen Rassismus ist dabei bei weitem kein ausschließlich deutsches Phänomen, auch wenn dies in der Debatte zuweilen suggeriert wird. Um Rasse wird angesichts des Dilemmas der Differenz international schon seit der Ausarbeitung von CERD in den 1960er Jahren gestritten, in den USA seit den 1970er Jahren im Zusammenhang mit positiven Maßnahmen und auf europäischer Ebene seit der Jahrtausendwende angesichts der Verabschiedung und mitgliedstaatlichen Umsetzung der EU-Antirassismus-Richtlinie RL 2000/43/EG. Fundamental unterschiedlich sind die Hintergründe der Kritik. Postrassistische Stimmen, die bislang vor allem die Auseinandersetzung um Affirmative Action in den USA prägen und

28 Zur Weitererfassung von Sinti und Roma nach 1945 Kapitel 5.7.3.5.

29 So aus wissenssoziologischer Perspektive auch Lipphardt u. a., »Lost in Translation«; Tanner, »Race und Rasse«, S. 35; Natascha Khakpour u. a., »Vorwort«, in: Hall, *Vertrauter Fremder*, S. 10.

dort als *colorblind* kritisiert werden, problematisieren den Rückgriff auf rassische Kategorisierungen vor dem Hintergrund einer formal-symmetrischen Interpretation von Gleichheit und eines symmetrischen Verständnisses von Diskriminierung als Ungleichbehandlung aufgrund individueller unveränderlicher Merkmale. Rassismus ist nach dieser Auffassung ein Problem der Vergangenheit, deshalb gilt jeder Bezug auf Rasse als suspekt, und zwar ganz unabhängig vom Zweck der Bezugnahme. Dass diese Debatte in Deutschland bislang kaum geführt wurde, liegt vor allem daran, dass es bislang kaum positive Maßnahmen zugunsten rassistisch strukturell benachteiligter Gruppen oder Individuen gibt. Diskussionen zur rechtlichen Zulässigkeit von Maßnahmen zur Gleichstellung von Frauen, aber auch der Vorschlag zur Änderung von § 130 StGB, dahingehend, dass Mehrheitsdeutsche »aufgrund ihrer Eigenschaft, Deutsche zu sein«, Tatobjekte von Volksverhetzungen sein können,[30] zeigen jedoch an, dass diese Auseinandersetzung auch mit Blick auf Diskriminierungsverbote wegen der Rasse zu erwarten sind.

Rassismuskritische postkategorial argumentierende Stimmen problematisieren Rasse als Begriff des Rechts dagegen nicht aus *colorblindness*, sondern aus grundlegend anderen Motiven. Ausgehend von einem materiell-asymmetrischen Gleichheitsverständnis,[31] sprechen sie sich statt für Formulierungen wie »wegen seiner Rasse« oder »aus Gründen der Rasse« für die Formulierungen »wegen rassistischer Zuschreibung« oder »rassistische Diskriminierung« aus und für positive Maßnahmen, die strukturelle, also rassistische Ungleichheitslagen berücksichtigen. Die rassismuskritische Kritik des Rassebegriffs wird von dieser Position vor dem Hintergrund des Dilemmas der Differenz formuliert, der Gefahr also, die Einteilungen, die das Recht angetreten ist abzuschaffen, durch deren rechtliche Aufrufung zu reifizieren. Zu den Erkenntnissen, die die vorliegende Arbeit zur Diskussion um Rasse als Begriff des deut-

30 Gesetzentwurf der Fraktion der AfD v. 24.04.2018, BT-Drs. 19/1842; ebenso Bertram, »Verpflichtung der Ermittlung und Berücksichtigung rassistischer Motive bei der Strafzumessung«, S. 188; Mitsch, »Der unmögliche Zustand des § 130 StGB«, S. 198. Die Autoren verwenden den Begriff Deutsche, meinen aber nur Deutsche ohne Migrations- und Rassismuserfahrung, die hier als Mehrheitsdeutsche bezeichnet werden.

31 Kapitel 5.1.2.2.

schen Rechts beiträgt, zählt auch, dass kategoriale Formulierungen wie »Rasse« in Art. 3 Abs. 3 S. 1 GG oder »rassische Gruppe« in § 130 Abs. 1 Nr. 1 StGB eine formal-symmetrische Interpretation von Diskriminierungsverboten erleichtern. Eine Rasse oder ethnische Herkunft haben auch Weiße, argumentieren Vertreter:innen von *colorblindness,* daher seien auch sie, unabhängig vom Zweck einer Regelung oder Maßnahme, vom Verbot der rassischen Diskriminierung geschützt. Postkategoriale Formulierungen wie rassistische Diskriminierung oder rassistische Zuschreibung legen dagegen eher eine asymmetrisch-materielle Interpretation von Gleichheit nahe und zielen auf die Benennung von Machtverhältnissen ab.

### 6.3.3. Von Hierarchie zu Differenz

Die dritte diskursive Verschiebung betrifft die Beschreibung des Verhältnisses der rassialisierten Gruppen zueinander. Im Zentrum der Debatten über Rasse steht dabei nicht mehr Hierarchie im Sinne von Über- und Unterordnung bzw. Ungleichwertigkeit, sondern Differenz im Sinne von unüberbrückbarer Verschiedenheit. Bereits die UNESCO-Erklärungen aus den 1950er Jahren stellten klar, die Verwendung des Begriffs Rasse »impliziere jedenfalls keine Hierarchie«.[32] Ähnlich argumentieren auch anthropologische und genetische Bezugnahmen auf rassialisierte Differenz, dass Rasseeinteilungen nach biowissenschaftlichen Kriterien durchaus objektiv möglich und nicht rassistisch sind, wenn sie nicht mit der Annahme von Über- und Unterordnung einhergehen. Eine solche Annahme setzte sich 1964 auch in der Menschenrechtskommission durch, die den Wortlaut von ICERD ausarbeitete. Die »rein physische Natur der Unterschiede zwischen Rassen« impliziere »weder Überlegenheit noch Unterlegenheit«.[33] Infolgedessen heißt es im wichtigsten internationalen Abkommen zu Rassismus, ICERD, nicht, »jede Doktrin der *rassischen Differenzierung oder Überlegenheit* [ist] wissenschaftlich falsch, moralisch zu verurteilen, sozial ungerecht und gefährlich«.[34] Absatz 6 Präambel ICERD weist vielmehr nur Leh-

32 UNESCO, Statement on Race and Racial Predudice, Para. 3b.

33 Human Rights Kommission, zitiert nach Thornberry, *ICERD*, S. 77, Fn. 46, ausführlich Kapitel 5.3.3.

34 So noch Absatz 5 Präambel UN-Res.1904 (XVIII.) über die Beseitigung aller Formen rassistischer Diskriminierung.

ren »von einer auf Rassenunterschiede gegründeten *Überlegenheit*« zurück. Neurechte ethnopluralistische Proklamationen, die nicht mehr die Überlegenheit rassisch definierter Gruppen oder Völker über andere postulieren, sondern die Schädlichkeit von Grenzverwischungen und die Unvereinbarkeit von Lebensweisen und Traditionen behaupten, sind von dieser Definition nicht erfasst. Das macht es schwierig, differentiellen Rassismus, der die Existenz räumlich und kulturell voneinander getrennten Ethnien bzw. Völker propagiert, rechtlich zu adressieren. Gezeigt wurde auch, dass tradiertes rassistisches Wissen zum Beispiel in Schulbüchern und Enzyklopädien bis in die 2000er Jahre unter Verweis auf diese Definition in ICERD legitimiert wird.[35]

### 6.3.4. Von Rasse zu Rassismus

Rassistisches Wissen modernisierte sich nicht nur, rassismuskritisches Wissen verdrängt es auch und in zunehmendem Maße. Im deutschen Rechtsdiskurs spielten dafür die Verabschiedung der EU-Antirassismus-Richtlinie im Jahr 2000 und deren Umsetzung im AGG 2006 eine Rolle. Diese wurden auch in Kommentierungen und rechtswissenschaftlichen Aufsätzen zur Verfasstheit von Art. 3 Abs. 3 S. 1 GG rezipiert, die Diskriminierung als »strukturelle und interaktive Alltagserfahrung moderner Gesellschaften« und Rasse oder ethnische Herkunft nicht als »biologische Essentialia oder ›Fakten‹, sondern – wie Geschlecht – als soziale Marker oder Platzanweiser, die Stereotype transportieren«, ausweisen.[36] Sie sprechen sich gegen ein naturalisierendes Verständnis von »Merkmalen« aus und beschreiben stattdessen »Diskriminierungsverbote aufgrund der Kategorisierung von Menschen«[37] und »Merk-Male«[38] im Sinne von Stigma. Rechtlich suspekte Kategorisierungen werden so als Zuschreibungen, im Fall von Rasse und Ethnie als Rassialisierung ausgewiesen. Auch die Diskussion und Adaption von Erkenntnissen der Critical Race Theory im deutschen Rechtsdiskurs fallen in diesen Zeitraum und haben zu einer verstärkten Rezeption

35 Kapitel 3.3.4.2.

36 Beide Zitate Baer, »Recht gegen Fremdenfeindlichkeit«, S. 501, ausführlich Kapitel 5.8.7.

37 Mangold, *Demokratische Inklusion durch Recht*, S. 52.

38 Baer/Markard, in: von Mangoldt/Klein/Starck, 2018, Art. 3 Abs. 2, 3, Rn. 439.

rassismustheoretischen Wissens im deutschen Rechtsdiskurs beigetragen. Die verstärkte Bezugnahme auf ICERD schließlich, die Institutionen wie das Deutsche Institut für Menschenrechte, der Zentralrat Deutscher Sinti und Roma, der Türkische Bund Berlin-Brandenburg und die Initiative Schwarzer Menschen seit 2008 auf den Weg brachten, hat kontroverse Diskussionen um die Frage angeregt, was rassistische Diskriminierung im Sinne des Rechts ist.[39] All das schlägt sich auch in rassismuskritischen Interpretationen von Rasse in der rechtswissenschaftlichen Kommentar- und Aufsatzliteratur nieder, die eine jahrzehntelange Tradition biologistischer Bezugnahmen auf die Kategorie Rasse in Art. 3 Abs. 3 GG ablösen.

Ein Grund für die im Vergleich zur Kategorie Geschlecht immer noch geringe Bedeutung der Kategorie Rasse in der rechtswissenschaftlichen Diskussion ist auch die geringe Anzahl von Gerichtsverfahren. Fehlende Klagen führen zu fehlenden Entscheidungen, die von der Literatur kommentiert werden können. Dies kommt besonders zum Tragen, wenn Verfahren über mehrere Instanzen geführt werden müssen, um erfolgreich zu sein und in die juristischen Datenbanken und Fachzeitschriften einzugehen. Dieser Zustand ist indes nicht der Irrelevanz rassistischer Diskriminierung geschuldet. Von Rassismus betroffene Menschen klagen besonders selten, weil die Anreize für die Inanspruchnahme des Rechts zur eigenen Interessenverfolgung gering sind, ebenso wie die Ressourcen zur Rechtsmobilisierung.[40] Zahlreiche Verfahren zu Racial Profiling, die sich auf eine Verletzung von Art. 3 Abs. 3 S. 1 GG stützen, lassen künftig auf eine stärkere Rechtsmobilisierung hoffen. Die in dieser Arbeit vorgenommene Analyse der Entscheidungen zeigt aber auch, dass die Kläger:innen den Rassebegriff meiden. Die Gerichte wiederum vermeiden eine Auseinandersetzung mit dem rassistischen Gehalt von Kontrollen. Das Unbehagen der Betroffenen mit dem Rassebegriff und die Zurückhaltung von Rechtsprechung und Literatur, Rassismus rechtlich zu definieren und auf dieser Basis zu urteilen, erschweren so weiterhin die Rechtsmobilisierung.

39 Liebscher/Wetzel, »Landesbericht Deutschland«, Rn. 28 ff.

40 Antidiskriminierungsstelle des Bundes, *Evaluation des Allgemeinen Gleichbehandlungsgesetzes*, S. 10; Liebscher u. a., »Rassismus vor Gericht«, S. 135; Hubert Rottleuthner, Matthias Mahlmann, *Diskriminierung in Deutschland. Vermutungen und Fakten*, Baden-Baden 2011, S. 29 ff.

## 6.4. Eine Rassismusdefinition für das Recht

Was lässt sich aus alldem schlussfolgern? Ein Verständnis rechtlicher Diskriminierungskategorien im Sinne unverfügbarer persönlicher Merkmale verstärkt die Gefahr von Essentialisierungen. Wenn Recht personengebundene Eigenschaften ins Zentrum stellt, reproduziert es die Idee, dass Unterschiede natürliche Wesensunterschiede sind und nicht Formen gesellschaftlicher Beziehungen. Rasse und Ethnizität sind nach einer Vorstellung, die das Diskriminierungsverbot aus der »unentrinnbaren Vorgegebenheit [...] vererbbarer Merkmale«[41] ableitet, aber auch wertfreie und symmetrische Eigenschaften. Das erschwert die Diskussion über Asymmetrie und Struktur rassistischer Diskriminierung.[42] Beide Probleme konnten sowohl für das US-amerikanische Recht gegen Rassismus[43] als auch für das deutsche Verfassungsrecht[44] nachgewiesen werden. Als Lösungen wurden einerseits eine sozialkonstruktivistische, machtkritische Resignifizierung der Kategorie Rasse diskutiert und andererseits eine postkategoriale Ersetzung des Begriffs Rasse durch Formulierungen wie rassistische Diskriminierung oder rassistische Zuschreibung.[45]

Es gibt gute Argumente für und gegen beide Strategien. Worte wie Rasse und rassisch sind rechtlich etabliert. Doch beinhalten sie angesichts verbreiteten rassistischen Wissens die Gefahr, begrifflich das Problem zu reproduzieren, um dessen Abschaffung es geht. Und gerade im deutschen Kontext werden sie von den potentiellen Rechtsschutzsuchenden, den Betroffenen rassistischer Diskriminierung, weitgehend abgelehnt. Formulierungen wie rassistische Zuschreibung verschieben den Fokus rechtlicher Beurteilung in mehrfacher Hinsicht: von Zugehörigkeit zu Zuschreibung, von Essenz zu Signifikanz und von Symmetrie zu Asymmetrie. Rassialisierungsprozesse vollziehen sich schließlich immer im Zusammenhang mit Diskriminierungspraktiken und asymmetrischen Machtverhältnissen. Auch das kommt durch den Begriff des Rassismus zum Ausdruck. Die Bezeichnung eines Sachverhaltes

41 Starck, in: von Mangoldt/Klein/Starck, 2005, Art. 3, Rn. 387.

42 Grundlegend Kapitel 5.1.3.

43 Kapitel 5.2.

44 Kapitel 5.6. (DDR), 5.7. und 5.8. (Bundesrepublik).

45 Kapitel 5.8.9.

als »rassistisch« sieht sich jedoch dem Problem ausgesetzt, dass Rassismus und Antisemitismus von Teilen der Jurisprudenz und Rechtswissenschaft auf den historischen Nationalsozialismus und seine neonazistischen Wiedergänger verkürzt oder auf vorsätzliches Handeln reduziert werden. Zudem wird Rassismus auch von vielen Jurist:innen immer noch als moralischer Begriff abgelehnt. Das Grundgesetz ist ein guter Ort, um mit diesen Missverständnissen aufzuräumen. Antidiskriminierungsrecht verlangt weder Gesinnung noch Vorsatz, es interessiert sich für die Folgen rassistischer und antisemitischer Zuschreibungen.

Im Ergebnis kommt es entscheidend darauf an, dass rassismustheoretisches und rassismuserfahrenes Wissen stärker im Rechtsdiskurs rezipiert wird. Der Erfolg beider Strategien – rassismuskritische Resignifikation oder rassismuskritische Neuformulierung – hängt letztlich davon ab, ob es gelingt, eine rechtliche Rassismusdefinition zu entwickeln, die sowohl die strukturelle Verfasstheit als auch die verschiedenen Artikulationen von Rassismus angemessen berücksichtigt. Ein solches Unterfangen kann sich auf Diskriminierungsdefinitionen stützen, die zur Bestimmung rechtlich suspekter Kategorisierungen den Nachweis einer Geschichte historischer Diskriminierung und einer politischen Marginalisierung von Bevölkerungsgruppen verlangen.[46] Der von feministischer Rechtswissenschaft und Critical Race Theory verwendete Antisubordinationsansatz stellt in ähnlicher Weise auf eine Statushierarchie ab: eine Gruppe blickt auf eine Geschichte zurück, die Diskriminierung und Unterdrückung beinhaltet, und es besteht eine politische Machtlosigkeit dieser Gruppe.[47] Das Bundesverfassungsgericht schließlich hat in der Entscheidung zum Eintrag einer dritten Geschlechtsoption bereits das Element der strukturellen Diskriminierungsgefährdung etabliert, das auch für Fragen rassistischer Diskriminierung Geltung beanspruchen kann.[48]

Aus alldem lässt sich eine Definition rassistischer Diskriminierung ableiten:

Rassistische Diskriminierung ist die Benachteiligung von (1) Menschen, die biologischen, ethnisch-kulturellen oder nationalen Abstammungsgruppen

46 Kapitel 5.1.3.2.
47 Kapitel 5.1.2.2.
48 Kapitel 5.1.2.2.

zugeordnet werden, (2) die im Zusammenhang mit einer Geschichte von Rassismus oder Antisemitismus steht und (3) die mit einer asymmetrischen Verteilung von sozialen, politischen und ökonomischen Chancen und Ressourcen zuungunsten dieser Gruppen einhergeht.

Für Recht gegen Rassismus hieße das, den Unrechtsgehalt einer Diskriminierung und die rechtliche Schutzwürdigkeit nicht ausschließlich und nicht vorrangig an die Unverfügbarkeit von biologischen oder sozio-kulturellen Eigenschaften oder Identitäten anzuknüpfen. Rassialisierung bezeichnet einen Prozess der Zuschreibung und Stigmatisierung durch die Gesellschaft. Dieser Prozess ist für von Diskriminierung betroffene Personen zwar weitgehend unverfügbar, er kann aber sozial, zum Beispiel durch die Anrufung des Rechts, angefochten werden. Recht gegen Rassismus knüpft dann den Unrechtsgehalt einer Diskriminierung an das soziale Werturteil, das in der rassistischen Zuschreibung liegt. Die rechtliche Schutzwürdigkeit richtet sich nicht an unverfügbare Merkmale, sondern an die Betroffenheit von Rassismus. Klar wird dadurch auch, dass rassistische Diskriminierung weniger auf individuellen als auf systemischen Vorurteilen beruht, die sowohl strukturell als auch allgegenwärtig sind.[49]

Mit einer solchen Definition lassen sich auch Diskriminierungsformen erfassen, um die es unter den Stichworten mittelbare oder institutionelle rassistische Diskriminierung geht. Mittelbar rassistische Effekte neutral formulierter rechtlicher Regelungen und institutionalisierte justizielle Praktiken zu untersuchen, ist eine Aufgabe, die rassismuskritische Rechtswissenschaft in Deutschland in der Zukunft beschäftigen wird. Bislang gibt es dazu kaum Forschung. Doch lässt sich auch dazu auf die Rassismusforschung, die Referenzstudien der Critical Race Theory und auf die Methoden, Erfahrungen und Analysen der feministischen Rechtswissenschaft zurückgreifen.

Was die feministische Rechtswissenschaft für die Beschäftigung des deutschen Rechts mit vergeschlechtlichten Hierarchien und für den Abbau solcher Hierarchien erreicht hat, gilt es mit Blick auf rassialisierte Differenz noch zu verwirklichen. Wenn das Recht seine Geschichte als rassistisches Recht annimmt, wenn es die strukturelle Verfasstheit von Rassismus zur Grundlage seiner Entschei-

49 Clarke, »Against Immutablity«, S. 91.

dungen macht und wenn es das damit verbundene Dilemma der Differenz reflektiert, auch ohne es gänzlich auflösen zu können, dann wird es ein besseres Recht sein.

# Abkürzungsverzeichnis

| | |
|---|---|
| AG | Amtsgericht |
| ArbG | Arbeitsgericht |
| AGG | Allgemeines Gleichbehandlungsgesetz |
| AöR | Archiv des öffentlichen Rechts |
| BAG | Bundesarbeitsgericht |
| Beck OK GG | Beck'scher Online Kommentar zum Grundgesetz |
| BGH | Bundesgerichtshof |
| BIPOC | Black/Indigenous/People of Color |
| BMJV | Bundesministerium der Justiz und für Verbraucherschutz |
| BK | Bonner Kommentar zum Grundgesetz |
| BSG | Bundessozialgericht |
| BVerfG | Bundesverfassungsgericht |
| BVerwG | Bundesverwaltungsgericht |
| CERD | Committee on the Elimination of Racial Discrimination |
| DIMR | Deutsches Institut für Menschenrechte |
| DÖV | Die öffentliche Verwaltung |
| ECRI | European Commission against Racism and Intolerance |
| EGMR | Europäischer Gerichtshof für Menschenrechte |
| EMRK | Europäische Menschenrechtskonvention |
| EuGRZ | Europäische Grundrechte-Zeitschrift |
| FamRZ | Fachzeitschrift für das gesamte Familienrecht |
| GG | Grundgesetz |
| GzVeN | Gesetz zur Verhütung erbkranken Nachwuchses |
| HdbStR | Handbuch des Staatsrechts der Bundesrepublik Deutschland |
| ICERD | International Convention on the Elimination of All Forms of Racial Discrimination |
| JöR | Jahrbuch des öffentlichen Rechts |
| JuS | Juristische Schulung |
| KJ | Kritische Justiz |
| LAG | Landesarbeitsgericht |
| LG | Landgericht |
| NJW | Neue Juristische Wochenschrift |
| OLG | Oberlandesgericht |
| OVG | Oberverwaltungsgericht |
| RzW | Rechtsprechung zur Wiedergutmachung |
| StGB | Strafgesetzbuch |
| VerfDDR | Verfassung der DDR |
| ZAR | Zeitschrift für Ausländerrecht und Ausländerpolitik |

| | |
|---|---|
| ZfStrVo | Zeitschrift für Strafvollzug und Straffälligenhilfe |
| ZRP | Zeitschrift für Rechtspolitik |

# Danksagung

Dieses Buch ist ein Ergebnis meiner Konfrontationen mit den Schwierigkeiten, in der Sprache und in den Räumen des Rechts über Rassismus zu sprechen. Es beruht auf meiner im November 2019 eingereichten und im März 2020 an der Juristischen Fakultät der Humboldt-Universität zu Berlin verteidigten Dissertationsschrift.

Meine Arbeit im Antidiskriminierungsbüro Sachsen in Leipzig hat die zentralen Fragen aufgeworfen, denen ich mit meiner Forschung zu Rasse, Rassismus und Recht nachgehen wollte. Ich danke meinen Kolleg:innen, insbesondere Daniel Bartel, Heike Fritzsche, Anne Kobes, Sotiria Midelia und Iris Fischer-Bach für diese prägende Zeit und für ihre Unterstützung auf meinem Weg aus der Praxis zurück an die Universität.

Meine Betreuerin Susanne Baer hat das Dissertationsprojekt von Anfang an vorbehaltlos unterstützt. Ohne ihr Wissen um die Bedeutung des Themas und ohne ihr Vertrauen in meine Fähigkeiten, es zu bearbeiten, würde es dieses Buch nicht geben. Sie hat mich gelehrt, mich beim Schreiben nicht von Empörung, sondern von Neugier und Präzision leiten zu lassen. Ihre Perspektive auf Gleichheit als Hierarchisierungsverbot und ihr Vorschlag, Antidiskriminierungsrecht postkategorial zu denken, haben mich geprägt – wie sehr, zeigt dieses Buch. Susanne Baer verdanke ich auch einen ganz besonderen Diskussionszusammenhang, ihr Forschungskolloquium am Lehrstuhl für Öffentliches Recht und Geschlechterstudien der Humboldt-Universität zu Berlin. Von den intensiven Diskussionen, dem wertschätzenden Klima und der intellektuellen Offenheit aller Teilnehmenden hat diese Arbeit wesentlich profitiert. Felix Hanschmann hat kurzfristig die Zweitbegutachtung übernommen, er hat mir wichtige Impulse für die Überarbeitung gegeben und die Arbeit nach Abschluss des Promotionsverfahrens weiter unterstützt.

Die Dissertation wurde durch ein Stipendium der Hans-Böckler-Stiftung gefördert. Die Hinweise und Ermutigungen meiner Vertrauensdozentin Eva Kocher waren eine wichtige Unterstützung meines Schreibprozesses. Das Stipendium ermöglichte mir auch einen Forschungsaufenthalt an der University of California in Berkeley bei Ian Haney López. Ihm verdanke ich wertvolle Einblicke in US-amerikanische Rechtsdebatten und Critical Race Theory sowie anregende Diskussionen zum Unterschied von *race* und Rasse. Die Berkeley Comparative Equality and Anti-Discrimination Law Study Group, das Law and Society Institute Berlin und das International Consortium for Research on Anti-Semitism and Racism an der Universität Haifa boten mir Räume zur Diskussion meiner Thesen. Cengiz Barskanmaz danke ich für die Zurverfügungstellung des Manuskripts seiner Dissertation zu Rassismus und Recht aus menschenrechtlicher Sicht. Für die Aufnahme in den Suhrkamp Verlag und für die hervorragende Betreuung bin ich Philipp Hölzing zu Dank verpflichtet.

Schreiben ist ein kollektiver Prozess, viele Menschen haben auf unterschiedliche Weise zu diesem Buch beigetragen, durch Ermutigung und durch Kritik, durch geteilte Ideen, Erfahrungen und Texte, durch Kommentieren und Redigieren, durch gemeinsame Kämpfe gegen Rassismus, durch ihre Freundschaft: Bini Adamczak, Sina Arnold, Sabine Blackmore, Bürogemeinschaft Reuterstraße 79, Lucy Chebout, Tahir Della, Bea Cobbinah, Soraia da Costa Batista, Markus End, Lisa Hahn, Humboldt Law Clinic Grund- und Menschenrechte und Lehrstuhl für Öffentliches Recht und Geschlechterstudien der Juristischen Fakultät der Humboldt-Universität zu Berlin, Fatma Kar, Juliane Karakayali, Natasha Kelly, Micha Klapp, Alexander Klose, David Kowalski, Jana König, Hark Machnik, Anna Katharina Mangold, Maya Markwald, Gunnar Meyer, Tarek Naguib, Tino Plümecke, Anna Pollmann, Massimo Perinelli, Antonia Ramos Posto, Juana Remus, Anja Reuss, Bafta Sarbo, Alexander Tischbirek, Theresa Tschenker, Tribunal »NSU-Komplex auflösen«, Stephan Waack.

Meiner Familie, Frank, Gisela, Lore, Peter Liebscher und Julieth Rivera, danke ich für ihre Liebe und die Freude am Diskutieren, mit der sie meine akademischen und politischen Wege immer unterstützt haben. Gisela Liebscher verdanke ich auch ein aufmerksames Korrektorat und viele Gespräche über das Manuskript, die uns noch näher gebracht haben. Ha Mi Le hat mir vertraut, eine gute Arbeit über Rassismus zu schreiben, ihr Urteil über das Manuskript und ihre Freude auf dieses Buch haben mich entscheidend bestärkt. Ganz besonders und über viele Jahre hat Carl Murphey Melchers diese Arbeit intellektuell und emotional begleitet, ich danke ihm für seine Großzügigkeit.

Ich widme dieses Buch einem Menschen, den ich nicht kannte. Achmed Bachir war das erste Opfer rassistischer Gewalt nach der Wende in Leipzig. Viele Menschen haben sich dafür eingesetzt, dass Achmed Bachir nicht vergessen wird und dass der Grund für seinen Tod – Rassismus – klar benannt wird. Seit 2020 erinnert eine von der Initiative »Rassismus tötet« in der Leipziger Karl-Liebknecht-Straße angebrachte Gedenktafel an ihn. Erinnern heißt verändern.

## Rechtswissenschaft im Suhrkamp Verlag
## Eine Auswahl

**Robert Alexy**
- Theorie der Grundrechte. stw 582. 548 Seiten
- Theorie der juristischen Argumentation. Die Theorie des rationalen Diskurses als Theorie der juristischen Begründung. Mit einem Nachwort (1990): Antwort auf einige Kritiker. stw 436. 435 Seiten

**Ernst-Wolfgang Böckenförde.** Staat, Nation, Europa. Studien zur Staatslehre, Verfassungstheorie und Rechtsphilosophie. stw 1419. 290 Seiten

**Ernst-Wolfgang Böckenförde/Dieter Gosewinkel.** Wissenschaft, Politik, Verfassungsgericht. Aufsätze von Ernst-Wolfgang Böckenförde. Biographisches Interview von Dieter Gosewinkel. stw 2006. 492 Seiten

**Hauke Brunkhorst/Wolfgang R. Köhler/Matthias Lutz-Bachmann (Hg.).** Recht auf Menschenrechte. Menschenrechte, Demokratie und internationale Politik. stw 1441. 352 Seiten

**Hauke Brunkhorst/Peter Niesen (Hg.).** Das Recht der Republik. stw 1392. 403 Seiten

**Ronald Dworkin.** Bürgerrechte ernstgenommen. Übersetzt von Ursula Wolf. stw 879. 592 Seiten

**Andreas Fischer-Lescano/Gunther Teubner.** Regime-Kollisionen. stw 1803. 230 Seiten

NF 124/1/8.12

**Stanley Fish.** Das Recht möchte formal sein. Essays. Herausgegeben und eingeleitet von Heinz Bude und Michael Dellwing. Aus dem Amerikanischen von Klaus Binder. stw 2008. 279 Seiten

**Günter Frankenberg**
- Autorität und Integration. Zur Grammatik von Recht und Verfassung. stw 1622. 418 Seiten
- Die Verfassung der Republik. Autorität und Solidarität in der Zivilgesellschaft. stw 1331. 264 Seiten

**Johan Galtung.** Menschenrechte – anders gesehen. stw 1084. 235 Seiten

**Ute Gerhard/Jutta Limbach (Hg.).** Rechtsalltag von Frauen. es 1423. 251 Seiten

**Oliver Gerstenberg.** Bürgerrechte und deliberative Demokratie. Elemente einer pluralistischen Verfassungstheorie. stw 1298. 143 Seiten

**Stefan Gosepath/Georg Lohmann (Hg.).** Philosophie der Menschenrechte. stw 1338. 417 Seiten

**Dieter Grimm.**
- Die Zukunft der Verfassung. stw 968. 447 Seiten
- Die Zukunft der Verfassung II. Auswirkungen von Europäisierung und Globalisierung. stw 2027. 400 Seiten

**Jürgen Habermas.** Faktizität und Geltung. Beiträge zur Diskurstheorie des Rechts und des demokratischen Rechtsstaats. stw 1361. 704 Seiten

NF 124/2/8.12

**H. L. A. Hart.** Der Begriff des Rechts. Mit dem Postskriptum von 1994 und einem Nachwort von Christoph Möllers. Aus dem Englischen von Alexander von Baeyer. stw 2009. 395 Seiten

**Georg Wilhelm Friedrich Hegel.** Die Philosophie des Rechts. Vorlesung von 1821/22. Herausgegeben von Hansgeorg Hoppe. stw 1721. 237 Seiten

**Materialien zu Hegels Rechtsphilosophie.** Herausgegeben von Manfred Riedel. Band 1: stw 88. 437 Seiten

**Otfried Höffe**
- Gibt es ein interkulturelles Strafrecht? Ein philosophischer Versuch. stw 1396. 180 Seiten
- Kategorische Rechtsprinzipien. Ein Kontrapunkt der Moderne. stw 1170 und kartoniert. 431 Seiten
- Strategien der Humanität. Zur Ethik öffentlicher Entscheidungsprozesse. Mit einem neuen Nachwort. stw 540. 373 Seiten
- Vernunft und Recht. Bausteine zu einem interkulturellen Rechtsdiskurs. stw 1270. 296 Seiten

**Herbert Jäger.** Verbrechen unter totalitärer Herrschaft. Studien zur nationalsozialistischen Gewaltkriminalität. Mit einem Nachwort zur Neuauflage von Adalbert Rückerl. stw 388. 410 Seiten

**Hans Joas.** Die Sakralität der Person. Eine neue Genealogie der Menschenrechte. 303 Seiten. Gebunden

**Wolfgang Kersting (Hg.).** Gerechtigkeit als Tausch? Auseinandersetzungen mit der politischen Philosophie Otfried Höffes. stw 1297. 375 Seiten

NF 124/3/8.12

**Klaus Lüderssen**
- Abschaffen des Strafens? es 1914. 427 Seiten
- Erfahrung als Rechtsquelle. Abduktion und Falsifikation von Hypothesen im juristischen Entscheidungsprozeß. Eine Fallstudie aus dem Kartellstrafrecht. 259 Seiten. Gebunden
- Genesis und Geltung in der Jurisprudenz. es 1962. 365 Seiten
- Kriminalpolitik auf verschlungenen Wegen. Aufsätze zur Vermittlung von Theorie und Praxis. stw 347. 483 Seiten
- Rechtsfreie Räume? stw 2042. 694 Seiten

**Klaus Lüderssen/Fritz Sack (Hg.)**
- Seminar: Abweichendes Verhalten
  Band 1: Die selektiven Normen der Gesellschaft.
  stw 84. 508 Seiten
  Band 2: Die gesellschaftliche Reaktion auf Kriminalität.
  Band 1. Strafgesetzgebung und Strafrechtsdogmatik.
  stw 85. 387 Seiten

**Niklas Luhmann**
- Ausdifferenzierung des Rechts. Beiträge zur Rechtssoziologie und Rechtstheorie. stw 1418. 459 Seiten
- Das Recht der Gesellschaft. stw 1183. 598 Seiten

**Christoph Menke/Francesca Raimondi (Hg.).** Die Revolution der Menschenrechte. Grundlegende Texte zu einem neuen Begriff des Politischen. stw 1988. 498 Seiten

**Bernhard Peters.** Rationalität, Recht und Gesellschaft. 366 Seiten. Gebunden

**Ulrich K. Preuß.** Die Internalisierung des Subjekts. Zur Kritik der Funktionsweise des subjektiven Rechts. 356 Seiten. Kartoniert

NF 124/4/8.12

**John Rawls**
- Gerechtigkeit als Fairneß. Ein Neuentwurf. Herausgegeben von Erin Kelly. Übersetzt von Joachim Schultze. 316 Seiten. Gebunden
- Eine Theorie der Gerechtigkeit. Übersetzt von Hermann Vetter. stw 271. 674 Seiten

**Karl F. Schumann.** Der Handel mit Gerechtigkeit. Funktionsprobleme der Strafjustiz und ihre Lösungen – am Beispiel des amerikanischen plea bargaining. stw 214. 264 Seiten

**Alexander Somek.** Rechtliches Wissen. stw 1802. 240 Seiten

**Rudolf Steinberg.** Der ökologische Verfassungsstaat. 480 Seiten. Gebunden

**Michael Stolleis.** Recht im Unrecht. stw 1155. 342 Seiten

**Gunther Teubner.** Verfassungsfragmente. Gesellschaftlicher Konstitutionalismus in der Globalisierung. stw 2028. 291 Seiten

**Rainer Wahl.** Verfassungsstaat, Europäisierung, Internationalisierung. stw 1623. 442 Seiten

**Uwe Wesel**
- Juristische Weltkunde. Eine Einführung in das Recht. stw 467. 213 Seiten
- Der Mythos vom Matriarchat. Über Bachofens Mutterrecht und die Stellung von Frauen in frühen Gesellschaften vor der Entstehung staatlicher Herrschaft. stw 333. 168 Seiten

NF 124/5/8.12